KROATIEN

Unterwegs zwischen Istrien, Slawonien und Dalmatien

Matthias Koeffler, Matthias Jacob

TRESCHER VERLAG

2., aktualisierte Auflage 2015

Trescher Verlag Berlin
Reinhardtstr. 9
10117 Berlin
www.trescher-verlag.de

ISBN 978-3-89794-323-0

Herausgegeben von Detlev von Oppeln und
Bernd Schwenkros

Reihenentwurf und Gesamtgestaltung:
Bernd Chill
Satz und Bildbearbeitung: Ulla Nickl
Lektorat: Corinna Grulich
Stadtpläne und Karten: Johann Maria Just,
Martin Kapp, Bernd Chill
Druck: Druckhaus Köthen

Gedruckt auf chlorfrei gebleichtem Papier
Printed in Germany

Alle Angaben in diesem Reiseführer wurden sorgfältig recherchiert und überprüft. Dennoch können aktuelle Entwicklungen vor Ort dazu führen, dass einzelne Informationen unvollständig oder nicht mehr korrekt sind. Gerne nehmen wir dazu Ihre Hinweise und Anregungen entgegen. Bitte schreiben Sie an: **post@trescher-verlag.de**

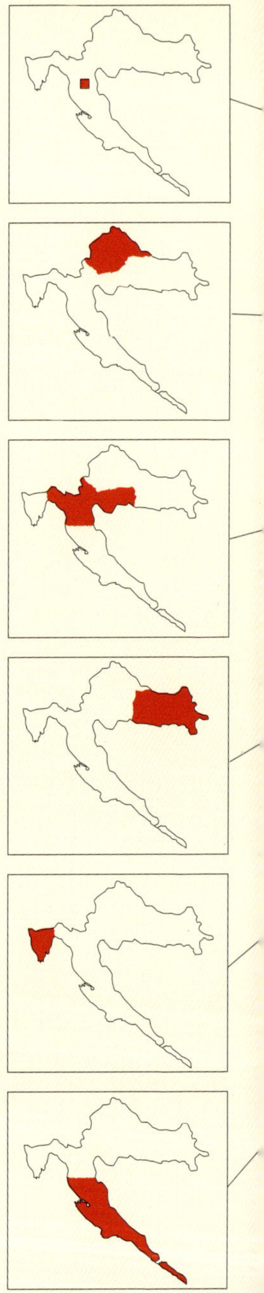

Schloss Trakošćan im Zagorje

ESSAYS

Die Halbinsel Čikat bei Mali Lošinj

Vorwort

Kroatien erleben die meisten Touristen als eine Welt aus Sonne, schroffen Felsen und Strand, als Ferien unter Olivenbäumen oder auf Fährschiffen, die durch über 1000 Inseln steuern.

Doch das Land, das in die Gemeinschaft der Europäischen Union hineinwachsen will, hat mehr zu bieten: heiße, mineralstoffreiche Thermalquellen in der Pannonischen Tiefebene, eine einzigartige Hügellandschaft im Zagorje, romantische Dörfer auf den Höhenzügen Istriens mit ihren Natursteinkirchen und ihren uralten Fresken.

In Kroatien hat sich eine vielfältige Kultur entwickelt, da seine Regionen von unterschiedlichen ausländischen Machthabern beherrscht wurden. Durch das Land verlief die Grenze zwischen Ost- und Westrom, die Venezianer kolonisierten die Küste, während die Ungarn von Nordosten her ihre Herrschaft über das Land ausübten, die Osmanen überfielen das Land von Südosten her, besetzten über Jahrhunderte Slawonien und stellten eine ständige Bedrohung für Dalmatien dar. Die Österreicher drängten die Türken zurück und brachten moderne westliche Kultur und Technik. Deutsche und Italiener überfielen das Land im Zweiten Weltkrieg und stützten ein grausames Nazi-Regime. Der Versuch, das Land unter kommunistischer Ideologie zu einen, endete in einem erbarmungslosen Unabhängigkeitskrieg.

Zu den Zeugnissen der jüngsten Geschichte führt dieser Reiseführer ebenso wie zu den Denkmälern großer Kultur: römischen Amphitheatern, mittelalterlichen Klöstern, mächtigen Burgen, großen Renaissancekathedralen, reichen Barockschlössern und Bauten der Jugendstilarchitektur. Aber auch zu Naturschutzgebieten wie den Wäldern im Gorski Kotar, den Höhenrücken des Papuk-Gebirges oder des Velebit-Gebirges oder zu Wasserlandschaften wie die des Kopački Rit, der Plitvicer Seen oder der Krka-Wasserfälle.

Nicht zuletzt gibt es Kulinaria neu zu entdecken: die alten ungarisch und österreichisch geprägten Gerichte Nordkroatiens, Gerichte mit Fisch aus Süß- und Salzwasser, Trüffel in Istrien, Gegrilltes vom Schwein und Rind oder die zahlreichen Süßspeisen. Auch eine neue Weinkultur hat sich entwickelt: Zahlreiche junge Winzer in Istrien und Dalmatien, aber auch im Zagorje und in Slawonien produzieren Spitzenweine, die durchaus mit anderen europäischen Rebsäften mithalten können.

Wir freuen uns, wenn wir Sie anregen können,
eine Kulturregion zu entdecken.

Matthias Koeffler und Matthias Jacob

Hinweise zur Benutzung

Im Abschnitt **Das Wichtigste in Kürze** (→ S. 16) finden sich die wichtigsten Informationen zur Einreise und zum Aufenthalt im Land.

Das Kapitel **Land und Leute** (→ S. 20) widmet sich der Geographie, dem Klima und der Flora und Fauna Kroatiens. Geschichte, Kultur, Bräuche und die Küche des Landes werden ausführlich vorgestellt.

Im **Reiseteil** (ab S. 78), aufgeteilt in geographisch sinnvolle Abschnitte, werden Städte und Regionen dargestellt. Wichtige Informationen zu Unterkünften, Gastronomie und Freizeitgestaltung stehen in den **Infokästen** am Ende des jeweiligen Kapitels. Die **Preisangaben der Hotels** beziehen sich auf ein Doppelzimmer in der Hauptsaison bei Belegung mit zwei Personen und dienen nur als Anhaltspunkte für das Preisniveau (Abkürzungen: DZ=Doppelzimmer, HP=Halbpension), in der Nebensaison sind die Preise deutlich niedriger, oft wird nur noch die Hälfte der Hochsaisonpreise verlangt. Die Preise sind in Euro angegeben, vor Ort wird aber in der Regel in Kuna bezahlt. Die Angaben zu den Taktzeiten der **Fähren** beziehen sich ebenfalls auf die Hauptsaison, im restlichen Jahr muss mit eingeschränkten Frequenzen gerechnet werden.

Im Anhang gibt ein **Sprachführer** (→ S. 408) einen kleinen Einblick in die kroatische Sprache und vermittelt einige Wörter für den touristischen Alltag.

In den **Reisetipps von A bis Z** (→ S. 414) sind alle Informationen aufgeführt, die für einen Aufenthalt in Kroatien wichtig oder interessant sind.

Auf den Zusatz ›ulica‹ wird bei den Straßennennungen verzichtet, so wie es auch in Kroatien weitgehend üblich ist. Soweit nicht anders vermerkt (kr.), sind die angegebenen **Websites** außer auf Kroatisch auch auf Englisch verfügbar, viele auch in deutscher Version.

An der Weinstraße Plešivica

Zeichenlegende

- Tourismusverbände, Postämter, Internetcafés
- Busbahnhöfe, Busverbindungen
- Hinweise für Autofahrer, Tankstellen
- Bahnhöfe, Bahnverbindungen
- Häfen, Schiffsverbindungen
- Flughäfen, Flugverbindungen
- Taxistände
- Unterkünfte
- Campingplätze
- Marinas
- Restaurants, Gaststätten
- Cafés
- Weinkellereien, Degustationen
- Clubs, Bars, Nachtleben
- Einkaufsmöglichkeiten
- Museen
- Veranstaltungen, Feste
- Strände, Badestellen, Schwimmbäder
- Bootsausflüge, -verleih
- Windsurfspots, Verleih

In den Gassen von Šibenik

- Tauchzentren
- Fahrradverleih, Fahrradwege
- Reiterhöfe
- Golf
- Ski, Wintersport
- Sonstige Sportmöglichkeiten
- Besonderes, Tipps für Kinder
- Ausflüge, Sehenswertes in der Umgebung, Wanderungen, Jagdmöglichkeiten
- Angelstellen
- Krankenhäuser, Apotheken

Das Wichtigste in Kürze

Wichtige Telefonnummern

Internationale Vorwahl: +385 (00385).
Allgemeiner Notruf: 112.
Feuerwehr: 93.
Pannenhilfe: 1987, mit dem ausländischen Handy +385/1/1987.
Such- und Seenotrettungsdienst: +385/51/9155.
ADAC-Notruf für Kroatien (in Zagreb): +385/1/3440666.
Kroatischer Automobil Club (HAK): +385/987, mobil +385/1/987.
Zentrale Nummern zum Sperren von EC-Karten etc.: +49/116116, +49/30/40504050.

Ärztliche Versorgung

Dichtes Netz von Krankenhäusern, Ambulanzen und Ärzten, hoher Standard an medizinischer Hilfe. Meist sprechen die Ärzte gut Englisch oder sogar Deutsch.

Einreise

Deutsche, Österreicher und Schweizer: Reisepass oder Personalausweis.
Auch Kinder benötigen ein eigenes Reisedokument (Kinderausweis oder -reisepass mit Lichtbild).

Anreise

Auto: Pflicht sind Führerschein, Fahrzeugschein und grüne Versicherungskarte. Die Tankstellendichte ist ausreichend, auf den Inseln gibt es aber nur vereinzelt Tankstellen.
Bus: Knapp 50 Zielorte in Kroatien, www.deutsche-touring.com, www.eurolines.at, www.eurolines-schweiz.ch.
Bahn: Eurocity München–Split (20 Std.). Autoreisezug von Hamburg oder Düsseldorf bis Villach oder Triest.
Flugzeug: Flughäfen in Zagreb, Osijek, Rijeka (Insel Krk), Zadar, Split (nahe Trogir), Brač (bei Bol), Dubrovnik (bei Cavtat). Billigflieger: TUIfly, www.tuifly.com, Germanwings, www.germanwings.com, Ryanair, www.ryanair.com. Die einheimische Fluglinie ist Croatia Airlines, www.croatiaairlines.hr.

Reisen im Land

Auto: Gurtpflicht, Kinder unter 12 Jahren müssen im Kindersitz hinten sitzen. Sicherheitsweste, Licht auch bei Tage.
Bus: Expressbusse zwischen allen großen Städten und Touristenorten. Verbindungen unter www.autobusni-kolodvor.com (kr.).
Bahn: Keine direkte Verbindung zwischen den Küstenstädten.
Fähren: Autofähren (Trajekt), Brzobrodske (Schnellboote) und Personenfähren. Dominierendes Unternehmen ist die Reederei ›Jadrolinija‹, www.jadrolinija.hr.

Geld

Wechselkurs: 1 Euro = 7,55 Kuna (Stand Mai 2015).
Abhebungen: an Bankautomaten mit der EC-Maestro-Card (derzeit noch nicht mit V Pay) oder der Kreditkarte. **Kartenzahlung**: in vielen Geschäften und an allen Tankstellen.

Unterkunft

Hotels: Die meisten Hotels bieten mittleren Standard, Doppelzimmer kosten 70 bis 120 Euro; häufig Pauschal- oder All-inclusive-Angebote.
Privatunterkünfte sind an blauen Schildern ›Sobe‹ oder ›Apartman‹ zu erkennen; mittlerer Standard 20 bis 40 Euro, Studios bis zu 60, Apartments bis zu 120 Euro.
Campingplätze: fast an der ganzen Küste zu finden, aber auch im Inland gibt es Plätze. Croatian Camping Union, www.camping.hr. Wildes Zelten ist streng verboten.

Sehenswertes

Zagreb, Hauptstadt mit Flair (→ S. 80). **Zagorje**: Barocke Altstadt in Varaždin (→ S. 103), Paulinerkloster in Lepoglava (→ S. 114), Neandertalermuseum in Krapina (→ S. 118), Burg Veliki Tabor (→ S. 121), Thermalbäder des Zagorje (→ S. 111, 123).
Zentralkroatien: Auenlandschaft Lonjsko Polje (→ S. 146), Weinstraße Plešivica (→ S. 149), Nationalpark Plitvicer Seen (UNESCO-Welterbe, → S. 158), Wälder und Flüsse des Gorski kotar (→ S. 161).
Slawonien: Altstadt von Osijek (→ S. 166), Naturreservat Kopački Rit (→ S. 170), Kathedrale von Đakovo (→ S. 182), heiße Quellen in Daruvar (→ S. 199).
Istrien und Kvarner Bucht: Euphrasius-Basilika und historischer Stadtkern von Poreč (UNESCO-Welterbe, → S. 212), Grotte Jama Baredine (→ S. 216), Altstadt von Rovinj (→ S. 218), Amphitheater in Pula (→ S. 225), Inselarchipel Brijuni (→ S. 229), mittelalterliche Fresken in Beram (→ S. 243), Opatija - Kurort mit k.u.k. Flair (→ S. 249), Nationalpark Paklenica (→ S. 271), Gänsegeier auf Cres (→ S. 283), Vier-Türme-Stadt Rab (→ S. 291).
Dalmatien: Kirche Sv. Donat in Zadar (→ S. 302), Käse und Stickereien von der Insel Pag (→ S. 311), Kathedrale in Šibenik (UNESCO-Welterbe, → S. 327), Wasserfälle der Krka (→ S. 332), Naturschutzgebiet Kornaten (→ S. 341), Altstadt von Trogir (UNESCO-Welterbe, → S. 343), Diokletianpalast in Split (UNESCO-Welterbe, → S. 354), Ebene von Stari Grad auf Hvar (UNESCO-Welterbe, → S. 371), Verteidigungsmauer Ston auf Pelješac (→ S. 384), Altstadt und Schwertertanz in Korčula (→ S. 388, 389), Altstadt von Dubrovnik (UNESCO-Welterbe, → S. 396), Nationalpark auf der Insel Mljet (→ S. 405).

Urlaub mit Kindern

Kroatien ist ein überwiegend sehr kinderfreundliches Land, auch wegen der meist sauberen Strände ist es für einen Familienurlaub geeignet. Hier einige Tipps für einen Urlaub mit Kindern:

Strände

Istrien und Kvarner Bucht: Umag, Plaža Polynesia → S. 209; Novi Vinodolski, Strand Lišanj → S. 267; Insel Krk, Stadtstrand Punat → S. 279 und Sandstrand Šilo → S. 280; Insel Cres, Strand Meli → S. 286; Insel Rab, Paradiesstrand San Marino, Strände Mirine, Ravnice, Polovine → S. 297.
Dalmatien: Niner Bucht → S. 310; Insel Dugi Otok, Badebucht Sakarun → S. 320; Strand Primošten → S. 340.

Schwimmbäder

Zagreb: Sportpark Mladost, Park Bundek → S. 99.
Slawonien: Varaždin, Gradski Bazeni → S. 108; Osijek, Wellnessbad Copacabana → S. 170; Bizovac, Bizovačke Toplice → S. 170; Virovitica, Freibad → S. 199; Daruvar, Thermalwasserpark Aquae Balissae → S. 201.

Sport

Slawonien: Slavonski Brod, Sportzentrum Migalovci → S. 188; Bjelovar: Sportzentrum Kukavica → S. 197.
Istrien und Kvarner Bucht: Novigrad, Sportzentrum Laguna Novigrad → S. 212; Crikvenica, Kletterareal Adrenalinpark, Sportplätze Jeličić → S. 265; Insel Krk,

Malinska, Tauchschule Correct diving → S. 280; Insel Krk, Baška, Kletteranlagen bei Bunculuka und Portafortuna, Sportzentrum Zablaće → S. 280.

Bauernhöfe und Zoos

Zagreb: Zoo → S. 82, 98.
Zentralkroatien: Krapina, Bauernhof Klet Kozjak → S. 120; Gornja Stubica, Bauernhof Lojzekova hiža → S. 128; Koprivnica, Bauernhof Prenoćište Sunčano selo → S. 131.
Slawonien: Osijek, Zoo → S. 170; Slavonski Brod, Privatzoo der Familie Milec → S. 188; Požega, Ethnohaus Bello → S. 191; Virovitica, Bauernhof Višnjica → S. 199.
Dalmatien: Grabovac; Bauernhof mit kleinem Zoo → S. 378.

Ethnodörfer und Museen

Zagorje: Krapina, Neandertalermuseum → S. 118.
Slawonien: Osijek, Landhaus Kukuriku → S. 172; Vinkovci, Sopot Archäologischer Park → S. 181; Slavonski Brod, Ethnodorf der Familie Crljen → S. 188.
Dalmatien: Šibenik, Erlebnismuseum Stadtgeschichte → S. 329; Korčula-Stadt, Museum Marco Polo → S. 393.

Strandbad an der Mrežnica bei Karlovac

Feste

Slawonien: Slavonski Brod, Brodsko Kolo → S. 188.
Dalmatien: Pag, Kinderkarneval → S. 314; Šibenik, Internationales Kinderfestival → S. 331.

Reiten

Zagorje: Krapinske Toplice, Ranch Vrbanc → S. 125; Marija Bistrica, Ranch Pia → S. 127.
Zentralkroatien: Samobor, Pferdeclub Tetra → S. 142; Lonjsko polje, Ekoetno selo Strug → S. 148; Jastrebarsko, Reitclub Equestrian Club Jaska → S. 151; Karlovac, Reiterclub Fany → S. 155; Plitvicer Seen, Ranch Jelov Klanac → S. 159.
Slawonien: Nördliche Baranja, Reiterhof Ivica i Marica → S. 172; Vukovar, OPG Dunavski Raj → S. 177; Slavonski Brod, Gut Mata, Landgut Olanović → S. 188; Virovitica, Gestüt Damir Janusk → S. 199; Đakovo, Lipizzaner-Gestüt → S. 182, 184.
Istrien und Kvarner Bucht: Umag, Reiterhof Goli vrh, Reitzentrum Konjički Centar Katoro → S. 209; Rovinj, Ranch Moncerlongo → S. 222; Pula, Ranch Barba Tone → S. 229; Roč, Gestüt Dolina konja → S. 240; Pazin, Reitverein Soko → S. 242; Novi Vinodolski, Reiten im Vinodol, Reitschule → S. 268.

Sonstige Erlebnisse

Zagorje: Burg Veliki Tabor → S. 121
Slawonien: Beli Manastir/Suza, Töpferei Aszt Alos → S. 173.
Istrien und Kvarner Bucht: Kap Kamenjak, Dinosaurierpfad → S. 229.
Dalmatien: Dubrava, Falkenzentrum → S. 331; Stadtmauer Dubrovnik → S. 396.

Entfernungstabelle

	Bjelovar	Dubrovnik	Karlovac	Osijek	Poreč	Pula	Rijeka	Šibenik	Slavonski Brod	Split	Trogir	Varaždin	Vukovar	Zadar	Zagreb
Bjelovar		542	137	195	330	350	248	423	179	492	464	82	281	369	86
Dubrovnik	542		560	513	648	669	562	281	453	237	253	614	515	356	609
Karlovac	137	560		328	200	220	118	292	241	361	333	137	344	238	54
Osijek	195	513	328		524	544	442	617	92	480	496	339	37	562	280
Poreč	330	648	200	524		58	88	381	435	450	422	331	537	327	247
Pula	350	669	220	544	58		108	401	456	470	442	352	557	347	267
Rijeka	248	562	118	442	88	108		295	354	364	335	249	455	240	165
Šibenik	423	281	292	617	381	401	295		528	83	46	424	630	89	340
Slavonski Brod	179	453	241	92	435	456	354	528		391	406	252	105	474	192
Split	492	237	361	480	450	470	364	83	391		28	493	494	158	409
Trogir	464	253	333	496	422	442	335	46	406	28		465	509	130	381
Varaždin	82	614	137	339	331	352	249	424	252	493	465		353	370	88
Vukovar	281	515	344	37	537	557	455	630	105	494	509	353		576	294
Zadar	369	356	238	562	327	347	240	89	474	158	130	370	576		285
Zagreb	86	609	54	280	247	267	165	340	192	409	381	88	294	285	

Die Geschichte und ebenso die Gegenwart des Mittelmeerstaates ist geprägt durch die Lage an der Grenze zwischen Balkan und Mittelmeerraum, zwischen Orient und Okzident. Kroatien ist ein Schmelztiegel von Völkern und Kulturen, ein Land mit vielen Gesichtern.

Patrizia Stajer in ›Kroatien‹, Würzburg 2003

Hochzeit in Marija Bistrica

LAND UND LEUTE

Kroatien in Zahlen

Fläche: 56594 km^2.

Einwohner: 4,47 Mio.Einwohner (2014) Im internationalen Vergleich damit an Platz 123; 77,8 Einwohner/km^2.

Bevölkerungsanteile: Kroaten 90,42%, Serben 4,36%, Bosnier 0,73%, andere 4,49% (2011: 297 Österreicher, knapp 3000 Deutsche, 17890 Italiener, 14 000 Ungarn, 10 500 Slowenen und 17 000 Sinti und Roma).

Religion: römisch-katholisch 87,8%, orthodox 4,4%, evangelisch 5000 Einwohner, griechisch-katholisch 15 000 Einwohner.

Altersstruktur: 0–14 Jahre: 14,5%, 15–64 Jahre: 67,7%, 65+ Jahre: 17,8% (2014).

Durchschnittsalter: gesamt: 42,1 Jahre (Deutschland 46 Jahre); Männer 40,2 Jahre, Frauen 43,9 Jahre (Stand: 2014).

Netzflicker auf der Insel Insel Brač

Die kroatische Flagge

Durchschnittliche Lebenserwartung: 76,4 Jahre (Deutschland 80); Männer 72,8 Jahre, Frauen 80,2 Jahre (2014).

Bevölkerungswachstum: -0,12 % (Stand 2014, Deutschland -0,18 %), 9,49 Geburten/Jahr/1000 Einwohner (Deutschland 8,42), 12,13 Tote/Jahr/1000 Einwohner (2014, Deutschland 11,29).

Bevölkerungsverteilung: Stadt 58,7 % der Einwohner (2014), auf den Inseln 122 418 Einwohner (2001).

Größte Städte nach Einwohnern: Zagreb: 790 000, Split 178 000, Rijeka 129 000, Osijek 108 000, Zadar 75 000 (2011).

Bruttoinlandsprodukt: 59,8 Mrd. Euro (2014), 13 961 Euro pro Kopf (Deutschland 2013: 2736 Mrd. Euro, 33 300 Euro pro Kopf).

Durchschnittlicher Wechselkurs 2014: 1 Euro=7,63 Kuna.

Arbeitslosenrate: 17,7 % (2014).

Inflationsrate: -0,2 % (2014).

Küstenlänge: 1880 km Festland, 4400 km Inseln.

Höchster Berg: Dinara, 1831 m auf kroatischem Territorium, Spitze auf bosnischem Gebiet 1913 m.

Größter See: Vransko jezero, 30,7 km^2.

Höchstgelegener Ort: Begovo Razdolje, 1060 m.

Längster Fluss: Sava, 562 km.

Größte Insel: Cres 405,78 km^2, nach neuesten Messungen wenig größer als Krk.

Das Land

Vor 33 Millionen Jahren schob sich die afrikanisch-arabische Platte unter die eurasische. Dabei türmten sich riesige Felsmassen zu den Alpen und nach Osten hin zum Dinarischen Gebirge auf. In immer kleiner werdenden Faltungen entstanden Bergrücken bis weit nach Norden in die heutige Pannonische Tiefebene hinein.

Noch immer reiben die Platten aneinander, so dass es in Kroatien mehrmals pro Jahr zu leichten und mittelschweren Erdbeben kommen kann. Im Zagorje entspringen dem Boden heiße Quellen, vereinzelt hat es dort vor tausenden Jahren auch Vulkanausbrüche gegeben. An die Oberfläche gelangte ein Kalksteingebirge, das von anderen Naturgewalten wie schweren Eismassen während der Eiszeit und dauerhaften Winden wieder abgeschliffen wurde. Mit dem Auftritt der Menschen entstanden durch den Raubbau an Holz im Süden Karstlandschaften, während das Gebiet hinter dem Dinarischen Gebirge dicht bewaldet blieb.

Das Dinarische Gebirge bildet unterschiedliche Bergzüge. Im Norden formte sich die istrische Halbinsel, hinter Rijeka erhebt sich das Gorski Kotar. Das Velebit-Gebirge umschließt die Kvarner Bucht und reicht bis oberhalb von Zadar. Den Ausläufer des Velebit-Gebirges bildet das Ravni kotar, die kleineren Züge des Moseć und des Mosors erheben sich bis oberhalb von Split. Darauf folgt der lange und hohe Rücken des Biokovo, dessen höchster Berg 1762 Meter hoch ist und der sein Ende im Neretva-Delta findet. Aus der Niederung des Flusses steigt langsam das Massiv des Sniježnica an, das bis nach Montenegro reicht.

Oberhalb des Gorski Kotar, nördlich von Zagreb, hat sich eine liebliche Hügellandschaft gebildet. Medvica, Ivanšica, Kalnik, Bilogora und Papuk heißen hier die immer flacher werdenden Bergrücken, von denen einige zu Nationalparks erklärt wurden. Zur serbischen Grenze hin laufen sie in der Slawonischen Tiefebene aus. Bis vor fünf bis zehn Millionen Jahren war das Pannonische Becken noch ein Meer. Dann hob sich die Ebene, das Meer trocknete aus. Bis heute findet man Muscheln oder Versteinerungen von Seetieren. Die Flüsse Drava, Sava

Hügellandschaft im Zagorje

Wüstenähnliche Landschaft auf der Insel Pag

und Dunav (Donau) haben diese Tiefebene über Jahrtausende durchspült. Dabei ist ein fruchtbarer Boden entstanden, der Slawonien zur Kornkammer des Landes gemacht hat.

An allen Orten hat sich das Wasser in den Kalkstein gefressen und den Stein durchlöchert. Im Norden kommt Regenwasser vielfach als Thermalwasser wieder an die Oberfläche. Die Cetina, die Krka und die Neretva haben tiefe Flusstäler gegraben. Das Wasser hat auch über 11 500 der heute bekannten unterirdischen Höhlen entstehen lassen; im Velebit befindet sich mit 500 Metern die tiefste der Welt. Vor 130 000 und mehr Jahren haben die Urzeitmenschen Unterschlupf in ihnen gefunden, Neandertaler darin ihre Toten begraben.–

Bis zur letzten Eiszeit vor etwa 12 000 Jahren lag auch das Adriabecken noch über dem Meeresspiegel, doch mit Einbruch der Kälteperiode senkte es sich vermutlich um knapp 100 Meter ab, so dass die vor der Küste liegenden Inseln als untergegangene Berge betrachtet werden können.

Vor vergleichsweise kurzer Zeit, vor 1400 Jahren, nach dem Ende des Römischen Reiches, senkte sich die ostadriatische Küste im Zuge eines Erdbebens erneut. Zahlreiche Täler wurden geflutet, und viele antike Hafenanlagen versanken unter der Wasseroberfläche.

Klima

Auch klimatisch weist Kroatien eine große Vielfalt auf. Am deutlichsten kommt sie in Makarska am Fuße des Biokovo zum Ausdruck, wo man zu bestimmten Zeiten am Meer schon baden und oben auf den Bergen noch Skifahren kann.

Während in der Pannonischen Tiefebene, im Zagorje oder Slawonien, ein kontinentales Klima herrscht, in dem es im Sommer schwül und im Winter kalt sein kann, trifft man im Gorski Kotar auf mittlere Temperaturen im Sommer und heftige Kälte im Winter, aber auch auf häufigen Nebel. Das Dinarische Gebirge ist von einem Gebirgsklima mit nach oben bald abnehmender Vegetation geprägt, das an die Alpen erinnert. Nur der schmale Küstenstreifen bietet die mediterran warme Luft, die viele Touristen suchen.

Die ausgeprägten Unterschiede lassen sich in Zahlen ausdrücken: Die Jahresdurchschnittstemperaturen liegen je nach Messpunkt zwischen minus 3 und plus 18 Grad Celsius. Die kälteren Regionen sind die Lika und das Gorski Kotar, dort scheint die Sonne auch nur 1700 Stunden im Jahr. Die sonnigsten Orte sind die Inseln Vis, Lastovo, Biševo und Svetac, wo der feurige Stern über 2700 Stunden jährlich zu sehen ist. Durchschnittlich scheint die Sonne an der Adria am längsten: zwischen 2300 und 2700 Stunden pro Jahr, während die Wolken im Norden die Sonne im Durchschnitt nur 1800 bis 2000 Stunden lang pro Jahr durchkommen lassen (Deutschland: 1300–1900 Sonnenstunden). Im August können an der Küste durchaus Spitzenwerte von 40 Grad und mehr erreicht werden. Die stärksten Niederschläge werden mit 900 bis 1000 Millimeter aus dem westlichen Zagorje gemeldet.

Die Winde kommen aus den unterschiedlichsten Richtungen, die meisten aus Nordost, wie die Bura (Bora), die Geschwindigkeiten von bis zu 50 Meter pro Sekunde (180 Stundenkilometer) erreicht. Die Bura ist ein trockener, kalter Fallwind, mit ihrem plötzlichen, orkanartigen Auftreten ist sie der Schrecken aller Seefahrer. Sie bringt dafür meist sonniges Wetter.

Der Bura folgt in der Häufigkeit, wenn auch selten in größerer Stärke, der Jugo. Der Jugo, auch Široko (Schirokko) oder Šilok genannt, ist ein eher warmer Wind, der von Ost-Südost oder Süd-Südost weht und überwiegend Regen mitführt. Auch der mäßige Maestral kommt vom Meer und bringt häufig sonniges Wetter.

Flora

Wer Kroatien nur von Küstenbildern her kennt, wird es kaum glauben: Kroatien gehört zu den 30 wasserreichsten Nationen der Erde. Innerhalb Europas soll das Land in punkto Wasserreichtum sogar auf Platz drei stehen. Und grün ist es auch: Über 38 Prozent des Landes sind von Wald bewachsen. Mehr als drei Viertel davon bestehen aus Laubbäumen, eine Quote, die in Westeuropa längst nicht mehr erreicht wird. Etwa 4000 Tier- und Pflanzenarten gibt es in Kroatien, davon stehen 380 Spezies der Fauna und 44 der Flora unter Naturschutz.

Agaven und Pinien prägen das Bild im südlichen Dalmatien

An der Küste, an der sich die meisten Touristen aufhalten, ist die Landschaft karstig, daher entsteht der Eindruck eines wasserarmen Landes. Die überwiegende Fläche Kroatiens, die gleich hinter dem Dinarischen Gebirge beginnt, ist aber waldreich und teilweise auch feuchter. Entsprechend unterschiedlich haben sich Flora und Fauna entwickelt, und entsprechend breit gefächert ist die Vielfalt.

Olivenbaum auf Pag

Neben Eiche (vor allem im flachen Slawonien) und Buche (in höheren Lagen des Zagorje) als Hauptvertreter in den Wäldern gedeiht im Norden die kroatische Nationalblume, die blaue Schwertlilie. In den Feuchtgebieten wachsen zahlreiche, auch seltene Arten der Wasserrosen und die Feucht-Segge, die Schwanenblume, das Schilfrohr, die gelbe Iris und der Rohrkolben. Überall zu finden ist der Dolden-Milchstern, und an der Küste ist eine Pflanze weit verbreitet, die es in Nordeuropa nur im Blumengeschäft gibt: das Alpenveilchen.

Ansonsten überwiegt an der Küste die Macchia-Vegetation mit Pinien, Krüppeleichen und kleinwüchsigen Nadelsträuchern, zu dieser Art des Bewuchses hat auch das übermäßige Abholzen in vielen Jahrhunderten beigetragen. An der Küste verbreitet haben sich auch Lorbeerbäume und Agaven. Istrien hat sich zu einem Sammelgebiet wertvoller Trüffelpilze entwickelt.

Die im Sommer eher wüst scheinende Küstenlandschaft kann im Frühjahr ein zartes Farbenmeer von blühenden Knollenpflanzen, kleinen Wiesenblumen und blühenden Sträuchern sein. Im Mai blüht der Oleander, und viele Menschen sind unterwegs, um den wilden Spargel zu ernten. Im Juni folgt die Blütezeit von Ginster und Palmen. Zum Herbst werden immer mehr Früchte reif: Feigen, Melonen, Trauben, Tomaten, Gurken und Paprika füllen die Marktstände. Ab Oktober bis in den Februar leuchten im Neretva-Delta und südlich davon die Zitrusfrüchte in großer Artenvielfalt von den Bäumen.

Melonenfeld im Neretva-Delta

Das Grün der Landschaft bestreiten überwiegend Aleppokiefer, Pinie, verschiedene niedrigwachsende Eichenarten und die Seestrandföhre. Viele Kräuter, die auch die Küche bereichern, sind zu finden: Thymian, Salbei, Bohnenkraut und viele andere. Lavendel kam erst in den 1930er Jahren aus dem westlichen Mittelmeerraum nach Dalmatien, insbesondere nach Hvar. Rosmarin wächst vor fast jedem Haus.

Fauna

Wie stark die Natur das Leben der Menschen geprägt hat, zeigt sich bereits beim Geldumtausch, wenn der Reisende die ersten kroatischen Kuna in der Hand hält. Kuna heißt nämlich Marder. Im Mittelalter wurden die Steuern in Slawonien in der Einheit von Marderpelzen berechnet.

In den National- und Naturparks des Nordens sind zahlreiche Tierarten zu finden, die in Mitteleuropa selten anzutreffen oder ausgestorben sind: der Weißschwanzseeadler, aber auch Kormorane, Eisvögel, Schwarzstörche, verschiedene Reiherarten, die Zwergseeschwalbe oder der Bienenfresser. Am Wasser sind Fischotter und Biber anzutreffen, im Wasser gibt es einige seltene Fischarten, wie den fast ausgestorbenen Donau- oder Glattstör. Ein häufig zu sehender Vogel in Slawonien ist der Storch.

Wer an Dalmatien denkt, dem mag der Dalmatiner in den Sinn kommen. Unklar ist, ob er tatsächlich aus Dalmatien kommt. Dalmatinische Kirchenbücher erwähnen den Hund erstmals im 14. Jahrhundert. Heute ist er jedenfalls in Dalmatien selten anzutreffen, in England dagegen war er früher häufiger zu sehen: Dort begleitete er die Kutschen Adliger zur Abschreckung von Zeitgenossen mit bösen Absichten. Dalmatiner sollen bereits auf Gräbern von Pharaonen in Ägypten dargestellt worden sein, von dort könnten sie über Dalmatien nach Europa gekommen sein. Die einzige Darstellung eines Dalmatiners in Kroatien befindet sich auf einem Gemälde aus dem frühen 18. Jahrhundert, das im Refektorium des Franziskanerklosters Zaostrog hängt.

Zu den Tieren, die auf den ersten Blick Furcht erregen, gehören Braunbär, Wolf, Skorpion und verschiedene Schlangenarten. Wirklich in Acht nehmen sollte man sich lediglich vor den Schlangen. Wölfe und Braunbären leben eher zurückgezogen in den Wäldern Slawoniens und des Zagorje, des Gorski Kotar und auch in den einsamen Gegenden im Hinterland der Küste, aber auch auf mancher Insel, wie zum Beispiel auf Krk.

Bärenwarnung im Gorski Kotar

Junge Waldeidechse

Die schwarzen Skorpione, die sich lieber in die dunklen Stellen der Häuser flüchten als anzugreifen, sehen gefährlicher aus, als sie sind. Ihr Stich ist kaum schlimmer als der einer Bremse und auf jeden Fall nicht tödlich.

Ähnlich scheu sind die Schlangen. Einige von ihnen sind giftig, wie die Hornviper, die Katzennatter, die Eidechsennatter, die Kreuzotter und die Wiesenotter. Berüchtigt ist der Poskok, eine Sandviper, die – wie sich der Name aus dem Kroatischen ableiten lässt – springen kann. Doch die meisten flüchten bereits, wenn sie die Vibrationen der Schritte im Boden spüren. Trotzdem ist es ratsam, beim Wandern feste und hochschließende Schuhe und lange Beinkleider zu tragen. Kommt es doch zu einem Biss, zum Beispiel der Hornviper, sollte man schnellstmöglich den Arzt oder Apotheker aufsuchen. Apotheken sollten Gegengifte vorrätig haben. Gegen die Schlangen wurde einst Mungos aus Indien auf die Inseln Mljet und Korčula importiert. Dort haben sie aber neben den Schlangen auch viele andere Tiere vernichtet.

Vorsicht geboten ist bei den Seeigeln. Ein Tritt in einen Seeigel kann sehr schmerzhaft sein. Seltener, aber immer mal wieder vorkommend, sind Delfine oder Haie, die allerdings noch seltener nahe an die Küste schwimmen.

Umweltschutz und Nationalparks

In Kroatien liefern sich Umweltschutzgruppen und Interessenvertreter der Wirtschaft einen harten Kampf um den Schutz der Natur. Jüngst wurden die Flussläufe von Mur, Drava und Donau an der Grenze zu Ungarn Gegenstand harter Lobby-Kämpfe. Einen Etappensieg konnten die Umweltschützer erreichen: Im Juli 2012 hat die UNESCO der Einrichtung eines Biosphärenparks auf der Fläche von 800 000 Hektar zugestimmt. Der Gegner ist in diesem Fall die Wasserwirtschaft, die den Fluss für den Schiffsverkehr begradigen will. Mit den Veränderungen würden aber die Auen des stark mäandernden Flusses vom Wasseraustausch abgeschnitten. Insbesondere das Kopački Rit im Mündungsgebiet der Drava in die Donau wäre gefährdet. Darin finden zahlreiche seltene und vom Aussterben bedrohte Tierarten ein letztes Refugium. »Schließlich käme auch niemand in Kroatien auf die Idee, das Weltkulturerbe Dubrovnik zu zerstören. Es wäre ein Verbrechen.« Mit diesem Vergleich beschreiben Umweltschützer die Bedeutung des Kopački Rit. Ein Bewusstsein für Umweltprobleme setzt dann ein, wenn sie den Tourismus oder die Fischerei und die Landwirtschaft betreffen.

Der Umweltschutz ist für umweltbewusste Kroaten ein wichtiges Argument für die Europäische Union. Denn Kroatien hat sich mit dem EU-Vertrag verpflichtet, seine Naturgebiete zu schützen. Allerdings könnte nach dem EU-Beitritt, wenn keiner mehr genau hinguckt, der Kampf erneut ausbrechen. Die Stärke der Wirtschaftslobby bekam die Weltklimakonferenz 2011 zu spüren, bei der sich Kroatien mit der Weigerung, den Stand der CO^2-Emissionen von 1990 als Bezugsgröße anzuerkennen, einen schlechten Ruf eingehandelt hat.

Die Reaktorkatastrophe von Fukushima wirkt in der Umweltdiskussion nach. Mit Österreich besteht ein Streit um den Bau des slowenischen Kernkraftwerkes Krško, an dem ein kroatischer Energieversorger zu 50 Prozent beteiligt ist. Kroatien versorgt sich zu 18 Prozent mit Atomstrom. Strom ist in Kroatien teuer, deshalb setzen immer mehr Gemeinden auch auf die Selbstversorgung, vornehmlich mit Windkraft.

Das Meerwasser bekommt regelmäßig Bestnoten vom ADAC, das liegt aber vor allem daran, dass der Adriastrom das saubere Wasser vom offenen Mittelmeer zur kroatischen Küste bringt und verschmutztes Wasser in Richtung italienische Adria wegtreibt. Derzeit schrecken vermeintliche Vorkommen von Öl und Gas in der Adria die Umweltschützer auf. Fast das ganze Adriabecken wird derzeit danach abgesucht, und zwar mit Hilfe von Sprengungen, die bereits jetzt größten Stress für die Tiere im Wasser bedeuten, insbesondere für die seltenen Adria-Delphine. Lizenzen für zehn Probebohrungen wurden bereits an fünf große Ölfirmen vergeben. Dagegen hat sich die Bürgerinitiative Allianz Clean Adriatic Sea gebildet, die mit Aktionen gegen die Verschmutzung antritt.

Immerhin hat Kroatien bisher in Sachen Delphine eine Vorreiterrolle eingenommen. Denn seit 2009 dürfen keine Delphine für kommerzielle Zwecke (Delphinarien) mehr importiert werden.

Ein großer Schritt war 2006 die Einführung der Mülltrennung. Doch im Laufe der Jahre zeigte sich, dass mafiöse Strukturen mit dem Rohstoff im Abfall undurchsichtige Geschäfte treiben. 2013 wurden nur 7,5 Prozent des gesammelten Abfalls einer Wiederverwertung zugeführt. Denn dazu fehlt es nach wie vor an Kapazitäten.

Wasserfälle im Krka-Nationalpark

Geschichte

Kroatien ist ein junger Staat. Er ist zusammengewachsen aus fünf großen Puzzleteilen, die erst 1918 im Wesentlichen zur heutigen Form zusammengefügt wurden. Damals fehlte allerdings noch Istrien, das italienisch war, dafür erstreckte sich Kroatien bis kurz vor Belgrad, da ein Teil der Vojvodina noch zu Kroatien gehörte. Heute besteht das Land aus Zentralkroatien, Dubrovnik, Dalmatien, Istrien und Slawonien. Abgesehen vom Stadtstaat Dubrovnik waren diese nie politische Einheiten, und die Grenzen der Gebiete waren nie festgelegt. Es sind Kulturregionen, die sich im Lauf der Geschichte entwickelt haben.

Kroatien ist Teil einer Landbrücke, die Durchzugsgebiet und Verkehrsknotenpunkt war. Hier zog der Homo Sapiens auf dem Weg von Afrika nach Europa durch und stieß auf den Neandertaler, der sich von Norden nach Süden bewegte. An der Donau ließen sich zahlreiche Völker nieder, die ihre Gebiete immer wieder nach Süden ausdehnten. Thraker kamen von Osten, ihnen folgten die Griechen über Land und über die See.

Die Römer eroberten das Land von Westen über die istrische Halbinsel und über die Adria, um die Handelswege in den Osten zu sichern. West- und Ostrom stritten um ihren Einfluss auf dem Balkan. Bei der Völkerwanderung durchkreuzten Awaren das Gebiet von Nord nach Süd und setzten sich fest. Das byzantinische Reich versuchte, die Landverbindung in den Westen zu beherrschen.

Karl der Große kolonisierte Istrien von Norden her und übte Einfluss bis nach Dalmatien aus. Ungarn eroberten den nördlichen Teil des Gebietes. Gleichzeitig kolonisierte Venedig über Jahrhunderte die Küste, um die Schifffahrtswege zu sichern. Von Osten her stießen die Türken dort hinein und besetzten Bosnien und den größten Teil Slawoniens, der durch die Habsburger Monarchie in vielen Kriegsjahren wieder zurückerobert wurde.

All dies geschah zumeist über die Köpfe der Menschen hinweg; für die Bevölkerung bedeutete dies ein Leben unter ständiger Bedrohung. Kroatien konnte sich als militärisches Aufmarsch- und Kolonialgebiet nur schwer eigenständig entwickeln.

Nur eine Stadt konnte diese Lage wirklich für sich nutzen: Dubrovnik. Mit der Staatsgründung 1991 hat erstmals seit über 1000 Jahren das Volk sein Zusammengehörigkeitsgefühl gegen ein übergestülptes Regime zum Ausdruck gebracht.

Doch die verschiedenen Herrschaften hatten Spuren hinterlassen. Der Versuch, westlich orientierte katholische und östlich-orthodoxe Christen und Moslems nach Jahrhunderten zu einem Staatsgebilde unter kommunistischer Diktatur zu schmieden, endete im Balkankrieg von 1991 bis 1995.

Und so haben die fünf innerkroatischen Puzzleteile sehr unterschiedliche Charaktere. Slawonien zwischen Drava, Donau und Sava ist wohl das am längsten besiedelte Gebiet, das einst bis an die Grenze zur Krain reichte. Im Mittelalter erst formte sich das kroatische Kernland, das sich mal mehr, mal weniger ausgedehnt zwischen dem heutigen Opatija und Split und nach Norden bis an die Sava erstreckt.

Der Name der Halbinsel Istrien leitet sich von einem vorrömischen Volksstamm, den Histri, ab. Dieser, wie auch die Dalmater, waren Stämme der Illy-

Im Neandertalermuseum in Krapina

rer. Dalmatien gibt es im Sprachgebrauch aber erst seit 1420, als es von den Venezianern kolonisiert wurde. Dubrovnik ist seit dem Ende des Römischen Reiches ein selbständiger Stadtstaat, der außer der Halbinsel Pelješac keine Gebiete erobert hat.

Die fünf Puzzleteile finden sich über dem Schachbrettmuster in der Mitte der heutigen Fahne wieder. Auf der ›Šahovnica‹ (Schachbrett) genannten Fahne repräsentiert das linke Schild das Wappen der Illyrer, es folgen die Schilder Dubrovniks mit zwei roten Balken, Dalmatiens mit drei Leopardenköpfen, Istriens mit dem Ziegenbock und Slawoniens mit dem Stern und dem Marder.

Die Steinzeit und die Illyrer

Vor mehr als 100 000 Jahren besiedelten die Neandertaler den heutigen südlichen Balkan. International bedeutsame Funde machte man unter anderem in den Höhlen von Krapina und Vindija im heutigen Zagorje. Auf die Neandertaler traf zwischen 30 000 und 40 000 vor Christus der Homo Sapiens, der aus Afrika heraufwanderte. Damals war die Adria noch eine große Tiefebene.

Vor 12 000 Jahren stieg der Wasserspiegel und flutete das Gebiet zwischen dem italienischem Stiefel und dem Dinarischem Gebirge. Es entstand eine Vorform der Küste, die wir heute in Dalmatien bewundern. Hier lebten im 6./7. Jahrtausend vor Christus die Menschen in den Höhlen auf der Insel Korčula und der Halbinsel Pelješac, auf Krk und Cres und begannen bereits mit dem Formen von Töpferwaren.

Doch zur gleichen Zeit kam an der Donau, unter anderem zwischen Drava und Sava, dem heutigen Slawonien, die erste Hochkultur, die Starčevo-Kultur, zur Blüte. Dort benutzten die Menschen bereits Stempel, zerrieben Getreide zwischen Steinen, töpferten, formten Menschenfiguren, trieben Handel und stellten Schmuck her.

Funde aus der Bronzezeit im Archäologischen Museum Osijek

Die Ausgrabungserfolge der letzten Jahre an der Donau bringen Wissenschaftler zu dem Schluss, dass nicht in Griechenland, sondern am großen europäischen Strom die Kultur Europas ihren ersten Höhepunkt verzeichnete. Das Museum in Osijek kann eine durchgehende Besiedelung von aufeinanderfolgenden Kulturen an der Donau zwischen Drava und Sava nachweisen. So folgten aufeinander unter anderem die Sopot-Kultur, die Lasinja-Kultur (beide 5. Jahrtausend vor Christus), die Baden-Kultur (4. Jahrtausend), die Vučedol-Kultur (Anfang 3. Jahrtausend) und die Vinkovci-Kultur, die mit der die Bronzezeit begann (Ende 3. Jahrtausend).

An der Adria errichteten im 2. Jahrtausend vor Christus die Thraker ein erstes, überregionales Machtzentrum auf dem südlichen Balkan. Ab dem 4. Jahrhundert wurden die Illyrer zu einem Machtfaktor und erstarkten, fast zeitgleich kamen griechische Kolonisten in die östliche Adria. Eine Besonderheit dieser Stämme war, dass sie Städte und Festungen auf den möglichst höchsten Bergen bauten, nie in den Tälern und nie nahe am Meer. Sie besiedelten die Inselwelt, bis die Römer sie nach langen Feldzügen unterjochten und dieses Gebiet als Provinz Illyricum in ihren Staat eingliederten.

Noch im 19. Jahrhundert glaubte die Forschung, die Illyrer seien das Urvolk der Kroaten. Die Theorie war die Grundlage für den Illyrismus, eine Nationalbewegung, mit der junge Adelige und Intellektuelle die nationale Eigenständigkeit der Kroaten gegenüber Österreich-Ungarn betonten. Denn in der Donaumonarchie galt Kroatisch nicht einmal als offizielle Sprache.

Der Illyrismus bildete die Basis für panslawistische Ideen und die Identität der jungen kroatischen Nationalbewegung, die bis in die Ustaša-Zeit reichte. Bereits zuvor hatte Napoleon nach seiner Besetzung Dalmatiens diesen Landstrich in Anlehnung an die römische Zeit ›Illyrische Provinzen‹ genannt. Doch tatsächlich kamen die Kroaten erst mit den Awaren, etwa 600 Jahre nach dem Ende der Eigenständigkeit der Illyrer, in das Land.

Griechen und Römer

Zwar galten die Illyrer als ein starkes Kriegsvolk, doch sie konnten auf Dauer mit zwei Kulturen, von denen sich jeweils eine im Osten und eine im Westen herausbildete, nicht mithalten. Im 6. Jahrhundert vor Christus gründeten Griechen auf der heutigen Insel Korčula in Lumbarda die erste Kolonie und nannten sie Korkyra Melaina.

Zwei Jahrhunderte später errichtete der Tyrann von Syrakus, Dionysios, unabhängig davon auf der Insel Vis eine griechische Kolonie und befestigte sie. Von dort aus ließ er sich in Pharos, dem heutigen Stari Grad auf Hvar, nieder, und schließlich gründeten die Griechen das heutige Trogir, das sie Tragurion nannten.

Doch der illyrische Stamm der Liburner entwickelte einen Schiffstyp, der schneller und wendiger und allen anderen der Adria überlegen war. Und weil all die schönen Handelsgüter quasi vor der Haustür der Illyrer zwischen Griechenland und Rom hin- und herfuhren, verlegten sie sich auf die Seeräuberei. Damit wurden sie über Jahrhunderte zu einer mächtigen Plage für den Adriahandel.

Als im 3. Jahrhundert vor Christus die illyrische Königin Teuta die Griechen vertreiben wollte, Korkyra Melaina (Korčula) eroberte und Issa (Vis) belagerte, griffen die Römer ein. Sie besiegten die Herrscherin und machten Illyrien von Rom abhängig. Trotzdem beendete das die Seeräuberei zunächst nicht. Bis heute gilt Teuta als sagenumwobene Herrscherin, die in manchen Mythen auch als große Piratin in Erscheinung tritt. Im Jahr 35 vor Christus unterwarf Octavian die östliche Adria und gliederte sie als Dalmatae in das Römische Reich ein. Salona (Split) wurde zur Hauptstadt, Iadar (Zadar) zur zweitwichtigsten Stadt.

Die Römer vergrößerten ihr Reich auch von Norditalien aus und bauten Pula und Poreč zu starken Städten aus. Noch heute ist in Pula eines der besterhaltenen Amphitheater zu sehen. Die Römer breiteten sich weiter in die Pannonische Tiefebene aus und machten das heutige Slawonien zur Provinz Pannonia.

Rekonstruktion einer römischen Villa im Museum von Virovitica

Am Zusammenfluss von Krupa und Save gründeten die Römer die Stadt Siscia, das heutige Sisak, und entwickelten es zu einem starken Zentrum. In Slawonien tauchen immer mehr Funde aus römischer Zeit auf, die eine stärkere Besiedelung zeigen als bisher angenommen. In Aurelia Cibalae (Vinkovci) entstand ein römisches Militärlager. In dessen Nähe fand 314 die Schlacht zwischen Kaiser Konstantin I. und Kaiser Licinius statt. Vinkovci gilt als der einzige Ort außerhalb von Rom, der gleich zwei römische Kaiser hervorgebracht hat: Valentinian (364–375 in Westrom) und Valens (364–378 in Ostrom).

Einer der letzten großen römischen Herrscher, der das Reich zusammenhielt, war der Dalmatiner Diokletian, der es im 4. Jahrhundert nach Christus schaffte, über 20 Jahre eine stabile Regierung aufzubauen. Der letzte Christenverfolger baute den Diokletianpalast, der heute die Altstadt von Split bildet, und setzte sich darin als einziger römischer Herrscher zur Ruhe.

Sein ebenfalls aus Dalmatien stammender Nachfolger Konstantin ließ das Christentum gewähren. Als das Römische Reich auseinanderfiel und Byzanz zum Zentrum des Christentums wurde, verlief die Trennlinie zwischen Ost- und Westrom exakt an der heutigen Grenze zwischen Dalmatien und Montenegro. Slawonien, Bosnien und Dalmatien wurden somit zur Grenzregion in den Konflikten des auseinanderbrechenden Römischen Reiches. In diesen politisch geschwächten Zwischenraum drängten sich wahrscheinlich im 7. oder 8. Jahrhundert die Awaren.

Slawen und Awaren

Es war mehr als ein staatspolitischer Akt, als am 5. August 1995 die kroatischen Soldaten auf der Burg Knin die Šahovnica hissten und sie der damalige kroatische Präsident Franjo Tuđman öffentlich küsste. Die Ortswahl war ein historisches Symbol. Tuđman knüpfte den neuen Staat an eine kurze Zeit im Mittelalter an, als Kroatien das erste und einzige Mal selbständig auf der weltpolitischen Bühne agierte. Und dieses erste Mal endete bereits 1091.

Von der Burg Knin aus regierten Fürsten und später Könige mit klangvollen Namen wie Trpimir, Muncimir, Svetislav, Držislav, Zvonimir und Petar im Mittelalter den ersten kroatischen Staat. Sie waren erst im 7. Jahrhundert als Hrvati in das Land gekommen – zu einer Zeit, als die antike Welt vor ihrer Auflösung stand. Sie bildeten eine neue Herrscherschicht über eine bereits dort sesshafte Bevölkerung mit langer Tradition.

Vielleicht gehört es bis heute zum Problem der kroatischen Identität, dass eigentlich niemand so genau weiß, woher die Kroaten kamen. Sicher ist, dass Dalmatien um 600 zunächst von den Awaren erobert wurde. Das Reitervolk, das in der Steppe des Kaukasus aufgebrochen war, besetzte das Land vom heutigen Zagreb hinunter bis nach Rijeka und breitete sich entlang der Küste bis nach Split aus, wo es auf römische Hochkultur traf. Zwischen 612 und 619 erreichte es brandschatzend und plündernd die Adriaküste. An der Adria nahmen sie Salona (heute Solin bei Split) ein und machten die größte römische Stadt an der östlichen Adria dem Erdboden gleich. Danach zerstörten die Awaren Zadar und Nin.

Das Amphitheater in Pula

In ihrem Gefolge befanden sich Slawen, die sich an der Adria niederließen und sich selbst ›Hrvati‹ nannten. Diese Selbstbezeichnung hat viele Rätsel aufgegeben. Die spektakulärste Theorie ist, dass die Kroaten aus dem heutigen Iran über den Kaukasus in ihr Siedlungsgebiet eingewandert sein könnten. Denn auf dem Gebiet des heutigen Iran findet sich das Wort ›Haurvata‹, das ›Viehhüter‹ heißt. Diese Theorie beschert heute dem Land ein gutes Verhältnis zum Iran, über den für den letzten Balkankrieg auch Waffen geliefert worden sein sollen.

Wahrscheinlicher ist, dass ein ›Hrvat‹-ähnlicher Begriff eine bestimmte gesellschaftliche Schicht oder eine bestimmte Kriegerschicht innerhalb der Awarenherrschaft bezeichnete. Als Karl der Große die Awaren 796 endgültig besiegte, löste sich damit der Zusammenhalt der awarischen Herrschaft auf. Damit übernahm eine Bevölkerungsgruppe, die sich ›Hrvat‹ nannte, die Herrschaft im heutigen Gebiet Kroatiens.

›Hrvati‹ wäre demnach eher der Oberbegriff für eine Herrscherschicht. Sie setzten sich im heutigen Kernland Kroatien zwischen dem heutigen Rijeka und Split und nach Norden bis an die Sava, zeitweise auch bin an die Drava fest.

Gründung des kroatischen Staates

Dass sich Kroatien heute zum Westen zählt, liegt an Karl dem Großen. Im Jahr 774 unterwarf er die Langobarden in Norditalien und dehnte 788 seine Herrschaft über das byzantinisch regierte Istrien aus. Lediglich Pula blieb eine byzantinische Festung. Um Dalmatien begann ein Tauziehen von weltpolitischer Dimension. Im Vertrag von Aachen 812 wurden die Slawen zwischen dem Reich des deutschen Herrschers von Norden und Byzanz von Süden her aufgeteilt. Karl der Große hatte auf Dalmatien offiziell verzichtet und im Gegenzug die Erlaubnis von Byzanz eingekauft, sich in Rom zum Kaiser des Heiligen Römischen Reiches deutscher Nation krönen lassen zu dürfen.

Dennoch übte Karl der Große seinen Einfluss nach Dalmatien aus und christianisierte es im Sinne Westroms. Ab 845 errichtete das kroatische Geschlecht der Trpimirovići mit fränkischem Segen eine Herrschaft nach westlichem Muster. Fürst Branimir wurde als erster ›Dux Croatorum‹ genannt und gründete 879 in Nin mit Erlaubnis Roms einen Bischofssitz.

Zur Zeit der Herrschaft der Ottonen (Ludolfinger) drangen Reitervölker aus dem Osten nach Westen vor und besetzten die ungarische Tiefebene. Erst Otto der Große konnte sie bei Augsburg aufhalten und weit zurückschlagen. Das verringerte auch den Druck auf den Balkan, aber die Ungarn übten weiterhin ihre Macht auf den Südbalkan aus.

Tomislav I. konnte eine übergeordnete Machtstellung erreichen und ließ sich 925 in Nin mit dem Segen Roms zum kroatischen König krönen. Die Krönungskirche und kleinste Kathedrale der Welt ist heute noch erhalten. Damit wurde das nördliche Dalmatien zum Kernland des kroatischen Staates. Tomislav I. besiegte die ungarischen Truppen, die von Norden eingedrungen waren und fügte dem Khan von Bulgarien eine schwere Niederlage zu.

Unter Petar Krešimir IV. (1058–1074) erlebte Kroatien seinen Höhepunkt, doch bereits 1091 starb die Dynastie aus, und das Land fiel an Ungarn. Seither wurde Kroatien von Ungarn aus regiert, eine Konstellation, die mehr oder weniger straff geführt bis ins 19. Jahrhundert Bestand hatte.

Diese 200 Jahre währende relativ selbständige kroatische Herrschaft wurden bis 1995 nicht mehr erreicht und bildet bis heute die Grundlage des Mythos' vom einigen kroatischen Reich. Als Ergebnis deutscher Herrschaft entstand damit auch bis heute die Verbundenheit zur römisch-katholischen Kirche.

Kroatien im Spätmittelalter

Parallel zu den Ungarn begann Venedig seine Herrschaft von Süden her auf die kroatischen Gebiete auszuüben. Doch im späten Mittelalter konnte weder eine innere noch eine äußere Macht stabil die Herrschaft über Kroatien halten. In Slawonien erstarkte der lokale Adel, der das Land untereinander aufteilte.

Auch an der Küste gewannen lokale Fürstenfamilien, wie im 10. Jahrhundert die der Šubić am Krka-Fluss oder später die Adelsfamilie der Frankopanen in der Kvarner Bucht, an Macht. Piraten regierten in Senj und von Omiš bis zur Neretva und machten die Handelswege unsicher. Stadtstaaten wie Zadar, Split und Dubrovnik versuchten sich nach italienischem Vorbild selbständig zu machen.

Mit der Entdeckung der Salzgewinnung aus Meerwasser wurde die Küste der Ostadria auch zu einem wichtigen wirtschaftlichen Standort. In Pag, Nin, Trogir, Šibenik, Ston und anderen Orten wurde das weiße Gold gewonnen. Venedig errang im 12. Jahrhundert mehr und mehr das Monopol im Seehandel. Im Kampf gegen die Piraten wurde die Stadt am Lido zunehmend zu einer Ordnungsmacht in der Adria und löste damit Byzanz ab.

Aufstrebende Städte wie Zadar, Split und Dubrovnik gerieten zunehmend in Konkurrenz zu Venedig. Venedig scheute keine noch so zweifelhaften Mittel, die Oberherrschaft zu erlangen. So ließ es 1202 eine Flotte mit Kreuzrittern die Stadt Zadar angreifen. Die Serenissima erließ denen, die sich an der Eroberung der nordadriatischen Stadt beteiligten, die Abgaben für die Überfahrt. Und so plünderten über 30 000 deutsche und französische Söldner die Stadt. 1204 wurde Konstantinopel auf die gleiche Art ausgeraubt.

Anfang des 15. Jahrhunderts suchte Ladislaus von Neapel das Bündnis mit dem bosnischen Königtum gegen den ungarischen König Sigismund. Doch Sigismund konnte die bosnischen Magnaten zur Anerkennung seiner Herrschaft zwingen, so dass Ladislaus seine Macht an der Küste schwinden sah. Das führte zu einem historischen Schritt: 1409 verkaufte Ladislaus von Neapel Dalmatien für 100 000 Dukaten an Venedig. Ab 1420 herrschte die Serenissima 470 Jahre lang über ganz Dalmatien. Mit einer Ausnahme: der Stadt Dubrovnik.

Dubrovnik hielt sich im offenen Konkurrenzkampf zurück. 1333 noch konnte es die Halbinsel Pelješac mit der Saline von Ston sichern. Ein Schachzug, der dem Stadtstaat erhebliche Einnahmen bescherte. Dubrovnik konnte mit diplomatischen Mitteln die Aufmerksamkeit Venedigs immer wieder ablenken, insbesondere auf eine neue Macht, die aus dem Osten heraufzog: den Osmanen.

Die Ungarn konnten sich lediglich bei Rijeka dauerhaft an der Küste festsetzen. Während dort die Kultur im Austausch mit Venedig zu neuer Blüte kam, fiel das nördliche Kroatien in die dunkle Zeit des Mittelalters und wurde völlig neu kolonisiert. Die inzwischen christianisierten ungarischen Herrscher ließen Orden ins Land, um es aufzubauen und warben Kaufleute und Handwerker an. 1242 erlaubte König Bela IV. letzteren die Gründung der Stadt Zagreb.

Veliki Tabor ist die größte erhaltene mittelalterliche Burg in Kroatien

Die Osmanen

Aus Sicht von Ladislaus war der Verkauf Dalmatiens auch deshalb ein rechtzeitiger Ausstieg, weil bereits die Osmanen von Osten mit zunehmenden militärischen Erfolgen heranzogen. Auch sie profitierten vom Streit der Christen um den Balkan, so dass der Widerstand nur schwach war. 1385, lange vor dem Fall von Konstantinopel 1453, rückten sie bereits an der albanischen Adriaküste vor und nahmen Venedig erste Stützpunkte ab. 1388 eroberten sie Bosnien, 1389 besiegten sie die von europäischen Mächten alleingelassenen Serben auf dem Amselfeld.

Das hatte deutliche Auswirkungen auf das Hinterland: Die Kämpfe lösten zahlreiche Flüchtlingswellen in das westliche Slawonien und an die adriatische Küste aus. Dort entstanden viele kleine Städte direkt an der Küste, die Einheimische aus Angst vor Piraten so nie gebaut hätten.

Die Türken marschierten bis Nin, griffen auf das benachbarte Zadar über und nahmen nach langen Anläufen 1537 die Burg Klis oberhalb von Split ein. Šibenik konnte sich, geführt von einem deutschen General in venezianischen Diensten, nur mit einer ausgeklügelten Strategie gegen die Übermacht der Osmanen halten, Trogir verteidigte sich mühsam mit einer starken Befestigung.

Die Türken eroberten ganz Slawonien, bis sie 1593 kurz vor Sisak vorerst gestoppt werden konnten. Sie nahmen Ungarn ein und zermürbten die Einwohner der Grenzgebiete durch wiederholte Eroberungsfeldzüge. Sie bauten Slawonien komplett um und ließen nur wenige Kirchen stehen. Im 17. Jahrhundert rüsteten sie zum großen Schlag gegen Wien. Die Schlacht vor Wien konnte 1683 nur mit Hilfe der Polen gewonnen werden. Der Sieg verhalf der Habsburger Monarchie zu neuer Macht. Im Türkenkrieg gegen die Osmanen von 1683 bis 1699 vertrieben die Österreicher mit Unterstützung durch zahlreiche adelige Militärstrategen die Osmanen aus dem Pannonischen Becken. Sie gewann Slawonien wieder zurück und übernahm auch Teile der Adriaküste.

Kroatien unter Österreich-Ungarn

Die Habsburger zentralisierten die Macht zunehmend und setzten ihre Form des Absolutismus um. Bei den kroatischen Adeligen, die die Hauptlast im Kampf gegen die Türken trugen, führte das zu Unruhen. Ein Putsch der Grafen Petar Zrinski und Frank Krsto Frankopan gegen Leopold I. von Österreich 1671 schlug allerdings fehl und brach den Widerstand des Adels.

Die 1740 anbrechende Regentschaft von Maria Theresia war darauf ausgerichtet, das Land weiter zu zentralisieren, aber auch zu modernisieren. Sie gründete mit dem Landtag in Varaždin eine zentrale Regierung über Kroatien, die aber aufgrund des Brandes in Varaždin bald nach Zagreb zog und die Stadt an der Sava seitdem zum Regierungssitz Kroatiens machte.

Entlang der Westgrenze des Osmanischen Reiches richtete sie die Militärgrenze (Vojna Krajina) ein, mit dem späteren Zentrum in Bjelovar. In einem bis zu 100 Kilometer breiten Korridor wurden Siedler aus orthodoxen Ländern angesiedelt. Ihnen wurde Steuerfreiheit garantiert, dafür mussten sie aber jederzeit zu militärischen Einsätzen zur Verfügung stehen. Der militärische Begriff

Junge Männer in k.u.k. Polizeiuniformen auf dem Marktplatz in Osijek

wurde zunehmend zur geografischen Lagebezeichnung: die Krajina. So entstand ein überwiegend orthodox besiedelter Raum, der 1991 noch eine eigene Rolle spielen sollte (→ S. 49).

Adelige und Militärs, die sich im Krieg ausgezeichnet hatten, wurden mit Land in Slawonien belehnt. Sie holten deutsche Handwerker und Bauern in das Land, um es wieder aufzubauen. Bis ins 19. Jahrhundert bestanden größere Städte wie Osijek zu einem Drittel aus deutschen und österreichischen Bewohnern.

Wirtschaftlich ging es in Kroatien erst im 18. Jahrhundert langsam bergauf. Orte wie Šibenik, Zadar, Orebić, aber auch Inselchen wie Olib blühten in dieser Zeit durch den immer stärker werdenden internationalen Seehandel und profitierten von der zunehmenden Schwäche Venedigs. Slawonien profitierte zwar von den Investitionen in die Militärgrenze, blieb aber rückständig und leistete für die vielen Kriege der Österreicher erheblichen Blutzoll.

Obwohl Joseph II. 1785 die personenrechtliche Bindung an den Grundherren aufhob, lähmte Ende des 18. Jahrhunderts und Anfang des 19. Jahrhunderts die starre Ständeordnung das alten Adels sowohl der k.u.k. Monarchie als auch der Serenissima zunehmend die beginnende Industrialisierung und den Erfolg des Bürgertums. Als Napoleon Anfang des 19. Jahrhunderts dem Land das erste Mal eine verwaltungstechnische Einheit verlieh, nährte dies die Sehnsucht, diese Einheit auch in Unabhängigkeit und Freiheit fortzuführen.

Kroatien im 19. Jahrhundert

Napoleon blieb eine Episode, doch sie beflügelte den südlichen Balkan. Unter seiner Herrschaft erlebte der Balkan eine Reihe von administrativen Reformen. Die Magistrale entlang der Adriaküste entstand. Das Bürgertum erhielt mehr Handlungsfreiheit, und die Verwaltung wurde reformiert. Die orthodoxe Kirche, bis dahin der katholischen untergeordnet, wurde gleichgestellt, erstmals wurde eine Eparchie in Šibenik eingerichtet.

Einerseits blieb die Bevölkerung an der Adria aufgrund des Atheismus' des Herrschers von der Seine auf Distanz. Und die steigenden Steuerforderungen in Verbund mit den ständigen Rekrutierungen wurden zur Belastung. Doch indem Napoleon der Verwaltungseinheit den Namen ›Illyrische Provinzen‹ gegeben hatte, wurde andererseits ein alter Mythos wachgerufen, der zu einem romantischen Ideal führte.

Intellektuelle um den Journalisten Ljudevit Gaj und den Grafen Drašković begeisterte der für wahr gehaltene Mythos, die Illyrer seien die ersten Kroaten gewesen. Sie gründeten die Bewegung der nationalen Wiedergeburt, eine Art kroatischer Vormärz. Unter dem Schlachtruf des ›Illyrismus‹ entstand eine Nationalbewegung, die Partikularismus überwinden und die Sprache reformieren wollte. Die Zeitschriften, die Gaj herausgab, erschienen erstmals in lateinischer Schrift und erreichten ein großes Publikum. Der ›Illyrismus‹ wurde zu einem Schlachtruf, unter dem auch panslawische Ideen vertreten waren, wonach alle Slawen sich zu einer Einheit unter russischer Führung zusammenschließen sollten.

Das Bestreben Kaiser Franz Josephs I., die Länder der Krone gleichberechtigt anzuerkennen und nicht wie eine Kolonie zu führen, blieb graue Theorie.

Ljudevit Gaj war einer der prägenden Gestalten im 19. Jahrhundert

Er führte zwar zahlreiche Neuerungen ein, wie den Ausbau des Eisenbahnnetzes, wenn auch aus militärischen Gründen. In der zweiten Hälfte des 19. Jahrhunderts begann damit ein zaghafter Tourismus an die Badeorte der See und zu den Thermalbädern in Slawonien. Aber die Industrialisierung erreichte mit nur wenigen Betrieben die großen Städte wie Zagreb, Split und Šibenik. Das Land blieb überwiegend von der Landwirtschaft geprägt. Vor allem Wein- und Olivenbau florierten, der Westen wurde ein dankbarer Abnehmer. Insgesamt aber ging es wirtschaftlich unter der österreichisch-ungarischen Monarchie zunächst bergauf.

Der Kaiser stärkte formell die Kroaten, doch nur, weil er sie gegen die ungarischen Aufständischen benutzte. So kam es 1848 zum Einmarsch des Ban Jelačić nach Ungarn, der für den Kaiser die Aufstände niederschlagen ließ und, da er schon mal unterwegs war, auch die Revolutionäre vor Wien besiegte. Entgegen der ursprünglichen Ziele band dies die Kroaten näher an Wien als ihnen lieb war. Nebenbei hat Jelačić auch das Međimurje besetzt, das bis dahin zu Ungarn gehörte.

Der Erste Weltkrieg

Als der Kronprinz Erzherzog Franz Ferdinand über das dalmatinische Metković durch das Neretva-Tal per Eisenbahn nach Sarajevo reiste, ahnte noch niemand, dass er nicht lebend aus der bosnischen Stadt zurückkommen würde. Mit dem Attentat durch den Serben Gavrilo Princip am 28. Juni 1914 auf den Thronfolger schlitterte auch Kroatien in den Ersten Weltkrieg.

Am Ende stand Kroatien auf der Verliererseite, während die Serben auf Seiten der Siegermächte standen. Durch geschicktes Taktieren zwangen sie den kroatischen Sabor, dem serbischen Prinzregenten Aleksander Karađorđević 1918 die Herrschaft anzutragen. Im Rapallo-Vertrag von 1920 kamen zwar die Baranja und das Međimurje zu Jugoslawien, aber die Karte an der Küste zerriss: Dalmatien wurde Kroatien angegliedert, aber Istrien, Cres und Lošinj kamen mit Zadar zu Italien, Rijeka wurde wie Danzig eine freie Stadt.

Die Doppelmonarchie Österreich-Ungarn um 1910

Es entstand ein Staatenverband, in dem drei Kulturen zusammenleben sollten, die in den letzten 1000 Jahren eher gegeneinander als miteinander agiert hatten. Was vorher ein äußerer Konflikt zwischen Völkern und Kulturen gewesen war, wurde nun durch die Grenzziehung um die Slawen auf dem Südbalkan zu einem ›inneren‹ Konflikt. Obwohl sie weitgehend eine gemeinsame Sprache hatten, wurde das Zusammenleben von Moslems, Ostchristen und Westchristen zur Keimzelle für den Krieg auf dem Balkan zwischen 1991 und 1995. Der serbische Zar versuchte die Konflikte mit diktatorischen Mittel zu lösen.

In der Zeit zwischen den Weltkriegen wurde der Balkan politisch zwischen Kommunismus und Nationalismus zerrissen. Die kommunistische Partei hatte 1920 bereits 65 000 Mitglieder und wurde 1921 verboten. Auf der anderen Seite standen die Nationalisten, die eine föderative Politik forderten. Aber auf ihren bekanntesten Vertreter, Stjepan Radić, Führer der Bauernpartei, wurde ein Attentat verübt. Darauf ging ein anderer Nationalist, Ante Pavelić, in das Exil, wo er die Ustaša-Bewegung gründete und das Attentat auf den König in Marseille vorbereitete.

Der Streit verhinderte notwendige Reformen. Die Dörfer, vor allem in Dalmatien, waren bereits überbevölkert. Kurz nach dem Ersten Weltkrieg erreichte die Reblaus aus Amerika, die bereits seit Ende der 1870er Jahre in Westeuropa wütete, Dalmatien und vernichtete einen Großteil der Weinernte. Die zögerlich einsetzende Industrialisierung des Königreiches kam nur dem Norden des Landes zugute und konnte die ausgefallenen Arbeitsplätze in der Landwirtschaft nicht auffangen. In diese schwierige Situation brach 1929 die Weltwirtschaftskrise ein. Eine massive Auswanderungswelle setzte ein.

Der Zweite Weltkrieg

Wie auch in Deutschland drifteten Ende der 1920er Jahre die politischen Kräfte im Königreich Jugoslawien immer weiter auseinander. 1928 gründete Ante Pavelić eine Geheimorganisation, die faschistische Ustaša, mit der er von Italien aus die Abtrennung von Kroatien aus dem Königreich betrieb. 1934 ließ er den serbischen König Aleksandar in Marseille von einem mazedonischen Attentäter ermorden, gedeckt von Bulgaren und Italienern.

Weil Deutschland vor dem Angriff auf Russland die südöstliche Flanke absichern wollte, befahl Hitler unter einem Vorwand den Angriff auf das Königreich Jugoslawien, das er zusammen mit den Italienern in zwei Tagen einnahm. Prinz Pavle flüchtete über Athen und Kairo und baute in London eine Exilregierung auf. Die Achsenmächte teilten sich den südöstlichen Balkan auf, wobei die Deutschen das Hinterland mit Zagreb und Sarajevo und die Italiener die Küste besetzten.

In Zagreb errichtete Ante Pavelić die Nezavisna država Hrvatska (NDH), den Unabhängigen Staat Kroatien. Doch bereits diese Bezeichnung war eine Farce, denn Kroatien hing am langen Arm von Berlin und Rom. Die kroatischen Faschisten regierten nicht einmal über das ganze Land.

Die Ustaša-Führung gerierte sich als Herrscherclique von deutschen Gnaden, und ihr Rückhalt in der Bevölkerung schwand. Mit dem ›Gesetz zum Schutz von Volk und Staat‹ wurde mit dem Tode bestraft, wer gegen die ›Ehre und Lebensinteressen des kroatischen Volkes‹ verstieß. Mit diesem Paragraphen, der jede Auslegung offenließ, wurde eine Willkürherrschaft juristisch bemäntelt.

Die Ustaša bastelte sich eine Arierideologie zurecht und leitete ihre Abstammung von den Goten her. Es bildeten sich Terrorbanden, die Serben brutal verfolgten oder zur Konversion zwangen, bis sogar die deutschen Besatzer dies 1942 unterbanden. Die Ustaša richteten das Konzentrationslager in Jasenovac ein, in dem jüngsten Schätzungen zufolge zwar nicht 700 000 Menschen, wie nach dem Krieg behauptet, aber wahrscheinlich etwa 85 000 Juden, Serben, Sinti und Roma und politische Gegner umgekommen sein sollen.

Zug mit Güterwaggons zum Gefangenentransport in der Gedenkstätte Jasenovac

Der Befreiungskampf

Als Gegenbewegung zu den Ustaša organisierten sich gleich zu Beginn der deutsch-italienischen Besatzung die Četnici, eine serbische Widerstandsbewegung unter General Dragoljub Draža Mihailović. Gestützt von der Exilregierung, war sie eine nationalistisch-serbische Organisation. Deshalb richtete sie ihren Gegenterror zunächst vor allem gegen führende Kroaten und Moslems unter den Nazis.

Erfolgreicher war der Partisanenkampf der Kommunisten. Nicht nur, weil sie bereits seit 1921 im Untergrund wirkten und damit Erfahrung hatten, auch ihr Anführer war flexibler. Josip Broz Tito gelang es, den Gedanken des Klassenkampfes und der Nationalitäten hintenanzustellen und so den Widerstandswillen aller nationalen Gruppen des jugoslawischen Reiches gegen die Achsenmächte zu vereinen.

Die erste spektakuläre Aktion war die Einnahme des Städtchens Srb in der Lika; mit wechselndem Erfolg eroberten die Partisanen weitere Gebiete und konnten dort eine funktionierende Verwaltung und eine Wirtschaft aufbauen. Zunächst organisierte Tito den Widerstand von den Höhlen im bosnischen Jajce. Nachdem ihn im Mai 1944 deutsche Fallschirmspringer bei Drvar fast gefangengenommen hatten, verlegte er die Zentrale des Widerstandes auf die dalmatinische Insel Vis, die von den Briten besetzt war. Auch dort bezog das Kommando eine Höhle.

Aufgrund der zunehmenden Erfolge zwang Winston Churchill die serbisch dominierte Exilregierung, Hilfe für Tito zu organisieren und Mihailović zu entlassen. Durch die Unterstützung mit Waffen und begünstigt durch die Erfolge der Alliierten, konnten die Partisanen am 20. Oktober 1944 zusammen mit der Roten Armee Belgrad erobern.

Zum Kriegsende versuchten Minister im Kabinett von Pavelić, einen Seitenwechsel zu organisieren, doch Pavelić ließ sie vermutlich kurz vor Kriegsende noch umbringen. Pavelić floh am 7. Mai 1945 nach Argentinien. Nach einem

Geburtshaus von Josip Broz Tito in Kumrovec

Tito-Bilder werden heute auf dem Trödelmarkt angeboten

Attentat siedelte er nach Madrid über, wo er 1959 starb. Mit vielen anderen Nazis machten die Partisanen kurzen Prozess.

Viele Deutsche, insbesondere die, die mit den Nazis kollaboriert hatten, flüchteten mit dem Ende des Zweiten Weltkrieges aus Slawonien. Die übrigen ließen die Partisanen in Camps bringen und richteten furchtbare Massaker unter ihnen an. Damit wurde die deutsche Kultur in Slawonien fast völlig ausgelöscht.

Wie hoch die Verluste im Zweiten Weltkrieg insgesamt auf jugoslawischer Seite waren, ist umstritten. Tito selbst hatte 1,7 Millionen Tote angegeben, diese Zahl wurde allerdings noch unter seiner Führung in Zweifel gezogen.

Das sozialistische Jugoslawien

Der gemeinsame faschistische Feind hatte die Kulturen auf dem Balkan, die sich in hunderten von Jahren unterschiedlich entwickelt hatten, aber nach wie vor ähnliche Sprachen verwendeten, zwar geeint, aber nicht dazu beigetragen, die kulturellen Unterschiede zu überwinden. Am 29. November 1945 gelang es noch mühelos, in Belgrad die Federativna Narodna Republika Jugoslavije (FNRJ), die Föderative Volksrepublik Jugoslawien, zu gründen.

Beflügelt durch die große Selbständigkeit der jugoslawischen Partisanen und ihrer Erfolge, forderte Tito nach dem Krieg mehr Selbständigkeit innerhalb der kommunistischen Staaten. Dabei eskalierte ein Streit mit Stalin, so dass Moskau Jugoslawien aus der Kominform ausschloss. Es folgte eine Wirtschaftsblockade, die Tito dazu zwang, westliche Hilfe anzunehmen und Güter aus dem Marshallplan zu beziehen.

Tito begann eine ›Säuberung‹, indem er alle Anhänger Stalins aus der kommunistischen Partei ausschloss und sie auf die Gefängnisinsel Goli Otok verbannte. Dort mussten zeitweise 30 000 Menschen in Steinbrüchen Zwangsarbeit leisten. Als Stalin 1953 starb, verbesserte sich zwar das Verhältnis zur Sowjetunion, doch Jugoslawien stieg zur Führungsnation der Blockfreien Länder auf.

1950 hob Tito die Kollektivierung auf und führte stattdessen die Arbeiterselbstverwaltung ein. Landbesitz wurde nur auf einer Fläche von bis zu 20 Hektar erlaubt. Ende der 1960er Jahre wurde der freie Reiseverkehr genehmigt, und viele gingen als Gastarbeiter in den Westen. Allerdings wurden Oppositionelle in den Gastländern vom jugoslawischen Geheimdienst bespitzelt und zum Teil auch getötet.

Die Gefängnisinsel Goli Otok

Parallel zur 68er-Bewegung entstand 1967 auch in Zagreb eine Protestbewegung, die sich ›Kroatischer Frühling‹ nannte und mehr Autonomie forderte. Konkreter Kritikpunkt war, dass Kroatien beim Rückfluss der Deviseneinnahmen aus dem Tourismus benachteiligt wurde. So gingen alle Deviseneinnahmen an die Nationalbank in Belgrad und wurde den Unternehmen in Dinar gutgeschrieben. Tito unterdrückte die Bewegung 1971 mit Gewalt. Dennoch wurde 1974 die Verfassung geändert, so dass die Republiken zu Mitgliedern eines Staatenbundes wurden. Touristikunternehmen konnten danach 45 Prozent und Exportfirmen 20 Prozent aus den Deviseneinnahmen behalten.

Am 4. Mai 1980 starb Tito. Obwohl er am Schluss kaum mehr wirklich regiert und eher repräsentiert hatte, kamen zu seiner Beerdigung fast alle Staats-

Jugoslawien nach 1945

chefs der Welt. Nach seinem Tod unternahmen die Parteifunktionäre alles, damit seine zweite Frau Jovanka nicht an die Macht kam. Der Posten des Staatspräsidenten wurde fortan durch ein achtköpfiges Staatspräsidium ersetzt, dessen Vorsitz rotierte. Das System brach auseinander, als Slobodan Milošević zunehmend eine Zentralisierung anstrebte, die Befürchtungen über eine serbische Dominanz auslöste. 1981 kam es zu einem Aufstand der Albaner im Kosovo, der brutal niedergeschlagen wurde.

Als sich weiterer Widerstand aus Slowenien ankündigte, forderte Milošević auf einem Parteitag am 22. Januar 1990 Maßnahmen zur Zentralisierung. Aus Protest gegen seine Politik verließen erst die Slowenen, dann die Kroaten unter Ivica Račan den Parteitag und besiegelten damit das Auseinanderbrechen der Partei.

Die Unabhängigkeit Kroatiens

Im April 1990 fanden die ersten freien Wahlen in Kroatien statt, aus der die Partei Kroatische Demokratische Gemeinschaft (HDZ) unter Franjo Tuđman als Sieger hervorging. Dieser gab der formal noch sozialistischen Republik sogleich eine neue Verfassung, deren Präambel er selbst schrieb und die er auf sich zuschnitt.

Zudem wechselte er auch die offiziellen Symbole aus. Als Flagge diente ab sofort die ›Šahovnica‹, die bis heute gilt.

Milošević versuchte, sich die serbisch dominierten Teile aus Kroatien und Bosnien-Herzegowina herausschneiden. Zunächst machte sich die Krajina selbständig, ein Gebiet, das auf kroatischer Seite entlang der Westgrenze des heutigen Bosnien verläuft und etwa ein Drittel des kroatischen Staatsgebietes ausmacht. Außerdem besetzten die Serben das Gebiet östlich von Osijek in Slawonien. Die Kroaten bauten im Gegenzug eine paramilitärische Nationalgarde auf. Nachdem der Serbe Borislav Jović sich geweigert hatte, den Vorsitz im Staatspräsidium an Stipe Mesić zu übergeben, erklärten beide Länder am 25. Juni 1991 ihre Unabhängigkeit.

Ab Mitte Juli 1991 eskalierte die Situation. Die Serben versuchten, Dalmatien vom übrigen Kroatien abzutrennen, indem sie die Maslenica-Brücke nördlich von Zadar besetzten. So konnte Dalmatien mit Fahrzeugen nur noch über Pag erreicht werden. Dubrovnik wurde bombardiert und Split belagert. 245 000 Kroaten wurden zu Flüchtlingen.

Am 23. Dezember 1991 erkannte die deutsche Regierung unter Helmut Kohl und Hans-Dietrich Genscher als erstes Land der EU Kroatien als neuen Staat an. Im Januar 1992 folgten die anderen EU-Staaten. Kroatien führte seine neue Währung, die Kuna, ein und teilte das Land in 20 Županje (Gespanschaften) und 117 Općine (Kommunen) auf. Es kam zu wirtschaftlichen Engpässen, zumal aus Bosnien noch 300 000 Flüchtlinge kroatischer Abstammung in das Land kamen.

Als sich Verhandlungen in die Länge zogen, schufen die Kroaten Fakten. 1993 eroberten sie die Maslenica-Brücke oberhalb von Zadar zurück und errichtete eine Pontonbrücke. 1995 wurde in der Operation ›Blijesak‹ (Blitz) zunächst Vukovar zurückerobert. Als Antwort beschossen die Krajina-Serben Zagreb mit Raketen.

Am 4. August 1995 begann mit der Operation ›Oluja‹ (Gewittersturm), dem Einmarsch in die Krajina, der letzte Akt, die von dem General Ante Gotovina geleitet wurde. Bereits einen Tag später konnte Präsident Franjo Tuđman die kroatische Fahne auf der Burg Knin hissen. Fast die gesamte serbische Bevölkerung von etwa 130 000 Menschen ergriff die Flucht.

Im Zuge der Rückeroberung der Krajina schalteten sich die Amerikaner aktiv in das Kriegsgeschehen ein, so dass schließlich am 21. November 1995 das Abkommen von Dayton möglich wurde. Mit ihm fand der Krieg auf dem Südbalkan ein Ende, und die heutigen Grenzen wurden festgeschrieben.

Nach dem Krieg

Insgesamt hat der Krieg Kroatien rund 40 Milliarden Dollar gekostet. Geld, das den Kroaten im Gegensatz zu Polen, Tschechen oder Ungarn nach dem Ende der kommunistischen Herrschaft für den Aufbau fehlte. Noch immer behindern ungeräumte Minenfelder Investitionen vor allem im ländlichen Raum.

Nach Unterzeichnung des Friedensvertrags begann eine Aufarbeitungsschlacht mit gegenseitigen Schuldzuweisungen, die sich nur selten an den Opfern, dafür mehr an politisch-wirtschaftlichen Interessen orientiert. Sie galt vor allem dem Ziel, die Mitgliedschaft in der Europäischen Gemeinschaft zu erreichen. Dafür machten zahlreiche EU-Mitglieder allerdings die Auslieferung der Kriegsverbrecher vor dem Internationalen Gerichtshof (IGH) zur Voraussetzung.

Insbesondere das Erscheinen der serbischen Aggressoren war gefordert, doch die Serben wollten auch Kroaten auf der Anklagebank sehen, zum Beispiel General Ante Gotovina, der den Angriff auf die Krajina im Südabschnitt geleitet hatte. Ihm wurden zunächst 150, später 37 Morde und die Vertreibung von über 100 000 Serben vorgeworfen. Nach einer Verurteilung in erster Instanz zu 24 Jahren Haft wurde er in einer aufsehenerregenden Berufungsverhandlung im Dezember 2012 freigesprochen. Bis 2012 wurden insgesamt 161 Personen angeklagt, davon nach 7000 Prozesstagen 67 verurteilt und 17 freigesprochen. 36 Verfahren wurden eingestellt oder Anklagen zurückgezogen. 13 Angeklagte wurden an Gerichte im ehemaligen Jugoslawien überstellt, und 28 Prozesse sind noch anhängig. Bisher wurden 4000 Zeugen gehört und 1,5 Millionen Seiten Papier produziert. Neue Anklagen werden nicht mehr angenommen.

Bereits 1999 erhob Kroatien vor dem 1993 gegründeten IGH Anklage gegen Serbien wegen Völkermords und machte die Serben für 14 000 Tote und 55 000 Verletzte verantwortlich. Zehn Prozent des Hausbestandes, 1800 Kulturdenkmäler und 450 katholische Kirchen seien zerstört worden. 2009 erhob Serbien seinerseits eine Völkermord-Anklage. Doch im Februar 2015 wies der IGH beide Klagen zurück und sprach beide Länder frei.

Die serbischen Flüchtlinge finden nur schwer in ihre alte Heimat zurück. Die Zahlen der Rückkehrer gehen je nach kroatischen oder serbischen Angaben weit auseinander. Offiziell haben alle Serben freien Zugang zu ihrer alten Heimat, doch auf administrativer Ebene gibt es oft Behinderungen, und es kommt zu faschistischen Schmierereien an orthodoxen Kirchen. Hauptproblem für die jungen Rückkehrer ist es, in Kroatien Arbeit zu finden. Oft kehren Pensionäre auf das Land zurück, um ihre Häuser, Höfe und Gärten zu bewirtschaften. Belgrad unterstützt die Rückkehrer mit Zahlungen durch eine eigens gegründete Entwicklungsbank.

ESSAY

Republik Krajina

Das, was heute verkürzt ›Krajina‹ genannt wird, ist eigentlich die ›Vojna krajina‹ und heißt Militärgebiet. Es bezeichnet ein Gebiet entlang der Grenze zum Osmanischen Reich, das von Zadar bis nach Slawonien hinaufreichte. In diesem Gebiet siedelten die Österreicher im 17. Jahrhundert orthodoxe ›Vlachen‹ oder ›Morlachen‹ aus dem ganzen Balkan an. Sie sollten die von den Türken immer wieder durch Kriegszüge ausgedünnte Region bewirtschaften und die Grenze verteidigen.

Angelockt wurden die neuen Siedler mit dem Versprechen weitreichender Privilegien, zum Beispiel der Befreiung von der Pacht und der Zusicherung von Religionsfreiheit. Dafür mussten die orthodoxen Neusiedler stets für militärische Einsätze zur Verfügung stehen. So entstand dort auf kroatischem Territorium eine eigene serbisch-orthodoxe Kultur.

In der Krajina kam es immer wieder zu gewalttätigen Konflikten zwischen Kroaten und Serben. Insbesondere während des Zweiten Weltkrieges verübten kroatische Ustaša Massaker an Serben, serbische Četniks zwangen die Bevölkerung mit Gewalt zur Kooperation mit dem Widerstand.

Während der Auflösung Jugoslawiens gründeten die Krajina-Serben 1991 den eigenständigen, aber von keinem Land anerkannten Staat Republika Srpska Krajina (RSK). Laut UNO-Kriegsverbrechertribunal sollen in der Folge 170 000 Kroaten und andere Minderheiten von den Serben vertrieben oder gefangengesetzt worden sein. 1995 erfolgte die von langer Hand vorbereitete und wahrscheinlich von der UNO und den Amerikanern gebilligte Militäroperation ›Oluja‹ (Sturm) unter der Leitung von Ante Gotovina, mit der die kroatische Armee die Krajina zurückeroberte. 150 000 Serben wurden in die Flucht getrieben, viele wurden ermordet, und es bedeutete das Ende dieser eigenständigen Kultur.

Spuren des Krieges in Vukovar

Die politische Lage

Tuđman ging als Nationalheld in die Geschichte ein. Doch in der Endphase seiner Regierungszeit war der erkrankte Präsident für dringende Reformen zu schwach. Stattdessen teilten die Parteigenossen die Pfründe unter sich, verscherbelten die Staatsbetriebe und stellten wirtschaftliche Weichen. Als der Euroskeptiker Tuđman am 13. Dezember 1996 starb, war Kroatien zuvor noch Mitglied im Europarat geworden, doch das Land war so weit isoliert, dass selbst zum Begräbnis von Tuđman einzig (und ausgerechnet) der türkische Staatspräsident Süleyman Demirel kam, ansonsten waren die Länder nur durch ihre Botschafter vertreten. Tuđmans Nachfolger, der Sozialdemokrat Stipe Mesić und Ivo Josipović, haben das Land auf einen demokratischen Weg gebracht und der EU geöffnet. Sie suchten erste Annäherungen Richtung Serbien und taten alles dafür, die Bedingungen für die Aufnahme in die EU zu erreichen.Gemeinsam mit der konservativen Regierung um HDZ-Ministerpräsidentin Jadranka Kosor hat Josipović den EU-Vertrag unterschrieben, so dass Kroatien seit dem 1. Juli 2013 der 28. Mitgliedstaat der EU ist.

Allgemein wurde die Ratifizierung des Vertrages in den Parlamenten der Mitgliedsstaaten erwartet, war jedoch bis zuletzt umstritten. Das liegt nicht zuletzt an der schlechten wirtschaftlichen Lage des Landes und daran, dass wichtige Reformen bis zuletzt auf sich warten ließen. Im Dezember 2011 wurde Zoran Milanović zum Ministerpräsidenten gewählt. Doch die in ihn gesetzten Hoffnungen, gegen die Korruption vorzugehen und die Wirtschaft in Gang zu bringen, erfüllten sich nicht. Dafür bekam Josipović bei der Präsidentenwahl 2015 die Rechnung. Obwohl als Favorit gesetzt, konnte er sich in einem zweiten Wahlgang nicht erneut durchsetzen, und so kam im Januar 2015 erstmals eine Frau an die Macht, die bis dahin eher als Außenseiterin gehandelt wurde: Kolinda Grabar-Kitarovic. Böse Zungen sagen, die ehemalige NATO-Diplomatin sei aufgrund einer Protestwahl ins Amt gekommen. Sie muss nun die Lager überwinden, das Land aus der Wirtschaftskrise herausführen und den überspannten Nationalismus bändigen. Stattdessen sind populistische Töne zu hören: Sie wolle Pädophile kastrieren lassen und versprach noch am Wahlabend, da weitermachen zu wollen, wo Franjo Tuđman aufgehört habe. Bis Ende 2015 muss sie mit der Regierung Milanović ein Tandem bilden. Ob das Land dabei vorankommt, darf bezweifelt werden.

Zur Zeit erschüttern zahlreiche Korruptionsprozesse das Land. Prominentester Fall sind die Prozesse um den ehemaligen Ministerpräsidenten Ivo Sanader. Er soll am Verkauf der ›Hypo Group Alpe Adria‹ an die Bayerische Landesbank verdient haben, der die bayerischen Steuerzahler 3,7 Milliarden Euro gekostet hat. Die ›Hypo Group Alpe Adria‹ musste 2009 letztlich von der österreichischen Regierung verstaatlicht werden.

Ebenfalls unter Verdacht, Sanader Provisionen für einen Aktiendeal gezahlt zu haben, geriet der deutsche Honorarkonsul Robert Ježić in Rijeka, der vor allem Mehrheitseigentümer von ›Dioki‹, dem größten Chemiekonzern in Kroatien, ist. Berlin hat sich zu seiner plötzlichen Absetzung aus der Vertretung nie geäußert.

Denkmal für die Gefallenen des letzten Krieges in Bjelovar

Politik, Gesellschaft und Wirtschaft

Gesellschaftlich macht Kroatien eine Turboentwicklung vom Nationalismus des 19. Jahrhunderts zum heutigen EU-Mitglied durch. Mit der Anerkennung Kroatiens als eigene Kulturnation durch die europäischen Staaten fällt es den Kroaten allerdings leichter, sich einer übergeordneten Gemeinschaft zu öffnen. Bislang bildet der Stolz auf die eigene Leistung und die Opfer im letzten Krieg die Grundlage des starken Nationalgefühls.

Nicht nur die staatliche Zerrissenheit, auch die zahlreichen Gastarbeiter und deren Kinder tragen die Frage nach der eigenen Identität in das Land. Deren Besinnung auf die Heimat und Rückkehr beschert dem Land einen Bauboom und eine starke Zersiedelung.

Eher gering ausgeprägt ist die Toleranz gegenüber Schwächeren und Minderheiten. Jede zweite Frau leidet unter häuslicher Gewalt. Volksgruppen wie Serben, Bosnier oder sogar Kroaten aus Bosnien haben es schwer, aber auch gesellschaftliche Minderheiten wie Homosexuelle. Erst im Juni 2011 gab es einen Übergriff auf eine Parade von Homosexuellen in Split, die bislang als liberale Stadt galt. In einer Volksabstimmung votierten 700 000 Kroaten im Juni 2013 gegen die Gleichbehandlung der Lebensgemeinschaften. Die Kirchen verhindern den Sexualkundeunterricht in den Schulen, der auch über unterschiedliche sexuelle Orientierungen aufklären sollte. Immerhin gibt es eine Internetseite für Homosexuelle, www.croatia-gay.com.

In den letzten Jahren hat der Einfluss von Mafia und Korruption erheblich zugenommen. Dies zeigt der Fall des in Österreich verhafteten Ex-Generals, Vize-Verteidigungsministers und späteren Bauunternehmers Vladimir Zagorec. Nach seiner Demission 1993 soll er Diamanten im Wert von etwa 3,4 Millionen Euro aus dem Verteidigungsministerium mitgenommen haben, die als Sicherheit für illegale Waffengeschäfte hinterlegt waren. Knapp nach der Überstellung aus Österreich wurde die Tochter seines kroatischen Anwalts im Zentrum von Zagreb durch Kopfschüsse regelrecht hingerichtet. Der als Zeuge aufgerufene Journalist Ivo Pukanić fiel Ende Oktober 2008 einem Bombenanschlag zum Opfer. Das Verfahren gegen Zagorec zieht sich bis heute hin.

Alltägliche Probleme bereitet die Korruption in den sehr bürokratisierten und überregulierten Abläufen der Verwaltung. Mit den zahlreichen, oft gegenläufigen Verordnungen kann so mancher lokale Beamtenfürst seine private Politik machen und Dinge beschleunigen, verzögern oder sogar verhindern.

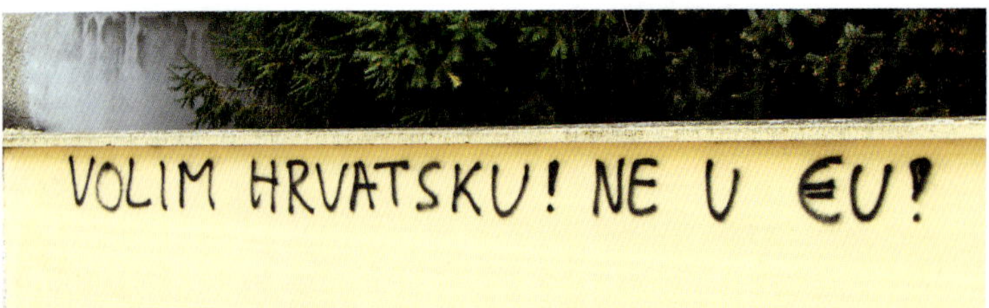

EU-Mitgliedschaft: Ein eindeutiges Votum für die Mitgliedschaft gibt es nicht

Die katholische Kirche

Mit dem Ende des Kommunismus und der Auswanderung hunderttausender Serben dominiert die katholische Kirche das gesellschaftliche Leben stärker als in anderen europäischen Ländern. Seit dem 7. Jahrhundert fühlt sich die kroatische Küste zu Rom gehörig. Für die Kroaten ist der Glaube bis heute Teil der ethnischen Zugehörigkeit und Abgrenzungszeichen gegenüber Serben (orthodox) und Bosniern (muslimisch).

Hochfest in Đakovo

Als einzige Opposition in kommunistischen Zeiten mit zahlreichen Märtyrern, deren bekanntester Name der umstrittene Zagreber Kardinal Alojze Stepinac ist, genießt die Kirche wie in Polen trotz einiger Affären einen überaus positiven Ruf. Ihr Verhalten zu Zeiten der faschistischen Marionettenregierung Ante Pavelićs ist aber bis heute nicht aufgearbeitet. Ganz profan ist sie derzeit mit ihren vielen Bauvorhaben der zehntgrößte Auftraggeber im Land.

Im Zuge einer Gesetzesvorlage, wonach in den Schulen Sexualerziehung eingeführt werden soll, hat sich die katholische Kirche Kroatiens jüngst in scharfe Opposition zur derzeitigen Regierung begeben und konnte sogar den Obersten Gerichtshof auf ihre Seite bringen. Trotz ihres starken Rückhaltes in der Bevölkerung betrachten viele auch Kirchen- und Ordensleute diese Haltung der Bischöfe mit Kopfschütteln.

Die serbisch-orthodoxe Kirche

Orthodoxe Gläubige sind zu vielen Zeiten aus unterschiedlichen Richtungen nach Kroatien gekommen. Vielfach waren sie Flüchtlinge, unter Maria Theresia wurden sie mit Privilegien ins Land gelockt. Als Glaubensgemeinschaft unterstanden sie über Jahrhunderte der katholischen Kirche. Erst Napoleon erlaubte den Orthodoxen, sich von der Verwaltung durch die katholische Kirche zu lösen und Šibenik zu ihrem orthodoxen Zentrum zu machen.

Im Ustaša-Staat gab es anhaltende Pogrome gegenüber zehntausenden von orthodoxen Gläubigen mit Zwangskatholisierungen. Insgesamt folterten und töteten Kroaten 27 serbisch-orthodoxe Geistliche, zerstörten 17 Kirchen und beschädigten 23 schwer. 49 Archive und 30 Kirchenbibliotheken wurden vernichtet. Im letzten Krieg wurden in Dalmatien erneut 14 orthodoxe Kirchen zerstört und 45 schwer beschädigt.

Der Wiederaufbau läuft schleppend, und vielfach werden auf administrativer Seite unüberwindliche Hürden aufgestellt. Mit seinen Besuchen in den orthodoxen Klöstern in Kroatien setzte Präsident Ivo Josipović ein Signal.

Wirtschaftliche Entwicklung

Nach dem Krieg erlebte Kroatien dank des Tourismus, der heute 18 Prozent des Bruttoinlandsprodukts ausmacht, einen wirtschaftlichen Aufschwung. Doch im Herbst 2008 erfasste die Weltwirtschaftskrise auch die kroatische Wirtschaft. Die alte HDZ-Regierung hatte versucht, die jüngste Euro-Krise mit der Portokasse zu lösen, ist daran aber gescheitert. Für 2014 kommt sie nach Schätzungen auf ein Volumen von 43,1 Milliarden Euro, 0,7 Prozent weniger als im Vorjahr. Dies wäre das sechste Jahr in der Rezession.

Immerhin sind die Preise stabil, die Inflationsrate lag 2014 bei 0,2 Prozent. Die Arbeitslosenquote beträgt 17,7 Prozent. Der durchschnittliche Arbeitslohn lag 2013 etwa bei 1050 Euro.

Der Staatshaushalt ist bis an die Grenze des Bankrotts überschuldet. Das Rating steht kurz vor Ramschniveau. Für 2015 ist allerdings ein leichtes Wirtschaftswachstum prognostiziert. Die Neuverschuldung lag 2014 bei 4,7 Prozent des BiP. Noch immer bringt das Land jährlich eine Milliarde Euro für die Kriegsfolgen auf.

Die Globalisierung hat zu einem Ausverkauf der Großunternehmen geführt. So sind die Telekommunikationsfirmen überwiegend ebenso in ausländischer Hand wie private Medien, Banken und neuerdings auch Einzelhandelskonzerne.

In der Landwirtschaft machen vor allem die Dumpingpreise der EU den einheimischen Produkten zu schaffen. Offiziellen Berechnungen zufolge könnte Kroatien 2,4 Milliarden Euro an Regionalhilfen und 700 Millionen Euro für den Agrarsektor erwarten.

Tourismus

Auf die Frage ›Welchen Tourismus will Kroatien?‹, antwortete die leitende Managerin eines lokalen Tourismusbüros ungewöhnlich offen: »Das ist die große Frage, die wir uns auch jeden Tag stellen.« Immerhin besuchten 12,4 Millionen Touristen 2013 das Land. Das könnte dem Land Rekordeinahmen von 7,5 Milliarden Euro beschert haben. Der Anteil deutscher Touristen nahm um 4,3 Prozent zu.

Der Tourismus wurde in der österreichisch-ungarischen Monarchie entdeckt. 1844 ließ der Kaufmann Iginio Scarpa in Opatija die Villa Angiolina errichten, die bald von erlauchten Gästen besucht wurde: dem kroatischen Vizekönig Josip Jelačić und der österreichischen Kaiserin. Zeitgleich etwa wurden die Thermalbäder im Zagorje ausgebaut, von denen Varaždinske Toplice, Krapinske Toplice oder Stubičke Toplice sich auch bei Wienern großer Beliebtheit erfreuten.

Mit dem Bau der Eisenbahnlinie nach Dalmatien erreichten die ersten Erholungsreisenden die südliche Adriaküste. 1868 entdeckten die ersten Touristen die Stadt Hvar zur Erholung und wenig später auch Jelsa, Orebić und Kaštel bei Split. Nach einer kurzen Blüte Ende der 1920er und Anfang der 30er Jahre wurden die Gäste in Jugoslawien nach dem Zweiten Weltkrieg zu einem Wirtschaftsfaktor und Kroatien zu einem Land der Billigreisen.

Kreuzfahrtschiffe in Dubrovnik: Ein Großteil der Wirtschaft hängt am Tourismus

Billig ist Kroatien längst nicht mehr. Die Campingpreise haben sich laut ADAC bereits zu den sechsthöchsten in Europa entwickelt. Lediglich der Restaurantbesuch und die Übernachtungen in Privatunterkünften sind noch relativ preiswert, vor allem Hotelpreise steigen aber kontinuierlich.

Überall wird betont, dass Kroatien weg vom Billigtourismus möchte, deshalb fördert das Land vor allem die Ansiedlung großer (ausländischer) Hotelketten, die die Küste selten verschönern, aber den Standard heben sollen. Das geht zu Lasten eines mittelständischen und persönlichen Übernachtungsbetriebes.

Die Villa Angiolina in Opatija war eine der ersten Touristenherbergen

Kiosk am Ban-Jelačić-Platz in Zagreb

Medien

Printmedien hatten in der Geschichte Kroatiens eine weitreichendere Bedeutung als Nachrichten zu liefern oder zu unterhalten. Nachdem der Jurist und Journalist Ljudevit Gaj 1830 ein Büchlein veröffentlicht hatte, in dem er ein System für eine lateinische Lautschrift vorstellte, gründete er 1835 die Zeitschrift ›Horvatske novine‹, die erstmals in dieser lateinischen Schrift publizierte. Indem er damit ein einflussreiches Publikum erreichte, schaffte er die Durchsetzung einer dem Westen kompatiblen Schrift.

Mit dem neuen Staat 1995 verbanden sich auch Hoffnungen auf mehr Pressefreiheit. Doch die erfüllten sich nicht wie gehofft. Kritischen Journalisten drohen Einschüchterung, Entlassung oder sogar Mord. So nehmen auch Mafiastrukturen Einfluss auf die Berichterstattung, insbesondere wenn es um die Korruptionsprozesse im Lande geht. Bekanntestes Beispiel ist die ›Slobodna Dalmacija‹ (Freies Dalmatien), die bereits von kommunistischen Partisanen in Split ins Leben gerufen wurde. Sie schaffte es, auch in kommunistischen Zeiten abweichende Meinungen unterzubringen. Als sie diese Praxis auch unter Tuđman fortsetzte, verkaufte er das Blatt an einen Parteigenossen der HDZ, der sie fast in den Ruin trieb.

Die Folge der mangelhaften Pressefreiheit ist, dass viele Menschen privaten Nachrichten über Facebook und Twitter mehr vertrauen. Mit der europaweiten Medienkrise mussten zahlreiche kleinere Zeitungen ihr Erscheinen einstellen. Dadurch haben 300 Journalisten (zehn Prozent der tätigen Redakteure) 2012 ihren Job verloren.

Über die Bildschirme flimmern derzeit drei staatlich kontrollierte und zwei private Fernsehprogramme. Wie auch im Westen bedeutet die Kommerzialisierung der kroatischen Medien nicht ein Mehr an freier Berichterstattung, sondern ein Mehr an Unterhaltung. Marktführer bei den Privaten ist RTL.

Europäische Medienhäuser wie die österreichische Styria AG und die deutsche WAZ-Gruppe sind auf dem kroatischen Markt aktiv. 2010 erhielt die Zeitung ›24sata‹ immerhin den begehrten ›Newspaper Award‹. Seit 2011 hat ›Al-Jazeera‹ in Sarajevo eine Dependance eröffnet, was unter Medienexperten zur Besorgnis um eine weitere Polarisierung auf dem Südbalkan geführt hat.

Kultur

Aufgrund seiner Zerrissenheit und der zahlreichen Kriege hatte es die Region nicht leicht, eine eigene Kultur zu entwickeln. Sie unterlag den herrschenden Kulturen wie der der Venezianer oder später der Österreicher. Die Osmanen vernichteten fast alles in Slawonien und die Österreicher alle Kulturleistungen der Türken. Bis heute ist aus Malerei, Literatur, Musik und Film nur weniges über die Grenzen Kroatiens hinaus bekannt geworden, obwohl vieles eine nähere Betrachtung lohnt.

Das Brauchtum wird vielerorts wiederbelebt und gepflegt, und kein Tourist sollte sich die Gelegenheit entgehen lassen, bei der Aufführung eines Schwertertanzes oder eines Klapasingens dabei zu sein.

Architektur

Enge Gassen, unverputzte Häuser aus Naturstein, mal schlicht, mal aufwändig verzierte Fenster- und Türrahmen, einfache bis ausladende Palazzi: So sehen romantische Dörfer und Städtchen aus, die die Küste so anziehend machen. Im Landesinneren werden die Holzanteile am Haus immer höher, je weiter man nach Norden kommt. Traditionelle Häuser in Slawonien waren ursprünglich vollständig aus Holz gebaut, oft mit Lehm verputzt und mit Reet gedeckt.

Die Architektur in Kroatien ist vielfältig, nicht immer ist aber viel aus einzelnen Epochen von ihr übrig geblieben. Nach Slawonien kamen die Osmanen und brannten Dörfer und Städte nieder. Viele Behausungen in Holzbauweise und gotische Kirchen wurden zerstört.

Mit der Vertreibung der Türken und dem Wiederaufbau des Landes entstanden die berühmten Straßendörfer. Der schmale Giebel der Häuser ist der Straße

Liebevoll restauriertes tradtionelles Holzhaus im Lonjsko Polje

zugewandt, nach hinten streckt sich das Haus lang aus, wobei die aneinandergereihten Zimmer über einen offenen oder geschlossenen Gang erreicht werden. Gebaut wurde vielfach mit Lehm und Weidengeflecht. Leider werden diese Häuser, da sie auch Feuchtigkeit speichern, flächendeckend abgerissen und durch langweilige neue ersetzt. An der Küste entstanden die meisten Häuser überwiegend ab 1400. Die einfachen Katen der Fischer waren ursprünglich mit Steinplatten gedeckt.

Am wenigsten blieb von den Trockenmauern der Illyrer übrig, die eigentlich nur aus miteinander unverbunden aufgeschichteten Steinen bestanden. Die älteste Stadt dürfte Stari Grad auf der Insel Hvar sein, deren Gassen einst die Griechen planten. Wenige Mauerreste dieser Zeit sind noch an einzelnen Gebäuden zu sehen.

Römische Bauten

Immerhin: Nirgendwo außerhalb Italiens ist so viel römische Bausubstanz zu finden wie in Kroatien und das, obwohl es um 600 ein verheerendes Erdbeben gegeben haben muss. Dieses zerstörte die ganze Stadt Iader, das heutige Zadar, das aber auf dem alten Grundriss der Römer wieder aufgebaut wurde. Pula hat bis heute eines der besterhaltenen Amphitheater und einen Tempel, in Split ist die Innenstadt in einen römischen Palast hineingebaut. Dort sind ganze Tempel und zahlreiche Häuser erhalten. Im Zagorje konnte man die Reste von römischen Thermalbädern ausgraben.

Bedeutende Bauten aus frühromanischer Zeit sind die Kirche Sv. Donat in Zadar, die Euphrasius-Basilika in Poreč, die Kirche Sv. Lovreč in Istrien und die kleinste Basilika der Welt in Nin.

Romanik

Charakteristisch sind die frühromanischen kunstvollen Kapitelle und Ornamente in Form eines Flechtwerks, vor allem in Ziborien und Abschlusssteine gehauen. Von dieser sogenannten Flechtwerkornamentik behaupten kroatische Historiker und Tourismusmanager gern, sie sei eine typische kroatische Kunstform. Doch ist diese Behauptung umstritten, denn sie hat römische Vorbilder, und ähnliche Zierornamente sind auch in Apulien zu sehen. Dennoch ist eine derartige durchgehende Verwendung dieses Stilmittels sicher einmalig.

Große romanische Baukunst und Plastik ist an der Kathedrale von Trogir zu bewundern oder im Franziskanerkloster von Dubrovnik. Es kamen

Die Kuppel der Kathedrale von Šibenik gilt als architektonisches Meisterwerk

Secessionshäuser in der Evropska Avenija in Osijek

Einflüsse aus unterschiedlichen italienischen Regionen hinzu: Apulien (Klosterkirche Sv. Marija in Mljet), der Toskana (Sv. Stošija, die Kathedrale in Zadar) oder der Lombardei (Sv. Krševan in Zadar).

Gotik

Den Übergang von der Romanik in die Gotik markiert das Dominikanerkloster in Dubrovnik. Allerdings sind kaum monumentale gotische Bauwerke bis in die heutige Zeit überkommen. Zu nennen wären da Sv. Marko in Zagreb und Teile der Kathedrale in Zagreb. Andere wie die Kirche in Lepoglava wurden nachträglich barockisiert.

Renaissance

Nachdem Dalmatien 1420 zu Venedig gekommen war, begann zugleich eine neue Zeit der Prosperität und Stabilität. Mit der Wiederentdeckung der Antike kam eine neue Begeisterung für Bauformen und monumentale Gebäude auf. In der Renaissance entstanden an der Küste zahlreiche bedeutende Gebäude. Während in Slawonien bittere Armut und Angst vor den Türken herrschte und dort eher Trutzburgen wie Veliki Tabor gebaut wurden, errichtete der hervorragende Baumeister Juraj Dalmatinac die Kathedrale in Šibenik (UNESCO-Weltkulturerbe), entwarf die neue Stadt Pag nach römischem Vorbild und konzipierte die Stadtbefestigung in Dubrovnik (UNESCO-Weltkulturerbe). In seiner Folge taten sich außerdem Nikola Firentinac und zahlreiche lokale Baumeister wie Andrija Aleši aus Korčula hervor.

Barock

Die Vertreibung der Türken 1689 aus Slawonien fiel zusammen mit dem einsetzenden Barock, so dass die Einrichtung der Militärgrenze und der Wiederaufbau Slawoniens, des Zagorjes und Zentralkroatiens flächendeckend im barocken Baustil erfolgte. Und alles, was bereits vorhanden war, wurde barockisiert. Anlagen wie die berühmte Tvrđa in Osijek, die Wallfahrtskirche Trški Vrh bei

Krapina oder das Stadtpalais Vojković-Oršić in Zagreb stehen dafür ebenso wie zahlreiche Schlösser und Paläste der Adeligen im Zagorje oder in Slawonien. Aber auch die Kathedrale oder die Jesuitenkirche in Dubrovnik sind architektonische Meisterwerke des Barock.

Neostile und Secession

Im 19. Jahrhundert, als alte Baustile wie die Gotik wiederentdeckt wurden, entstanden zahlreiche neue Großbauwerke wie die Kathedralen von Osijek und Đakovo. Diese Stilübungen gingen dann nahtlos in die Secession über – ein gutes Beispiel ist das Staatsarchiv in Zagreb –, von der es in Kroatien viel zu wenig beachtete, aber hervorragende Beispiele gibt: ganze Straßenzüge in Zagreb oder die Evropska Avenija in Osijek.

Maler und Bildhauer

Kunst und Kultur entstanden unter den Verhältnissen eines im Mittelalter bedrohten und zerrissenen, dann eines kolonisierten Landes. Schon deshalb hat sich in Kroatien kaum eine eigenständige Kunst entwickelt.

Aus dem Frühmittelalter sind zahlreiche Fresken in Istrien überkommen. Doch erst unter der Herrschaft Venedigs entwickelte sich an der Küste auch in Malerei und Skulptur eine künstlerische Kontinuität, so dass Dalmatien durch Renaissancekunst geprägt wurde. Die Strömungen europäischer Kunst und Bildhauerei wurden in das Land hineingetragen, und manche seiner Meister setzten diese genial um, doch wurden sie in Europa kaum wahrgenommen.

Der erste große Name, der im Mittelalter auftaucht, ist Andrija Buvina. Buvina schnitzte 1214 die Türflügel in der Kathedrale von Split aus Nussbaumholz. Eine starke Persönlichkeit, die selbst hinter der starren romanischen Darstellungsweise erkennbar wird, war Meister Radovan, der im 13. Jahrhundert zusammen mit Schülern das Portal der Kathedrale von Trogir meißelte.

Dominierend in der Malerei der Gotik war Blaž Jurjev Trogiranin, dessen Werke in vielen Kirchen und Sammlungen im gesamten südadriatischen Raum

Fresken von Ivan Ranger in der Klosterkirche Sv. Marija in Lepoglava

Pietà von Petar Trogiranin an der Kathedrale von Rab

anzutreffen sind. Sein Name weist auf Trogir als Herkunftsort, doch erstmals wird er 1412 in Šibenik erwähnt, bevor er 1419 in Trogirer Dokumenten auftaucht. Mit der venezianischen Besatzung 1420 flüchtete er nach Dubrovnik, starb 1450 aber in Zadar. In dem engen Variationsraum der gotischen Kunst zeichnet sich Trogiranin durch besonders schlanke und zarte Gestalten aus.

Der genialste und umtriebigste Baumeister Dalmatiens war Juraj Dalmatinac (→ S. 352). Sein Alterswerk und Summe seines Schaffens ist die Kathedrale von Šibenik, die in Stein gehauenen Portraits an deren Ostseite haben sogar Unterhaltungswert.

Jacopo Tintoretto steuerte von Venedig aus zahlreiche Kunstwerke in Dalmatien bei. Umgekehrt wanderten zahlreiche Künstler Dalmatiens nach Italien aus. Sie hatten die Eigenart, sich den Beinamen Schiavone (Slawe) zu geben. Andrija Medulić Schiavone gilt als einer der Maler, der das Spiel von Licht und Farbe bei Tintoretto vorwegnahm.

In Slawonien wurde Ivan Ranger zu einem Star barocker Kirchenmalerei. Der bescheidene Paulinermönch aus der Nähe von Innsbruck betrieb die Illusionsmalerei bis zur Vollendung und ließ den Betrachter in den Himmel blicken, wo Gott Vater, Sohn, Heiliger Geist, Maria und der ein oder andere Heilige oder Kleriker mit zig Engel wohnten.

Neue Impulse im künstlerischen Leben der Bildhauerei setzte erst wieder im 19. Jahrhundert der in Supetar auf Brać geborene und zu Lebzeiten verkannte Bildhauer Ivan Rendić. In seiner Folge entwickelte sich eine Bildhauerschule, deren größter Künstler bis heute Ivan Meštrović ist. Der Schüler Rodins hat seine Kunst nicht nur national geprägt und wurde damit auch für den heutigen neuen Staat identitätsbildend, sondern er verband seine Werke mit starker Emotionalität und verlieh damit vor allem seinen Jugendstilarbeiten große Lebendigkeit.

Für die Malerei übernimmt der in Cavtat geborene Vlaho Bukovac die Rolle, den Anschluss an die europäische Kunst geschafft zu haben, sicher unterstützt von Celestin Medović aus Kuna (Pelješac), der von der Münchener Schule geprägt worden war und sich schließlich dem Realismus anschloss. Eine starke Szene mit naiven Malern entstand in den 1960er Jahren rund um das Dorf Hlebine bei Koprivnica und den Künstler Ivan Generalić. Auch auf der Insel Šolta entstand um Eugen Buktenica ein Künstlerkreis, der internationale Anerkennung genoss.

Heute gibt es insbesondere unter den Modernen eine Reihe von Entdeckungen zu machen, die die europäische Kunstszene noch viel zu wenig wahrnimmt: Namentlich zu erwähnen sind der lange in Bol beheimatete Josip Botteri, aber auch Miša Baričević oder Đuro Pulitika.

Ivan Meštrović

Ivan Meštrović ist ein Bildhauer von internationalem Rang und doch in Europa so gut wie unbekannt. Das mag daran liegen, dass die Arbeiten von Meštrović viele Facetten haben, die nicht allen gleichermaßen zugänglich sind. Seine Kunst war stark von der jeweiligen Zeit und unterschiedlichen künstlerischen Konzepten bestimmt, er hat aber auch alle Umbrüche seit Ende des 19. Jahrhunderts mitvollzogen.

Meštrović betrachtete Otavice, den Herkunftsort seiner Eltern, zwar als seine Heimat, aber geboren wurde er 1883 als Sohn von kroatischen Wanderarbeitern auf einem Bahnhof im slawonischen Vrpolje. Als Jugendlicher schnitzte und meißelte er folkloristische Motive, mit 17 Jahren kam er nach Wien in den akademischen Bildhauerunterricht. Bis zum Ersten Weltkrieg war der junge Meštrović beseelt von der Idee der nationalen Befreiung und der Vereinigung der Südslawen. In dieser Zeit schuf er die Statuen des Grgur Ninski in Varaždin, Nin und Split.

In Paris wurde Auguste Rodin zu seinem Lehrer, und Meštrović hielt ihn nach Tolstoi für den wichtigsten Künstler. Rodin sagte über seinen Schüler: »Meštrović ist das größte Phänomen unter den Bildhauern.« Meštrović wandte sich bald der Wiener Secession zu und entwickelte eine eigene expressive Form des Jugendstils. Mit dem Ende des Ersten Weltkrieges stellte er die nationale Idee in Frage und widmete sich fortan religiösen Themen. Zwischen den Weltkriegen lebte und arbeitete Meštrović in Zagreb und avancierte zu einem international gefragten Künstler, der längst nicht mehr alle Ideen selbst ausführen konnte. Er stellte in Paris, den USA, Südamerika, Spanien, England, den Niederlanden und in Deutschland aus. Während des Zweiten Weltkriegs emigrierte er nach Rom, dann in die Schweiz.

Die einen mag die nationale Phase seines Werkes abschrecken, andere die ausgeprägt religiöse, aber immer spiegeln sich darin Meštrovićs persönliche Entwicklung, seine starke Ausdruckskraft und Eigenständigkeit. Seine Expressivität macht ihn zu einem international bedeutsamen Künstler, der mehr Beachtung verdient hat.

Den ›Brunnen des Lebens‹ in Zagreb schuf Ivan Meštrović 1905

Musik

Die Musik in Kroatien ist stark durch die Volksmusik geprägt. Jede größere Region hat ihre eigenen Volkslieder. Ein fast alltäglicher Brauch in Dalmatien ist das Klapa-Singen. Klapa wird allgemein ein volkstümlicher Chor aus drei oder mehr Stimmen genannt, der oft spontan abends in der Straße Lieder anstimmt.

Auf Krk kommen noch alte Sopile zum Einsatz, eine Art Schalmei. In Slawonien und dem Zagorje, aber auch in Dalmatien sind die Tamburica-Orchester zu hören, die Form der Mandoline ist eine Art kroatisches Nationalinstrument. Getanzt wird dazu im Kreis, ein Gruppentanz, der Kolo genannt wird. Die Tamburica findet auch Eingang in die Unterhaltungsmusik.

Kroatische Volkslieder haben Joseph Haydn inspiriert, der davon zahlreiche in seinen Kompositionen aufgenommen hat. Viele Komponisten des Barock und der Frühklassik sind unbekannt geblieben. Größere Schaffenskraft entwickelten erst kroatische Opernkomponisten, als sie von der Mode der italienischen Oper ergriffen wurden.

Unter den Orchestern ist heute vor allem die Zagreber Philharmonie weltbekannt. Der Kroate Lovro von Matačić (1899–1985) war zwischen 1970 und 1980 ihr berühmtester Dirigent. Der international gefeierte Orchesterleiter hat in seinen Wanderjahren ab 1956 auch lange in Deutschland gewirkt, unter anderem von 1961 bis 1966 als Generalmusikdirektor in Frankfurt.

Die klassische kroatische Musikszene lebt vor allem in den Festivals auf. Herausragend ist das Dubrovnik-Musikfestival, das seit 1950 viele internationale Stars der klassischen Musikwelt an die Adria holt. Aber auch das berühmte Barockmusikfestival in Varaždin findet bereits seit 40 Jahren immer drei Wochen lang statt. Fast jede Stadt hat ihr eigenes Festival oder versucht, ein klassisches Konzertprogramm während der Feriensaison zusammenzustellen. Berühmt ist das Kammermusikfestival in Slatina, das jährlich im Mai stattfindet.

Sommerfest in Biograd na moru: Musiker mit eher ungewöhnlichen Instrumenten

Einer der namhaftesten Komponisten Kroatiens wurde 1819 in Split geboren: Franz von Suppé (→ S. 353). Er stammte aus einer Familie, die aus Belgien eingewandert war. Suppé komponierte seine erste Messe mit 13 und ging früh nach Wien, wo es allerdings lange dauerte, bis er mit seiner Musik Ruhm ernten konnte.

Einer der bekannteren modernen Komponisten ist Milko Kelemen, der 1924 in Slatina geboren wurde. Er studierte unter anderem bei Olivier Messiaen in Paris und hat sein weiteres musikalisches Leben in Deutschland verbracht. Er hat das Kammermusikfestival in Slatina begründet und gründete 1959 die Musikbiennale in Zagreb.

In der weitgehend westlich geprägten und vielfach adaptierten Unterhaltungsmusik ist heute Jugo-Nostalgie angesagt, und so spielen die Sender immer noch Bands wie ›Bijelo Dugme‹ (Weißer Knopf), ›Prljavo Kazalište‹ (Schmutziges Theater) oder die Lieder von Oliver Dragojević, selten den Ethno- und Experimentalrock von Emir Kusturica und Partner Goran Bregović, deren Band das ›No Smoking Orchestra‹ ist. In der Rockmusik fand während des Kommunismus die subversive Kraft ein Ventil.

Eine international bekannte Kroatin ist die Sängerin Dunja Rajter. 1989 gewann die Popgruppe ›Riva‹ mit Sängerin Emilja den ›European Song Contest‹ in Lausanne. So fand sich die ganze Popszene 1990 kurz vor dem Krieg in Zagreb ein, um dort noch einmal eine große Show zu präsentieren.

Brauchtum und Tradition

Brauchtum und Folklore erhalten in Kroatien eine neue und teilweise auch politische Bedeutung. Mit der neuen Unabhängigkeit Kroatiens besinnt man sich gern der alten Traditionen, um damit die eigene Identität zu stärken und sich von den Nachbarregionen auch auf lokaler Ebene abzugrenzen.

Das Interesse am Brauchtum ist hoch, kaum eine Stadt, die nicht ein eigenes ethnografisches Museum hat, in dem Alltagsdinge aus früheren Jahrhunderten ausgestellt werden. Teuer und oft wertvoll sind die Trachten mit ihren komplizierten Mustern und feinen Stickereien, die sich regional unterscheiden und entweder neu angefertigt werden oder über Generationen vererbt werden. Dabei haben sich je nach Region unterschiedliche Spitzenarbeiten ausgebildet, wie zum Beispiel die genähte Pager Spitze

Trachten in Biograd na moru

Straßenmusiker in Dubrovnik

(→ S. 311) oder die Klöppeleien von Lepoglava beziehungsweise Đakovo oder landesweit Gehäkeltes.

Zum Brauchtum gehören auch Musik und Tanz: Auf der Insel Korčula hat sich in der Moreška und der Kumpanija eine Form des Schwertertanzes erhalten, wie es ihn einmal in ganz Europa gegeben hat. Die Moreška kommt ursprünglich aus Spanien und erinnerte dort an den Kampf gegen die Mauren. In Korčula wurde er zur Erinnerung an den Kampf gegen die Türken angenommen. Der in sieben Folgen getanzte Kreistanz mit stumpfen Säbeln ist wild und nicht ungefährlich, immer wieder treten leichte Verletzungen auf.

Importiert aus Venedig sind die Karnevalsfeiern an der Küste. Die Hochburg liegt in Rijeka, aber auch auf Pag, in Zadar und in vielen kleinen Inselorten wird der Beginn der Fastenzeit mit kunstvollen Verkleidungen gefeiert. Zudem haben viele Städte auch ganz eigene Feste, die sich auf Ereignisse in der Stadtgeschichte beziehen.

Literatur

Als ältestes kroatisches Sprachdenkmal ist die Tafel von Baška auf der Insel Krk erhalten, eine um 1100 entstandene glagolitische Steininschrift. Nach dem Vordringen der Türken auf den Balkan blieb die kroatische Literatur am westeuropäischen Kulturmodell orientiert. Im 15. und 16. Jahrhundert entfaltete sich, von italienischen Vorbildern angeregt, eine bedeutende Renaissanceliteratur in den Zentren Ragusa/Dubrovnik, Split, Zadar und Hvar. Dalmatien wurde zum literarischen Zentrum.

Der bekannteste kroatische Humanist ist Marko Marulić (1450–1524). Er stammte aus Split und beschrieb in seiner Dichtung ›Gebet wider die Türken‹ eindringlich und realistisch die Angst vor den Osmanen. Das originellste Werk dieser Zeit ist ›Vom Fischen und Fischergespräche‹ des Dichters und Philosophen Petar Hektorović (1487–1572), das eine Reise mit Fischern rund um die Insel Hvar beschreibt.

Bibliothek des Franziskanerklosters in Virovitica

Im 17. und 18. Jahrhundert schrieben kroatische Barockdichter bedeutende didaktisch-enzyklopädische Schriften und bukolische Dichtungen. Der bekannteste von ihnen ist der Dubrovniker Patrizier Ivan Gundulić (1589–1638), dessen allegorisches Hirtendrama ›Dubravka‹, ein mythisch-pastorales Spiel um Gerechtigkeit und Liebe, den Freiheitsdrang seiner Heimatstadt besingt.

19. Jahrhundert

Später verlor Dalmatien seine Führungsrolle in der kroatischen Kultur. Im 19. Jahrhundert öffnete sich die kroatische Literatur der gesamteuropäischen romantischen Bewegung. Themen entstanden nun aus dem wachsenden Interesse an der Volkspoesie und dem Nationalbewusstsein, das sich in Kroatien mit dem politischen Ziel einer Vereinigung aller Südslawen verband. Der Verfasser der kroatischen Nationalhymne ist der Slawonier Antun Mihanović (1796–1861): ›Unser schönes Vaterland/Oh, du liebe heldenhafte Erde,/Alten Ruhmes Ahnenreihe,/Bleibe immer ehrenhaft!‹.

Gegen Ende des 19. Jahrhunderts formierte sich die kroatische Moderne mit Vladimir Nazor (1876–1949), dessen bekanntestes Gedicht ›Die Zikade‹ mit lautmalerischen Mitteln eine antik-heidnische Freude an der Natur zum Ausdruck bringt: ›I cvrči cvrči cvrčak na čvoru crne smrče‹ – Und es zirpt, zirpt die Zikade auf dem knorrigen Ast der schwarzen Kiefer.

20. Jahrhundert

Schon während des Ersten Weltkriegs wies die kroatische Literatur expressionistische und gesellschaftskritische Tendenzen auf. Der bedeutendste Autor dieser Zeit war der in Zagreb geborene Miroslav Krleža (1893–1981), der den Untergang der dekadenten Aristokratie und Bourgeoisie thematisierte. In den Erzählungen ›Der kroatische Gott Mars‹ (1922) polemisierte er gegen das verlogene Bild des Kriegs und stellte ihm die barbarische Wirklichkeit entgegen. In den 1950er Jahren leitete Krleža die Abkehr der kroatischen Literatur von der Doktrin des sozialistischen Realismus ein. Seine Verteidigung der individuellen Freiheit des Künstlers und des Kunstcharakters der Literatur prägte die Entwicklung der kroatischen Gegenwartsliteratur.

In den 50er und 60er Jahren wurde der Einfluss der angloamerikanischen Literaturen und des französischen Existenzialismus deutlich. Slavko Mihalić (geb. 1928) gestaltet in dem Lyrikband ›Stille Scheiterhaufen‹ (deutsch 1990) existenzielle Fragen des einsamen, bedrohten Menschen. Eine sehr einflussreiche Strömung der 60er und 70er Jahre war die an J. D. Salinger und Ulrich Plenzdorf orientierte ›Jeans-Prosa‹ (proza u trapericama), die durch die Verwendung von Slang und Jargon aus der Umgebung von Zagreb gekennzeichnet ist und vor allem die Probleme Jugendlicher thematisiert.

Zeitgenössische Literatur

Sehr körperbezogene Prosa schreibt Slavenka Drakulić (geb. 1949). Ihr Hang zur Beschreibung schockierender Inhalte zeigt sich in ihren Romanen wie ›Marmorhaut‹ (1989, deutsch 1998), ›Das Liebesopfer‹ (deutsch 1997) und ›Als gäbe es mich nicht‹ (deutsch 1999), der von Vergewaltigungen im Bosnienkrieg handelt.

Postmoderne Tendenzen finden sich bei Dubravka Ugrešić (geb. 1949), die in Deutschland durch Essaybände über den serbisch-kroatischen Krieg (›Kultur der Lüge‹, ›Das Museum der bedingungslosen Kapitulation‹) bekannt ist. Der Essayband ›Das Ministerium der Schmerzen‹ (deutsch 2005) thematisiert alltägliche Erfahrungen im ehemaligen Jugoslawien.

Ein Meister der Kurzgeschichte ist Miljenko Jergović (geb. 1966), der in dem Erzählband ›Sarajevo Marlboro‹ (deutsch 1996) in scheinbar alltäglichen Situationen den Bosnienkrieg als groteske Tragödie darstellt. Sein Roman ›Buick Rivera‹ (deutsch 2006) beschreibt voller Situationskomik, wie ein serbischer und ein muslimischer Emigrant in den USA plötzlich von ihrer Vergangenheit eingeholt werden. Von der Flucht in eine verklärte Kindheit in Dalmatien handelt der Roman ›Lebt wohl, Cowboys‹ (deutsch 2011) von Olja Savičević (geb. 1974). Still, in fast lyrischer Sprache arbeitet Marica Bodrožić die Vergangenheit auf, zum Beispiel im Roman ›kirschholz und alte gefühle‹ (2012).

Denkmal für Antun Mihanović, den Dichter der kroatischen Nationalhymne, in Klanjec

Skurril und voll schwarzem Humor sind die Erzählbände ›Walt Disneys Mausefalle‹ (deutsch 1996) und ›Der Engel im Abseits‹ von Zoran Ferić (geb. 1961) oder auch sein Roman ›Das Alter kam am 23. Mai um 11 Uhr‹ (2012). Das chaotische Leben einer heimatlosen Generation, die angesichts des westlichen Konsumhedonismus ihren eigenen Weg sucht, beleuchtet Rujana Jeger (geb. 1968) in dem Roman ›Darkroom‹ (deutsch 2004), das Thema Korruption Edo Popović in ›Die Spieler‹ (deutsch 2009).

Film

Die größte Stätte für Filmproduktionen im ehemaligen Jugoslawien und Südosteuropa waren die ›Jadra‹-Filmstudios in Zagreb. Sie fungierten auch als Kooperationspartner für die Karl-May-Filme in den 1960er Jahren. Der Versuch, diese Studios 1991 zu privatisieren, schlug fehl und brachte das kroatische Filmschaffen zum Erliegen. Als großer jugoslawischer Filmemacher galt Emir Kusturica (›Zeit der Zigeuner‹, ›Arizona dream‹), der heute aber als bosnischer Serbe betrachtet wird.

Der neue kroatische Film etablierte sich erst seit 1995 und macht seitdem mit sechs bis acht Filmproduktionen jedes Jahr auf sich aufmerksam. Wurden zu Beginn der 1990er Jahre die Kroaten als Opfer des Krieges und der Widerstand im Kommunismus thematisiert, werden die Filmemacher Krieg und Nationalismus gegenüber kritischer.

In der Großen Paklenica-Schlucht wurden einige Szenen der Winnetou-Filme gedreht

Viele neuere Streifen handeln vom neuen Alltag nach dem Krieg und der Suche nach Identität: Dabei entdeckten die Regisseure das Stilmittel der Ironie, die zum Beispiel für den Film ›Wie der Krieg auf meine Insel kam‹ von Vinko Brešan (1996) prägend wurde. Viele Filme schaffen es, mit einfachen Mitteln aus dem Alltag zu erzählen und Sogwirkung zu entfalten wie zum Beispiel der Film ›Die Kassiererin will ans Meer‹ (Blagajnica hoće ići na more) von Dalibor Matanić aus dem Jahr 2000.

Anerkennung gab es auch für den Film ›Go for it‹ (›The King‹) von Dejan Aćimović (2009) über einen blinden Gewinner eines paralympischen Wettbewerbs wurden erstmals Minderheiten in den Fokus gerückt. Der Film ›Armin‹ von Regisseur Ognjen Svilčić aus Split, eine Koproduktion mit Bosnien und Herzegowina und Deutschland, war 2005 sogar für den Oscar in der Kategorie ›Bester ausländischer Film‹ nominiert.

Eine lange Tradition hat der Animationsfilm, der seit den1960er Jahren von der Abteilung ›Duga Film‹ in Zagreb produziert wurde. Er konnte allerdings erst nach einer langen Krise Mitte der 80er Jahre wieder an die alten Erfolge anknüpfen.

Dagegen nimmt der Video- und Experimentalfilm einen starken Aufschwung. In Split konnte sich das ›Internationale Festival des neuen Films und Videos‹ seit 1996 etablieren. Unterstützt wird die Videokunst seit der Gründung der Spliter Kunstakademie mit ihrer Abteilung ›Design der visuellen Kommunikation‹.

Neben Zagreb rückt zunehmend auch Split in den Fokus des Filmschaffens. Dafür stehen Streifen wie ›Eine wunderbare Nacht in Split‹ (Ta divna Splitska noć) von Arsen Ostojić oder die Spliter Regisseure Ognjen Svilčić (›Armin‹) und Branko Ivanda. Letzterer brachte 2003 den Historienschinken ›Der Reiter‹ (Konjanik) in die Kinos. Der Film greift in einer Art Romeo-und-Julia-Geschichte die Geschichte Dalmatiens im Spannungsfeld zwischen Venedig und dem Osmanischen Reich auf.

Sprache

Warum heißt eine Biermarke im Zagorje ausgerechnet ›Kaj‹, wie das Fragepronomen ›Was‹? Auf dem südlichen Balkan ist die Frage der Sprache bis heute eine hochpolitische. Zwar sind die Unterschiede zwischen Serbisch, Kroatisch und Bosnisch nicht größer als zwischen britischem und amerikanischem Englisch, doch gerade wegen der eher geringen Unterschiede ist der Abgrenzungswunsch umso höher. Größer sind die Unterschiede zum Slowenischen.

Als die Slawen im Gefolge der Awaren im 6. Jahrhundert auf den Balkan einwanderten, brachten sie keine eigene Schrift mit. Erst die Griechen Kyrill und Method versuchten von Osten her, der Sprache mit der Glagoljica eine eigens entwickelte Schrift zu verleihen. Doch mit der Hinwendung zu Rom hatten Kroaten sich längst zum hin Westen orientiert, während die Serben das östliche Kyrillisch übernahmen. Im Bemühen um Vereinheitlichung während des 19. Jahrhunderts wollte jede Sprachgruppe dem Ganzen ihren Stempel aufdrücken, insbesondere zwischen Kroatisch und Serbisch kam es zu einer scharfen Konkurrenz.

Der jugoslawische Siedlungsraum enthält verschiedene Sprachgebiete, die zum einen nach der Verwendung eines Vokals und zum anderen nach der Verwendung des Fragepronomens ›Was?‹ unterteilt werden. Das ursprünglich nur im süd-

Die alten Schriftzeichen der Glagoljica werden für das Kunsthandwerk wiederentdeckt

lichen Landesinneren gebräuchliche ›što?‹ für ›Was?‹ hat seinen Weg in die Hochsprache gefunden. Im Zagorje heißt es weiterhin ›kaj‹, entsprechend wird in Kajkavisch und Štokavisch unterschieden. ›Kaj‹ bezeichnet also eine Sprachregion, die sich mit einem gemeinsamen Ausdruck zusammengehörig fühlen. Auf der Insel Krk gibt es noch die Variante ›ča‹, die dem Italienischen stammt.

Der glagolitische Buchstabe ›A‹ am Glagoliter-Weg auf der Insel Krk

Der Dialekt ist bis heute ein wichtiges Unterscheidungsmerkmal vor allem gegenüber Flüchtlingen, die aus dem Landesinneren an die Küste kamen. Außerdem wird in Ijekavica, Ikavica und Ekavica eingeteilt. Als kroatische Hochsprache gilt heute Ijekavica, in Dalmatien wird Ikavica gesprochen und in Serbien das Ekavica. So lautet das Wort für Zeit/Wetter auf kroatisch ›vrijeme‹ und auf dalmatinisch ›vrime‹, auf serbisch ›vreme‹. Als kroatische Hochsprache gilt heute Ijekavica, in Dalmatien wird Ikavica gesprochen und in Serbien das Ekavica. Doch auch im Zagorje wird eine Form des Ekavica gesprochen, wie der Name der Stadt Lepoglava zeigt, kroatisch müsste er ›Lijepoglava‹ heißen (›schöne Kuppe/schönes Haupt‹).

Im 19. Jahrhundert einigte man sich bereits weitgehend auf eine serbokroatische Variante, die in Reinform in Sarajevo gesprochen wurde. Der Versuch, mit Gründung des jugoslawischen Königreiches 1918 serbisches Ekavica als gesprochene Sprache durchzusetzen und kroatisch-lateinisch zu schreiben, um so eine einheitliche Sprachregelung zu schaffen, schlug fehl. 1967 hielt eine Sprachendeklaration fest, dass die serbokroatische Sprache in Serbien in serbischer Form und in Kroatien in kroatischer Form verwendet wird.

Mit dem Ende der jugoslawischen Einheit versuchen die neuen Staaten, allen voran Kroatien, sich von den anderen Sprachen im früheren Bund abzugrenzen. Dafür wurden eigens Neuschöpfungen kreiert, die nun im Volk durchgesetzt werden sollen, was zuweilen lächerlich wirkt. Der frühere Aerodrom wurde in Kroatien zum ›Zračna Luka‹ (Lufthafen), aus dem Hubschrauber, früher ›helikopter‹, wird ›zrakomlat‹, wörtlich: ›Luftschmetterer‹.

Glagoljica

Ein Champignon? Ein Dreizack? Ein seitenverkehrtes E? Seltsame Zeichen mit Kanten und Ecken finden sich an Kirchen und Häusern vieler Orte. Es sind die Buchstaben der Glagoljica, der ältesten slawischen Schrift, die in Kroatien bis Ende des 19. Jahrhunderts im kirchlichen und privaten Leben in Gebrauch war und bis heute zum kulturellen und nationalen Selbstverständnis der Kroaten gehört.

Nach vorherrschender Meinung entwarf der Slawenapostel Konstantin (Kyrill) die glagolitische Schrift um 863 nach Christus. Ihr Name stammt von dem kirchenslawischen Wort glagoljati - sprechen. Entstanden ist sie, als Kyrill und Method nach Mähren gingen. Sie wollten die dortige ostfränkische Christianisierung durch eine byzantinisch-orthodoxe Mission zurückdrängen und schufen die Glagoljica als erste slawische Schrift, um das Altkirchenslawische als Schrift- und Liturgiesprache zu etablieren.

Ihre Buchstaben, die auch Zahlenwerte bezeichnen, erinnern an das Griechische, einige verweisen sogar auf das Koptische, Hebräische oder Syrische. Möglich ist auch eine freie graphische Gestaltung, die christliche Symbole (Kreuz, Kreis und Dreieck) kombiniert oder Zeichen griechisch-byzantinischer Herkunft verwendet.

Von Mähren und Makedonien, wo Schüler der Slawenapostel wirkten, gelangten die glagolitische Schrift und die altkirchenslawische Liturgie nach Kroatien, wo sie sich seit dem 12. Jahrhundert zu der jüngeren, ›eckigen Glagoljica‹ entwickelte. Neben Istrien, der Kvarner Bucht (Insel Krk) und Senj gab es auch in Dalmatien bedeutende Zentren glagolitischen Schrifttums, wie das Benediktinerkloster in Tkon auf der Insel Pašman, das Eremitenkloster Blaca auf der Insel Brać oder das glagolitische Seminar in Omiš.

Der Papst hatte Vorbehalte gegen slawische Liturgie und glagolitische Schriftlichkeit, die in Kroatien zeitweise sogar zu Symbolen des Widerstands gegen Fremdherrschaft und lateinischen Klerus im südlichen Dalmatien wurden. Als Dalmatien nach der Spliter Synode 925 unter römische Jurisdiktion geriet, wurde die Schrift verboten. Rom konnte das Verbot aber nicht durchsetzen.

Mitte des 13. Jahrhunderts sah sich Papst Innozenz IV. (um 1195–1254) sogar genötigt, dem Bistum Senj und einzelnen Klöstern auf der Insel Krk die slawische Liturgie zu erlauben. Damals verbreiteten findige Glagoliter-Mönche, der heilige Hieronymus (um 347–419/420) sei der Erfinder der Glagoljica.

In einigen Regionen Kroatiens konnte sich die Glagoljica ohne Unterbrechung bis in das 20. Jahrhundert halten. Noch 1961 las ein Pfarrer in Nin (bei Zadar) die Messe nach einem glagolitischen Messbuch. Nach der Selbständigkeit Kroatiens (1991) propagierte man die glagolitische Schrift als Symbol kroatischer nationaler und kultureller Identität: Noch heute bieten Grundschulen ihre Erlernung als Wahlfach an, Bibliotheken veranstalten Glagolizakurse. In den einstigen glagolitischen Zentren Roč (Istrien), Senj (nördliche Adria) und auf der Insel Krk gibt es ›glagolitische Schulen‹.

Künstler entdecken die Glagoljica für Malerei und Plastik. Man findet sie auf Gefallenendenkmälern, Münzen, Geldscheinen und Briefmarken, Telefonkarten und Plakaten und natürlich findet man diese seltsamen eckigen Zeichen auch auf Souvenirs.

Essen und Trinken

Nach wie vor finden sich die jugoslawischen Klassiker wie Čevapčići, Ražnjići, Hackbraten, Gulasch und Schnitzel nebst Pommes Frites auf den Speisekarten, eine Küche, die eigentlich eher aus Bosnien oder sogar Serbien und nur zum Teil aus Slawonien stammt. Entsprechend der unterschiedlichen Herrschaftsverhältnisse in den Regionen ist die Küche unterschiedlich geprägt. Im Norden, in Slawonien und dem Zagorje, hat sie eine starke österreichisch-ungarische Prägung, wie sich bei den Gerichten Paprikaš oder Gulaš, zahlreichen Teig- oder Bratengerichten zeigt, in manchen Orten ist die Küche auch tschechisch beeinflusst. In Istrien und Dalmatien ist die Küche eher italienisch geprägt. Istrien hat sich einen Namen für seine Trüffel gemacht und Ston für seine Austernzucht.

Da Restaurants und Cafés die beste Einnahmequelle aus dem Tourismus sind, braucht an der Küste niemand zu darben; im Hinterland sieht das etwas anders aus. Im Zagorje merkt man noch die Nähe der Hauptstadt, so dass sich dort eine annehmbare Dichte an qualitativ guten Restaurants finden lässt.

In Pizzerien, Tavernen und Konobas wird die schnelle Sättigung angeboten. Allerdings können Konobas (=Keller), also die Kellerkneipen, erstaunlich gut sein. Das Preisniveau liegt insgesamt unter dem von Italien, Deutschland oder Österreich, gleicht sich aber immer weiter an.

Fisch und Fleisch

An der Küste spielt der Fisch natürlich eine große Rolle. Allerdings wurde nicht jeder Fisch, der auf den Teller kommt, auch in der Adria gefangen. Wer das möchte, sollte nachfragen. Dennoch ist in den Hafenstädten häufig ein Fischverkäufer zu finden, der am Morgen den Fang der Fischer vor Ort anbietet.

Dazu sollte man Kartoffeln mit Blitva (Mangold) probieren, die häufig in Dalmatien angeboten werden, oder den berühmten Maisbrei in Nordkroatien. Fisch schmeckt am besten gegrillt, schlicht mit Olivenöl und Zitrone beträufelt, oder als Fischeintopf (Brudet) zubereitet. An frischem Seefisch werden Zahnbrasse, Seebarsch, Makrele und Sardinen angeboten. Außerdem werden Mollusken wie Tintenfisch, Octopus, Kuttelfisch, Krustentiere wie Shrimps oder Hummer oder Muscheln wie Austern oder Miesmuscheln je nach Größe gegrillt oder gedünstet, in Eintöpfen oder als Risotto serviert.

Eine Besonderheit ist, gewürztes Fleisch oder Fisch auf dem Feuer unter einer Ton- oder Edelstahlglocke (Peka) zu grillen. Das dauert aber gut zwei Stunden und sollte vorbestellt werden. Lamm wird in ganz Kroatien am offenen Feuer gedreht. Getrunken wird dazu ein kräftiger Weiß- oder Rotwein oder ein Bevanda (Rot- oder Weißwein mit stillem Wasser) beziehungsweise Gemišt (Weißweinschorle), wie es eher im Norden heißt. Fruchtsäfte und Tees werden von Einheimischen kaum konsumiert und sind ein westlicher Import.

Vorspeisen

Dalmatien ist bekannt für seinen luftgetrockneten geräucherten Schinken, den pršut, und seinen harten Käse (sir) aus Schafs- und Kuhmilch, die als Vorspeise oder zwischendurch serviert werden. Vielfach werden diese Spezialitäten haus-

Typische Bewirtung in Dalmatien: Schinken, Käse, Gemüse

gemacht, doch auch in den Supermärkten gibt es mindestens zwei empfehlenswerte einheimische Käsesorten: den Paški Sir aus Pag und den Dalmatia, der in Dubrovnik hergestellt wird. An der Küste werden Käse und Schinken häufig mit Oliven, Zwiebeln und lockerem Weißbrot als Vorspeise gereicht.

Auch in Slawonien gibt es diese Tradition der Vorspeise: Auch der slawonische Schinken ist berühmt. Häufig kommt auch noch Kulen hinzu, eine einheimische Paprika-Salami, die in keinem Haushalt fehlen darf. Zum Nachtisch gibt es Kuchen, die oft sehr österreichisch geprägt sind, wie Apfelstrudel oder Krempita. Ohne diese Spezialitäten probiert zu haben, sollte man Slawonien nicht verlassen.

Typisch slawonische Würste

Wein

Seinen eigenen Wein herzustellen, ist für Kroaten seit Jahrhunderten Prestigesache. Deswegen versuchen viele, wenigstens einen kleinen Weingarten ihr eigen zu nennen. Unter der jungen Bevölkerung ist das vielleicht nicht mehr ungeteilt so, aber das Interesse vor allem auf dem Lande ist hoch. Für viele besteht der Stolz darin, dass man einen Wein selbst produziert hat, unabhängig von der Qualität. Nicht zuletzt lässt sich ein Teil auch an Touristen verkaufen. Doch in den letzten Jahren hat eine neue Winzergeneration die Qualität der Weinherstellung enorm gesteigert. So kristallisieren sich immer mehr private Spitzengüter heraus, die auch internationale Preise gewinnen.

Archäologische Funde legen nahe, dass an der dalmatinischen Adriaküste bereits im 6. Jahrhundert vor Christus der Rebsaft genossen wurde. Auch Griechen und Römer hinterließen beim Weinbau ihre Spuren. So heißt auf Korčula noch heute die bekannteste weiße Rebsorte Grk (Griechischer), sie wird ausschließlich auf der Insel angebaut.

Im 2. Jahrhundert vor Christus schrieb der griechische Historiker und Geograph Agatharchid aus Knidos, dass es auf der Welt keinen besseren Wein als aus Issa (heute Insel Vis) gäbe. Auch James Joyce soll seinem Biographen zufolge am liebsten Wein aus Vis getrunken haben.

Der griechische Schriftsteller Cassiodor pries im 6. Jahrhundert nach Christus die fruchtbare Halbinsel Istrien als ›Hort der Lebensfreude und des Glücks‹ und erwähnte den Anbau von Oliven und Wein in großen Mengen. Zuvor hatte bereits der Römer Plinius der Jüngere einen istrischen Rotwein besonders gelobt, der als Vorläufer des rubinroten kräftigen Teran (Refosco) gilt. Übrigens: Auch Giacomo Casanova schätzte dessen ›exzellenten‹ Geschmack.

Im 18. und 19. Jahrhundert waren Weinreben ein Exportschlager, die hauptsächlich nach Italien und Österreich geliefert wurden und an der Adria ganze Regionen ernährt haben. Nach dem Ersten Weltkrieg wurden die Weinstöcke jedoch von einer aus Amerika importierten Reblaus befallen, gegen die alle Abwehrmittel versagten. Sie vernichtete die Weinberge großflächig. Vielen Menschen wurde die Existenzgrundlage zerstört, und sie gingen ins Exil.

Heute entstehen im Weinbau wieder neue Existenzen. Zahlreiche Weingüter, besonders in Istrien, produzieren inzwischen preisgekrönte Weine. Rotweine – außer Teranva auch Merlot, Gamay, Cabernet Sauvignon und Blauburgunder – wachsen heute nur auf 30 Prozent der Anbauflächen Istriens. Häufiger sind Weißweine wie der Istarska Malvazija (Istrischer Malvasier), dessen Trauben wahrscheinlich venezianische Kaufleute und Weinbauern in Istrien eingeführt haben. Die Traube ist derzeit die beliebteste in der Region, gefolgt von Chardonnay, Weißburgunder und Grauburgunder. Der Weinanbau Istriens konzentriert sich auf den Nordwesten. Neben zwei großen Genossenschaften haben sich mittlerweile rund 40 kleine Winzerbetriebe etabliert. Aufstrebende Winzer sind: Arman, Kozlović Vina, Degrassi, Pilato und Zigante.

Aber auch im Zagorje und in Slawonien etablieren sich zunehmend gute Weinbauern. Angebaut werden auch hier Weinsorten wie Chardonnay, Sauvignon, Rajnski Riesling, Gewürztraminer und Graševina, aber auch süße Weine wie der Muscat Blanc lassen sich wiederentdecken. Bekannte Namen sind Podrum Ilok oder Kutjevo, die einst großen staatlichen Weingüter. Aber auf der Überholspur sind die privaten wie Vuglec Breg oder die Vinarija vinski vrh. In Slawonien macht sich Krauthaker einen Namen. Eine kleine, aber gute Weingegend ist das Međimurje mit den Weingütern Obitelj Belović i Lebar Franjo und Lovrec.

Der Winzer von Vuglec Breg

Ursprünglicher Weinkeller auf der Insel Brač

In Dalmatien ist die Halbinsel Pelješac für ihren Wein am bekanntesten. Auf ihr werden die Rebsorten Plavac Mali, Postup und Dingač angebaut. Der Wein von Pelješac ist auch häufig auf den Speisekarten kroatischer Restaurants in Deutschland zu finden. Ein erster Preis auf der Pariser Weltausstellung 1910 ist zwar schon lange her, begründete aber die Tradition.

In Norddalmatien wird die beachtenswerte Traube Babić angebaut, aus dem vor allem zwischen Primošten und Trogir ein guter und gehaltvoller Wein entsteht. Zu einem guten Weißwein wird im Hinterland die Traube Debit verarbeitet, aus dem der Žutinawein entsteht. Seltenere autochtone Trauben sind Plavina und Refosk. Dalmatinische Weine können einen Alkoholgehalt von bis zu 13,5 Prozent haben.

Gebranntes

Eine der großen Firmen, die bereits seit 1862 Alkoholika aller Art produziert, ist ›Badel‹, die ihren Standort in dem gleichnamigen Schloss in Slawonien hat. Noch heute profitiert sie von ihrem auch zu sozialistischen Zeiten legendären Namen, auch wenn vieles aus diesem Hause eher industriell gefertigt daherkommt.

Obstler wurden auf den Bauernhöfen seit jeher destilliert. In Slawonien ist dies natürlich die Šljivovica aus Pflaumen, an der Küste der Rakija, meist aus Trester gebrannt. Zadar ist berühmt für seinen Maraschino, einen Mirabellen- oder Marillen-Likör, dessen Rezeptur im Dominikanerkloster Anfang des 16. Jahr-hunderts von Apothekern entwickelt wurde. Mandarinenschnäpse werden im Neretva-Delta hergestellt.

Štrukli - gekocht oder gebacken

Neben bekannten Gerichten, die vor allem über dem Grill zubereitet werden, sind Teiggerichte wie Štrukli sehr beliebt, sie stammen aus dem Zagorje.

Man nehme ...
... für den Teig: 1½ kg Mehl, 1½ dl lauwarmes Wasser, 1 Teelöffel (gestrichen) Salz
... für die Füllung: 1½ kg Frischkäse Doppelrahmstufe, 1 Teelöffel (gestrichen) Salz, 1 Ei, verquirlt, 100 g Butter, flüssig, Semmelbrösel

Zuerst wird der Teig zubereitet. Mehl, Salz und lauwarmes Wasser langsam so ineinander rühren, dass ein Teig entsteht, der sich schön weich kneten lässt. Den rund geformten Teig mit etwas Sonnenblumenöl einreiben und in einer Schüssel, bedeckt mit einem Küchentuch, eine halbe Stunde ruhen lassen. Für die Füllung in den Frischkäse Ei und das Salz geben und alles miteinander verrühren.

Nach der Wartezeit den Teig auf einem mit Mehl eingestäubten Baumwolltuch kreisförmig ausrollen, immer wieder etwas warten und so lange ziehen, bis der Teig hauchdünn wird. Den Teig mit Öl einreiben. Die Füllung so auf den Teig aufbringen, dass in der Mitte ein vier Finger breiter Steg frei bleibt. Teig und Füllung von außen her bis zur freien Mitte einrollen. Beide Rollen voneinander mit einem Messer trennen und mit einem Tellerrand in etwa zehn Zentimeter große Stücke schneiden.

Es gibt zwei Möglichkeiten, diese weiterzuverarbeiten. Die eine Schule legt sie in eine gefettete Form und backt sie im 180 Grad vorgeheizten Backofen. Danach werden die fertigen Štrukli mit zerlassener Butter mit Semmelbröseln serviert. Die andere verschließt die Ränder der einzelnen entstandenen Kissen sorgfältig und bringt die Teigtaschen in kochendes heißes Wasser ein. Wenn sie oben schwimmen, werden sie mit einer Schaumkelle abgeschöpft und dann mit der zerlassenen Butter und den Semmelbröseln übergossen. In jedem Fall heiß servieren.

Štrukli – frisch aus dem Ofen

Zagreb ist nicht nur eine Stadt bzw. ein Dorf. Zunächst ist hier Grič – die Oberstadt, dann Kaptol, dann die Unterstadt, jeder Teil mit einem eigenen Gesicht und eigenem Leben, mit besonderer Architektur.

Antun Gustav Matoš (1843–1914):
Zagreb und die Zagreber

Die Markuskirche in der Zagreber Oberstadt

ZAGREB

Die Hauptstadt Kroatiens

Zagreb (790 000 Einwohner) liegt an der oberen Sava, einem rechten Nebenfluss der Donau. Als Hauptstadt der Republik Kroatien ist die Stadt das politische, wirtschaftliche und kulturelle Zentrum des Landes, Sitz eines orthodoxen Metropoliten und eines katholischen Erzbischofs. Die Stadt hat 20 Museen, darunter Gemäldegalerien und ein bedeutendes archäologisches Museum, 16 Theater und 350 Bibliotheken, eine Universität, Hochschulen und Akademien. Führender Wirtschaftszweig der Metropole ist die Metallindustrie, gefolgt von Textil-, Elektro-, Nahrungsmittel-, und chemischer Industrie. Die Stadt ist ein wichtiger Bahn- und Straßenknotenpunkt und ein Handelszentrum, in dem seit 1909 regelmäßig internationale Messen stattfinden.

Eine Standseilbahn verbindet Ober- und Unterstadt

Geschichte

Prähistorische Funde belegen eine frühe Besiedlung der Zagreber Gegend. Der illyrische und später römische Ort Andautonia lag in Šćitarjevo, im Südosten der heutigen Stadt. Den Ursprung Zagrebs markiert 1094 die Gründung eines Bistums durch den ungarischen König Ladislaus I. Aus dem Sitz des Domkapitels entwickelte sich Kaptol, eine slawische Siedlung mit Bischofskirche. Auf dem gegenüberliegenden Hügel Grič entstand der weltliche Teil Zagrebs: Gradec, Wohnort der Kaufleute und Handwerker, die heutige Oberstadt (Gornji grad). Diese ›Urzellen Zagrebs‹ wurden 1242 durch die Mongolen zerstört. Weil Gradec dem kroatisch-ungarischen König Béla IV. (1235–1270) Schutz vor den Mongolen gewährte, wurde es im selben Jahr Freie Reichsstadt und mit Mauern befestigt. Der zerstörte Dom wurde wieder aufgebaut, aber Kaptol blieb über Jahrhunderte vom Handelsplatz Gradec getrennt, der sich im 13. und 14. Jahrhundert zum wichtigsten Ort der Region entwickelte. Immer wieder kam es zu Streitigkeiten zwischen beiden Siedlungen, die der später überpflasterte Fluss Medveščak trennte. Erst als 1641 an der Stelle des heutigen Jelačić-Platzes die ›Harmica‹, ein gemeinsamer Markt, angelegt wurde, besserten sich die Beziehungen, und Gradec wurde unter dem ungarischen Namen Agram zum Zentrum des von Ungarn abhängigen Königreichs Kroatien. 1669 wurde die Zagreber Universität gegründet.

Während der politischen Stabilisierung im 18. Jahrhundert kam es zum Aufschwung der Siedlung zum wirtschaftlichen und kulturellen Mittelpunkt sowie zum Zentrum der national-kroatischen Bewegung. Aber erst 1850 vereinigten sich Gradec, Kaptol und die neu entstandene Unterstadt offiziell zu einer Stadtgemeinde. In der Folgezeit dehnte sich Agram, wie Zagreb in der österreichisch-ungarischen Monarchie weiterhin genannt wird, nach Süden aus und orientierte sich am Lebensstil Wiens und Budapests: Nach dem Erdbeben von 1880 entstanden repräsentative Bauten

▲ Karte S. 81/hintere Klappkarte

bedeutender ausländischer Architekten: Die Deutschen Friedrich von Schmidt und Hermann Bollé restaurierten Zagrebs Kirchen zur Gründerzeit und schufen historistische Gebäude. Der Württemberger Kuno Waidmann war am Aufbau der Unterstadt beteiligt. Das Nationaltheater entwarfen die Wiener Architekten Herrmann Helmer und Ferdinand Fellner. Die Betonplattenbauten der Außenbezirke Zagrebs entstanden in der sozialistischen Ära.

Kaptol und Oberstadt

Das Zentrum Zagrebs lässt sich gut auf zwei Rundgängen erkunden. Im Informationszentrum (Trg Bana Jelačića 11) erhält man Stadtpläne und Prospekte. Eine etwa 1,5-stündige Route führt zum Kaptol und weiter zur Oberstadt (Gornji Grad), für den Gang durch die Unterstadt (Donji Grad) benötigt man eine Stunde. Beide Wege beginnen auf dem Ban-Jelačić-Platz.

Ban-Jelačić-Platz

Ausgangspunkt des Rundgangs ist der Trg Bana Jelačića, den klassizistische, historistische, secessionistische und modernistische Gebäude säumen. Hier im ›Herzen der Stadt‹ verabredet man sich ›unter der Uhr‹ oder ›beim Banus‹ – ›unter dem Schweif‹ des von Anton Dominik Fernkorn (1813–1878) geschaffenen **Reiterdenkmals für Josip Jelačić** (1866), der sich 1848 bei der Niederschlagung

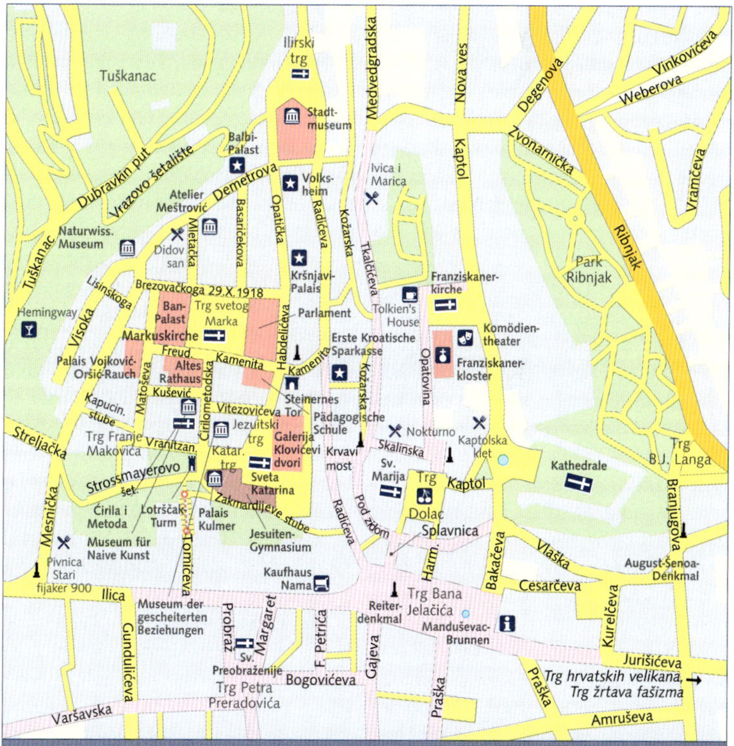

Zagreb, Kaptol und Oberstadt

Das Herz der Stadt: der Ban-Jelačić-Platz

der Revolution in Ungarn hervorgetan hat. Deshalb zeigte das Schwert des Generals ursprünglich in Richtung Budapest. 1941 wurde das Denkmal von den Kommunisten weggeräumt. Als man es 1991 wieder aufstellte, zeigte es nach Süden – in Richtung Knin, wo die Serben der Krajina eine eigene Republik (1991–1995) gegründet hatten.

Hinter dem Denkmal steht das von Kuno Waidmann (1845–1921) neobarock geplante **Haus Gavella** (1889). Das secessionistische **Haus Popović** (Nr. 4) an der Ecke zur Splavnica wurde 1907 nach Plänen Slavko Benedikts und Aladar Baranyais gebaut und mit dem Keramikrelief ›Bauern‹ von Ivan Meštrović geschmückt.

Den **Manduševac-Brunnen** an der Ostseite des Platzes speist eine sagenumwobene Quelle, die 1986 neu gefasst wurde: Am Brunnen soll ein Banus dem schönen Mädchen Manda zugerufen haben: ›Manda dušo, zagrabi!‹ (Manda, mein Schatz; schöpfe Wasser), wovon sich der Name der Quelle wie auch der Name Zagreb herleiten soll. ›Zagreb‹ ist aber ein Synonym für ›Schanze‹ und verweist auf einstige Wehranlagen.

Trg hrvatskih velikana

Der Weg führt nun vom Ban-Jelačić-Platz durch die Jurišićeva an der imposanten ehemaligen **Hauptpost** (1904) vorbei zum Trg hrvatskih velikana, den die **Zagreber Börse** beherrscht, in der heute die Nationalbank residiert. Das 1923 bis 1927 aus Marmor von der Insel Brač errichtete monumentale Gebäude ist ein Hauptwerk von Viktor Kovačić (1874–1924), dem ›Vater‹ der modernen kroatischen Architektur. Durch die Račka-Straße kommt man zum Trg žrtava fašizma mit dem von Ivan Meštrović entworfenen runden **Museumspavillon** (1938), der heute das ›Haus der bildenden Künste Kroatiens‹ beherbergt.

Ulica Vlaška

Nun geht es zurück zum Trg hrvatskih velikana, linker Hand passiert man das Ministerium für Bildung, Kultur und Sport und biegt rechts in die Draškovićeva, an deren Ende man links in die Vlaška gelangt, mit Büros, Geschäften und der 1999 eröffneten **Importanne Galleria** (Iblerov trg 10), einem exklusiven Einkaufszentrum mit Café-Bars und Pizzerien. Weiter in östlicher Richtung kommt man zum Trg Eugena Kvaternikova, von wo man durch die rechts abbiegende Maksimirska zum **Maksimir-Park** gehen kann, der 1843 im Stil eines englischen Landschaftsgartens angelegt wurde und seit 1925 den größten **Zoo** Südosteuropas beherbergt. Geht man weiter durch die Vlaška, kommt man in der Stara Vlaška an schönen Häusern des 18. und 19. Jahrhunderts vorbei. Auf der Kreuzung zur Branjugova überrascht das originelle **August-Šenoa-Denkmal** (1987): Die Bildhauerin Marija Ujević-Galetović lässt den Zagreber Dichter und Schriftsteller lässig an eine Litfaßsäule lehnen, auf der Verse den Ort Zagreb als schönen, jungen Recken besingen.

▲ Karte S. 81

Kathedrale

An der Kreuzung zur Bakačeva erreicht man den Kaptolhügel, wo Teile der alten Festungsmauern zu sehen sind und die zwei markanten, über 100 Meter hohen Türme der Kathedrale in die Höhe ragen. Die Kirche, deren romanische und gotische Vorgängerbauten in das 11. und 13. Jahrhundert zurückgehen, hat zwei Namen: Mariä Himmelfahrt und Stephansdom. Nach einem Erdbeben (1880) wurde sie von Friedrich von Schmidt und Hermann Bollé bis 1892 im neugotischen Stil wieder aufgebaut. Im Inneren der dreischiffigen Kirche beeindruckt rechts vom Eingang eine große **glagolitische Inschrift** (1941), die an den 1300. Jahrestag der Taufe Kroatiens erinnert. Die figurale **Kreuzigungsgruppe** darunter schuf Ante Orlić (1933–2004). Im südlichen Seitenschiff hängt am Altar des heiligen Hieronymus ein **Gemälde von Celestin Medović** (1857–1920), der sich ab 1885 in Zagreb dem Kreis

Die Zagreber Kathedrale

Der Sarkophag von Kardinal Stepinac

moderner Künstler um Vlaho Bukovac anschloss. Links daneben steht ein **Renaissancechorgestühl** (1520) mit herrlichen Intarsien und links des Seitenportals ein **barockes Chorgestühl**.

Zahlreiche **Epitaphe** und **Gräber** erinnern an bedeutende kroatische Persönlichkeiten: Bei der rechten Seitenapsis hängt das frühbarocke Denkmal für Ban Nikola Erdödy (1693), der von 1684 bis 1691 große Teile Kroatiens von den Osmanen befreite. Unter der Nische mit den 1971 entstandenen Büsten der Adligen Petar Zrinski und Krsto Frankopan, die wegen einer Verschwörung gegen Habsburg am 30. April 1671 in Wiener Neustadt hingerichtet wurden, steht auf Kroatisch: ›Ewig lebt, wer ehrsam stirbt.‹ Auf einem schönen Renaissance-Epitaph sieht man Ban Toma Bakač-Erdödy, der bei der Schlacht bei Sisak (1593) die Türken besiegte.

Der neogotische **Muttergottesaltar** (1888) entstand nach Entwürfen Hermann Bollés. Im Chorraum ist die **Altarmensa** mit silbernem Antependium (1721) sehenswert, auf dem Szenen aus dem Leben der heiligen Familie und die heiligen Könige Ladislaus und Stephan dargestellt sind. Den einstigen **Hauptaltar** aus Marmor (1885) bekrönt ein von Hermann Bollé entworfener Baldachin. Dahinter ist unter einem von Hrvoje Ljubić (geb. 1942) mit Silberreliefs, Glasschrein und Wachsfigur gestalteten Sarkophag (1995/96) der 1998 seliggesprochene Kardinal Stepinac beigesetzt, dem auch Ivan Meštrović ein Relief im linken Seitenschiff gewidmet hatte.

Die **Buntglasfenster** (1847) in der Apsis stammen aus einer Münchener Werkstatt. Aus München kamen auch die vergoldeten **Heiligenfiguren** des für seine ›Schreinergotik‹ bekannten Bildhauers Anselm Sickinger (1807–1873).

Von den Barockaltären ist im linken Seitenschiff neben dem Eingang zur Sakristei der marmorne **Altar des Letzten Abendmahls** (1703) erwähnenswert. Links daneben befinden sich die Büsten der kroatischen Bane Ivan Paližan und Petar Berislavić, dessen Kampf gegen die Osmanen Kroatien 1519 den Ehrentitel ›Vormauer des Christentums‹ einbrachte. Die **Orgel** von 1855 stammt aus der Ludwigsburger Werkstatt Walcker.

Die **Schatzkammer** der Kathedrale beherbergt eine Sammlung wertvoller liturgischer Geräte und Gewänder wie den kunstvoll bestickten Ladislaus-Umhang aus dem 11. Jahrhundert.

Der barocke **Bischofspalast**, der die Kathedrale von drei Seiten umgibt, entstand 1730.

■ Kaptolplatz

▲ Karte S. 81

In der Mitte des Kaptol-Platzes steht ein **Brunnen** (1873) mit vier goldenen Engeln und einer **Mariensäule** – ein historistisches Werk des Wiener Bildhauers Anton Dominik Fernkorn (1813–1873). An der Kaptol-Straße sind noch 25 ehemalige **Kurien** aus dem 17. bis 19. Jahrhundert erhalten. Auf der linken Seite sieht man den Turm der ehemals gotischen und später neugotisch umgestalteten **Franziskanerkirche** mit Glasfenstern (1964) von Ivo Dulčić (1916–1975).

■ Dolac-Markt

Südwestlich vom Kaptol-Platz liegt der ›Bauch Zagrebs‹ – der 1928 angelegte Dolac-Markt, wo man in einer unteren Ebene und darüber in einer Fischhalle (Ribarnica) und an Marktständen unter freiem Himmel täglich frische Ware kaufen kann. Hier findet man auch für die Region typische Stickereien und Holzspielzeug.

Westlich des Dolac steht der Zwiebelturm der Barockkirche **Sv. Marija** von 1740. Über eine kurze Treppe am Nordende des Platzes kommt man zu einem kleinen **Blumenmarkt** mit dem **Denkmal des Petrica Kerempuh** (1955) von Vanja Radauš (1906–1975). Der Schriftsteller Miroslav Krleža hatte in seinen ›Balladen des Petrica Kerempuh‹ (1936) beschrieben, wie der kroatische Eulenspiegel noch unter dem Galgen musizierte und Scherze machte.

Von hier führt die steile, kurze Skalinska hinunter zur **Tkalčićeva**, einst Straße der

Der heilige Georg mit dem Drachen

Das Steinerne Tor

Zagreber Handwerker und Kaufleute, heute Fußgängerzone mit zahlreichen Cafés, Kneipen und Restaurants.

Zur Radićeva geht es über die kurze Straße, deren Name Krvavi most (Blutbrücke) an die blutigen Fehden zwischen Kaptol und Gradec erinnert. Wenn man die Radićeva-Straße zur Oberstadt (Gornji Grad) hinaufsteigt, kommt man am **Gebäude der ersten Kroatischen Sparkasse** (Nr. 30) vorbei, das von Janko Josip Grahor (1855–1918) in einem Stilmix aus Neoromanik und Neorenaissance erbaut wurde. Nach wenigen Metern erreicht man die **Bronzefigur des heiligen Georg** (1937). Das Werk der österreichischen Bildhauer Andreas Kompatscher (1864–1939) und Arthur Winder zeigt, wie der Heilige dem von ihm besiegten Drachen die Ehre erweist.

Steinernes Tor

In der Nähe steht das einzige erhaltene Stadttor des mittelalterlichen Gradec, das Steinerne Tor (Kamenita vrata), dessen heutiges Aussehen auf das 18. Jahrhundert zurückgeht. Im Torbogen befindet sich eine **Gnadenkapelle** mit einem Marienbild, das als wundertätig gilt, weil es nach einem Brand 1731 unbeschädigt geborgen wurde. Vor der kleinen Kapelle, die ein schmiedeeisernes Gitter (1758) schmückt, brennen Kerzen und an den Wänden bekunden Votivtafeln die Dankbarkeit der Gläubigen für Gebetserhörungen.

In einer Wandnische an der westlichen Außenmauer steht die **Statue der Dora Krupićeva** (1929), der schönen, bescheidenen Heldin aus dem Roman ›Das Gold des Goldschmieds‹ des realistischen Schriftstellers August Šenoa (1838–1881). Die von der Gotik inspirierte Skulptur schuf der Bildhauer Ivo Kerdić (1881–1953).

Von Bartol Felbinger (1785–1871), dem bedeutendsten klassizistischen Architekten Zagrebs, wurde die Fassade (1823) der **alten Apotheke** an der nächsten Straßenecke entworfen. Ab 1399 arbeitete hier Niccolo Alighieri (ein Enkel Dantes) als Apotheker. Rechts sieht man in die Opatička (Nonnenstraße) mit **Adelspalästen** aus dem 18. Jahrhundert und dem einstigen Klarissenkloster, heute **Stadtmuseum** mit Ausstellungen zur Geschichte Zagrebs von der Vorgeschichte bis in die Gegenwart.

Markusplatz

Der Mittelpunkt der Oberstadt ist der Markusplatz (Trg svetog Marka), wo seit 1256 Markttage stattfanden. Im selben Jahr wird auch die romanisch-gotische **Markuskirche** erstmals erwähnt, die mehrfach umgebaut wurde: Der Glockenturm stammt aus den Jahren 1660 bis 1725. Bei der neugotischen Umgestaltung Ende des 19. Jahrhunderts durch Hermann Bollé erhielt die Kirche ihr markantes Dach mit farbig glasierten Ziegeln, die im linken Wappen die Embleme Kroatiens (rot-weißes Schachbrett), Dalmatiens (drei Leopardenköpfe) und Slawoniens (Stern; Marder zwischen zwei blauen Streifen) vereinen und rechts das Wappen Zagrebs (Burg mit drei Türmen) zeigen. Die 15 Skulpturen des gotischen Seitenportals (1364–1377) entstanden im Umkreis der Prager Familie Parler. Im Inneren beeindrucken drei Skulpturen von Ivan Meštrović: das ›Große Kruzifix‹ am Hauptaltar, eine Pietà und eine ›kroatische Madonna‹ in Gestalt einer Bäuerin. Sehenswert ist auch der Zyklus von 14 Fresken (1923–1940) von Jozo Kljaković (1889–1969).

Das neoklassizistische Gebäude (1908) auf der Ostseite des Markusplatzes ist der **Sitz des kroatischen Parlaments**. Aus dem Mittelfenster im zweiten Stock wurde 1918 die Unabhängigkeit Kroatiens von der Habsburgermonarchie und 1991 von Jugoslawien proklamiert.

Im barocken **Ban-Palast** aus dem 17. Jahrhundert residierte von 1809 bis 1918 der kroatische Banus und von 1990 bis 1992 der kroatische Präsident. Heute dient das Gebäude als Regierungssitz. Nicht weit von hier – in der Mletačka 8 – zeigt das **Atelier Meštrović** über 250 Skulpturen des berühmten kroatischen Künstlers.

Ebenso lohnt der kurze Abstecher in die Matoševa 9, zum barocken **Palais Vojković-Oršić-Rauch** (1763), in dem seit 1991 das **Museum für kroatische Geschichte** untergebracht ist, das historische Dokumente und Gemälde vom Mittelalter bis zur Gegenwart zeigt. Geht man weiter in Richtung Ćirilometodska, sieht man links an der Ecke des Hauses Nr. 8 einen **steinernen Kopf**. Angeblich stellt er Matija Gubec dar, der als Anführer des kroatischen Bauernaufstands (1573) auf dem Markusplatz hingerichtet wurde.

An der Ćirilometodska

▲ Karte S. 81

Im Gebäudekomplex des **Alten Rathauses** aus dem 17. bis 19. Jahrhundert (Ćirilometodska 5) waren einst die Stadtverwaltung und das Stanković-Theater untergebracht, in dem 1846 die Uraufführung der ersten kroatischen Oper ›Liebe und Bosheit‹ von Vatroslav Lisinski stattfand.

Die barocke Jesuitenkirche Sv. Katharina

Im benachbarten Barockpalast (Nr. 3) präsentiert das **Museum für Naive Kunst** 80 Bilder und 20 Statuen kroatischer Künstler von den 30er Jahren des 20. Jahrhunderts bis heute.

Ihren neobyzantinischen Stil verdankt die benachbarte griechisch-katholische Kirche **Ćirila i Metoda** (Nr. 1) einem Entwurf Hermann Bollés. Gegenüber überrascht das originelle **Museum der gescheiterten Beziehungen** (Muzej Prekinutih Veza, Nr. 2), das 2010 ein Künstlerpaar nach seiner Scheidung mit Gegenständen aus ihrem früheren gemeinsamen Leben bestückt hat.

Katharinenplatz und Jesuitenplatz

Am Ende der Straße erreicht man den Katharinenplatz (Katarinin trg) und die nach dem Vorbild der römischen Kirche Il Gesù erbaute barocke Jesuitenkirche **Sveta Katarina** (1620–1632). Innen beeindruckt sie mit prächtigen Stuckarbeiten (1723), Deckengemälden (1729) und dem illusionistischen Fresko der heiligen Katharina im Kreise alexandrinischer Philosophen (1762) des slowenischen Malers Krištof Andrija Jelovšek. Am Katharinenplatz 7 steht auch das Gebäude des 1607 von Jesuiten gegründeten ersten **Zagreber Gymnasiums** und am anschließenden Jesuitenplatz (Jezuitski trg) ein **Brunnen mit der Skulptur eines Fischers** (1906), der mit einer Schlange kämpft, ein Werk des serbischen Bildhauers Simeon Roksandić (1874–1943). Gegenüber, im ehemaligen Jesuitenkloster aus dem 17. Jahrhundert finden seit 1982 in der **Galerija Klovićevi dvori** (Jezuitski trg 4) bedeutende Kunstausstellungen statt.

Geht man zurück zum Katharinenplatz, kommt man am **Palais Kulmer** (Katarinin trg 2) aus der zweiten Hälfte des 18. Jahrhundert vorbei, wo seit 2011 die private Kunstsammlung Marton wertvolle Gläser, Fayencen und Porzellan zeigt. Jetzt geht es wieder links durch die Ćirilometodska, wo man nach wenigen Schritten den Ort des einstigen südlichen Stadttors passiert, von dem nur der **Lotrščak-Turm** aus dem 12. Jahrhundert erhalten ist. Sein Name ist eine Verballhornung des lateinischen ›Campana latrunculorum‹, der ›Glocke der Diebe‹, die früher abends vor dem Schließen der Stadttore geläutet wurde. Seit 100 Jahren wird von diesem Turm pünktlich um 12 Uhr mittags aus einer Kanone eine Papierkugel abgeschossen. Der Böllerschuss sollte ursprünglich Zagrebs Glöcknern den Beginn des Mittagsläutens anzeigen. Hier verläuft auch die 1812 unterhalb der südlichen Stadtmauer von Gradec angelegte Kastanienallee der **Strossmayer-Promenade** (Strossmayerovo šetalište), von der man einen herrlichen Blick auf die Unterstadt und Novi Zagreb hat.

Zurück zum Ban-Jelačić-Platz

Um wieder zum Ban-Jelačić-Platz zu gelangen, kann man die Promenade abwärts an dem Bronzedenkmal des lässig auf einer Bank sitzenden Dichters Antun Gustav Matoš (1978) von Ivan Kozarić (geb. 1921) vorbeigehen und kehrt durch die Radićeva zurück zum Ausgangspunkt. Oder man fährt mit der 1891 gebauten **Standseilbahn** (die Station ist gegenüber dem Turm), die alle zehn Minuten Ober- und Unterstadt verbindet, geht durch die Tomićeva und biegt links in die **Ilica**, Zagrebs längste Straße mit Geschäften und Restaurants in schönen Gebäuden vom Ende des 19. und Anfang des 20. Jahrhunderts. Am **Kaufhaus Nama** (Ilica 4) vorbei, das 1926 bis 1928 der Österreicher Alfred Keller (1875–1945) im Stil des Art déco entworfen hat, erreicht man wieder den Hauptplatz.

Durch die Unterstadt

Der Gang durch die Unterstadt (Donji Grad), die weitgehend im späten 19. und frühen 20. Jahrhundert entstand, beginnt auf der Westseite des Ban-Jelačić-Platzes bei der Ljudevita-Gaja-Straße.

Preradović-Platz

Von der Ljudevita-Gaja-Straße geht man rechts durch die Bogovićeva und kommt an der goldglänzenden **Skulptur der Gelandeten Sonne** (1971) von Ivan Kožarić (geb. 1921) vorbei zum Preradović-Platz, den die Zagreber ›Blumenmarkt‹ (Cvjetni trg) nennen, weil man hier täglich einen ›pušlek‹ (Blumenbüschel) kaufen kann. Auf dem Platz steht das **Denkmal für den romantischen Dichter Petar Preradović**, das Ivan Rendić (1849–1932), der erste bedeutende kroatische Bildhauer der Neuzeit, 1895 im realistischen Stil schuf. Dahinter erhebt sich die 1794 erbaute serbisch-orthodoxe Kirche **Sv. Preobraženije**, die 1884 von

Hermann Bollé erneuert wurde. Ihre Ikonostase (1833) stammt von dem rumänischen Maler Epaminondas Bučevski.
Mit einem repräsentativen Portal beeindruckt an der südöstlichen Ecke des Platzes das **Oktogon**, das 1899 nach Plänen von Josip Vančas (1859–1932) als erstes Sparkassengebäude der Zagreber Unterstadt erbaute wurde. In der Einkaufspassage sind figurale Reliefs und die bemalte achteckige Glaskuppel sehenswert.
Geht man die Preradovićeva weiter Richtung Süden und biegt an der nächsten Kreuzung rechts ab, sieht man das **Denkmal für Nikola Tesla** (1954) von Ivan Meštrović, das den Erfinder des zweiphasigen elektrischen Generators in Denkerpose zeigt.
Bei der Masarykova 22 kommt man zum ersten Zagreber ›Wolkenkratzer‹, dem 1933/34 erbauten achtstöckigen **Radovan-Haus** von Slavko Löwy (1904–1996), einem Architekten der neuen Sachlichkeit. Schräg gegenüber steht an der Ecke Masarykova/Gundulićeva das secessionistische **Kallina-Haus** (1903), das von Vjekoslav Bastl (1872–1947) entworfen wurde und dessen Keramikfliesen an Otto Wagners Wiener Majolikahaus erinnert.

Das Kroatische Nationaltheater

▲ Karte S. 89

Das Kallina-Haus

Tito-Platz

Am Ende der Masarykova erreicht man den Tito-Platz (Trg maršala Tita) mit dem von den Wiener Architekten Ferdinand Fellner und Hermann Helmer im Mischstil aus Neorenaissance und Neobarock erbauten **Nationaltheater**, das 1895 von Kaiser Franz Joseph eingeweiht wurde. Vor dem Haupteingang veranschaulicht der secessionistische **Brunnen des Lebens** (1905) von Ivan Meštrović mit einem Reigen nackter Leiber den Lebenszyklus von der Geburt bis zum Tod. Ein weiteres Werk von Meštrović, die **Bronzeskulptur Die Geschichte der Kroaten** (1932) sieht man gegenüber vor dem Rektorat der Juristischen Fakultät, einem Gebäude im romantisch-historistischen Stil. An der Westseite des Tito-Platzes steht das **Museum für Kunstgewerbe**, das von Hermann Bollé im Stil der Neorenaissance erbaut wurde und das über die Kulturgeschichte Kroatiens und seine Beziehungen zu Europa informiert, besonders sehenswert sind Exponate aus Biedermeierzeit und Wiener Secession. Rechts daneben befindet sich der moderne Bau der **Musikakademie**, der bei seiner Eröffnung 2014 mit Regenbogenfarben, der großen Kugel und der 29 Meter hohen nadelförmigen Skulptur eines ›Sonnenstrahls‹ Anlass heftiger Diskussionen war.

In Richtung Mažuranić-Platz kommt man an der **Bronzeskulptur Der heilige Georg tötet den Drachen** vorbei, die Anton Dominik Fernkorn (1813–1878) im spätbarocken Stil ausgeführt hat.

Roosevelt-Platz

Nicht weit von hier liegt der Roosevelt-Platz (Rooseveltov trg) mit dem im Stil der Neorenaissance erbauten **Mimara-Museum**: 1972 stiftete der Unternehmer Ante Topić Mimara der Stadt Zagreb seine Kunstsammlung mit über 3000 Werken von der Prähistorie bis zur Gegenwart, darunter Skulpturen von Della Robbia und Rodin und Gemälde von Raffael, Velasquez und Rembrandt. Am Mažuranić-Platz (Trg Ivana Mažuranića) Nr. 14 steht die von dem Zagreber Architekten Vjekoslav Bastl entworfene secessionistische **Handwerkskammer** (1903), die das **Ethnographische Museum** beherbergt. Allegorische Figuren von Rudolf Valdec (1872–1929) schmücken seine Fassade und die Kuppel, die innen

Zagreb, Unterstadt

Im Botanischen Garten

von Oton Iveković (1869–1939) mit Fresken bemalt wurde. Das Museum besitzt über 80 000 Exponate, Werkzeuge, Handarbeiten, Schmuck und Volkstrachten verschiedener Regionen Kroatiens.

Marulić-Platz

Südlich von hier liegt der Marulić-Platz (Trg Marka Marulića) mit dem **Bronzedenkmal für den Renaissancedichter Marko Marulić**, ein Werk von Vlado Radas. Gegenüber steht das **Kroatische Staatsarchiv** (1911/1913), das Rudolf Lubynski (1873–1935) im Stil der kroatischen Secession entworfen hat. Am Mitteltrakt symbolisieren 16 Eulen die Weisheit aus Büchern und erinnern daran, dass das Gebäude einst als Staatsbibliothek diente. Vor seiner Südfassade steht das **Denkmal für Don Frane Bulić** (1935), den Archäologen und Erforscher von Salona, ein Werk von Frane Kršinić (1897–1982).

Gegenüber – südlich der Mihanovićeva-Straße – lädt der 1889 angelegte große **Botanische Garten** ein, in seinen englischen und französischen Gärten zu flanieren und über 10 000 Pflanzenarten aus der ganzen Welt zu bewundern, darunter den Indischen Lotus, der in Europa sonst nur in südlicheren Gegenden gedeiht. Folgt man der Straße in Richtung Osten, sieht man links das überdimensionale neoklassizistische Gebäude der **Verwaltung der Kroatischen Eisenbahnen** und bei der Mihanovićeva 1 das **Hotel Regent Esplanade**, das 1925 für Bahnreisende einer Nebenstrecke des Orientexpress Paris–Istanbul gebaut wurde. Zu den illustren Gästen dieses Luxushotels mit schöner Art-déco-Eingangshalle, Fitnessclub, Casino und Marmorbädern gehörten Charles Lindberg, Orson Welles, Alfred Hitchcock und die Tänzerin Josephine Baker, deren Auftritt 1929 die Gemüter erhitzte.

▸ Karte S. 89

Starčević-Platz

Hinter dem Hotel liegt der Starčević-Platz (Starčevićev trg), benannt nach einem Politiker, der in der zweiten. Hälfte des 19. Jahrhunderts für die Unabhängigkeit Kroatiens von Österreich-Ungarn kämpfte. Er residierte im historistischen Gebäude der heutigen **Stadtbibliothek** an der Nordseite des Platzes. Gegenüber befindet sich auf zwei unterirdischen Ebenen das 1994 eröffnete **Einkaufszentrum Importanne Centar** mit Geschäften und Reisebüros. Durch diese Einkaufspassage gelangt man auch auf die Südseite des Bahngeländes mit den Haltestellen für Busse Richtung Novi Zagreb.

Tomislav-Platz

An den Starčević-Platz schließt der Tomislav-Platz (Trg kralja Tomislava) an, an dessen Südseite der neoklassizistische **Hauptbahnhof** steht. Er wurde 1892 nach Plänen des ungarischen Architekten Ferenc Pfaff (1851–1913) erbaut, der im österreichisch-ungarischen Gebiet 38 Bahnhöfe nach einheitlichem Muster entworfen hat. Das Giebelfeld ziert ein Relief mit Merkur als Gott der Händler und Reisenden.

Den Tomislav-Platz dominiert ein **Reiterstandbild**, das Robert Frangeš-Mihanović (1872–1940), ein Pionier moderner Bildhauerkunst, schuf. Es stellt König Tomislav dar, der von etwa 910 bis 928 regierte und dem als erstem kroatischen Herrscher von Papst Johannes X. die Königswürde zugesprochen wurde. Das Bronzedenkmal wurde 1933/34 gegossen, aber erst 1947 aufgestellt. Das kroatische Wappen und das patriotische Sockelrelief, das die Krönung Tomislavs durch den Papst zeigt, wurden sogar erst nach der Unabhängigkeit Kroatiens angebracht.

Von hier erstreckt sich eine schöne **Parkanlage**, die im Norden von der Baruna Trenka begrenzt wird, wo der **Kunstpavillon** steht, der 1896 von dem Architektenbüro Helmer und Fellner für die Budapester Weltausstellung als Fertigbau entworfen und später nach Zagreb überführt wurde. Vor der Ausstellungsstätte steht das **Denkmal für den Renaissancemaler Andrija Medulić** (1930), ein Werk von Meštrović. Gegenüber erinnert beim **Chemischen Laboratorium** (1895) das vom Geist des sozialistischen Realismus inspirierte **Denkmal Erschießung der Geiseln** (1952) von Frano Kršinić an den ›antifaschistischen Volksbefreiungskrieg‹.

Hauptbahnhof und König-Tomislav-Denkmal

›Erschießung der Geiseln‹ von Frano Kršinić

Strossmayer-Platz

Dahinter folgt der Strossmayer-Platz (Trg Strossmayera) mit dem 1880 erbauten **Palais der Kroatischen Akademie der Wissenschaften,** das Friedrich von Schmidt, der Architekt des Wiener Rathauses, im Stil der italienischen Renaissance entworfen hat. Vor der Südfassade steht das von Ivan Meštrović geschaffene **Denkmal für Bischof Josip Strossmayer** (1926), der zur Gründung der Akademie 1867 beitrug und ihr über 256 Werke italienischer, holländischer und französischer Meister vom 14. bis 19. Jahrhundert und Gemälde von El Greco, Goya und Dürer vermachte, die hier in der Strossmayer-Galerie zu sehen sind. Im Atrium der Akademie befindet sich auch die bedeutende glagolitische Tafel von Baška aus dem 11. Jahrhundert.

An der Ecke Strossmayerova/Hebrangova vermittelt die **Moderne Galerie** einen großartigen Überblick über die kroatische Malerei des 19. und 20. Jahrhunderts. Das Museum wurde 1934 im 1883 erbauten Palais Vranyczany eingerichtet, das von Otto Hofer (1847–1901) im Stil der Wiener Ringstraßenarchitektur entworfen wurde.

Wo bis 1941 die Synagoge stand, klafft bis heute eine hässliche Baulücke

■ **Zrinski-Platz**

Von hier sieht man den mit 220 Platanen bepflanzten Zrinski-Platz (Zrinjevac), benannt nach dem kroatischen Nationalhelden Ban Nikola Šubić-Zrinski, der 1566 bei der Belagerung von Szigetvár von den Türken getötet wurde. Sechs Büsten wichtiger Persönlichkeiten Kroatiens umgeben diesen ältesten Teil des acht Parks umfassenden **Grünen Hufeisens**, das Stadtbaurat Milan Lenuci 1872 nach dem Vorbild der Wiener Ringstraße U-förmig anlegen ließ. In der Mitte der Freifläche steht ein **Musikpavillon** (1891). Die **meteorologische Säule** (1884) und der von den Zagrebern scherzhaft ›Steinpilz‹ genannte **Springbrunnen** (1893) wurden nach Entwürfen Hermann Bollés angefertigt.

An der Westseite des Platzes beeindruckt das historistische Gebäude des einstigen **Palais Vranyczany-Hafner** (1879) mit imposanter Bossenwerkfassade. Seit 1949 ist hier das **Archäologische Museum** untergebracht, dessen Fundus Sammlungen zur Vor- und Frühgeschichte und griechischen und römischen Antike sowie Kunstwerke aus Ägypten und dem europäischen Mittelalter umfasst. Herausragende Exponate sind die ›Taube von Vučedol‹ aus dem 3. Jahrtausend vor Christus und der spätrömische Marmorkopf eines Mädchens aus Salona bei Split. Nach wenigen Schritten durch die Praška sieht man rechts eine Baulücke, die als Parkplatz dient. Nur eine kleine **Gedenktafel** erinnert daran, dass hier die jüdische Synagoge stand, die 1867 errichtet und 1941 von der faschistischen Stadtverwaltung aus ›urbanistischen Gründen‹ abgerissen wurde. Nach wenigen Metern erreicht man wieder den Ban-Jelačić-Platz.

▲ Karte S. 89

■ **Jüdische Gemeinde in Zagreb**

Jüdische Einwohner sind in Zagreb seit 1373 urkundlich belegt. Zu einer größeren Ansiedlung von Juden in Zagreb kam es erst nach dem Toleranzedikt (1782) von Kaiser Joseph II. Nun entstand eine eigene Zagreber jüdische Gemeinde, die 1838 rund 300 Mitglieder hatte. 1841 wurde eine dreijährige deutschsprachige Schule eröffnet.

Nur eine kleine Tafel erinnert in der Praška ulica an die einstige Zagreber Synagoge

Nach 1860 durften Juden in Kroatien Grundstücke und Immobilien erwerben, und 1867 konnte die von dem Wiener Architekten Franjo Klein (1828–1889) im Stil des romantischen Historismus erbaute Synagoge in der Praška eingeweiht werden. Nachdem die jüdische Bevölkerung in Kroatien 1873 volles Bürgerrecht erhalten hatte, wuchs die Zagreber Gemeinde stark. 1941 hatte sie 11 000 Mitglieder und nahm in den folgenden Jahren durch Flüchtlinge aus anderen Ländern weiter zu.

Mit der Gründung des faschistischen ›Unabhängigen Staats Kroatien‹ am 10. April 1941 begann die Tragödie der Juden in Zagreb, Kroatien und Bosnien-Herzegowina. Nur etwa 3000 der ehemals 12 000 Zagreber Juden überlebte Deportationen und Konzentrationslager der Jahre 1941 bis 1945.

Heute gehören nur etwa 1500 Zagreber zur jüdischen Gemeinde. Von den 1941 auf dem Territorium Kroatiens lebenden 25 000 Juden wurden mindestens 21 000 im Holocaust ermordet. Von den bis 1941 bestehenden 41 jüdischen Gemeinden Kroatiens gab es 2001 nur noch 10. Von den ehemals 41 Synagogen in Kroatien sind heute nur noch die Gebetshäuser in Dubrovnik, Split und Rijeka in Gebrauch. Sechs Synagogen wurden noch nach 1945 unter den Kommunisten abgerissen!

Das Grundstück in der Praška wurde der Zagreber jüdischen Gemeinde erst 1999 wieder zurückgegeben. Nun soll hier ein jüdisches Kulturzentrum entstehen.

Außerhalb des Stadtzentrums

Friedhof Mirogoj

Am Fuß des Medvednica-Gebirges liegt der von Hermann Bollé im Stil der Neorenaissance entworfene und 1876 angelegte Friedhof Mirogoj (Friedenshain). Auf dem rund 28 000 Quadratmeter

Auf dem Stadtfriedhof Mirogoj

großen Areal sind katholische, orthodoxe und protestantische Christen, aber auch Juden und Muslime begraben. In sehr vielen Gräbern ruhen bedeutende Persönlichkeiten Kroatiens; Künstler, Musiker, Schauspieler, Wissenschaftler, Schriftsteller oder Politiker wie der kroatische Präsident Franjo Tuđman (1922–1999). Zum Friedhof fährt der Bus 106 ab Kaptol.

Bergmassiv Medvednica

In Sichtweite der Stadt erhebt sich das Bergmassiv Medvednica mit dem Berg **Sljeme** (1035 Meter) als Naherholungsgebiet der Zagreber. Auf dem Sljeme haben die kroatischen Skiweltmeister Janica und Ivica Kostelić ihre ersten Schritte auf Skiern gemacht.

Im Medvednica-Gebirge befindet sich die **Veternica**, eine der größten Höhlen Kroatiens sowie die mittelalterliche **Burg Medvedgrad** aus dem 13. Jahrhundert mit einer Gedenkstätte für die Gefallenen des Kroatischen Unabhängigkeitskriegs. Zum Wandern auf dem Sljeme fährt

Sv. Barbara, eine der schönsten Holzkirchen des Turopolje

man mit Straßenbahn Nr. 8 oder 14 bis ›Mihaljevac‹, steigt dann in die Linie 15 bis ›Dolje‹ und fährt mit der Seilbahn zum Gipfel. Rückweg zu Fuß ca. 4 Stunden.

Šćitarjevo

Etwa acht Kilometer südöstlich von Zagreb liegt Šćitarjevo, wo sich die Siedlung der illyrischen Andautier befand, die 33 nach Christus von den Römern eingenommen und als Andautonia zum Militärlager ausgebaut wurde. In dem liebevoll gestalteten **archäologischen Park** in der Nähe der Pfarrkirche Sv. Martin sieht man Fundamente, Gebäudemauern, Inschriften und Sarkophage. Ein kleines **Museum** informiert über das Leben in der Antike.

Velika Mlaka

▶ Karte S. 102

Das Turopolje, die Region, die sich im Städtedreieck Zagreb, Sisak und Karlovac erstreckt, ist für seine Holzkapellen bekannt. Die prächtigste und kunstvollste ist die 1642 erbaute Kapelle **Sv. Barbara** in Velika Mlaka (Schlüssel: Sveta Barbara 4, Tel. +385/1/6234772): Das einschiffige Gotteshaus zieren farbenfrohe Decken- und Wandgemälde, deren älteste 1699 entstanden. Interessant ist das 1759 gemalte Bild der heiligen Kümmernis, einer gekreuzigten bärtigen Heiligen. Um der Heirat mit einem Heiden zu entgehen, soll eine Prinzessin Christus angefleht haben, unansehnlich zu werden – und sie bekam einen Bart. Ihr erboster Vater ließ sie daraufhin kreuzigen.

Unweit der Kapelle steht ein hölzerner **Čardak**, das für die Region typische Bauernhaus (heute Pfarramt) mit üppig verziertem Treppenaufgang. Eine weitere schöne Holzkapelle mit Wandmalereien ist die **Kirche Sv. Apostol** von 1768 in Buševec.

In Velika Gorica, dem Hauptort der Region Turopolje, informiert das **Museum Turopolje** in einem alten Adelssitz aus dem 18. Jahrhundert über Geschichte, Archäologie, Ethnographie und Kulturgeschichte dieser Landschaft.

Zagreb-Informationen

Allgemeine Informationen

Vorwahl: +385/1, **Postleitzahl**: 1000.
Turistička zajednica Zagreb, Trg bana Josipa Jelačića 11, Tel. +385/1/4814051, www.zagreb-touristinfo.hr. Hier gibt es auch die Zagreb Card für die kostenlose Nutzung des Nahverkehrs und ermäßigten Eintritt in viele Museen (60 Kn./24 Std., 90 Kn./72 Std.).
Turistička zajednica der Gespanschaft Zagreb, Preradovićeva 42, Tel. +385/1/4873665, www.tzgj.hr.

■ Post und Banken

Hauptpost Zagreb, Jurišićeva 13.
Post am Hauptbahnhof, Branimirova 4.
Die größten Banken Kroatiens (Zagrebačka banka, Privredna banka Zagreb) und andere Geldinstitute besitzen in Zagreb Geschäftsstellen; Mo–Fr 8–19 Uhr, Sa 8–13 Uhr.
Zagrebačka banka, Flughafen Pleso; tägl. 7–21 Uhr.
Wechselstube (Mjenjačnica), Flughafen Pleso; tägl. 5.30–23 Uhr.
Wechselstube, in der Post am Hauptbahnhof; Mo–Sa rund um die Uhr.

■ Internetcafés

VIP-Caffe Cvjetni, Cvjetni trg.
Gradska Kavana, Trg Bana Josipa Jelačića 9.

Anreise

■ Mit dem Auto

In Zagreb enden und beginnen fast alle kroatischen Autobahnen: die A1 (Rijeka, Karlovac), die A2 (Prag, Wien, Graz, Maribor), die A3 (Klagenfurt, Ljubljana, Novi Sad) und die A4 (Budapest, Varaždin).

■ Mit dem Bus

Busbahnhof, Avenija Marina Držića. Anfahrt vom Trg Bana Jelačića mit Straßenbahn Linie 2 und 6. Infos zum Fahrplan und Reservierung: Tel. mobil +385/60/313333, aus dem Ausland: +385/1/6112789, www.akz.hr.

■ Mit der Bahn

Hauptbahnhof, Trg Kralja Tomislava 12, Tel. mobil +385/60/333444 (aus dem Ausland: +385/1/3782532), www.hznet.hr.

■ Mit dem Flugzeug

Pleso International Airport, Pleso bb, 17 km von Zagreb, Tel. mobil +385/1/60320320, www.zagreb-airport.hr. Shuttlebusse (40 Kuna) verkehren von 6 bis 22 Uhr alle 30 Min. zwischen Flughafen und Busbahnhof Zagreb (Fahrzeit 30 Min.): Haltestelle ›A1‹ vor dem südwestlichen Ausgang.

Unterwegs in Zagreb

Die meisten Sehenswürdigkeiten lassen sich gut zu Fuß erreichen. Autofahren ist in der Innenstadt wegen ständiger Staus und Parkplatzsuche nicht empfehlenswert.

An der Strossmayer-Promenade

Nahverkehr
Die Straßenbahnen fahren tagsüber alle 5–10 Minuten, Netzpläne sind in der Touristeninformation und Hotels erhältlich, Infos auch unter www.zet.hr (kr.). Tickets für Busse und Straßenbahnen bekommt man bei jedem Zeitungskiosk ›Tisak‹ (Einzelticket 12 Kuna/1,60 Euro, Tageskarte 40 Kuna/5,30 Euro).

Taxi
Zagreber Taxifahrer gelten als fair, dennoch ist es ratsam, den Preis vor der Fahrt zu erfragen (Grundpreis ca. 1,40, ca. 0,80 Euro/km). **Radio Taxi Zagreb**, Tel. +385/1/1717; **Taxi Cammeo Zagreb**, Tel. +385/1/1212; **Ekotaxi**, Tel. +385/1/1414.

Fahrrad
Blue Bike Zagreb, Trg Bana Josipa Jelačića 15, Tel. mobil +385/98/1883344, www.zagrebbybike.com. Radverleih (13 Euro/Tag) und Stadtrundfahrten mit dem Rad.
Bike.com.hr, Fra Andrije Kačiće Miošića 9, Tel. +385/1/774574, www.bike.com.hr (3 Std. 40 Kuna/6 Euro, Tag 100 Kuna/14 Euro).
Žuti mačak, Hvarska 1c, Tel. +385/1/6192621, www.zutimacak.hr.

In der reich verzierten Einkaufspassage ›Oktogon‹

Große Auswahl an Krawatten im Traditionsgeschäft ›Croata‹

Stadttouren
Eine Übersicht über Stadtrundfahrten und -gänge findet sich auf www.zagrebtouristinfo.hr.

Unterkunft
Hotel Regent Esplanade, Mihanovićeva 1, Tel. +385/1/4566666, www.esplanade.hr; DZ ab 130 Euro. Das prunkvollste Hotel Zagrebs, zwischen Hauptbahnhof und Botanischem Garten.
Best Western Premier Hotel Astoria, Petrinjska 71, Tel. +385/1/4808900, www.bestwestern-ce.com; DZ ab 100 Euro. Schönes Hotel im Zentrum.
Hotel Dubrovnik, Ljudevita Gaja 1, Tel. +385/1/4863555, http://hotel-dubrovnik.hr; DZ ab 110 Euro. Zentral, am Trg Bana Josipa Jelačića.
Hotel Jägerhorn, Ilica 14, Tel. +385/1/4833877, www.hotel-jagerhorn.hr; DZ ab 110 Euro. Seit 1827, das älteste Hotel Zagrebs in zentraler Lage.
Zig Zag Apartments, Petrinjska 9, Tel. +385/1/8895433, www.zigzag.hr; Apartments in Bahnhofsnähe ab 110 Euro (4–6 Pers.).
Apartments Altis, Put Loparica 29, Lanište, Tel. +385/1/6140205, www.

apartmani-altis.com; DZ 40 Euro. Zimmervermittlung in Novi Zagreb und am Jarun.

Nokturno, Skalinska 2A, Tel. +385/1/4813325, www.nokturno.hr; Übernachtung im Mehrbettzimmer 18 Euro, EZ 28 Euro. Kleines Hostel in der Altstadt.

Day&Night Hostel, Kneza Mislava 1, Tel. +385/1/4554303, www.hosteldayandnight.com; Übernachtung im Mehrbettzimmer 10–25 Euro.

Gastronomie

Didov san, Mletačka 11, Tel. +385/1/4851154, www.konoba-didovsan.com. Die stilvolle Taverne in der Oberstadt bietet preiswerte Gerichte.

Ivica i Marica, Tkalčićeva 70, www.ivicaimarica.com (kr.). Selbstgebackene Kuchen und Hausmacherkost im ›Hänsel & Gretel-Ambiente‹, gehobene Preise.

Kaptolska klet, Kaptol 5, Tel. +385/1/5589718, www.kaptolska-klet.eu. Günstige Hausmannskost nahe der Kathedrale.

Nokturno, Skalinska 4, Tel. +385/1/4813394, www.restoran.nokturno.hr. Preiswerte Pizza.

Pivnica Stari fijaker 900, Mesnička 6, Tel. +385/1/4833829, www.starifijaker.hr. Gemütliche Gastronomie zu fairen Preisen.

Trilogija, Kamenita 5, Tel. +385/1/4851394, www.trilogija.com. Schönes und preiswertes Restaurant in der Nähe des Steinernen Tors.

Pingvin Sandwich Bar, Teslina 7. Belegte Brote, Fastfood, Grillgerichte und Salate.

Vegehop, Vlaška 79, Tel. +385/1/4649400, www.vegehop.hr. Kostspielige, aber sehr leckere vegetarische Kost.

■ Cafés

Gradska Kavana, Trg Bana Josipa Jelačića 9. Das traditionsreiche Stadtcafé von 1931 erstrahlt seit seiner Renovierung im neuen Glanz.

Bečka kavana Aida, Trg Bana Josipa Jelačića 7. Schönes Wiener Café.

Archäologisches Museum, Trg Nikole Šubića Zrinskog 19. Im Gartencafé des Museums entspannt man zwischen antiken Inschriften und Statuen.

Café Kolding, Berislavičeva 8. Gemütliches Café mit Terrasse in der Nähe des Zrinjevac.

Amelie, Vlaška 6. Kleines Café unterhalb des Kaptol, es gibt Torten, Kuchen und Quiches.

Tolkien's House, Opatovina 49. Originelles Café für Freunde der Phantasy-Literatur.

Café an der Radičeva-Straße

Vincek. Der Familienbetrieb produziert Torten und Speiseeis (40 Sorten!) und hat in Zagreb vier Konditoreien: Ilica 18, Zvonimirova 7, Trešnjevački trg 2 und Kvaternikov trg bb.

Nachtleben

Aquarius, Aleja Matije Ljubeka bb, www.aquarius.hr (kr.). Beim Jarun, Anfahrt mit Straßenbahn Linie 17 oder 5. Zweiteilige Diskothek mit Musik unterschiedlicher Richtungen: Techno, Rap, Jazz.
BP-Jazz Club, Teslina 7. Live-Konzerte mit Jazz aller Art.
Hard Rock Café, L. Gaja 10. Nachtclub mit Erinnerungsstücken vieler Musiker.
Hemingway, Tuškanac 1, www.heming way.hr. Die Loungebar ist bei Trendsettern wegen ihrer Cocktails beliebt.
SAX!, Palmotićeva 22/2, www.sax-zg.hr (kr.). Club mit Live- Musik: Blues, Jazz, Rock, Pop.
Bulldog, Bogovićeva 6., www.bulldog-pub-zagreb.com. Am Tag Café und Bistro, nachts Club mit Live Musik: Soul, Funk, Jazz, Rock n Roll, Country Blues.
Oliver Twist, Tkalčićeva 60. Trendiger Pub mit reichem Biersortiment.

Museen

Kroatisches Naturkundemuseum (Hrvatski prirodoslovni muzej), Demetrova 1, Tel. +385/1/4850700, www.hpm.hr (kr.); Di, Mi, Fr 10–17,Do 10–20 Sa 10–19, So 10–13 Uhr. Das Amadeo-Palais beherbergt botanologische, geologische, mineralogische und zoologische Sammlungen.
Kroatisches Schulmuseum, Trg maršala Tita 4, Tel. +385/1/4855716, www.hsmuzej.hr; Di, Mi, Fr 10–17, Do 10–22, Sa 9–14 Uhr. Schulmöbel, Utensilien und Bücher dokumentieren das Bildungssystem im 19. und 20. Jahrhundert.
Meštrović-Atelier, Mletačka 8, Tel. +385/1/4851123, www.mestrovic.hr (kr.); Di–Fr 10–18 Uhr, Sa/So 10–14 Uhr. Im einstigen Wohnhaus und Atelier Meštrovićs sind rund 300 seiner Arbeiten ausgestellt.
Museum für zeitgenössische Kunst Zagreb, Avenija Dubrovnik 17, Tel. +385/1/6052700, www.msu.hr; Di–Fr, So 11–18, Sa 11–20 Uhr. Das innovative Gebäude (2009) zeigt Graphiken, Plakate, Fotos, Filme, Installationen, Skulpturen und Gemälde kroatischer und internationaler Künstler des 20. und 21. Jahrhunderts. Tram Nr. 6, 7, 14.
Ethnographisches Museum, Trg Mažuranića 14, Tel. +385/1/4826220, www.emz.hr; Di–Do 10–18, Fr–So 10–13 Uhr.

■ Zoo

Zoo Zagreb, Maksimirski perivoj bb, Tel. + 385/1/2302198, http://zgzoo.com (kr.); Jan., Nov./Dez. 9–16, Feb. 9–17, März, Okt. 9–18, April, Sept. 9–19, Mai–Aug. 9–20 Uhr.

Theater und Konzerte

Konzertsaal Vatroslav Lisinski, Trg Stjepana Radića 4, Tel. +385/1/6121166, www.lisinski.hr.

Volkstrachten im Ethnographischen Museum

Kroatisches Nationaltheater, Trg maršala Tita 15, Tel. +385/1/4888488, www.hnk.hr. Oper, Drama und Ballett.
Zagreber Puppentheater, Trg Kralja Tomislava 19, Tel. +385/1/4878444, www.zkl.hr (kr.).

Veranstaltungen

Ski-World-Cup-Wettkampf Snježna Kraljica (Schneekönigin), am Sljeme; Januar.
Zagrebdox, http://zagrebdox.net; Februar. Zagreber Dokumentarfilmfestival.
Tage der kroatischen Musik; April.
Internationales Theaterfestival Eurokaz, www.eurokaz.hr; 23.–30. Juni. Treffpunkt für Freunde des zeitgenössischen Dramas.
Woche des modernen Tanzes; Anfang August.
Internationales Folklorefestival; 19. bis 23. August.
Internationales Puppenspielerfestival; Ende August/Anfang September.
Keramikfest Triennale der Keramik; Mitte Oktober–Mitte November.

Sport

Informationen über Schwimmbäder und Sportstätten: www.sportskiobjekti.hr.
Sport- und Rekreationszentrum Bazen Šalata, Schlosserove stube 2, Tel. +385/1/4617255. Freibad.
Sportpark Mladost, Jarunska 5. Hallen- und Freibad mit Sportplätzen.
Park Bundek. Zwei bewachte Seen mit Kiesstränden in einem Park mit schönem Kinderspielplatz, südlich der Sava.
Rekreations- und Sportzentrum Jarun, Aleja Matije Ljubeka bb. 1987 anlässlich der ›Universade‹ angelegtes Freizeitgelände mit zwei Seen, Kieselstränden, Wander- und Radwegen und Trimm-dich-Pfad.

■ Wintersport

Skipiste Sljeme, Sljeme bb, Tel. +385/1/4553382, www.sljeme.hr. Übernachtung: Hotel Tomislavov dom (Tel. +385/1/4560400); Apartmanska kuća ›Snježna kraljica‹ (Tel. +385/1/4604555). Anfahrt mit Straßenbahnlinien 8 und 14 bis Mihaljevac und weiter mit dem Bus bis ›Sljeme‹.
Schlittschuhbahn (Klizalište Velesajam), Jozsefa Antala bb, Tel. +385/1/6554357.

■ Golf

Golf&Country Club Zagreb, Tel. +385/1/6531177; Jadranska avenija 6, www.gcczagreb.hr. Golfplatz in der Nähe der Sava.

Shopping

Mode, Kleidung, CDs, Schmuck und Weine werden in Zagreb in großer Auswahl geboten. Über die ganze Stadt verstreut gibt es Kaufhäuser und Geschäfte.
Auch auf den **Märkten** (Dolac, Trg Kvaternikova, Trešnjevka u.a.) findet man günstige Ware und Souvenirs.
Traditionsreiche Geschäfte reihen sich an der **Ilica**, der längsten Einkaufsstraße Zagrebs. Reiche Auswahl an Krawatten findet man bei:
Kravata Zagreb (Radićeva 13) und **Croata** (Ilica 5, in der Oktogon-Passage).

■ Wein

Dobra Vina, Radnička cesta 52, www.dobravina.hr (kr.). Der Laden hat über 800 kroatische Weine im Angebot. 130 davon können zur Verkostung an Automaten gezapft werden!
Vinoteka Bornstein, Kaptol 19, www.bornstein.hr (kr.). Weinverkauf in schönem Keller.
Vinoteka Vinum, Vlaška 40 (im Hof). Vinothek und Geschenkegalerie.

Ärztliche Versorgung

Ambulanz, Trg Drage Iblerov 13.
Apotheken, Ulica pod zidom 10; Dolac 9.

Das kroatische Zagorje, gleichermaßen reich an Naturschönheiten und Sehenswürdigkeiten, ist auch Heimat vieler bekannter Persönlichkeiten und Familien, die ihre Spuren im kulturellen, künstlerischen und im politischen Leben dieses Landes hinterlassen haben, denn ein bedeutender Abschnitt der kroatischen Geschichte ist mit dem Zagorje verknüpft.

Mladen Obad Šćitaroci in
›Schlösser und Gärten des kroatischen Zagorje‹, 1994

Die Burg Veliki Tabor

DAS ZAGORJE

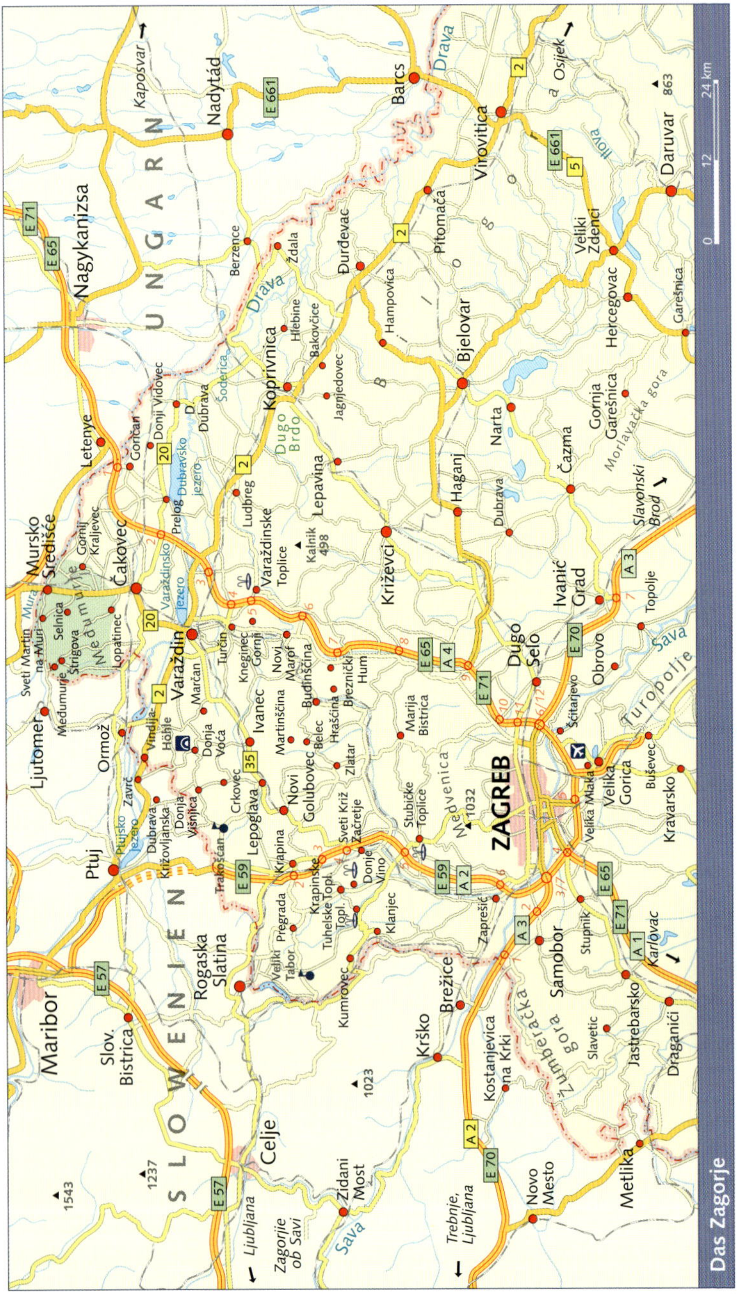
Das Zagorje
Maribor
Slov. Bistrica
Celje
Zidani Most
Ljubljana
Zagorje ob Savi
Trebnje, Ljubljana
Novo Mesto
Metlika
Krško
Brežice
Kostanjevica na Krki
Rogaška Slatina
Ptuj
Ptujsko jezero
Ormož
Ljutomer
Murska Središće
Sveti Martin na Muri
Međimurje
Čakovec
Varaždin
Nagykanizsa
Letenye
Nadytád
Kaposvar
Barcs
Virovitica
Daruvar
Osijek
U N G A R N
S L O W E N I E N
Koprivnica
Đurđevac
Bjelovar
Križevci
Varaždinske Toplice
Ivanec
Lepoglava
Krapina
Krapinske Topl.
Pregrada
Veliki Tabor
Kumrovec
Klanjec
Zaprešić
Samobor
Zagreb
Dugo Selo
Ivanić Grad
Velika Gorica
Kravarsko
Karlovac
Jastrebarsko
Draganići
Žumberačka gora
Medvednica
Stubičke Toplice
Marija Bistrica
Zlatar
Donja Stubica
Novi Golubovec
Sveti Križ Začretje
Donje Vino
Turopolje
Sava
Drava
Mura
Kalnik 498
Lepavina
Ludbreg
Prelog
Dubravsko jezero
Varaždinsko jezero
Hlebine
Ždala
Pitomača
Hampovica
Čazma
Garešnica
Hercegovac
Veliki Zdenci
Moslavačka gora
Slavonski Brod
Sisak
Topolje
E 57
E 59
E 65
E 70
E 71
E 661
A 1
A 2
A 3
A 4
0 12 24 km

Im hügeligen Norden

Die Bezeichnung Zagorje ist eine neuere, noch im 19. Jahrhundert wurde die Region schlicht zu Slawonien gezählt, vielfach wird es einfach unter Nordwest-Kroatien verbucht. Das Geld, das in Zagreb verdient wird, wird im Zagorje ausgegeben, weil viele Zagreber hier ihr Ferienhaus haben, ins Zagorje zum Essen und Feiern fahren oder weil die Bewohner des Zagorje in Zagreb arbeiten. Dafür, dass das Land geographisch zur Pannonischen Tiefebene gehört, hat es eine einzigartige Hügellandschaft ausgeprägt. Die vielen kleinen forsch aufragenden und sich sogleich wieder absenkenden Anhöhen drängen den Eindruck auf, als hätte hier das Märchen von Schneewittchen bei den sieben Zwergen hinter den sieben Bergen seinen Ursprung. Es heißt, auf jedem Hügel würde ein eigener Dialekt gesprochen.

Varaždin

›Komm mit nach Varaždin ...‹: Die Walzermelodie aus der Operette Gräfin Mariza von Emmerich Kálmán beschreibt noch immer das Flair, das Varaždin mit seinem barockem Stadtbild bis heute konserviert hat. Seit dem 19. Jahrhundert gilt die Stadt als Außenposten für Wiener Kaffeehausfreuden und beschwingte Lebensart auf dem Balkan. Sie entstand rund um die Burg, die frühbarocke Kathedrale Uznesenja Marijina war stilbildend für die Region.

Geschichte

Nach dem 25. April 1776 hätte in Varaždin auf Tabakpackungen folgender Warnhinweis Pflicht werden können: ›Rauchen gefährdet die Existenz Ihrer Stadt‹. Denn an diesem Tag brannte ein Junge in einer Scheune der damaligen Vorstadt heimlich Tabak an, der im 18. Jahrhundert für die Stadt eines der wichtigen Wirtschaftsgüter war. Leider geriet das Feuer außer Kontrolle und löste einen Brand aus, der auf die gesamte Innenstadt übergriff. Als die Flammen schließlich auch noch ein Munitionslager im Keller eines Hauses erreichten, tat die folgende Explosion ihr Übriges, dass nach drei Tagen Löscharbeiten 80 Prozent der Innenstadt zerstört waren. Erst elf Jahre vor dem Brand war Varaždin zur Hauptstadt Kroatiens ernannt worden, diesen Status erhielt sie nicht mehr zurück. In ihren Reformbemühungen hatte nämlich Kaiserin Maria Theresia 1767 gegen den kroatischen Ban und den Adel einen neuen königlichen Rat eingesetzt, mit dessen Hilfe sie Kroatien absolutistisch zentral regieren wollte. Dieser königliche Rat sollte in Varaždin seinen Regierungssitz über das Königreich Kroatien, Slawonien und Dalmatien nehmen. In der Folge ließ die gesamte politische Elite in der Stadt Häuser und Paläste bauen. Nach dem Brand zog der königliche Rat mit seiner Residenz nach Zagreb, wo seitdem die Landesregierung ihren Sitz hat.

Mit dem Wiederaufbau der Stadt ist ein neuer Ort mit einem harmonischen, ganz im barocken Baustil gestalteten Stadtkern entstanden. Seine heimelige Ausstrahlung lockt bis heute die Touristen an. Als Lehre aus dem Brand wurde in Varaždin die erste freiwillige Feuerwehr Kroatiens gegründet.

Bereits seit dem Jahr 1209 war Varaždin freie königliche Stadt, 1181 findet man sie zum ersten Mal erwähnt. Die Stadt entstand rund um die Burg. Letztere erlebte wechselnde Herrschaften, von

1504 bis 1527 auch einmal die Herrschaft des Markgrafen Georg von Brandenburg. Ende des 16. Jahrhunderts ging sie in den Besitz der ungarischen Grafen von Erdödy über, die bis 1925 von der Burg aus regierten. Unter Kaiserin Maria Theresia wurde die erste freie Bürgergarde eingerichtet, die heute noch mit ihren historischen Uniformen in Paraden auftritt und vor der Burg im Sommerhalbjahr jeden Samstag um 11 Uhr eine Wachablösung demonstriert.

Stadtrundgang

Meist kommt man von Süden über die Zagrebačka in die Altstadt, nachdem man die Augusta Cesarca überquert hat. Die Kirche Sv. Nikola auf dem **Trg Slobode** (Freiheitsplatz) wurde 1761 auf den Fundamenten einer romanischen Kirche gebaut und ist dem Schutzpatron der Stadt geweiht.

Der Kirchturm mit seinen gotischen Elementen aus dem Jahr 1494 blieb erhalten und diente als Feuerbeobachtungsturm, unter dem Schirm des heiligen Florian in einer Turmnische.

■ Ursulinenkloster

Auf der Uršulinska liegt links das Ursulinenkloster, das der Straße ihren Namen

Rathaus und Markt in Varaždin

Die Burg von Varaždin

gab. Es wurde 1703 von Gräfin Magdalena Drašković gegründet, um ihre Tochter, die Ursulinerin in Bratislava war, zurückzuholen.

Danach lohnt es sich, in die **Ivana-Padovca-Gasse** hineinzuschauen. In der Nummer 3 (heute Touristenbüro) wurde Ivan Padovec (1800–1873) geboren. Er gilt nicht nur als einer der wichtigsten Komponisten für Gitarrenwerke, sondern war auch Erfinder der Gitarre mit zwei Hälsen.

■ Burg

Am Ende der Uršulinska liegen die Burg und der Trg Miljenka Stančića mit dem orange-braunen **Palais Sermage** aus dem Jahr 1684. Seit 1947 befindet sich in dem Palais die Sammlung alter und neuer Meister zum Teil aus den umliegenden Schlössern.

Dort, wo heute die Burg steht, stand bereits seit den Römern eine Verteidigungsanlage, die im Mittelalter immer wieder zerstört und aufgebaut wurde. Seit Ende des 14. Jahrhundert residierten hier die Grafen Cilli. Unter Baron Ivan Ungnad wurde sie ab dem Jahr 1544 mit Hilfe italienischer Architekten zu einer Renaissance-Anlage mit bis heute erkennbaren Wassergraben umgestaltet.

▲ Karte S. 105

Der **Turm** mit dem viereckigen Grundriss ist das älteste Gebäudeteil. Den Ostturm hat wahrscheinlich um 1524 Georg von Brandenburg hinzugefügt. Ende des 18. Jahrhunderts wurden die Mauern um die Burg abgetragen und die Gräben aufgeschüttet.

Heute befindet sich in den über 40 Räumen ein **Museum** und in dem zweistöckigen Haus im Hof das **Stadtarchiv**. Das Museum beherbergt über 10 000 Funde aus prähistorischer Zeit, unter anderen aus der 20 Kilometer westlich von Varaždin gelegenen Höhle Vindija, in der jüngst Neandertaler-Überreste und Knochen zahlreicher prähistorischer Tiere gefunden wurden.

■ Trg kralja Tomislava

Am südlichen Ende der Ljudevita Gaja erhebt sich auf der Nordseite des Trg kralja Tomislava das **Rathaus**. Mit seinen gotischen Elementen aus dem 15. Jahrhundert gilt es als das älteste Steinhaus der Stadt. Seit 1793 ragt Turm über den Eingang auf. Drinnen kann man in einer Galerie die ganz individuelle Bildsprache des Künstler Miljenko Stančić (1926–1977) entdecken. Leider muss man seinen Besuch anmelden (Tel. +385/42/402508).

Vorsicht: An der Westseite des Platzes befindet sich einer der wenigen **Süßigkeitenläden der Firma Kraš**, eines der Traditionsunternehmen aus jugoslawischer Zeit. Von seinen zahlreichen Köstlichkeiten könnte ein Angriff auf die schlanke Linie ausgehen. An der Südostecke des Platzes liegt der **Palast der Familie Drašković**, in den 1767 der kroatische Landtag einzog und hier bis zum Brand 1776 regierte.

Die ganze Südseite des Platzes nimmt ein ehemaliges Kloster mit der **Kathedrale Uznesenja Marijina** (Auferstehung Mariä) ein. Die frühbarocke Anlage wurde von Jesuiten gebaut, die daneben ein Gymnasium betrieben, dann von Paulinern übernommen und ist heute Ordinariat des Bistums. Das Gotteshaus wurde

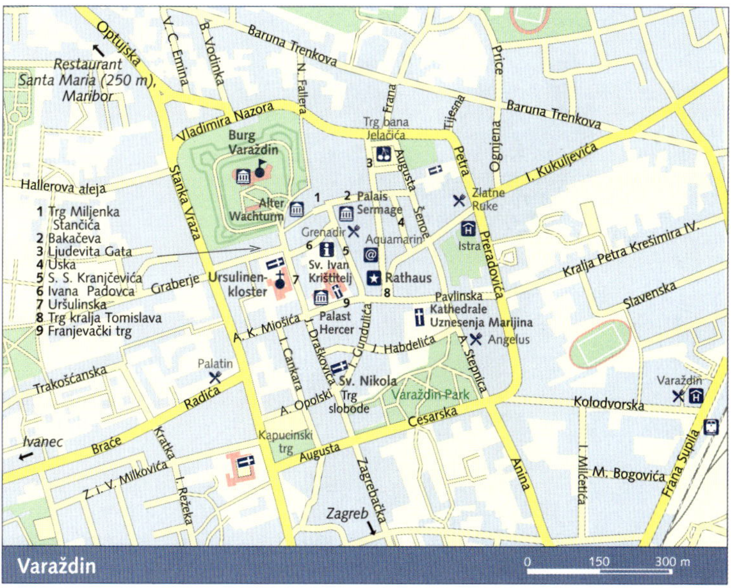

zwischen 1642 und 1646 errichtet und 1997 zur Kathedrale erhoben. Heute ist sie die Domkirche des Varaždiner Bistums. Die Kathedrale weist eine seinerzeit wegweisende frühbarocke Architektur auf, deren Formen ein Vorgriff auf das 18. Jahrhundert waren. Im Inneren überwältigt der riesige **Barockaltar** mit der Auferstehung Mariens von 1737. Das Chorgestühl stammt ursprünglich aus Lepoglava und ist mit Bildern von Ivan Ranger verziert. In der Sakristei hat der Varaždiner Künstler Blaž Grueber 1727 Decke und Wände mit der ersten barocken Illusionsmalerei Nordkroatiens ausgestattet.

Franjevački Trg

In westlicher Richtung, am Franjevački Trg, liegt das Franziskanerkloster mit der Kirche **Sv. Ivan Krštitelj** (Johannes der Täufer). Der Bettelorden, seit dem 13. Jahrhundert in Varaždin, ließ 1650 von dem Grazer Peter Rabba eine Kirche erbauen, deren Grundriss der Franziskanerkirche in Wien ähnelt. Der über 54 Meter hohe Turm ist der höchste der Stadt. In dem barock ausgestalteten Innenraum ist die Kanzel aus dem Jahr 1670 das älteste Stück. Während der Hauptaltar aus der Zeit der Wende vom 17. ins 18. Jahrhundert stammt, entstanden die übrigen Altäre zwischen 1725 und 1748 und sind überwiegend von dem Varaždiner Bildhauer Ivan Adam Rosemberger.

Vor der Kirche fällt die **Statue des Grgur von Nin** von Ivan Meštrović auf, die ursprünglich für Split gedacht war und 1932 in Varaždin zweitverwertet wurde. Der Bischof gilt zwar als Nationalheiliger, hat mit der Stadt aber eigentlich nichts zu tun (→ S. 307).

Neben dem Komplex befindet sich die **Klosterapotheke**, die mit berühmten Fresken des Tiroler Ivan Ranger ausgemalt wurden. Beachtenswert auf dem Platz sind die schönen alten **Paläste** der Stadt aus dem Jahr 1756 (Palais Patačić) und 1758 (Palais Patačić-Buzan).

Grgur von Nin vor der Kirche des Franziskanerordens

▲ Karte S. 105

Varaždin

Postleitzahl: 42000.
Vorwahl: +385/42.
Turistička zajednica, Ivana Padovca 3, www.tourism-varazdin.hr, Tel. +385/42/210987.
Post, Trg Slobode 9.
Internet: **Bar Aquamarin**, Gajeva 1, bei Getränkebestellung ist der Internetzugang kostenlos.

Hotel Istra, Kukuljevićeva 6, Tel. +385/42/659659, www.istra-hotel.hr; DZ 120 Euro. Barockes Traditionshaus, klassische Einrichtung, mit Klima und Internet.
Hotel Varaždin, Kolodvorska 19, Tel. +385/42/290720, www.hotelvarazdin.com; DZ 105 Euro. Modern eingerichtete Zimmer, vielfach mit französischen Betten.
Novosel, Zagrebačka 291, Tel./Fax +385/42/241716, www.rooms-novosel-varazdin.hr; DZ 40–50 Euro. Etwas außerhalb der Altstadt, einfach, aber geschmackvoll.
Bauernhof und Weinbau Pungračić, Drenovec 7, 2283 Zavrč, http://turizem-pungracic.si (kr.); DZ 45 Euro. An der Grenze zu Slowenien gelegen, Weingut und Bauernhof, auf dem man übernachten und gut essen kann. Anbau von Welsch- und Rheinriesling, besondere Lese am Barbaratag (4. Dezember).

Palatin, Braće Radića 1, Tel. 398300. Bietet Spezialitäten aus dem Međimurje mit lokalen Weinen, edles Ambiente.
Varaždin, Kolodvorska 19 (im gleichnamigen Hotel), Tel. +385/42/290720. Sehr schöne Entenbrust und gutes Kalbssteak. Schöne Atmosphäre im Natursteinhaus.
Angelus, Alojzija Stepinca 3, Tel. +385/42/303868. Pizza und andere italienische Gerichte, auch mit Reis; in einem gemütlichem Gewölbekeller.
Santa Maria, Optujska 72F, +385/42/330000, www.santamaria.hr. Italienische, mexikanische, indische und chinesische Küche, sehr experimentierfreudige Köche mit Spaß am Neuen.
Grenadir, Krančevića 12. Einfaches, traditionelles Lokal, das auch Einheimische gern frequentieren.

Gute Weingüter in der Umgebung, zahlreiche Weinstraßen im Nordwesten.
Vinski hram, Dubrava breg 38, Dubrava Križovljanska, Tel. +385/42/739369. Eines der größten und besten Weingüter der Region, breites Traubenoevre, besonders sind Sauvignon, aber auch Riesling und Muscat Blanc.
Mežnarić vinarija, Mavra Schlengera 3/a, Kneginec Gornji, Tel. +385/42/653100, www.vinarija.hr (kr.). 7 km südlich von Varaždin, hinter Turčin. Lange Tradition, gehört seit kurzen zu den besseren Gütern im Zagorje, empfehlenswert sind der Silvaner und Chardonnay.

Markt am Trg bana Jelačića, im Norden der Altstadt; tägl. bis 14 Uhr.

Das Stadtmuseum ist auf vier Standorte verteilt, Infos unter www.mdc.hr/varazdin/nj/home.html.
Palast Hercer, Franjevački trg 6/I. Entomologische Abteilung, eine der größten Insektensammlungen Europas.
Alter Wachturm, Strossmayerovo šetalište 7. Ethnografische Abteilung.
Palast Prassinski-Sermage, Trg Miljenka Stancica 3; Di–Fr 10–14, Sa/So 10–13 Uhr. Kleine Galerie alter und moderner Künstler.
Burg; Di–Fr 10–14, Sa/So 10–13 Uhr. Kulturgeschichtliche Abteilung.

Koncertnii ured grada, A. Cesarca 1, Tel. +385/42/212907, www.koncertni-ured.com.hr (kr.). Konzertkartenagentur.

Wachablösung Bürgergarde, www.varazdinska-garda.com (kr.); 15. Mai–15. Okt. Sa 11–12 Uhr. Seit 1750 wacht die Bürgergarde vor dem Varaždiner Rathaus. Ihr dürfen nur ›gebürtige, ehrenhafte, unbescholtene‹ Varaždiner angehören.
Festival des zeitgenössischen Tanzes; Mitte Juni, drei Tage lang, Infos in der TZ.
Špancirfest, http://spancirfest.com; Ende August/Anfang September. Seit 11 Jahren gibt es das Festival der guten Laune, das fast die gesamte Altstadt einnimmt. Straßenmusik, Akrobatikvorführungen, Stände, Schauvorstellungen alter Handwerke und Konzerte.
Varaždiner Barockabende, www.vbv.hr; September, drei Wochen lang. Seit über 40 Jahren findet das Festival statt. Zahlreiche Auftritte von Ensembles aus aller Welt in Kirchen und Theatern der Stadt und der Umgebung.
Trashfilmfestival, www.trash.hr; September. Festival für Liebhaber der Trash-Ästhetik, am Ende wird in verschiedenen Kategorien die ›Goldene Kettensäge‹ verliehen.

Radwege auf unterschiedlichen **Routen entlang der Mur und Drava** sind mit Hilfe der EU eingerichtet worden, dazu hält die TZ entsprechende Radwanderführer bereit. Die kurzen Routen, die Zeit für Besichtigungen einplanen, führen nicht immer nah am Wasser entlang (www.mura-drava.eu).

Gradski Bazeni, Schwimmbad, Zagrebačka 85a, Tel. +385/42/215368. Viele Angebote, mit Restaurant.

Die Landschaft um Mur und Drava mit ihren 87 680 ha war 2011 die erste, die als Regionalpark geschützt wurde. Insbesondere Richtung Osten lässt sie sich erwandern oder mit dem Rad erkunden, Infos in der Turistička zajednica.
Die Gespanschaft Varaždin bietet einen gut entwickelten **Jagdtourismus** in verschiedenen Gebieten, seit 1870 wird beispielsweise im Gebiet Zelendvor gejagt, in dem auch gekrönte Häupter ihr Jagdglück probieren. Liste mit den Pächtern der Jagdbezirke bei der **Turistička zajednica županje** oder beim **Jagdverband der Varaždiner Gespanschaft**, Kratka 1/II, Tel. +385/42/214261, ls.varazdinske@hls.t-com.hr.

Krankenhaus, Ivana Meštrovića bb, Tel. +385/42/393000, +385/42/200340.

Die Umgebung von Varaždin

Opeka Aboretum

Einer der größten Schlossgärten Kroatiens mit altem Baumbestand befindet sich rund um das verfallende Schloss Opeka in der Nähe des kleinen Dorfes **Marčan**, 15 km westlich von Varaždin. Seltene und exotische Bäume aus Japan, China, Tibet, dem Kaukasus, Nordamerika und vielen europäischen Ländern sind zu sehen. Die meisten der über 14 000 Gewächse in fast 800 Arten hat Graf Marko Bombelles in den 50er Jahren des 19. Jahrhundert anpflanzen lassen.

▶ Karte S. 102

Čakovec

Die historische Bedeutung von Čakovec ist – abgesehen vom Schloss – größer als die Besichtigungswürdigkeit der Stadt mit ihren 20 000 Einwohnern.
Im 1. Jahrhundert nach Christus gründeten die Römer ein Militärlager, das sie Aquama (Nasse Stadt) nannten.
Im 13. Jahrhundert griff Čakiju, ein ungarischer Graf und Mitglied des Hofes von König Bela IV., die Idee erneut auf und errichtete ein Militärfort. Dazu stellte er einen großen hölzernen Turm auf, den er den Čaktornyia nannte. Der gab der Siedlung drumherum den Namen.

1546 kamen Schloss und Međimurje an eine der reichsten Adelsfamilien Kroatiens, die Zrinskis. In den Blick der Weltgeschichte rückte Čakovec zwischen 1664 und 1671, als Petar IV. Zrinski zusammen mit Franjo Frankopan, einem weiteren einflussreichen Adeligen aus Krk, und gemeinsam mit Adeligen aus Ungarn einen Aufstand gegen den Habsburger Kaiser Leopold I. organisierte.
In dieser später als Magnaten- oder Wesselényische Verschwörung in die Geschichte eingegangenen Aktion wollten sie die Macht der lokalen Adeligen sichern und eine größere Selbständigkeit Kroatiens von Österreich erreichen. Österreichische Geheimdienstler verrieten die Pläne, und 1671 wurden die Grafen hingerichtet. In Folge der Wesselényischen Verschwörung wurde dieser Zweig der Familie Zrinski enteignet.
Heute stehen die beiden Grafen Zrinski und Frankopan als modernes Standbild vor dem Schloss.

Standbild der Grafen Zrinski und Frankopan im Schloss von Čakovec

Im Opeka Aboretum

1738 zerstörte ein Erdbeben und 1741 ein Feuer das Schloss und Teile der Stadt. Das **Schloss** wurde neu aufgebaut und um ein weiteres Stockwerk erhöht. Seit 1954 ist darin das **Međimurje-Museum** untergebracht. Es beherbergt die kulturhistorische Sammlung der Region: 10 000 Exponate von römischen Ausgrabungsgegenständen über ethnographische Sammlungen bis hin zu Bildern moderner Künstler. Insbesondere der Maler Ladislava Kralja Međumurca (1891–1976) ist dabei eine Entdeckung.
Von Čakovec lohnt ein Ausflug nach **Prelog**, mit der barocken Kirche Sv. Jakov, die alttestamentarische Figuren im maurischen Stil darstellt. Um 15 Uhr gibt täglich ein Glockenspiel mehrere Lieder. Außerdem sehenswert sind ein Hospiz aus dem 18. Jahrhundert und ein Salzbergwerk. Hier entstand die erste Speedwaybahn Kroatiens.

Čakovec

Postleitzahl: 40000.
Vorwahl: +385/40.
Turistička zajednica Čakovec, Kralja Tomislava 1, Tel. +385/40/313319, www.tourism-cakovec.hr (kr.).
Turistička zajednica Međimurje županja, J. B. Jelačića 22, Čakovec, Tel. +385/40/390191, www.tzm.hr. Informationen für die Gespanschaft.
Post, Tome Masaryka 28.

Park, Zrinsko Frankopanska 14, Tel. +385/40/311255, www.hotel-park.info; DZ 60 Euro. Beste Jugonostalgie, auch in der Führung.
Lieber außerhalb etwas suchen:
Golf Resort Sveti Martin, Grkaveščak ulica 40, 40313 Sveti Martin Na Muri, Tel. +385/40/371111, http://spa-sport.hr; DZ/2 Pers. 135 Euro. In dem kleinen Ort Sveti Martin stießen Ölsucher 1911 auf heiße Quellen, 2003 wurde die Therme zu einem Erholungszentrum ausgebaut.
Hotel Golf, Vinko Nestić, Glavna bb, 40327 Donji Vidovec, Tel. +385/40/615245, www.hotel-golf.hr (kr.); DZ 65 Euro. Etwas außerhalb an der Drava gelegen, mit Golfparcour, Reitschule und Restaurant. Auch andere Aktivitäten wie etwa Goldwäsche in der Drava werden angeboten.
Prelog, Sajmišna 1, Prelog, Tel. +385/40/379721, www.hotel-prelog.com; DZ 100–140 Euro. Historisches Gebäude mit moderner, angenehmer Einrichtung.

Lovački dvori, Gajeva 35, Tel. +385/40/391053, www.lovacki-dvori.com (kr.). Ein engagiertes Team bereitet einheimische und internationale Gerichte zu; Tages- und Weinkarte.

Innerkroatisch gilt das Međimurje nördlich von Čakovec als eine der besten Weinregionen. Zentren sind Štrigova und Lopatinec.
Vino Lovrec, Sv. Urban 133, Štrigova, Tel. +385/40/830171, www.vino-lovrec.hr; Führung mit Probe und Verköstigung 12 Euro/Pers., auf Nachfrage auch auf Deutsch. 20 km nördlich von Čakovec, von 1988 bis 2009 jährlich ausgezeichnet. Der Pinot Grigio ist legendär.
Obitelj Belović i Lebar Franjo, Štrigova 90, Štrigova, Tel. +385/40/851369, edita@belovic.com. Neben Sauvignon Roter Traminer, Weißer Silvaner, Riesling, Chardonnay Blanc und Muscat Blanc, Gewinner der ersten Goldmedaille für einen kroatischen Silvaner. Gäste sind willkommen.
Cmrečnjak, Sv. Urbane 273, Štrigova, Tel. +385/40/830103. Bekannt für seinen Silvaner mit attraktiven Fruchtaromen, Probierstube mit angeschlossenem Restaurant.
Jakopić, Železna Gora 92, Štrigova, Tel. +385/40/851300, branimir.jakopic@ck.t-com.hr. Weingut mit Restaurant in der Burg Terbotz. Weinprobe auf der Schlossterrasse mit schöner Aussicht, der Sauvignon wird gelobt.

Oldtimer muzej Šardi (Oldtimer-Museum), Jelačićev trg 1, 40340 Selnica, Tel. +385/98/206763, www.sardi.com.hr (kr.).

Krankenhaus, Ivana Gorana Kovačića 12, Tel. +385/40/313312.

Donji Kraljevec

Karte S. 102

In Donji Kraljevec erblickte **Rudolf Steiner** am 27. Februar 1861 als Sohn eines Eisenbahners das Licht der Welt. Das kleine **Geburtshaus** mit einer Fläche von maximal zwölf Quadratmetern befindet sich auf dem Grundstück eines größeren Bauernhofs und zeigt, in welch beengte Verhältnisse der spätere Herausgeber von Goethes Werken, Begründer der Eurythmie, Erfinder der Waldorfpädagogik und Gründer der biologisch-dynamischen Landwirtschaft hineingeboren wurde.

Die Räumlichkeiten waren ursprünglich in Küche und Schlafraum zweigeteilt, wie der Eigentümer berichtet. Bereits eineinhalb Jahre nach der Geburt Rudolfs zog der k.u.k. Eisenbahntelegraf Steiner mit seiner Familie an den nächsten Ort – nach Ungarn. Steiner hat nie eine Bindung zu seinem Geburtsort verspürt, kam im Alter aber wohl noch mal an den Ort zurück. Während jugoslawischer Zeit wurde versucht, die Gedenkstätte aufzulösen, wogegen sich die heutigen Eigentümer wehrten.
Im Ort wird derzeit ein Steiner-Zentrum eingerichtet, das das anthroposophische Denken in Kroatien fördern soll.

Hat Rudolf Steiner noch die Hand geschüttelt: der heutige Eigentümer des Steiner-Hauses

Ludbreg

An der Stelle der heutigen Wallfahrtskirche **Sv. Trojstvo** stand eine Kapelle, in der 1414 ein Priester beobachtete, wie sich der Wein im Kelch zu Blut verwandelte. Das Wunder wurde 1513 von Papst Leo X. anerkannt, und daraufhin entwickelte sich ein Wallfahrtstourismus, der bis heute das kleine Städtchen Ludbreg prägt. Unweit von Sv. Trojstvo sind **Ausgrabungen einer Doppelbasilika** aus dem 6. und 9. Jahrhundert zu sehen. Sie war wohl Bischofskirche des Bistums Iovia.
Im 13. Jahrhundert soll sich ein Ritter namens Ludbring auf dem Rückweg von einem der Kreuzzüge an diesem Ort niedergelassen haben. Ludbreg wird aber auch mit ›verfluchter Ort‹ übersetzt. Nach einer Legende soll Ludbreg der Mittelpunkt der Welt sein, da von Ludbreg aus viele Hauptstädte gleich weit entfernt sein sollen. Deshalb findet sich auf dem Hauptplatz ein **Messingkreis**, der die Entfernung zu mehreren zentralen Städten anzeigt. So sind Wien und Budapest exakt 225 Kilometer von Ludbreg entfernt.
Im imposanten **Schloss** befindet sich heute das kroatische Institut für Denkmalschutz. Die Geschichte des Herrschaftssitzes begann 1320 mit einer Burg an dieser Stelle. Die Grafen Batthyány ließen das Schloss ab 1745 vom Grazer Architekten Joseph Hueber zu der heutigen Anlage umbauen. Im Schloss und der **Kapelle** haben sich Wandmalereien aus dem Jahr 1753 von Michael Peck aus Kanisza erhalten.

Varaždinske Toplice

Varaždinske Toplice ist das traditionsreichste Thermalbad im Zagorje, zu dessen Charme aber inzwischen auch der der Vergänglichkeit gehört.
Gelegen am Südhang des Topička Gora oberhalb der Bednja, sprudeln dort pro Sekunde 18 Liter Wasser mit einer Temperatur von 58 Grad aus der Erde. Laut Angaben ist es 20 000 Jahre altes Regenwasser, das an der nördlichen Seite des Kalničko gorje bis in eine Tiefe von 1400 Meter unter dem Meeresspiegel versickert, in warmen Erdschichten aufgeheizt wird und auf dem Weg an seine Austrittsstelle zahlreiche chemische Elemente aufnimmt: Calcium, Natrium, Hydrogencarbonat, Sulfat und viel Schwefel.

Bestens erhaltene römische Fundstücke im Museum im Schloss

Im 17. Jahrhundert wurde die Heilwirkung von dem aus Luxemburg eingewanderten Mediziner Johannes Lalangue erstmals beschrieben. Er begründete übrigens damit auch die medizinisch-wissenschaftliche Literatur in Kroatien. 1820 entstand ein Kurort mit ärztlicher Aufsicht, Anfang des 20. Jahrhunderts gehörte Töplitz, wie es damals hieß, zur ersten Riege europäischer Bäder.

Bereits die Römer nutzten zwischen dem 1. und 4. Jahrhundert nach Christus das heiße Wasser, sie nannten den Ort Aquae Iasae. 1842 stieß man erstmals auf römische Artefakte. So konnten in der Nähe des heutigen Kurparks seit 1953 auf 6000 Quadratmeter die **Anlagen einer hoch entwickelten römischen Badekultur** freigelegt werden. Im Zentrum befand sich ein Becken, das mit Reliefs reich verziert war. Im 4. Jahrhundert wurde um das Becken ein römisches spirituelles Wellnesszentrum mit Wandelgängen, weiteren Bassins, Erholungsräumen und Tempelbauten angeordnet. Letztere waren dem Jupiter, der Juno und der Minerva geweiht. Unter Konstantin wurde dann eine christliche Basilika gebaut. Im 6. Jahrhundert zerstörten die Awaren die Anlage komplett und warfen die Bruchstücke in die Quelle. Eine dicke Fangoschicht bewahrte die Ruinenteile vor der Zerstörung durch das schwefelhaltige Wasser, so dass diese Fundstücke zu den am besten erhaltenen aus der römischen Geschichte in Kroatien gehören. Sie sind im **Museum im Schloss** zu besichtigen. Dort befindet sich als Highlight die Statue einer Minerva aus dem 2. Jahrhundert, die aus Bruchstücken aufwändig per Computer rekonstruiert wurde. Noch heute sprudelt das Wasser an der römischen Anlage aus der Erde und versorgt das nahegelegene Krankenhaus.

Im Mittelalter bereits kam Varaždinske Toplice, das erst 1420 Stadtrecht bekam, in den Besitz des Zagreber Kapitels. Zeichen dafür ist bis heute die alte **Burg**, die das Kapitel 1376 erbaut hat. Sie war einst eine wichtige Verteidigungsanlage gegen die Türken im 16. Jahrhundert und wurde ab 1695 zum Schloss umgebaut. Unterhalb befindet sich die gotische Kirche **Sv. Martin** aus dem 15. Jahrhundert, die im 18. Jahrhundert barockisiert wurde. Gegenüber der Pfarr-

Das ehemalige römische Bad, an dem noch gegraben wird

▲ Karte S. 102

kirche befindet sich das **Konstantinov Dom** (Haus Konstantin), benannt nach dem römischen Kaiser, das 1779 zum Zweck von Thermalanwendungen erbaut wurde und seitdem im Betrieb ist. 1820 kam das Haupthaus hinzu. Im Jahr 1884 wurde dann ein weiteres Badehaus erbaut. Das **Pučka Kupelj** im unteren Ort war für das einfache Volk gedacht, so dass die feinere Gesellschaft im Konstantinov Dom unter sich bleiben konnte.

Varaždinske Toplice

Vorwahl: +385/42.
Postleitzahl: 42223.
Turistička zajednica, Trg slobode 16, Tel. +385/42/633133.

Minerva, Trg Slobode 1, Tel. +385/42/630000, www.minerva.hr (kr.); 50–75 Euro/Pers. Die dominierende Einrichtung in Varaždinske Toplice für einen Aufenthalt mit Thermalanwendungen. Mit modernen Außenanlagen.
Ozis, Zagrebačka 7, Tel. +385/42/250130, www.ozis.hr; DZ 40 Euro. Liebevoll eingerichtetes Apartmenthaus, sauber.

Đurina hiža, Varaždinska 70, Tel. +385/42/668148. Fröhliches Team, sehr gute Hausmannskost aus regionalen Zutaten, einheimische Weine: Graševina, Sauvignon, Rajnski rizling.
Zlatine Gorice, Villa Donata, Banjščina 45, 42204 Turčin, Tel. +385/42/666054, www.zlatni-restorani.com (kr.). Nordöstlich von Varaždinske Toplice im Grünen gelegen. Vier Speiseräume im modern eingerichteten Landhaus mit einheimischer, gehobener Küche und eigenem Weinkeller. Außerdem gibt es einen großen Spielplatz und eine Rodelbahn.

OPG Najman, Kubilšćak u Futaču, Tel. +385/42/645046; Weinproben mit kalten Speisen 10–20 Uhr. Portugizac, Pinot crni, Rajnski rizling, Muškat žuti.
Vinarije Šafran, Breznica 1d, Breznički Hum, Tel. +385/42/209834, www.vinarija-safran.hr (kr.). Hervorragende trockene, aber auch frische Riesling- und Sauvignon-Weine, außerdem Muskat. Moderne Kellerei, Besichtigung und Probe möglich (Anmeldung per Internet), mit Restaurant.

Museum im Schloss (Zavičajni muzej), Trg slobode 16, Tel. +385/42633339, http://zmvt.com.hr; Mo–Fr 10–13, Di und Do zusätzlich 15–17, Sa 9–14 Uhr. Schönes Museum mit römischen Ausgrabungen.

Rund um den Berg **Kalnik** bieten sich zahlreiche Möglichkeiten für Outdoor-Aktivitäten wie Wandern, Klettern, Paragliding. Möglicher Ausgangspunkt ist die Berghütte Kalnik auf 480 Meter mit Unterkunft und Verpflegung, erreichbar über eine asphaltierte Straße vom Dorf Kalnik aus.

Minerva, Trg Slobode 1, Tel. +385/42/630000.

Vindija-Höhle und Donja Voća

Die Vindija-Höhle, oberhalb des Dorfes Donja Voća, genießt in der paläontologischen Fachwelt weltweit einen großen Bekanntheitsgrad, seit in ihr 1999 Neandertalerknochen gefunden wurde. Diese trugen wesentlich dazu bei, dass am Max-Planck-Institut in Leipzig das Genom der Urmenschen entschlüsselt werden konnte. In der Halbrundhöhle, die vor etwa zehn Millionen Jahren entstand, wurden bereits 1873 erste archäologische Funde gemacht.

Die erste Sensation war die Entdeckung zahlreicher Tierknochen, insbesondere von Höhlenbären, aber auch von Wollnashörnern, Saiga-Antilopen und Pferden. An den Knochen des Höhlenbärs

Steiermark und Kroatien reichen sich die Hand, in der Kirche Sv. Martin

konnte erstmals die DNA eines ausgestorbenen Tieres entschlüsselt werden. Insgesamt wurden neben zahlreichen Steinwerkzeugen über 125 Fragmente menschlicher Knochen geborgen. Je nach Grabungstiefe ließen sie sich auf ein Alter von 28 000 bis 45 000 Jahren datieren. Die DNA-Analyse hat ergeben, dass sich im heutigen Menschen Europas und Asiens etwa ein bis vier Prozent Neandertaler-Gene wiederfinden lassen, nicht aber in den Genen von Afrikanern. Als erwiesen gilt seitdem: Neandertaler und Homo Sapiens waren untereinander fortpflanzungsfähig, der Neandertaler war keine eigene Art. Die Höhle ist für Besichtigungen geöffnet.

Eine weitere Attraktion im Ort Donja Voća ist die kleine, von Ivan Ranger ausgemalte Kirche **Sv. Martin** aus dem Jahr 1742. Einzigartig ist eine allegorische Darstellung im Bogen zum rechten Seitenschiff mit zwei Frauengestalten, von denen die eine Kroatien und die anderen die Steiermark symbolisiert. Beide reichen sich am Scheitelpunkt des Bogens die Hände. Parallel sind im Bogen auf der linken Seite zwei Frauengestalten dargestellt, die wahrscheinlich Psalm 85,11b (›Gerechtigkeit und Friede küssen sich‹) illustrieren. Während in der rechten Seitenkapelle an der Decke Szenen aus dem Himmel zu sehen sind und der Erzengel Michael das Paradies bewacht, zeigt die linke Seitenkapelle, wie Adam und Eva vertrieben werden. Es gilt als sicher, dass Ivan Ranger die Seitenkapelle mit den himmlischen Darstellungen malte und dass das Hauptschiff von seinen Schülern ausgemalt wurde. Unklar ist, wer die linke Seitenkapelle gestaltete, deren Figuren deutlich bäuerlicher wirken.

▶ Karte S. 102

Lepoglava

Geprägt ist das erstmals am 22. Juni 1396 erwähnte Lepoglava von den Paulinern, einem in Ungarn gegründeten Orden, der in diesem Ort 1400 ein **Kloster** errichtete. Ab 1696 hatte der Orden darin sein von Ungarn unabhängiges oberstes Verwaltungszentrum für die Klöster in Slawonien untergebracht. Die Pauliner richteten am Ort 1503 das erste Gymnasium ein und gründeten 1656 ein theologisches und philosophisches Kolleg. Das Kloster sicherte sich seine materielle Existenz im 16. und 17. Jahrhundert durch ein exklusives Handelsrecht für Weine aus der Region.

Nach der Auflösung des Ordens 1789 kam das Kloster 1854 an den österreichischen Staat. Der machte daraus ein

Gefängnis, das bis heute existiert. Berühmte Persönlichkeiten haben hier als politische Gefangene eingesessen, zum Beispiel Alojzije Stepinac, Josip Broz Tito und Franjo Tuđman. Die einsitzenden Kommunisten machten aus dem Gefängnis eine kleine Universität. Die Zelle von Stepinac ist heute ein Gedenkraum. Derzeit befinden sich 800 Gefangene in dem Gefängnis.

Die Klosterkirche **Sv. Marija** ist heute die Pfarrkirche von Lepoglava. Im gotischen Stil erbaut, wurde ihre Barockisierung 1777 zu einem Meilenstein kroatischer Barockausstattung. Der ältere Vorraum ist deutlich gotisch geprägt und zeigt Reliefs von den Wüstenvätern, denen sich die Pauliner nahe fühlten.

Berühmt ist die Kirche für die meisterhaften Wandbilder von Ivan Ranger. Er stellte im Altarraum das Bild des zwölfjährigen Jesus im Tempel auf der anderen Seite dem Jesus, der die Händler aus dem Tempel vertreibt, gegenüber. In der Darstellung des Zwölfjährigen steht rechts in der Ecke im violetten Gewand wahrscheinlich der Künstler. Die Gegenüberstellung ermahnt die Pauliner, dass Lehre und Tun zusammengehören und

Die Fresken von Ivan Ranger in der Kirche Sv. Marija in Lepoglava

Der Mann in Lila ist möglicherweise Ivan Ranger

dass die Lehre nicht als Wirtschaftsfaktor missbraucht werden darf.

Auch die Darstellung der Apokalypse mit den 24 Ältesten ist von Ranger. Die Bilder im Chorgestühl von 1743 haben Jesus als Alpha und Omega zum Thema. In der Mitte des Hauptaltars mit den überdimensionalen Figuren ist von A. Königer befindet sich eine Kopie der Madonna von Tschenstochau, ebenfalls ein Sitz des Ordens. Die reich mit Einlegearbeiten verzierte Orgel stammt aus dem Jahr 1649 und ist eine der ältesten in Europa.

Angeblich sollen die Pauliner auch die **Spitzenklöppelei** nach Lepoglava gebracht haben, so dass sich hier eine neue Textiltradition entwickeln konnte. Im Kulturhaus ist ein Raum einer **Ausstellung** mit einigen schönen Arbeiten gewidmet. Außerdem gibt es noch eine Schule, in der die Tradition weitergegeben wird.

Die Spitzen erhielten 1937 durch eine hohe Auszeichnung auf der Pariser Weltausstellung große Aufmerksamkeit und gehören seit 2009 zum immateriellen Weltkulturerbe der UNESCO. Alljährlich findet meist im September ein Klöppelfestival in Lepoglava statt.

Der Pauliner und Maler Ivan Ranger

Der als bescheiden geltende Tiroler Mönch Ivan Ranger hat die großräumige barocke Illusionsmalerei ins Zagorje gebracht. Für die damalige Zeit muss diese das gewesen sein, was heute die Entwicklung des 3D-Fernsehens bedeutet: Für die Gläubigen tat sich in den Kirchendecken der Himmel auf, und sie hatten live Anteil an der Welt von Gottvater, Jesus Christus, dem Heiligen Geist, der heiligen Maria, der Engel und vieler weiterer Heiliger.

Erst seit 1980 ist sicher, dass Ivan Ranger im Juni 1700 in dem kleinen Dorf Götzens westlich von Innsbruck getauft wurde. Früh kam er als Laie in den Paulinerorden, spät, erst 1734, wurde er zum Priester geweiht, acht Jahre nach seiner Ankunft in Lepoglava. Die einzelnen Bilder in einer Kirche fügt er zu theologischen Programmen zusammen, aber auch der Humor kam nicht zu kurz: Häufig scheinen in seinen Werken Engel an der Decke die (echten) Lampen zu halten. Ranger starb 1753 in Lepoglava.

Lepoglava

Vorwahl: +385/42.

Postleitzahl 42250.

Lepoglava Turistička zajednica, Hrvatskih pavlina 7, Tel. +385/42/494317, www.lepoglava-info.hr.

Post, Trg 1. hrvatskog sveučilišta 5.

Apartment Fištrek, Crkovec 43, Tel. +385/98/231330. Außerhalb im Kemeničko Podgorije, umgeben von Wald und Weinbergen, von dort aus sind Spaziergänge in die Berge des Ravna Gora möglich.

Apartment Eva, Kemenički Vrhovec 25, Tel. +385/98/385818; DZ 20 Euro. Umgebautes Familienhaus, ruhig am Wald mit Küche und Terrasse.

Agro-turistički klaster Lepoglava (ATK), Hrvatskih pavlina 7, Tel. +385/42/494317, www.atklepoglava.hr. Verschiedene landwirtschaftliche Güter haben sich zusammengeschlossen und bieten Bauernhof-Tourismus an.

Marica und Tomo Držaić, Žarovnica 27, Tel. +385/42/701199. Einheimische Küche mit Wien und Bränden aus eigener Produktion.

Mahunovo, Marijan Jakopiček, Donja Višnjica 38, 42255 Donja Višnjica, Tel. +385/42/703015. Das Weingut besteht seit 1902, angebaut werden Sauvignon und Muskat. Es gibt aber auch hausgemachten Apfelsaft und ein kulinarisches Angebot.

Murić, Očura 43, Lepoglava, Tel. mobil +385/98/1990570. Die Betreiber verfügen über lange Erfahrungen mit hausgemachten Brombeerweinen.

Paragliding. Ravna Gora bei Donja Višnjica gilt in Kroatien als eine der beliebtesten Paragliding-Regionen, auch Weltmeisterschaften werden hier abgehalten.

Free-flying Club Kolibri, Cvetlin 148, 42254 Trakošćan. Bei Višnjica.

Gaveznica-Kameni Vrh; Führungen: Damir Vrtar, Tel. mobil +385/98/1826579. Der Steingarten in einem alten erloschenen Vulkankrater ist seit 1998 Schutzgebiet und gehört zu den sechs geologischen Denkmälern in Kroatien. Im alten Krater findet man heute noch Achat-Steinknollen.

Karte S. 102

Schloss Trakošćan

Trakošćan

Das Schloss Trakošćan ist der Inbegriff für die Ankunft der Romantik in Kroatien und bis heute eines der beliebtesten Besichtigungsobjekte im Zagorje. Der Name leitet sich vermutlich vom lateinischen ›draco‹ und dem deutschen Wort ›Stein‹ ab, die zu ›Drachenstein‹ verknüpft wurden. 1334 wird erstmals eine Burg urkundlich erwähnt. Als erste Eigentümer werden die Grafen von Celje, denen zu dieser Zeit ein Großteil des Zagorje gehörte, genannt. 1570 dann verlieh der kroatische Landtag im Namen des ungarisch-kroatische Königs Maximilian II. die Besitzung an den Kanzler und Bischof Juraj Drašković. Der war als mittelloser Adeliger zu einem der mächtigsten Männer aufgestiegen, hatte als Sekretär von Ferdinand I. am Augsburger Religionsfrieden mitgewirkt und war Teilnehmer am Tridentinischen Konzil zur Erneuerung des katholischen Glaubens.

Juraj Drašković gab das Anwesen 1584 an den Bruder Gašpar weiter, so dass es mit nur kurzen Unterbrechungen bis 1945 im Besitz dieser Familie blieb, die sich als eine der mächtigsten und schillerndsten in Kroatien behauptete.

Nur im Nordosten der Anlage haben sich noch **Reste der ursprünglichen Burg** erhalten. Bereits die zweite Generation der neuen Eigentümer erweiterte den Bau wesentlich auf seinen heutigen Umfang und errichtete unter anderem den wehrhaften **Westturm**. Durch Auseinandersetzungen wurde das Schloss stark beschädigt, so dass es bis Mitte des 19. Jahrhundert verfiel.

Juraj VI. Drašković und dessen Frau Sofija entdeckten die romantische Lage und bauten das Schloss komplett um, in den Zustand, wie er heute zu sehen ist. Zugleich legten sie den Park rund um das Schloss und den künstlichen See an. Der Umbau im Sinne der Romantik machte Schule: Andere Gutsherren ließen ihre Schlösser ähnlich prunkvoll herrichten.

Im 19. Jahrhundert wurden aus den Grafen Fotografen: Juraj V. Drašković und Neffe Karlo Drašković wurden zu Pionieren der neu aufkommenden Fotografie und schufen wegweisende Werke. 1945 wurde die Familie enteignet, viele ihrer Mitglieder gingen ins Ausland, nur wenige kamen zurück.

Öffnungszeiten: April–Okt. 9–18, Nov.–März 9–16 Uhr, www.trakoscan.hr.

Krapina

Nach einer Legende lebten die Brüder Čeh, Leh und Rus (auch Meh) und ihre Schwester Vilina in den Bergen rund um Krapina. Die drei schmiedeten einen Plan, sich von der römischen Herrschaft zu befreien, doch Vilina, die sich in einen römischen Hauptmann verliebt hatte, verriet das Vorhaben. Zwar töten die Brüder den Offizier, doch weil sie die Rache der Herrscher fürchteten, flohen sie außer Landes. Čeh gründete Tschechien, Leh Polen und Rus Russland.

Auch wenn Krapina nicht der Ursprungsort des Slawentums war, internationale Bedeutung genoss das Städtchen einst durchaus: Erstmals 1193 erwähnt, wurde Krapina 1347 zur königlichen Stadt ernannt. König Sigismund von Luxemburg, Herrscher über Ungarn und Kroatien und damals einer der mächtigsten Herrscher seiner Zeit, richtete hier am 15. November 1405 eine prunkvolle Hochzeit mit der schönen Barbara Celjska aus. Zu der Feier reisten Adelige aus ganz Europa an. Von der einstigen Burg ist nur noch ein dreistöckiges Gebäude übrig, das der letzte Besitzer 1919 der Stadt schenkte und für dessen Renovierung kein Geld da ist. Bedeutender sind allerdings die **Ausgrabungen**, die der Zagreber Archäologe Dragutin Gorjanović Kramberger 1899 machte und die die Stadt seitdem in den internationalen Fokus gerückt hat. Unter einem herabgestürzten Felsvorsprung fand er die Knochen von 80 bis 90 **Neandertalern**, die vor 130 000 Jahren hier gelebt hatten.

Einer der wohl berühmtesten Söhne der Stadt war Ljudevit Gaj (1809–1872). Er schrieb die Legenden der Stadt bereits als Jugendlicher auf – übrigens auf Deutsch, der Sprache seiner Mutter. Der spätere Journalist und Philologe war einer der führenden Köpfe der illyrischen

An der Fundstelle der Neandertalerknochen

Bewegung. Nach ihrer Theorie hätten alle Slawen ihren Ursprung in den Illyrern, deshalb wollte sie eine Vereinigung aller Slawen erreichen. Gajs eigentliche Bedeutung liegt aber bis heute in der Durchsetzung der lateinischen Schrift, die er mit Hilfe einer von ihm gegründeten Zeitschrift erreichte.

Zur Zeit Gajs war Krapina einer der modernsten Städte und gehörte zu den reichsten Orten Kroatiens mit dem ersten Wasseranschluss des Landes, leder- und holzverarbeitenden Industrien, Druckereien und ab 1903 mit weithin berühmten Kneipp-Anlagen (600 Gäste pro Tag). Nach der Gründung des kroatischen Staates mussten zahlreiche Firmen des Ortes schließen.

Neandertalermuseum

Fast schon auf der Ausfallstraße nach Norden befindet sich das Neandertalermuseum, die Hauptattraktion der Stadt, mit einer multimedialen Aufbereitung der Evolutionsgeschichte. Das Ausstellungskonzept, das dem des Museums in Neanderthal bei Düsseldorf ähnelt, hat inzwischen sogar Preise gewonnen.

▲ Karte S. 102

Der zwei Millionen Euro teure Bau liegt unmittelbar in der Nähe der Stätte, an der die Neandertalerknochen gefunden wurden.

Auf die Knochen der Steinzeitmenschen stießen die Bauarbeiter 1899, als sie Erde für ein Kneipp-Bad ausheben sollten. Zwischen 1899 und 1905 holte der Archäologe Kramberger an dem Ort, an dem in früheren Zeiten eine Halbhöhle existiert hatte, bis heute die meisten Überreste weltweit aus der Erde, mehr als an seinem namensgebenden Ort in Deutschland: 900 Knochenteile von 80 bis 90 Individuen, davon knapp 300 Zähne. Daraus konnten fünf Schädel rekonstruiert werden. 3000 freigelegte Tierknochen und 1000 Steinwerkzeuge weisen darauf hin, dass menschliche Gruppen ab einem Zeitraum von vor 130 000 Jahren an dieser Stelle nicht nur ihre Toten begraben, sondern auch gelebt haben. Einritzungen an den Knochen führten zur Theorie, Neandertaler hätten kannibalische Riten gefeiert, neuerdings glaubt man an Bestattungsriten als Ursache für die Spuren. Leider sind kaum Originale im Museum zu sehen, stattdessen lagern sie im Archäologischen Museum in Zagreb.

Pilgerumgang in der Kirche Sv. Trški Vrh

Öffnungszeiten: April–Sept. 9–18 Uhr, montags geschlossen, Juni–Aug. Sa/So 10–19, März–Okt. 9–16, Nov.–Feb. 9–16 Uhr (letzter Einlass jeweils eine Stunde vor Schließung).

Franziskanerkloster

Das Franziskanerkloster mit der Kirche **Sv. Katarina** an der Zufahrtsstraße zum Museum stammt aus dem Jahr 1657 und ist mit Fresken von Ivan Ranger ausgestattet. Die gute Akustik der Kirche hat sie zu einem Aufführungsort für Konzerte werden lassen.

Gaj-Geburtshaus

Im Zentrum der Innenstadt befindet sich eine Statue, die Ljudevit Gaj darstellt. Sie wurde 1891 von Ivan Rendić gefertigt. Gajs Geburtshaus befindet sich an der Durchgangsstraße und enthält ein kleines Museum.

Sv. Trški Vrh

Etwa einen Kilometer außerhalb des Ortes (Weg ist gut ausgeschildert) liegt eine der wohl am schönsten ausgestatteten Barockkirchen Kroatiens. Zwischen 1750 und 1761 errichtet, wurde sie um eine Marienstatue gebaut, die Pilger aus Jerusalem mitgebracht haben.

Um die Kirche ist ein **Pilgerumgang** vollständig erhalten, der zuletzt 1898 renoviert wurde. Die **Madonnenfigur**, die im Inneren der Kirche in den Hauptaltar von Anton März eingearbeitet wurde, gilt als wundertätig, seit sie einen Brand in der Vorgängerkirche kaum beschädigt überstand. Deshalb wurde die Kirche zur Pilgerstätte.

Beeindruckend sind die farbenfrohen **Illusionsdarstellungen** einer Theologie Mariens, die mit Geschichten aus dem Alten Testament verknüpft wurden. Diese hat der Künstler Anton Lerchinger aus Rogatec (Slowenien), ein Schüler von Ivan

Ranger, ausgeführt, leider wurden sie im 19. Jahrhundert schlecht restauriert. Die **Seitenaltäre** aus der Schule des Anton Merzija mit den individuellen Schnitzfiguren sind jeweils dem heiligen Kreuz, den vierzehn heiligen Nothelfern, dem heiligen Rosenkranz und dem Johannes von Nepomuk geweiht.

Ausflüge ab Krapina

Im Weinort **Pregrada** steht die einzige Kirche mit Doppeltürmen im Zagorje, jeweils 45 Meter hoch. Die Kirche ist Maria Himmelfahrt geweiht. Das Altarbild von Johann Ziegler und die Orgel aus der Werkstatt von Franz Focht vom Anfang des 19. Jahrhunderts – sie wird bis heute mit einem Blasebalg betrieben – waren ursprünglich für die Kathedrale in Zagreb bestimmt. Die ausdrucksstarken Kreuzwegstationen entstanden 1975 in einer psychiatrischen Anstalt.

Ein Ausflug lohnt auch nach **Sveti Križ Začretje** mit seiner großen Schlossanlage samt altem Parkanlagen. Das Anfang des 18. Jahrhundert vermutlich von den Grafen Keglević erbaute Schloss gelangte Ende desselben über die weibliche Linie in die Familie der Grafen Sermage. Die einflussreiche Familie, die im 19. Jahrhundert im Range von Ministern die Bildungspolitik Kroatiens bestimmte, erweiterte das Anwesen zu einem V-förmigen Bau, dessen Grundriss im Zagorje als einzigartig gilt.

Nachdem das Schloss lange leer stand, gehört es heute Dr. Janko Mršić-Flögel, der es für Ausstellungen oder zur Anmietung als Tagungshaus zur Verfügung stellt.

Krapina

Vorwahl: +385/49.

Postleitzahl: 49000.

Turistička zajednica Krapina, Magistratska 11, Tel. +385/49/371330, www.tzg-krapina.hr.

Post, Ljudevita Gaja 18.

Internetcafé, beim Busbahnhof, Frana Galovića 15.

Busbahnhof (Autobusni kolodvor Presečki), Frana Galovića 15, Tel. +385/49/328028.

Bahnhof (Željeznički kolodvor), F. Galovića 8, Tel. +385/49/371012.

Pod starim krovovima, Trg Ljudevita Gaja 15, Tel. +385/49/370536, DZ 60 Euro. ›Unter alten Dächern‹ geht es altmodisch zu, einfach und sauber.

Klet Kozjak, Kozjak 18a, Sveti Križ Začretje, Tel. +385/49/228800, www.klet-kozjak.hr; DZ 60 Euro. Auf diesem Bauernhof mit 14 Betten 10 km südlich von Krapina dreht sich alles um Ziegen, zum Spaß für Kinder. Ziegenmilch und -käse, aber auch Gerichte mit Truthühnern, Hähnchen und Ente. Wein und hausgepresste Säfte aus Früchten vom Gut.

Preša, Tkalci bb, Krapina, Tel. +385/49/372664. Spezialitäten sind einheimische Fleischgerichte (Schwein und Kalb) mit Käse aus dem Zagorje, dazu Weine der Region.

Picikato, Magistratska 2, Tel. +385/49/370795. Pizza.

Vuglec Breg, Škaričevo 151, 49224 Škarićevo, Tel. +385/49/345015, www.vuglec-breg.hr; 32 Betten, DZ 75 Euro. Mit Tennisplatz und Wandermöglichkeiten, eines der besten Weingüter im Zagorje, stark besucht von Zagrebern, toller Blick von der Gasthofterrasse. Weinkeller mit 35 000 Liter Wein, davon 30 Prozent roter, Rajnski rizling, Chardonnay, Graševina, Sauvignon blanc. Mit dem Muzkat žuti kommt man auf den Geschmack von süßen Weinen. Außerdem reifen hier 10 000 Flaschen Pjenašac bzw. Sekt heran.

▸ Karte S. 102

Vinarija vinski vrh, Gornjaki 56, Hrašćina, Tel. +385/49/458287, Tel. mobil +385/99/7031797, www.bolfanvinskivrh.hr. Absolut ruhig gelegen, je nach Jahreszeit kann man im Weingarten mithelfen. Es gibt Kooperation mit einem Reitclub, auch Bogenschießen ist möglich. Zahlreiche Weine der Vinarija wurden international ausgezeichnet.

Neandertal Pub, Vilibalda Sluge bb, Tel./Fax +385/49/370066. Restaurant mit kulinarischem Standardangebot von Fleischgerichten, aber auch mit Life-Musik, Disco und Spaßveranstaltungen.

Kunstmuseum im Haus Majcen (Krapina Gallery), Magistratska 25, Tel./Fax +385/49/370810; Di–Fr 10–13, Sa/So 10–14 Uhr. Im Haus der einst reichsten Familie der Stadt, engagiertes, wechselndes Ausstellungsprogramm von Origami bis zu moderner kroatischer Kunst.

Bauernmarkt, gegenüber Haus Majcen; Do und Fr.

Weinlesefest Berba grojzdja, Pregrada; letzter Sonntag im September.

Ausgeschilderte Radwege vorhanden, noch keine Karte.

Tri breze Konjički klub, Kraljevec gornji 5, Budinščina, Tel. +385/92/1116352, www.kkbudinscina.hr (kr.). Reiterklub ca. 20 Kilometer östlich von Krapina zum Reiten lernen, verbessern oder auf längeren Routen praktizieren (auch Angebote für Behinderte). Wein aus eigenem Keller.

Schöne Wanderungen sind in den Bergen rund um Krapina möglich.
Planinarsko društvo Strahinjčica, Trg Ljudevita Gaja 12, Tel. +385/49/371712, pd.strahinjcica@gmail.com, www.pd-strahinjcica.hr (kr.). Größere Berghütte des Wandervereins Strahinjčica, nordöstlich von Krapina.

Ambulanta Krapina, Mirka Crkvenca 1, Tel. +385/49/371622.

Veliki Tabor

Keine mittelalterliche Burg in Kroatien ist so vollständig erhalten wie die auf dem 333 Meter hohen Berg gelegene Veliki Tabor. Deshalb gehört sie zu den wichtigsten Denkmälern des Landes. Die erste bekannte Besitzerfamilie der westlichsten Verteidigungsanlage gegen die Osmanen waren die Grafen von Cilli, um die sich Legenden ranken. Im Zentrum der Überlieferungen steht die Bürgerliche Veronika, in die Friedrich von Cilli verliebt war und die er zur Frau nehmen wollte. Das verbot Vater Graf Herrmann. Nach einem abenteuerlichen Fluchtversuch der beiden soll Graf Herrmann Veronika getötet und in eine Wand der Burg eingemauert haben.

Nach Schätzungen entstand die Burg Mitte des 15. Jahrhunderts. Von 1504 bis 1793 gehörte sie den im Volk beliebten Grafen von Ratkay, danach verfiel sie. Seit 1938 ist sie im Besitz des Staats, der sie erst in den 2010er Jahren restaurierte und mit neuem Museumskonzept der Öffentlichkeit zugänglich machte.

Der älteste Teil ist das fünfeckige Wohnhaus in der Mitte der Anlage. Dieses hatte ursprünglich nur zwei Stockwerke, das dritte kam in der Renaissance dazu. Die dort eingerichtete und mit Fresken ausgestattete Kapelle stammt aus dem 17. Jahrhundert. In dieser Zeit sind auch die Renaissanceverzierungen des Haupthauses angebracht worden.

Veliki Tabor: Die größte erhaltene mittelalterliche Burg Kroatiens

Öffnungszeiten: April–Sept. Di–Fr 9–17, Sa/So 9–19 Uhr, März und Okt. Di–Fr 9–16, Sa/So 9–17 Uhr, Nov.–Feb. Di–So 9–16 Uhr. Angeboten werden auch verschiedene Führungen, Bogenschießen und mehr, www.veliki-tabor.hr (kr.).

Kumrovec

In Kumrovec wurde am 7. Mai 1892 Josip Broz geboren, der sich 1934 als Partisan den Namen **Tito** gab. Im Haus Nr. 8 kam der spätere Staatspräsident, der von 1945 bis 1980 autokratisch das sozialistische Jugoslawien regierte, als siebtes von 15 Kindern zur Welt. Seine Eltern, ein aus dem Trentino eingewanderter Bauer und eine slowenische Mutter aus wohlhabender Bauernfamilie, hatten mit diesem Haus aus dem Jahr 1860 das erste Backsteinhaus des Ortes. Seit 1953 ist darin ein **Gedenkmuseum** untergebracht, zu dem in kommunistischen Zeiten Schulen, Belegschaften und Vereinigungen pilgern mussten. Durch diesen Polit-Tourismus nahm der Ort einen wirtschaftlichen Aufschwung.

Da sich der Name des erstmals 1463 erwähnten Kumrovec sich von ›arm‹ bzw. ›elend‹ herleitet, eignete es sich gut zur Legendenbildung eines kommunistischen Anführers. Ab 1970 wurden neben dem Geburtshaus 40 der **Bauernkaten** wieder in den Originalzustand aus dem 19. Jahrhundert zurückversetzt. 1948 stellte der Bildhauer Antun Augustinčić (geboren im nahen Klanjec) eine **Statue des Marschalls** neben dem Geburtshaus auf. An ihr werden heute noch am Geburtstag Titos Blumen und Kränze abgelegt, den Tito seit dem Zweiten Weltkrieg, in Gedenken an eine Beinahe-Festnahme durch die Deutschen, am 25. Mai feierte. In einigen der Häuser sind **Ausstellungen zu ländlichen Themen** wie Bauernhochzeit, Flachshandwerk und Schmiedehandwerk zu sehen.

Klanjec

Klanjec ist der Geburtsort des Bildhauers **Antun Augustinčić**, der die Denkmalkunst im kommunistischen Jugoslawien geprägt hat. In dem großen, lichtdurchfluteten **Museum** mitten im Dorf lernt man den Künstler jenseits des sozialistischen Pathos kennen.

Klanjec wurde 1396 erstmals erwähnt, aber im nahen Cesargrad fand man Überreste aus römischer Zeit. Zu einem Zentrum der Region wurde Klanjec durch das

Tito-Denkmal von Antun Augustinčić in Kumrovec

▲ Karte S. 102

Franziskanerkloster mitten im Ort (gegenüber dem Augustinčić-Museum), das im 16. Jahrhundert vom Ban Sigismund und dem damaligen Fürsten von Erdödy gestiftet wurde. Davor steht eine **Statue** des Bildhauers Robert Frangeš-Mihanović von **Antun Mihanović**, dem Dichter der kroatischen Nationalhymne, der 1861 in einem nahen Schloss der Erdödys starb. Die **Galerie Antun Augustinčić** gegenüber dem Kloster entstand 1970 nach einer Schenkung zahlreicher Werke des Bildhauers an seine Heimatgemeinde. Der 1900 geborene Augustinčić gewann internationale Aufmerksamkeit, nachdem von ihm vor dem UN-Gebäude in New York das große Bronzestandbild ›Peace‹, eine Frau mit Olivenzweig und Kugel auf einem Pferd, aufgestellt wurde. Eine weitere Plastik, die einen Bergarbeiter darstellt, steht vor dem Hauptgebäude der internationalen Gewerkschaftsorganisation in Genf und ist eine Schenkung von Tito. Kopien von beiden Werken sind unter anderem in dem Museum zu sehen. Augustinčić ist wesentlich beeinflusst von Kroatiens anderem großen Bildhauer Ivan Meštrović, der 1922 sein Lehrer wurde, bevor Augustinčić 1924 nach Paris ging.

Die Thermalbäder des Zagorje

Die Pannonische Tiefebene, in der das Zagorje liegt, ist von jungen, brüchigen Gesteinsschichten aus jüngerer Zeit, dem Tertiär und Quartär, durchzogen. Darunter befindet sich eine ältere Schicht aus dichtem kristallinen Sedimentgestein, das im früheren Mesozoikum entstand. Gleichzeitig scheint die Erdwärme weiter hinauf unter die Erdoberfläche zu reichen als an anderen Orten: Pro Meter Gesteinsschicht in die Tiefe erhöht sich die Temperatur um 0,03 bis 0,07 Grad Celsius (zum Vergleich: in den südlichen Regionen Kroatiens um 0,01 bis 0,03 Grad Celsius) und liegt damit über dem

Thermalwasserbecken im Foyer des Krankenhauses von Krapinske Toplice

weltweiten Durchschnittswert. Durch das brüchige Gestein dringt Wasser in die Tiefe und tritt aufgrund der festen Sedimentgesteine an anderen Orten mit einer Temperatur zwischen 38 und über 58 Grad wieder aus. 28 Quellen sind bekannt, 18 werden bis heute genutzt. ›Heiß‹ bedeutet auf kroatisch ›toplo‹ und entsprechend sind die Thermalbäder benannt: Krapinske Toplice, Tuhelske Toplice, Stubičke Toplice und Varaždinske Toplice (→ S. 111).

■ Krapinske Toplice

Krapinske Toplice gilt als das bekannteste Thermalbad, nicht zuletzt dank des umtriebigen Pferdehändlers Jakob Bardl. Nachdem dieser sein Ischiasleiden mit Hilfe des Thermalwassers hatte lindern können, kaufte er 1862 das seit 1808 bestehende Heilbad einfach auf. In der Folge baute er in dem Ort, der 1334 erstmals erwähnt wird, drei weitere Bäder, ein Hotel, einen Gasthof, ein Kurgebäude und legte einen Park an.
Bei den Römern waren die Quellen unter dem Namen ›Aqua vivae‹ (Wasser des Lebens) bekannt. 5600 Hektoliter Wasser entspringen jeden Tag der Quel-

le, mit einer Temperatur von 40 und 45 Grad. Das Wasser ist reich an Kalzium, Magnesium und Kohlenwasserstoffen.
Im Zentrum steht ein 2013 fertig gewordenes großes **Schwimmbad mit Wellnessanlage**, die gegen Eintritt für jeden zugänglich ist. Komplett nach DIN-Normen gebaut, gewinnt es mit Hilfe von Wärmepumpen bei der Abkühlung des Quellwassers von 42 auf 20 Grad 3,2 Megawatt Energie, die für die Versorgung des gesamten Komplexes inklusive der Saunen eingesetzt wird.
Neben der Kureinrichtung gibt es drei Krankenhäuser. Darin wurden unter anderem die ersten Hüftgelenksoperationen Kroatiens durchgeführt. Seit 1996 ist im ›Magdalena‹ ein Spezialkrankenhaus für Kardiologie und kardiovaskuläre Chirurgie untergebracht.

Tuhelske Toplice

Im Zentrum von Tuhelske Toplice befindet sich das 2012 eröffnete Bade- und Wellness-Zentrum Terme Tuhelj, in dem auch schon die kroatische Fußball-Nationalmannschaft trainiert hat. Die Modernität lässt kaum ahnen, dass die seit der Römerzeit bekannten Quellen so stark schwefelhaltig sind, dass sie ›Stinkquellen‹ genannt wurden. Deshalb wurden

Schwimmbad bei Tuhelske Toplice

▲ Karte S. 102

sie hauptsächlich von den Armen der Umgebung genutzt. Täglich kommen 7000 Hektoliter Wasser mit einer Temperatur von 32,5 Grad aus der Erde, so dass heute in den Außenbecken das ganze Jahr über gebadet werden kann. Heilsam ist das Wasser vor allem bei Arthritis, Atemwegserkrankungen, gynäkologischen Erkrankungen, Ischias und Neuralgien. Außerdem fördert das Wasser einen Heilschlamm zu Tage, der sogar abgebaut und an andere Thermalorte gebracht wird.
Im 18. Jahrhundert entstand an der Quelle das **Schloss Mihanović**. Von den Grafen Erdödy gebaut, erhielt es der Bankier Josip Brigljević. Er war der Schwager des Dichters Antun Mihanović, der die Nationalhymne schrieb und ein Freund der Erdödys war. In dem 1983 renovierten Schloss befindet sich heute ein Edelrestaurant.

Stubičke Toplice

Seinen Aufschwung nahm der erstmals 1209 erwähnte Ort, als der Zagreber Bischof Maksimilijan Vrhovac 1776 die Badeanstalt in Stubičke Toplice erwarb. Der unternehmungslustige Kirchenmann baute 1811 das Kurgebäude samt Heilbad um die Quellen, die zwischen 43 und 69,5 Grad Celsius heißes Wasser an die Oberfläche fördern. Das Wasser ist gering radioaktiv, enthält viele Elemente – stark vertreten sind Kalzium, Magnesium, Kohlenwasserstoffe und Sulfate – und eignet sich zur Behandlung von rheumatischen Erkrankungen.
Stubičke Toplice mit seinem Charme aus der Gründungszeit ist ein guter Ausgangspunkt für Wanderungen in den südlich gelegenen **Naturpark Medvednica**. Als Naturdenkmal geschützt ist auch eine **Eiche** aus dem Jahr 1573, die unweit der Bahnstation steht. Im Bauernaufstand um Matija Gubec wurden an

dem Baum zahlreiche Bauern erhängt. Nördlich von Stubičke Toplice steht das klassizistisch-spätbarocke Schloss **Oroslavije Donje**. Es gehörte einst der Adelsfamilie Vojković, die darin ab dem 13. Jahrhundert residierte. Im Hauptportal sind wertvolle Fresken aus dem 19. Jahrhundert zu sehen, die allegorische Szenen aus der griechischen Sagenwelt darstellen.

Thermalbäder des Zagorje

Vorwahl: +385/49.

Postleitzahlen: Krapinske Toplice 49217, Tuhelske Toplice 49215, Stubičke Toplice 49244.

Turistička zajednica Krapinske Toplice, Zagrebačka 4, Tel. +385/49/232106, www.krapinsketoplice.net.

Turistička zajednica Stubičke Toplice, Viktora Šipeka 24, Stubičke Toplice, Tel. +385/49/282727, www.stubicketoplice.hr.

Krapinske Toplice: Aparthotel Villa Magdalena, Mirna bb, Tel. +385/49/233333, www.villa-magdalena.net; DZ 160 Euro. Mehrfach ausgezeichnet, Zimmer mit schöner Aussicht über das Tal, zubuchbare Wellnessangebote und Thermalbad, mit Freibad.

Toplice Hotel, Antuna Mihanovića 2, Tel. +385/49/202202, www.toplice-hotel.hr; DZ 65 Euro. Das Innere ist teilweise moderner als das Äußere. Mit Schwimmbad, gespeist aus der Thermalquelle, Massageangeboten und Wellness-Behandlungen.

Tuhelske Toplice: **Terme Tuhelj**, Ljudevita Gaja 4, Tel. +385/49/203750, www.terme-tuhelj.hr; DZ/HP 165–190 Euro, mit Thermennutzung, diverse Wellnesspakete kosten extra. Mit der größten Saunawelt Kroatiens, die Qualität und die moderne Einrichtung rechtfertigen den Preis. Mit angeschlossenem Campingplatz.

Sofia, Mihanovićeva 1, Tel. +385/49/556342, www.pansion-sofia.com; DZ 40 Euro. Private Unterkunft.

Apartmani Majer, Bolnička 39, Tel. +385/49/556402, www.zagorjezelene.com (kr.), zagorjezelene@net.hr; Studio 55 Euro, 2-Zimmer-Apartment 80 Euro. Apartmenthaus mitten im Grünen.

Stubičke Toplice: **Apartmanska kuća Snježna kraljica**, Sljeme 4, Tel. +385/49/4604555, www.snjezna-kraljica.com (kr.), snjezna.kraljica@zgh.hr; DZ 65 Euro. Schön eingerichtetes Haus mitten im Wald.

Matija Gubec, Viktora Čipeka 31, Tel. +385/49/282501, www.hotel-mgubec.com, hmg@kr.t-com.hr; DZ 50 Euro. Mit Thermalbecken, Pool, Sauna, Wellness- und Beauty-Bereichen.

Tuhelske Toplice: **Schloss Mihanović**, Gajeva 6, Tel. +385/49/203773. Restaurant der Terme Tuhelj, gehobener Angebot, große Auswahl an regionalen Weinen, schöner Blick von der Terrasse.

Noć & Dan, Ljudevita Gaja 2, Tel. +385/49/556800. Günstigere Preise als im Schloss.

Stubičke Toplice: **Thermalbad im Krankenhaus für Rehabilitation**, Park Matije Gupca 1, Tel. +385/49/201000, www.bolnicastubicketoplice.com, Das berühmte Maximiliansbad im Thermalbad, ein stilvolles Bassin mit Thermalwasser, steht auch Besuchern offen.

Krapinske Toplice: **Ranch Vrbanc**, Donje Vino 38a, Tel. +385/49/232346, www.ranch-vrbanc.com. Lizensierte Reitschule, etwas außerhalb im Dorf Donje Vino.

Krapinske Toplice: **Poliklinik**, Gajeva bb, Tel. +385/49/225960.

Ambulanz, Antuna Mihanovića 3, Tel. +385/49/233969, +385/49/234440, +385/49/234030.

Tuhelske Toplice: **Dr. Angelina Tučić**, Bolnička bb, Tel. +385/49/556177.

Marija Bistrica

Marija Bistrica ist das Tschenstochau Kroatiens. Das Marienheiligtum wie auch Nationalheiligtum ist Ziel von mehr als 600 000 Pilgern jährlich. Deren Aufmerksamkeit gilt der Kirche **Majka Božja** im Zentrum des 1209 erstmals erwähnten Ortes, in der unter anderem nachmittags Trauungen im Halbstundentakt vollzogen werden. Das früheste bekannte Dokument zur Wallfahrtskirche aus dem Jahr 1334 berichtet, dass sie ursprünglich unter das Patronat von Peter und Paul gestellt wurde. Erst 1731 wurde sie der heiligen Maria im Schnee geweiht. Die schwarze Marienstatue mit Jesuskind im Altar der Wallfahrtskirche gilt als wundertätig. Sie steht auf einem Mond in Form eines menschlichen Kopfes und wurde von einem unbekannten bäuerlichen Bildhauer in der Renaissancezeit gefertigt. Als die Türken anrückten und die umliegenden Dörfer besetzten, wurde sie 1545 vom Pfarrer im Boden unter dem Kirchenchor vergraben. Dort wurde sie vergessen, bis im Jahr 1588 ein Licht durch die Platten strahlte. Ähnliches wiederholte sich bei einem erneut drohenden Angriff der Türken 1650, bei der die

Der Wallfahrtstourismus ist das große Geschäft für die Andenkenverkäufer

▲ Karte S. 102

Um die Kirche wurde der prächtigste Pilgerumgang Kroatiens errichtet

Heiligenfigur in eine Wand eingemauert und später von einem blinden Mädchen wiedergefunden wurde. Als dann 1684 ein behindertes Mädchen nach einem Gebet vor der Statue wieder laufen konnte, brach der Pilgertourismus aus der Steiermark, Slowenien und Ungarn über den Ort herein. 1935 erklärte Rom die Kirche zur Basilika. Am 250. Jahrestag der Wiederentdeckung der Marienskulptur wurde die Statue mit der Krone der kroatischen Könige präsentiert, seitdem gilt sie auch als nationales Heiligtum. 1998 nahm Johannes Paul II. die Seligsprechung des Nazizeit-Bischofs Alojzije Stepinac in Marija Bistrica vor, dabei wurde der Platz vor der Kirche nach dem polnischen Pontifex benannt.

An der Straße Richtung Zlatar Bistrica liegt das im klassizistischen Stil erbaute **Schloss Hellenbach**. Es ist der am besten erhaltene und vollständig eingerichtete Herrensitz im Zagorje und wird von der Familie Gizela von Hellenbach bewohnt. Die Adelsfamilie, die aus der Slowakei kam, gelangte 1851 durch Einheirat in Besitz des Anwesens. Leider ist das Schloss nicht zu besichtigen.

Marija Bistrica

Vorwahl: +385/49.
Postleitzahl: 49246.
Turistička zajednica, Zagrebačka bb, Tel. +385/49/468380, www.tz-marija-bistrica.hr (kr.).
Post, Gornjoselska 2.

bluesun hotel Kaj, Zagrebačka bb, Tel. +385/49/326600, www.hotelkaj.hr, kaj@bluesunhotels.com; DZ 120 Euro. Gehört zur bluesun-Kette, 2008 renoviert, modern eingerichtet, mit zwei Restaurants, Klimaanlage, Internet, Satelliten-TV und Wellnessangeboten.
Günstiger sind **Privatunterkünfte**: www.tz-marija-bistrica.hr (kr., unter ›Smještaj‹).

Dobro nam došel prijatel, Nova cesta 1, Tel. +385/49/468458. Traditionell.
Academia, Zagrebačka bb, Tel. 326000. Moderne Küche mit einheimischen Zutaten, nicht zu teuer.

Weingut Mladen Micak, Hum Bistrički 69a, Tel. mobil +385/98/555415; 6–22 Uhr. Großes Weingut mit Probierstube. 20000 Weinstöcke auf 1,5 Ha mit zahlreichen Weinsorten.

Rund um den Ort sind acht verschiedene Fahrradrouten ausgeschildert; eine Karte gibt es in der Turistička zajednica.

Ranch Pia, Podgrađe 1, Tel. mobil +385/99/246800. Fünf Pferde stehen für Westernreiten zur Verfügung.

Jägerhütte Grohot, in den Gora-Bergen. 2 km außerhalb, auf dem Weg nach Moravče, Infos in der TZ.

Ambulanz, Kralja Tomislava bb, Tel. +385/49/468850.

Gornja Stubica

Bekannt wurde Gornja Stubica durch das monumentale Bauernkriegdenkmal, das Antun Augustinčić 1973 zu Ehren des Bauernführers Matija Gubec geschaffen hat. 1572 hatte der im nahen Hižakovec geborene Gubec mit Bauern der Umgebung einen Aufstand begonnen. Einen ersten Unterdrückungsversuch konnten die Bauern abwehren, die dadurch in sozialistischer Zeit legendär wurden. 1573 wurden die Bauern von einem Heer, das gegen die Türken marschierte, vernichtend geschlagen. Gubec wurde am 15. Februar 1573 in Zagreb vor der Markuskirche gefoltert, hingerichtet und gevierteilt.

Das **Denkmal** steht am Hügel unterhalb des **Schlosses Oršić** aus der zweiten Hälfte des 18. Jahrhunderts. Darin ist heute ein Museum eingerichtet, das die Bauernaufstände bis 1848 dokumentiert. In einer dem heiligen Franz Xaver geweihten Kapelle mit illusionistischer Malerei sind die damals bekannten Kontinente dargestellt.

Die 400 Jahre alte Linde in Gornja Stubica ist ein beliebter Treffpunkt

Oberhalb, an der Dorfkirche Sv. Juraj, erinnert eine 400 Jahre alte **Linde**, ›Gupčeva lipa‹ genannt, an den Aufständischen. An dieser Stelle soll er gemeinsam mit anderen 1572 den Bauernkrieg ausgerufen haben, während der Ereignisse wurde hier Gericht gehalten.

Nicht zu übersehen ist in Gornja Stubica das **Denkmal des Rudolf Perešin** (1958–1995), dessen Flugzeugnachbildung neben der Büste in den Himmel sticht. Perešin, geboren im nahen Jakšinec, war Jagdflieger in der jugoslawischen Armee (JNA) und desertierte 1991 nach dem Ausbruch des Krieges mit seinem Flugzeug nach Österreich. Während des Krieges baute er die kroatische Luftabwehr auf und wurde 1995 von serbischer Flugabwehr abgeschossen. Zu dem 1999 von Kadetten der Flugakademie errichteten Denkmal pilgern heute die Veteranen.

Gornja Stubica

Vorwahl: +385/49.
Postleitzahl: 49245.
Turistička zajednica, Matije Gupca 2, Tel./Fax +385/49/289282, www.tzpstubica.hr.

Puntar, Trg sv. Jurja 12, Tel. +385/49/289286, www.puntar.hr; DZ 45 Euro. 2008 renoviert. Für den Preis guter Standard, einheimische Küche.
Lojzekova hiža, Gusakovec 116, Tel. +385/49/469325, Tel. mobil +385/98/250592, www.lojzekova-hiza.com. Umgebauter Bauernhof mit Tieren und Kinderspielplatz. Außerdem: Weinkeller, hausgemachte Spezialitäten, darunter die ›Štrukli‹ aus dem Zagorje, selbstgebackenes Brot.
Majsecov mlin, Obrtnička 47, Tel. mobil +385/98/9663062, +385/98/569055, www.majsecov-mlin.com (kr.). Übernachten in einer umgebauten Wassermühle.

Rody, Samci 13, Tel. +385/49/289828, Tel. mobil +385/98/378671, www.rody.hr (kr.). Speiseraum mit schönem Blick, regionale Küche mit Zutaten aus eigener Produktion.
Klet Pod lipom, Zagrebačka 8, Tel. +385/49/289160. Weingut und Restaurant, kleine Gerichte unter der alten Linde.

Galerie Naive Kunst, Zvonko Pižir, Gusakovec 45, Tel. +385/49/469193, www.zvonko-p.net.

Wandermöglichkeiten in den **Medvednica-Naturpark**, Infos in der Turistička zajednica.

Apotheke, Trg Sv. Juraja 21, Tel. +385/49/289171.

Die Region um Zlatar

Zlatar bedeutet ›Goldschmied‹, und da niemand weiß, wie der Ort zu diesem Namen kam, haben sich darum einige Legenden gesponnen, zum Beispiel, dass Türken auf einem nahen Feld Goldschätze vergraben haben sollen.

Während der Ort Zlatar selbst eher den Eindruck einer verlassenen Goldgräberstadt macht, sind einige kulturelle Schätze in der landschaftlich reizvollen Umgebung zu entdecken.

▲ Karte S. 102

Sv. Marija Gora

Das oberhalb von Lobor gelegene Kirchlein Sv. Marija Gora (Maria auf dem Berg) mit dem Umgang war eine Wallfahrtskirche und steht auf den Fundamenten einer frühchristlichen Basilika aus dem 4. oder 5. Jahrhundert. Der Chorraum ist mit gotischen Fresken ausgemalt, die zwischen dem 14. und 15. Jahrhundert entstanden sind. Der Spätrenaissance-Altar ist von vor 1677, die Muttergottesstatue entstand vor 1500.

Martinšćina

Nordöstlich von Lobor in Martinšćina hat ein Kirchlein mit seltenen gotischen Fresken überdauert. 1334 wird sie erstmals in Verbindung mit der weiter oben gelegenen Burg der Familie Oštrc erwähnt. Die Fresken zeigen Jesus als Weltenrichter und eine Kain-und-Abel-Darstellung mit Engeln und Teufeln.

Belec

In Belec, nordwestlich von Zlatar, gibt es gleich zwei sehenswerte Kirchen. **Sv. Juraj** wird ebenfalls 1334 erstmals erwähnt und ist eine der ganz wenigen Kirchen im Zagorje mit überwiegend romanischen und gotischen Bauteilen, die die Türkenzeit sowie die Barockisierung überstanden haben. Das Gegenstück ist die Kirche **Marija Snježna**, deren barocke Üppigkeit zu den prachtvollsten Kirchenausstattungen im Zagorje gehört. Sie wurde als Kapelle 1674 von der Gräfin Elizabeta Keglević, der Frau von Juraj Erdödy, erbaut, die an dieser Stelle eine Marienerscheinung gehabt haben will. Eine ganze Reihe von Adeligen gab das Geld für die drei mit viel Blattgold belegten Altäre und die überdimensionale Kanzel, die Josip Schokotnig (1700–1755) aus Graz 1743 gefertigt hat. Zuvor hatte der große Barockmaler Ivan Ranger von 1739 bis 1741 den Innenraum mit illusionistischen Fresken ausgemalt.

Heilige Maria in der Kirche Marija Snježna in Belec

Koprivnica

Koprivnica ist bekannt für seine über 300-jährige Biertradition, die von tschechischen Einwanderern in die Stadt gebracht wurde. Die Brauerei ›Carlsberg‹ führt diese Tradition fort und lässt hier die Marken ›Pan‹ und ›Kaj‹ produzieren.
Im 13. Jahrhundert gehörte die Stadt einem zehnjährigen Jungen. Dessen Vater, Fürst Ladislaus IV., hatte sie 1272 seinem Sohn zum Geburtstag geschenkt, und so fand sie ihre erste urkundliche Erwähnung. Die Türken machten sie dem Erdboden gleich. Nach ihrer Rückeroberung wurde sie im 17. Jahrhundert zu einer sternförmigen Festung umgebaut. Diese wurde aber bereits im 18. Jahrhundert wieder geschleift, als Maria Theresia ihre Truppen in ein neues Militärlager nach Bjelovar verlegte.
Als sich neu entwickelndes Handelszentrum zog die Stadt auch jüdische und serbische Kaufleute an. Mit dem Bau der Eisenbahntrasse Zagreb–Budapest und dem Bahnhof, der 1870 gebaut wurde, konnten größere Fabriken angesiedelt werden, wie die Düngemittelfabrik ›Danica‹.
Die faschistische Ustaša-Regierung machte aus dem Gelände der ›Danica‹ (nicht zu verwechseln mit dem heutigen Schlachthof) am 15. April 1941 das erste Konzentrationslager und internierte dort Serben, Roma und Juden. Bis August 1941 wurden dort bis zu 2600 Menschen interniert und zu Zwangsarbeiten verpflichtet. Diese wurden später nach Jasenovac überstellt, bevor das Lager Ende 1941 aufgelöst wurde.
Wegen ihres hohen Anteils an serbischer Bevölkerung und weil sich auf dem Stadtgebiet eine Kaserne der jugoslawischen Armee befand, kam es während des Unabhängigkeitskrieges ab 1991 zu heftigen Kämpfen um die Stadt. Diese wurden aber bereits im Juli 1992 beendet. Danach wurde ein Trainingslager zur Ausbildung von Kämpfern für den Krieg eingerichtet.
Außer einem schönen barocken Stadtbild sind kaum kunsthistorische Schätze aus der Vergangenheit erhalten. Am Zrinski Trg befindet sich das **Kraluš**, die älteste Brauerei tschechischer Einwanderer der Stadt. An der Spitze des Platzes steht das Rathaus. Am Ende der Franjevčka ulica sind **Reste der Festung** zu sehen, die von Gras überwachsen sind.
An der nördlichen Ausfallstraße, der Čarda ulica, unweit der ›Carlsberg‹-Brauerei befindet sich das **Denkmal für die Opfer des Faschismus**, die im Konzentrationslager Danica umgekommen sind.

Koprivnica

Vorwahl: +385/48.
Postleitzahl: 48000.
Turistička zajednica Koprivnica, Trg bana J. Jelačića 7, Tel. +385/48/621433, www.koprivnicatourism.com, tzg-koprivnica@kc.t-com.hr.
Post, Trg Eugena Kumičića 15.

Busbahnhof, Zentrale Tel. +385/60/305040.
Bahnhof, ul. Kolodvorska 10.

Podravina, Hrvatske državnosti 9, Tel. +385/48/621025, www.hotel-podravina.hr (kr.); DZ 75 Euro. Sauber, mit klimatisiertem Restaurant. Tagesgäste sind gern gesehen.
Bijela Kuća, Kolodvorska 12, Tel. +385/48240320, www.hotel-podravina.hr; DZ 75 Euro. Gehört zu ›Podravina‹, etwas moderneres Objekt, nahe dem Busbahnhof, mit Restaurant.
Izletište Jastrebov vrh, Bilogorska 55, in Bakovčice, Tel. +385/48/637564, Tel. mobil +385/91/7976615. Absolut ruhi-

▲ Karte S. 102

ges Wohnen auf einem Bauernhof, etwa 5 km außerhalb, rustikal und etwas schlicht eingerichtet. Ponys und Nutztiere auf dem Hof, Hilfe beim Ernten möglich, Spielplatz, Versorgung aus eigener Produktion.

Prenoćište Sunčano selo, Jagnjedovec 116, Tel. +385/48/864293, Tel. mobil +385/98/466050, www.suncanoselo.com (kr.). Alter Bauernhof 7 km südlich von Koprivnica mit Kinderspielplatz und kleinem Swimmingpool. Kleine Ausstellung traditioneller Werkzeuge, alte Schmiede.

Pivnica Kraluš, Zrinski trg 7, Tel. +385/48/622302. Traditionsreiches Brauereihaus mit Restaurant, zum gutem Bier ehrliche, gute einheimische Gerichte. Die Bedienung weiß um die Prominenz des Hauses.

Restaurant Zrinski, Novi Brežanec 6, Tel. +385/48/621425, Grillspezialitäten aus Fleisch und Fisch.

Klas, Križevačka 64, Tel. +385/48/671500. Breites Angebot an Wild-, Fisch- und Fleischgerichten zu günstigen Preisen, verschiedene vegetarische Speisen, Kräuterküche.

In Koprivnica hat sich eine Clubszene etabliert mit Musik in diversen Stilrichtungen, Hard Rock, Jazz oder elektronischer Musik.

Muzej grada Koprivnice, Trg Dr. Leandera Brozovića 1, www.muzej-koprivnica.hr (kr.); Mo–Fr 8–15, Sa 10–13 Uhr. Stadtmuseum mit Gedenkraum für die Opfer des Faschismus und einer Ausstellung naiver Maler.

Baden am See **Šoderica** ist möglich.

Zahlreiche Fahrradwege sind vor allem westlich im Waldgebiet **Dugo Brdo** und einige auch südlich im **Bilogora** ausgeschildert, Karten in der Turistička zajednica.

Wandern ist im **Bilogora** möglich, zum Beispiel zu den ehemaligen Bergwerken; auch Klettermöglichkeiten, Infos in der Turistička zajednica.

Eine Vielzahl an Flussläufen und Teiche ermöglicht das Angeln, gefangen werden Wels, Karpfen, Hecht, Barsch, Karpfen, Barbe, Forelle. Infos zu Genehmigungen bei der Turistička zajednica.

Opća bolnica, Dr. Žljka Selingera ul., Tel. +385/48/251000.

Hlebine

In dem scheinbar verlassenen Winkel der Podravina und Prigorja, östlich von Koprivnica, entstand in den 1930er Jahren in dem kleinen Ort Hlebine eine Szene naiver Malerei. Wichtigster Vertreter war der 1914 geborene Künstler Ivan Generalić, der mit einer Ausstellung in Paris 1953 international bekannt wurde.

Die naive Kunst hat sich als eine Gegenbewegung zur abstrakten Kunst und als eine Fortschreibung des Naturalismus entwickelt und findet Anklänge an den Kubismus. Sie animiert bewusst einfache Bauern zu autodidaktischen Malweisen. Im Gegensatz zu vielen Bildern mit Puppenstubencharme haben die Werke von Generalić auch surrealistische Züge, und er spart auch Tabuthemen wie Tod und Einsamkeit nicht aus. Um Generalić entstand ein Kreis, in dem Ivan Večenaj, Mirko Kovačić, Ivan Lacković, Franjo Filipović, Josip Generalić und andere bekannt geworden sind.

Im **Museum im Geburtshaus von Ivan Generalić**, Lj. Gaja 75–83, und im **Atelier von Josip Generalić**, Galerie für na-

Landschaft im nördlichen Zagorje

ive Kunst, Trg Ivana Gundulića 1, lassen sich die Werke der Maler besichtigen. Weitere Galerien kennt die Turistička zajednica.

Đurđevac

Der Ort ist eigentlich benannt nach seiner Kirche **Sv. Juraj**, die im 13. Jahrhundert erstmals erwähnt wurde. Berühmt ist Đurđevac aber für seine **Burg**, die nie von Türken erobert werden konnte und um die sich Legenden gebildet haben. Ulama Beg wollte 1552 das Kastell aushungern. Da schossen die Verteidiger mit den letzten Hühnern aus ihren Kanonen auf die Türken, um zu zeigen, wie wohlversorgt sie seien. Das habe die Türken so frustriert, dass sie die Belagerung aufgaben. Da die Hühner in der Ortssprache ›picok‹ heißen, nennen sich die Bewohner seitdem ›Picoki‹.

Die wahrscheinlich im 14. Jahrhundert gebaute Burg ist neben Veliki Tabor eine der wenigen Festungen, die ihr mittelalterliches Aussehen bewahren konnte. Der nördliche Teil, der im Grundriss die Form einer Ellipse hat, ist der älteste Teil der Burg, die übrigen Teile wurden später angefügt.

Empfehlenswert ist ein Besuch im privaten **Ethnographischen Museum** (Etnografska zbirka Slavka Čambe), Matije Gupca 47, das liebevoll hergerichtet viele originale alte Gegenstände aus dem Alltagsleben zeigt.

Križevci

Das kleine, verschlafen wirkende Städtchen, das in einem Dokument des Königs Bela III. 1193 erstmals erwähnt wird, besteht aus Unter- und Oberstadt, die lange rivalisierten und sich erst im 18. Jahrhundert zusammenschlossen.

Im 14. Jahrhundert war Križevci der Treffpunkt des kroatischen Adels, die letzte ging 1397 als ›Der blutige Landtag von Križevci‹ in die Geschichte ein. König Sigismund von Luxemburg hatte nach einer verlorenen Schlacht gegen die Osmanen seinen Mitkämpfer, aber innenpolitischen Widersacher Stjepan II. Lacković beschuldigt, die Niederlage verursacht zu haben. Er ließ diesen und sein Gefolge auf der Stelle töten. Dargestellt wird das in der Kirche der Unterstadt, **Sv. Križ**, auf einem großen Fresko von Oton Iveković aus dem Jahr 1914.

In der Oberstadt, die zusammen mit der Unterstadt 1539 von Türken niedergebrannt worden war, befindet sich die **Katedrala Presvetog Trojstva**, die Kathedrale der Dreieinigkeit, mit einem Kloster. Der Komplex war bis 1966 Sitz des Bischofs einer griechisch-katholischen Gemeinde in Kroatien. Dies war eine Minderheit von geflohenen Orthodoxen, die 1611 den Papst anerkannten. Dabei behielten die heute noch 15000 Gläubigen aber den orthodoxen Ritus bei.

Maria Theresia gründete zusammen mit Papst Pius VI. ab 1777 das Bistum in Križevci in dem 1627 erbauten früheren Franziskanerkloster. Zwischen 1841 und 1845 entstand der wuchtige, griechisch-klassizistische Vorbau vor dem Eingang des Klostergebäudes. In der Kathedrale entstand von 1895 bis 1897 die Ikonostase, ein Meisterwerk des historischen Realismus. Die Ikonen wurden von den damals bekanntesten kroatischen Künstlern Bela Čikoš Sesija, Ivan Tišov, Ferdo Kovačević und dem Franziskaner Celestin Medović (Ex-Mitglied der Münchener Schule) geschaffen. In den 1930er Jahren wurde vor der Ikonostase eine Krypta mit 33 Skeletten von Augustinermönchen gefunden. Ein kleines **Museum** zeigt wertvolle Geräte und Bilder aus dem Kloster. Seit dem Umzug des Bischofssitzes 1966 nach Zagreb wird das Gebäude von Nonnen bewohnt, die auf dem Gelände ein Altenheim betreiben.

Hügel und Weingärten, Flussauen, Wälder und stattliche Berge, Karstgebiete mit Seen und Wasserfällen – Vielfalt prägt die Landschaften Mittelkroatiens.

Im Flussgebiet von Save und Lonja

ZENTRALKROATIEN

Westlich und südlich von Zagreb

Westlich von Zagreb erstrecken sich die idyllischen Hügellandschaften des Samoborske gorje und der Plešivica mit Weinbergen und Bächen, und gegen Nordwesten steigen die touristisch noch weitgehend unberührten Bergregionen des Žumberak empor.

Im Süden der Hauptstadt liegt das Turopolje mit seiner traditionellen Holzarchitektur, und weiter südöstlich die geschichtsträchtige Stadt Sisak und die Auenlandschaften beiderseits der Sava.

Samobor

Herrlich ist Samobor. Die Nähe zur Hauptstadt verleiht ihm den Charme einer Sommerfrische ähnlich Tibur, Tivoli, Versailles, Saint Claude, Schönbrunn, Windsor. Seine Umgebung ist eine glückliche Kombination aus Bergen und Tälern, Feldern und Wäldern, Gärten und unbebauter Natur, Flüssen und Gebirge, Dörfern und Gehöften, Stadt und Land.

Antun Gustav Matoš (1873–1914)

Unter den südlichen Ausläufern des Mittelgebirges Samoborsko gorje liegt Samobor (16 000 Einwohner). Haupterwerbszweige des malerischen Städtchens sind Landwirtschaft, Handwerk, chemische Industrie, Glasproduktion und Tourismus. Seine vorzüglichen Restaurants und netten Cafés sind bei den Einwohnern der nahen Großstadt Zagreb beliebt, die den Ausflugsort auch wegen der Cremeschnitten, des Dessertweins ›Bermet‹, der Honiglebkuchen und edlen Kristallgläser schätzen.

Als ›Gesamtpaket‹ lohnt sich die Besichtigung der vielen vereinzelten Sehenswürdigkeiten der Stadt, die 1242 durch König Bela IV. Marktrecht erhielt. Noch heute thronen über Samobor die **Ruinen der alten Burg** aus dem 13. Jahrhundert. Einst residierten hier die Grafen von Celje, die Frankopanen und ab 1578 auch Baron Krsto Ungnad, ein glühender Verfechter des Protestantismus.

Unterhalb der im 19. Jahrhundert aufgelassenen Burg liegt der historische Stadtteil **Taborec** mit Holzhäusern und der in der Gotik erbauten und später barockisierten Kirche **Sv. Mihalj**. Der **Palast Livadić** aus dem 18. Jahrhundert gehörte dem Komponisten Ferdo Livadić (Wiesner, 1799–1879), der hier Vertreter des kroatischen Illyrismus versammelte und berühmte Persönlichkeiten wie Franz Liszt zu Gast hatte. Heute ist hier das **Samoborer Museum** mit Gemälden

Honig-Lebkuchen aus Samobor

Karte S. 137

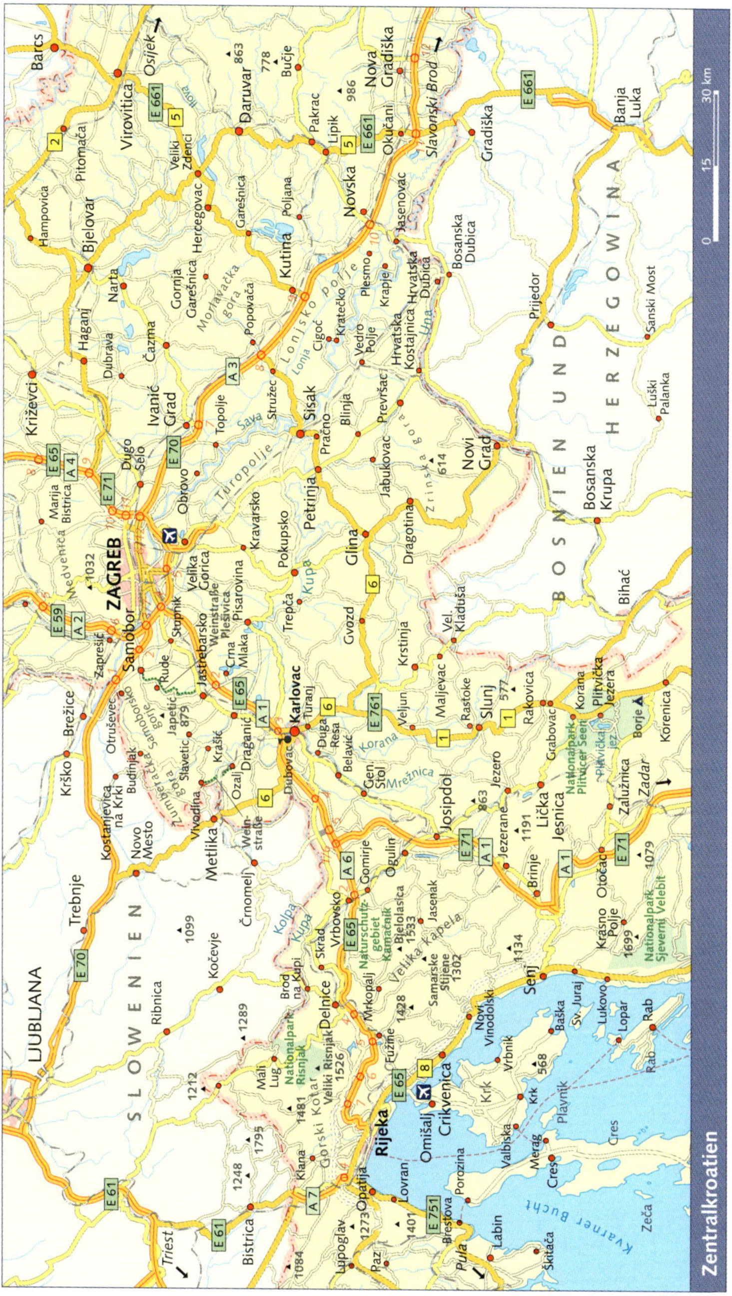
Zentralkroatien
SLOWENIEN
BOSNIEN UND HERZEGOWINA
LJUBLJANA
ZAGREB
Samobor
Karlovac
Rijeka
Sisak
Bjelovar
Virovitica
Daruvar
Križevci
Kutina
Novska
Petrinja
Glina
Slunj
Delnice
Crikvenica
Senj
Krk
Cres
Rab
Opatija
Pula
Bihać
Prijedor
Banja Luka
Novo Mesto
Metlika
Kočevje
Ribnica
Trebnje
Krško
Brežice
Jastrebarsko
Velika Gorica
Dugo Selo
Ivanić Grad
Čazma
Vrbovsko
Ogulin
Josipdol
Otočac
Brinje
Plitvička Jezera
Korenica
Slavonski Brod
Nova Gradiška
Pakrac
Lipik
Gradiška
Bosanska Krupa
Novi Grad
Vel. Kladuša
Kvarner Bucht
Nationalpark Plitvicer Seen
Nationalpark Risnjak
Nationalpark Sjeverni Velebit
Triest
Osijek
Zadar
0 15 30 km

Sezessionistische Apotheke am Hauptplatz

und archäologischen, kulturhistorischen, ethnologischen und geologischen Sammlungen untergebracht.
Den Hauptplatz Trg Kralja Tomislava säumen sehenswerte Gebäude wie das klassizistische **Hotel Livadić**, wo 1877 Franjo Gabrić geboren wurde, der Architekt des secessionistischen **Apothekenhauses** (Trg Kralja Tomislava 11) mit den zwei Sphinxen. Das gegenüberliegende klassizistische **Rathaus** wurde nach Plänen des Zagrebers Bartol Felbinger erbaut. Am Platz queren einige Holzbrücken das Flüsschen Gradna, weshalb das Viertel ›Klein Venedig‹ heißt. Darüber erhebt sich die barocke Pfarrkirche **Sv. Anastazija** mit schönem Renaissanceportal.
In der barocken einschiffigen Franziskanerkirche **Sv. Marija** in der Milana Langa 18 beeindruckt das monumentale illusionistische Fresko ›Aufnahme Mariens in den Himmel‹ (1752) des slowenischen Barockmalers France Jelovšek (1700–1764). Künstlerisch wertvoll sind auch die barocke Kanzel und die Altarbilder von Valentin Metzinger (1699–1759). Das barocke Klostergebäude beherbergt Gemälde, liturgisches Gerät und Monstranzen aus dem Rokoko sowie eine der reichsten Klosterbibliotheken Kroatiens mit Inkunabeln und Büchern aus dem 16. bis 19. Jahrhundert.

▲ Karte S. 137

Die Umgebung von Samobor

Nordwestlich von Samobor am Ortseingang von Otruševec liegt die Grotte **Grgosova špilja**. Die etwa 30 Meter lange Höhle hat nur zwei Hallen, gilt aber wegen ihrer herrlichen ›Spaghetti-Stalaktiten‹ als schönste Grotte im Nordwesten Kroatiens. Josip Grgos, Vater des Wirts des benachbarten Restaurants ›Kod Špilje‹, entdeckte sie 1973.
Westlich von Samobor erstrecken sich die Berge des **Samoborsko gorje** mit dem **Japetić** (879 Meter) und das an Slowenien grenzende **Žumberakgebirge** mit vielen Wanderwegen wie dem markierten Lehrpfad ›Staza kneževa‹ (4,2 Kilometer), der beim Ökozentrum von Budinjak beginnt und nach Bratelj zu Fundstellen aus Prähistorie und der Römerzeit führt. In Rude, südwestlich von Samobor, liegt das **Besucherbergwerk Sv. Barbara**, eine 2012 mit Hilfe von EU-Mitteln vom ört-

Vom Heilkräutergarten Suban öffnen sich herrliche Blicke auf die Samoborer Berge

lichen Kulturverein wieder hergestellte Mine, in der 1210–1957 nach Eisenerz- und Kupfer gegraben wurde. Hier gibt es auch einen Naturlehrpfad.

Östlich von Rude befindet sich der **Botanische Heilkräutergarten Suban**, ein privater Schaugarten mit herrlichem Blick auf die Samoborer Berge.

Samobor

Vorwahl: +385/1.
Postleitzahl: 10430.
Turistička zajednica Samobor, Trg kralja Tomislava 5, Tel. +385/1/3360044, www.tz-samobor.hr.

Busbahnhof, Ljudevita Gaja bb. In der Nähe des Markts. Buslinien nach Zagreb, München.
Taxi, Mlinska 1, Tel. +385/1/3360400.

Lavica, Ferde Livadića 5, Tel. +385/1/3368000, www.lavica-hotel.hr; DZ 40 Euro. Schönes historisches Hotel im Zentrum.
Hotel Livadić, Trg Kralja Tomislava 1, Tel. +385/1/3365850, www.hotel-livadic.hr; DZ ab 60 Euro. Stilvolles Hotel am Hauptplatz.
Hostel Samobor, Obrtnička 34, Tel. +385/1/3374107, Tel. mobil +385/91/3323091, www.hostel-samobor.hr; 17 Euro/Pers. Im Stadtzentrum, kleine Jugendherberge mit Charme.
Etno kuća pod Okićem, Podokićka 40, Klake, 10435 Sveti Martin pod Okićem, Tel. + 385/1/3382335, www.etno-kuca.hr; DZ 40 Euro, Frühstück 5 Euro/Pers. Uriger Bergbauernhof, auch Camping möglich.

Gabreku 1929, Starogradska 46, www.gabrek.hr. Alter Familienbetrieb, Spezialität der vorzüglichen und preiswerten regionalen Küche ist eine Pilzsuppe.
Bistro Pizzeria Vugrinščak, Starogradska 73. Leckere Pizzen zu fairen Preisen.
Gostionica Kod Špilje, 10432 Bregana, Otruševec 17/4, Tel. +385/1/3375888, www.gostionicakodspilje.com. Große Portionen zu gemäßigten Preisen. Reservierung ratsam!
Zeleni Papar, Ante Starčevića 17, Tel. +385/1/3363893, www.zelenipapar.hr. Preisgekröntes Restaurant, faire Preise.

U prolazu, Trg Kralja Tomislava 5. Spezialität des Cafés am Hauptplatz ist die leckere Samoborer Cremeschnitte.
Café Livadić, Trg Kralja Tomislava 1. Im schönen Innenhof gibt es eine reiche Auswahl an Torten.

Markt, Samoborski Plac, Milakovićeva bb; Mo–Sa 7–14, So 7–12.
Bermet Filipec, Stražnička 1a, Degustation und Verkauf von ›Bermet‹ (Wermut).
Medičarna i Svjećarna Franjo Oslaković, Perkovčeva 17. Angebot lokaler Spezialitäten: Honiglebkuchen, Met und Bienenwachskerzen, Lebkuchenherzen.
Kristal Samobor, Milana Langa 63. Handgeschliffenes Kristall (Schalen, Gläser, Vasen).

Galerie Prica, Hrvatski dom, Trg Matice hrvatske 6, Tel. +385/1/3336214. Gemälde und Aquarelle des Malers Zlatko Prica (1916–2003) und Fotografien seiner Tochter Vesna Prica (1947–1996).
Muzej Marton, Jurjevska 7, www.muzejmarton.hr; Sa/So 10–13 Uhr und nach Vereinbarung. Sammlung wertvoller Gläser, Porzellan, Fayencen, Silbergefäße und Gemälde.
Grotte Grgosova špilja, Otruševec 17/4, 10432 Bregana, Tel. +385/1/3375888; Di–So 10–14 Uhr, 2, Kinder 1,30 Euro.
Besucherbergwerk Sv. Barbara, Rude, Tel. +385/1/3361014; Sa/So/Fei.
Botanischer Heilkräutergarten Suban, Manja Vas, 10430 Samobor, Tel. +385/1/3381-501, www.suban.hr/botanicki-vrt.htm.

Fašnik; Jan./Feb. Der Samoborer Karneval hat eine mehr als 170 Jahre alte Tradtion.
Salamifest; März.
Oldtimer-Ralley; 10. Mai.
Nacht der Tamburizza; Juni.
Samoborer Musikherbst; September.

Fahrradwege im Naturpark **Žumberak-Samoborsko gorje**. Karten bei: Naturpark Žumberak, Slani Dol 1, 10430 Samobor, Tel. +385/1/3327660, www.park-zumberak.hr.

Pferdeclub Tetra, Tel. +385/1/33613091, Tel. mobil +385/98/631661. Kutschfahrten durch Samobor im alten Wiener Fiaker, Reitschule.

Angelplätze an der Gradna, Slapnica und Bregana.

Erste Hilfe, Gajeva 37, Tel. +385/1/333-0722, +385/1/3360269.
Apotheke, Trg kralja Tomislava 11.

Sisak

Für fremde Reisende, besonders nach Alterthümern, Denkmahlen und interessanten Naturgegenständen Forschende […] ist Sziszek in Croatien ein der Beachtung würdiger, des Reiseaufwandes und der Mühe reichlich lohnender Ort.

Michael von Kunitsch: Der Sauerbrunnen Jamnicza im Königreiche Croatien (1831)

Abseits von großen Besucherströmen liegt Sisak (49 000 Einwohner) in der Posavina am Zusammenfluss von Kupa, Odra und der Save, die hier schiffbar wird. Die Stadt ist deshalb der größte Binnenhafen Kroatiens und Sitz des Flussschifffahrtsunternehmens ›Dunavski Lloyd‹. Sisak hat keine spektakulären Sehenswürdigkeiten, seine 2500 Jahre alte Geschichte hat aber Zeugnisse hinterlassen, die einen Besuch lohnenswert machen.

Auch als Ausgangspunkt für Ausflüge in die einzigartige Sumpflandschaft Lonjsko polje bietet sich die Stadt an, in der schon die Kelten eine Festung (Segestica) hatten, die 119 vor Christus von den Römern erobert wurde. Unter den Römern erhielt Siscia 72 nach Christus die Privilegien einer Kolonie und entwickelte sich zum wichtigen Militärstützpunkt, Zentrum des Handels, Handwerks und der Schifffahrt. 262 nach Christus wurde eine Münze eingerichtet, um die römischen Soldaten an der Donau mit Geld zu versorgen. Unter Diokletian wurde der Ort, der damals schon 40 000 Einwohner hatte, Hauptstadt der Provinz Pannonien. Ab dem 3. Jahrhundert residierten hier Bischöfe. Bis heute wird Bischof Quirinius von Siscia, der unter Diokletian den Märtyrertod starb, als Heiliger verehrt. Wenig später litt die Stadt unter den Angriffen der Hunnen, und im 6. Jahrhundert zerstören Awaren und Slawen das antike Siscia. Die Annalen Karls des Großen erwähnen den Ort als Festung von Fürst Ljudevit Posavski, der Unterpannonien 823 an die Franken verlor.

Im 16. Jahrhundert sollte ›Sziszek‹ als Bollwerk gegen die Osmanen die ›Reste der Reste‹ Kroatiens schützen. Tatsächlich fand am 22. Juni 1593 bei Sisak die berühmte Schlacht zwischen kroatisch-habsburgischen Truppen und den Osmanen statt, bei der die bislang unbesiegten Türken ihre erste schwere Niederlage erlitten. Als sich die Türken Anfang des 18. Jahrhunderts aus der Region zurückzogen, nahmen Handel und Schifffahrt

▶ Karte S. 137

neuen Aufschwung. Damals entstand der große Kornspeicher an der Kupa. 1838 erhält Sisak freies Marktrecht. Die Eröffnung der Eisenbahnstrecke Sisak–Zagreb–Zidani Most (Slawonien) gab 1862 der industriellen Entwicklung der Stadt weiteren Auftrieb.

Geschichtsträchtig blieb die Stadt auch in neuerer Zeit: Am 22. Juni 1941 wurde im Wald Brezovica bei Sisak die erste Partisanentruppe Jugoslawiens gegründet, und 1942 richtete die faschistische Ustaša an der Mihanovićeva Obala das Konzentrationslager Sisak ein, ein ›Umerziehungslager‹ für Kinder von Juden, Serben und Roma, in dem wahrscheinlich bis zu 4000 Kinder umkamen. An der Uferpromenade erinnert ein Springbrunnen mit Figuren von sieben spielenden Kindern an das Leid der Inhaftierten.

Nach dem Zweiten Weltkrieg entwickelten sich die Metall- und Ölindustrie sowie die nahrungs- und holzverarbeitenden Betriebe zu den wichtigsten wirtschaftlichen Zweigen Sisaks. Viele Fabriken wurden im kroatischen Unabhängigkeitskrieg durch serbische Einheiten beschädigt oder zerstört. Der Übergang zur Marktwirtschaft gestaltet sich weiterhin schwierig, die Zahl der Arbeitslosen ist hoch.

Großes Kapitel

Von der alten Brücke, die 1934 einen hölzernen Vorgängerbau von 1862 ersetzte, hat man einen guten Blick auf die Kupa, den Flusshafen und den älteren Teil der Stadt, der aus dem 17. bis 19. Jahrhundert stammt. Am Trg Bana Jelačića steht das klassizistische Große Kapitel (Veliki Kaptol), das sich das Zagreber Domkapitel 1832 als Herberge für die Kanoniker errichten ließ. 1839 fand hier die erste Theateraufführung in kroatischer Sprache statt. Der unlängst renovierte repräsentative Komplex mit dem benachbarten ehemaligen Kino ›Sloboda‹ (1901) dient als Sitz des Bistums Sisak. Denn seit 2009 ist die Pfarrkirche **Uzvišenje Svetog Križa** wieder eine bischöfliche Kathedrale. Sie steht auf dem einstigen römischen Forum, ihre barocke Form erhielt sie 1736 bis 1765. Außer zwei Marmorstatuen des italienischen Bildhauers Francesco Robba ist kaum barockes Inventar erhalten, weil die Kirche nach einem Erdbeben 1911 neu gestaltet wurde. Vor der Kirche liegt ein 2001 eröffneter **archäologischer Park** mit Resten des spätrömischen Siscia: Zu erkennen sind ein Verteidigungswall und ein Innenturm aus dem 2. bis 3. Jahrhundert und Mauern eines Speichers (horreum) aus dem 4. Jahrhundert.

Blick auf die alte Brücke über die Kupa

Kleines Kapitel

Auf einem Grünstreifen längs der Kupa steht an der Rimska ulica das Kleine Kapitel (Mali Kaptol), ein Backsteinhaus vom Ende des 18. Jahrhunderts, in dem das Büro des Tourismusverbands und ein hübsches Café untergebracht sind. Nicht weit entfernt hat man am Flussufer den **Granik**, einen Holzkran aus dem alten Hafen, aufgestellt.

Ebenfalls in der Rimska ulica befindet sich ein wegen seines Treppengiebels **Holland-Haus** genanntes Gebäude, das an der Wende vom 18. zum 19. Jahrhundert als Lagerhaus erbaut wurde.

Traditionelles Holzhaus der Posavina

Ehemalige Synagoge

Im neueren Teil des historischen Stadtzentrums stehen beachtenswerte, aber leider nicht renovierte historistische oder secessionistische Gebäude. Die ehemalige Synagoge (Trg Ljudevita Posavskog 2) wurde 1880 im neoromantischen, orientalisierenden Stil erbaut. Die ersten aschkenasischen Juden in Sisak waren vermutlich Getreidehändler, die aus Wien in die Stadt kamen, als 1862 die Eisenbahnstrecke nach Zagreb gebaut wurde. 1931 hatte die jüdische Gemeinde Sisak 374, 1940 nur noch 238 Mitglieder. Anfang 1942 wurde das Gebetshaus verwüstet, ein Jahr später Rabbi Benno Heisz getötet.

Die Bischofskirche Uzvišenje Svetog Križa steht auf dem einstigen römischen Forum

▲ Karte S. 137

Da es in Sisak keine jüdische Gemeinde mehr gibt, beherbergt das renovierte und innen umgebaute Gebäude seit 1967 eine Musikschule.

Stadtmuseum

Das Stadtmuseum in der Tomislava 10 steht auf dem Grundstück einer Schlosserwerkstatt, in der Josip Broz Tito als Geselle lernte. Das sehenswerte Museum enthält archäologische Sammlungen mit Funden aus Prähistorie, Antike und Mittelalter sowie eine Ausstellung über die Kulturgeschichte Sisaks vom 13. bis zum 20. Jahrhundert.

Burg Sisak

Südlich des Stadtzentrums steht an der Obala Toma Bakača Erdödya unweit der Mündung der Kupa in die Sava die alte Burg Sisak, die 1544 bis 1550 nach Plänen von Meister Pietro aus Mailand als Bollwerk gegen die Osmanen errichtet wurde. Das Gebäude mit dreieckigem Grundriss, drei zylindrischen Türmen und einem Innenhof wurde aus Ziegelsteinen des antiken Siscia erbaut.

In der Nähe steht eine schöne **Posavska kuća**, ein traditionelles schindelgedecktes Holzhaus der Save-Gegend.

Gedenkpark Brezovica

Nordöstlich von Sisak an der Straße Richtung Stružec liegt im Wald Brezovica der Gedenkpark, wo ein antifaschistisches Ehrenmal (1981) an die Bildung der ersten Partisanentruppe am 21. Juni 1941 erinnert.

Wie viele kommunistische Denkmäler wurden die von dem Sisaker Želimir Janeš (1916–1996) entworfene monumentale stilisierte Ulme Anfang der 90er Jahre demoliert. Die damals schwer beschädigte Skulptur ›Rebellion‹ von Frano Kršinić wurde 2014 von Unbekannten entwendet.

Sisak

Vorwahl: +385/44.
Postleitzahl: 44000.
Turistička zajednica Sisak, Rimska bb, Tel. +385/44/522655, www.sisakturist.com.
Turistička zajednica der Gespanschaft Sisak-Moslavina, S. i A. Radića 28/II, Tel. +385/44/540163, www.smz.hr.

Busbahnhof, Zagrebačka 19, Tel. mobil +385/60/330060. Busse nach Zagreb, Banja Luka, Šibenik, Zadar, Pula, Vukovar und Belgrad.
Bahnhof, Trg Republike 1, Tel. +385/44/524724. Züge Richtung Zagreb, Sarajevo.
Taxi, Tel. mobil +385/98/206544.

Hotel Panonija, Sakcinskog 21, Tel. +385/44/515600, www.hotel-panonija.hr; DZ ab 80 Euro. Einfaches Hotel.
Alen Plus, J. J. Strossmayera 74 und Vinogradska 44, Tel.+385/44/530074.
Hotel Sisak, S. i. A. Radića 17, Tel. +385/44/540196; DZ 40 Euro.

Bijela Lađa, Lađarska 5–9. Günstige Fleisch-, Fisch-und Nudelgerichte.
Cocktail, A. Starčevića 27. In der Altstadt, gehobene Küche zu moderaten Preisen.
Stara Klet, J. J. Strossmayera 176. Fast-Food-Restaurant.
Stari Grad, Obala Tome Bakača Erdödyja bb. Ausflugslokal bei der alten Burg, preiswerte Grill- und Fischgerichte.

Mali Kaptol, Rimska bb. Hübsches Café mit Konditorei.

Trdenić, S. i A. Radića 2. Verkauf von Weinen aus der Moslavina (Graševina, Weiß-, Grauburgunder, Riesling).

Caffe Bar Academia, Silvije Strahimira Kranjčevića 5, Tel. +385/44/523124. Nachtclub mit Tanzmusik.

Städtische Galerie Striegl, S. i A. Radića 6, Tel. +385/44/522255, www.galerija-striegl.hr; Sommer **Di–Fr 10–19, Sa 9–13 Uhr**. 319 Werke des Malers Slavo Striegl (geb. 1919) und weiterer Künstler.

Ritterturnier; Juni. Mit Wettkämpfen und mittelalterlichem Handwerkermarkt.
Keltische Nacht; Anfang September. Touristisch-historisches Spektakel auf der Promenade und auf der Kupa.

Ambulanz, Kralja Tomislava 1, Tel. +385/44/567100.

Lonjsko polje

Etwa 35 Kilometer südöstlich von Sisak erstreckt sich das Lonjsko polje, das mit gut 50 000 Hektar das größte unter Schutz gestellte Sumpfgebiet Kroatiens ist und 1990 zum Naturpark erklärt wurde. Die Flussmäander sind ein ideales Reservat für viele Pflanzen und Tiere. 250 Vogelarten hat man in der ruhigen Auenlandschaft gezählt, darunter Weißstörche, Reiher, Seeadler und Habichte. In den Dörfern Gušće, Kratečko, Mužilovičica, Lonja und Krapje haben sich traditionelle Holzhäuser erhalten, auf vielen Dächern nisten Störche. Das Dorf **Čigoć** wurde 1994 zum ›Europäischen Storchendorf‹ ernannt, weil hier mehr Weißstörche als Menschen (124 Einwohner) leben! Im Ort ist die **ethnologische Sammlung** (Čigoć 34) von Jagoda und Zlatko Sučić sehenswert: Rund 500 Exponate dokumentieren das frühere Leben und Arbeiten der Menschen in der Posavina.

Jasenovac

Das heute idyllische Dörfchen an der Save wird 1154 erstmals erwähnt. Im 14. Jahrhundert wurde von einer befestigten Siedlung gesprochen, später entstand sogar eine Festung.

Im Storchendorf Čigoć leben mehr Störche als Menschen!

▲ Karte S. 137

Die frühe Geschichte des Ortes wird überschattet von dem, wofür Jasenovac seit den 40er Jahren des 20. Jahrhunderts bekannt wurde: Für den Ort des einzigen nicht von Deutschen errichteten Konzentrationslagers (KZ) mit der planmäßigen Ermordung von Serben, Juden und Sinti und Roma. Es war auch das größte auf dem Balkan.

Noch am demselben Tag, an dem der sogenannte ›Unabhängige Staat Kroatien‹ (NDH) proklamiert wurde, am 30. April 1941, wurden drei Rassengesetze erlassen, aufgrund derer die neue Regierung unter Ante Pavelić eine kroatische Ausrottungspolitik einleitete. Dabei ging es nicht nur um Juden und Sinti und Roma: Bei einem Treffen mit dem deutschen Botschafter wurde beschlossen, die Serben auf kroatischem Gebiet, zwangsweise nach Serbien umzusiedeln, sie vor Ort zu exekutieren oder sie in ein KZ zu deportieren.

Mit dem Bau des KZ Jasenovac ließ Eugen Dido Kvaternik, der die Oberaufsicht über alle Konzentrationslager des Landes hatte, Ende 1941 beginnen. Planer und Urheber von Jasenovac war Vjekoslav ›Maks‹ Luburić, genannt ›der Metzger‹. Er hatte im SS-KZ Sachsenhausen eine ›Ausbildung‹ genossen und führte in Kroatien die Zwangsarbeit ein. Zu dem Lager in Jasenovac gehörten weitere fünf Außenlager, wie zum Beispiel das Frauenlager in Stara Gradiška. Geleitet wurden die Lager zwischenzeitlich auch von zwei Kirchenmännern. Bereits Ende April 1942 wurde mit den Massakern an den Serben begonnen.

Da es im Ustaša-Staat keine industriell gedachte Vernichtung gab, hatte in Jasenovac jeder Mord einen Täter, der diesen mit der Hand begangen hat: mit Schusswaffen, Messern, Hämmern, Äxten und anderen Gegenständen. Die Menschen in den Lagern waren unter-

Ein Weg aus Bahnschwellen führt zum zentralen Mahnmal auf dem ehemaligen KZ-Gelände in Jasenovac

ernährt, krank, ständigen Schikanen und willkürlichen Ermordungen ausgesetzt. In den letzten beiden Jahren wurden viele Opfer schlicht oft nicht mehr ins Lager gebracht, sondern gleich nach der Ankunft ermordet. All diese Menschen wurden nicht auf Listen erfasst. Noch im April 1945 kam es zu einem Ausbruchsversuch, bei dem nur 80 von 1000 Insassen überlebten. Als die Befreier kamen, war das Lager völlig zerstört und vieles, was Beweiszwecken hätte dienen können, vernichtet.

Bis heute streitet man sich über Opferzahlen. Während die Tito-Regierung von 600 000 bis 700 000 Opfern sprach, hat Präsident Franjo Tuđman sie auf 40 000 bis 50 000 heruntergerechnet. In einer vorläufigen Liste namentlich bekannter Opfer des Museums der Gedenkstätte sind bisher 80 914 Personen verzeichnet, darunter rund 46 000 Serben, 16 000 Roma, 13 000 Juden und 4000 Kroaten. Allerdings dürfte die Zahl der jüdischen Opfer deutlich höher liegen, da viele nach Deutschland deportiert wurden.

Heute ist auf dem Gelände nichts mehr von den einstigen Anlagen zu sehen. Auf einer großen grünen Grasfläche steht seit 1966 ein um die zehn Meter hohes **Beton-Denkmal** von Bogdan Bogdanović, das eine steinerne Blume darstellt. Auf dieses geht man auf einem beklemmenden Weg von Bahnschwellen zu. Grashügel markieren ehemals zentrale Punkte im Lager. Während des Krieges ab 1991 hielten die Serben auch das Denkmal besetzt, ausgerechnet die Vertreter der größten Opfergruppe zerstörten die Gedenkstätte. 2006 wurde sie mit einem neuen Konzept eröffnet, das allerdings nicht unumstritten ist.

Lonjsko polje und Jasenovac

Vorwahl: +385/44.

Naturparkverwaltung Lonjsko polje, 44325 Krapje, Tel. +385/44/611190, www.pp-lonjsko-polje.hr (engl.).

Infozentrum Čigoć, Čigoć 26, Tel. +385/44/715115.

Tankstellen in Sisak, Kutina, Lipovljani und Novska.

Bahnhöfe in Sisak und Kutina.

Seoski Turizam Iža na trem, Čigoć 57, Tel. +385/44/715167, Tel. mobil +385/99/5032171 (engl.), http://izana-trem.hr (engl.); Übern. mit Frühst. 20 Euro/Pers. Urige Apartments in einem alten Holzhaus.

Tradicije Čigoć, Čigoć 7a, 44213 Kratečko, Tel. +385/44/715124, www.tradicije-cigoc.hr; DZ 40 Euro. Urlaub auf dem Bauernhof, mit kleinem Campingplatz.

Etno selo Stara Lonja, Lonja 50, 44213 Kratečko, Tel. +385/44/710619, www.etnoselo-staralonja.com; DZ ab 45 Euro. Urlaub auf dem Bauernhof in stilvoll eingerichteten Zimmern, Restaurant mit Hausmannskost.

Ekoetno selo Strug, Plesmo 20, 44330 Novska, Tel. +385/44/611212, www.ekoetno-selo-strug.hr; DZ 35 Euro. Urlaub im ›Ethno-Öko-Dorf‹.

OPG Ekoturizam Veselić, Mužilovičica 8, 44213 Kratečko, Tel. +385/44/776353, Tel. mobil +385/98/9365066. Traditionelle Speisen, Ökoprodukte.

Restaurant Kod dida Jože, Plesmo 26, 44330 Novska, im Dorf Strug, Tel. +385/44/611215, www.ekoetno-selo-strug.hr. Günstige Fisch- und Wildgerichte.

Tradicije Čigoć, Čigoć 7a, 44213 Kratečko, Tel. +385/44/715124. Leckere Hausmannskost zu fairen Preisen.

Restaurant im Etno selo Stara Lonja (→ Hotels).

Kleine Läden in Kratečko, Mužilovičica, Lonjo, Pusko und Krapje, **Supermärkte** in Kutina und Jasenovac.

Ethnologische Sammlung Sučić, Čigoč Nr. 34.

Ethnologische Sammlung der Familie Palaić, Krapje 48, 44325 Krapje, Tel. mobil +385/91/5664921.

Festival der Störche; Juni. Mit Radrennen, Fahrten mit Pferdefuhrwerken, Präsentation von Kunst und Kunstgewerbe.

Fahrradverleih bei den meisten Anbietern von Ferien auf dem Bauernhof/Ethnotourismus.

Ekoetno selo Strug, Plesmo. Ausritte auf Posavina-Pferden. → Hotels.

Ekoetno selo Strug. Bootsfahrten auf der Sava und durch das Lonjsko polje (6 Euro). → Hotels.

Etno selo Stara Lonja. Kanusafari (ab 23 (Erw.)/16 (Kinder) Euro → Hotels.

Karten (Wander- und Fahrradwege) beim Infocenter in Čigoć und bei der Naturparkverwaltung Lonjsko polje in Krapje.

Das Lonjsko polje ist reich an Populationen weißer Fische (Karpfen, Hecht). Der Fischfang ist zeitweise verboten, Informationen bei der Naturparkverwaltung.

Ambulanz, Kratečko bb, Tel. +385/44/710019.

Apotheke, V. Nazora 3, Jasenovac, Tel. +385/44/672000.

Karte S. 137

Auf dem Weg an die Küste

Jastrebarsko und Umgebung

Auf halber Strecke zwischen Zagreb und Karlovac liegt Jastrebarsko (16 000 Einwohner), das seinen Namen nach den mittelalterlichen Falknern erhielt, die mit Habichten (Jastrebi) jagten. Von 1519 bis zur Revolution von 1848 herrschten hier die ungarischen Grafen Erdödy, die loyale Anhänger der Habsburger waren. Von Juli bis August 1942 gab es in Jastrebarsko ein Konzentrationslager für 3200 serbische und jüdische Kinder. In den 90er Jahren waren in der Stadt Elitepanzereinheiten der Volksarmee stationiert, die nach Ausbruch des Kriegs in Kroatien samt schwerem Gerät auf Vermittlung der Europäischen Gemeinschaft nach Bosnien gebracht wurden und dort zum Einsatz kamen!

Der Ort hat wenige Sehenswürdigkeiten: Das im 15. Jahrhundert erbaute **Schloss**, das bis 1922 Sitz der Familie Erdödy war, ist verwahrlost und harrt seiner Renovierung.

Lohnend ist ein Ausflug in die **Plešivica**, ein von dichtem Wald bewachsenes, bis zu 778 Meter hohes Bergland, das sich nördlich von Jastrebarsko erstreckt. An seinen südlichen Hängen befindet sich ein berühmtes kroatisches Weinanbaugebiet, dessen Hügel an die Südsteiermark oder die Toskana erinnern. Über 30 Weingüter produzieren im günstigen kontinentalen Klima vor allem Weißweine: Riesling, Sauvignon und Traminer.

Nur zehn Autominuten von Jastrebarsko liegt die um 1440 erbaute gotische Kirche **Sv. Petra** in Petrovina. Ihre für Nordkroatien einzigartigen Fresken mit Motiven der Passion Christi stammen aus der ersten Hälfte des 15. Jahrhunderts. Von Petrovina sind es nur etwa vier Kilometer bis Slavetić mit der in einem idyllischen Hügelland liegenden **Burg Oršić** aus dem 13. Jahrhundert.

In **Krašić**, 19 Kilometer westlich von Jastrebarsko, verbrachte Kardinal Stepinac (1898–1960) die letzten Jahre seines Lebens im Arrest. Nachdem er sich geweigert hatte, die katholische Kirche Kroatiens von Rom zu lösen, hatte ihn das Tito-Regime wegen ›Kollaboration mit der Ustaša‹ verurteilt. Seine Statue steht vor der spätgotischen Pfarrkirche,

Die Kapelle Navještenje Marijino

die im 18. Jahrhundert barockisiert wurde und bei einer Erweiterung 1913 durch Stjepan Podhorsky (1875–1945), einen Schüler Hermann Bollés, Elemente des Jugendstils erhielt.

Im nur drei Kilometer entfernten Nachbarort **Strmac Pribićki** sieht man noch den barocken Palast (1751) des Bischofs der 1611 begründeten unierten griechisch-katholischen Kirche, der die Mehrheit der Bevölkerung im Gebiet des Žumberak-Gebirges angehört. Die neobyzantinische Kapelle **Navještenje Marijino** auf einer kleinen Insel eines künstlichen Sees hat Stjepan Podhorsky 1911 entworfen. Das Gotteshaus mit herrlichen Steinmetzarbeiten und Mosaikschmuck wurde 2011 umfassend restauriert.

Jastrebarsko

Vorwahl: +385/1, **Postleitzahl**: 10450.
Turistička zajednica Jastrebarsko, Vladka Mačeka 1, Tel. +385/1/6272940, www.tzgj.hr.
Post, Kralja Tomislava 2.

INA-Tankstelle, Dr. Franje Tuđmana 123.
Busbahnhof, Trg Alojzije Stepinca bb. Linien Zagreb–Split, München–Krašić, Karlovac.
Bahnhof, Kolodvorska bb, Tel. +385/1/6281487.

Cibanov raj, Pavlovčani 12c, Tel. mobil +385/98/365986, www.cibandrago.com; DZ 50 Euro. Zimmervermietung inmitten von Weinbergen.
Režekov podrum, Plešivica 39, Tel. +385/1/6294836, www.rezek.hr; DZ 45 Euro. Unterkunft beim Winzer.
Vinska kuća Jana, Prodindol 54, 10453 Gorica Svetojanska, Tel. +385/1/6287372, www.jana.hr (kr.); DZ 45 Euro.
Kolarić, Hrastje Plešivičko 24, www.kolaric-vina.hr, Tel. +385/1/6281865; DZ 55 Euro. Weingut.

Pizzeria Erdödy, Ante i Davida Starčevića 6a. Preiswerte Pizzen.
Ivančić, Plešivica 45, Tel. +385/1/629-3303, www.restoran-ivancic.hr. Sehr günstiges Restaurant in den Weinbergen.

Gradska kavana, Vlatka Mačeka 1. Café im Zentrum.

Vinski podrum Mazana, 10450 Vlatka Mačeka 2, Tel. mobil +385/99/8138272. Degustation von Weinen und Schaumweinen aus der Region.
Weinkellerei Dvorska Vina Šoškić, Gornja Reka 100a, Tel. +385/1/6282741. Junger Betrieb in herrlicher Lage.
Šember, Donji Pavlovčani 11b, Tel. +385/1/6282476, www.sember.hr. Angesehene Kellerei, Weiß- und Rotweine.
Weinhaus Ciban, Pavlovčani 12c, Tel. mobil +385/98/365986. Über 200 Jahre alter Familienbetrieb.
Weinkeller Kurtalj, Plešivica 59, Tel. +385/1/6293145. Spezialisiert auf Weißweine.
Vinotočje Zdravko Režek, Prilipje 1/1, Tel. +385/1/6293066, Tel. mobil +385/98/452452, www.zdravko-rezek.hr. Familienbetrieb, seit 1878 werden Silvaner, Rheinriesling und Sauvignon angebaut.

Konzum, Dr. Franje Tuđmana 18.

Fahrradclub Jastrebarsko, Tel. mobil +385/98/228416, www.kkj.hr (kr.). Fahrradverleih und geführte Touren.

Reitclub Equestrian Club Jaska, Novaki Petrovinski bb, Tel. mobil +385/92/1090522.

Rodelclub, Plešivica 62, Tel. mobil +385/98/247662.

▶ Karte S. 137

Angelclub, Tel. mobil +385/98/696805..

Schöne Ausflugsziele sind das ornithologische Reservat **Crna Mlaka**, die **Weinstraße Plešivica** und der 879 Meter hohe Berg **Japetić**. Karten und Infomaterial sind bei der Turistička zajednica oder dem Touristenbüro der Zagreber Županija, www.tzgj.hr, erhältlich.

Ambulanz, Kralja Tomislava 29.

Karlovac

Am Zusammenfluss der vier Flüsse Korana, Kupa, Mrežnica und Dobra liegt Karlovac (60 000 Einwohner), das aus einer 1579 unter Erzherzog Karl II. von Habsburg gegen die Osmanen errichteten Festung hervorgegangen ist. Ihre Bastionen, Gräben und Wälle im Grundriss eines sechseckigen Sterns und rechtwinklig verlaufender Straßen entsprachen dem Konzept einer Idealstadt der Renaissance. Nachdem die Türken 1683 hier ungehindert nach Wien gezogen waren, verlor Karlovac seine militärische Bedeutung.

Von der Festung ist heute bis auf das rechtwinklige Straßenmuster und einige Gräben wenig zu erkennen. Nach dem Bau der alten Straße Karolina (1726–1732), die Karlovac mit Rijeka und Senj verband, entwickelte sich der Ort zum Verkehrsknotenpunkt auf dem Weg zwischen nördlicher Adria und der Vojvodina und damit zum Umschlagplatz für den Getreidehandel.

Im 19. Jahrhundert wurde Karlovac zum wichtigen Industriestandort mit Lebensmittel-, Metall-, Textil-, Leder-, Holz- und Chemiefabriken.

In den 70er Jahren des 20. Jahrhunderts führte die schlechte wirtschaftliche Situation zu einer drastischen Abwanderung der Bevölkerung. Dieser Trend verstärkte sich während des kroatischen Unabhängigkeitskriegs, dessen Spuren in der Stadt bis heute sichtbar sind.

Trg bana Petra Zrinskog

An der Ostseite des ältesten Platzes der Stadt, dem Trg bana Petra Zrinskog, stehen repräsentative Häuser aus der Biedermeierzeit. Besonders schön ist der 1857 erbaute **Palast Vranyczany** (Nr. 7). An der Ecke zur A. Vranyczanija steht das **Palais Fröhlich** aus dem 19. Jahrhundert.

In der nahen Šebetićeva erinnert nichts mehr an das einstige Viertel der jüdischen Händler: An der Stelle des Hochhauses (Nr. 5) stand die 1871 erbaute historistische Synagoge, die Anfang der 1940er Jahre demoliert und 1959 abgerissen wurde.

Badespaß im Bad ›Foginovo‹ an der Korana

Am Hauptplatz Trg Bana Jelačića

In der Altstadt sind einige schöne historische Gebäude erhalten. Viele Wohnhäuser haben zur Hofseite hin balkonartige Holzgänge (gančece). Interessant sind die **Handwerkerhäuser** aus dem 17. und 18. Jahrhundert mit Werkstätten im Erdgeschoss und Wohnräumen im ersten Stock. Die Häuser der Adligen und Offiziere erkennt man an dekorativen Details. Von der Kastanienallee der Promenade F. Tuđmana sieht man den **Wall der einstigen Ban-Bastion**. Bei der Augusta Cesarca 3 kommt man zum 1890 im Stil der Neorenaissance erbauten **Palais Reiner**, in dem die 1804 gegründete Musikschule residiert.

Stadtmuseum

Weiter östlich, am Trg J. J. Strossmayera beherbergt der im 17. Jahrhundert als Unterkunft für Generäle errichtete **Frankopanen-Palast** das Stadtmuseum mit naturkundlichen, archäologischen und ethnologischen Sammlungen und einer Ausstellung zur Militär- und Kunstgeschichte.

▲ Karte S. 137

Interessant ist auch eine **Galerie** mit Bildern des Karlovacer Malers und Komponisten Vjekoslav Karas (1821–1858), der in Rom bei Johann Friedrich Overbeck lernte und als Wegbereiter des kroatischen Realismus gilt.

Trg Bana Jelačića

An der **Apotheke Zum schwarzen Adler** von 1857 (G. Ninskog) vorbei kommt man auf den Hauptplatz Trg Bana Jelačića, den das **Franziskanerkloster** und die frühbarocke **Dreifaltigkeitskirche** dominieren, deren historistische Elemente von 1896 stammen. Das **Museum des Franziskanerklosters** zeigt Kirchenkunst und seltene Bücher. In der Mitte des Platzes steht ein **Brunnen** (1869) mit vier Terrakottafiguren, Allegorien der vier Karlovacer Flüsse. Nach der Pestepidemie von 1691 wurde an der Längsseite der Pfarrkirche eine **Pestsäule** mit einer Madonnenstatue im Stil des italienischen Hochbarock aufgestellt.

Das 1784 errichtete **Zeughaus** auf der nordöstlichen Seite des Platzes war das Magazin der Artillerie und Offiziersunterkunft.

In der Ecke steht die 1786 erbaute orthodoxe Kirche **Sv. Nikola**, die 1993 im kroatischen Unabhängigkeitskriegs völlig zerstört und 2007 rekonstruiert wurde. Die beeindruckende Ikonostase (1813) mit 65 Ikonen des serbischen Malers Arsenije Teodorović (1767–1826) konnte gerettet werden.

Im Südosten wird der Platz durch die 1752 erbaute **Kaserne** begrenzt.

Das einst vornehme, heute leerstehende und renovierungsbedürftige **Hotel Central** in der J. Haulikova wurde 1894 im Stil der Neorenaissance errichtet.

In der Radićeva erinnert der 1828 erbaute **Palais Drašković** an die klassizistischen Stadthäuser des Zagreber Architekten Bartol Felbinger (1785–1871).

Stadttheater

Das Stadttheater **Zorin Dom** (Domobranska 1) wurde 1892 von dem aus Gemona stammenden Architekten Gjuro Carnelutti (1854–1928) im Stil der Neorenaissance erbaut. Davor steht ein Abguss der ›Geschichte der Kroaten‹ von Ivan Meštrović. In der Nähe befindet sich an der Kreuzung zur Vladimira Nazora der alte **Meilenstein** der unter Joseph II. gebauten ›Jozefina-Straße‹, die Karlovac mit Senj verband. Die Entfernungen zu den größeren Städten sind hier in germanischen Meilen eingemeißelt.

Die Umgebung von Karlovac

In **Turanj**, einem Vorort von Karlovac, dokumentiert an der Straße Richtung Plitvice ein Freilichtmuseum die ›Bewaffnung während des kroatischen Unabhängigkeitskriegs‹: 1991 bis 1995 war hier die erste Verteidigungslinie der Kroaten gegen die aufständischen Serben der Krajina, deren Truppen etwa 600 Meter südlich von Turanj von kroatischen Einheiten gestoppt wurden. Dennoch wurde Karlovac von der serbischen Artillerie beschossen und Turanj stark zerstört. Die Gebäude sind Reste einer Kaserne, die von den Habsburgern 1581 als Bollwerk gegen die Osmanen errichtet wurde. 1995 war das kriegszerstörte Turanj Kulisse für das Video des ›Earth Song‹ von Michael Jackson.

Die Renaissanceburg Dubovac thront hoch über der Stadt

3,5 Kilometer außerhalb des historischen Zentrums steht auf einem Hügel die **Renaissanceburg Dubovac** (Vladka Mačeka), deren Anfänge auf das 13. Jahrhundert zurückgehen. 1832 ließ Fürst Laval Nugent sie im Geist der Romantik umgestalten. Unterhalb der Burg liegt die barocke Pfarrkirche **Marija Snježna**, die 1991 im Unabhängigkeitskrieg schwer zerstört und 1997 wieder aufgebaut wurde.

17 Kilometer nordwestlich von Karlovac liegt **Ozalj** (10 000 Einwohner), das auf prähistorische und römische Besiedlung zurückgeht und 1244 erstmals als königliche Stadt schriftlich erwähnt wird. Im 13. Jahrhundert entstand auch die **Burg Ozalj**, über Jahrhunderte im Besitz verschiedener Adelsgeschlechter wie der Frankopanen und Zrinski. Aus der Gotik stammen noch der Wehrturm und die Burgkapelle, der Eingangsturm und das Palais sind aus der Renaissance. Ihre Blütezeit erlebte die Burg ab dem 17. Jahrhundert, als hier Ban Petar Zrinski residierte, endete aber bereits 1671, nachdem er wegen der Verschwörung gegen Habsburg hingerichtet wurde. 1742 wurde die baufällig gewordene Burg als Sitz einer Baumwoll- und Ziegelmanufaktur renoviert und 1768 durch den Anbau eines barocken Flügels zum Schloss umgebaut. 1876 kaufte die Familie Thurn und Taxis das Anwesen und schenkte es 1928 der Gesellschaft ›Brüder des kroatischen Drachens‹. In einem Seitentrakt befindet sich das **Heimatmuseum** der Stadt Ozalj mit einer kulturhistorischen Ausstellung und Bildern der bedeutendsten kroatischen Aquarellmalerin Slava Raškaj (1877–1906).

Karlovac

Vorwahl: +385/47, **Postleitzahl**: 47000.
Turistička zajednica grada Karlovca, Petra Zrinskog 3 (korzo), Tel. +385/47/615115, www.karlovac-touristinfo.hr.
Post, Ivana Gorana Kovačića 4.

Busbahnhof, Prilaz V. Holjevca 2, Tel. +385/47/614729. Busse Richtung Zagreb, Rijeka, Pula, Plitvice, Split, Dubrovnik.
Bahnhof, ul. Vilima Rainera bb, Tel. +385/47/646068. Verbindungen nach Rijeka, Split, Zagreb, Budapest, Belgrad.
Taxi, Tel. +385/47/615212.

Hotel Carlstadt, Vranyczanya 1, Tel. +385/47/611111, www.carlstadt.hr; DZ 60 Euro. Schönes Hotel im Stadtzentrum.
Hotel Europa, Banija 161, Tel. +385/47/609666, www.hotel-europa.com.hr; DZ ab 95 Euro.
Hotel Korana Srakovčić, Perivoj J. Vrbanica 8, Tel. +385/47/609090, www.hotelkorana.hr; DZ 120 Euro. Vornehmes Hotel an den Ufern der Korana.
Hostel Na Putu, Trg Bana Zrinskog 17, Tel. +385/47/296235, www.hostelnaputu.com; Übern. ab 14 Euro/Pers. Schöne Jugendherberge im Zentrum.

Autocamp Radonja, Tušilović 45, Tel. +385/47/718295, www.autocampradonja.hr. 10 km von Karlovac an der Straße D1. Schöner Campingplatz am Fluss.
Kamp Slapić, Mrežnički Brig bb, 47250 Duga Resa, Tel. +385/47/854754, www.campslapic.hr. Gepflegter Platz am rechten Ufer der Mrežnica, 15 km von Karlovac.

Avium, Put Darovina Trstenjaka 1. Preiswerte traditionelle Küche.
Dobra, Perivoj Josipa Vrbanića 8. Spezialitäten des preiswerten Restaurants am Fluss Korana sind Wildgerichte und Nudelgerichte mit Gemüse in Pilzsauce.
Kvaka, Žorovica bb. Schönes Lokal direkt an der Kupa.
Lovački rog, Zagrebačka bb. Kontinentale Küche zu fairen Preisen.
Mona Lisa, Radićeva 20. Günstige Pizzeria.
Mirna, Rakovačko šetalište bb. Das idyllisch am Koranaufer gelegene Restaurant bietet Vegetarisches, Fisch- und Fleischspeisen zu angemessenen Preisen.
Pečenjara kod Sladića, Janka Draškovića 3. Sehr günstige Grillgerichte.

Caffe Mozart, Trg Matije Gupca 1 (korzo). Zentral gelegenes Wiener Café mit Terrasse und reicher Tortenauswahl.
Gradska straža, Stjepana Radića 32. Stilvolles Café und Loungebar im historischen Stadtkern.

2012 wurde die 30 km lange **Weinstraße Ozalj–Vivodina** eröffnet, die durch eine Landschaft führt, in der seit 1550 Wein angebaut wird. An der Strecke liegen 11 Familienbetriebe. Die wichtigsten Sorten sind die Weißweine Graševina, Sauvignon, Rheinriesling, Chardonnay und Gelber Muskateller sowie die Rotweine Schwarzer Pinot, Frankovka, Zweigelt und Portugieser.
Weinkeller Josip Vrbanek, 47283 Vivodina, Obrež 1c, Tel. +385/47/758868.

Pub Club D, Šebetićeva 3.
Edison, Šetalište dr. Franje Tuđmana 13. Bar im ehemaligen Kino (1920).
Papa's bar, Šetalište dr. Franje Tuđmana 1. Bar mit DJ im einstigen ›Großen Café‹ (1874).

Konzum, Trg bana Zrinskog 10.

Stadttheater Zorin dom, Domobranska ulica 1, Tel. +385/47/614950, www.zorin-dom.hr. Theater, Konzert- und Ballettaufführungen.

▶ Karte S. 137

Karlovacer Biertage; Ende August/Anfang September. Volksfest mit dem seit 1854 gebrauten Karlovačko pivo (Karlovacer Bier) und bekannten Musikgruppen und Kabarettisten.

Bad Foginovo kupalište, an der Korana im Stadtteil Rakovac. Das beliebte Flussstrandbad verfügt über einen Sprungturm und zahlreiche Spiel- und Sportgeräte.
Gute Bademöglichkeiten bieten 11 km südwestlich von Karlovac in Duga Resa die **Strandbäder an der Mrežnica**, wie die idyllische Otok ljubavi (Liebesinsel) an der alten Straße nach Belavić.

Ökologische Gesellschaft Pan, Struga 1, Tel. +385/47/614063, www.eko-pan.hr.
Bicikli Štraus, Banija 17, Tel. +385/47/648405.
Cinac Zlatko, Banija 45, Tel. +385/47/646024.

Reiterclub Fany, Cerovac Vukmanićki 14b, Tel. +385/47/616434, Tel. mobil +385/98/460383, www.konjicki-klub-fany.hr (engl.).

Die Flüsse Kupa, Korana, Dobra und Mrežnica in der Region Karlovac sind Paradiese für Kanufahrer und Raftingsportler:
4 rijeke Pustolovine (Vier-Flüsse-Abenteuer), Belaj 61, 47250 Duga Resa, Tel. +385/47/851021, www.4rijekepustolovine.hr.
Kanuking Avantura, Donji Zvečaj 41, Duga Resa, Tel. mobil +385/98581229, www.kanuking-avantura.hr (kr.).
Terra Croatica Adventure, Medovićeva 3/B, Tel. mobil +385/91/1834482.

Ein schöner Spazierweg (2,5 km) führt in Karlovac entlang der alten sternförmigen Wallanlage.
Über die vielen **Lehr- und Wanderwege** in der Region informieren Broschüren der Turistička zajednica.

Fischerverein, Domobranska ulica 25, Tel. +385/47/617122, www.ksr-korana.hr (kr.). Infos zum Verkauf von Angelkarten: www.mps.hr/ribarstvo (engl.).

Krankenhaus, Andrije Štampara 3, Tel. +385/47/608100.

Slunj

Es sind die Wasserfälle der Sljunčica – fast mitten im Ort Slunj gelegen – eine sehenswerte Merkwürdigkeit jener Gegend.

Heimito von Doderer: Die Wasserfälle von Slunj (1963)

Südlich von Karlovac schließt grünes Karstgebiet an, Dolomit- und Kalksteinformationen mit Buchen- und Tannenwäldern bewachsenes Mittelgebirge. Da sich der Boden für den landwirtschaftlichen Anbau kaum eignet, ist die Gegend dünn besiedelt. Der Kordun, das Grenzgebiet zu Bosnien und Herzegowina, war schon im Mittelalter eine unsichere Region, die mit einem Verteidigungsgürtel (cordon) aus mehreren Festungen vor den Osmanen geschützt wurde. Die Habsburger errichteten hier 1583 ihre Militärgrenze (Vojna krajina) und siedelten Wehrbauern unterschiedlicher Nationalität an. Weil in der Krajina deshalb auch viele Serben lebten, kam es 1991 bis 1999 zu heftigen Kämpfen, deren Zerstörungen teilweise bis heute sichtbar sind.
Zentrum des Kordun ist die an der oberen Korana liegende Stadt Slunj (6000 Einwohner), bei der noch die Ruinen der 1323 erstmals erwähnten Frankopanenburg zu sehen sind. Im 17. Jahrhundert

Die Wasserfälle von Slunj

war die Burg Slunj Sitz des Befehlshabers der Habsburger Militärgrenze. Nach dem Frieden von Swischtow 1791 kam es zu einer stärkeren Besiedlung von Region und der Stadt, die während der kurzen französischen Herrschaft von 1809 bis 1813 eine wirtschaftliche Blüte erlebte: Straßen, Brücken und Mühlen wurden gebaut, Weinberge angelegt und Maulbeerbäume gepflanzt. Das **Getreidemagazin** aus napoleonischer Zeit ist als Ruine erhalten. Die barocke Pfarrkirche **Sv. Trojstvo** wurde 1991 von serbischen Aufständischen und der Jugoslawischen Volksarmee zerstört. 2007 hat man sie rekonstruiert.

Rastoke

Unterhalb von Slunj, in Rastoke, gibt es eine ›Miniversion‹ der Plitvicer Seen: Das Flüsschen Slunjčica verzweigt sich in mehrere Flussarme und fließt über zahlreiche Kaskaden und **Wasserfälle** in die Korana. Besonders malerisch wirkt der Ort, den Heimito von Doderer zum Schauplatz seines Romans ›Die Wasserfälle von Slunj‹ (1963) gemacht hat, durch historische **Wassermühlen** aus dem 18. Jahrhundert, die man in dem Freilichtmuseum und Ethnodorf Rastoke besichtigen kann. Ein Totempfahl erinnert daran, dass 1962 auch in Rastoke Szenen des Winnetoufilms ›Der Schatz im Silbersee‹ gedreht wurden.

Slunj

Vorwahl: +385/47.
Postleitzahl: 47240.
Turistička zajednica Slunj, Braće Radić 7, Tel.+385/47/777630, http://tz-slunj.hr (kr.).
Post, Trg dr. Franje Tuđmana 1.

Tankstelle INA, Plitvička bb.
Busbahnhof, beim Trg dr. Franje Tuđmana, Tel. +385/47/777276. Buslinien nach Karlovac, Plitvicer Seen, Knin, Novi Sad.

Touristik Zentrum Mirjana Rastoke, 47240 Slunj, Donji Nikšić 101, Tel. +385/47/787205, www.mirjana-rastoke.com; DZ 55 Euro. Größeres neues Hotel mit Touristikunternehmen.
Restoran Pino, Nikšić 56, 47240 Slunj, Tel. +385/47/787123; DZ 35 Euro. Saubere, schlichte Zimmer in kleinem Hotel.

Mirjana Rastoke, Donji Nikšić 101. Günstiges Restaurant in großem Hotel.
Pod rastočkim krovom, Rastoke 25 b. Direkt bei den Wasserfällen. Leckerer Fisch (Forelle) und Vegetarisches zu gemäßigten Preisen.
Bistro Centar, Braće Radić 3. Im Zentrum von Slunj, preiswerte Pizza, Grillgerichte, Lasagne und Salate.

Centar, Braće Radić 3.

Noćni bar Mačak, Kralja Zvonimira 15.

Robinson Camping Vrela Mrežnice, D. Primišlje bb, Tel. mobil +385/998/738833, http://robinsoncamping.com (engl.). Idyllischer Platz an der Flussquelle, 16 km nördlich von Slunj. Einfache Ausstattung.

Supermarkt und Bäckerei, am Hauptplatz in Slunj.

Freilichtmuseum Slovin Unique-Rastoke, Rastoke 25b, Tel. +385/47/801460, http://slunj-rastoke.com; Mo, Mi, Do, Fr 10–20, Sa/So 9–21 Uhr. Wasserfälle und historische Mühlen, kleiner Souvenirladen.

Rafting Euro Cup; April.
Stadtfest; August.
Folkloretreffen; August.

Die Korana eignet sich zum Schwimmen, für Rafting, Kajak- und Kanufahrten.
Touristik-Zentrum Mirjana-Rastoke, Donji Nikšić 101, Tel. +385/47/787205, www.mirjana-rastoke.com. Rafting, Kajak- und Kanufahrten.

Eine Broschüre über schöne Wander- und Radwege in der Region Slunj ist bei der Turistička zajednica erhältlich.
Quelle der Sljunčica, 5 km südlich von Slunj.
Barać-Höhlen der Gemeinde Rakovica: Nova Kršlja bb, 47245 Rakovica, Tel. +385/47/782007, www.baraceve-spilje.hr. Von der Quelle der Sljunčica weitere 13 km südlich.

Reiche Fischgründe finden sich in den Flüssen Korana, Mrežnica und Glina. Informationen beim **Sportfischverein Slunjčica**, Tel. mobil +385/98/659506.
Angelkarten (ab 8 Euro/Tag) bekommt man im Touristikzentrum **Mirjana Rastoke** (→ Hotels) oder in der Cafe-Bar **Vodena ovca** in Rastoke.

Ambulanz, Plitvička 18 a, Tel. +385/47/777334.

Plitvicer Seen

In einer wohl hundert Meter tiefen Erosionsschlucht entwickelt die hier smaragdgrüne Korana die zaubervollste Romantik: viele weißschäumende Kaskaden, blaue Bassins, graugrüne Seen, entzückend geformte Terrassen inmitten wuchtig starrender Sturzfelsen. Wahrhaftige Wasserwunder, märchenschöne Gebilde, erzeugt von einem einzigen Wildbach. Die Pforte zu einem Paradiese auf südkroatischem Boden!

Arthur Achleitner (1858–1927): Skizzen aus Kroatien (1920)

86 Kilometer südlich von Karlovac und 150 Kilometer nördlich von Zadar liegt im Quellgebiet der Korana der 1949 eingerichtete Nationalpark Plitvicer Seen, der mit fast 300 Quadratkilometern der größte der acht kroatischen Nationalparks ist und 1979 zum UNESCO-Weltnaturerbe erklärt wurde. Auf einer Länge von acht Kilometern reihen sich 16 mit Wasserfällen und unterirdischen Wasserläufen verbundene Seen aneinander, die durch die Bildung von Rauwackebarrieren, Ablagerungen einer Kalksteinart, entstanden sind. Durch den Wechsel von Erosion und Ablagerung verändern die unzähligen Wasserfälle und Kaskaden ihr Aussehen ständig. Der oberste See liegt 637 Meter über dem Meeresspiegel, der unterste See 134 Meter niedriger.

Der Park, der von dichten Buchen-, Tannen- und Fichtenwäldern umgeben und reich an blühenden Bergwiesen ist, beheimatet 1267 verschiedene Pflanzenarten, darunter 75 endemische Arten, und ist Lebensraum seltener Tiere wie dem Braunbär, aber auch von 321 Schmetterlings- und 161 Vogelarten.

Das Gebiet des Nationalparks war in den 60er Jahren des 20. Jahrhunderts Kulisse

Schmale Holzwege führen durch den Nationalpark Plitvicer Seen

▲ Karte S. 137

mehrerer Winnetoufilme: Der ›Schatz im Silbersee‹ wurde am **Kaluđerovac jezero** gedreht, als ›Schatzhöhle‹ diente die an seinem Ende liegende Grotte.
Es empfiehlt sich, den Nationalpark vom nördlichen Eingang 1 aus zu durchwandern, also vom unteren Ende, da man dann leicht bergauf auf die Wasserfälle zugeht. Wer bei Eingang 2 startet, fährt von Station 2 mit einem Elektrobähnchen zu Station 1 und erreicht zu Fuß den untersten See Kaluđerovac.

Plitvicer Seen

Vorwahl: +385/53.
Postleitzahl: 53231.
Nationalpark Plitvicer Seen, 53231 Plitvička jezera, Information, Reservierungen: Tel. +385/53/751015, +385/53/751014, www.np-plitvicka-jezera.hr; Öffnungszeiten des Parks Winter 9–16, Frühling und Herbst 8–18, Sommer 7–20 Uhr.

Jezero, Plitvička Jezera bb, Tel. +385/53/751500, www.np-plitvicka-jezera.hr; DZ 110 Euro. Wenig charmantes, großes Hotel 300 m von Eingang 2 des Nationalparks.
Plitvice, Plitvička Jezera bb, Tel. +385/53/751100; DZ 90 Euro. Großes Hotel in der Nähe von Eingang 2 (400 m) des Nationalparks.
Bellevue, Plitvička Jezera b.b, Tel.+385/53/751800; DZ 70 Euro. Hotel Garni in der Nähe von Eingang 2 (500 m) des Nationalparks.
Grabovac, Tel. +385/53/751999; DZ 70 Euro. Kleineres Hotel, 10 km nördlich vom Gebiet des Nationalparks.
Macola, Trg Sv. Jurja bb, 53230 Korenica, Tel. +385/53/776228, www.macola.hr; DZ 70 Euro. 34 km südlich von Plitivice, zweckdienliches und günstiges Hotel.

Auto kamp Korana, Čatrnja bb, Tel. +385/53/751888, www.np-plitvicka-jezera.hr. Schöner Campingplatz, 6 km vom Nationalpark (Eingang 1).
Turist Grabovac, Grabovac 104, 47245 Rakovica, Tel. +385/53/784192, www.kamp-turist.hr. Im Grünen liegender, gut ausgestatteter Campingplatz ca. 13 km von Plitvice.
Campingplatz Borje, Tel. +385/53/751790, www.np-plitvicka-jezera.hr. 15 km vom Nationalpark (Eingang 2).

Restaurants und Cafés gibt es an den Eingängen zum Nationalpark.
Kozjačka draga, im Nationalpark an einer Picknickwiese am Kozjaksee. Deftige Grillgerichte zu maßvollen Preisen.
Restaurant Sedra, 47246 Drežnik Grad, Irinovac 149. 6 km vom Nationalpark Plitvice. Sehr günstiges leckeres Essen.

Rafting, Campingplatz Turist Grabovac, Grabovac 2, Tel. +385/47/784192.

Fahrradverleih beim **Campingplatz Turist Grabovac**.

Ranch Jelov Klanac, Rakovica, Tel. mobil +385/98/704612, www.horseriding-croatia.com. Reitschule, Reittouren und Terrainreiten.

BZ Ponos, Bročanac 45, Slunj, Rastoke, Tel. mobil +385/98/856516, www.aktivni-odmor.com. Paintball, Quad.

Im Nationalpark Plitvicer Seen gibt es ein sehr dichtes Radwegenetz, Infos und Karten bei der Turistička zajednica Plitvice, www.tzplitvice.hr.

Ambulanz, Mukinje bb, Tel. +385/53/774057.

ESSAY

Karst

Die Entstehung der Plitvicer Seen begann vor 12 000 bis 15 000 Jahren und ist dem Kontakt von Wasser mit gips- oder kalkhaltigem Gestein zu verdanken: Durch die Übersättigung des Wassers mit Kalziumkarbonat und weil das Wasser der Seen extrem wenig organisches Material enthält, entstehen poröse Barrieren aus Rauwacke. Abermillionen von Bakterien und Algen sondern an Moosen und Wasserpflanzen ihre Sekrete ab und begünstigen die Ablagerung von Kalksinter. Die Dämme wachsen nur etwa ein bis drei Zentimeter pro Jahr!

Auf dem Grund der Seen lagert sich weißes Kalzium ab und bildet die ›Seekreide‹, deren Kristalle die Sonnenstrahlen brechen und den Plitvicer Seen ihre markante blaugrüne Farbe verleihen. Diese chemischen Prozesse sind typisch für geologische Phänomene des Karsts, die als erstes im Hinterland von Triest, in den italienischen Monti del Carso, beobachtet wurden. Das größte Karstgebiet Europas ist der Dinarische Karst, der sich vom Fuß des Triglav in Slowenien bis nach Mazedonien über 1100 Kilometer hinzieht und bis zu 200 Kilometer breit ist. Karst bezeichnet alle Landschafts- und Gesteinsformen, die durch Einwirkung leicht säurehaltigen Wassers auf gips- oder kalkhaltiges Gestein entstanden sind. Wenn Wasser die Bestandteile des Kalkgesteins auflöst, bilden sich Hohlräume. Regenwasser fließt nicht ab, es bildet feine Rillen im Gestein, sogenannte Karren. Sind die Karren tief genug, zerlegen sie das Gestein, es entsteht Scherbenkarst. Dann fließt das Wasser durch immer breitere Spalten in den Untergrund, wo es Höhlensysteme bildet und erst wieder an die Oberfläche gelangt, wo unzerstörbares Gestein auftritt – es bilden sich die nach einer südfranzösischen Quelle benannten Vaucluse-Quellen.

Andere geologische Begriffe für Karstphänomene stammen aus dem Südslawischen: Ein Wasserlauf, der aus einem nichtlöslichen Gestein auf Kalk tritt, verschwindet in einem Ponor (Abgrund). Oft sackt das oberflächliche Gestein über kleineren und größeren unterirdischen Räumen ab, es entstehen Dolinen (Mulden), trichterförmige Vertiefungen in der Erdoberfläche, oder große wannen- oder kesselartige Becken mit ebenem Boden, die Poljen (Felder), die oft fruchtbare Gebiete sind. Charakteristisch für die Karstgebiete sind auch die meist waldlosen Kalkhochflächen. Das Karstland Kroatiens erstreckt sich entlang der gesamten Küste und im Hinterland.

Die Seekreide auf ihrem Grund verleiht den Plitvicer Seen ihre blaugrüne Farbe

Die Kupa

Gorski kotar

Durch die Wipfel der Buchen flimmert die Kupa wie geschmolzenes Silber leicht der Sonne entgegen und ihre stillen Serpentinen schimmern schwarz zwischen dem tiefen, steilen und waldbedeckten Flußbett als seien sie aus Stahl.

Ivan Goran Kovačić (1913–1949): Die Müller

Viele Flüsse durchziehen die waldreiche und gebirgige Landschaft des Gorski kotar im Nordwesten Kroatiens. Westlich grenzt er an das Küstengebiet. Seine Gipfel erreichen im **Nationalpark Risnjak** bis zu 1526 Meter (Veliki Risnjak). Weiter südlich befinden sich die **Naturreservate Samarske Stijene** (1302 Meter) und **Bijele Stijene** (1335 Meter) und die Höhenzüge der **Velika kapela** mit dem Ski- und Erholungsgebiet von Bjelolasica.

Delnice

Mitten im Gorski kotar liegt 696 Meter über dem Meer der Fremdenverkehrsort Delnice (5000 Einwohner), der im Mittelalter Zentrum des Bezirks Modruš war und im 16. Jahrhundert wegen der Türkeneinfälle fast völlig entvölkert wurde. Erst im 17. Jahrhundert erholte sich die Region, und Anfang des 19. Jahrhunderts erlebte Delnice durch den Bau der Louisenstraße (Lujzijana), die Karlovac mit Rijeka verband, eine Blüte, von der die Pfarrkirche **Ivan Krstitelj** von 1825 zeugt. Das **Haus der Familie Klobučar-Rački** in der Supilova 94 gibt Einblick in ethnographische Besonderheiten der Gegend. Delnice erreicht man von Rijeka und den Ferienorten der Kvarner Bucht in einer Stunde, und es ein idealer Ort für Ausflüge in die Ski- und Wandergebiete des Gorski kotar.

Kupatal

Bei Sportfischern und Aktivurlaubern ist das idyllische Kupatal beliebt: Elf Kilometer nördlich von Delnice an der Grenze zu Slowenien beeindruckt im malerischen **Brod na Kupi** die alte Palastburg, die Fürst Petar Zrinski 1651 errichtete, der auch die barocke Pfarrkirche Sv. Magdalena erbauen ließ, die nach Zerstörung im Zweiten Weltkrieg erneuert wurde. Erwähnenswert ist auch der alte jüdische Friedhof. Der alte Name des Ortes, Ribarsko (Fischerort), beweist, dass die Kupa seit jeher ein Angler- und Jägerparadies ist.
Wenige Kilometer südöstlich von Brod na Kupi befindet sich bei **Skrad** die Quelle des Wildbachs Zeleni Vir und die wildromantische **Teufelsklamm** (Vražji prolaz), durch die man auf Stegen zur Höhle Muževa hiža wandern kann.

Nationalpark Risnjak

Nicht weit von Delnice sind im Nationalpark Risnjak, einem 6350 Hektar großen bewaldeten Gebirgsmassiv, wildlebende Tiere wie Braunbär, Wolf, Adler und Fuchs beheimatet. Vom Luchs (kroatisch: ›ris‹) bekam der seit 1959 bestehende Nationalpark seinen Namen. Der Besuch des Parks ist kostenpflichtig.

Gorski Kotar

Vorwahl: +385/51, **Postleitzahl**: 51300.
Infopunkt Gorski kotar, 51300 Delnice, Lujzinska 47, Tel. +385/51/812156, www.gorskikotar.hr (engl.).
Turistička zajednica Delnice, www.tz-delnice.hr.
Nationalpark Risnjak, Bijela Vodica 48, 51317 Crni Lug, Tel. +385/51/836133, http://risnjak.hr; Eintritt 6 Euro.

Hotel Risnjak, Delnice, Lujzinska 36, Tel. +385/51/508160, www.hotel-risnjak.hr; DZ 85 Euro. Stilvolles Hotel, gute Küche.
Agroturizam Japodi, 51315 Mrkopalj, Sunger 3a, Tel. mobil +385/91/2103954, www.japodi.com; DZ 60 Euro.

Die Flüsse **Dobra** und **Kupa** sind für Raftingtouren gut geeignet.
Gorski tok, Lujzinska cesta 39, 51300 Delnice; Tel. +385/51/812864; Tel. mobil +385/98/1772585. www.gorski-tok.hr. Kanu- und Raftingfahrten auf der Kupa.

Planinarski Centar Petehovac, Polane 1a, 51300 Delnice, Tel. +385/51/814901, http://petehovac.com.hr (kr.). Skigebiet 3 km von Delnice.

Nationalpark Risnjak: **Naturlehrpfad Leska,** Beginn bei Bijela Vodica; 4 km, Gehzeit ca. 2 Std. Der Lehrpfad wurde 1995 angelegt.
Bergwanderweg Horvatova staza; man sollte mindestens 4 Stunden Gehzeit einplanen. Vom Eingang des Nationalparks führt der Weg bis zum Gipfel des Veliki Risnjak (1528 m).
Naturschutzgebiet Kamačnik, bei Vrbovsko. Wanderung entlang eines romantischen Wildbachs.

Angelsportverein Goran, Trg Kralja Tomislava 18, 51301 Brod na Kupi, Tel. +385/51/837195, www.sites.google.com/site/srugoran1926/home (kr.). Fischen an der Kupa.

Kapela-Gebirge

Südlich des Gorski kotar erstreckt sich von Nordosten nach Südwesten das Kapela-Gebirge. Der 130 Kilometer lange bewaldete Gebirgszug verdankt seinen Namen einem Paulinerkloster auf dem Berg Gvozd bei Modruš, dessen Kapelle 1531 von den Osmanen zerstört wurde. Als sie 1738 wieder aufgebaut wurde, nannte man das Gebirge ›Kapela‹ (Kapelle).

Die **Velika Kapela** (Große Kapelle) reicht bis zu den Städten Jezerane und Križpolje (auf der Höhe von Senj), die **Mala Kapela** (Kleine Kapelle) bis Korenica (südlich der Plitvicer Seen). Die höchste Erhebung der Velika kapela ist der Berg **Bjelolasica** (1533 Meter), dessen Name von kroatisch ›bjelo‹ (weiß) kommt und auf seinen hellen Bergkamm über dem dunklen Waldsaum verweist. Im Sommer lockt die Bjelolasica Mountainbiker, Wanderer und Bergsteiger, die den Blick auf das Velebit-Massiv, den Gebirgszug Lička Plješivica und die Inseln der Kvarner Bucht genießen, in der kalten Jahreszeit sind die Wintersportorte beliebt: **Mrkopalj**, wo 1914 die ersten kroatischen Skiwettrennen stattfanden, und **Begovo Razdolje** (1060 Meter), die höchste bewohnte Siedlung Kroatiens.

▶ Karte S. 137

Ogulin

An der östlichen Flanke des Gorski kotar liegt Ogulin am Fuße des Bergs Klek (1181 Meter).

Die Schlucht der Dobra erstreckt sich bis in die Stadt hinein, wo der Fluss im Đulin ponor versickert und unterirdisch in der **Medvedica** weiterfließt,

Alte Burg der Frankopanen in Ogulin

der längsten Höhle (16396 Meter) Kroatiens. Der Ponor heißt nach dem Mädchen Đula, die sich einer Legende nach aus Liebeskummer in den 40 Meter tiefen Schlund gestürzt haben soll. Die Stadt entstand um eine von den Frankopanen Ende des 15. Jahrhunderts errichtete **Burg**, die um 1500 zum Kastell mit gotischer Kapelle und zwei Rundtürmen ausgebaut wurde.

Auf dem Hauptplatz steht die Pfarrkirche **Sv. Križ** mit spätbarockem und klassizistischem Interieur. Das Denkmal für König Tomislav (1925) ist ein Werk des slowenischen Architekten Vitburg Meck.

Gomirje

In Gomirje, 28 Kilometer nordwestlich von Ogulin, befindet sich das am weitesten im Westen gelegene serbisch-orthodoxe Kloster, **Sv. Jovan Preteča**, das bereits 1602 urkundlich erwähnt wird und im 18. Jahrhundert ein wichtiges Zentrum der Ikonenmalerei war.

Kapela-Gebirge

Vorwahl: +385/47.

Postleitzahl: 47300.

Turistička zajednica Ogulin, Kardinala A. Stepinca 1, Tel. +385/47/532278, www.tz-grada-ogulina.hr.

Internet caffe Bonaca, I. b. Mažuranića 3.

Bahnhof Ogulin, Trg dr. Franje Tuđmana 1, Tel. +385/47/570421.

Frankopan, I. G. Kovačića 1, Tel. +385/47/525509, www.hotel-frankopan.hr; DZ ab 125 Euro. Edles Hotel im Zentrum Ogulins, mit Wellnessbereich.

Lovačka kuća St. Hubert (St. Hubert Hunting Lodge), V. Nazora 3, +385/47/522056, www.lovackakuca-hubert.com; DZ 70 Euro. Das Hotel im spätbarocken Ambiente im Stadtzentrum von Ogulin bietet Aussicht auf den Berg Klek.

Touristensiedlung Bjelolasica, Jasenak, Vrelo bb, Tel. +385/47/562118, www.bjelolasica.hr; DZ 40–70 Euro. Mitten im Skigebiet.

Klek, Otok Oštarijski 51d, Tel. +385/47/531332; DZ ab 50 Euro. Schlichtes, aber gutes Hotel 3 km vom Ortszentrum.

Restoran Frankopan, I G. Kovačića 1. Gehobene Gourmetgastronomie.

Ive, Wochenendsiedlung Sabljaci 1a. Lokale und italienische Küche mit moderaten Preisen, schöne Lage am See Sabljaci.

Restoran Klek, Otok oštarijski bb. Günstige, traditionelle Küche.

Gradina, 47303 Josipdol, Senjska 32. Wildspezialitäten zu fairen Preisen.

Maestro, Nova cesta 4. Nachtbar.

Disco bar Remix, Otok Oštarijski bb. Bar mit Disco.

Kanuking Avantura, Donji Zvečaj 41, Tel. +385/98/9581229, www.kanuking-avantura.hr. Kanufahrten.

Krankenhaus, Tel. +385/47/819700.

Kein gebildeter Mensch kann eine bessere, freundlichere Aufnahme erwarten und fordern, als sie ihm in Slavonien zu Theil wird; wenn er sich nämlich dernach zu benehmen weiss, und nicht auf die gutmüthigen Inländer – wie es die löbliche Gewohnheit der reisenden Deutschen ist – im voraus schon mit einer Art Hoheit und dummen Stolz herabsieht; denn einem solchen Wicht wird augenblicklich mit gleicher Münze bezahlt.

János Csaplovics: Slavonien und zum Theil Croatien: ein Beitrag zur Völker- und Länderkunde, Pesth 1819.

Blick über die Drava auf die Tvrda in Osijek

SLAWONIEN

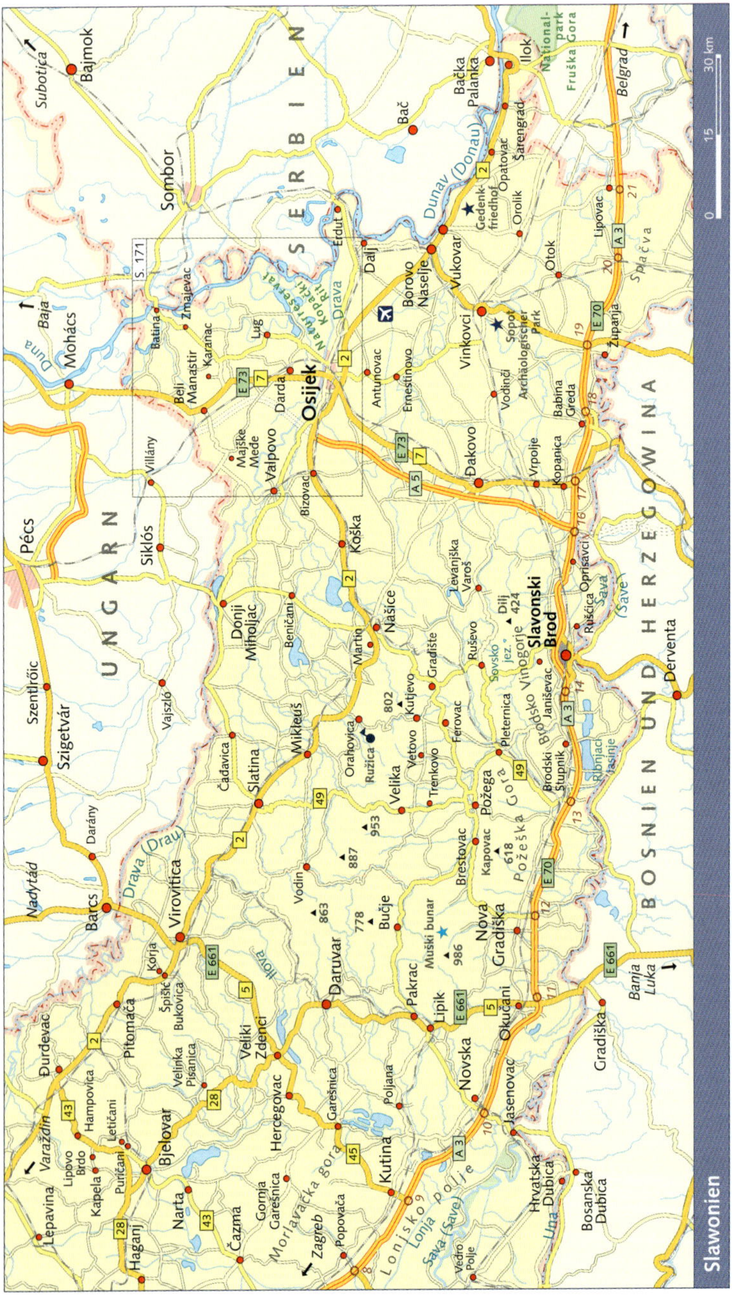
U N G A R N
S E R B I E N
B O S N I E N U N D H E R Z E G O W I N A
Subotica
Bajmok
Sombor
Baja
Mohács
Duna
Pécs
Siklós
Villány
Szentlőrinc
Szigetvár
Vajszló
Darány
Nadytád
Barcs
Drava (Drau)
Virovitica
Batina
Zmajevac
Karanac
Beli Manastir
Lug
Naturreservat Kopački Rit
Drava
Darda
Osijek
Majške Međe
Valpovo
Bizovac
Erdut
Dalj
Bač
Bačka Palanka
Ilok
Nationalpark Fruška Gora
Dunav (Donau)
Borovo Naselje
Vukovar
Gedenkfriedhof
Opatovac
Šarengrad
Orolik
Lipovac
Belgrad
Otok
Spačva
Vinkovci
Sopot Archäologischer Park
Antunovac
Ernestinovo
Vodinci
Babina Greda
Županja
Đakovo
Vrpolje
Kopanica
Koška
Našice
Levanjska Varoš
Donji Miholjac
Beničani
Martin
Gradište
Kutjevo
Ruševo
Slavonski Brod
Dilj 424
Sovsko jez.
Vinogorje Brodsko
Oprisavci
Ruščica
Sava (Save)
Derventa
Janiševac
Pleternica
Ferovac
Orahovica
Ružica
Miklouš
Čađavica
Slatina
Velika
Vetovo
Trenkovo
Požega
Požeška Gora
Brodski Stupnik
Ribnjaci Jasinje
Brestovac
Kapovac 618
Nova Gradiška
Vodin
887
953
863
778
Bučje
Muški bunar
986
Daruvar
Ilova
Pakrac
Lipik
Okučani
Novska
Jasenovac
Gradiška
Banja Luka
Korija
Špišić Bukovica
Pitomača
Đurđevac
Hampovica
Veliki Zdenci
Hercegovac
Garešnica
Poljana
Velika Pisanica
Letičani
Bjelovar
Lipovo Brdo
Kapela
Puričani
Varaždin
Lepavina
Haganj
Narta
Čazma
Gornja Garešnica
Moslavačka gora
Kutina
Popovača
Zagreb
Lonjsko polje
Lonja
Sava (Save)
Vedro Polje
Hrvatska Dubica
Una
Bosanska Dubica
E 73
E 70
E 661
A 3
A 5
S. 171
0 15 30 km
Slawonien

Osijek

Osijek ist die kulturelle und wirtschaftliche Metropole Slawoniens. Am Reichtum der Handelsstadt hatten im 18. und 19. Jahrhundert viele deutsch-österreichische Einwanderer ihren Anteil, die die Stadt Essek nannten. Highlights in der ehemals multikulturellen Stadt sind die **Altstadt** in der Tvrđa, ein Spaziergang an der Drava, die Oberstadt mit dem neogotischen **Kathedrale Peter und Paul** und die **Europska Avenija** mit ihren Jugendstilhäusern.

Geschichte

Der Direktor des Archäologischen Museums am Trg Sveti Trojstva in der heute 110 000 Einwohner zählenden Stadt Osijek ist aus gutem Grund stolz auf seine Sammlung. Die Fundstücke in seinem Haus zeigen eine über 6000 Jahre lange durchgehende Siedlungsgeschichte in Osijek und Umgebung. Die Ausstellung belegt eine neuere Erkenntnis: Die erste Kultur Europas entwickelte sich an der Donau, noch vor den Griechen.

Auf dem Kreuzungspunkt wichtiger Handelswege und im Zentrum einer fruchtbaren Region bauten zunächst die Kelten eine Festung, dann die Römer ein Heerlager, das sie Mursa nannten. Es entwickelte sich eine Handelsstation, in der 25 000 bis 35 000 Einwohner nicht auf Forum, Tempel, Amphitheater und Häuser mit Fußbodenheizung verzichten mussten. Als die Slawen im 7. Jahrhundert den Ort erst zerstörten und dann wieder aufbauten, nannten sie die Stadt Osek oder Osik. 1191 wird in einem ungarischen Dokument erstmals der Name Ezeek erwähnt.

Am 8. August 1526 übergaben die Bewohner ihre Stadt freiwillig Süleyman dem Prächtigen. Der legte über die Sümpfe nördlich der Drava eine acht Kilometer lange Pontonbrücke an, die in Darda endete. 25 000 Arbeiter bauten sie innerhalb von 17 Tagen, am 19. Juli 1566 war sie fertig. Sie galt bald als das achte Weltwunder und diente dazu, Truppen nach Westeuropa zu führen. Nach der Rückeroberung 1687 ließ Kaiser Leopold I. die Brücke vollständig zerstören und errichtete etwa 1500 Meter westlich der alten Mauern eine neue Siedlung, die heutige Oberstadt, und ließ ab 1712 die Festung Tvrđa gegen die Türken aufbauen.

Im südlichen Stadtgebiet ließen sich meist deutsche Einwanderer nieder, von denen viele auch ihren evangelischen Glauben mitbrachten. Deshalb gibt es bis heute noch eine evangelische Kirche in der Stadt. Um 1900 bestand die Hälfte der Einwohner aus Deutschen, aber auch Griechisch, Italienisch und Französisch war auf den Straßen zu hören. Ihre Fortschrittlichkeit bewies die Stadt 1884 mit der Einrichtung der ersten Pferdestraßenbahn im Südosten Europas.

Bis zum Zweiten Weltkrieg lebte in Osijek mit 2500 Mitgliedern die größte jüdische Gemeinde Kroatiens. Als Ustaša-Führer

Der wahrscheinlich besterhaltene keltische Helm Europas

Die Skulptur ›Menschen‹ vor der Kirche Sv. Peter i Pavao

Ante Pavelić an die Macht kam, ließ er die Juden ausplündern, brannte im Verein mit fanatisierten Volksdeutschen die Synagoge in der Oberstadt nieder und schändete den Friedhof. 1942 mussten sich 3000 Juden in dem kleinen Vorort Tenje selbst ein Ghetto bauen und wurden schon bald nach Jasenovac oder Auschwitz abtransportiert.

Wegen ihrer strategischen Bedeutung wurde Osijek im Zweiten Weltkrieg schwer zerstört. Mit dem kommunistischen Regime wurden die Deutschen aus der Stadt vertrieben und in Lager gesteckt, so dass das deutsche Leben weitgehend erlosch. Im Unabhängigkeitskrieg 1991 lag Osijek ein Jahr lang unter Beschuss der jugoslawischen Volksarmee. Etwa 800 Serben wurden umgebracht, dafür kamen zahlreiche Flüchtlinge aus den umliegenden Dörfern in die Stadt, über 1000 Menschen starben bei den Kampfhandlungen.

▲ Karte S. 167

Stadtrundgang

Der Besucher erreicht die Stadt meist von Süden her über die Sv. Leopolda Bogdana Mandića und die Županijska mit zahlreichen prunkvollen Gebäuden aus dem 19. Jahrhundert und dem Jugendstil. Dazu zählen das **Hotel Waldinger** und das **Nationaltheater** mit seiner neovenezianisch-maurischen Fassade von 1866. Im November 1991 durchschlug eine Granate das Dach des Gebäudes. Daneben, dort, wo heute ein unschönes 50er-Jahre-Gebäude steht, befand sich die 1869 erbaute Hauptsynagoge von Osijek. Sie wurde 1941 in Brand gesteckt und 1950 von der sozialistischen Regierung endgültig abgerissen.

■ Trg Ante Starčević

Das den Platz und die Stadt dominierende Gebäude ist die Kirche **Sv. Peter i Pavao**, die mit ihrem 90 Meter hohen Turm und wegen der großen Halle von den Einheimischen Kathedrale genannt wird. Das neogotische Backsteingebäude wurde zur Jahrhundertwende auf Anregung des Bischofs Josip Strossmayers nach den Plänen des Bonner Architekten Franz Langenberg fertiggestellt. Während des Unabhängigkeitskrieges ist die Kirche stark beschädigt worden, was an Granateinschlägen auf den künstlerisch eher schwachen Fresken noch erkennbar ist.

Auf dem Platz zieht die vier Meter große **Statue des Nationalisten und Publizisten Ante Starčević** (1823–1896) die Blicke auf sich. Die Aufstellung 2007 war nicht das Ergebnis einer Ausschreibung, sondern wurde von den Konservativen der Stadt durchgesetzt. Die zweite **Bronzeskulptur** auf dem Platz, ›Menschen‹, ist von Branko Ružić und wurde 1979 aufgestellt.

In der Kapučinska liegt das 1705 erbaute **Kapuzinerkloster**, in dessen Barockkirche das Altarbild den Apostel Jakob im Kampf mit den Osmanen zeigt. Im weiteren Verlauf der Kapučinska öffnet sich auf der linken Seite eine Grünfläche mit vier Bronzeplastiken berühmter Osijeker Künstler, die von Vanja Radauš erschaffen wurden. Am Ende des Parks links erblickt man, nachdem man an zwei Sphinxen vorbeigegangen ist, den schönen Jugendstilgiebel des **Kinos Urania**. Erbaut vom Architekten Viktor Axmann, ist es seit 1912 durchgehend als Filmvorführungsstätte in Betrieb. Sein Innenraum wird seit Beginn mit Gas- und Elektrolampen beleuchtet, letztere werden durch einen eigenen Generator betrieben.

Hinter dem Kino folgen in der Europska Avenija eine Reihe prachtvoller **Jugendstilfassaden**, denen anzusehen ist, dass sie sich teilweise erst noch aus dem Historismus lösen. Die Häuser sind fast alle zwischen 1904 bis 1912 gebaut worden. An zwei Parks vorbei kommt man zur Tvrđa.

Die Tvrđa

Tvrđa kommt vom Wort ›tvrd‹ (hart, fest). Ibrahim Pascha errichtete 1526 an dieser Stelle eine Festung, die die Österreicher am 26. September 1687 zerstörten. Noch heute läuten aus diesem Grund die Glocken aller Kirchen an jedem 26. September um 11 Uhr. Zwischen 1712 und 1722 bauten die Österreicher eine neue Verteidigungsanlage im Stil einer niederländischen Festung auf. Bereits im 19. Jahrhundert hinderten die dicken Mauern den Expansionsdrang, doch erst 1923 und 1926 wurden sie weitgehend abgerissen. Nur die **Karlsbastei**, die **Eugenbastei** und der **Wasserturm** neben dem Wassertor am Ufer der Drava blieben erhalten.

An der Franja Kuhača sind links mit den halbrunden Grundmauern eines Turmes die einzigen Reste der türkischen Verteidigungsanlage Filibej zu sehen. Dahinter liegt die gelbe **Jesuitenkirche**. Der 1725 entstandene und dem Erzengel Michael geweihte Barockbau steht zur Hälfte auf der alten Mosche Kasim Pascha. In

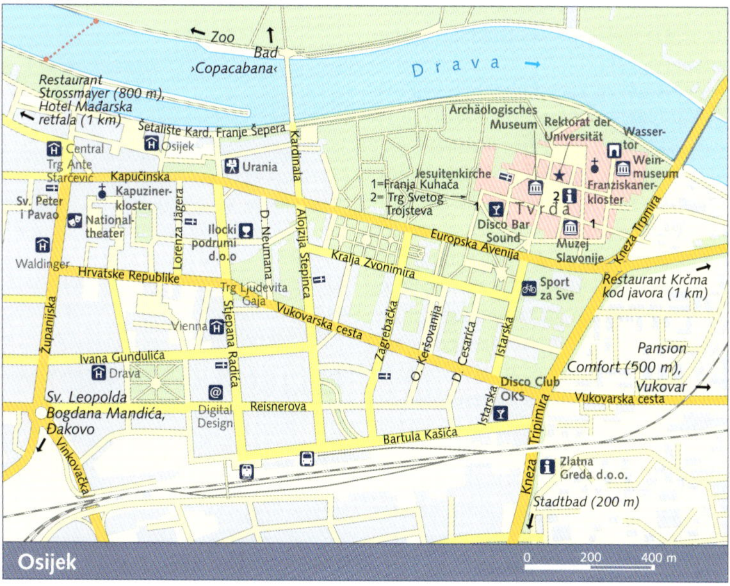

der Krypta sind noch Fundamente des islamischen Bethauses zu sehen. Vor der Kirche sind im Pflaster die Umrisse der ehemaligen Mosche eingezeichnet. Auf dem zentralen Platz, Trg Svetog Trojstva (Platz der heiligen Dreieinigkeit) befindet sich die **Pestsäule**, die nach einer Epidemie 1728 gestiftet worden war. An der Nordseite beherbergte der Bau mit dem repräsentativsten Barocktor Nordkroatiens einst das Generalkommando Slawonien. Heute ist in dem 1726 von Prinz Eugen von Savoyen errichteten Gebäude das Rektorat der Universität untergebracht. Links davon, das gelbe Gebäude mit den Arkaden, war einst die Hauptwache, heute befindet sich darin das **Archäologische Museum** mit seinen umfangreichen und sehr schön aufbereiteten Sammlungen zur Geschichte der Besiedlung des slawonischen Raums. Das 2007 eröffnete Museum zeigt mit Hilfe vieler multimedialer Techniken Fundstücke von Ausgrabungen vieler Kulturen und als Highlight einen keltischen Helm, der für eine Million Euro restauriert wurde und heute als der weltweit am besten erhaltene gilt.

In der Franjevačka befindet sich das zwischen 1705 und 1736 errichtete **Franziskanerkloster**. Es war das kulturelle und wissenschaftliche Zentrum Slawoniens. Die Kirche steht an der Stelle der ehemaligen Suleiman-Han-Moschee, der Kirchturm auf den Fundamenten des Minaretts. Im Innenhof sind einige moderne Skulpturen zu sehen, die an die Opfer der Nazi-Zeit in Osijek erinnern. Hinter dem Kloster liegt das einzig erhaltene Stadttor, das **Wassertor** von 1715. Rechts davon kann man auf die alte Stadtbefestigung steigen, von der aus sich ein schöner Blick auf die Drava ergibt. Durch das Wassertor gelangt man auf die **Uferpromenade**, ein beliebter Spazierweg zur Oberstadt.

▶ Karte S. 167

Pestsäule und Archäologisches Museum am Trg Svetog Trojstva

Osijek

Postleitzahl: 31000.

Vorwahl: +385/31.

Turistička zajednica, TIC Gornji Grad, Županijska 2, Osijek, Tel. +385/31/203755.

TIC Tvrđa, Trg Sv. Trojstva 5, Osijek, Tel. +385/31/210120, www.tzosijek.hr.

Post, Trg A. Starčevića.

Internetcafé: **Digital Design**, Reisnerova 38.

Übersicht über kostenlose **WiFi-Spots** unter www.osijek.hr/karte/wireless und www.tzosijek.hr.

Busbahnhof (Autobusni Kolodvor), B. Kašića 70, Tel. mobil +385/60/353353.

Bahnhof (Željeznički Kolodvor), Tel. mobil +385/60/333444.

Osijek-Airport, Vukovarska 67, Klisa, p.p. 47, Tel. +385/31/514442 oder +385/60/339339, www.osijek-airport.hr. Etwas

außerhalb, südlich der Stadt; Verbindungen nach Split und Dubrovnik.
Taxistand am Bahnhof, Tel. +385/31/200100, Nachtdienst Tel. mobil +385/98/372555.

Hotel Osijek, Šamačka 4, Tel. +385/31/230333, www.hotelosijek.hr; DZ 100 Euro. In einer Fußgängerzone am Ufer der Drau.
Waldinger, Županijska 8, Tel. +385/31/250450, www.waldinger.hr (kr.); DZ ab 100 Euro. K.u.k. Charme, stilvoll in einem der schönsten Jugendstilhäuser, mit Restaurant.
Drava, I. F. Gundulića 25a, Tel. +385/31/250500, www.hotel-drava.com; DZ 80 Euro. Kleines Hotel im Zentrum, W-Lan, geschmackvoll, sauber.
Central, Trg A. Starčevića 6, Tel. +385/31/283399, www.hotel-central-os.hr; DZ 70 Euro. Im Zentrum am Hauptplatz, diverse Sonderleistungen: Eintrittskarten, Fahrräder.
Pansion Comfort, Srijemska 27, Tel. +385/31/508508, www.fitea.hr; DZ 65 Euro. Nahe dem Stadion Gradski vrt, außen Kastenbau, innen modern und geschmackvoll.
Vienna, Radićeva 26a, Tel. +385/31/214026, www.vienna-smjestaj.com; DZ 60 Euro. Große Zimmer, sehr gepflegt, ungewöhnliche Farbkombinationen. Mit Klimaanlage und W-Lan, teilweise mit Küche.
Baranjska kuća, im ›Etnodorf Karanac‹, Kolodvorska 99, Karanac, Tel. +385/31/720180, Tel. mobil +385/98/652900, http://baranjska-kuca.com (kr.), baranjska kuca@gmail.com; DZ 50 Euro. Ca. 30 Kilometer außerhalb, rustikal gemütlich. Übernachten in Einzelhäusern, regionale Küche mit Zutaten aus eigenem Anbau.

Kavana Waldinger, Županijska 8, Tel. +385/31/250450, www.waldinger.hr. Traditionelle Küche, mehrfach ausgezeichnet, die Spezialität ist Krustenbraten. 200 Weine, Kuchenspezialitäten, beste Krempita der Stadt.
Mađarska retfala, Šandora Petefija 22, Tel. +385/31/302243. Rustikal, günstige ungarisch-slawonische Spezialitäten wie Gulasch und Paprikaš, reichlich gewürzt.
Krčma kod javora, Donjodvorska obala 14, Tel. +385/31/506950. Sehr gemütliches Restaurant an der Drava, Hausspezialitäten wie Wildschweingulasch, breites Weinangebot.
Strossmayer, J. J. Strossmayera 133, Tel. +385/31/375888. Günstige Pizza.

Vinoteka d.o.o, Zadarska 6, Tel. +385/31/373121.
Ilocki podrumi d.o.o, Verkaufstelle in Osijek, Trg Lj. Gaja 5.
Empfehlenswert ist die **Vinske ceste**, die Weinstraße durch die Baranja:
Kalazić, Planina 135, Batina, Tel. +385/31/214511, www.vina-kalazic.com (kr.). Baut zahlreiche Trauben an, wie Chardonnay, Graševina, Pinot bijeli, Pinot crni.
Mihalj Gerštmajer, Š. Petefia 31, Zmajevac, Tel. +385/31/735276, Tel. mobil +385/91 3515586, gerstmajer@vip.hr. Altes Familienunternehmen, vor allem Riesling, preisgekrönte Weine, mit Gastronomie.

Disco Club OKS, Istarska 5, Tel. mobil +385/91/3322444.
Disco Bar Sound, K. Firingera 24, Tel. +385/31/201057.

Muzej Slavonije, Trg Sv. Trojstva 6, Tel. +385/31/25730, www.mso.hr (kr.); Di, Mi, Fr 9–19, Fr 17–21, Sa 9–20 (im Sommer bis 22), So 10–14 Uhr.
Archäologisches Musum (Arheološki Muzej), Trg Sv. Trojstva 2, Tel. +385/31/232280; Di, Mi 10–18, Do 12–20, Fr 10–16, Sa/So 10–14 Uhr.
Weinmuseum, beim Wassertor. Vier kleine Ausstellungsräume.

Ernestinovo, 20 Kilometer südlich von Osijek. Künstlerdorf seit 1976, Ausstellungen von Bildhauerarbeiten unter freiem Himmel, Galerien präsentieren ganzjährig Kunst.

Antiquitätenflohmarkt, Trg Sv. Trojstva, in der Tvrđa; jeden 1. Samstag im Monat.
Weinfest; 1. Wochenende im Mai. Mit Fisch-Paprikaš-Wettbewerb.
Slama, www.slama.hr (kr.); Juli. Festival der ländlichen Kunst.
Pannonian Challenge, www.pannonian.org; Ende August. Musikfestival, Skateboard- und BMX-Wettbewerbe.

Stadtbad, Martina Divalta 6a, Tel. +385/31/570066.
Copacabana, Tvrdjavica bb, www.sportski-objekti.hr. Schönes Wellnessbad nördlich der Drava, viel Spaß für Kinder.
Bizovačke Toplice, Sunčana 39, 31222 Bizovac, Tel. +385/31/685100, www.bizovacke-toplice.hr. 25 Kilometer westlich, wärmste Quelle in Europa. Großer Thermen- und Sportkomplex, mit Spaßbad ›Aquapolis‹.

Zlatna Greda d.o.o. Turistička agencija, Sjenjak 48, www.zlatna-greda.org. Vermitteln Bootstouren auf der Drava, auch im Kopački Rit.
Fähre Kompa; Mitte April–Okt. Ausflüge auf der Sava, auch Übersetzen zum Zoo.

Sport za Sve, Istarska 1d, Tel. +385/31/208135; Verleih Mo–Fr 8–14 Uhr.
Fahrradwege-Karte bei der Turistička zajednica.
Skos, I. Gundulića 74, Tel. +385/31/373989. Fahrradreparatur.

Golf i ladanjski Klub Zmajevac, A. Reisnerova 56, Tel. mobil +385/98/253656.

Tenis Klub Olimpija, Zeleno polje 32a, Tel. +385/31/7010001, http://tk-olimpija.com (kr.), domagojwagner@yahoo.com.

Zoo, Sjeverdnodravska obala 1, Tel. +385/31/285234, www.zoo-osijek.hr.

Zlatna Greda, → Bootstouren. Geführte Wanderungen.

Zajednica športskih ribolovnih društava Osijek, Donjodravska obala 8, Tel. +385/31/504455, www.ribolov-osijek.hr (kr.), zsrd-osijek@os.t-com.hr.
Achtung: Nicht an allen Gewässern darf man trotz Genehmigung angeln.

Krankenhaus, J. Huttlera 4, Tel. +385/31/511511, www.kbo.hr (kr.).

Nördliche Baranja und Kopački Rit

▲ Karte S. 171

Zwischen der Grenze zu Ungarn und der Mündung der südlich fließenden Drava (Drau) in die östlich strömende Donau liegt die Baranja und das einzigartige Naturreservat Kopački Rit. An 99 Tagen im Jahr ist es überschwemmt und bietet für etwa 40 Fischarten einen Ort zum Laichen und für um die 140 Vogelarten die nötige Abgeschiedenheit zum Brüten. Reiher, Möwen, Weißbartschwalben und Kormorane sind hier zu Hause. Zum Bedauern der Naturschützer darf in diesem Gebiet allerdings gejagt werden.

Am offiziellen Eingang zum Kopački Rit liegt das **Jagdschloss Tikveš**, das in der zweiten Hälfte des 19. Jahrhunderts vom damaligen Eigentümer der Baranja, Eugen von Savoyen, erbaut wurde. Darin gingen Adelsherren wie Zar Aleksander Karadorđević und nach der Verstaatli-

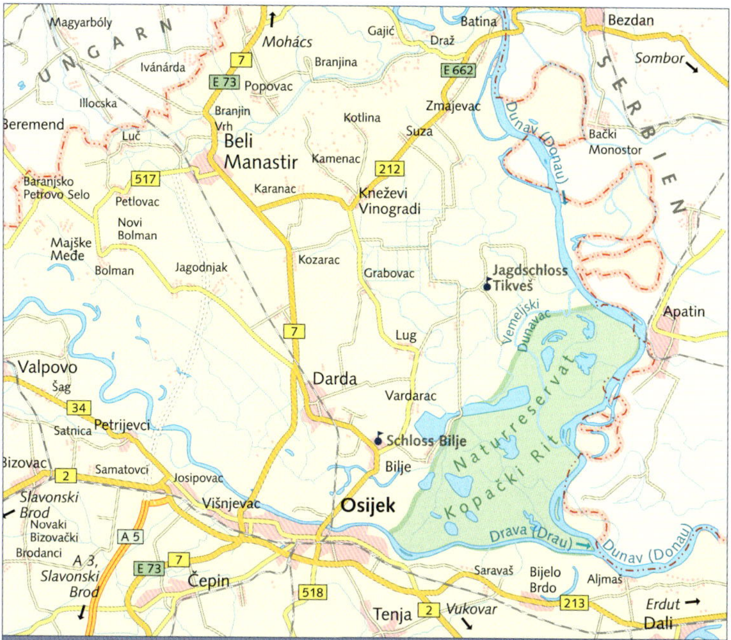

Das Naturreservat Kopački Rit

chung 1945 auch Josip Broz Tito dem Jagdvergnügen nach. Eugen von Savoyen, seinerzeit mächtigster Mann innerhalb der Habsburger Monarchie, errichtete zwischen 1707 und 1712 auch das **Schloss Bilje** (heute Belje, unter Ungarn Bellye). Er formte eine neue landwirtschaftliche Musterregion und verhalf der Weinkultur nach 150-jährigem Stillstand zur Zeit der Osmanen wieder zu neuer Blüte. Ab 1906 wurde Belje wurde die Landwirtschaft auf dem Gut Belje industriell betrieben. Seit 2005 ist es Teil des ›Agrokor Konzerns‹, zu dem auch die Ladenkette ›Konzum‹ gehört.

Ab 1720 wurde die Baranja von immer mehr Deutschen besiedelt, die aus Bayern, der Pfalz, zum Teil auch aus Lothringen und Österreich einwanderten. Vor dem Zweiten Weltkrieg machten die Deutschen mit 500 000 Einwohnern fast die Hälfte der Bevölkerung der Baranja aus. Nach dem Zweiten Weltkrieg flohen die Nazis unter den Deutschen, und Tito ließ die verbliebenen Einwohner zwischen 16 und 60 in Lager bringen. Wer übrig blieb, ging später als Gastarbeiter nach Deutschland. In den Kirchen von **Karanac** und **Popovac** wurden vor einigen Jahren Tafeln zum Gedenken an die Deutschen in der Baranja angebracht.

In **Batina** steht direkt an der Donau das große Siegerdenkmal von Antun Augustinčić. Der 27 Meter hohe Obelisk mit der Skulptur ›Der Sieg‹ an seiner Spitze erinnert an den gemeinsamen Übertritt der Roten Armee und der Volksbefreiungsarmee Jugoslawiens über die Donau am 30. November 1944. An dieser Stelle fielen 1297 Rotarmisten im Kampf gegen die Faschisten und die mit ihnen verbündeten Ungarn.

Nördliche Baranja und Kopački Rit

Vorwahl: +385/31.

Turistička zajednica, Beli Manastir, Imre Nagya 2, Beli Manastir, Tel. +385/31/702080, www.tzbaranje.hr.

Turistička zajednica Bilje, Kralja Zvonimira 10, 31327 Bilje, Tel. +385/31/751480, www.tzo-bilje.hr (kr.).

Das Kopački Rit lässt sich zu Fuß oder mit ausleihbaren Fahrrädern erkunden. Bootstouren, Tier- und Vogelbeobachtungen werden ebenfalls angeboten. Eingang am Schloss Tikveš.

Besichtigung des Naturparks, Tikveš (oder Titov) dvorac 1, 31328 Lug, +385/31/285370, +385/31/285380, http://pp-kopacki-rit.hr (kr.), prijamni.centar@kopacki-rit.hr; 1,50 Euro/Pers.

Zlatna Greda, Sjenjak 48, 31000 Osijek, Tel. +385/31/565180, www.zlatna-greda.org. Die Öko-Touristenagentur bietet thematische Führungen mit Spezialisten.

Hotel Patria, Osječka 1c, 31300 Beli Manastir, Tel. +385/31/710710, www.hotelpatria.hr (kr.); DZ 70–100 Euro.

Kukuriku, Nino Mlinaček, Kolodvorska 18, 31315 Karanac, Tel. mobil +385/98/252179, http://kukuriku.hr; 3 Zimmer, 7 Betten, ab 20 Euro/Pers. Haus von 1897, Zimmer im Ethnostil. Radfahren, viele Angebote für Kinder, Kinderworkshops in der Natur.

Sklepić, Kolodvorska 58, 31315 Karanac, Tel. +385/31/720271, www.sklepic.hr (kr.), denis.sklepic@inet.hr; DZ 50 Euro. Altes Lehmhaus mit original eingerichteten Räumen, mit eigenem Wein im tiefsten Keller des Dorfes.

Privatunterkünfte unter www.tzbaranje.hr/en/accomodation/private/ oder www.tzo-bilje.hr/smjestaj.

Villa Baranya, Šandora Petefija 22, 31315 Karanac, Tel. mobil +385/98/288407, info@villa-sandrina.com, www.villa-baranja.com; DZ 55 Euro. Stilecht hergerichtete Villa mit eigenem Restaurant und Weinkeller (Anmeldung erforderlich), organisierte Ausflüge in die Umgebung und Live-Musik.

Piroš Čizma, Maršala Tita 101, 31308 Suza, +385/31/733806, Tel. mobil +385/98/372480, www.piroscizma.hr. Bauernhoftourismus mit ungarischen Spezialitäten und Gastronomieangebot mit alten ungarischen Gerichten, Weinkeller von 1890.

Josić, Planina 194, 31307 Zmajevac, www.josic.hr. Restaurant in schön umgebauter Scheune, Spezialitäten: Süßwasserfische, auf Holzkohle gegrilltes Wildfleisch, Peka, Gulasch. Mit Weinkeller. Geboten werden Fišijada, Kulenijada, Tage der alten kroatischen Speisen, Weinpräsentationen und Sommelier-Seminare für Amateure.

Kovač Čarda, Maršala Tita 215, 31308 Suza, Tel. +385/31/73310. Restaurant mit antiken Möbeln, schöne Holzterrasse, Spezialitäten aus Süßwasserfisch, berühmt für das Paprikaš.

Citadela, Lajoša Košuta 85, 31327 Vardarac, Tel. +385/31/753184, www.citadela.com.hr. Süßwasserfisch (Karpfen), hausgemachte Nudeln, Fleischgerichte vom Grill.

Weinkeller Josić, Tel. mobil +385/98/252657. Weinproben, → Restaurants.

Weinkeller Belje d.d., Šandora Petefija 2, 31309 Kneževi Vinogradi, Tel. +385/31/730922. Gilt als ältester Weinkeller der Baranja, eher massentauglich und durchschnittlich.

Weinkeller der Familie Kolar, Maršala Tita 141, 31308 Suza, Tel. +385/31/733081, www.podrumi-kolar.com (kr.). Schöner Keller mit rustikalen Holzbänken und Restaurant.

Reiterhof Ivica i Marica, Ive Lole Ribara 8A, 31315 Karanac, Tel. mobil +385/91/1373793, www.ivica-marica.com. Reiten, Kutschfahrten, Mitarbeit auf dem Hof. Lebensmittel aus eigenem Anbau, Restaurant.

Karte S. 171

An der Donau entlang führen Radwege als Teil des Donauprojektes, es gibt Routen auf der kroatischen und auf der serbischen Seite. Weitere Informationen beim **Danube Competence Center**, www.danubecc.org. Infos bei bei allen Touristenbüros der Orte, die am Weg liegen.

Töpferei Aszt Alos, an zwei Orten: Franje Tuđmana 4, 31300 Beli Manastir, und Maršala Tita 96, 31308 Suza, Tel. +385/31/05367, www.facebook.com/asztalos.keramika (kr.). Kurse für Teilnehmer jeden Alters in einer alten Mühle (Beli Manastir) oder einem alten Kloster (Suza), eigene Waren zum Verkauf.

Monjoroš, Tel. +385/31/750187, www.hrsume.hr (kr.). Unterliegt der staatlichen Forstverwaltung, reich an Hochwild, besonders Hirsch und Wildschwein.
Židopustara, Z. J. Jovanovića 11, Majške Međe, Tel. +385/31/746222, www.fermopromet.hr. Revier von 9600 ha, ca. 700 Hirsche und Schwarzwild.

Im Kopački Rit ist Angeln am Arm Vemeljski Dunavac erlaubt; 50 Kuna/Tag, 100 Kuna/Jahr. Jahresgebühr für Sportangler an der Donau 150–300 Kuna, auch am Donaunebenarm Puškaš, Jezero Đola, See im Zentrum von Darda, weitere Orte: Infos in der TZ.

Erdut

Der Name des kleinen verschlafenen Winzerdörfchens weist auf eine frühere ungarische Einwohnerschaft hin. Im renovierungsbedürftigen **Schloss** der Familie Adamovich-Cseh befindet sich heute ein Weingut, das Wein von über 1000 Hektar Anbaufläche verarbeitet. Attraktion ist ein 170 Jahre altes Fass aus Eichenholz, das 75 000 Liter fasst. Das Dorf oberhalb der Donau ging durch die Weltpresse, als am 12. November 1995 das Abkommen von Erdut unterschrieben wurde. Dieses beendete den Krieg mit den Serben und stellte die Donau-Region zunächst unter die Verwaltung der UN und schlug sie dann Kroatien zu. Hinter dem Schloss befindet sich die **Ruine einer Renaissance-Burg**, die ursprünglich einmal zum Grab der Familie Adamovich-Cseh umgebaut worden war. Die im Krieg stark beschädigte Ruine vermittelt mit ihren zahlreichen Einschusslöchern eher den Eindruck eines Mahnmals. Von oben hat man einen schönen Blick über die Donau und in die serbische Vojvodina.

Burgruine über der Donau

Vukovar

Vukovar ist zum Symbol für den kroatischen Unabhängigkeitskrieg zwischen 1991 und 1995 geworden. Am 2. Mai 1991 wurden im nördlich gelegenen Vorort Borovo Selo zwölf kroatische Polizisten bei dem Versuch, die kroatische Fahne am Rathaus zu hissen, von Serben ermordet. Die Tat wurde zum Auslöser für den Krieg auf dem Südbalkan. Dabei blickt Vukovar auf eine lange Zivilisationsgeschichte zurück. Spätestens seit in dem kleinen, fünf Kilometer südlich gelegenen Ort Vučedol 1938 eine eigenständige, 5000 Jahre alte Bronzezeitkultur ausgegraben wurde, weiß sich Vukovar im Bewusstsein einer historischen Stadt. Eine dabei gefundene Taube aus Ton ist nun das Wahrzeichen der Stadt.

Bereits die Römer legten die Sümpfe trocken. Im Mittelalter gab der Fluss Vuka, an dessen Mündung in die Donau eine Siedlung entstand, der Stadt ihren heutigen Namen. Rechts des Flusses befindet sich der älteste Teil der Stadt, in der das Franziskanerkloster steht. Links der Vuka ließen sich ungarische Siedler im heutigen Stadtteil Varoš nieder.

Ab 1772 wurde weiter donauaufwärts planmäßig eine neue Stadt gebaut, in der

Gedenkfriedhof für die Opfer des kroatischen Unabhängigkeitskrieges

sich deutsche und österreichische Siedler niederließen. Denn 1736 hatte der deutsche Graf Eltz, Erzbischof von Mainz und damit Kurfürst und Erzkanzler, die Stadt erworben und baute das Schloss Eltz.

Der Leidensweg begann am 24. August 1991, als die jugoslawische Armee die Stadt einkesselte und sie täglich mit tausenden von Granaten bombardierte. Trotz der schlechten Versorgung und Ausrüstung hielten die Kroaten bis zum 18. November durch. Nach der Eroberung kam es zu einem Massaker unter den (je nach Zählung) 14 000 bis 22 000 verbliebenen Kroaten.

Zu Märtyrern wurden etwa 194 Menschen (laut Urteil des Internationalen Kriegsgerichtshofs, die Anklage beim Internationalen Gerichtshof bezifferte auf 255, das Mahnmal vor dem Krankenhaus nennt 261, die Gedenkstätte 263), die von serbischen Einheiten aus dem Krankenhaus von Vukovar auf eine Schweinefarm im südlich gelegenen Ovčara gebracht. Dort wurden sie stundenlang misshandelt und schließlich in die Nähe von Grabovo erschossen und in einem Massengrab verscharrt. An der Stelle befindet sich heute ein Denkmal.

Im Abkommen von Erdut 1995 wurde Vukovar unter UN-Mandat gestellt und dann in den neuen Staat Kroatien integriert. Laut Abkommen genießen Serben Sonderrechte, zum Beispiel müssen sie keine Wehrpflicht in der kroatischen Armee leisten, und der Gemeinderat besteht aus serbisch und kroatisch gewählten Mitgliedern. Statt der einst 86 000 Einwohner leben heute etwas über 30 000 in der Stadt.

50 Prozent der Einwohner sind Kroaten, 35 Prozent Serben, beide Bevölkerungsgruppen leben eher nebeneinender her. Kinder besuchen getrennte Kindergärten und Schulen. Es gibt Kneipen, die kein Kroate, und Kneipen, die kein Serbe betreten sollte. Konkrete Maßnahmen oder Projekte zur Förderung der Versöhnung gibt es nicht. Seit Anfang 2013 tobt ein Streit darum, ob zusätzliche Ortsschilder in kyrillischer Schrift angebracht werden sollen. Vukovar ist zum Ziel eines Kriegstourismus geworden. Bis zu 50 000 Menschen besuchen die Stadt am 18. November, dem Jahrestag des Falls von Vukovar. Heute kommen vor allem durch die Donaukreuzfahrten wieder Touristen in die Stadt. Größter Sohn der Stadt ist Lavoslav Ružička, der 1939 den Nobelpreis für Chemie erhielt. Er promovierte in Karlsruhe und wirkte vor allem in Genf und Basel.

Wasserturm

Dominierend über die Stadt ragt der Wasserturm mit seinen Einschusslöchern und Kriegsschäden. Im Krieg versuchten die Serben vergeblich, ihn zu Fall zu bringen. Er wird als Mahnmal erhalten, ist wegen seiner niederdrückenden Präsenz aber umstritten. Rechts der Vuka ist ein Teil der **Altstadt** mit ihren 1750 bis 1790 errichteten Häusern erhalten.

Franziskanerkloster

Seit dem 14. Jahrhundert in Vukovar ansässig, bauten die Franziskaner nach der Vertreibung der Türken das Kloster 1707 erneut auf und richteten eine theologische und philosophische Fakultät ein. Die ursprünglich einschiffige Kirche **Sv. Filip i Jakov**, die als drittlängste in Kroatien gilt, entstand zwischen 1723 und 1733 und war bis zum Krieg kunstvoll marmoriert. Nach der Eroberung Vukovars versuchten die Serben, die Kirche zu sprengen, was ein UN-Kommandant verhinderte.

Aus Trümmern zusammengesetzter Altar in der Kirche des Franziskanerklosters

Noch sichtbar sind Löcher in einzelnen Pfeilern, in denen der Sprengstoff deponiert werden sollte. Eine Jesusfigur ohne Arm und ein notdürftig wieder zusammengesetzter Altar werden als Zeugnisse dieser Zerstörungswut bewahrt.

Sv. Nikola

An der Europske unije liegt die serbisch-orthodoxe Kirche Sv. Nikola, deren Bau ebenfalls 1733 begann. Die Ikonostase kam 1757 in die Kirche, die Holzschnitzarbeiten stammen von dem Osijeker Bildhauer Firtler. In einem Raum neben der Kirche werden Bücher aufbewahrt, die bis in die Gründungszeit zurückgehen.

Schloss Eltz

Auf der anderen Seite der Vuka leuchtet über der Donau das mit EU-Mitteln frisch renovierte Schloss Eltz. Von 1749 bis 1751 wurde es vom Mainzer Grafengeschlecht der von Eltz möglicherweise auf dem Platz eines muslimischen Derwisch-Klosters erbaut. Zunächst als schlichter, langgestreckter zweigeschossiger Bau errichtet, erhielt es sein heutiges Aussehen Ende des 19. Jahrhunderts durch den Architekten Viktor Siedeck. Das Schloss blieb bis 1945 im Besitz der Familie, seit 1948 wird es als **Museum** genutzt.

Gedenkfriedhof

An der großen Straße nach Süden Richtung Ilok liegt der Gedenkfriedhof für die Opfer des kroatischen Unabhängigkeitskrieges. Auf 938 weißen Kreuzen finden sich kroatische, deutsche und ungarische Namen. Das zentrale Mahnmal ist eines der größten Massengräber nach dem Zweiten Weltkrieg in Europa.

Šarengrad

Weiter Richtung Ilok lohnt sich ein Halt in Šarengrad mit seiner mittelalterlichen Burgruine. Im alten Ortsteil rechts der

▲ Karte S. 174

Durchgangsstraße liegt das von Graf Ivan Morović im 15. Jahrhundert gegründete **Franziskanerkloster** mit seiner gotischen Kirche Sv. Petar i Pavle.

Beeindruckend ist die den Erzengeln Michael und Gabriel geweihte **orthodoxe Kirche** von 1805 an der Durchgangsstraße mit einer schönen Ikonostase. An der Wand hinter der Empore befindet sich ein bäuerliches Fresko, das die Schlacht auf dem Amselfeld mit zahlreichen Details darstellt.

Vukovar

Vorwahl: +385/32.
Postleitzahl: 32000.
Turistička zajednica, J. J. Strossmayera 15, Tel. +385/32/442889, www.turizamvukovar.hr (kr.), tz-vukovar@vu.t-com.hr.
Post, Strossmayera 4.

Lav, J.J. Strossmayera 18, www.hotel-lav.hr; DZ 130 Euro. Erstes Hotel am Platze, Zimmer mit Blick auf die Donau, wenig Frisches zum Frühstück.
Vila Rosa, Josipa Rukavine 2b, Tel. mobil +385/91/5204036, vilarosavukovar@gmail.com. Jüngstes Hotel der Stadt, zentrumsnah an der Donau, modern eingerichtet.
Villa Bonaca, Priljevo 31, Tel. +385/32/450670, www.sobe-diberto.hr; 16 Betten. Am nördlichen Stadtrand, beim Hafen.
OPG Ivana Bićanić, Kralja Zvonimira 6, 32233 Opatovac, Tel. +385/32/527017, Tel. mobil +385/99/2135655, www.budimka.hr; DZ 55 Euro. 17 Kilometer südöstlich, B&B auf einem Fruchthof direkt an der Donau. Neuwertig, rustikal und sauber, zahlreiche Freizeitangebote.
Weitere Hotels und Privatunterkünfte: www.turizamvukovar.hr (›Unterkünfte‹/›Smještaj‹).

Dunavska golubica, Dunavska šetnica 1, Tel. +385/32/445434. Schöne Lage direkt an der Donau, regionale Gerichte.
OPG Dunavski raj, Hrvatske nezavisnosti 27, Tel. +385/32/410633. Ein echter Landgasthof, auch mit Übernachtungsmöglichkeiten.
Mornar, Dunavski prilaz 2, Tel. +385/32/441788. Essen mit Blick auf die Donau.

Weingut Vino Šmidt (OPG Marija Kovač), Dobriše Cesarića 16, Tel. mobil +385/95/8085905; Probe und Verkauf 10–14 Uhr. Weiße und rote Trauben im Sortiment, Rizvanac, Sauvignon blanc, Pinot (weiß und rot), Merlot, Cabernet Sauvignon, Zweigelt.
Vukovarska Pivo, ul. 12 redarstvenika 14. Vukovars Bierbrauerei, die jährlich 100 000 Flaschen Pils produziert.

Bar Vrške, Parobrodarska 3. Auf der Donauinsel Lučica vor dem Hotel ›Lav‹.

Stadtmuseum (Gradski muzej), im Schloss Eltz, Županijska 2, Tel. +385/32/441271; Mo–Fr 7–15 Uhr. Im renovierten Schloss wiedereröffnet, aus den Sammlungen seit 1948 stehen 1400 Objekte wieder zur Verfügung, von römischen Münzen bis hin zu Möbeln aus dem 19. Jahrhundert, inklusive einem Querschnitt moderner kroatischer Malerei.
Museum in Vučedol. Das in die Erde gebaute Museum wurde 2012 mit modernem Konzept eröffnet, zu sehen sind Zeugnisse der Bronzezeitkultur. Das Original der Tontaube befindet sich im Archäologischen Museum in Zagreb. In der Nähe Bootsvermietung und Bademöglichkeiten.

Kulturprojekt Adica (Park-šuma Adica). In einem Wäldchen westlich von Vukovar entstand mit EU-Mitteln ein Ethno-Projekt, an jedem 1. Mai Picknick, mit Veranstaltungen, unter anderem Wettbewerb in der Zubereitung des Hirtentopfs ›Čobanac‹, Wettkämpfe in verschiedenen Sportarten.

Tag von Vukovar; 3. Mai. Fest am Donauufer, zahlreiche Buden mit Spezialitäten und Musik.
Kammermusikfestival; Anfang Juni. Im Schloss und verschiedenen Kirchen.

Danubium Tours, Dr. Franje Tuđmana 19, Tel. +385/32/445455, www.danubiumtours.hr. Bootsfahrten auf der Donau; Fahrradverleih, Radtouren.

OPG Dunavski Raj, Hrvatske nezavisnosti 27, Tel. mobil +385/92/3085290, www.dunavski-raj.com. Reiterhof, auf dem man Pferde leihen und auch Urlaub machen kann, mit Gastronomie und Wein aus der Umgebung.

Sport- und Freizeitzentrum As, Iločka bb, Tel. mobil +385/98/1700723, Ansprechpartner: Ante Hrgović. Tennisplätze, Fitnessstudio und Reitplätze, eher einfacher Zustand, kein Verein.

Angebot für Fischtourismus gibt es im Sportzentrum auf der Insel Lučica, dort nach einheimischen Fischern fragen, die einen mit ins Boot auf die Donau nehmen.

Zwei Krankenhäuser stehen zur Verfügung: **Dom zdravlja**, Sajmište 1, Tel. +385/32/413391, **Dom zdravlja**, Blage Zadre, Tel. +385/32/422976. Im nördlich gelegenen Ortsteil Borovo Naselje.

Ilok

Auf dem hohen Bergrücken mit weitem Blick über die Donau hatten bereits die Kelten eine Festung, die Römer unterhielten hier die Militärstation Cuccium. 1267 wird Ilok das erste Mal erwähnt. Fürst Kont eroberte den Platz 1365 und nannte sein Geschlecht die Iločki. Nikola Iločki führte den Ort zur Blüte und wurde sogar Ban von Kroatien und König von Bosnien. Er ließ als erster Münzen mit dem Schachbrettmuster prägen, das heute als Šahovica das Zentrum der Flagge bildet. Auch die Türken machten Ilok im 15. Jahrhundert zu einem Zentrum der Region.

An der Vertreibung der Türken 1688 war auch Papst Innozenz XI. mit einer Zahlung von 1,5 Millionen Gulden beteiligt. Dafür erhielt das aus der Kaufmannsfamilie Odescalchi stammende Kirchenoberhaupt diesen Flecken als Lehen. Die Odescalchis machten ein Geschäft draus. Sie richteten unterhalb des Schlosses unter anderem einen großen Weinkeller ein und begannen, Wein in Flaschen abzufüllen und zu exportieren.

▶ Karte S. 164

1899 wurde in Ilok die Königliche Winzerschule gegründet, die sich später zur Wirtschaftsschule entwickelte, unter jugoslawischer Herrschaft wurde daraus eine Kooperative. Seit 1999 firmiert das Unternehmen unter ›Iločki podrumi‹ und lagert noch heute seinen Wein in den alten Kellern aus dem 17. Jahrhundert. Angeblich wurden der Iloker Gewürztraminer und Silvaner am englischen Hof anlässlich der Krönung von Elisabeth II. kredenzt. Der Eingang zum Weingut mit seinen Kellern liegt gleich am Eingang zur Burganlage und ist zu besichtigen.

Rechts hinter dem Tor zur Burganlage liegt das **Schloss** der Fürstenfamilie Odescalchi. Es wurde mit Hilfe des EU-Strukturfonds renoviert und 2012 wieder eröffnet. Auf der Rasenfläche schräg vor dem Eingang befindet sich ein einzigartiges türkisches **Mausoleum**. Ebenso aus türkischer Zeit ist gegenüber an der südlichen Mauer eine **Turmruine** zu sehen, die die Türken als Bad umgebaut haben. Teilweise renoviert ist das **Franziskanerkloster**, das einst von Nikola Iločki gestiftet wurde. Die von Hermann Bollé neugotisch ausgestaltete Kirche wurde von einem polnischen Team in ihrem Inneren über und über mit einem neuen, anmutigen floralen Muster bemalt. Vor der Kirche befindet sich ein **Denkmal für gefallene Partisanen** von 1944.

Auch in Ilok hat der letzte Krieg Spuren hinterlassen: Noch 1991 lebten etwas über 9700 Einwohner an diesem Flecken, 2001 waren es weniger als 8400. Nach den Kroaten besteht die größte Volksgruppe nicht aus Serben (6,8 Prozent) wie in den meisten anderen Orten, sondern aus Slowaken (12,5 Prozent). Sie bilden bis heute die größte slowakisch-evangelische Gemeinde in Kroatien.

Ilok

Vowahl: +385/32.
Postleitzahl 32236.
Turistička zajednica Ilok, Trg Nikole Iločkog 2, Tel. +385/32/590020, www.turizamilok.hr.
Post, Trg Nikole Iločkog 7.

Hotel-Restaurant Dunav, Julija Benešića 62, Tel. +385/32/596500, www.hoteldunavilok.com. Gehört zu den Top 50 in Slawonien.
Pansion comfort Masarini, S. Radića 4, Tel./Fax +385/32/590050, jaroslav.masarini@vu.t-com.hr. Mit Eigenbau-Charme, aber günstig. Eigentümer spricht Deutsch.
Villa Iva, Mladen Kuzman, S. Radića 23, Tel. +385/32/591011; DZ 50 Euro. Erst 2011 eröffnet, mit Restaurant, WLAN, TV, Mini-Kühlschrank, Klimaanlage.
Old Town Hostel Cinema, J. Benešića 42, Tel. +385/32/591159, www.cinema.com.hr; DZ 52 Euro. 2012 in einem alten Kino eingerichtet, für junge Leute, aber auch mit Einzel- und Doppelzimmer ausgestattet, dazu gehören Nachtbar und Disko.
Weitere, auch private Übernachtungsmöglichkeiten auf www.turizamilok.hr.

Iločki Podrumi, Dr. Franje Tuđmana 72. Restaurant im Weinkeller, edel und nicht ganz billig, die Weine sind eher durchschnittlich.
Principovac, www.ilocki-podrumi.hr (kr.). Landgut mit edler Gastronomie rund um einen Golfplatz. Gehört zu ›Iločki Podrumi‹.
Villa Iva, S. Radića 23. Einheimische Spezialitäten mit Paprikaš, Fischgerichte.

Informationen über die **Weinstraße Ilok** in der Turistička zajednica.
Ivan Knezović, M. Gupca 101, Tel. +385/32/593257. Seit 2003, mit in Kroatien eher selteneren Trauben Welschriesling, Weißburgunder, Chardonnay, Frankovka.
Julius Stipetić, S. Radića 16, Tel. +385/32/591068. Weinkeller, der 1890 in einen Berg gegraben wurde, nur Welschriesling.
Ivan Čobanković, V. Nazora 59. Größere Familienkellereien, Welschriesling, Chardonnay, Grüner Silvaner, Grauburgunder.

Fest der Weinlese; Anfang Sept, mehrere Tage. Seit 1962 ursprünglich ein Brauch der Jugend, Feier, bevor die Weinlese beginnt.
Tag des Sv. Ivan Kapestran; 23. Oktober, eine Woche. Fest zu Ehren eines Franziskaners, der gegen die Türken gekämpft hat, feierlicher Umzug durch die Altstadt zur Franziskanerkirche.

Radfahren entlang der Donau, → Vukovar, S. 178.

Wandermöglichkeiten durch das **Fruška Gora** auf den Liska (297 m, 5–7 km).

Tagesangelschein 60 Kn.
Anglerverein Šaran, Darko Vražić, Tel. mobil +385/98/540768.

Krankenhaus Ilok, J.J. Strossmayera 55, Tel. +385/32/590011.

Zwischen Vukovar und Slavonski Brod

Vinkovci

Neue Fußgängerzone mit den Symbolen des Kalenders aus der Vučedol-Kultur in der Pflasterung

Vinkovci ist als ehemaliger Standort für das große römische Militärlager Colonia Aurelia Cibalae in die Geschichte eingegangen. In seiner Nähe fand 314 die Schlacht zwischen den Kaisern Konstantin I. und Licinius statt. Es ist der einzige Ort außerhalb von Rom, aus dem zwei römische Kaiser hervorgingen: Valentinian (364–375 in Westrom) und Valens (364–378 in Ostrom). Im März 2012 wurden sensationelle Funde eines römischem Silbergeschirrs aus dem 4. Jahrhundert präsentiert, die vom Leben in dieser Zeit zeugen. Leider sind die Fundstücke derzeit noch nicht in Vinkovci zu sehen.

Neuerdings weiß man, dass der Ort sogar seit dem 6. Jahrtausend vor Christus durchgehend besiedelt war: Tongefäße und Steinwerkzeuge aus der Starčevo-Kultur ab 5300 vor Christus, der Sopot-Kultur und nicht zuletzt Überreste aus der Vučedol-Kultur in der Bronzezeit wurden rund um die Stadt ausgegraben. Unter den Funden aus der Vučedol-Kultur, für die schwarze Tontöpfe mit weißen Kalk-Mustern charakteristisch sind, hat ein Gefäß mit dem ältesten europäischen Kalender weltweite Aufmerksamkeit erlangt.

Noch unter römischer Herrschaft, im 3. Jahrhundert, wurde Cibalae Bischofssitz. Die nachfolgenden Kroaten gründeten im 11. Jahrhundert neben der einstigen römischen Festung den Weiler Sv. Ilija. Ein Altar in der Kirche ist dem heiligen Vinzenz (Sv. Vinko) geweiht und gab möglicherweise dem Ort seinen heutigen Namen. 1821 wurde in Vinkovci der serbischstämmige Josip Runjanin geboren, der später als k.u.k. Leutnant die heutige kroatische Nationalhymne komponierte.

Noch in den 1920er Jahren, kurz vor der Machtübernahme der Nazis, hatten die über 200 Juden der Stadt eine neue Synagoge fertiggestellt. Sie wurden in ein eigens von Deutschen betriebenes

Grenzschild aus der österreichisch-ungarischen Zeit im Stadtmuseum

▲ Karte S. 164

Konzentrationslager gesteckt und nach Auschwitz gebracht, während die Ustaša-Leute die Synagoge zerstörten. Am 17. April 1944 wurde Vinkovci von den Alliierten wegen seines Eisenbahnknotenpunkts heftig bombardiert.
Im Unabhängigkeitskrieg ab 1991 erlangte Vinkovci traurige Berühmtheit, weil die Serben gegen alle Konventionen auch beide Krankenhäuser zerbombten. Zudem brannten aufgrund des Beschusses fast alle Einrichtungen des öffentlichen Lebens nieder: das Theater, die beiden Kinos, die katholische und die serbisch-orthodoxe Kirche sowie die Bibliothek. Nach und nach werden einzelne der schönen Gebäude aus der k.u.k. Zeit restauriert.

Rundgang

Das Zentrum an der großen Kreuzung mit dem quadratischen Hauptplatz und Park **Trg bana Josipa Jelačića** entstand als Paradeplatz für die österreichischen Truppen. Ab 1868 erhielt er seine heutige Form.
In den barocken Gebäuden auf seiner westlichen Seite war im 18. Jahrhundert die österreichische Militärkommandantur untergebracht, heute befindet sich darin das **Stadtmuseum**. Dessen Besuch zu leider sehr kurzen Öffnungszeiten lohnt, es zeigt eine Vielzahl von Zeugnissen aus 7000 Jahren Geschichte bis hin zu seltenen türkischen Krummsäbeln und zahlreichen Artefakten aus der österreichisch-ungarischen Monarchie. Ein Denkmal auf dem Platz erinnert mit Gedichten an gefallene Soldaten, an der Straße auf der Südwestseite steht vor einem Café eine 150 Jahre alte Platane.
An der nördlichen Seite ragt die barocke Kirche **Sv. Euzebija i Poliona** aus dem Jahr 1722 auf. Östlich vom Park abgehend wurde erst vor wenigen Jahren ein kurzes Stück Fußgängerzone eingerichtet. Die Pflasterung gibt die Figuren des frühesten Kalender Europas wieder, wie er auf der Schale aus der Vučedol-Kultur gefunden wurden.
Am Ende der ul. Ivana Gundulića befindet sich eine der ältesten Kirchen Slawoniens, **Sv. Ilija Meraja**. Am romanischen Backsteingebäude aus dem Jahr 1100 sind noch Wappen der Könige Ladislaus und Kolomann zu sehen. Heute dient das Gebäude als Ausstellungsraum für Fotografen.
Drei Kilometer südwestlich von Vinkovci liegt der archäologische **Park Sopot**, wo die Sopot-Kultur ausgegraben wurde. Auf dem Gelände, auf dem nicht mehr gegraben wird, ist heute eine Freiluft-Ausstellung zusehen.

Vinkovci

Vorwahl: +385/32.
Postleitzahl: 32100.
Turistička zajednica, Trg bana Josipa Šakčevića 3, Tel. +385/32/334653, www.tz-vinkovci.hr.
Post, M. A. Reljkovića 7.

Villa Lenje, H. D. Genschera 3, Tel. +385/32/340140, www.hotelvillalenije.com; DZ 80/115 Euro. Direkt am Fluss Bosut (Vorsicht: Mücken im Sommer), mit vielen Wellness-Angeboten.
Lady-M, Kralja Zvonimira 74, Tel. +385/32/308579, www.simunic.org; DZ 40 Euro. Sehr einfach, aber sauber und herzliche Aufnahme.
Hostel Kristal, H. D. Genschera 24F, Tel. +385/32/339777, www.hostel-kristal.hr; DZ 45 Euro. Kleine Zimmer mit WLAN und Klimaanlage.

Restaurant Srijem, B. Jelačića 23. Kleines Restaurant mit Süßwasserfisch-Spezialitäten.
Lamut, K. Zvonimira 23. Pizzeria.

Vinkovačke jezeni; im September. Eines der größten Volksfeste Slawoniens, seit 1966 findet es jährlich statt. Mit Teilnehmern aus allen Teilen Slawoniens: Trachtenfest, Volkstänze, Schnaps- und Weinverkauf. Höhepunkt des Festes ist die Preisverleihung für den besten Kulen, eine Art mehr oder weniger scharfe Paprikasalami (nur weicher).

Sopot Archäologischer Park. 3 km südwestlich der Stadt an der Bosut sind Häuser aus verschiedenen Kulturen aufgebaut. Infos bei der Turistička zajednica Vinkovci.

Krankenhaus Vinkovci, Zvonarska 57, 32100 Vinkovci, Tel. +385/32/349214, +385/32/349321.

Đakovo

Das 30 000-Einwohner-Städtchen Đakovo ist seit 1239 erst durch seinen Bischofs-, später durch seinen Kardinalssitz geprägt. Weithin sichtbares Symbol ist die übergroße neogotische Backsteinkathedrale **Sv. Petar,** die 1866 Kardinal Josip Strossmayer in Auftrag gab. Die Architekten Karlo Rösner und Friedrich von Schmidt verarbeiteten in vier Jahren sieben Millionen Backsteine zum größten Kirchengebäude in Slawonien. Die Türme sind 84 Meter hoch. Weitere zwölf Jahre dauerte die Ausgestaltung der Innenräume, ausgemalt von den deutschen Künstlern Alexander Maximilian und Ludwig Seitz. In der Krypta befindet sich heute das Grab von Strossmayer, das zu einem Pilgerort geworden ist. Ebenfalls bekannt ist das **Lipizzaner-Gestüt**, das 1506 aus einer Schenkung von zehn Araberpferden an den damaligen Bischof entstand (heute im westlichen Ortsteil). Von 1536 bis 1687 kam Đakovo unter türkische Herrschaft, während der die Hadžipaša-Moschee gebaut wurde. Sie wurde später in die Kirche **Svi Sveti** umgewandelt und ist heute die einzige Kirche Kroatiens mit einem maurischen Kuppeldach.

In der Kathedrale von Đakovo

▲ Karte S. 164

Nach der Türkenherrschaft richtete Bischof Strossmayer das Lipizzaner-Gestüt wieder ein. Es kam 1945 in staatlichen Besitz. 1972 besuchte es Elisabeth II. Heute werden die Tiere in alle Welt verkauft. Das Gestüt ist zu besichtigen. Oberhalb der Kathedrale neben dem Stadtfriedhof liegt der **jüdische Friedhof** zum Gedenken an 569 Holocaustopfer. Vom 6. April 1941 bis Juni 1942 gab es in Đakovo ein Frauen-Konzentrationslager, in dem zunächst rund 1860 Frauen und Kinder auf dem Gelände einer aufgelassenen Mühle untergebracht wurden. Später wurden weitere über 1000 typhuskranke Frauen eingeliefert, die vermutlich die gesunden anstecken sollten. Im Juni 1942 wurden die überlebenden Frauen in das Konzentrationslager Jasenovac gebracht. Am Eingang zum Friedhof steht eine Synagoge mit Doppelturm als Mahnmal für die Opfer.

Josip Juraj Strossmayer

Josip Juraj Strossmayer war zu seiner Zeit einer der profiliertesten Bischöfe der katholischen Kirche und eine der prägendsten Figuren seiner Zeit in Kroatien. Am 4. Februar 1815 im multikulturellen Osijek geboren, wurde er mit 34 Jahren in Đakovo Bischof über Bosnien und Srijem (Serbien). Der begeisterte Anhänger der illyrischen Bewegung ließ sich in den Sabor wählen, wo er als einer der Wortführer der Nationalpartei für eine stärkere Position des Südbalkans innerhalb der österreichisch-ungarischen Monarchie eintrat.

Als der Vatikan sich dranschickte, per Konzilbeschluss das Dogma von der Unfehlbarkeit des Papstes zu erwirken, trat Strossmayer in Rom als entschiedener Gegner auf und verteidigte dabei sogar den evangelischen Glauben. Seine beiden mutigen Reden provozierten einen derart heftigen Schlagabtausch im Konzil, dass es in Bayern angeblich nicht mehr hieß ›Wenn Du raufen willst, geh ins Hoftheater‹, sondern ›Wenn Du raufen willst, geh ins Konzil‹. Auch wenn er nachgeben musste und die Kathedrale in Đakovo nach dem Peterstuhl benannte, unterstützte der Förderer vieler junger Talente in der Region weiterhin das Erscheinen kritischer Bücher gegen Rom.

Strossmayer-Denkmal in Đakovo

Slawonien

Đakovo

Vorwahl: +385/31, **Postleitzahl**: 31400.
Turistička zajednica Đakovo, Kralja Tomislava 3, Tel. +385/31/812319, http://tzdjakovo.eu.
Post, Trg Dr. Franje Tuđmana 1a.

Blaza, Ante Starčevića 158, Tel. +385/31/816760, www.hotel-blaza.hr; DZ 66 Euro. Klassische Ausstattung, freundlicher, persönlicher Service.
Hotel Đakovo, Nikole Tesle 52, Tel. +385/31/840570, www.hotel-djakovo.hr; DZ 64 Euro. Größtes Hotel am Platz, gut geführt.

Beide Hotels haben gute Restaurants.
Restoran i vinoteka Sokak, A. Šenoe 40, Tel. +385/31/820332. Weinlokal mit Restaurant, bieten alles, was die einheimische Küche hergibt, einfaches Ambiente.
Trnavački vinodom, A. Starčevića 52, 814810. Gerichte wie bei Mutter und Großmutter. In die Jahre gekommen, von Einheimischen frequentiert.

Misna vina, Verkauf im Bischofspalast, Weinkeller: Josipa Jurja Strossmayera 24, 31411 Trnava, Tel. +385/31/863067, www.misna-vina.com. Weingut der Bischöfe, in dem es besonders reinen Messwein zu kaufen gibt.

Stadtmuseum, Ante Starčević 34, Tel. +385/31/813254, www.muzej-djakovstine.hr; tägl. 9–13 Uhr, feiertags geschlossen. In den Räumen des Bischofspalasts neben der Kathedrale, kleine Sammlung von Ausgrabungsfunden, Trachten, Zeugnisse aus dem letzten Krieg, zum Beispiel selbstgebaute Bomben aus Boilern.

Stickerei von Đakovo (Đakovački vezovi); 1. Wochenende im Juli, dreitägigiges Volksfest, das Hauptprogramm beginnt mit einer Prozession von Folkloregruppen durch das Stadtzentrum; Volksmusik im Ort und Chöre in der Kirche. Auch auf dem Lipizzaner-Gestüt gibt es Veranstaltungen.

Lipizzaner-Gestüt, Augusta Šenoe 45, www.ergela-djakovo.hr; Eintritt 30 Kuna, ohne Anmeldung. Das älteste Gestüt Europas mit seinen schönen alten Stallungen, Ausstellung mit zahlreichen Auszeichnungen und Dokumenten aus der Geschichte. Außenstelle in Ivandvor.

Vrpolje

Otavice in Dalmatien oder Vrpolje in Slawonien? Die beiden Orte streiten sich um die Gunst, Geburtsort des wohl berühmtesten und wichtigsten Künstlers neuerer Zeit Kroatiens zu sein: Ivan Meštrović (1883–1962). Tatsächlich kam der geniale Bildhauer und Rodin-Schüler in Vrpolje zur Welt, während seine Eltern aus dem dalmatinischen Otavice stammten und sich in Slawonien als Erntehelfer verdingten.

Aus Langeweile und aus Sehnsucht nach seiner Mutter soll er mit dem Schnitzen von Figuren begonnen haben. Meštrović betrachtete beide Orte als seine Heimat. Deshalb vermachte er beiden zahlreiche Werke. Die einzige Attraktion Vrpoljes ist das nicht zu übersehende und 1972 eröffnete **Meštrović-Museum**, dessen 30er-Jahre-Bau wie ein abstrakter Tempel wirkt. Auf 200 Quadratmetern sind 35 großartige Skulpturen (aus Bronze, Gips und Holz) vor allem aus drei Themenkreisen seines Lebens zu sehen: der Bibel (beachtenswert ist die Hiob-Figur), der Sehnsucht nach der Mutter (zahlreiche Frauenfiguren) und damit verbunden Heimat (allegorische Darstellungen). Weitere Werke, ein Johannes der Täufer und ein Kruzifix, befinden sich in der Kirche in der Kirche **Sv. Ivan Krstitelj**.

Karte S. 164

Das Meštrović-Museum in Vrpolje

Slavonski Brod

Noch bis 1934 hieß der Ort schlicht Brod na Savi, ›Furt über die Sava‹. 1934, am Ende des jugoslawischen Königreichs, wurde die Stadt in Slavonski Brod umbenannt, um sie vom Ort auf der bosnischen Seite zu unterscheiden (Bosanski Brod). Seit vorrömischer Zeit überquerten Menschen an dieser Stelle die Sava. Unterhalb des kleinen Dorfes Tomica, heute gleich auf der anderen Seite der Autobahn A3/ E70, hat man Gräber aus der Starčevo-Kultur (5. Jahrtausend vor Christus) gefunden. Die Römer gründeten an dieser Stelle den Ort Marsonia, aber Größe und Funktion liegen heute im Dunkeln. Die erstmals 1224 erwähnte Stadt wurde 1526 von den Türken erobert. Nach der Rückeroberung 1692 bauten die Österreicher nach Vorlagen des französischen Festungsbauers Sébastien Le Prestre de Vauban von 1722 bis 1741 ein neues Fort. Deren Grundmauern sind heute als die größte erhaltene Anlage ihrer Art in Slawonien zu besichtigen

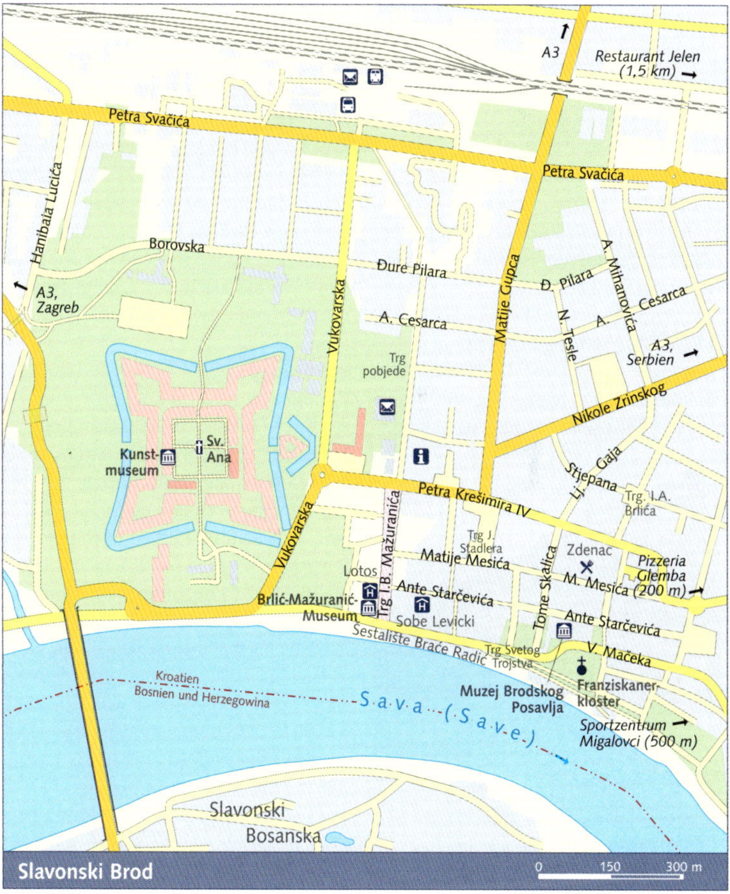

und bilden das Wahrzeichen der Stadt. Aus einer anfänglichen Besiedlung mit Holzhäusern, die bei Gefahr abgerissen wurden, um den Geschützen freie Bahn zu lassen, entwickelte sich ein mächtiges Handelszentrum. Ende des 19. Jahrhunderts gehörte Slavonski Brod zu den reichsten Städten Kroatiens.

Als strategisches Ziel wurde die Stadt im Zweiten Weltkrieg zu 80 Prozent von den Alliierten zerbombt. Und auch im Unabhängigkeitskrieg ab 1992 wurde sie von der ehemaligen jugoslawischen Armee stark zerstört, die Autobrücke über die Sava war fast zehn Jahre lang eine Ruine. Die heute sechstgrößte Stadt Kroatiens sucht den Anschluss als Industrie- und Wissenschaftszentrum.

Trg I. B. Mažuranić

In der Fußgängerzone der Innenstadt, dem Trg I. B. Mažuranić, ist der verblasste Glanz früheren Reichtums zu ahnen. Während die meisten Häuser im Zweiten Weltkrieg zerstört wurden, gehören viele der übriggebliebenen heute noch Nachfahren des ehemaligen Adels.

Die moderne **Bronzestatue** in der Mitte des Platzes setzt Ivana Brlić-Mažuranić (1874–1938) ein Denkmal. Als Märchen-

Fußgängerzone mit dem Denkmal für Ivana Brlić-Mažuranić

Im Kreuzgang des Franziskanerklosters

autorin (›Fischer Palunko und seine Frau‹ und ›Das Umherstreicherchen Toporko‹, auch auf Deutsch erschienen) ist sie in Kroatien noch heute so bekannt wie bei uns Hans Christian Andersen. Zeit Ihres Lebens wohnte sie unter anderem in einem Haus am Ende des Boulevards direkt an der Sava. Darin ist heute ein **Museum** eingerichtet, das in das Leben der letzten Jahrhundertwende zurückversetzt.

Festung

Wenige Meter stromauf von der Innenstadt sind unter großen Grashügeln die Reste der einstigen Kasematten zu sehen. Den Bau der sternförmigen Verteidigungsanlage mit drei Verteidigungs-ringen nach dem Vorbild von Sébastien Le Prestre de Vauban hatte Eugen von Savoyen ab 1715 begonnen. Täglich mussten knapp 650 Arbeiter auf der Baustelle mit über 50 Pferdegespannen koordiniert werden. Die Häuser drumherum durften zunächst nur aus Holz gebaut sein, sie sollten im Verteidigungsfall abgerissen werden können und den Kanonen jederzeit ein freies Schussfeld bieten.

Am Ende hatten 4000 Soldaten mit 150 Geschützen in der Anlage Platz. Als Kommandant der Festung war auch der aus

▲ Karte S. 185

einer preußischen Offiziersfamilie stammende Ivan Trenk (Johann Heinrich von der Trenck), der Vater des Franz von der Trenck, kurze Zeit am Bau beteiligt. Franz trat in Slavonski Brod 16-jährig in die Armee ein und gründete später auf eigene Kosten das Regiment der Panduren (→ S. 190).

100 Jahre nach ihrer Fertigstellung wurde die Festung bereits nicht mehr gebraucht und verfiel. In einigen noch bestehenden Gebäudeteilen waren zuletzt noch Einheiten der jugoslawischen Armee untergebracht. In dem ehemaligen Offiziershaus innerhalb der Mauern befindet sich heute ein Gymnasium. In der Mitte steht die weitgehend leere Kirche **Sv. Ana**, in der einst nur die Offiziere Platz fanden; Soldaten verfolgten den Gottesdienst von draußen.

Der westliche Kasemattenflügel wurde zu einem **Kunstmuseum** ausgebaut. In ihm lässt sich mit dem slawonischen Bildhauer Branko Ružić (1919–1997) eine echte Entdeckung machen. Ružić, der internationale Beachtung verdient, nutzte Formen aus dem Mittelalter als Vorbilder für moderne Abstraktionen. 400 Werke, auch aus seinem Künstler-Freundeskreis, machen das Museum zu einer einmaligen Sammlung kroatischer Kunst der zweiten Hälfte des 20. Jahrhunderts.

Franziskanerkloster

Nach einem Vorgängerbau aus Holz legte Freiherr Ivan Trenk am 12. August 1723 den Grundstein für die Klosterkirche **Sv. Trojstva** des Franziskanerklosters. Die 2,70 Meter dicken Mauern des Franziskanerklosters mit den 3,50 Meter tiefen Fundamenten drumherum sollten der Bevölkerung Schutz bieten. Die Kirche mit ihren zahlreichen **Barockaltären** war zu ihrer Zeit die größte in Slawonien. Die Mitte des Kreuzgangs, dessen Säulen 1964 ausgetauscht wurden, ziert eine beachtenswerte Statue des heiligen Franz von Assisi.

Slawonien

i Slavonski Brod

Postleitzahl 35000.
Vorwahl: +385/35.
Turistička zajednica, Trg pobjede 28/1, Tel. +385/35/447721, www.tzgsb.hr.
Post, Trg pobjede 2 oder Trg hrvatskog proljeća.

Lotos Hotel und Restaurant, Trg Ivane Brlić-Mažuranić 10, Tel. +385/35/405555, www.prenociste-lotos.hr; DZ 55 Euro. Einfach, aber sauber.
Sobe Levicki, vermittelt über die Agentur ›Stan‹, Ante Starčevića 4, Tel./Fax +385/35/444666, www.sobe-levicki.com; DZ 45 Euro. Altes Haus modern eingerichtet.
Weitere, **private Unterkünfte** auf www.tzgsb.hr.

Die oben erwähnten Hotels haben alle auch ein Restaurant.
Vidikovac, Nikole Zrinskoga 44, Tel. +385/35/638950. Gute slawonische Spezialitäten.
Grozd, Bečic 11A, Tel. +385/35/273337. Gutes vom Rind und Lamm unter der Peka.
Pizzeria Uno, Nikole Zrinskog 7, Tel. +385/35/442107. Gute Pizzas und Steaks.

Vina Jurković, Vinogradska Cesta 21, Brodski Stupnik, Tel. +385/35/427343. Vor allem mit zwei Rebsorten, Graševina und Pinot.
Vina Zdjelarević, Vinogradska 65, 35253 Brodski Stupnik, Tel. +385/35/427775, http://zdjelarevic.eu. Eines der ersten privaten Weingüter, seit 1985 als Familienunternehmen betrieben. Produziert 150 000 Flaschen mit zahlreichen Weinsorten auf 20 ha. Mit Übernachtungsmöglichkeiten und Restaurant.

Voće Vinković, Stjepana Radića 203. Kleines Weingut, überwiegend Weißweine.

Muzej Brodskog Posavlja, A. Starčevića 40, Tel. +385/35/447415, www.muzejbp.hr; Mo–Fr 10–13 und 17–20, Sa 10–13 Uhr. Exponate zum Leben an der Sava aus allen Jahrhunderten.

Monatliches Veranstaltungsprogramm.
Sv. Vinko; Januar. Fest des Weinpatrons mit Ständen.
Autoralleys, **Kayak-Regattas**; Mai.
Fišijada; Juli. Wettbewerb von 100 Fischköchen.
Brodsko Kolo; Juni. Mit Trachtenschau, Parade der Pferdegespanne und zahlreichen Kinderveranstaltungen. Nähere Informationen, auch über weitere Veranstaltungen bei der Turistička zajednica.

Gut Mata, Trnjanski Kuti 101, 35213 Oprisavci, Tel. +385/35/225222. Östlich von Slavonski Brod an der Sava, Pferde- und Pony-Gestüt, Reitmöglichkeiten und -unterricht. Im Restaurant einheimische Gerichte.
Landgut Olanović, Poljanci 5, 35213 Oprisavci. Gestüt mit 20 wettkampferprobten Lipizzanern auf 8500 Quadratmetern, Reiten und Reitunterricht möglich.

Sport- und Erholungszentrum Migalovci, Stanka Vraza 13, Tel. +385/35/266679. Ballsport, Tennis, Tischtennis, Schwimmbäder und Restaurant. Direkt an der Save, dort auch Badestrand (das Baden im Fluss ist allerdings wenig ratsam).

Privatzoo der Familie Milec, Ruščićkih žrtava 51, Tel. +385/35/457005. Im Stadtteil Rušćica, östlich von Slavonski Brod. 70 verschiedene Tierarten, unter anderem Bären, Tiger, Adler, der Affe Bobo und viele andere.
Ethno-Dorf der Familie Crljen, Braće Crljen 14, Janiševac, nahe der Straße Richtung Našice. Hier kann man Landwirtschaft im 18. und 19. Jahrhundert nacherleben, es gibt viel zum Ausprobieren. Im ›Bećarska kuća‹ (Lausbubenhaus) slawonische Spezialitäten.

Spazieren im **Brodsko Vinogorje** am Berghang Dilj; alte Landhäuser und Einkehrmöglichkeit in der Berghütte ›Đuro Pilar‹. Dort befindet sich auch das **Landhaus der Familie Brlić**, in das sich die Märchenautorin Ivana Brlić-Mažuranić zurückzog.

Ribnjaci Jasinje, ein See zum Sportfischen in der Nähe der Autobahn. Karpfen, Zander, Wels und andere Fischarten. Anfragen: Sportfischerverband der Gespanschaft Brodsko-posvska, Frana Supila 2, Slavonski Brod, Tel./Fax +385/35/267004.

Opća bolnica Dr. Josip Benčević, A. Štampara 42, Tel. +385/35/201201.

Požega

▲ Karte S. 164

Auch an dieser Stelle hatten bereits Menschen der Starčevo-Kultur gelebt, später waren es Römer, die den Ort ›Incernum‹ nannten. Ende des 12. Jahrhunderts wird die Eroberung einer Burg Posaga in der anonym verfassten Handschrift ›Gesta Hungarorum‹ erstmals erwähnt. 1227 wird erstmals eine Burg an der Stelle der heutigen Innenstadt erwähnt.

Sicher ist, dass die Franziskaner 1285 ein Kloster gründeten und seitdem das Leben der Stadt prägten. Berühmt wurde der Franziskanerpater Luka Ibrišimović (ca. 1626–1698), der den Osmanen, die die Stadt besetzt hatten, am 12. März 1691 auf dem Berg Sokolovac nahe bei Požega eine empfindliche Niederlage bereitete. Dieser Tag wird bis heute gefeiert, weil dieser Sieg eine Wende im

Kampf gegen die Osmanen markierte. Nach der Türkenzeit siedelten sich 1698 die Jesuiten an: Sie gründeten 1711 ein Jesuitenkolleg und eröffneten 1726 ein Gymnasium. 1763 nahm sogar eine wissenschaftliche Akademie ihre Arbeit auf. Nachdem auch die Franziskaner eine philosophische Fakultät gegründet hatten, wurde Požega das ›slawonische Athen‹ genannt.

Zahlreiche berühmte Wissenschaftler, Autoren und Künstler kommen bis heute aus der Stadt. Auch der Ex-Präsident Stjepan Mesić ist hier zur Schule gegangen. Traurige Berühmtheit erlangte die Stadt durch Đuro Milivoj Ašner, der als Polizeipräsident des faschistischen Kroatien in Požega 1941 bis 1942 Serben, Roma und Juden deportieren ließ. Ašner lebte bis 2004 unbehelligt in Požega. Er starb kurz nach seiner Anklage durch das Simon-Wiesenthal-Zentrum 2011 in Klagenfurt, wohin er 2006 geflüchtet war, protegiert von Jörg Haider.

Sv. Trojstvo

Bei der Einfahrt in die Stadt fällt das prachtvolle vierstöckige barocke **Jesuitenkolleg** auf, das zwischen 1705 und 1711 entstand. Es ist heute einer der repräsentativsten Bischofssitze Kroatiens.

Der Hauptplatz von Požega mit Pestsäule

Denkmal für Luka Ibrišimović

Der sich anschließende Platz Sv. Trojstvo ist von Häusern aus dem frühen 18. Jahrhundert umstanden, den ältesten erhaltenen in Slawonien. In seiner Mitte steht eine Pestsäule aus dem Jahr 1749 von Gabrijel Granicije. Im Süden befindet sich die **Franziskanerkirche** aus dem Jahr 1280. Hinter ihrer klassizistischen Fassade, die nach einem Brand 1842 davor gebaut wurde, verbirgt sich eine der ältesten Kirchen in Slawonien, wie das Kreuzrippengewölbe innen beweist. Den Türken, die den Eingang verkleinerten, diente sie als Moschee.

Trg Marija Terezija

Am Trg Marija Terezija befindet sich das Denkmal für den schwertschwingenden Franziskanerpater Luka Ibrišimović von Györgyi Kiss. Überragt wird der Platz von der Kirche **Sv. Terezije Avilske** aus dem Jahr 1763, die auf Betreiben der Kaiserin Maria Theresia zu Ehren ihrer Namenspatronin geweiht wurde. Der Bau wurde 1899 von Celestin Medović und Oton Iveković ausgemalt und wurde mit der Gründung des Bistums 1997 zur Kathedrale.

Trenkovo

Geschichtsträchtig ist das nördlich von Požega gelegene Trenkovo. Das **Schloss** inmitten des kleinen Ortes gehörte einst Franz Freiherr von der Trenck, der hier das berühmte Pandurenregiment gründete, eine Art slawonische Fremdenlegion. Ab 1740 zunächst aus slawonischen Räubern und Kriminellen rekrutiert, entstand mit Hilfe von Anwerbungen eine 5000 Mann starke Armee auf Kosten und unter der Führung des 1711 geborenen Freiherrn. Die Panduren zogen meist als Vorhut in viele Schlachten für Maria Theresia, unter anderem in den Schlesischen Krieg gegen Friedrich den Großen. Die Freikorps, die vor allem durch Wagemut und Brutalität auffielen, hatten eine eigene Uniform nach türkischem Muster mit einer Fez-ähnlichen Kopfbedeckung und einem Halstuch, das nach ihrer kroatischen Herkunft ›Krawatte‹ genannt wurde. Mit der von Trenck eingeführten Sitte, immer zwölf Spielleute mit Trommeln, Flöten und Tschinellen vorausgehen zu lassen, entstand der Einsatz von Militärmusik. Später fiel der als unbeherrscht bekannte Freiherr in Ungnade, und er starb 1748 in einem Gefängnis in Brünn. Die abenteuerlichen Lebensgeschichten der Freiherren von der Trenck sind mehrfach verfilmt worden.

Velika

Weiter nördlich liegt Velika, das wahrscheinlich schon bei den Römern, sicher aber seit der Türkenzeit wegen seiner heißen Quellen ein Erholungszentrum ist. Erstmals 1332 erwähnt wurde ein Augustinerkloster, das später an die Franziskaner kam. Diese durften auch während der türkischen Besatzung die Messe lesen. Das Kloster wurde nach und nach abgerissen, die stehengebliebene gotische Kirche **Sv. Augustina** hat heute noch ein sehenswertes Chorgestühl. An der äußeren Südwand wurden gotische Fresken freigelegt.

Heute füllt die 28 Grad warme Quelle zwei kleinere und ein großes Schwimmbecken. Im Sommer kann man paragliden, jagen und fischen, im Winter sind Pisten präpariert, und es sind Schlepplifte in Betrieb.

Požega

Vorwahl: +385/34.

Postleitzahl: 34000.

Turistička zajednica, Antuna Kanižlića 3, Tel. +385/34/274900, www.pozega-tz.hr (kr.), tz-pozega@po.t-com.hr.

Post, Tekija 1 oder Kamenita Vrata 8.

Grgin Dol, Grgin Dol 20, Tel. +385/34/273222, www.hotel-grgin-dol.hr; DZ 60 Euro. Einziges Hotel am Platze, sauber, im Schick der 1990er Jahre.

Villa Stanišić, Dr. Franje Tuđmana 10, Tel. +385/34/312168, www.vila-stanisic.hr; DZ 45 Euro. Saubere Gastlichkeit im Stil der 1980er Jahre.

Zlatni Lug, Donji Emovci 32, Tel. mobil +385/98/472483, www.zlatnilug.hr (kr.). Bauernhoftourismus mit Weinkeller und guter Gastronomie, kleine, aber geschmackvoll eingerichtete Zimmer. Fahrradparcours und Fischteiche.

Fra Luka, Kamenita vrata 2. Unweit vom Trg Teresija, große Auswahl.

Obrtnički Dom, Franje Tuđmana 9. Fischgerichte.

Hofrestaurant Franjić - Stari jablani (Alte Pappeln), Orljavac 98, 34322 Brestovac. Etwas westlich außerhalb, kalte und warme Gerichte überwiegend aus eigener Produktion.

Vinarija Bartolović, Dubrovačka 83, Tel. +385/34/271179. Zahlreiche Weinsorten

▶ Karte S. 164

auf ca. 18 ha Fläche. Spezialitäten: Pinot noir und Syrah, auch als Barriqueweine im Eichenfass.

Gradski muzej Požega, Matice hrvatske 1, Tel. +385/34/272130, www.gmp.hr. Etwa 30 000 Ausstellungsstücke mit archäologischer Sammlung und einer Ausstellung seltener romanischer Figuren der Awarenzeit aus der ehemaligen Benediktinerabtei in Rudina.

Fest des heiligen Gregor; 12. März. Zur Feier des Sieges über die Türken, mit Kanonendonner und Weinständen.
Fišijada; September. Fischfangfest.
Volksmusikfestival; 3. Wochenende im September.

In und um Požega entspringen zahlreiche Bäche und auch Thermalquellen, unter anderem **Muški bunar** (Männerbrunnen) oder der **Sovsko-See** im Dilj-gora.

Wandermöglichkeiten in den **Požeška Gora**, zum Beispiel auf den Berg Kapovac (618 m).
Rudina: Reste einer alten Benediktinerabtei mitten in einer Waldlandschaft, von der man einen schönen Blick hat.

Ethnohaus Bello, Eugena Podupskog 38, 34310 Pleternica, Tel. +385/34/251597, Tel. mobil +385/98/500096. Südlich von Požega gelegen, Bauernhofbesichtigung für Kinder mit Reiten. Kleine Ausstellung zum traditionellen bäuerlichen Leben, kleines Restaurant mit einheimischen Speisen.

Opća županijska bolnica Požega, Osječka 107, Tel. +385/34/254533.

Kutjevo

In Kutjevo, berühmt für seinen Weinkeller, traf sich einst der k.u.k. Adel: von Prinz Eugen von Savoyen über Franz Freiherr von der Trenck bis hin zur Kaiserin Maria Theresia. Die letzten beiden sollen in dem Keller, der 1232 von Zisterziensern aus Frankreich gebaut wurde, sogar längere Zeit miteinander verbracht haben. Die Jesuiten bauten 1735 das heute zu sehende **Schloss** auf dem, was die Türken übrig gelassen hatten. 1882 ersteigerte die Karlovacer Familie Turković das Anwesen und sorgte mit Weinexport für einen beispiellosen Aufschwung der Region. Nach 1945 wurde der Weinbetrieb sozialisiert. Seit 2003 steht hinter dem malerischen Anwesen eine riesige Produktionsstätte der Firma ›Božjakovina Inc.‹.

Kutjevo

Vorwahl: +385/34, **Postleitzahl** 34340.
Turistička zajednica, Trg Graševine 1, Tel. +385/34/255233, www.tz-kutjevo.hr (kr.).

Ribarska kuća (Fischerhaus), Lukač bb, Tel. +385/34/267153, www.ribarska-kuca.hr. Zahlreiche einheimische Fischgerichte.
Kutjevačkipodrum, Z. Turkovića 1, Tel. +385/34/255500. Wild, Lamm, Gerichte vom Grill und natürlich Wein.

Über 25 Weingüter unterschiedlicher Größe buhlen um die Gunst der Besucher.
Vinski podrum Kutjevo d.d., Kralja Tomislava 1, Tel. +385/34/255002, www.kutjevo.com. Das Traditionshaus mit zahlreichen Auszeichnungen ist zu besichtigen. Die Weine in den Supermärkten sind eher durchschnittlich.
Vinski podrum Enjingi, Hrnjevac 87, Vetovo, Tel. +385/34/267200, www.enjingi.hr. Baut auf 50 ha eine breite Pa-

lette von Trauben an. Mit Einkehr- und Übernachtungsmöglichkeiten.
Vinogradarstvo i vinarstvo Krauthaker, I. Jambrovića 6, Tel. +385/34/315000, www.krauthaker.hr. Mehrfach ausgezeichneter Familienbetrieb.
Weitere Adressen siehe auf www.tz-kutjevo.hr, weiterklicken auf ›Ponuda‹ und dann ›Vino‹.

Našice

Der kleine Ort Našice ist für seine beiden Schlösser und das Franziskanerkloster bekannt. Das von der Durchgangsstraße aus gut sichtbare gelbe **Schloss** war der Sitz eines Zweiges der Grafen von Pejačević, die darin volle 200 Jahre lebten. Doch nichts wiegt die vergangene Macht der Männer gegen die internationale Berühmtheit, die eine Frau der Familie erwarb. Dora Pejačević (1885–1923) war die erste weibliche Komponistin in Kroatien, die Orchesterwerke schrieb, eine ihrer Symphonien und eines

Franziskusdarstellung vor der Franziskanerkirche

▲ Karte S. 164

ihrer Klavierkonzerte werden heute noch vereinzelt international aufgeführt. Sie komponierte in ihren nur 37 Lebensjahren 58 Werke und verbrachte die letzten beiden Lebensjahre in München.
Im Zweiten Weltkrieg besetzten die Deutschen das Schloss und nutzten es als Quartier, das Erdgeschoss diente als Lazarett, während Petar Graf Pejačević den Ustaša-Staat als Botschafter in Spanien vertrat. Im Krieg kam es zu einem furchtbaren Mord von Ustaša-Parteimitgliedern an dem serbisch-orthodoxen Priester Đorđe Bogić, bei dem sie dem Geistlichen bei lebendigem Leib Organe herausschnitten. Das belastet bis heute das Verhältnis der Volksgruppen.
Unterhalb des gelben Schlosses, halb im Wald, entstand 1903 nach dem Vorbild von Sanssouci in Potsdam das ›kleine‹ oder das ›neue‹ Schloss durch Markus VI. Graf Pejačević, den älteren Bruder von Dora. Als erster Schlossbauer im k.u.k. Machtbereich hatte er das Fundament durch eine Betonwanne auskleiden lassen.
Zwischen 1275 und 1285 wurde das **Franziskanerkloster** gebaut. Die ursprünglich gotische Kirche wurde 1763 bis 1765 barockisiert, derzeit werden aber gotische Elemente an der Fassade wieder freigelegt. Der 45 Meter hohe Glockenturm kam zwischen 1712 und 1714 hinzu. Innen ist die Kirche im reichsten Barockstil ausgestaltet, die Altäre sind 1765 bis 1774, die Kanzel 1769 und die Beichtstühle 1772 hineingekommen, die Orgel hat Josip Jančеk aus Buda 1776 aufgestellt.
In **Martin**, drei Kilometer von Našice entfernt, befindet sich auf einem Friedhof die St. **Martinskirche**. Sie ist die einzige völlig bewahrte Templerkirche in Kroatien und soll Anfang des 13. Jahrhunderts von den Kreuzrittern gebaut worden sein.

Orahovica

Der kleine Ort mit seinen knapp 4000 Einwohnern ist erst seit 1997 Stadt. Berühmt ist sie für ihre Weine und die nahegelegene romantische Burgruine **Ružica**. Sie ist in einer schönen, einstündigen Wanderung zu erreichen. Erstmals erwähnt wurde sie 1228, nachdem die Burg einem Tatarenangriff standhalten musste. Sie war königlicher Besitz und so groß, dass sie als eigene Stadt bezeichnet wurde.

Nach der Türkenzeit 1687 befand sich Orahovica zeitweise unter der Herrschaft der Pejačević, wurde 1742 aber an die serbischstämmige Familie Mihalović verkauft, von der im Ort noch ein kleines **Herrschaftsanwesen** zu sehen ist.

Einsam in den Bergen ist hinter dem Ort Duzluk eines der ältesten orthodoxen Klöster zu finden: **Sv. Nikola**. In dem 1579 fertiggestellten Kloster, das bereits im 16. Jahrhundert zu einem Bildungszentrum aufstieg, lebten bis zu 50 Mönche. In der reich bemalten Klosterkirche ist eine Ikonostase von Paul Simić aus der Malschule in Novi Sad zu sehen, die er 1869 fertigte. Seit einem Angriff während des Zweiten Weltkrieges gibt es kein klösterliches Leben mehr vor Ort. Wer Sv. Nikola besichtigen will, sollte seinen Besuch deshalb ankündigen, nähere Informationen in der Turistička zajednica Orahovica.

Heute ist Orahovica auch ein beliebter Ausgangspunkt für Wanderungen und Mountainbike-Touren im **Nationalpark Papuk**. Das fast komplett bewaldete Schutzgebiet mit dem 954 Meter hohen Papuk im Zentrum wurde 1999 eingerichtet. Drei unterirdische **Höhlen** sind bekannt, die Anita-Höhle oberhalb von Orahovica, die Uviraljka-Höhle mit Winterquartier für elf Fledermausarten und eine erst jüngst im Krndija-Gebirge entdeckte Höhle. Mehrere **Burgen** – Pogana gradina, Voćin, Velički grad – sind beliebte Ziele im Nationalpark.

Slawonien

Orahovica

Postleitzahl: 33515.
Vorwahl: +385/33.
Turistička zajednica Orahovica, Trg Sv. Florijana bb, Tel. mobil +385/33/673540, www.tzgorahovica.hr (kr.).
Nationalpark Papuk, Stjepana Radića 46, Velika, Tel. +385/34/313030, www.pp-papuk.hr. Eintrittspflichtig, Führungen zu verschiedenen Themen gegen Aufpreis.

Odmor u zelenom, Omladinska 6, Duzluk, Tel. +385/33/673802; Haus/2 Pers. 53 Euro. Etwas außerhalb im Grünen, modern eingerichtet.
Dukat, Trg Sv. Križa 4, Tel. +385/33/401420, http://hotel-dukat.com (kr.), ortran@vt.htnet.hr; DZ 46 Euro. Erstes Haus am Platz.

Restaurant im Hotel ›Dukat‹.

Landwirtschaftsproduktionsstätte Orahovica d.d., Stjepana Mlakara 5, Tel. +385/33/673322, www.pporahovica.hr (kr.). Auf 192 ha Anbau von Silvaner, Pinot Gris, Riesling, Blaufränkisch, Chardonnay und Sauvignon Blanc. Außerdem Produktion von Haselnüssen und Fischzucht.
Weingut Vinković Blaženko, M. Gupca 36, Tel. +385/33/675038. Familienunternehmen.

Karneval; Februar.
Stadtfest; 3. Mai.
Ritterfest; Anfang August.
Fišijada; Oktober. Großes Fischerfest.

In der Nähe der Burg Ružica befindet sich seit den 1960er Jahren ein aufgestauter See, beliebtes Badeziel im Sommer, kann voll werden.

Bjelovar und Umgebung

Bjelovar

Der einstige Flecken Belovar, der erst ab 1892 Bjelovar hieß, war bereits seit der Eisenzeit bewohnt. Es wurden Reste einer römischen Straße, eines Aquädukts und einer Nekropole gefunden. 1420 wurde der Ort erstmals erwähnt.

Bjelovar mit seinen heute etwas über 40 000 Einwohnern ist eine Konstruktion auf dem Reißbrett. 1756 begann Peter Lewin Graf von Beck sie im Auftrag der Kaiserin Maria Theresia als Garnisonsstandort zu planen. In ihren Reformbemühungen um eine Reorganisation ihres Reiches wollte die Habsburger Monarchin ihre Truppen aus Koprivnica und Đuđrvac an einem Ort zusammenziehen und ein neues Kommando der Militärgrenze einrichten. Trotz der drohenden Gefahr durch die Osmanen ließ Maria Theresia ließ die Garnisonsstadt nicht durch eine Festung sichern.

1772 stellte die Kaiserin der Stadt die Marktrechturkunde aus. Franziskaner, Orthodoxe und Juden siedelten sich an. Ab 1894 verband eine Bahnstrecke den Ort mit der Welt.

Der Park Trg Eugena Kvaternika

▲ Karte S. 164

Zwei Tage bevor der neue Ustaša-Staat am 10. April 1941 in Zagreb offiziell proklamiert wurde, wurde die Gründung des ›Unabhängigen Staates Kroatien‹ bereits vom Balkon des heutigen Museums in Bjelovar ausgerufen. Am 28. April 1941 tötete die Ustaša rund 200 Serben in Gudovac Nähe Bjelovar. Im Februar 1945 bombardierten amerikanische Flugzeuge die Stadt und halfen den Partisanen, die Stadt einzunehmen. Während des Krieges der südslawischen Völker begannen 1991 dramatische Kämpfe um die Kaserne der Jugoslawischen Volksarmee. Noch bei der Übergabe am 29. September 1991 verübte der leitende Militär Major Milan Tepić einen Selbstmordanschlag und nahm elf Kroaten mit in den Tod. Seitdem wird er in Serbien als Held gefeiert, und die Kroaten gedenken am 29. September den Opfern. Nach der Unabhängigkeit wurde in Bjelovar erstmals in Kroatien eine Frau zur Bürgermeisterin gewählt.

Stadtrundgang

Das Zentrum um den Park **Trg Eugena Kvaternika** strahlt noch heute das Flair einer Garnisonsstadt aus. Unübersehbar ragt im k.u.k. Gelb die 1772 errichtete Kirche **Sv. Terezija** zu Ehren der einstigen Kaiserin auf.

Der Park war der frühere Exerzierplatz der kaiserlichen Armee. Die größte Baumallee soll bereits 1756 gepflanzt worden sein. Der **Pavillon** in der Mitte stammt aus dem Jahr 1943, die **Statuen** aus den Jahren 1777/78. Sie stellen Sv. Terezija Avilska, Sv. Ivan Nepomuk, Sv. Juraj und Sv. Jelena Križarica dar. Neben der Kaiserin waren dies die Schutzpatrone der stationierten Regimenter. 1945 wurden die Statuen von den Kommunisten entfernt und erst 2000 wieder aufgestellt.

Gebäude der Militärverwaltung in Bjelovar

Neben der Pfarrkirche befindet sich ein Schulgebäude und das ehemalige Piaristenkolleg. In ihm ist heute das **Stadtmuseum** untergebracht. In den Häusern gegenüber der Theresienkirche mit ihren Arkaden hatte die Militärverwaltung ihren Sitz. Auf der gleichen Seite an der anderen Ecke zur Ljudevit Gaja steht die orthodoxe Kirche **Svetog Trojce**. Sie wurde von 1792 bis 1795 erbaut und ist leider nicht zu besichtigen, obwohl sie schöne Werke von Celestin Medović, Bela Čikoš Sesija und Ivan Tišov aus dem kroatischen Realismus enthält.

In der von der östlichen Seite des Platzes abgehenden Ivana Mažuranića ist eine der wenigen erhaltenen **Synagogen** Nordkroatiens zu sehen. Sie wurde 1913 gebaut und von den Nazis zu einem Theater umfunktioniert. Seit dem Zweiten Weltkrieg befindet sich darin das Haus der Kultur.

Bjelovar

Postleitzahl: 43000.
Vorwahl: +385/43.
Turistička zajednica, Trg Eugena Kvaternika 2, Tel. +385/43/243944, www.tzbbz.hr (kr.).
Post, Ljudevita Gaja 2.
Internetcafé, in der Stadtbibliothek, Trg Eugena Kvaternika 11.

Busbahnhof, am Bahnhof, Trg kralja Tomislava 4, Tel. +385/43/241269. Verbindungen nach München, Ulm, Stuttgart, Frankfurt, Ingolstadt, Nürnberg, Berlin.
Bahnhof, Trg kralja Tomislava.

Hotel Central, Vatroslava Lisinskog 2, Tel. +385/43/243133, www.turist.hr; DZ Pers 75 Euro. Das erste Haus am Platz, zentral gelegen, modern eingerichtet, sauber, mit Kühlschrank im Zimmer.
Mrak Sobe, Daruvarska 94, Tel. +385/43/234203, www.sobemrak.hr (kr.); DZ 35 Euro. 3 km von Bjelovar entfernt, Richtung Daruvar. Einfache, saubere und günstige Privatzimmer, auch auf Radtourismus eingestellt.
Pavičić, Letičani 44, Tel. +385/43/222566. Außerhalb in nördlicher Richtung, einfache Zimmer, mit Restaurant.
Na malenom Brijegu (Auf dem kleinen Hügel), Ribnačka 84, Velinka Pisanica,

Tel. +385/43/874324, www.namalenom brijegu.hr (kr.). Übernachten in Omas umgebautem Wochenendhaus. Sehr gemütlich, einheimische Gerichte und Getränke aus ökologischer Herstellung. Mit Ausflügen, Reitkursen, Kutschfahrten und Fahrradverleih.

Familie Salaj, Dr. A. Starčevića 132, Čazma-Grabovnica, Tel. +385/43/71511. Etwas außerhalb, auf einem großen parkähnlichen Grundstück, Wohnen im Blockhaus.

Pavičić, Letičani 44d, Tel. +385/43/271503. Rustikal, Grillgerichte.

Kljet Srcu & Rubelj Grill, Šetalište dr. Ivše Lebovića 10, Tel. +385/43/244283. Speisen vom Grillrost.

Weinlokal Šapić, Puričani 40, Tel. +385/43/636206, www.agroturizam.vinia.hr (kr.). 4 km nördlich von Bjelovar. Hübscher Ausflugsort für einen Schoppen Wein und eine Kleinigkeit zu essen. Gerichte nach alten Rezepten, Fleisch am Spieß.

Die berühmte Franziskanerkirche von Virovitica

Karte S. 164

OPG Jan Vnouček, Križevačka cesta 18, http://vnoucek.hr. Verkauf in der Stadt, das Weingut liegt in Lipovo Brdo bei Kapela. Kommerzieller Weinanbau seit 2005: Rajnski Rizling, Weißer Pinot, Grüner Silvaner und Roter Pinot.
Weitere Adressen auf www.vinskeceste-bbz.hr. Auch ein Ausflug nach Daruvar (→ S. 199) lohnt sich.

Gradski muzej (Stadtmuseum), Trg Eugena Kvaternika 1, Tel. +385/43/244207; Di–Fr 10–19, Sa/So 10–14 Uhr. Ein engagiertes Museumsteam hat viele Gegenstände aus der Geschichte der Stadt seit der Römerzeit zusammengesammelt und eine ethnographische Sammlung aufgebaut. Außerdem sind Werke der Malerin Nasta Rojc (1883–1964) zu sehen, die aus Bjelovar stammte.

Terezijana; 2. Wochenende im Juni. Seit 1996, dreitätiges Fest in Erinnerung an Kaiserin Maria Theresia. Es beginnt mit der Ankunft der Kaiserin auf dem Platz, dann wird daraus ein Straßenfest mit vielen Ständen und Ausschank.

Öffentliches Schwimmbad, Trg Stjepana Radića 2.
Zum Baden in Thermalwasser lohnt ein Ausflug nach **Daruvar**, www.daruvarske-toplice.hr. Strand, Bade- und Wassersportmöglichkeiten.

Für den Kurztrip sind drei Routen rund um die Stadt ausgeschildert, eine längere Strecke führt bis an die ungarische Grenze; Karte in der Turistička zajednica.

Kukavica, Velika Pisanica bb, 43271 Velika Pisanica, Tel. +385/43/883009, www.kukavica.hr (kr.). Im Wald gelegenes Sportzentrum mit Übernachtungsmöglichkeiten und Camping. Wandern, Radfahren, Angeln, Reiten und Kutschfahrten sind möglich.

Etno Park, Veliko Trojstvo, 8 km von Bjelovar. Ein Einzelhof im alten Stil mit Scheune.

Virovitica

Das Schloss **Pejačević**, um das der Ort herum gebaut ist, markiert die Glanzzeit des Ortes, und das darin untergebrachte Museum erlaubt einen Blick in die Geschichte der Stadt. Die Rekonstruktion einer Nomadenhütte im Museum zeigt, wie Steinzeitmenschen etwa 23 000 vor Christus im Gebiet der heutigen Stadt gelebt haben.
Seit dem 5. Jahrtausend vor Christus war Virovitica ein Handelsplatz auf den Verkehrswegen von Nord nach Süd und von West nach Ost. So lag es auf der von Römern gebauten Via magna, zwischen Ptuj und Osijek.
Das Datum der Urkunde, mit der der König Koloman II. die Stadt zur freien königlichen Stadt machte, ist zum Marketing-Signet der Stadt geworden, weil es sich so leicht merken lässt: 1234. Im Mittelalter stand auf dem Hügel, auf dem das heutige Schloss steht, bereits eine Burg Kolomans, der große Ländereien um den Ort besaß. Virovitica hatte auch das Recht der Münzprägung für ganz Slawonien.
Nach dem Abzug der Türken 1689 kam die Herrschaft an den Fürsten von Pejačević, der seinen Hauptsitz in Našice hatte und der sie 1841 an den deutschen Fürsten Wilhelm von Schaumburg-Lippe veräußerte. Dieser führte den Besitz zur größten Blüte, bis die Dresdner Bank und die Ungarische Allgemeine Creditanstalt 1910 das Land erwarben, es in 54 Teile parzellierten und verkauften, vielfach an deutsche Auswanderer. 1921 wurde Virovitica zur Stadt.

Mönch im Museum des Franziskanerklosters

Rundgang

Von der mittelalterlichen Burg, an deren Stelle heute das **Schloss** steht, ist nichts mehr zu sehen. Nur der Graben darum herum, der seit über 100 Jahren kein Wasser mehr führt, hat sich seit dem Mittelalter gehalten. Anton III. Pejačević engagierte 1800 den Architekten N. Roth mit dem Bau des Schlosses, das 1804 fertiggestellt und zuletzt 1971 renoviert wurde. Der Park wurde 1962 unter Schutz gestellt, bei der letzten Zählung 1995 enthielt er 76 verschiedene Baum- und Straucharten.

Markant für das **Franziskanerkloster** nordwestlich des Schlosses ist die große Kirche **Sv. Rok**, die heute auch als Pfarrkirche dient. Die Barockausstattung der von 1746 bis 1752 erbauten Kirche gehört zu den reichsten in Nordkroatien. Der etwas über 14 Meter hohe Hauptaltar ist ein Werk von Timotheus Švab (1767–1769), für die Gemälde darauf sorgte der Grazer Maler Joseph Göbler, die Statuen schnitzte Joseph Holzinger 1769 aus Marburg (Drau) innerhalb eines Jahres. Neben den acht Altären ist vor allem die Kanzel erwähnenswert, die der Virovititcer Maler Francis Čagljević 1759 mit Szenen aus dem Alten Testament versehen hat. Die Orgel von 1752 mit heute 20 Registern hat ein schlesischer Orgelbaubetrieb gefertigt, sie wurde von zwei Franziskaner Mönchen bemalt. Im nebenliegenden Kloster zeigt ein **Museum** eine Sammlung barocker Bilder sowie Statuen und eine große Bibliothek.

▲ Karte S. 164

Bereits in den 1920er Jahren gab es in Virovitica ein kleines Kino, 1924 gründete sich die erste Amateur-Theatergruppe. Seit 1945 befindet sich westlich des Schlosses ein kleines Theater mit knapp 300 Sitzplätzen. Durch seine Tourneen in viele der Nachbarländer ist es über die Stadtgrenzen hinaus bekannt und wurde mit zahlreichen Preisen bedacht. Eine der berühmteren Persönlichkeiten der Stadt ist Edita Schubert (geb. 1947), die sich weltweit einen Namen als abstrakt malende Künstlerin machte. Für die medizinische Fakultät Zagreb fertigte sie anatomische Zeichnungen an. Im Stil ihrer Kunst ist die Häuserreihe in blau und rot gegenüber dem Eingang zum Schloss gestrichen.

i Virovitica

Postleitzahl: 33000.
Vorwahl: +385/33.
Turistička zajednica grada Virovitice, Trg kralja Tomislava 1, Tel. +385/33/721241, www.tz-virovitica.hr.
Post, Masarykova 1.

Mozart, Kinkovo bb, 33404 Špišić Bukovica, Tel. +385/33/801000, www.hotelmozart.hr; DZ 80 Euro. Etwas außerhalb am Rand zum Bilogora, idyllisch gelegen. Kutschfahrten möglich, Ausgangspunkt zur Jagd; Hunde erlaubt.
Šulentić, 30. svibnja 100, Milanovac, Tel. +385/33/731282, www.hotel-sulentic.hr; DZ 60 Euro. Im südlichen Stadtteil von Virovitica, sehr schlicht.

Višnjica, PP-46, 33520 Slatina, Tel. +385/33/401650, www.visnjica.hr; DZ 30 Euro, 120 Betten. Bauernhoftourismus im großen Stil, Pferde und Kinderspielplätze.

Weitere, auch private Unterkünfte: www.tz-virovitica.hr/smjestaj.

Dvorac, Trg Josipa Jelačića 23, Tel. +385/33/722721. Restaurant im Schlosskeller.

Smiljanec, Korija, Nazorova cesta 95, Tel. + 385/33/738222, www.smiljanec-korija.hr. 4 km außerhalb, regionale Küche, auf Wunsch Lamm am Spieß, eigene Weine, insbesondere Žlahtina-Eiswein.

Bilogorski dvori, Bilogorska 22a. Einheimische Küche, günstig.

Zdravko Šarić, J.J. Strossmayera 22, Tel. +385/33/725553. Graševina und Pinot bijeli, zahlreiche regionale Auszeichnungen.

Martin Lovretić, Golo Brdo bb, Tel. mobil +385/98/1818393. Im Vorort, vor allem Graševina, kulinarisches Angebot zur Weinprobe.

Josip Zdeličan, Sv. Trojstva, Milanovac, Tel. mobil +385/98/342861. Baut hauptsächlich Rieslingtrauben an, mit kulinarischem Angebot zur Weinprobe.

Nachtclub Bomb, Stjepana Radića 17. Mit Diskothek.

Museum im Schloss, Trg Ban Jelačića 23, Tel. +385/33/722127, http://muzejvirovitica.hr (kr.); Mo, Fr 8–15, Di, Mi, Do 8–19, Sa 10–13 Uhr. Gezeigt werden archäologische Funde und Bilder zeitgenössischer kroatischer Maler.

Auf der Südseite des Schlossgartens befindet sich ein großes **Freibad**.

Radeln an der Drava, Radwege Richtung Norden bis ins ungarische Barcs wurden neu angelegt.

Gestüt Damir Janusk, Vinogradski put 20, Stadtteil Milanovac, Tel. mobil +385/98/271679. Pferdevermietung, Reitschule, auch Therapie- und Terrainreiten möglich.

Paragliding in Korija, Infos in der Turistička zajednica.

Wandern und Erholen an den Teichen 7 km südlich von Virovitica, Wandern an der Drava nördlich von Pitomača.

Fischteiche, 7 km südlich von Virovitica mit zahlreichen Fischarten (Hecht, Barsch, Karpfen, Schlei, Brasse) oder Angeln in der Drava. Fischlizenzen gibt es jährlich (50 Euro), fürs Wochenende (20 Euro) oder für einen Tag (9 Euro), Angelscheine beim **ClubOđenica**, Zvonimirov Trg 6, Tel. +385/33/722998, www.sruodjenica.hr (kr.) oder bei der Zajednica športsko ribolovnih udruga, Tihomir Majstorović, Matije Gupca 63, Tel. +385/33/721302, zsu.vtc@vt.t-com.hr.

Krankenhaus, Dom zdravlja Virovitica, Ljudevita Gaja 21, Tel. +385/33/722160.

Daruvar

Die heißen Quellen haben Daruvar bekannt gemacht. Die Römer richteten sich das Heilbad Aquae Balissae ein. Im Mittelalter bestand der Ort aus mehreren Dörfern, die sich noch heute in den Namen der Stadtteile Heviz, Četvrtkovac und Podborje wiederfinden. Doch erst nach der Rückeroberung des Ortes von den Türken 1689, als das Fürstengeschlecht von Janković 1763 Podborje kaufte, begann der Aufstieg des Ortes,

Slawonien

indem der Graf aus ihm eine Kurstadt machte und sogar Industrie ansiedelte. Zunächst errichtete Anton von Janković das dreiflügelige **Schloss Daruvar**, eines der repräsentativsten Gebäude Nordkroatiens, benannt nach dem Tier in seinem Wappen darú=Kranich (ungar.). Nachdem das Schloss 1920 an den Staat gekommen war, wurde es in jugoslawischer Zeit als Gymnasium genutzt. Die Keller nutzt das Weingut Badel zur Lagerung seiner Weine. Im 1777 angelegten Schlosspark steht bis heute ein Ginkgo-Baum, der mit einem Alter von über 230 Jahren als einer der ältesten auf kroatischen Boden gilt.

Die Gotteshaus **Sv. Trojstvo** von 1764 war einst dem Gebet der Grafen vorbehalten und wurde 1821 zur Pfarrkirche umgewidmet. Die während der osmanischen Bedrohung angesiedelten orthodoxen Wlachen aus Bosnien fanden in der Kirche **Bogonosnih Otaca**, die 1884 fertiggestellt wurde, eines der am reichsten ausgestatteten Bethäuser Kroatiens. Nach der Türkenzeit wurden viele tschechische Familien angeworben, um die entvölkerten Dörfer zwischen Bjelovar, Virovitica und Daruvar wieder zu besiedeln. Tschechische Folklore prägt bis heute den Ort. Berühmt ist das Erntedankfest Obžinkove slavnosti, das die heute über 7000 in Slawonien lebenden Tschechen jedes Jahr in einem anderen Dorf rund um Daruvar ausrichten. Nachfahren der Siedler bauten 1893 eine Brauerei auf, die heute noch das ›Staročeško‹ (Altes Tschechisches) nach einem Rezept aus der böhmischen Heimat herstellt.

i Daruvar

Vorwahl: +385/43.

Postleitzahl 43500.

Turistička zajednica Daruvar-Papuk, Trg kralja Tomislava 12, Tel. +385/43/331382, www.visitdaruvar.hr.

Post, Josipa Jelačića 6.

Slavonija, Trg kralja Tomislava 20, Tel. +385/43/335555; DZ 50 Euro. In einem schönen Bau aus dem 19. Jahrhundert, zentral gelegen. Mit Klima, TV und Internetzugang im Restaurant.

Balise Hotel, Trg kralja Tomislava 22, Tel. +385/43/440220, www.hotel-balise.hr; DZ 50 Euro. Zentral gelegenes, familiengeführtes Hotel, mit TV, Klimaanlage und Restaurant; (kleine) Haustiere sind erlaubt. Der Eigentümer bucht auf Wunsch Fitness- und Thermalbad-Angebote und organisiert auch Jagd- und Fischgenehmigungen.

OPG Kovačević, Franje Kuhača 49, Tel. mobil +385/99/5781927, www.daruvar-vinarija-kovacevic.hr, vinarija.kovacevic@optinet.hr; DZ 50 Euro. Sechs Übernachtungsmöglichkeiten auf einem Weingut, das in fünfter Generation geführt wird, mit Verpflegung in der umgebauten Scheune.

Balise, Trg kralja Tomislava 22. Einheimische Küche.

Weingut Kovačević, Franje Kuhača 49, Tel. +385/99/5781927. Essen auf dem Weingut in einer umgebauten Scheune.

Kavana Queen, Svačićeva 14, Tel. +385/43/334320. Kleine Speisen mit guter Weinauswahl.

Sechs Weingüter haben sich zu einer Weinstraße zusammengeschlossen und zusätzlich eine Käserei aufgenommen, siehe www.vinskeceste-bbz.hr (kr.).

Badel 1862 d.d. Vinarija Daruvar, Ivana Gundulića 1, Tel. +385/43/331943.

Vinarija Lotada, Daruvarski vinogradi 82, Tel. +385/43/332453, www.vinarija-lotada.com (kr.). Professioneller Familienbetrieb, 120 000 l Wein pro Jahr, schöne Terrasse mit Blick auf das Tal.

Karte S. 164

OPG Voborski, Svibanjska 14, Tel. +385/43/333098. Kleiner Familienbetrieb, Terrasse mit Turm im Weinberg.

Thermalwasserpark Aquae Balissae, Frana Kršinića 17, Tel. +385/43/440044, www.aquae-balissae.hr. Außen 2000 qm, innen 600 qm Poolfläche, von Thermalquellen gespeist, mit einer Durchschnittstemperatur von 32 Grad.
Weitere Infos zu Thermalanwendungen: www.daruvarske-toplice.hr.

Käserei Biogal, Milke Trnine 20, Tel. +385/43/344222. Der Betrieb stellt seit 15 Jahren Käseprodukte aus Kuh- und Ziegenmilch kleinerer Bauernhöfe der Umgebung her und hat schon viele Auszeichnungen erhalten.

Poliklinik Dr. Maletić, Trg Kralja Tomislava 1/1, Tel. +385/43/335330.
Erste Hilfe, Petra Preradovića 7, Tel. +385/43/331688.

Pakrac und Lipik

Seit 1699 ist Pakrac Sitz eines orthodoxen Bischofs. Umgeben von überwiegend serbisch besiedelten Dörfern, kam es im Unabhängigkeitskrieg zu erbitterten Kampfhandlungen um den Ort. Einige der barocken katholischen Kirchen wurden zerstört, der orthodoxe Bischofspalast von 1732, fünf Pfarrhäuser und ein Seminar zur Priesterausbildung stark beschädigt oder dem Erdboden gleichgemacht.

Der Ort, der einst 28 000 Einwohner hatte, wird heute noch von 11 500 Menschen besiedelt, die vielfach noch traumatisiert sind. Eine der Überlebenden ist die ehemalige Ministerpräsidentin Jadranka Kosor, die in Pakrac geboren ist.

Unter König Bela VI. 1238 erstmals erwähnt, durfte Pakrac im Mittelalter bereits eigene Geldmünzen prägen. Zwischen 1745 und 1768 wurde die serbisch-orthodoxe Kirche **Svete Trojice** erbaut.

Nachdem die Nazis an die Macht gekommen waren, brannten sie 1941 die 1875 erbaute Synagoge nieder.

In der Umgebung von Pakrac siedelten viele Italiener, die auch Spuren im Dialekt und in der Küche hinterlassen haben. So ist die in Pakrac hergestellte italienische Salami zur Spezialität geworden.

Der eigentliche Grund, um nach Pakrac zu fahren, sind die **heißen Quellen** im Ortsteil **Lipik**. Lipik, heute einer der kleineren Thermalkurorte in Slawonien, hat eine große Vergangenheit. Bereits die Römer nutzten die Quelle, wie eine Stele beweist. Der Ort war zwischenzeitlich im Besitz des Freiherrn von der Trenck; der Aufschwung begann aber erst 1876 mit dem Unternehmer Antun Knoll aus Vukovar.

Knoll ließ noch einmal bohren und stieß auf noch heißeres, jodhaltiges Wasser. Er ließ Sümpfe entwässern und baute zwei neue Bäder. 1893 wurde das große Kurhaus fertiggestellt, Lipik bekam als eine der ersten Städte Slawoniens Strom und erhielt eine Anbindung an die Eisenbahn. Um die Jahrhundertwende wurde es in einem Atemzug mit Baden-Baden und Karlsbad (Karlovy Vary) genannt.

Im Zentrum des Ortes liegt das **Sanatorium**, das das 60 Grad warme Wasser, das aus 260 Meter Tiefe entspringt, für Anwendungen bereitstellt. Die 15 000 Hektoliter Wasser, die täglich sprudeln, enthalten Fluor, Natrium, Jod und Kalium.

Im nahegelegenen **Pakra** ist ein orthodoxes Kloster besuchenswert. Es wurde 1588 von dem Archimandriten Dositej gegründet. Die Kirche besitzt eine vergoldete Ikonostase aus dem Jahr 1779.

Istrien selbst hängt noch auf einer breiten Strecke mit dem Festlande zusammen und erwartet von diesem Festlande, dessen Anhängsel es ist, seine Bestimmungen. Gleich hinter Istrien aber beginnen diese eigenthümlichen Gestaltungen von Küsteninseln, die das Charakteristische von Dalmatien sind und die, untereinander wie eine Kette zusammenhängend, längs der dalmatischen Küste sich hinabziehen.

Georg von Kohl, Reise nach Istrien, Dalmatien und Montenegro (1851)

Blick vom Gipfel des Vojak im Učka-Gebirge

ISTRIEN UND KVARNER BUCHT

Istrien

Mitteleuropäischer und mediterraner Raum treffen sich zwischen dem Golf von Triest und der Kvarner Bucht vor Rijeka in Istrien, der größten Halbinsel der Adria (3476 Quadratkilometer). Diese geographische Lage an der Stelle, wo das Mittelmeer am tiefsten in das europäische Festland schneidet und das hohe Gebirgsmassiv Učka die Halbinsel vom übrigen Kroatien trennt, macht die Besonderheit Istriens aus, das im Laufe der Geschichte unter sehr unterschiedlichen Herrschaften stand.

Die Bezeichnung Istrien geht auf die Histri, einen Stamm der Illyrer, zurück, die hier in der Antike siedelten. Die Halbinsel war ein wichtiger Teil des Römischen Reiches, und nach dessen Untergang und der Ankunft der Kroaten übernahmen fränkische Herrscher und das Patriarchat von Aquileia die Macht. Ab dem 15. Jahrhundert herrschten Venedig über den westlichen Küstenteil Istriens und die Habsburger über die Ostküste und das Landesinnere. Gegen Ende des 18. Jahrhunderts regierten kurzzeitig die Franzosen über Istrien, anschließend blieb

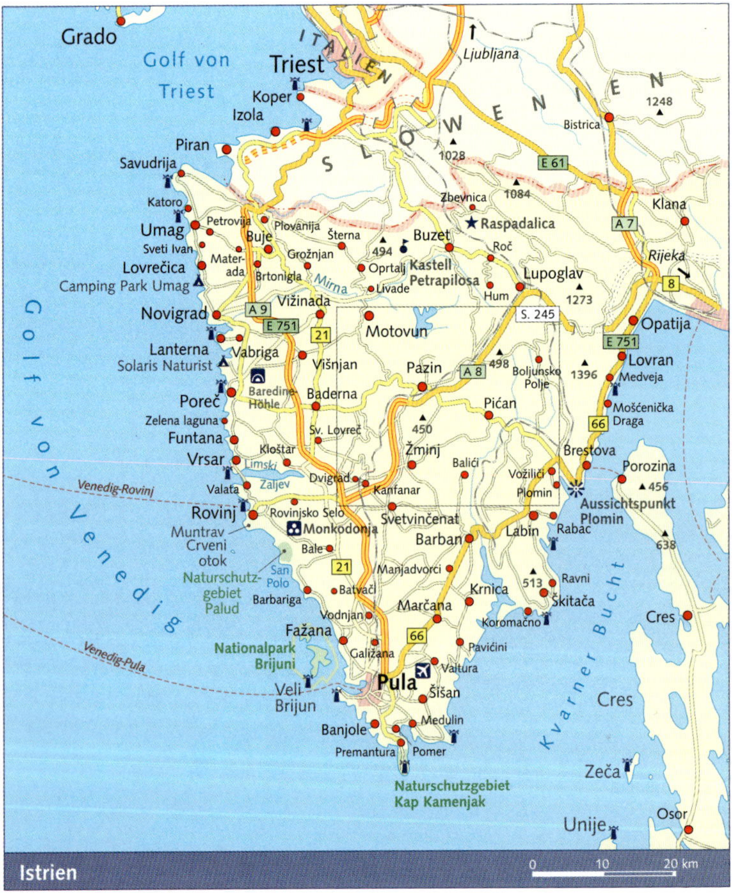

Istrien

es bis zum Ende des Ersten Weltkrieges unter österreichischer Herrschaft. Zwischen den Weltkriegen fiel Istrien zeitweise an Italien, und 1945 kam es zu Kroatien, erst als Teil Jugoslawiens und seit 1991 als Region des unabhängigen Staates Kroatien.

Die Geschichte erklärt die Mischung der Kulturen und der Völkerfamilien der Slawen, Romanen und Germanen, die hier stärker ausgeprägt ist als im übrigen Kroatien. Obwohl nur etwa sieben Prozent der Bevölkerung Istriens Italiener sind, gelten hier Kroatisch und Italienisch als gleichberechtigte Sprachen. In den meisten Städten gibt es zweisprachige Beschilderungen.

Die Halbinsel besteht größtenteils aus Kalkgestein. Die Küste im Westen ist stark gegliedert. Einige Meeresarme wie der Limski-Kanal zwischen Vrsar und Rovinj reichen tief ins Binnenland und haben fjordähnlichen Charakter. Im nördlichen und mittleren Teil Istriens liegen die Orte meist auf weithin sichtbaren Hügeln, was der Landschaft einen besonderen Reiz verleiht und an die Toskana erinnert. Das Inland ist dünn besiedelt. Weinbau wird in diesen Regionen intensiv betrieben, vor allem werden der gelbe bis grünliche, leicht bittere Malvazija sowie der dunkelrote Teran gekeltert. In der Gegend um Motovun wachsen Trüffel, die von Kennern zu den besten der Welt gezählt werden. Auch der Kaiserling (Amanita caesarea) zählt zu den istrischen Pilzspezialitäten. Den Süden kennzeichnet eine Felsenküste mit dem Naturschutzgebiet Kap Kamenjak.

Die einzigartige geographische Lage und die Vermischung verschiedener Einflüsse führten zur Entwicklung einer besonderen Kultur und Landschaft, Musik und Gastronomie. Viele nennen Istrien das ›magische‹ Land, das Aussteiger und Esoteriker anzieht, insbesondere auch aus Deutschland, die hier eine neue Heimat suchen.

Gasse in Rovinj

Die Westküste

Umag

Das Städtchen Umag (Umago, 13 000 Einwohner), auf einer schmalen Halbinsel gelegen, war schon bei den Römern ein beliebter sommerlicher Erholungsort. Vom 6. bis 8. Jahrhundert regierten Umag wechselnde Herrscher wie Byzantiner, Langobarden und Franken, bis es 1268 an Venedig fiel und eine wichtige Hafenstadt wurde, die man im 14. Jahrhundert mit Stadtmauern und Türmen befestigte. Aus venezianischer Zeit stammen **gotische Steinhäuser** aus dem 15. und 16. Jahrhundert. Die Kirche **Sv. Rok** in der ulica Garibaldi am Eingang zum historischen Stadtkern entstand nach einer Pestepidemie im 16. Jahrhundert. Ihren Innenraum (heute Gemäldegalerie), schmückt eine bemalte Holzdecke aus dem 18. Jahrhundert. Die barocke Pfarrkirche **Uznesenja Marijina i Sv. Peregrin** auf dem Hauptplatz wurde 1757 nach Plänen des Mailänder Architekten Filippo Dongetti errichtet. An ihrer linken Außenmauer hängt ein Relief aus dem 14. Jahrhundert, das den heiligen Pilgrim, den Schutzpatron der Stadt, darstellt. Innen sind ein Polyptychon venezianischer Schule aus dem 15. Jahrhundert sowie die Deckenfresken sehenswert.

Savudrija

Nur sieben Kilometer nördlich von Umag steht der 1818 unter Kaiser Franz I. errichtete 36 Meter hohe Leuchtturm von Savudrija (Salvore). Eine Legende erzählt, Fürst Metternich habe den Turm für eine kroatische Edelfrau bauen lassen, in die er sich auf einem Ball in Wien verliebt hatte. Bevor sie ihr Liebesnest beziehen konnten, starb die Dame jedoch. Metternich kehrte nie mehr zu dem Turm zurück. Sein Geist aber irre noch immer voller Sehnsucht um das Bauwerk herum, heißt es.

Man erreicht den romantisch gelegenen Turm, in dem Apartments vermietet werden, vom Autocamp ›Pineta‹ (Bašanija) aus, wenn man der Svetioničarska ulica folgt. Dieser nördlichste Teil der kroatischen Küste ist mit Ferienhäusern und Campingplätzen ganz auf Badeurlaub eingestellt.

Die Strände sind hier etwas schroff, Winde und mitunter heftiger Wellengang sind aber bei Windsurfern beliebt, und die mit Kiefern und mediterranen Gewächsen bestandene Küste ist – auch wegen der für Savudrija typischen Gestelle zum Aufhängen der Boote – sehr stimmungsvoll.

Umag und Savudrija

Vorwahl: +385/52.
Postleitzahl: 52470.
Turistička zajednica Umag, Trgovačka 6, Tel. +385/52/741363, www.coloursofistria.com. **Post**, 1 Svibnja 1.

Busbahnhof Umag, Joakima Rakovca 11, Tel. +385/60/381381.

Taxi und Minibus-Taxi, Tel. mobil +385/98/215307.

Villa Restaurant Punta, Šetalište V. Gortana 24, Tel. +385/91/2060475, www.punta-umag.com; DZ 65 Euro. Am Meer und nur 15 Min. zum Zentrum. Leckere Fisch- und Fleischgerichte.

Villa Vilola, Umaška 2, Umag, Tel. +385/52/759940, www.villa-vilola.hr; DZ ab 130 Euro. Gepflegtes Hotel im Zentrum.

Sol Umag, Jadranska bb, Tel. +385/52/714000, www.istraturist.com/de/hotels/sol-umag; DZ 125 Euro. Großes Hotel am Meer, 1 km von der Altstadt, mit Wellness-Zentrum.

▶ Karte S. 204

Die Gestänge zum Aufhängen der Boote sind typisch für Savudrija

Hotel Zlatna Vala, Sveti Ivan 45, Tel. +385/52/756060, www.zlatna-vala.hr; DZ ab 70 Euro. Stilvolles, familiäres Hotel am Meer, 5 km bis Umag.

Rooms Zatišje, Savudrija, Zatišje 3, Tel. +385/52/759629; DZ 80 Euro. Schlichtes kleines Hotel, 70 m vom Strand entfernt.

Leuchtturm Savudrija, Tel. +385/52/390039, www.uniline.hr/kroatien/leuchtturme.php; App. (2 Pers.) 80 Euro.

Kamp Stella Maris, Savudrijska cesta bb, Tel. +385/52/710900, www.istracamping.com. 2 km nördlich vom Stadtzentrum, sauber, aber etwas laut (neben einer Discothek). Zum Meer überquert man eine Straße.

Camping Park Umag, Karigador bb, Tel. +385/52/700700, www.istracamping.com. Weitläufiges Wiesengelände auf einer Halbinsel direkt am Fels- und Kiesstrand, 8 km südlich von Umag.

Campingplatz Pineta, Istarska bb, 52475 Savudrija, Tel. +385/52/709550, camp.pineta@istraturist.hr. 460 Stellplätze direkt am Meer.

ACI Marina Umag, Šetalište V. Gortana 7, Tel. +385/52/741066, www.aci-club.hr; ganzjährig. In der Nähe des Hotels ›Adriatic‹.

Bistro Jolly, Labinska 4. 1 km außerhalb, an der Straße nach Petrovija. Günstige Fisch- und Fleischgerichte, Pizza, Nudeln.

Konoba Buščina, Buščina 18. Mediterrane Küche mit selbstgebackenem Brot und Kuchen.

Badi, Umaška 12, Lovrečića. Gepflegtes Restaurant, Fisch- und Fleischgerichte, 6 km außerhalb.

Kaleta, Sveti Mikula 1, Fastfood und Pizza.

Marinero, Sv. Marija na Krasu 41. Außerhalb, istrische Konoba, angemessene Preise.

Nono, Umaška 35, Petrovija. In der stilvollen Konoba werden istrische Gerichte nach alten Rezepten und die Torte ›Nona‹ (aus Schokolade und Feigen) angeboten.

Sole, Donji Picudo, Sošići 58. Gemütliche Konoba in Materada, Fleisch- und Fischspeisen sowie Nudelgerichte.

Caffe bar Tondo, Šverki 74. Am Spazierweg am Meer, beliebtes Café bei Fahrradfahrern. Abends Cocktailbar.

Centar Caffe, Trgovačka 6. Reiche Auswahl an hausgemachtem Kuchen und Eis.

Discothek Planeta, in der Ferienanlage ›Stella Maris‹, Savudrijska bb.

Discothek im Hotel Kristal, Obala Josipa Broza Tita 9.

Freilichtkino, im Yachthafen Punta, Šetalište V. Gortana.

Auf dem **Markt in der Altstadt** findet man istrische Spezialitäten: schwarze und weiße Trüffeln, Käse, Olivenöl und Pasta. Geschäfte in der Altstadt verkaufen Produkte aus Trüffeln, Lavendel oder Honig, heimisches Olivenöl, aber auch istrische Schnäpse wie die ›Biska‹ (Mistelschnaps, 40%) und die ›Medica‹, einen Likör aus Treberschnaps und Akazienhonig (30%). Als Souvenir zu empfehlen ist in Honig eingelegtes, gedörrtes Obst.

Supermarkt Konzum, 1. Svibnja bb.

Supermarkt Plodine, Vrh bb.

Museum der Stadt Umag, Trg Sv. Martina 1, Tel. +385/52/720386; Di–Sa 10–13 und 18–21, So 10–13 Uhr. Römische Funde und vom Meeresgrund geborgene Amphoren.

Galerie, Trg slobode 2. Kunstsammlung des Stadtmuseums.

Galerija Marino Cettina, Dantea Alighieria 20. Gilt als eine der besten Galerien Kroatiens.

Aquarium Umag, 1. Svibnja bb, Tel. +385/52/721041; Apr.–Sept. 9–21 Uhr. Wenig

▲ Karte S. 204

spektakuläre Präsentation von Fischen, Meerestieren und Pflanzen der Adria.

Tennistunier ATP Croatia Open Umag; 5.–15. Juli.

Internationales Festival der Antike Sepomaia Viva; 1. Montag im August. Auf dem Trg Sv. Martina, Speisen aus der Römerzeit, antike Werkstätten, Tanzvorführungen und Gladiatorenkämpfe.

Ein Elektrobähnchen (Tickets 2,60/1,30 Euro) fährt an der Küste von Umag entlang – vom Stadtzentrum bis nach Katoro (Tel. mobil +385/91/5146097). Die **Strände in Umag** und in der Umgebung der Stadt sind meist betonierte Vorsprünge, die bis ins Meer ragen, seltener sind kleine Kies- und Felsstrände.

Im Bereich des Centar Stella Maris befinden sich schöne Strände wie der öffentliche Kiesstrand **Laguna Stella Maris**.

Der gemischte Badestrand **Plaža Polynesia** verfügt über einen Kinderspielplatz und Sportangebote.

An den Sandbuchten des **Plaža Maris** kann man Schirme und Liegen mieten.

Umag hat sehr gut ausgestattete Tenniszentren:

Centar Stella Maris ATP, Savudrijska cesta bb, 52470 Umag, Tel. +385/52/741704.

Tennis center Katoro, Katoro bb, 52470 Umag, Tel. +385/52/741146.

Wassersportangebote (Tret- und Bananenboot, Wasserski, Jetski, Windsurfing) gibt es an allen stärker frequentierten Stränden.

In der Region Umag gibt es zwölf miteinander verbundene Fahrradstrecken, Informationen dazu sind bei der Turistička zajednica erhältlich.

Fahrradverleih Davor Bike, Dante Alighieri 11, Tel. mobil +385/98/532427.

Reiterhof Goli vrh, Goli Vrh 31, 52470 Umag, Tel. +385/52/721820.

Reitzentrum Konjički Centar Umag-Katoro, Juricanija bb; Katoro, Tel. mobil +385/98/206129, +385/98/366 050, www.konjicki-centar.com (kr.).

Bergwanderungen im Hinterland (von Buje bis zur Berghütte Zbevnica); Infos beim **Bergwanderverein HDP Planik Umag**, Tel. +385/52/743003.

Ambulanz Dom zdravlja, Edoardo Pascali 3a, Tel. +385/52/702222.

Touristische Ambulanz, auf dem Campingingplatz Stella Maris Umag in der Nähe der Rezeption der Hotels Sol Amfora und Sol Stella.

Apotheke, Jadranska 11, Tel. +385/52/743287.

Novigrad

Novigrad (Cittanova d'Istria) liegt in der Mirna-Bucht auf einer kleinen Insel, die erst im 18. Jahrhundert mit dem Festland verbunden wurde. Die Stadt (4500 Einwohner) geht auf eine griechische, später römische Kolonie (Civitas Novum) zurück, ihre Reste liegen heute zum Teil im Meer. Im Park vor dem Dom zeugt ein frühchristlicher Sarkophag von der spätantiken Geschichte der Stadt, die als ›Neapolis‹ im 6. Jahrhundert zu Byzanz gehörte und vom 8. Jahrhundert bis 1831 Bischofssitz war. 1277 fiel Novigrad an die Venezianer. Trotz seiner im 13. Jahrhundert errichteten Stadtmauern erlitt die Stadt 1687 bei einem Angriff der Türken große Schäden, dennoch blieben aus venezianischer Zeit zahlreiche Häuser, vor allem in der Velika ulica, sowie die Log-

Schloss Grisoni und das ehemalige Benediktinerkloster

gia aus dem 16. Jahrhundert erhalten. Der im 8. Jahrhundert erbaute Dom **Sv. Pelagij i Sv. Maksim** wurde bis zum 18. Jahrhundert mehrfach umgebaut. Unter seinem Altarraum liegt eine dreischiffige vorromanische Krypta. Die Altargemälde aus dem 16. bis 18. Jahrhundert stammen von Künstlern venezianischer Schulen. Von dem 1883 nach dem Vorbild des Glockenturms von San Marco in Venedig errichteten **Campanile** hat man einen guten Blick auf die farbenfrohen Häuser der Altstadt.

Fragmente des alten Doms, darunter Teile eines Ziboriums aus dem 8. Jahrhundert – ein seltenes Beispiel der frühen karolingischen Kunst dieser Region – und andere Steinmetzarbeiten vom 1. bis zum 18. Jahrhundert zeigt das benachbarte **Lapidarium** in einem modernen Museum (2003–2006).

Das in venezianischer Gotik errichtete **Belveder** ist die einzige Loggia Istriens direkt am Meer, an ihrer Westseite führt das Hafentor zum modernen Jachthafen. Der um 1760 errichtete **Palazzo Rigo** (Velika ulica 5), ein Beispiel für den Triester Spätbarock, beherbergt eine Galerie moderner und zeitgenössischer Kunst und Fotografie. Ebenfalls im historischen Stadtkern liegt das 2007 eröffnete **Marinemuseum Gallerion**, das die Geschichte der österreichisch-ungarischen Kriegsmarine in der kroatischen Adria veranschaulicht.

Fünf Kilometer nördlich von Novigrad liegt die Bucht Dajla mit dem märchenhaft verwachsenen **Schloss Grisoni** und einem ehemaligen **Benediktinerkloster**. Die um 1800 von dem französischen Architekten Gabriel Le Terrier du Manetote entworfene Villa ist ein seltenes Beispiel der klassizistischen Architektur dieser Region. Bis zur Enteignung 1945 gehörte das Anwesen seit 1835 den Benediktinern von Praglia bei Padua. Nach der Unabhängigkeit Kroatiens bekam die Diözese Poreč das verwahrloste Schloss, das nun auch die Mönche zurückfordern.

Unter dem Dom liegt eine vorromanische Krypta

▲ Karte S. 204

Novigrad

Vorwahl: +385/52, **Postleitzahl**: 52466.
Turistička zajednica, Mandrač 29a, Tel. +385/52/757075, www.coloursofistria.com.
Post, Mandrač 28, Tel. +385/52/757067.
Mura, Zidina 10, Tel. +385/52/756065. Internetcafé und Snackbar.

Busbahnhof, Tel. +385/52/757660. Busverbindung mit Rijeka (über Poreč, Pula, Opatija) und weiter nach Varaždin (über Zagreb).
Die nächsten **Bahnhöfe** sind Buzet, Kanfanar und Koper (Slowenien).
Taxiservice, Salvela 50, Tel. mobil +385/98/806124, www.taxi-novigrad-istra.com.

Hotel Makin, Šaini 2, Novigrad, Tel. +385/52/757497, www.hotelmakin.hr; DZ 100 Euro. Familiäres Hotel mit Terrasse, Restaurant, Aufzug, Parkplätzen und Pool.
Villa Cittar, Prolaz venecija 5, Tel. +385/52/757737, www.cittar.hr; DZ ab 80 Euro. Das schöne Hotel verbirgt sich hinter der mittelalterlichen Stadtmauer.
Laguna, Terre 4, Tel. +385/52/858600, www.laguna-novigrad.hr; DZ 70 Euro. Hotel mit Pool, in Strandnähe.
Restaurant Pansion Torci 18, Torci ulica 18, Tel. +385/52/757799, www.torci18.hr; DZ 120 Euro. Stilvolles Ambiente.

Autocamp Sirena, Terre 6, Tel. +385/52/858690, www.camping-novigrad.com. In der Nähe der Altstadt.
Autocamp Mareda, Tel. +385/52/858690, www.camping-novigrad.com. 4 km nördlich an der Küste in einem Eichenwald, umgeben von Wein- und Olivengärten.

Marina Novigrad. Die offizielle (Wieder-) Eröffnung des 2005 eingerichteten modernen Nautikzentrums (400 Liegeplätze) in der Bucht Sv. Antuna steht noch aus.
Hafenbehörde Umag/Novigrad, Mandrač 9, Tel. +385/52/757176.

Bonaca, Ribarnička 12. Gute, günstige Konoba direkt am Meer.
Sanpiero, Porporella 10. Konoba mit einfacher Küche; faire Preise, Blick aufs Meer.
Mandrač, Mandrač 6. Im Zentrum an der Promenade, Nudeln, Fisch oder Fleisch vom Rost.
Pizzeria Sole, Svetog Antuna 9. Kleine Pizzeria mit kleinen Preisen.
Sergio, Šaini 2a. Sergio Makin – einst berühmter Fußballer aus Rijeka – serviert in der Taverne im Stadtteil Šaini typisch istrische Küche (Fisch und Muscheln, Fleisch).

Café, Bar, Enoteka Vitriol, Ribarnička 6, Tel. +385/52/758270. Direkt an der Hafeneinfahrt.
Gustolato, Veliki trg 4. Italienische Eisdiele

In Novigrad und Umgebung gibt es viele Weingüter – einfach der Beschilderung ›vinska cesta/Strada del Vino‹ (Weinstraße) folgen:
Vinarija Novigrad, Mandrač 18, Tel. +385/52/72060.
Moreno Ivančić, Domovinskih žrtava 20, Tel. +385/98/9768005. Mit Verkauf.

Tempero, Gradska vrata 20 A, Novigrad, Tel. +385/52/758703. Lounge, Cocktailbar.
Beach bar Waikiki Sunset. Direkt am Strand von Novigrad (unweit der Pfarrkirche) kann man bei einem Cocktail den Sonnenuntergang genießen.

Ölmühle Al Torcio, Strada Contessa 22a, Tel. +385/52/758093, www.altorcio.hr. Degustation von Extra-Vergine-Olivenölen.
Konzum, Gradska Vrata 21A.

Museum Lapidarium, Veliki trg 8a, Tel. +385/52/726582; www.muzej-lapidarium.hr; April–Mai 10–13, 17–20, Juni–Sept. 10–13, 18–22, Okt. 10–13, 17–20 Uhr, Mo geschl.
Marinemuseum Gallerion, Mlinska 1, Tel. mobil +385/98/254279, www.kuk-marine-museum.com.

Kultursommer; 10. Juni–31. August. Konzerte, Filme und Ausstellungen, gastronomisches Angebot.
Gnam-Gnam-Fest; 9. Juli. Gastro-Festival mit Fischgerichten.
Fischerabend; 13. August. Volksfest mit üppigem Angebot von Fischgerichten und Weinen.
Tag des Novigrader Schutzpatrons Pelagius; 28. August. Buntes Volksfest mit Tanz und Feuerwerk.
Jazzfestival; 2. Juliwochenende. Konzerte international bekannter Musiker.

Sehr schöne **Strände** liegen unweit des Stadtzentrums.
Hallenbad, im Hotel ›Maestral‹, Tel. +385/52/858630;
Freibäder mit Meerwasser, Hotel ›Laguna‹, Tel. +385/52/858600.

Bike hotel Maestral, Terre 2, Tel. +385/52/858630. Das auf Radsportler spezialisierte Hotel bietet für seine Gäste Verleih von Rädern (18 Euro/Tag), Reparaturen, organisierte Tagesfahrten.

Laguna Novigrad, Terre 4, Tel. +385/52/858600, www.lagunanovigrad.com. Tennis (Sand), Fuß-, Volley-, Hand- und Basketball; Tischtennis, Minigolf. Spielplatz, Schwimmbad, Verleih von Fahrrädern, Surfbrettern, Jet-Ski, Segel-, Motor- und Paddelbooten.
Aquapark Istralandia, 52474 Brtonigla, Tel. +385/52/433427, www.istralandia.com; tägl. 10–18.30 Uhr. Tagesticket 18, Kinder 15 Euro. Rutschen, Kinderplanschbecken, Schwimm- und Tauchschule. Anfahrt: A9, Ausfahrt Nova Vas. Bustransfer (Erwachsene ab 7,20 Euro, Kinder ab 4,50 Euro). Reservierung: +385/98/249119.

Rad- und Mountainbike-Touren, Wanderkarten und umfangreiche Broschüren in der Turistička zajednica oder unter www.novigrad-kroatien.de/ausfluege.

Ärztehaus, Rižanskog Placita bb.
Apotheke, Općinska ulica 2.

Poreč

▶ Karte S. 214

Auf der Landzunge von Poreč (Parenzo) gab es schon eine prähistorische Siedlung, als die Römer im 2. Jahrhundert vor Christus hier ein befestigtes Castrum errichteten, das unter Kaiser Augustus als Julia Parentium den Rang einer Kolonie erhielt. Bereits 200 nach Christus gab es hier eine christliche Gemeinde. Kurze Zeit regierten die Ostgoten den Ort, seit 539 die Byzantiner, und Bischof Euphrasius ließ zwischen 543 und 554 die berühmte Basilika errichten. Ab 788 stand die Stadt unter der Herrschaft der Franken. Im 12. Jahrhundert erlangte die Stadt Autonomie, gehörte aber ab 1232 dem Patriarchat von Aquileia. Obwohl sich Poreč 1267 als erste istrische Stadt unter den Schutz Venedigs stellte, erlitt es 1354 starke Zerstörungen durch die Genueser. Es folgten harte Zeiten des Niedergangs: Pest, Piraten und Kriege setzten der Stadt zu.
Unter den Habsburgern (1797–1918) war Poreč Sitz des istrischen Diet (Parlament) und Standort einer Werft. Nach dem Ersten Weltkrieg fiel die Stadt an Italien, nach 1945 an Jugoslawien und ab 1991 an die souveräne Republik Kroatien.

Stadtrundgang

Der Grundriss der Stadt geht auf das römische Straßennetz zurück, in dessen Mitte sich die west-östliche Hauptstraße Decumanus und der nord-südliche Cardo kreuzten. Heute liegen an der Dekumanska zahlreiche **gotische Häuser** und an ihrer östlichen Seite der barocke **Palazzo Sinčić** mit dem **Heimatmuseum** der Region Poreč, das mehr als 15 000 Exponate zur Geschichte der Stadt und ihrer Umgebung zeigt. Von der Stadtbefestigung des Mittelalters zeugen der **fünfeckige Turm** aus dem 13. Jahrhundert am Stadteingang und am Narodni trg der **Runde Turm**, der 1474 als Teil der Befestigungsanlage gegen die Türken erbaut wurde und heute eine schöne Cafébar beherbergt.

Das ehemalige römische Forum lag am westlichen Ende des Decumanus auf dem heutigen quadratischen **Trg Marafor**, dessen Namen sich aus ›Mars‹ und ›Forum‹ zusammensetzt. An seiner nordwestlichen Seite sieht man noch Mauern und Fundamente eines großen **Marstempels** und westlich des Platzes Reste des etwas kleineren **Neptun-Tempels** aus dem 1. Jahrhundert vor Christus. An der Kreuzung des Decumanus und des Trg Marafor steht das romanische **Haus der zwei Heiligen**.

Blick vom Glockenturm der Basilika

Mosaiken in der Euphrasius-Basilika

Euphrasius-Basilika

Die Euphrasius-Basilika entstand zwischen 539 und 553 unter Bischof Euphrasius durch den Um- und Ausbau des vermutlich aus dem 3. Jahrhunderts stammenden Oratoriums des heiligen Maurus. Dafür verwendete man den berühmten weißen Marmor der Insel Prokonnesos, die im Marmarameer liegt. Die Basilika ist eines der am besten erhaltenen frühbyzantinischen Bauwerke Europas und zählt seit 1997 zum UNESCO-Weltkulturerbe. Von Mai bis September finden hier klassische Konzerte statt. Durch ein mit einem Mosaik aus dem 20. Jahrhundert geschmücktes **Eingangsportal** kommt man in die Vorhalle und das quadratische **Atrium**, das von Säulen mit byzantinischen Kapitellen umstanden wird. Hier schließt sich links die achteckige **Taufkapelle** an mit Mosaikfragmenten und einem Taufbecken aus dem 6. Jahrhundert. Daneben steht der im 16. Jahrhundert errichtete **Glockenturm**, von dem man eine herrliche Aussicht auf den gesamten sakralen Komplex, den Hafen, die Insel Sv. Nikola und die Altstadt hat.

Dem Baptisterium gegenüber liegt die dreischiffige **Basilika**, in der 18 Marmor-

Balote
Partizanska
Vukovarska
Prvomajska
Hotel Delfin (5 km), Funtana, Vrsar
Karla Huguesa
Ive Lole Ribara
Nikole Tesle
Županica
Mlinska
Trg J. Rakovca
Park Olge Ban
V. Gortana
Pionirska
O. Kersovanija
J. Šurana
Zagrebačka
Istarskog razvoda
Dali
Poreč
Hotel Poreč (200 m)
Rade Končara
Turistička
Pizzeria Nono
Budičina
Bože Milanovića
Gospa od Anđela
Trg Slobode
Pietra Kandlera
Obala Maršala Tita
Fünfeckiger Turm
P. Peskera
V. Nazora
Marina Poreč
Narodni trg
F. Glavinića
Runder Turm
Konoba Aba
Euphrasius-Basilika
Palazzo Sinčić/ Regionalmuseum
Sv. Eleuterija
Barilla
Futurum Apartments
Eufrazijeva
Dekumanska
Sv. Mauro
Trg Gupca
Haus der zwei Heiligen
Sveti Nikola
Cafe del Mar
Ij Gaja
Trg Marafor
M. Bernobića
Obala Matka Laginje
Mars-tempel
Neptun-tempel
Grand Hotel Palazzo
Adria
Barbaran
Sv. Nikola
Poreč
0 200 400 m

säulen mit byzantinischen Kapitellen beeindrucken. Die byzantinischen Wandmosaiken stammen vorwiegend aus dem 6. Jahrhundert und wurden von Meistern aus Konstantinopel aus Perlmutt, Halbedelsteinen und Marmor auf Goldgrund zusammengesetzt: Im Mittelschiff sieht man über dem Triumphbogen Christus als Weltenherrscher, flankiert von den zwölf Aposteln. Auf den Innenfeldern des Apsisbogens ist im mittleren Medaillon Christus als Lamm Gottes dargestellt, flankiert von je sechs Medaillons mit frühchristlichen Märtyrerinnen. Die Mitte der Apsishalbkugel zeigt die thronende Maria mit dem Christuskind und Erzengeln. Rechts folgen drei unbekannte Märtyrer, links der heilige Maurus, Bischof Euphrasius mit einem Modell der Basilika sowie Diakon Claudius mit seinem Sohn. In der unteren Zone sind Mariä Verkündigung und Mariä Heimsuchung dargestellt, in den drei Feldern zwischen den Fenstern Zacharias, der Erzengel Gabriel und Johannes der Täufer. Den Altarbaldachin von 1277 schmückt an der Vorderseite ein Mosaik mit der Verkündigung Mariä. Die Kapitelle seiner Säulen stammen noch aus dem 6. Jahrhundert. Links vom Chor liegen die Sakristei und eine Gedächtniskapelle mit drei Apsiden und Mosaikboden aus dem 6. Jahrhundert.

Im **Garten der Basilika** befinden sich die rekonstruierten Reste des Mosaikbodens aus dem frühchristlichen Oratorium des heiligen Maurus. Die Originale, wie das berühmte Fischsymbol, sind im Lapidarium des Bischofspalasts ausgestellt. Die dreischiffige einstige Bischofsresidenz aus dem 6. Jahrhundert beherbergt das Gemälde ›Christus im Hause von Maria und Martha‹ aus der Werkstatt von Francesco Bassano, ein Polyptychon von Antonio Vivarini (1420–1484) sowie ein ›Letztes Abendmahl‹ von Palma dem Jüngeren.

i Poreč

Vorwahl: +385/52.

Postleitzahl: 52440.

Turistička zajednica, Zagrebačka 9, Tel. +385/52/451293, www.to-porec.com.

Post, Trg Slobode 14.

Busbahnhof, Rade Končara 1, Tel. +385/52/432153. Lokale, Fernverkehr- und internationale Linien.

Taxi, Karla Huguesa 2, Tel. +385/52/432465.

Grand Hotel Palazzo, Obala Maršala Tita 24, Tel. +385/52/858800, www.hotel-palazzo.hr; DZ ab 130 Euro. Komfortables historisches Hotel in schöner Lage.

Hotel Poreč, Rade Končara 1, Tel. +385/52/451811, www.hotelporec.com; DZ 100 Euro. 10 Gehminuten von Altstadt und Stadtstrand entfernt.

Hotel Delfin, Zelena laguna, Tel. +385/52/410102; DZ 70 Euro. Direkt am Strand, 5 km von der Altstadt.

Futurum Apartments, Eufrazijeva 33, Tel. mobil +385/99/5933343, www.porec-apartments-futurum.com; 2 Pers. 40 Euro. Kleines Apartmenthaus in der Altstadt. Nur Barzahlung!

FKK-Camping Solaris Naturist, Ulica Solaris, 52465 Tar, Tel. +385/52/408017, www.camping-adriatic.com. Weitläufiges Gelände zwischen Novigrad und Poreč.

Kamp Lanterna, 52465 Tar, Lanterna 1, Tel. +385/52/404500, www.camping-adriatic.com. Schöner Platz im Pinien- und Eichenwald auf einer Halbinsel.

Bijela Uvala, Zelena laguna, Poreč, Tel. +385/52/410551; http://lagunaporec.com. In Strandnähe, 5 km südlich von Poreč.

Marina Poreč, Tel. +385/52/453213, www.marinaporec.com.

Marina Parentium, Tel. +385/52/452210, www.plavalaguna.hr.
Ars Nautika, Turističko šetalište 9, 52440 Poreč Tel. +385/52/434668, www.arsnautika.com. Bootsverleih, Wasserski, Flyboard, Ausflüge mit Piratenschiff.

Pizzeria Nono, Zagrebačka 4. Im Zen-trum. Günstig, Pizza, Nudel- und Fleischgerichte.
Restaurant Dali, Istarskog razvoda 11. Preiswertes Lokal mit uriger Atmosphäre.
Sveti Nikola, Obala M. Tita 23. Ausgezeichnetes Feinschmeckerlokal.
Konoba Aba, Matija Vlačića 2. Fisch- und Nudelgerichte zu fairen Preisen.
Santa Marina, Ribarska bb, Tar-Vabriga. In der Bucht von Vabriga, Fischgerichte bei Live-Musik und Lagerfeuer.

Cafe del Mar, Obala Maršala Tita 24. Große Auswahl an Kuchen und Kaffee.
Sandwich&Croissant Caffe, Zagrebačka ulica 1. Gebäck aus eigener Bäckerei.
Torre Rotonda, Narodni trg 3 a. Das Café im Runden Turm bietet eine schöne Aussicht.

Weinkellerei Matošević, Krunčići 2, 52448 Sv. Lovreč, Tel. +385/52/448558.

Die bekanntesten Strände sind **Plava** und **Zelena laguna** (Blaue und Grüne Lagune) mit Sand-, Kies- oder Beton-Liegeflächen.
Aquacolors, Mornarica bei Poreč, Molindrio 18, Tel. 219671, www.aquacolors.eu; Mai, Juni, Sept. 10–18 Uhr, Juli/Aug. 10–20 Uhr, Tageskarte 24 Euro, Kinder 19 Euro. 2015 eröffneter Wasserpark.

Rent a bike, Ive Andrića 52, Tel. +385/52/421106, verica.nikic@pu.htnet.hr.

Tauchschule Plava Laguna, Poreč, Tel. +385/52/451549, www.plava-laguna-diving.hr. Ausrüstungsverleih, Flaschenabfüllung, Ausflüge zu Schiffswracks.

Tropfsteinhöhle von Baredine, nördlich von Poreč bei Nova Vas, Tel. +385/52/421333, www.baredine.com. Bei einer 40-minütigen Tour sieht man zauberhafte Tropfsteinformationen und einen unterirdischen See.

Ambulanz, Maura Gioseffia 2, Tel. +385/52/451611.

Vrsar

▲ Karte S. 204

Nur zehn Kilometer südlich von Poreč liegt Vrsar (Orsera) unweit des Limski-Kanals auf einem Hügel an der Spitze einer Landzunge. Von 983 bis 1778 gehörte es den Bischöfen von Poreč, die hier ihre Sommerresidenz hatten. Deshalb musste Vrsar auch nach 1172, als es bereits zu Venedig gehörte, als einzige Stadt Istriens keine Steuern an die Serenissima zahlen. Giacomo Casanova (1725–1798) hielt sich zweimal in der Stadt auf und schrieb in seinen Memoiren, er habe hier zwei ›vergnügliche Stunden‹ mit einem ›liebenswürdigen Mädchen‹ verbracht. Obwohl er der Stadt eine ansteckende Krankheit hinterließ, wurde in Vrsar eine Straße nach ihm benannt.

Im Nordwesten der Stadt befindet sich auf dem Hügel oberhalb eines Parks der **Steinbruch Montraker** mit modernen Skulpturen. Im Sommer finden hier Bildhauerworkshops statt. An der romanischen Kirche **Sv. Marija** vorbei kommt man zum Hafen mit Cafés und Restaurants. Von hier führt ein steiler Weg hinauf zur Pfarrkirche **Sv. Martin**, wo sich eine herrliche Aussicht bietet. Neben der Kirche steht der ehemalige Erzbischöfliche Palast **Palazzo Edbesorsa**, der vom 14. bis zum 18. Jahrhundert mehrfach umgebaut wurde. Am Trg Degrassi, einst

Der Skulpturenpark von Dušan Džamonja

zentraler Markt mit Sitz des bischöflichen Salinenverwalters, steht das romanische **Stadttor** des ehemaligen Kastells. Weiter östlich gelangt man zu der kleinen Renaissancekirche **Sv. Foška** und daneben zum romanischen Haupttor.

Vrsar ist Ausgangspunkt für Ausflüge in die **Bucht von Lim** (Limski Zaljev). Das zwölf Kilometer lange Karsttal zwischen Vrsar und Rovinj ist Teil einer 35 Kilometer langen Senke (Limska draga), die sich fast bis Pazin in Zentralistrien erstreckt. Auf beiden Seiten säumen steile Berghänge die Bucht. Wegen des geringen Salzgehaltes und hoher Sauerstoffkonzentration werden hier Austern und Muscheln gezüchtet, die am Ende der Bucht in zwei Restaurants auf der Speisekarte stehen. In der Nähe liegt auch die **Romualdo-Höhle**, wo im 11. Jahrhundert ein Benediktinermönch lebte, der das **Michaelskloster** bei Kloštar gründete, dessen Ruine im Wald erhalten ist.

Vrsar

Postleitzahl: 52450.
Vorwahl: +385/52.
Turistička zajednica: Rade Končara 46, Tel. +385/52/441746, www.infovrsar.com.
Post, Saline bb.

Tankstelle OMV, Obala Maršla Tita bb.
Taxi, Dalmatinska 31a, Tel. mobil +385/91/5157707.

Hotel Pineta, Tel. +385/52/441131, www.maistra.com; DZ 95 Euro. Große Hotelanlage am Meer.
Aparthotel Riva, Obala Maršala Tita 35, Tel. +385/52/800250, www.maistra.com; Apartment ab 40 Euro. Ferienwohnungen gegenüber der Altstadt am Hafen.
Tourist Agency Bovi, Jadranska 18, Tel. +385/52/441590, www.bovi.hr; DZ ab 35 Euro. Vermittlung von privaten Zimmern und Apartments.

FKK-Park Koversada, Vrsar, Tel. +385/52/800200, www.campingrovinjvrsar.com. In der Nähe von Vrsar, zwei Sandstrände.
Porto Sole, Petalon 1, www.campingrovinjvrsar.com; 2 Pers./Zelt 35 Euro. Kleiner, zentrumsnaher Campingplatz mit Kieselstrand und Sportangebot.
Valkanela, www.campingrovinjvrsar.com. 2000 Plätze in einer Bucht zwischen Vrsar und Funtana.

Jachthafen Marina Vrsar, Obala M. Tita 1 a, Tel. +385/52/441052, www.montraker.hr; ganzjährig geöffnet.
Marina Servis Fereli, Tel. +385/52/441250, +385/98/217067, www.service-fereli.com.

Trošt, Obala Maršala Tita 1 a. Günstige mediterrane Küche, auch Vegetarisches.
La Rosa 2, Obala Maršala Tita 29. Beliebtes Lokal an der Hafenpromenade.

Viking, Sv. Lovreč-Pazenatički Limski-Kanal 1, Tel. +385/52/448119. Feinschmeckerlokal direkt am Lim-Fjord; Austern, Scampi, Fisch.
I Klitu, 52450 Vrsar-Flengi, Flengi 17, Tel. +385/52/444547. 4 km östlich von Vrsar. Leckere Grillspeisen, Spanferkel.

Weinhandlung Malvazija, Primorska 1.

Belvedere: Fels- und Kiesstrand mit natürlichem Schatten, Vermietung von Liegestühlen und Sonnenschirmen.

Rent a bike MAKS, Saline, Tel. mobil +385/98/490914, Verleih von Fahrrädern, Trikern, Scootern und Quads.
Radwegkarten bei der Turistička zajednic, Infos auch unter: www.istria-bike.com.

Starfish, Vrsar, Camping Porto Sole, Tel. +385/52/442119, Tel. mobil +385/98/335506, 098/334816, www.starfish.hr.

Fran's reef, Orlandova 17, Tel. mobil +385/91/1562001, www.fransreef.com.

Casanova-Fest; Ende Juni. Lesungen, Ausstellungen, Filmen und Musik rund um Liebe und Erotik (www.casanovafest.com).
Fischerfest; 27. September. Mit Folklore, Musik und Spezialitäten aus dem Meer.

Skulpturenpark von Dušan Džamonja, Valkanela 5; Di–So 9–19 Uhr. 1 km nördlich von Vrsar (auf das Schild ›Skulptura Park‹ achten!), neben dem Campingplatz ›Valkanela‹. Die großformatigen Werke von Džamonja (1928–2009) aus Stahl, Aluminium, Marmor oder Granit haben eine reizvolle Spannung zwischen Schwere und Transparenz.

Touristische Ambulanzen: AC Valkanela, Tel. +385/52/445216; FKK Koversada, Tel. +385/52/441299.
Apotheke, Trg Degrassi 8, +385/52/441 347.

Rovinj

Die Landschaft um Rovigno ist reizend und mit Gärten und Baumanlagen bedeckt, auch mit Reben und Oelbäumen.

Istrien, Historische, geographische und statistische Darstellung der istrischen Halbinsel nebst der Quarnerischen Inseln. Triest 1863.

Der historische Stadtkern von Rovinj (Rovigno) liegt mit seinen verwinkelten Gässchen malerisch auf einem Hügel, einer der Küste vorgelagerten Insel, die erst 1763 durch Aufschüttung mit dem Festland verbunden wurde. An der Stelle der heutigen Kirche Sv. Eufemija befand sich das römische Castrum Rubini. Später herrschten hier Byzantiner, Langobarden und Franken. Von 1283 bis 1797

Abend am Hafen von Rovinj

▲ Karte S. 219

gehörte die Stadt den Venezianern und erlebte eine kurze Blütezeit.

Unter den Habsburgern wurde der Ort zum wichtigsten Hafen der Westküste Istriens. Nach dem Zusammenbruch Österreich-Ungarns fiel er an Italien, nach dem Zweiten Weltkrieg gehörte Rovinj ab 1947 zu Jugoslawien.

Von den Stadtmauern aus dem frühen Mittelalter und der Renaissance sind nur Reste erhalten.

Rundgang

Die Besichtigung der Altstadt beginnt man am besten auf dem Stadtplatz Gradski trg (auch: Trg Maršala Tita), wo ein markanter roter **Uhrturm** steht. Gegenüber prangt am barocken **Balbi-Bogen** (1680) der venezianische Markuslöwe. Daneben steht links das **Rathaus** aus dem 17. Jahrhundert, und rechts beherbergt ein Barockpalast das **Heimatmuseum** mit einer Sammlung venezianischer

Kunst des 18. Jahrhunderts und Werken zeitgenössischer kroatischer Künstler.
In der Altstadt finden sich zahlreiche Gebäude aus Renaissance und Barock. Über die steile Künstlergasse Grisia, die schöne Geschäfte und Ateliers säumen, erreicht man die barocke Kathedrale **Sv. Eufemija**, deren 60 Meter hoher Glockenturm 1677 nach dem Vorbild des Campanile von San Marco in Venedig erbaut wurde. Seine Spitze krönt als Wetterfahne eine kupferne Statue der spätantiken Märtyrerin Euphemia: Blickt sie zum Festland, gibt es schlechtes Wetter, schaut sie zum Meer, wird es freundlich. Die sterblichen Überreste Euphemias sollen in einem Sarkophag aus dem späten 4. Jahrhundert hinter dem Hauptaltar der dreischiffigen Kirche liegen. Zwei Wandgemälde schildern die Legende der Heiligen, deren steinerner Sarkophag im Jahre 800 vor Rovinj angeschwemmt worden sein soll.
Am Trg na lokvi im östlichen Teil der Stadt steht das älteste Bauwerk Rovinjs, die romanische siebeneckige **Dreifaltigkeitskapelle** aus dem 13. Jahrhundert. Die Transenne am Fenster links des Eingangs zeigt die Kreuzigung Christi.

Der Balbi-Bogen

Burgruine in Dvigrad

Südlich von Rovinj liegen auf der Halbinsel **Muntrav** im Waldpark Zlatni Rt Steinbrüche, wo die Venezianer Baumaterial für den Dogenpalast holten. Schöne Spazierwege führen durch den Wald mit Zedern, Pinien und Zypressen, und die senkrechten Felswände des Steinbruchs Fantazija sind beliebtes Klettergelände.
Gegenüber Muntrav auf der Insel **Crveni otok** (Rote Insel) gründeten Benediktiner im 6. Jahrhundert ein Kloster, das im 15. Jahrhundert von Franziskanern übernommen und Ende des 19. Jahrhunderts von Baron Hütterodt in seine Villa eingefügt wurde. Heute ist das Gebäude ein Hotel. Teile der vorromanischen Kirche sind erhalten.
Wenige Kilometer südöstlich von Rovinj wurde 1953 die bronzezeitliche Siedlung **Monkodonja** (1800–1200 vor Christus) entdeckt. Von der Ortschaft Kokuletovica führt eine schmale Schotterstraße nach Norden zum Zugang zur ›Archäologischen Fundstelle‹.
Südlich von Rovinj ist das das 210 Hektar große Naturschutzgebiet **Palud** in unmittelbarer Nähe des Meeres der einzige

▲ Karte S. 219

ornithologische Park Istriens. Zahlreiche Vogelarten leben in dem Sumpfgebiet, in dem man wandern, Radfahren und an ornithologischen Führungen teilnehmen kann.

Die Umgebung von Rovinj

Etwa 20 Kilometer nordöstlich von Rovinj wurden in **Dvigrad** (Duecastelli) um 1000 nach Christus auf zwei Hügeln Burgen errichtet. Um die im 11. Jahrhundert erbaute Basilika Sv. Sofija entstand ein Dorf. Um 1354 zerstörten die Genueser die unter venezianischer Herrschaft stehende Festung, nach 1615 wurde der Ort durch Uskoken, Malaria und Pest fast ganz entvölkert und von den Überlebenden verlassen. Erhalten sind die Ruinen der Basilika, Reste von Türmen und etwa 200 Gebäuden. Um die Geisterstadt rankt sich die Legende, der englische Abenteurer und Vizegouverneur der britischen Karibik Sir Henry Morgan (1635–1688) habe hier die Beute seiner Raubzüge vergraben, weshalb der Nachbarort nach ihm Mrgani heiße.

Rovinj

Vorwahl: +385/52.
Postleitzahl: 52210.
Turistička zajednica, Pina Budičina 12, Tel. +385/52/811566, www.tzgrovinj.hr.
Post, M. Benussi bb.
Erste und Steiermärkische Bank, Trg Maršala Tita 7.
Internet Club A-mar, Carera 26.

INA-Tankstelle, Istarska bb.
Busbahnhof, Trg na lokvi, Tel. mobil +385/60/333111. Direkte Buslinien zu vielen kroatischen Städten und internationale Busverbindungen nach Ljubljana, Kopar, Triest und Belgrad.

Taxi, Trg na lokvi bb, Tel. +385/52/811100.

Mit dem **Schiff** ist Rovinj von Venedig und von der Region Emilia Romagna (Ravenna, Cesenatico) zu erreichen, www.venezialines.it, www.emiliaromagnalines.it.

Hotel Eden, L. Adamovića bb, Tel. +385/52/800250, www.maistra.com; DZ 140 Euro. Großes Hotel in Meernähe und mit schönem Park.
Hotel Park, I. M. Ronjgova bb, Tel. +385/52/808000, www.maistra.com; DZ 70 Euro. Über der Promenade, mit Blick auf die Altstadt.
Hotel Valdaliso, Val de Lesso 5, Tel. +385/52/805500, www.maistra.com; DZ 75 Euro. Am Meer, 4 km nördlich der Altstadt.
Porta Antica, Vrata pod zidom 1, Tel. +385/99/6801101, www.portaantica.com; ab 120 Euro. Vermittlung von stilvollen Apartments in der Altstadt.

Amarin, Monsena bb, Tel. +385/52/802365, www.campingrovinjvrsar.com. Platz 4 km nördlich von Rovinj direkt am Meer.
Veštar, Veštar bb, Tel. +385/52/829150, www.campingrovinjvrsar.com. 5 km südlich von Rovinj, an einem Kieselstrand.
Valdaliso, Monsena bb, Tel. +385/52/805505. Von dem Campingplatz am Meer hat man einen schönen Blick auf die 4 km entfernte Altstadt.

ACI Marina Rovinj, Šetalište Vijeća Europe 1, Tel. +385/52/813133. Im südöstlichen Teil des Stadthafens Rovinj.

Monte, Montalbano 75. Exquisite istrische Spezialitäten.
Puntulina, Sv. Križa 38. Fischspezialitäten, große Weinkarte und herrliche Lage direkt am Meer haben ihren Preis.

Restaurant Ancora, Sv. Križa 14. Terrassen direkt am Meer, höhere Preise.
Konoba Veli Jože, Sv. Križa 1. Urig dekoriertes Lokal in der Altstadt. Fisch und Meeresfrüchte zu fairen Preisen.
Blu, Val de Lesso 9. Günstige mediterrane Küche.

Valentino's, Sv. Križa 28. In der trendigen Cocktailbar sitzt man auf den Felsen direkt am Meer.

Einen **Lebensmittelladen** gibt es am Hauptplatz, große **Supermärkte** liegen außerhalb des Zentrums. Viele Geschäfte findet man in der **Carera-Straße**.
Am Trg Valdibora werden auf dem **Markt** Obst und Gemüse und heimische Produkte wie der Honigschnaps ›Medica‹ angeboten.

Heimatmuseum, Trg Maršala Tita 11, Tel. +385/52/816720, www.muzej-rovinj.hr; 15. Juni–17. Sept. Di– So 9–14, 19–22 Uhr, Sa/So 10–14, 19–22 Uhr, 18. Sept.–14. Juni Di–Sa 10–13 Uhr.
Batana-Museum, Obala P. Budicina 2, Tel. +385/52/812593, www.batana.org; Juni–Sept. tägl. 10–14, 19–23 Uhr, Okt.–Dez. und März–Mai Di–So 10–13, 16–18 Uhr. Multimediale und interaktive Ausstellung zur Geschichte des für Rovinj typischen Fischerboots ›Batana‹, das einer Gondel ähnelt.

Internationales Multimediafestival Rovinj; zweite Septemberhälfte.

Uvala Lone: Die nur 15 Min. vom Stadtzentrum südlich von der ACI Marina gelegene Bucht ist der beliebteste Badestrand Rovinjs.

Exkursionen mit dem Boot zum Lim-Fjord oder zu den Inseln rund um Rovinj werden am Hafen angeboten Fahrplan unter www.tzgrovinj.hr (›Nützliche Informationen‹).

Ranch Moncerlongo, Moncerlongo bb, Tel. +385/52/1829048, +385/52/9779896, www.moncerlongoranch.com. 3,5 km außerhalb, an der Straße nach Rovinjsko Selo. Reitschule, Ausritte.

8 Seemeilen von Rovinj entfernt liegt das **Wrack der Baron Gautsch**, die 1914 durch eine Mine versenkt wurde und heute ein beliebtes Ziele für Taucher ist. Ihr Vorderdeck liegt in einer Tiefe von 28 Metern, ihr Kiel auf dem 43 Meter tiefen Meeresgrund.

Ambulanz für Touristen, Istarska bb, Tel. +385/52/813004.
Rettungsdienst bei Notfällen, Tel. +385/52/813195.

Bale

▲ Karte S. 204

20 Kilometer südöstlich von Rovinj liegt abseits vom touristischen Trubel Bale (Valle) inmitten von Wäldern, Olivenhainen, Feldern und Obstgärten hoch auf dem Hügel Mon Perin, wo Illyrer eine Wallburg bauten und die Römer das Castrum Vallis errichteten.
Später war der Ort Feudalbesitz der Patriarchen von Aquileia und unterstand ab 1332 venezianischer Herrschaft. Weil viele Einwohner nach dem Zweiten Weltkrieg für Italien optierten, dienen heute viele ihrer verlassenen Häuser als Unterkünfte für Urlauber.
Im Dialekt der Einwohner hat sich ein istro-romanischer Einschlag erhalten, der Ort selbst bewahrte sich mit Resten der Befestigungsmauern, Türmen und Toren mittelalterlichen Charme.

Bale hat sich seinen mittelalterlichen Charme bewahrt

Stadtrundgang

Am unteren Platz steht der **Stadtpalast** mit einer Loggia unter gotischen Bögen. Gegenüber erhebt sich das **Kastell Soardo-Bembo**, das im 14. bis 15. Jahrhundert durch den Einbau eines Wohntrakts zwischen zwei Türme der Stadtmauer entstand. Mit einer Dame aus dem Hause Soardo hatte Giacomo Casanova möglicherweise eine Affäre. Jedenfalls bekundet eine Tafel am Haus Kaštel 57, der legendäre Frauenheld habe hier logiert.

Durch das Tor gelangt man in die Altstadt. Die neobarocke Pfarrkirche **Pohođenje Blažene Djevice Marije Sv. Elizabeti** wurde 1883 über den Resten einer altchristlichen Basilika errichtet. Innen birgt sie ein hölzernes Polyptychon aus der Renaissance sowie Reliefs eines Marmoraltars aus dem 15. Jahrhundert. Die gotische Statue ›Madonna von Mon Perin‹ soll der Stadt bei einer Dürre auf wunderbare Weise Regen beschert haben. Das Gemälde ›Mariä Heimsuchung‹ wird dem venezianischen Barockmaler Matteo Ponzone (1583–1663) zugeschrieben. Vor der Kirche steht ein 36 Meter hoher **Glockenturm** mit romanischen Merkmalen. In der Krypta befindet sich ein Lapidarium mit Zeugnissen von der Spätantike bis zum 19. Jahrhundert. In der gotischen **Heiliggeistkirche** gibt es volkstümliche Fresken mit hübschen Details.

Nur etwa acht Kilometer von Bale entfernt liegen am Meer in der **Uvala Colone** und der Bucht **San Polo** Campingplätze. Direkt am Strand befinden sich Reste prähistorischer Bauten, römischer Villen und gotischer Kirchen.

Bale

Vorwahl: +385/52.
Postleitzahl: 52211.
Turistička zajednica, Trg Palih Boraca 3, Tel. +385/52/824391.
Bale im Internet: www.bale-valle.hr, www.istrien.info/rovinj/bale, info@istria-bale.com.

Fe-Wo Bale-Istrien, Tel. mobil +49/151/58017030, www.fewo-bale-istrien.com; FeWo/4 Pers. ab 650 Euro/Woche. Vermittlung von Ferienwohnungen.
Kamene Priče, Bale, Kaštel 57, www.kameneprice.com; Ap./2 Pers. 60 Euro. Loungebar, Restaurant.

Camping Colone, Tel. +385/52/824338, www.camping-monperin.hr; Mobilheim ab 55 Euro. Platz mit Schatten (Eichen, Pinien) zwischen Pula und Rovinj, mit Bootsverleih.

Konoba Kamene priče, Kaštel 57. Originelles Lokal in der Altstadt, traditionelle Küche aus ökologisch produzierten Zutaten.
Konoba Bembo, San Zuian 22. Kleines Restaurant mit bodenständiger Küche.
Gostionica Kod Kancelira, Istarska 3. Pizza aus dem Holzofen.

Caffe Bar Bale, Trg Palih Boraca 9.

Bale ist eine Künstlerstadt, Veranstaltungen gibt es in vielen Galerien und Lokalen.
Castrum Vallis; Juli und August. Internationale Bilderausstellungen berühmter Künstler.
Last Minute open Jazz-Festival; Anfang August. Beliebtes Musik-Event.
Die Nacht von Bale; 1. Sa im August. Volksfest mit Gesang, Tanz und kulinarischen Spezialitäten.

Rund um Bale gibt es fünf markierte Wander- oder Radwege auf altrömischen Wein- und Ölwegen, Infos und Karten bei der Turistička zajednica.

Pula

Nach allen Seiten hin, außerhalb und innerhalb des Ortes, hat man sich zu wenden, um all das Bedeutende aufzufinden, was die rohe Hand verheerungslustiger Barbaren und die ebenso barbarisch unheilvolle späterer Architekten von der großen Verlassenschaft einer mit ihren Fehlern und ihren Tugenden dahingeschiedenen Zeit unzerstört gelassen.

Heinrich Stieglitz: Pola (1845).

Mit 64 000 Einwohnern ist Pula (Pola) die größte Stadt Istriens und das kulturelle, wirtschaftliche und inoffiziell auch politische Zentrum der Halbinsel – offizielle Hauptstadt Istriens ist Pazin. Die römische und österreichische Zeit hinterließ beeindruckende Spuren.

Pula ist heute eine Metropole mit ausgedehnten Hafenanlagen, modernen Wohnvierteln, Museen, Theatern, Bibliotheken und einem gut erhaltenen Altstadtkern mit vielen Sehenswürdigkeiten.

In der Hochsaison sollte man Pula wegen der vielen Wochenendausflügler und Reisebusse nicht samstags oder sonntags besichtigen.

▶ Karte S. 226

Geschichte

Den Ursprung Pulas verbindet man gerne mit der Mythologie: Auf der Flucht aus Kolchis sollen die Argonauten am Ostufer der Adria diese ›Stadt der Verbannten‹ gegründet haben. Archäologische Funde belegen einen regen Handel mit dem altgriechischen Süden: unweit von Pula, in Nesactium (Nezakcij), der bedeutendsten Fundstätte illyrischer Kultur in Istrien, fanden sich Überreste griechischer Keramik. Auf dem Hügel am Ende der Bucht, auf dem heute das venezianische Kastell Pulas steht, befand sich im 5. Jahrhundert vor Christus eine illyrische Ringwallsiedlung, die von den Griechen ›Polai‹ genannt wurde. Unter den Römern wurde die Kolonie ›Pietas Iulia‹, die ihre Blütezeit unter Kaiser Augustus hatte, zum Zentrum des römischen Istriens mit etwa 25 000 bis 30 000 Einwohnern. Als wichtiger Adriahafen und beliebtes Ferienziel römischer Patrizierfamilien erhielt Pula eine Reihe von Prachtbauten.

Seit der Spätantike gab es in Pula Christen: 284 erlitt Germanus, der spätere Schutzpatron der Stadt, im Amphitheater sein Martyrium. Schon 425 wurde

Pula Bischofssitz. Nach dem Zerfall des römischen Imperiums herrschten hier die Ostgoten, später Byzanz, ab 788 gehörte die Stadt zum Fränkischen Reich, 1230 dem Patriarchat von Aquileia, danach über 400 Jahre Venedig und erlebte einen fortwährenden Niedergang. Abgesehen von einem französischen Intermezzo (1805–1813) gehörte Pula von 1797 bis 1918 zur Donaumonarchie, die 1848 einen großen Kriegshafen mit Arsenal und Werften anlegte und der Stadt als k.u.k. Kriegshafen zu einer zweiten Blüte verhalf. Nach dem Ersten Weltkrieg wurde Pula 1920 mit dem Vertrag von Rapallo italienisch, 1943 marschierten deutsche Truppen ein, 1947 kam die Stadt zu Jugoslawien und wurde dessen Marinestützpunkt.

Amphitheater

Den Stadtrundgang beginnt man am besten beim Amphitheater – in Pula nennt man es gewöhnlich ›Arena‹! Es wurde wahrscheinlich unter Kaiser Claudius (10 vor Christus–54 nach Christus) errichtet und bis 81 nach Christus unter Kaiser Vespasian, angeblich für seine aus Pula stammende Freundin Antonia Cenida, ausgebaut. Der Bau hat nach dem Vorbild des Kolosseums in Rom die Form einer Ellipse und ist mit ehemals 23 000 Sitzplätzen die sechstgrößte römische Arena der Welt. Hier wurden Gladiatorenspiele und -kämpfe mit wilden Tieren abgehalten und möglicherweise Seeschlachten dargestellt. Bis ins 15. Jahrhundert blieb das Theater unversehrt, danach nutzten die Venezianer seine Steine zum Bau des Kastells und anderer Gebäude. 1583 wollte man das Theater ganz abreißen und in Venedig neu errichten. Diesen Plan verhinderte der venezianische Senator Gabriele Emo, an den an der Seeseite des Amphitheaters eine Gedenktafel erinnert. Heute finden in der Arena Filmfestspiele, Opernaufführungen und Konzerte statt. In den Untergeschossen widmet sich eine Ausstellung dem römischen Wein- und Olivenanbau.

Kathedrale Uznesenja Marijina

Von der Amfiteatarska ulica gelangt man zur Kandlerova und zur dreischiffigen Kathedrale Uznesenja Marijina, die im 5. Jahrhundert auf den Fundamenten eines Jupitertempels erbaut wurde. 1242 wurde sie zerstört und bis zum 17. Jahrhundert restauriert. Ihre Hauptfassade

In der Arena des Amphitheaters von Pula

stammt aus dem Barock, das Portal auf der rechten Seite aus der Renaissance. Die Fenster im Obergaden und Kapitelle stammen aus altchristlicher Zeit. Innen sind römische **Spolien** sehenswert, unter anderem ein Sarkophag, der als Altarsockel dient. Beim Bau des **Glockenturms** verwendete man Sitzstufen aus dem Amphitheater.

Forum

Der am ehemaligen römischen Forum (Trg Republike) stehende **Augustustempel** aus dem Jahre 14 nach Christus hat einen Portikus mit sechs korinthischen Säulen. Über einem dreiteiligen Architrav verläuft ein reich dekorierter Fries. In seiner Cella befindet sich ein Lapidarium. Rechts neben dem Tempel steht das **Rathaus** von 1296. In seinen romanisch-gotischen Bau wurden Reste eines Dianatempels integriert, die an der Rückseite zu erkennen sind. Die **Loggia** stammt von 1697, die Fenster an der Fassade aus der Barockzeit. Vom ursprünglichen Palast erhalten sind Blendbögen und figürliche Darstellungen eines Reiters, eines Atlanten und einer Sirene.

Triumphbogen der Sergier

Der Triumphbogen der Sergier in der Sergijevaca wurde in den Jahrzehnten um Christi Geburt von Salvia Postuma Sergia zu Ehren ihres Mannes und ihrer Brüder in Auftrag gegeben. Der Bogen faszinierte schon Michelangelo: Das acht Meter hohe Bauwerk schmücken korinthische Halbsäulen, geflügelte Siegesgöttinnen und ein Adlerrelief mit Schlange.

Der Augustustempel

In dem ockerfarbenen Gebäude neben dem Bogen lebte James Joyce einige Monate. An den irischen Autor erinnert auf der Terrasse des Cafés ›Uliks‹ seit 2003 eine Bronzestatue des Bildhauers Mate Čvrljak. Allerdings hatte Joyce Pula einst einen ›gottverlassenen Fleck‹ genannt!

Grabkapelle

Von der um 556 erbauten und Mitte des 13. Jahrhunderts von den Venezianern zerstörten **Basilika Sv. Marije Formoze** in der Rade Končara ist nur die südliche byzantinische Grabkapelle erhalten. Die Kirche erinnert mit ihren Blendbögen und Fenstergittern an das Mausoleum der Galla Placidia in Ravenna.

Unweit von hier wurde 1959 im Hof eines Neubaus in der Sergijeva Nr. 16 das römische **Dirke-Mosaik** aus dem 2. Jahrhundert nach Christus freigelegt. Es zeigt die Bestrafung der Dirke, die von den Zwillingen Amphion und Zaetos an die Hörner eines tobenden Stieres gebunden wird.

Sv. Franje

Südlich des Archäologischen Museums steht das älteste erhaltene römische Denkmal von Pula, das einbogige **Herkulestor** aus der Mitte des 1. Jahrhunderts vor Christus.

Die Franziskanerkirche **Sv. Franje** wurde im frühen 14. Jahrhundert als einschiffige Saalkirche erbaut. Ihre Fassade hat ein spätromanisches Portal und eine gotische Fensterrose. Innen sind ein farbenprächtiges gotisches Polyptychon aus der Vivarini-Schule und eine hölzerne gotische Madonna sehenswert. Im Kreuzgang werden antike römische Exponate gezeigt.

Archäologisches Museum

Das zweibogige Doppeltor der **Porta Gemina** an der Carrarina ulica stammt aus der Mitte des 2. Jahrhunderts nach Christus. Das nahegelegene Archäologische Museum von Istrien zeigt Funde von der Prähistorie bis zum Mittelalter. Direkt neben dem Museum befindet sich ein Eingang in das 40 Kilometer lange

Der Triumphbogen der Sergier

militärische Tunnelsystem aus österreichisch-ungarischer Zeit. Einen 400 Meter langen Tunnel mit einem Mittelsaal kann man besichtigen.
Oberhalb des Archäologischen Museums sieht man Reste eines kleinen **Theaters** aus augusteischer Zeit.

Kastell

Das sternförmige Kastell auf dem Hügel im Zentrum der Altstadt wurde 1631 von den Venezianern erbaut, wo zuvor eine mittelalterliche Burg, das römische Kapitol und eine illyrische Wallburg standen. Heute ist hier das **Historische Museum von Istrien** untergebracht.

Museum der zeitgenössischen Kunst Istriens

Das Gebäude einer ehemaligen Druckerei (1862) an der Uferpromenade (Riva 8) beherbergt das Museum der zeitgenössischen Kunst Istriens, das Malerei, Plastik, Design, Fotographie, Film und Video umfasst. In der Architektur der 1903 errichteten **Stadtmarkthalle** (›Tržnica‹) am Narodni trg 9 mischen sich secessionistische und historistische Stilelemente.
Nicht weit vom Stadtzentrum liegen einige **Festungen** der einstigen k.u.k. Marinefestung Pula. Im einstigen österreichischen Fort auf dem Rt Verudela befindet sich das etwas veraltete **Aquarium Pula**.

Pula

Vorwahl: +385/52, **Postleitzahl**: 52100.
Turistička zajednica, Forum 3, Tel. +385/52/219197, www.pulainfo.hr.

Flughafen Pula, Ližnjan, Valtursko polje 210, p.p. 89, Tel. +385/52/530105, www.airport-pula.com.Saisonale Direktflüge nach Berlin-Tegel, Hamburg, Köln, Frankfurt, Frankfurt-Hahn.
Busbahnhof, Trg 1. istarske brigade, Tel. +385/60/304090, www.pulapromet.hr.
Taxi, Carrarina bb, Tel. +385/52/223228.

Katamaran Pula–Venedig.
Adriatic Lines, Kandlerova 26, Tel. +385/52/211454, www.adriatic-lines.com /493.
Commodore Travel, Riva 14, Tel. +385/52/211631, www.commodore-cruises.hr.

Boutique Hotel Valsabbion, Pješčana uvala IX/26, Tel. +385/52/218033, www.valsabbion.hr; DZ 145 Euro. Am Meer, mit Wellnessbereich.
Amfiteatar, Amfiteatarska 6, Tel. +385/52/375600, www.hotelamfiteatar.com; DZ 100 Euro. Modern eingerichtetes Hotel in Nähe der Arena.
Omir, Serđa Dobrića 6, www.hotel-omir.com; DZ 60 Euro. Kleines Hotel, Zentrum.
Riviera, Splitska 1, Tel. +385/52/211166; DZ 85 Euro. In die Jahre gekommenes Hotel in neobarockem Prachtbau, zentrale Lage.
Riva Hostel, Riva 2 a, www.rivahostel.com, Tel. mobil +385/95/8270243; Übernachtung 20 Euro. Schlichtes, aber schönes Hostel direkt an der Uferpromenade.

Camping Stoja, Stoja 37, Tel. +385/52/387144, www.arenacamps.com. 3 km von der Altstadt auf einer Halbinsel.

ACI Marina Pula, im südöstlichen Teil des Stadthafens, Tel. mobil +385/98/398 837.

Pompej, Clarisseauova 3. Günstiger Imbiss.
Farabuto, Sisplac 15, Veruda. Preiswerte kroatische und italienische Küche.
Milan, Stoja 4. Gehobenere Preise, 2 km von der Altstadt
Pizzeria Asterix, Piranesijev prilaz 11, Veruda. Günstige Pizzen.
Restaurant Valsabbion, Pješčana Uvala IX/26. Am Meer, kreative Gourmetgastronomie.

▶ Karte S. 226

Galerija Cvajner, Forum 2. Originelle Mischung aus Kunstgalerie und Café.

Sirena, Forum 12, Cafébar.

Aquarium Pula, Fort Verudela, Verudela b. b., Tel. +385/52/381402, www.aquarium.hr. In den Räumen des österreichischen Forts sieht man Meeresschildkröten, Katzenhaie und Seesterne aus nächster Nähe. Ozeanologische Bootsfahrten nach Voranmeldung möglich. Vom Stadtzentrum mit Bus 2 oder 3. Anfahrt mit Auto: Die Beschilderung ist miserabel!

Kunst- und Antiquitätenmarkt; jeden Sa, in der Ciscuttijeva ulica.
Festival des Spielfilms; Ende Juli, www.pulafilmfestival.hr.
Internationales Musikfestival; erste Novemberhälfte.

Ambrela, Am Eingang zur Touristensiedlung Verudela Beach. Kieselstrand, mit Umkleidekabinen und Duschen. Verleih von Liegestühlen und Sonnenschirmen.
Havajsko, unterhalb des Hotels ›Park‹ am Strand Verudela. Flacher Kieselstrand.

Ranch Barba Tone, 52207 Manjadvorci; Manjadvorci 60, Tel. +385/52/580446; Tel. mobil +385/98/701377, www.barbatone.com. Ausreiten (1 Std. 13 Euro); Ponyreiten und Besichtung der Farm (je 2,60 Euro), Zimmervermietung.

Bike Planet, Sisplac 2, Tel. +385/52/387384.

k.u.k. Marinefriedhof Pula, Ortsteil Stoja, Buslinien 1, 4 und 6, Haltestelle ›Mornaričko groblje‹. Auf dem Friedhof sind Opfer des 1914 nördlich der Brijuni-Inseln auf eine Mine aufgelaufenen Passagierschiffs ›Baron Gautsch‹ bestattet.
Nesactium, bei Valtura, 10 km nordöstlich. Ausgrabungsstätte, Nesactium war das bedeutendste Zentrum der Illyrer in Istrien. Markierte Wanderwege führen zu **Forts des k.u.k. Marinestützpunkts**, Infos und Karten bei der Turistička zajednica.

Krankenhaus, Zagrebačka 30, Tel. +385/52/376500.
Poliklinik für Baromedizin Oxy, Niederlassung Pula, Kochova 1/a, Tel. +385/52/215663, www.oxy.hr; 7.30–15.30 Uhr (Sa und So geschl.). Notruf: Tel. mobil +385/98/219225.

Kap Kamenjak

Bei Premantura liegt das Naturschutzgebiet Kap Kamenjak (Einfahrt mit dem Auto 4,60 Euro). Die Halbinsel mit über 50 Buchten und Stränden ist Lebensraum von über 600 Pflanzen- und 50 Schmetterlingsarten. Neben Trimmdich- und Lehrpfaden und Grillplätzen informiert ein **Dinosaurierpfad** über die Urtiere, deren Fußstapfen an der Westküste gefunden wurden. An der romantischen Landzunge hat der Dichterphilosoph Vlado Leček die originelle **Safari Bar** mit Spielgeräten für Kinder aufgebaut.

Fažana und Nationalpark Brijuni

Fažana (Fasana), wenige Kilometer nordwestlich von Pula, war bereits in der Antike besiedelt, sein römischer Name Vasianum (von vasum=Gefäß) geht auf die Produktion von Amphoren zurück. Das Städtchen ist als Fährhafen für Ausflüge zu den Brijuni-Inseln bekannt, hat aber selbst Sehenswertes zu bieten: Am einstigen Eingang zur Stadt steht die Kirche **Sv. Marija Karmelska** mit gotischen Fresken und einer schönen barocken Loggia. Die Pfarrkirche **Sv. Kuzma i Damjan** geht auf das 11. Jahrhundert zurück. Innen beeindrucken ein ›Letztes Abendmahl‹ (1598) von Giorgio Ventura, eines manieristischen Malers venezianischer Schule und in der Sakristei gotische Fresken. Westlich der Küste Fažanas liegt der **Nationalpark Brijuni**, ein Archipel von 14 großen und kleineren Inseln. Nur die beiden größten Inseln, Veli und Mali Brijun, können besucht werden. Beide waren schon in der Altsteinzeit besiedelt, später lebten hier römische Aristokraten, Ostgoten, Byzantiner, Karolinger und Venezianer. 1332 reduzierte die Malaria die Einwohnerzahl. Ende des 19. Jahrhundert kaufte der Tiroler Industrielle Paul Kupelwieser den Archipel, bekämpfte mit Hilfe des Bakteriologen Robert Koch erfolgreich die Malaria und machte Veli Brijun zur beliebten Sommerfrische. Nach dem Zweiten Weltkrieg empfing Marshall Tito in seiner ›Weißen Villa‹ gekrönte und ungekrönte Staatsoberhäupter.

Eine ausführliche Besichtigung von Veli Brijun dauert vier Stunden: Von Fažana aus setzt man mit der Fähre zu der Insel über und fährt mit einem Bähnchen zur Bucht **Verige** mit Überresten einer römischen Villa Rustica. Weiter geht es zum **Safaripark** mit exotischen Tieren, die Tito einführte oder als Gastgeschenke erhielt. Bestandteile der geführten Exkursion sind auch das **Archäologische Museum**, das sich in einem venezianischen Kastell befindet (derzeit geschlossen), die gotische Kirche **Sv. German**, eine naturkundliche Ausstellung sowie die Ausstellung **Tito auf Brijuni**. Hier steht auch Titos berühmter Cadillac, den man für Fahrten über die Insel mieten kann! Außerdem sehenswert sind Reste eines **byzantinischen Castrums**.

Von Fažana fahren die Boote zu den Brijuni-Inseln

i Fažana und Nationalpark Brijuni

Vorwahl: +385/52.
Postleitzahl: 52212.
Turistička zajednica, Riva 2, Tel. +385/52/383727, www.infofazana.hr.
Post, 43. Istarske divizije 14.
Bank, Titova riva 4.
Geschäftsstelle des Nationalparks Brijuni, Brionska 10, Tel. +385/52/525882, www.brijuni.hr; Exkursionen nach Veliki Brijun: Erw. 30 Euro, Kinder 14 Euro.

Tankstelle, Vladimira Gortana bb.
Fažana Taxi, Tel. mobil +385/99/2447888.

Hotel Marina, Trg stare škole 2, Tel. +385/52/521071, www.marina-fazana.com; DZ 120 Euro. Sehr schönes Hotel mit Blick auf den Hafen.
Villetta Phasiana, Trg Sv. Kuzme i Damjana 1, Tel. +385/52/520558, www.villetta-phasiana.hr; DZ 110 Euro. Hübsches kleines Hotel in der Altstadt.
Pansion Vala, Mala Vala 38, Valbandon, Tel. +385/52/520028, www.vala.hr; DZ 50 Euro.
Hostel Amfora, Vladimira Gortana 10, Tel. +385/52/521068, www.infofazana.hr; DZ 35 Euro. Moderne, freundliche Jugendherberge in der Nähe der Riva.

▶ Karte S. 204

Pineta, Perojska cesta bb, Tel. +385/52/521884, www.pinetafazana.hr. Schöner Campingplatz am Kieselstrand.

Konoba Alla Beccaccia, Pineta 25, Valbandon Fažana. Feinschmeckerlokal.
Ulika, Ruže Petrović 76. Einfache Konoba im Familienbetrieb.
Plavi, Trg Sv. Kuzme i Damjana 2. Im Zentrum, Fisch- und Fleischspezialitäten.
Tapas bar Tina, Mala vala 242, Valbandon. Große Portionen zu kleinen Preisen.
Istarska Hiža, Pineta 25a, Valbandon. Ausgezeichnete Küche zu normalen Preisen.

Marčeta, Pineta 1, I. ogranak 2, Valbandon, Tel. +385/52/520794, www.marceta.hr.

Sammlung sakraler Kunst, Pfarramt, Župni trg 4, Tel. +385/52/521097.

Römisches Valbandon; Juli. Bei dem Fest lebt die antike Vergangenheit des Orts auf.
Sardellenfest; Anfang August. Das Fest erinnert an die Bedeutung des Fischfangs für die Region.
Open Riva Art; August. An der Uferpromenade werden Kunstwerke gezeigt.

Markt, an der Riva; jeden Mi. Istrische Souvenirs und Spezialitäten.

Bootsfahrten um die Brijuni-Inseln werden an der Riva angeboten.
M/B Luna, Tel. mobil +385/98/9325714.
Tomasic Danica, Tel. mobil +385/98/9325714. Fischen mit einheimischen Fischern.

Stefani trade, Župni trg 3, Tel. +385/52/521910.
R.I.S.T. tours, Vodnjanska cesta 48, Tel. +385/52/521341, www.rist-tours.com.

Golfplätze im Nationalpark Brioni, Brionska 10, Tel. +385/52/525883.

Beachvolleyball, Strand Dječje igralište (Kinderspielplatz), Tel. mobil +385/98/578370.

Stefani trade, → Fahrradverleih.

Ambulanz, Tel. +385/52/521098; **Apotheke**, Tel. +385/52/521562, beide Titova riva 9.

Vodnjan

Zehn Kilometer nördlich von Pula liegt Vodnjan (Dignano) auf einer Anhöhe, wo einst Illyrer siedelten und die Römer einen Militärposten hatten. Von 1331 bis 1797 stand Vodnjan unter venezianischer Herrschaft. Aus dieser Zeit stammt der gotische **Palazzo Bettica** am Hauptplatz, der das Stadtmuseum beherbergt (Tel. +385/52/535953) und der rote **Palast Bradamante** aus dem 17. Jahrhundert.
Im Inneren der barocken Kirche **Sv. Blaž** mit dem höchsten Kirchturm Istriens (62 Meter!) beeindrucken das Gemälde ›Das letzte Abendmahl‹ von Giovanni Contarini (1549–1605) und die Jacopo Palma dem Älteren (1480–1528) zugeschriebene ›Sacra Conversazione‹. Publikumsmagnet ist eine Sammlung mumifizierter Leichen von Heiligen und weiterer 370 Reliquien.
In der Gegend um Vodnjan gibt es bis zu 2000 **Kažuni**, runde istrische Hirtenhäuser aus Stein. Beeindruckend sind die ›Zwillings-Häuschen‹ im Dorf Batvači in der Nähe der Kirche der heiligen Foška und die etwas kleineren Kažuni in Galižana.

Zentralistrien

Buje

Wegen seiner exponierten Lage auf einem hohen Hügel heißt Buje (Città di Buie) auch ›Wachtposten Istriens‹. Das etwas verwahrlost wirkende Städtchen geht auf eine vorgeschichtliche Siedlung zurück. Unter den Römern wurde es als ›Bullea‹ ein wichtiger strategischer Ort an der Via Flavia von Pula nach Triest. Das später fränkische Buje kam 1102 unter das Patriarchat von Aquileia und ab 1410 unter die Herrschaft der Venezianer, die deutliche Spuren hinterlassen haben: Teile der im 15. bis 17. Jahrhundert erneuerten **Stadtmauer**, den **Wehrturm San Leonardo** (1458) sowie den in venezianischer Gotik erbauten **Palast** und die **Stadtloggia** aus dem 15. Jahrhundert.

Auf dem Hauptplatz befindet sich der mit dem Markuslöwen verzierte Steinsockel **il pilo**, der einst den Fahnenmast trug. Die in der zweiten Hälfte des 18. Jahrhunderts an der Stelle eines romanisch-gotischen Gotteshauses errichtete spätbarocke Pfarrkirche **Sv. Servul** steht auf Fundamenten eines römischen Tempels, von dem Reste in ihre Außenwände eingemauert wurden. Der 48 Meter hohe

Die Kirche Sv. Marija Milosrđa in Buje

Karte S. 204

Auf der ehemaligen Parenzana-Bahnlinie

Campanile (1482) gleicht dem Turm von Aquileia. Ein Portal mit muschelförmiger Lünette schmückt die ansonsten unvollendete Fassade der Kirche, in der sieben Barockaltäre stehen. Die Skulpturen der Heiligen Servulus und Sebastian (1737) am Hauptaltar hat der norditalienische Bildhauer Giovanni Marchiori (1696–1778) aus Carrara-Marmor geschaffen. An der Seitenwand des Chors hängt das Bild ›Tod des Bischofs Negri‹ eines unbekannten venezianischen Malers aus dem 18. Jahrhundert. Die 2001 renovierte Orgel ist ein Werk des venezianischen Meisters Gaetano Callido (1727–1813). Das neoklassizistische Gebäude gegenüber der Kirche beherbergte einst die Stadtverwaltung.

Weiter unten – außerhalb der alten Stadtmauern – steht die Kirche **Sv. Marija Milosrđa** (1497) mit klassizistischer Fassade und Glockenturm von 1654. Von ihrer Ausstattung sind die holzgetäfelte Decke, acht große Wandgemälde von Gaspare della Vecchia (1653–1735) und eine schmiedeeiserne Renaissancetür aus dem 16. Jahrhundert erwähnenswert. Gegenüber der Kirche liegt

das **Stadtmuseum** mit einer ethnologischen Sammlung. Unweit von hier steht die originelle **Skulptur einer Ziege** von Giorgio Celiberti (geb. 1929).
Die sehr fruchtbare Gegend um Buje ist für ihren Oliven- und Weinanbau bekannt.

Parenzana

Eine der schönsten Strecken der heute als Radweg genutzten früheren Eisenbahnlinie ›Parenzana‹ führt von Buje über das Künstlerstädtchen Grožnjan nach Livade. Die 1902 in Betrieb genommene kaiserlich-königliche Parenzana-Eisenbahn verlief 123 Kilometer über viele Brücken und durch Tunnel von Triest über Koper nach Parenzo, dem heutigen Poreč. Nach dem Ende des Ersten Weltkrieges wurde die Schmalspurbahn einige Jahre von den italienischen Staatsbahnen betrieben, 1935 eingestellt und demontiert. Der Großteil der Gleise wurde nach Sizilien verfrachtet, und einige Schienen sollten per Schiff nach Abessinien gebracht werden, wo Mussolini eine Kolonialbahn bauen lassen wollte. Der Frachter versank aber im Mittelmeer.
Heute fahren Radler auf der gut erhaltenen Trasse über atemberaubende Viadukte durch eine großartige mediterrane Landschaft.

Buje

Vorwahl: +385/52, **Postleitzahl**: 52460.
Turistička zajednica Buje, Istarska 2, Tel. +385/52/773353.
Post, Trg Josipa Broza Tita 17.

INA-Tankstelle, Stanična bb.
Busbahnhof, Tel. +385/52/772067. Busse verkehren Richtung Pula, Triest und Padua.

Casa Romantica La Parenzana, Volpia 3 bb, nahe Buje, Tel. +385/52/777460, www.parenzana.com.hr; DZ 80 Euro. Landhotel und ›Basisstation‹ für Radtouren auf der ›Parenzana‹ (Fahrradverleih, organisierte Touren).
Hotel Zephyr, Portoroška 3, Plovanija, Tel. +385/52/725222, www.hotelzephyr.com; DZ 80 Euro. Einfaches Hotel an der Landstraße.

FKK Autokamp Kanegra, Kanegra 2, 52470 Umag, Tel. +385/52/709000, www.istracamping.com.

Pizzeria San Leonardo, Trg na lokvi 6 a, Tel. +385/52/773292. Das kleine Lokal in der Altstadt serviert Pizzen und Nudelgerichte für wenig Geld.
Sergio, Digitronska 21, Tel. +385/52/772005. Fisch und hausgemachte Fleischgerichte, Obstkuchen.
Malo Selo, Fratrija 1, Tel. +385/52/777332. Gemütliche Landgaststätte in Kaldanija an der Straße Richtung Plovanija. Istrische Spezialitäten.
Astarea, Ronkova 9, Brtonigla, Tel. +385/52/774384. Spezialität der Konoba sind unter der ›Peka‹ (einer Metallhaube) zubereitete istrische Gerichte.
Agroturizam Šterle, 52474 Brtonigla, Štancija Drušković 20. Istrische Spezialitäten.

City Caffe, Trg Josipa Broza Tita 3.

Weinbau Celega Ireneo, Garibaldi 43, Tel. +385/52/772726, www.celegavina.hr.

Cuba Caffe Bar, Istarska 11.
City Caffe, Trg Josipa Broza Tita 2.

Zigante Tartuffi, Trg J.B. Tita 12, 52460 Buje, Tel. +385/52/772125, www.zigante

tartufi.hr. Verkauf von weißen und schwarzen Trüffeln, Olivenöl, Ziegenkäse, Wein.
Olivenöl Extra Vergine, OPG Maglica, Bibali 65a, Buje, Tel. +385/52/773189, Tel. mobil +385/91/2525108.
Supermarkt, Istarska 15.

Ethnographisches Museum, Trg Josipa Tita 6, Tel. +385/52/772023; Juli/Aug. Mo–Sa 9- 13, 17–21 Uhr, sonst nach Vereinbarung. Sammlung von Gegenständen der Volkskultur, landwirtschaftliches Gerät, Ölmühle, Schmiede, historische Küche.

Traubenfest; letzter So im Sept. Zelebriert wird die hohe Kunst der Weinproduktion.
Oleum Olivarum; 9./10. März, in Krasica. Internationale Olivenölmesse.

Infos über Fahrradwege, GPS-Downloads unter www.istria-bike.com, Prospekte und Karten bei den Touristenverbänden.
Touristic Agency Sitnica, Montrin 31, Buje, Tel. +385/52/721007, www.sitnica.hr. Organisierte Radtouren.

Marmorhöhle (Špilja Mramorica) und **Tierpark**, Stancija Drušković 20; 52474 Brtonigla, Tel. +385/52/774313, www.agroturizamsterle.hr.; 6,50, Kinder 3,30 Euro. Eine der größten Höhlen Istriens, in der Nähe von Brtonigla bei Stancija Drušković.

Ambulanz, Istarska 15, Tel. +385/52/773144.
Apotheke, Istarska 13.

Grožnjan

Das auf einem Hügel oberhalb des Mirnatals liegende Künstlerdorf Grožnjan wurde erstmals 1102 als Besitz der Patriarchen von Aquileia erwähnt. Während ihrer Herrschaft über Istrien wählten die Venezianer den Ort 1348 als Verwaltungssitz und bauten ihn ab 1385 als Militärstützpunkt aus. Von den **Wehranlagen** aus dem 15. Jahrhundert sind am Haupttor Reste erhalten.
Unter seinem italienischen Namen Grisignana wurde die Stadt wegen des in der Umgebung abgebauten Grisignana-Marmors überregional bekannt. Den hellbeigen Kalkstein exportierte man als Baumaterial nach Wien, Budapest und in oberitalienische Städte. Er prägt die Gebäude der malerischen Altstadt: In der bereits 1310 erwähnten, um 1770 barockisierten Pfarrkirche **Sv. Vid, Sv. Modest i Sv. Krescencija** stehen bemerkenswerte Renaissancechorbänke und Barockaltäre. Das Gemälde von Ermenegildo de Troya (1914) zeigt das Martyrium der Heiligen

Im Künstlerort Grožnjan

▶ Karte S. 204

Veit, Modestus und Crescentius im Kolosseum von Rom. Ein Bild aus jüngerer Zeit erinnert an den seligen Don Francesco Giovanni Bonifacio, der 1946 vom jugoslawischen Geheimdienst ermordet und in eine Karsthöhle (Fojba) geworfen wurde. Sehenswert ist auch die **Renaissanceloggia** (1587) hinter dem Haupttor und außerhalb der Stadtmauern die Kirche **Sv. Kuzma i Damjan** (1554), die Ivan Lovrenčić (1917–2003) 1989 mit feinsinnigen Bildern ausgemalt hat.

Nach dem Zweiten Weltkrieg verließen die überwiegend italienischen Einwohner Grožnjan. 1954 schlossen sich einige Musiker und Maler zusammen, um den vom Aussterben bedrohten Ort neu zu besiedeln und zu renovieren, 1965 wurde er zur ›Stadt der Künstler‹ ernannt. Heute hat Grožnjan knapp 200 Einwohner und immerhin 30 Galerien und Ateliers. In den Sommermonaten finden Workshops und Meisterkurse für junge Musiker statt.

Grožnjan

Vorwahl: +385/52, **Postleitzahl**: 52429.
Turistička zajednica, U. Gorjana 3, Tel. +385/52/776131, www.tz-groznjan.hr.
Post, Trg Josipa Broza Tita b b, Tel. +385/52/776111.
Geldautomat, 1. Svibnja 10.

Villa San Vito, Park Spinotti Morteani 2, Grožnjan, Tel. +385/52/776113, Tel. mobil +385/99/6851653; Apartment 50 Euro. In der Nähe der Altstadt, mittelalterliches Ambiente.
San Roco Hotel und Restaurant, Srednja ulica 2; 52474 Brtonigla, Tel. +385/52/725000; DZ 190 Euro. Gepflegtes kleines Landhotel, 9 km westlich von Grožnjan.

Agriturizam Dešković, Kostanjica 58. Landgasthof und Weinkeller südöstlich von Grožnjan, Nudelgerichte und Fleisch unter der Peka.
Ponte Porton, Ponte Porton 67. Trüffel- und Fleischgerichte, große Weinkarte und leckere Desserts.
Restaurant Ladonja, Trg Pojani. Deftige Kost zu leicht gehobenen Preisen.
Konoba Bastia, 1. Svibnja 1. Steaks oder Nudelgerichte mit Trüffel, leckere Palatschinken.

Cafe Bar Vero, Trg Cornera 3.
Kaya Energy Bar & Gallery, Vinzent iz Kastva 2. Design-Bar mit herrlichem Ausblick.

Zigante Tartuffi, Umberto Gorjana 5, Tel. +385/52/776099, www.zigantetartufi.com. Trüffelprodukte.

Stadtgalerie Fonticus, Trg lođe 3, Tel. +385/52/776131, www.gallery-fonticus-groznjan.net (kr.). Ausstellungen zeitgenössischer Kunst.

Künstlerworkshops; Juni–August.
Internationales Jazzfestival; Juli.
Konzerte der Jugend-Musik-Sommerschule; August.

Motovun

Das Städtchen Motovun (Montona) liegt auf einem 277 Meter hohen Hügel über dem Mirnatal, der bereits vorslawischen Siedlern als Fluchtburg diente. Im 10. und 11. Jahrhundert unterstand der Ort den Bischöfen von Poreč, geriet 1278 unter die Herrschaft Venedigs, das die Stadt vom 13. bis 14. Jahrhundert mit einer inneren Stadtmauer und bis zum 17. Jahrhundert mit einem äußeren Mauerring befestigte.

In der Altstadt gibt es romanische und gotische Häuser. Der Hauptplatz ist nach dem in Motovun 1470 geborenen Renaissancekomponisten Andrea Antico benannt. Hier stehen ein zinnenbewehrter **Glockenturm** aus dem 13. Jahrhundert und die Pfarrkirche **Sv. Stjepan** aus dem späten 16. Jahrhundert, in deren Chor das spätbarocke Gemälde des ›Letzten Abendmahls‹ des venezianischen Malers Stefano Celesti sehenswert ist. Ihre klassizistischen Deckengemälde stammen von Giuseppe Bernardino Bisson (1762–1844), dem letzten Vertreter venezianischer Vedutenmalerei.

Der Kirche gegenüber steht das **Rathaus** (1200), auf der Südseite des Platzes, der eigentlich eine große Zisterne mit schöner Brunnenkrone von 1330 ist, befindet sich der im 17. Jahrhundert erbaute **Palazzo Polesini** (heute Hotel ›Kaštel‹). Empfehlenswert ist ein Gang auf der **Stadtmauer**, von der man einen herrlichen Blick auf Inneristrien, das Mirnatal und den Motovuner Eichenwald hat, in dem die begehrten Weißtrüffel wachsen.

Oprtalj

Nördlich von Motovun liegt im hügeligen Karstgebiet der Gornja Bujština das kleine Städtchen Oprtalj (Portole d'Istria), dessen mittelalterliche **Stadtmauer** noch gut erhalten ist. Der Ort wurde 1102

Blick auf Motovun

In Oprtalj

erstmals als Castrum Portulense erwähnt. Von 1420 bis 1797 gehörte er zum Verteidigungssystem der venezianischen Grenze in Istrien.

Außerhalb der Altstadt steht die einschiffige Kirche **Sv. Rok** aus dem 14. Jahrhundert mit leider kaum erhaltenen gotischen Fresken. Vor dem Stadttor beeindruckt die große venezianische **Renaissance-Loggia** mit Lapidarium. Von hier hat man einen herrlichen Blick auf den westlichen Teil Istriens. Das **Stadttor** ist ein Rest der venezianischen Festung, auf deren Mauern Häuser stehen. Die 1517 erbaute Pfarrkirche **Sv. Juraj** erhielt ihre Fassade in der Renaissance. Innen ist das Gemälde ›Maria im Rosenhag‹ von Matteo Furlanetto (1750–1815) erwähnenswert.

Unterhalb des Ortes liegt die kleine gotische Kirche **Blažena Djevica Marija**, deren Wände Meister Clериginus und drei unbekannte Maler mit spätgotischen Darstellungen aus dem Leben Christi und der Gottesmutter ausgemalt haben.

▸ Karte S. 204

Motovun

Vorwahl: +385/52.
Postleitzahl: 52424.
Turistička zajednica Motovun, Trg Andrea Antico 1, Tel. +385/52/681726, www.tz-motovun.hr.
Post, Mure 2.

Tankstelle, Kanal 46.
Busverbindungen nach Pazin, Pula und Buzet.
Lokale Buslinie zwischen Mirna (Kanal) und Motovun (Friedhof).
Nächster Bahnhof: Pazin (Verbindungen nach Ljubljana, Zagreb und Triest), Stareh Kostanji 1, Tel. +385/52/624310, www.hznet.hr.

Bike & Bed Apartman, Montona Tours, Kanal 10, Tel. +385/52/681970; DZ 55 Euro. Apartments für Radler am Fuße der Stadt.
Hotel Kaštel, Trg Andrea Antico 7, Tel. +385/52/681607, www.hotel-kastel-motovun.hr; DZ 150 Euro. Sehr schönes Hotel mit Wellness- und Spabereich, in der Altstadt.
Bella vista, Gradiziol 1, Tel. mobil +385/91/5230321, www.apartmani-motovun.com; Apartment 50 Euro. Hübsche Apartments im Zentrum Motovuns.

Campinglatz Motovun, Rižanske skupštine 1 a, Tel. +385/52/681607, www.motovun-camping.com. Kleiner Platz unterhalb Motovuns.

Kaštel, Trg Andrea Antico 7. Im Zentrum, gepflegtes Restaurant mit Trüffelspezialitäten.
Mondo, Barbacan 1. Stilvolle Konoba, istrische Trüffel-, Nudel- und Fleischgerichte zu moderaten Preisen.
Pod napun, Gradiziol 33. Die Konoba serviert einfache istrische Gerichte.
Pod voltom, Trg Josefa Ressela 6. Das gemütliche Lokal ist auf Trüffelgerichte spezialisiert und bietet Gnocchi mit Wild zu fairen Preisen an.
Propeler, Trg Josefa Ressela 4. Günstige Pizzeria, auch Salate, Bruschetta und belegte Brötchen.
Agroturizam Štefanić, Štefanići 55. Tel. +385/52/689026. Istrische Gerichte mit Zutaten aus eigener Landwirtschaft und Hauswein zu angemessenen Preisen.
Enoteka Zigante, Livade 7, Tel. +385/52/664302. Legendäres Feinschmeckerrestaurant (höheres Preisniveau). Inhaber Giancarlo Zigante fand 1999 einen 1,31 kg schweren Trüffelpilz und kam damit ins Guiness-Buch der Rekorde.

Montona Gallery, Trg Jozefa Resela 1.
Caffe Antico, Pietra Kandlera 2.

Enoteque - konoba Barbacan, Barbacan 1, Tel. +385/52/681791.

Zigante Tartufi, Gradziol 8, Tel. +385/52/681668, www.zigantetartufi.com. Produkte aus Trüffeln, Olivenöl extra vergine, Weine, Schnäpse, Honig, Konfitüren.
Motovun Gallery, Borgo 11. Gemälde, Schmuck, Keramik, Souvenirs.

Motovun Film Festival; 27.–31. Juli, Tel. +385/52/325991, www.motovunfilmfestival.com.
Trüffelfeste; Ende Sept.–Anfang Nov.

Bike Point Motovun, Kanal 10, Tel. mobil +385/91/5872847. Fahrradverleih (14 Euro/Tag).

Golf Klub Motovun, Tel. mobil +385/98/257180. 6-Loch-Platz unterhalb Motovuns.

Schöne Wege zum Wandern und Radfahren sind die einstige Eisenbahnstrecke **Parenzana** (→ S. 233) und der **Rundweg**, der über Vižinada und Livade führt.

Ambulanz, Kanal 4, Tel. +385/52/681505.

Buzet

Im Nordosten liegt die Stadt Buzet (Pinguente) über dem Mirnatal auf einem Hügel, der schon in prähistorischer Zeit besiedelt war. Die Römer bauten den Ort zur Festung Pinguentum aus. Bereits im 15. Jahrhundert war der Ort wegen seiner strategischen Lage zwischen Venedig und Österreich heftig umkämpft. Die Venezianer schützten ihn mit einer Stadtmauer, die später teilweise mit Wohnhäusern überbaut wurde. Ihr **Großes Tor** (Vela Vrata) aus der Spätrenaissance und das manieristische **Kleine Tor** (Mala Vrata) sind erhalten.

Die Pfarrkirche Sv Antun Opat in Roč

Die barocke Pfarrkirche **Uznesenja Marijina** auf dem Hauptplatz birgt Gemälde venezianischer Meister aus dem 17. und 18. Jahrhundert. Der 1887 erbaute Glockenturm ist mit 36 Metern der höchste Kirchturm der Region Buzeština. Die große Zisterne **Vela Šterna** umgibt eine mit dem Markuslöwen geschmückte Mauer aus dem Rokoko.

Am Nordrand der Stadt steht die Bruderschaftskirche **Sv. Juraj** von 1611 mit dem Gemälde ›Wunder des heiligen Antonius‹ aus der Schule Tiepolos. Vor den Stadttoren wurden **Friedhöfe** aus byzantinischer, langobardischer und altkroatischer Zeit ausgegraben.

Archäologische Funde zeigt das **Heimatmuseum** im barocken Bigatto-Palast (1639). In seiner Nähe findet sich an der Wand eine **Bocca di leone**, ein Löwenkopf mit geöffnetem Rachen, der im 18. Jahrhundert als Briefkasten für anonyme Anzeigen und Beschwerden diente. Ebenfalls sehenswert sind der ehemalige, 1534 erbaute **Getreidespeicher** (Fontik) sowie der im venezianischen Barock errichtete **Palast Bembo**. Von der Terrasse am südlichen Ende der Altstadt blickt man auf das obere Mirnatal und die sanften Hügel Inneristriens.

■ Roč

Die Umgebung von Buzet (Buzeština) ist für ihren Trüffelreichtum bekannt und war ein Zentrum glagolitischen Schrifttums. Das mittelalterliche Städtchen Roč (180 Einwohner) erhielt seine **Stadtmauer** im 14. Jahrhundert unter den Patriarchen von Aquileia.

In der Apsis der im 12. Jahrhundert erbauten Kirche **Sv. Rok** gibt es gotische Freskenreste und Graffiti, in der Pfarrkirche **Sv. Ante Opat** versteckt sich in einem Weihekreuz an der südlichen Langhauswand ein glagolitisches Abcedarium aus dem Jahre 1200.

▲ Karte S. 204

In der Stadtloggia von Hum steht noch der steinerne Richtertisch

Roč war ein Zentrum glagolitischen Schrifttums. An die älteste slawische Schrift und deren herausragende Vertreter erinnert die sechs Kilometer lange **Glagoliter-Allee**, die von Roč nach Hum führt. An ihr stehen elf Steindenkmäler, die der Bildhauer Želimir Janeš 1977 bis 1983 schuf.

Hum

Das nur 24 Einwohner zählende Hum (Colmo) nennt sich ›kleinste Stadt der Welt‹. Der über dem Mirnatal thronende Ort wurde 1102 erstmals erwähnt. Die **Stadtmauer** im Westen ist gut erhalten, auf den anderen Seiten bildeten die eng stehenden Häuser Schutz vor Angreifern.

Das **Stadttor** von 1562 erhielt 1981 Kupfertüren mit Szenen aus dem Landleben im Jahreskreis. Daneben ragt ein 22 Meter hoher **Campanile** (1552) mit einer glagolitischen Inschrift.

In der klassizistischen Pfarrkirche **Marijino uznesenje** hängt hinter dem Hauptaltar das Gemälde ›Mariä Himmelfahrt‹ (1600) von Baldassare d'Anna (um 1560–um 1639), einem venezianischen Maler der Spätrenaissance. In der **Stadtloggia** (1545) steht noch der alte steinerne Richtertisch.

Einen herrlichen Blick auf die Umgebung hat man von der Terrasse der kleinen Gaststätte **Humska Konoba**. Hier erhält man auch den Schlüssel für die romanische Friedhofskapelle **Sv. Jeronim**: Ihre Fresken aus dem 12. bis 13. Jahrhundert erinnern an byzantinische Vorbilder.

Einen kurzen Abstecher lohnt das verlassene Dorf **Kotli**, wo die Wasserfälle der Mirna, alte Bauernhäuser und eine Wassermühle sehenswert sind.

Buzet, Roč, Hum

Vorwahl: +385/52.
Postleitzahl: 52420.
Turistička zajednica Buzet, Šetalište Vladimira Gortana 9, Tel. +385/52/662343, www.tz-buzet.hr.
Post, Trg fontana 3.
Erste Bank, Trg fontana bb.

Busbahnhof Buzet, Tel. +385/52/663285. Regelmäßige Busverbindungen in istrische Städte (Pula, Pazin, Vodnjan) sowie nach Italien (Triest und Venedig).

Bahnhof Buzet, Tel. +385/52/662899.

Buzet: **Hotel Fontana**, Trg fontana 1, Tel. +385/52/662615, www.hotelfontana buzet.com; DZ 60 Euro. Neueres Hotel mit freundlichen Zimmern.
Vela Vrata, Šetalište Vladimira Gortana 7, Tel. +385/52/494750, www.velavrata.net; DZ ab 110 Euro. Kleines Hotel in der Altstadt.
Roč: **Hostel Roč**, Roč 8/1, 52425 Roč, Tel. mobil +385/91/7345734; konoba.rocka@gmail.com. Günstige, kleine Jugendherberge.
Agroturizam: In der Region gibt es zahlreiche Anbieter schöner Unterkünfte in bäuerlichem Ambiente, www.istra.hr.

Robinzonski kamp Raspadalica, Raspadalica bb, Tel. mobil +385/98/9247300. Campingplatz für Naturliebhaber, ohne Warmwasser, dafür billig.

Buzet: **Most**, Most 18 (an der Mirnabrücke), Tel. +385/52/62867. Günstige Fleischgerichte mit Nudeln oder Gnocchi.
Stara Oštarija, Petra Flega 5. Herrlicher Blick, gutes Preis-Leistungsverhältnis.
Konoba Santa Terra (vormals: Karoca), Sovinjak, Tel. +385/52/663039, www.santa-terra.com.hr. Gasthof in herrlicher Landschaft mit delikaten Speisen zu moderaten Preisen.
Mlini, Mlini 44, Tel. +385/52/653556, www.agroturizam-mlini.hr. Kleine Konoba, leckere Forellengerichte zu guten Preisen.
Pizzeria Rušnjak, II. Istarske brigade 3/3. Günstige Pizzen.
Konoba Paladin, Franečići 25. Der Familienbetrieb serviert selbst erjagtes Wild und Trüffelgerichte zu fairen Preisen.
Hum: **Humska konoba**, Hum 2, www.hum.hr. Einziges Gasthaus der Stadt – gut, aber nicht billig.

Buzet: **Hajduk**, Trg fontana. 9. Konditorei, Café und Bar.
Caffe Bar Helena, II. Istarske brigarde 11. Cafébar im Stadtzentrum.

Vina Piquentum, Cesta Sv. Ivana bb, Tel. mobil +385/91/5275976. Der junge Winzer hat in Frankreich gelernt.

Konzum, Augustina Vivode 1.
Uljara Torkop, Brnozi 51, Tel. +385/52/663058. Die Ölmühle bietet Olivenöl direkt vom Erzeuger.
Agroturizam Jakac, Veli Mlun 12, Tel. +385/52/662481, Tel. mobil +385/91/5422555. Der Bauernhof westlich von Buzet hat Wein, Schnaps, Liköre und Olivenöl im Angebot.

Heimatmuseum, Rašporskih kapetana 5, Buzet, Tel. +385/52/662792, Tel. mobil +385/91/8888127; Mo–Fr 9–15 Uhr. Archäologische und ethnologische Sammlung mit Exponaten zur Geschichte der Region.

Subotina; Anfang September. Fest ›Mariä Geburt‹, an dem man in einer riesigen Pfanne eine Eierspeise mit Trüffeln zubereitet.

Gestüt Dolina konja, an der Straße von Roč Richtung Hum, Tel. +385/91/9105205, http://dolinakonja.com.

Paragliding, im Fluggebiet Raspadalica, beim Campingplatz, von Buzet Richtung Brest dem Schild ›Paragliding‹ folgen. Auf der Hochebene rechts fahren und die Schotterpiste weiter zum Startplatz im Grenzgebiet zu Slowenien (Achtung: häufig Polizeikontrollen!), www.raspadalica.com.
Tennisclub Buzet, Tel. mobil +385/91/5366671, +385/91/4732569.

Karte S. 204

Ruinen des Kastells Petrapilosa, ca. 6 Kilometer westlich von Buzet, über dem Mirnatal und dem kleinen istrischen Dorf Opatija.
Kartenmaterial zum Wandern und Radfahren rund um Buzet ist in der Turistička zajednica erhältlich, auch als Download unter www.tz-buzet.hr.

Angeln an der Mirna, Angelkarten (8 Euro/Tag) beim **Anglerverein Mrena**, Tel. mobil +385/91/7378529.

Ambulanz, Tel. +385/52/662722, und **Apotheke**, Tel. +385/52/662832, beide Naselje Goričica 1.

Pazin

Pazin (Pisino) liegt ungefähr in der geographischen Mitte Istriens. Die Kleinstadt entstand aus einer 983 erstmals als Castrum Pisinum erwähnten Burg, die über der 130 Meter tiefen und 20 Meter breiten Karstschlucht der Fojba thront, die Dante zur Beschreibung des Höllentors seiner Göttlichen Komödie inspiriert haben soll. Hier spielt auch ein Teil des Romans ›Mathias Sandorf‹ von Jules Verne. 1374 fiel die Stadt unter dem Namen Mitterburg an Österreich. Bereits im Mittelalter war sie ein Zentrum kroatischer Kultur. 1766 kaufte der persönliche Berater von Kaiserin Maria Theresia, Marquis Montecuccoli, Stadt und Grafschaft Pazin. Nach 1918 fiel die Stadt als Pisino an Italien und blieb bis 1945 im Besitz der Familie Montecuccoli. Die 1266 errichtete Pfarrkirche **Sv. Nikola** im Süden der Stadt erhielt 1441 einen gotischen Chor und im 18. Jahrhundert den barocken Glockenturm. Der Altarraum wurde um 1460 von einem unbekannten Südtiroler Künstler mit sehenswerten Fresken ausgemalt.
In der Kirche des gotischen **Franziskanerklosters** befindet sich ein schönes Triptychon des Bellini-Schülers Girolamo da Santacroce (1503–1556). Die **Patrizierhäuser** der Altstadt stammen aus Gotik, Renaissance und Barock.
Das **Kastell** aus dem 13. und 14. Jahrhundert ist die am besten erhaltene Burganlage Istriens und beherbergt das Ethnographische Museum und das Stadtmuseum mit volkskundlichen und historischen Sammlungen. Etwa 100 Meter unter dem Kastell liegt der Eingang zur **Paziner Höhle**, wo der größte istrische Karstfluss Pazinčica in einem Ponor (Schluckloch) versickert.

Das Kastell in Pazin liegt hoch über einer Karstschlucht

Pazin

Vorwahl: +385/52, **Postleitzahl**: 52000.
Turistička zajednica Grada Pazina, Franine i Jurine 14, Tel. +385/52/622460, www.tzpazin.hr.
Post, Matka Brajše Rašana 7A.

Busbahnhof, Miroslava Bulešica 2, Tel. +385/52/624364. Gute Anbin dung an verschiedene Städte Istriens und Linienverkehr Richtung Venedig, Zagreb und Belgrad.

Bahnhof, Stareh Kostanji 1, Tel. +385/52/624310.

Taxi Artis, Tel. +385/52/850699.
Taxi Miro, Selina, Sveti Lovreč, Tel. mobil +385/98/434261.

Hotel Lovac, Šime Kurelića 4, Tel. +385/52/624324; DZ 65 Euro. Schön gelegener, aber renovierungsbedürftiger Bau.

Fontana, Franine i Jurine 6. Günstige Pizzeria im Zentrum.
Restaurant Kramar, Štefanije Ravnić 2. Wild- und Fischgerichte, schöne Aussicht.
Poli Nina, Trg pod lipom 2a. Günstiges Gasthaus am Rand der Altstadt.
Konoba Boškarin, Dubravica 1. Istrische Küche, stimmungsvolles Ambiente.

Bunker, Franine i Jurine 15.
Bombonijera, 25. rujna 9.
Eli, Trg slobode 2.

Weingüter:
Vina Anđelini, Velanov brijeg 42, www.andjelini-vina.hr.
Gortan Marijan, Stari trg 7.
Krulčić Renato, Lindar 126b.

▶ Karte S. 204

Max Magnus, Šetalište Pazinske gimnazije 3. Discothek.

Kram- und Trödelmarkt; jeden 1. Di im Monat, am Rand des Stadtparks.

Paziner Höhle, Eingang 1 im Norden bei der Pazinčica-Brücke, Eingang 2 beim Hotel ›Lovac‹, Tel. +385/52/623054, www.pazinska-jama.com.

Jules-Verne-Tage; Ende Juni. Das Fest erinnert an die in Pazin lokalisierte Episode aus dem Roman ›Mathias Sandorf‹.

Bike Servis Matić, Lovrin bb, Tel. +385/52/621119.

Reitverein Soko, Slokovići 82b, Tel. +385/52/688160, Tel. mobil +385/91/5384770.

Naturlehrpfad Pazin; 1,3 km. Der Pfad informiert über Karstphänomene. Er beginnt bei der Pazinčica-Brücke und führt durch die grandiose Schlucht zu herrlichen Aussichtspunkten.
Zarečki krov, bei Zarečje, 3 km von Pazin. 6 m hoher Wasserfall.
Naturschutzgebiet Gračišće-Pićan, 600 ha groß, viele markierte Wander- und Radwege.

Anglerverein Pazin, 43. istarske divizije 15, Tel. +385/52/621957, Tel. mobil +385/98/366045.

Ambulanz, J. Dobrile 1, Tel. +385/52/624421.
Apotheken: Šetalište Pazinske gimnazije 4, Prolaz E. Jelušića 1.

Nördlich von Pazin

Sv. Marija na Škriljinah

Wenige Autominuten nordwestlich von Pazin steht in einem Wald bei **Beram** (Vermo) die Kirche Sv. Marija na Škriljinah (Maria auf den Felsen). Bevor man sie ansteuert, sollte man in Beram rechtzeitig bei Hausnummer 38 (Familie Šestan, Tel. +385/52/522903) nach dem Schlüssel fragen. Die Kirche birgt bedeutende **Fresken**, die Vincent aus Kastav 1474 malte. 46 Felder zeigen Episoden aus dem Leben Christi und der Gottesmutter, einen berühmten ›Totentanz‹ sowie das ›Glücksrad der Fortuna‹. Die bemalte Kassettendecke stammt aus dem 17. Jahrhundert.

Sv. Trojica

Schöne gotische Fresken finden sich auch im Nordosten Pazins: Bei **Cerovlje** (Cerreto) steht auf einem Hügel die spätgotische Kirche Sv. Trojica, deren Wandgemälde von einem unbekannten italienischen Meister stammen.

Sv. Križ

In der kleinen romanischen Kirche Sv. Križ bei **Butoniga** kamen Fresken von 1400 zum Vorschein, als das Kirchlein 1942 nach der Bombardierung durch die Deutschen ohne Dach dem Regen ausgesetzt war und sich der Verputz von den Wänden löste.

Sv. Rok

Die im 14. Jahrhundert errichtete Kirche Sv. Rok von **Draguč** (Draguccio) enthält kunstgeschichtlich bedeutsame Fresken von Antonio da Padova. Eine glagolitische Inschrift über der Tür datiert sie auf 1529. In der Mitte der Chorwand sind die Pestheiligen Rochus, Sebastian und Fabian dargestellt, an der Nordwand die heiligen drei Könige.

Belaj

Lohnend ist ein Abstecher in den Nordosten von Pazin, in die einstige Grenzregion bei Paz (Passo). Eine ihrer vielen mittelalterlichen **Festungen** ist als

Die Reniassancevilla Barbo

Alter Gespantisch in Tinjan

Ruine bei Belaj erhalten, wo, umgeben von malerischen Weingärten, auch die **Renaissancevilla Barbo** steht.

Südlich von Pazin

Lindar

Wenige Kilometer südöstlich von Pazin liegt auf einem Hügel das Städtchen Lindar (Lindaro), in dem Reste der mittelalterlichen **Stadtmauer** und Häuser aus dem 15. und 16. Jahrhundert erhalten sind.

Ein kunsthistorisches Kleinod ist außerhalb des Ortskerns die gotische Kirche **Sv. Katarina** mit dem Fresko ›Lebendes Kreuz‹, bei dem die Kreuzbalken als menschliche Hände enden. Eine glagolitische Inschrift datiert es auf 1409.

▸ Karte S. 245

Gračišće

Von Lindar ist es nicht weit nach Gračišće (Gallignana), wo es bereits im 15. Jahrhundert freie Bauerngeschlechter mit kroatischen Familiennamen gab.

Am Ortseingang steht die **Stadtloggia** von 1549, den Hauptplatz umgeben der im Stil venezianischer Gotik errichtete **Palast der Familie Salamon** und die **Sommerresidenz der Bischöfe von Pićan**. Hier befindet sich auch die 1425 erbaute Votivkirche **Sv. Marija na Placu** mit einer schönen Vorhalle und gotischen Fresken.

Tinjan

Südwestlich von Pazin liegt Tinjan (Antignana), das für Schinken, der in speziellen Kellerräumen luftgetrocknet wird, berühmt ist.

Vor dem Ort befindet sich ein kleiner **Park**, von dem aus man einen schönen Blick über die Talsenke hat, die sich von Beram bis zum Lim-Fjord erstreckt. An dem steinernen Gespantisch mit zehn Stühlen fanden früher Beratungen und Gerichtsverhandlungen statt. Die Pfarrkirche **Sv. Šimun** schmückt eine

Der Palast der Familie Salamon

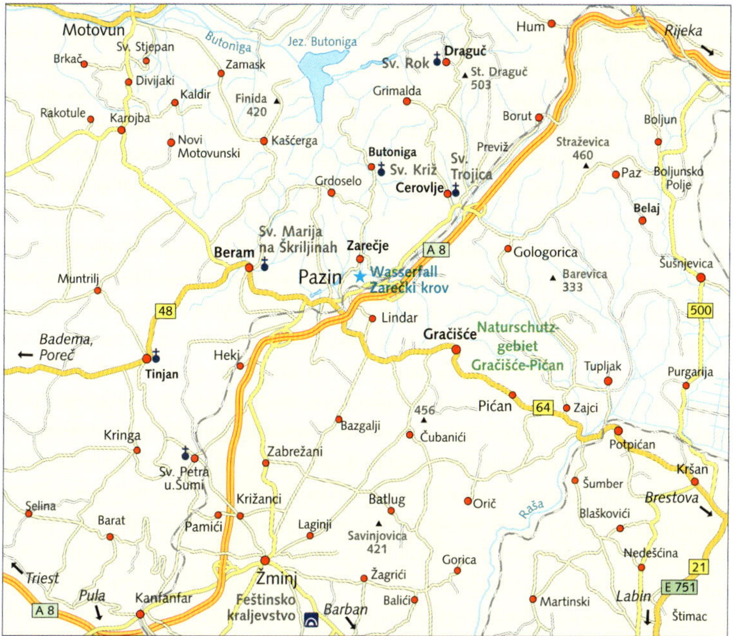

Die Umgebung von Pazin

Fassade mit Stilelementen aus Barock und Neoklassizismus.

Sv. Petar u Šumi

Etwas südlicher liegt das im 13. Jahrhundert als Benediktinerkloster gegründete Sv. Petar u Šumi (San Pietro in Selve) Ab 1460 wirkten hier Paulinermönche, bis Kaiser Joseph II. 1782 die Aufhebung des Klosters anordnete. Die Kirche und das Klostergebäude entstanden im Barock, der Glockenturm zeigt Stilmerkmale der Renaissance.

Aus der Anfangszeit des Klosters blieb der schöne **Arkadengang** im Innenhof erhalten. In der Kirche sind die **Barockaltäre** aus der Schnitzwerkstatt von Pavao Riedl sehenswert, der auch die Skulpturen der Fassade schuf. Zwei Kapellen sind mit venezianischen Wandledertapeten aus dem 18. Jahrhundert geschmückt.

Kringa

300 Meter über der Limska Draga thront das 500-Seelen-Dorf Kringa, wo der Bauer Jure Grando nach seinem Tod 1656 16 Jahre lang als Vampir sein Unwesen getrieben haben soll. Auf der Speisekarte der **Cafébar Vampire** (Kringa 32) stehen Vampir-Cocktails und istrische Suppe mit reichlich Knoblauch. In einer Garage wurde ein **Vampir-Museum** eingerichtet.

Höhle Feštinsko kraljevstvo

In der Nähe von Žminj liegt beim Dorf **Feštini** die Höhle ›Feštinsko kraljevstvo‹ (Königreich von Feštini) mit schönen Tropfsteinformationen. Eine Führung dauert 20 Minuten. Bei der Höhle gibt es einen Kiosk, überdachte Sitzmöglichkeiten laden zum Picknick. **Öffnungszeiten**: April, Mai, Okt. Sa/So 10–18 Uhr, Juni–Sept. tägl. 10–18 Uhr, www.sige.hr.

Die Ostküste

Labin

Die Altstadt Labins (Albona) liegt oberhalb des Steinkohlebergwerks Podlabin auf einem Hügel, von dem man einen herrlichen Blick auf das Učka-Gebirge und die Kvarner Bucht hat. Wie viele inneristrische Städte geht Labin auf eine illyrische Wallburg zurück. 177 vor Christus kam der Ort unter die Herrschaft der Römer, die ihn Albona nannten. Nach dem Fall Westroms regierten hier Ostgoten, Byzantiner, Langobarden und Franken. Bereits im frühen Mittelalter ließen sich hier Kroaten nieder. Von 902 bis 1207 war Labin Teil des Heiligen Römischen Reichs Deutscher Nation, bis 1420 im Besitz der Patriarchen von Aquileia und gehörte fast 400 Jahre der Republik Venedig. Auf den alten Befestigungsmauern wurden im 16. Jahrhundert ein Kranz von Häusern und die Bastion Fortica errichtet. Nach dem Fall der Serenissima regierten in Labin nach 1797 kurze Zeit die Franzosen und ab 1813 die Österreicher. Nach dem Ersten Weltkrieg wurde die Stadt Italien zugesprochen, ab 1945 war sie Teil Jugoslawiens.

Labin ist Geburtsort des später in Wittenberg und Straßburg lehrenden protestantischen Theologen Matthias Flacius Illyricus (1520–1573). 1921 traten die Bergleute von Labin wegen schlechter Arbeitsbedingungen in den Ausstand und forderten die Selbstverwaltung. Nach 36 Tagen wurde der Streik, der unter dem Namen ›Republik Labin‹ bekannt wurde, von den italienischen Faschisten gewaltsam niedergeschlagen.

Stadtrundgang

Am Stadtplatz Titov trg steht die venezianische **Loggia** aus dem 17. Jahrhundert, weiter oben das 1587 erbaute **Stadttor Sv. Flora** mit dem Markuslöwen. Daneben befindet sich links der **Prätorenpalast** mit Renaissance-Biforien. Geht man durch das Tor, kommt man zum Getreidespeicher mit Uhrturm von 1539. Hier kann man links zum barocken **Palazzo Franković** abbiegen, wo im Innenhof ein Lapidarium und im Gebäude eine Ausstellung über den Theologen Matthias Flacius Illyrikus zu sehen ist.

In der gotischen Pfarrkirche **Rođenje Marijina** ist im rechten Seitenschiff das Altargemälde der Muttergottes mit dem heiligen Antonius von Palma dem Jüngeren (um 1548–1628) erwähnenswert. Im barocken **Palazzo Lazzarini** ist das **Volksmuseum** untergebracht, das über

Labin

▲ Karte S. 204

Die venezianische Loggia am Titov trg

die Geschichte Lanins von der Antike bis heute informiert und eine nachgebaute Kohlemine und eine Ausstellung über den Aufstand der Labiner Bergarbeiter 1921 zeigt. Außerdem sehenswert sind zahlreiche Renaissance- und Barockhäuser wie der **Palazzo Scampicchio** von 1570 und der **Palazzo Negri** aus dem 17. Jahrhundert.

Rabac

Unter Labin, direkt am Meer, liegt das einstige Fischerdorf Rabac. In den 60er und 70er Jahren des vergangenen Jahrhunderts mauserte es sich zu einem bekannten Badeort. Beliebt sind seine Kies- und Felsstrände, besonders die von Pinien und Kiefern umstandenen Strände östlich des **Rt Andrija**.

Labin und Rabac

Vorwahl: +385/52, **Postleitzahl**: 52220.
Turistička zajednica Rabac-Labin, Aldo Negri 20, Tel. +385/52/855560, www.rabac-labin.com, tzg-labin@pu.tel.hr.
Info-Punkt, Trg Maršala Tita 2/1, Tel./Fax +385/52/852399.
Post Labin, Trg Maršala Tita 2.
Post Rabac, Obala Maršala Tita bb.

Labin, Slobode 2, Tel. mobil +385/98/9161863.

Autofähre: Brestova–Porozina (Cres); tägl., fast stündlich. Fahrplan und Preise: www.jadrolinija.hr.

Apartmani Kvarner, Labin, Šetalište S. Marco bb, Tel. +385/52/852336, www.kvarnerlabin.com; Apartments in Rabac (55 Euro) und Zimmer in Labin (DZ 70 Euro).
Hotel Narcis, Maslinica Hotels & Resorts, Rabac bb, Tel. +385/52/884150, www.maslinica-rabac.com; DZ 75 Euro. Großes Hotel am Meer.
Valamar Sanfior, Rabac bb, Tel. +385/52/465100, www.valamar.com; DZ/HP 85 Euro. Von Kiefernwäldern und schönen Stränden umgebenes modernes Hotel.
Villa Calussovo, Ripenda, Kras 18 (zwischen Rabac und Labin), Tel. +385/52/851188, www.calussovo.com; DZ 85 Euro. Liebevolles Landhotel mit Restaurant im typisch istrischen Stil.

Camp Tunarica, Marina Tunarica d.o.o., Rudarska 1, Tel. +385/52/856811, www.tunarica.hr. Am Kap Ubas auf einer grünen Halbinsel, 17 km von Labin.

Campingplatz Oliva, Maslinica d.o.o., Rabac, Tel. +385/52/872258, www.maslinica-rabac.com. Schöne Lage an kleinem Kieselstrand, in der Hauptsaison sehr voll.

Velo kafe, Labin, Trg Maršala Tita 6. Kaffeehaus, Rockcafé und sehr gute Konoba am Hauptplatz, angemessene Preise.
Konoba Rogočana, Rogočana 1, Tel. +385/52/852576. Der Familienbetrieb im Nachbarort Labins bietet preiswerte istrische Küche, Reservierung empfehlenswert.
Nostromo, Rabac, Obala Maršala Tita 7. Günstige Fischgerichte (Filets mit mediterranen Kärutern) und teurere Spezialitäten..
Rapčanka, Rabac, Obala Maršala Tita 31. Fischgerichte. Mittleres Preisniveau.

Labin Art Republika; Juli und August. zweimal wöchentlich 20–24 Uhr. Aufführungen von Schauspielern, Sängern, Musikern und Tänzern auf den Plätzen der Stadt.
Nächtliche Stadtbesichtigung; Juli und August jeden Di um 21.30 Uhr. Treffpunkt ist vor dem Info-Punkt am Trg Maršala Tita.
Internationales Bildhauersymposiums Mediterrane; August und September.

Negri Olive – Maslinovo ulje, Dolinska 3, Labin, Tel. +385/52/875280. Mehrfach preisgekröntes Olivenöl extra vergine.

Wanderweg der göttlichen Quellen, 3 km lang, Gehzeit ca. 2,5 Stunden. Von Rabac nach Labin, vorbei an Quellen und Zisternen.
Weitere Wanderwege unter www.rabac-labin.com, dort gibt es auch die Broschüre zum Download.

Plomin

Das 80 Meter über einer Bucht gelegene Plomin (Fianona) ist ein malerisches, aber ziemlich verlassenes und teilweise verfallenes Städtchen. Früher war hier zunächst eine illyrisch-liburnische Siedlung, später das römische Flanona.

Am Ortseingang steht die **Tura**, ein venezianischer Stadtpalast aus dem 18. Jahrhundert mit einem Lapidarium mit Funden aus der Römerzeit. An der romanischen Kirche **Sv. Juraj Stari** mit einem 15 Meter hohen romanischen Glockenturm sieht man über dem antiken Relief des illyrischen Gottes Silvanus die Kopie einer der ältesten glagolitischen Inschriften Istriens. In der spätgotischen Pfarrkirche **Sv. Juraj Mlađi** beeindruckt ein Fresko (1475), auf dem der Maler Albert aus Konstanz eine Muttergottes lactans (stillende Maria) darstellte.

Die Fahrt von Plomin in Richtung Opatija entlang der liburnischen Küste gehört zu den landschaftlichen Höhepunkten Istriens. Einen schönen Blick auf die Bucht von Rijeka und die Insel Cres hat man von dem 246 Meter über dem Meer gelegenen **Aussichtspunkt Plomin** (Vidikovac). Den 2010 gründlich renovierten Rundbau (heute Hotel ›Flanona‹, www.hotel-flanona.com.hr) hat sich Tito 1970 als sein ›Schiff‹ an der Küste errichten lassen. Von **Brestova** fahren die Autofähren hinüber nach Porozina (Insel Cres).

Am Aussichtspunkt Plomin

▲ Karte S. 204

Opatija

Dank seiner Schönheit, seinem subtropischen Klima, seiner leichten Erreichbarkeit und der behaglichen Unterkunft, die es seinen Gästen bietet, lockt Abbazia im Winter, der an diesem begünstigten Gestade, in Gestalt des Frühlings auftritt, immer größere Mengen von Besuchern an, die hier dauernden Aufenthalt nehmen.

Illustrierte Zeitung 1887

Längst ist Opatija nicht mehr nur Winterkurort: Die Stadt (13 000 Einwohner) liegt vor kühlen Nord-und Nordwestwinden geschützt am Fuße des Učka-Gebirges (1401 Meter), dort, wo sich das Mittelmeer am weitesten in das mitteleuropäische Festland einschneidet. Sein Name (ital. Abbazia) geht auf eine dem heiligen Jakobus geweihte **Benediktinerabtei** aus dem 15. Jahrhundert zu-

Die Kvarner Bucht

rück. Ihre Reste stehen am Rand eines schönen Parks, den der Springbrunnen ›Helios und Selene‹ (1889) des Wiener Bildhauers Hans Rathausky (1858–1912) schmückt. In der Klosterkirche **Sv. Jakov** ist eine Replik einer Pietà von Ivan Meštrović sehenswert.

Mit der Fertigstellung einer Verbindungsstraße nach Rijeka begann 1843 die Entwicklung Opatijas als mondäner k.u.k. Erholungsort. Der Adlige Iginio Ritter Scarpa aus Rijeka ließ sich 1844 in einem prächtigen Park die **Villa Angiolina** bauen. Nachdem 1860 Maria Anna, die Gemahlin des österreichischen Ex-Kaisers Ferdinand I., dort einige Zeit verbracht hatte, interessierten sich auch andere Mitglieder des Hofs für das Seebad, und nach dem Ausbau der Südbahn von Wien nach Triest über das slowenische Pivka nach Fiume (Rijeka, 1878) folgten gekrönte Häupter wie Kaiser Franz Joseph I., der deutsche Kaiser Wilhelm II. und die deutsche Kaiserin Auguste Viktoria und Berühmtheiten wie Gustav Mahler, Giacomo Puccini, die Tänzerin Isidora Duncan oder Anton Čechov, dessen Novelle ›Ariadna‹ in Opatija spielt. Österreichische und ungarische Adlige und Unternehmer bauten historistische Villen. 1883 entstand mit dem neoklassizistischen **Hotel Quarnero** das erste Nobelhotel des Orts (heute Hotel ›Kvarner‹). Es ist noch heute wegen seines 1911 angebauten Kristallsaals mit schönen Kristalllüstern berühmt. Schon ein Jahr später errichtete der Wiener Alfred Wildhack (1869–1939), der Architekt des Südbahnhotels am Semmering, das historistische Hotel ›Kronprinzessin Stephanie‹, das heutige **Hotel Imperial**, wo unter anderem Kaiser Franz Joseph I., James Joyce und Josip Broz Tito logierten.

An der Uferpromenade Lungomare

Im Café ›Wagner‹

An der Flaniermeile Maršala Tita reihen sich Geschäfte, nette Cafés und prachtvolle Hotels und Villen aus der Gründerzeit aneinander wie das **Hotel Bristol** oder das **Hotel Millennium** mit dem **Café Wagner** von Carl Seidl und die 1891 erbaute **Villa Madonna** (heute Casino ›Admiral Opatija‹), in der sich Kaiser Franz Joseph I. und Schauspielerin Katharina Schratt getroffen haben sollen.

Lungomare

Die zwischen 1889 und 1911 angelegte Uferpromenade Lungomare (Obala Franja Josipa I.), ein zwölf Kilometer langer Spazierweg von Volosko bis Lovran, bietet Ausblicke auf die Kvarner Bucht, herrschaftliche Villen und Hotels. Hier

▲ Karte S. 251

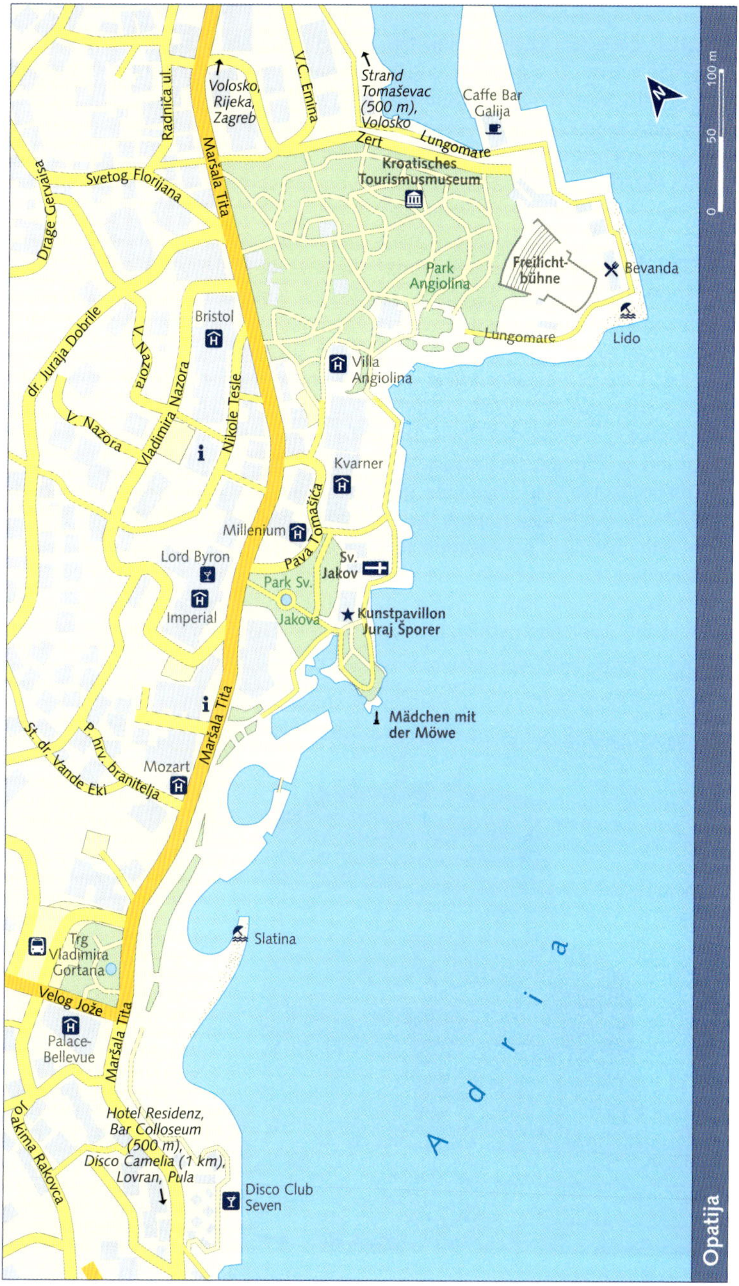
Opatija
Strand Tomaševac (500 m), Volosko
Volosko, Rijeka, Zagreb
V.C. Emina
Radnića ul.
Caffe Bar Galija
Zert
Lungomare
Kroatisches Tourismusmuseum
Svetog Florijana
Maršala Tita
Drage Gervaisa
Park Angiolina
Freilicht-bühne
Bevanda
Lido
Lungomare
Bristol
Villa Angiolina
dr. Juraja Dobrile
V. Nazora
Vladimira Nazora
Nikole Tesle
V. Nazora
Kvarner
Pava Tomašića
Millenium
Lord Byron
Sv. Jakov
Park Sv. Jakova
Imperial
Kunstpavillon Juraj Šporer
Mädchen mit der Möwe
Maršala Tita
St. dr. Vande Eki
P. hrv. branitelja
Mozart
Slatina
Trg Vladimira Gortana
Velog Jože
Palace-Bellevue
Maršala Tita
Jokima Rakovca
Hotel Residenz, Bar Colloseum (500 m), Disco Camelia (1 km), Lovran, Pula
Disco Club Seven
A d r i a
0
50
100 m

stehen Denkmäler bedeutender Persönlichkeiten, die sich in Opatija aufhielten. Geht man von der Uvala Slatina in Richtung Volosko, kommt man zum **Kunstpavillon Juraj Šporer** (1899). In der Nähe steht in der Bucht Portić auf einem Felsen das **Mädchen mit der Möwe** (1956), eine Statue des Bildhauers Zvonko Car (1913–1982). Etwas weiter gelangt man zum **Hotel Kvarner** mit der **Villa Amalia** (1809) und zur **Villa Angiolina**. In ihrem Ende des 19. Jahrhunderts durch den Wiener Architekten Carl Schubert angelegten Garten gedeihen über 150 Pflanzenarten aus aller Welt, darunter eine Kamelie, die aus den Philippinen importiert wurde. Beachtenswerte historistische Bauten am Lungomare sind die 1876 errichtete **Villa Neptun** (heute Hotel ›Miramar‹) und das **Jugendstilhotel Belvedere**. Beeindruckend sind auch die Steineichen, die ihre Wurzeln um die nackten Felsklippen schlingen. Am Ortsrand von Volosko liegt das gelbe Gebäude der **Villa Minach** (um 1900), wo Kaiserin Elisabeth den ungarischen Grafen Gyula Andrássy besucht haben soll.

Lovran

Von den Lorbeerbäumen leitet sich der Name des Badestädtchens Lovran (Laurana) ab, das im 7. Jahrhundert als Lauriana erwähnt wird. An seinem Hauptplatz stehen **venezianisch-gotische Häuser** und die barockisierte Stadtkirche **Sv. Juraj** aus dem 14. Jahrhundert, die einen romanischen Turm hat. Innen sind die Vincent aus Kastav zugeschriebenen Fresken aus dem 15. Jahrhundert sehenswert. Den Ortskern prägen Patrizierhäuser aus dem 17. und 18. Jahrhundert. Später entwickelte sich Lovran ähnlich wie Opatija zu einem Kurort der Habsburger Monarchie mit luxuriösen Villen. Vom Geist des Art Nouveau inspiriert ist die **Villa Gianna** in der Maršala Tita 23.

▲ Karte S. 251

Auf dem Gipfel des Vojak

In der Nähe steht die **Jugendstilvilla Eugenia**. Die von dem Wiener Architekten Carl Seidl entworfenen **Villen Magnolia**, **Frappart** und **Santa Maria** stehen in der Viktora cara Emina.

Naturpark Učka

In den üppigen Buchenwäldern des Naturparks Učka gibt es viele Wanderwege. Vom Poklon-Pass bei der Pension ›Učka‹ oder vom Restaurant ›Dopolavoro‹ an der Passstraße (Vela Učka 9) führen gut markierte Wege zum Gipfel des **Vojak** (1401 m), von wo man bei guter Sicht einen herrlichen Rundblick auf die istrische Halbinsel mit den vorgelagerten Inseln und die Berge des Gorski kotar hat. An den nordwestlichen Berghängen des Učka-Gebirges beeindrucken in der Felsenschlucht **Vela Draga** besonders die bei Kletterfreunden beliebten Kalktürme **Šoplja** und **Čoplja**. Zufahrt: von Labin kommend Richtung Učka, kurz vor dem Učka-Tunnel rechts abbiegen. Vom Parkplatz führt eine 30-minütige Wanderung zu den Felsen.

Opatija und Umgebung

Vorwahl: +385/51.
Postleitzahlen: Opatija und Volovsko 51410, Lovran 51515.
Turistička zajednica, V. Nazora 3, Tel. +385/51/271710, www.opatija-tourism.hr.
TIC Opatija, Touristisches Infozentrum, M. Tita 128, Tel. +385/51/271310, www.opatija-tourism.hr.
Turistička zajednica općine Lovran, Trg slobode 1, Tel. +385/51/291740, www.tz-lovran.hr (engl.).
Naturpark Učka, Liganj 42, 51451 Lovran, Tel. +385/51/293753, www.pp-ucka.hr.

Busbahnhof (Autobusni kolodvor), Velog Jože 1, Tel. +385/51/271617, www.autobusni-kolodvor.com. Im Stadtzentrum, in der Nähe der Hotels ›Palace-Bellevue‹ und ›Opatija‹.
Buslinie 32 nach Lovran, Volosko, Matulj, Rijeka, Kastav, Tel. mobil +385/60/306010, www.autotrolej.hr (kr.).
Hauptbahnhof Rijeka, von dort weiter mit der Buslinie 32.
Die **Bahnstation Matulj** (an der Bahnlinie Ljubljana–Rijeka, Tel. +385/51/274102) liegt 5 km oberhalb von Opatija. Bustransfer in die Stadt mit den Linien 34 oder 36.

Mit dem **Auto** reist man von Norden in der Regel über Ljubljana an. Von dort geht es über die Autobahn E63 bis Postojna und auf der Landstraße weiter nach Ilirska Bistrica. Auch bei der Anreise von Triest aus muss streckenweise noch Landstraße in Kauf genommen werden. Von Zagreb über die A1 und A6.

Vom Flughafen Rijeka: Transfer nach Opatija (44 km) mit dem Flughafenbus nach Rijeka, weiter mit der Buslinie 32.
Vom Flughafen Pula: Transfer nach Opatija (75 km) mit dem Shuttlebus nach Pula und weiter mit Bus ab Busbahnhof Pula.

Taxi, Trg Vladimira Gortana, Tel. +385/51/711366.

Imperial, M. Tita 124/3, Opatija, Tel. +385/51/710444, www.remisens.com/de/hotel-imperial; DZ 60 Euro. Historisches Hotel (1885) im Zentrum.
Hotel Residenz, M. Tita 133, Opatija, Tel. +385/51/272222, www.liburnia.hr; DZ 70 Euro. Im Zentrum an der Küstenpromenade.
Pansion Štanger, M. Tita 128, Lovran, Tel. +385/51/291154; DZ 70 Euro. Kleine Pension direkt über dem Felsstrand.
Depadance Villa Esla, M. Tita 27, Lovran, Tel. +385/51/710444, www.hotels-opatija.net, DZ 80 Euro. Historistisches Ambiente nur wenige Schritte vom Lungomare.

Pansion-Restoran Učka, Poklon-Pass, Vela Učka bb, Tel. +385/51/603340; DZ 60 Euro. Schöne Zimmer.
Kvarner-Touristik, M. Tita 65, Tel. +385/51/703723, www.kvarner-touristik.com. Vermittlung von Unterkünften (ab 50 Euro).

Autokamp Medveja, Medveja, Lovran, Tel. +385/51/291191, www.liburnia.hr, www.campingopatija.com/hr. Nahe am Kiesstrand.

Bevanda, Zert 8. Schöner Blick auf Rijeka, leckere Fischgerichte, hohes Preisniveau.
Le Mandrać, Obala F. Supila 10. Exklusives Feinschmeckerlokal im alten Hafen von Volosko.
Plavi podrum, Obala F. Supila 4. Preisgekröntes, schönes Lokal im alten Hafen von Volosko, teuer.
Tramerka, Andrije Mohorovićeva 15, Volosko. Günstige mediterrane Küche.
Na Rivi kod Benita, 51417 Mošćenička Draga, Stari Grad 28. Direkt am Meer, Fischgerichte.
Dopolavoro, 51414 Ičići, Vela Učka 9. In dem guten Landgasthof werden Fleischgerichte am offenen Kamin unter der ›Peka‹ (Haube) zubereitet. Als Dessert empfiehlt sich der hausgemachte Kuchen ›Nonin bušić‹ (Großmutterkuss).

Caffe Bar Galija, Zert 3, Opatija. Café und Bar mit Terrasse direkt beim Bootshafen.

Colloseum, M. Tita 129, Opatija. Disco und Beachbar am Strand im Zentrum.
Camelia, M. Tita 200, Opatija. Disco im ›Grand Hotel Adriatic‹.
Disco Club Seven, M. Tita 125, Opatija.
Lord Byron, M. Tita 124, Opatija. Einer der ältesten Nachtclubs der Stadt, im Hotel ›Imperial‹.
Kon-Tiki-Bar, Obala F. Supila 6, Volosko. Cocktails und Drinks.

Kroatisches Tourismusmuseum, Park Angiolina 1, Tel. +385/51/606636, www.hrmt.hr (kr.); Di–So 10–18 Uhr, 1,40 Euro.

Festival Kvarner, Tel. +385/51/210512; www.festivalkvarner.com; Juni–September, Karten 25–30 Euro. Klassische Konzerte internationaler Weltklasse-Interpreten im Kristallsaal des Hotels ›Kvarner‹.
Maronenfest Marunada, Lovran; 1. So im Oktober.

Slatina: betonierte Liegeflächen, für Kinder wenig geeignet (Ballspielen und Musikhören verboten). An der Strandpromenade verläuft die ›Kroatische Straße der Berühmtheiten‹ – eine Variante des ›Walk of fame‹ mit bisher über 32 Sternen für Persönlichkeiten wie z. B. für Nikola Tesla und den Tennisspieler Goran Ivanišević.
Tomaševac (am Lungomare): Sand und Betonplatten.
Lido (an der Südküste): Sandstrand mit Beach-Volleyball-Platz, Vermietung von Sonnenschirmen, Liegestühlen und Geräten für Wassersportaktivitäten.
Sipar (in Mošćenička Draga): einer der schönsten Kieselstrände an der Riviera von Opatija.

Contessa Tours, A. Štangera 18, Tel. +385/51/715200, www.contessa-tours.hr. Bootsverleih, Exkursionen.
Marea Tourist Agency, Poljanska cesta 1, 51414 Ičići, Tel. +385/51/705620, www.marea.hr. Bootsverleih, Exkursionen.
Avalon, Radnička 1/1, Tel. mobil +385/91/5518799, avalon.excursion@gmail.com. Bootsausflüge.
ACI Marina Opatija, Liburnijska cesta bb, 51414 Ičići, Tel. +385/51/704004.

Apotheke, M. Tita 81, Opatija, Tel. +385/51/712359.

▶ Karte S. 251

Rijeka

Die innere Stadt, zu der ein besonderes Tor führt, ist sehr eng gebaut, die Straßen sind winklig und meistens sehr abschüssig. Dagegen hat die Stadt am Wasser sehr schöne Straßen und es steht auch hier das Theater und viele Kaffeehäuser.

Aufzeichnungen eines anonymen Reisenden (1842)

Der erste Eindruck täuscht: Industrieanlagen, geschmacklose Hochhäuser und Autostraßen auf hohen Stelzen lassen eine hässliche Stadt erwarten. Tatsächlich ist Rijeka, mit 170 000 Einwohnern nach Zagreb und Split die drittgrößte Stadt Kroatiens, voller Überraschungen. Es ist der größte Seehafen Kroatiens, wichtiger Industriestandort und mit Universität, Theater und Museen ein kulturelles Zentrum der Region.

Geschichte

Illyrische Liburner bauten ihre Festung ›Tarsatica‹ auf einer Anhöhe über dem Fluss Rječina. Sie wurden von den Römern abgelöst, die zur Sicherung ihrer Gebiete an der Stelle der heutigen Altstadt ein Castrum errichteten. 700 nach Christus kamen die ersten kroatischen Siedler: Ihre von den kroatischen Frankopanen im Spätmittelalter übernommene Festung wurde im 13. Jahrhundert erstmals als Trsat erwähnt. 1719 wird die unter österreichischer Hoheit stehende Stadt zum Freihafen erklärt. 1809 fiel sie an Napoleons Illyrische Provinzen. Als Fiume (italienischer und ungarischer Name Rijekas) 1816 bis 1918 ungarischer Seehafen der Habsburger Monarchie war, erfand der Marineoffizier Giovanni Luppis (1813–1875) mit dem englischen Ingenieur Robert Whitehead (1823–1905) den Torpedo, der ab 1866 in der Whitehead-Fabrik hergestellt wurde.

Als Rijeka nach dem Ersten Weltkrieg Jugoslawien zufallen sollte, wurde die Stadt 1919 von italienischen Freischärlern unter Führung des nationalistischen Dichters Gabriele d'Annunzio besetzt, der 470 Tage lang eine massive Italienisierung Fiumes mit Assimilierung oder Vertreibung der Kroaten betrieb. 1920 wurde die Stadt zum Freistaat erklärt. Schon zwei Jahre später kam es zu einem Putsch lokaler italienischer Fachisten. 1924 erhielt Italien den westlich der Rječina gelegenen, Fiume genannten Teil, während Jugoslawien mit dem östlichen

Der historistische Palast der Reederei Adrija, heute das Hauptbüro der Jadrolinija

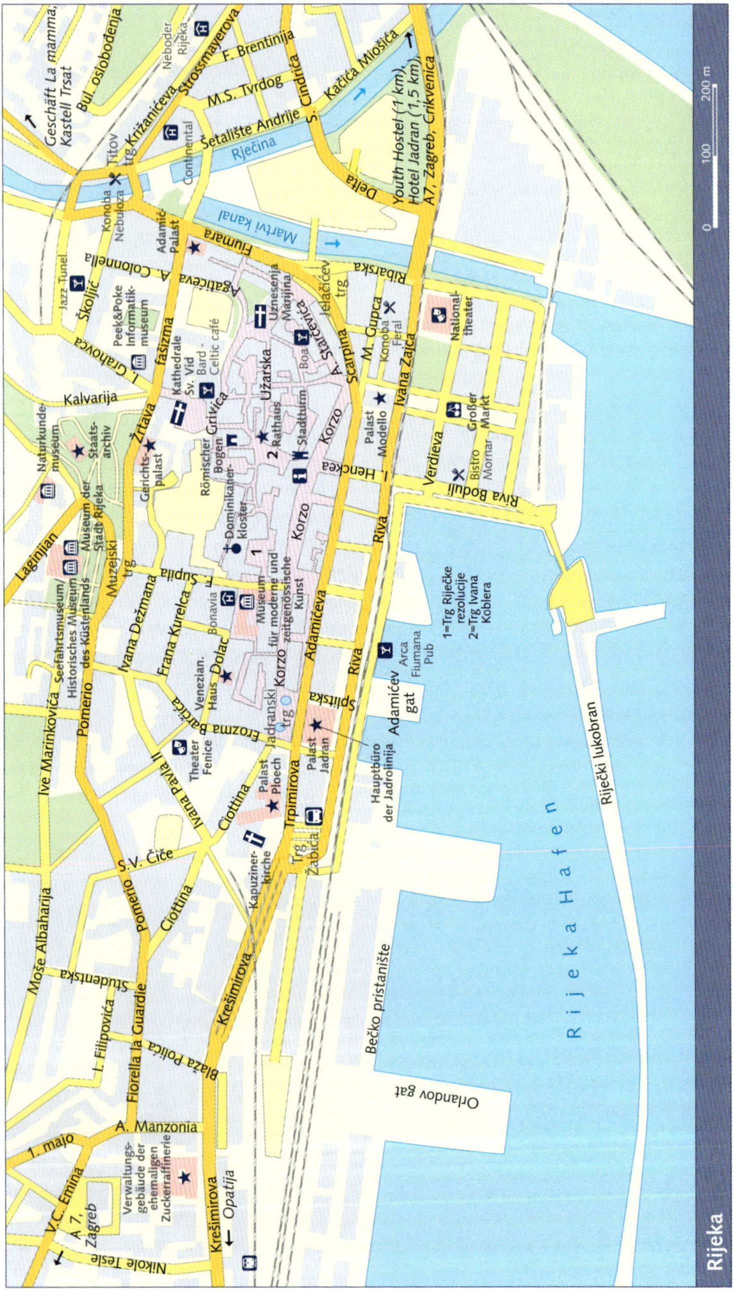
Rijeka
Geschäft La mamma, Kastell Trsat
Bul. oslobođenja
Neboder Rijeka
Strossmayerova
F. Brentinija
M.S. Tvrdog
Šetalište Andrije
S. Cindrića
Kačića Miošića
Križanićeva
Titov trg
Continental
Rječina
Delta
Youth Hostel (1 km), Hotel Jadran (1,5 km)
A7, Zagreb, Crikvenica
Konoba Nebuloza
Adamić Palast
Fiumara
Mrtvi kanal
A. Colonnella
Agatićeva
Jazz Tunel
Školjić
Peek&Poke Informatik-museum
I. Grahovca
Kathedrale Sv. Vid
Bard - Celtic café
Uznesenja Marijina
Jelačićev trg
Ribarska
Boa
Užarska
Starčevića
Scarpina
M. Gupca
Konoba Feral
Nationaltheater
Kalvarija
Žrtava fašizma
Grivica
Naturkundemuseum
Staatsarchiv
Gerichtspalast
Römischer Bogen
Rathaus
Stadtturm
Korzo
Palast Modello
Ivana Zajca
Großer Markt
Verdieva
Bistro Mornar
I. Henckea
Riva Boduli
Museum der Stadt Rijeka
Dominikanerkloster
Laginjijan
Muzejski trg
Seefahrtsmuseum/ Historisches Museum des Küstenlands
Ivana Dežmana
Frana Kurelca
Supila
Bonavia
Museum für moderne und zeitgenössische Kunst
Adamićeva
Riva
Arca Fiumana Pub
1=Trg Riječke rezolucije
2=Trg Ivana Koblera
Ive Marinkovića
Pomerio
Venezian. Haus
Dolac
Jadranski trg
Splitska
Adamićev gat
Eroma Barčića
Theater Fenice
Ivana Pavla II
Palast Ploech
Palast Jadran
Hauptbüro der Jadrolinija
Trpimirova
Ciottina
Kapuzinerkirche
Trg Žabica
S.V. Čiče
Riječki lukobran
Rijeka Hafen
Moše Albaharija
Studentska
I. Filipovića
Fiorella la Guardie
Blaža Polića
Krešimirova
Bečko pristanište
Orlandov gat
1. majo
A. Manzonia
V.C. Emina
A 7, Zagreb
Verwaltungsgebäude der ehemaligen Zuckerraffinerie
Opatija
Nikole Tesle
0
100
200 m

Vorort Sušak vorliebnehmen musste. Erst 1947 gelangte Rijeka mit Istrien endgültig an Jugoslawien, genauer: an die jugoslawische Teilrepublik Kroatien, zu dessen unabhängigem Staat es seit 1991 gehört.

Stadtrundgang

Die bekannteste Straße der Innenstadt von Rijeka ist die Fußgängerzone Korzo, auf dem sich Gebäude verschiedener Epochen und Stile reihen. Hier befindet sich das Büro des Touristischen Informationscenters (TIC), wo man einen Plan für einen sechsstündigen Stadtrundgang bekommt. Die beschilderte ›Turistička Magistrala‹ (touristische Magistrale) beginnt beim Platz Trg Riječke rezolucije, der von dem barocken **Dominikanerkloster** und dem neoklassizistischen ehemaligen **Munizipium-Palast** gesäumt wird. Auf dem Platz steht der **Stendarac**, eine Steinsäule mit dem Relief des Stadtheiligen Veit (1506). Die **Universitätsbibliothek** im Stil der Neorenaissance beherbergt eine Ausstellung zur Entwicklung der glagolitischen Schrift sowie das Museum für moderne und zeitgenössische Kunst. In der Dolac stehen historistische Gebäude wie das **Venezianische Haus** von Robert Whitehead, dem Mitbegründer der Firma ›Torpedo‹. Das **Theater Fenice** ganz am Ende (Dolac 13) wurde 1913 als avantgardistischer Kubus erbaut.

Die Fußgängerzone Korzo

Muzejski trg

Über die Frana Supila kommt man zum Muzejski trg mit dem historistischen ehemaligen **Gouverneurspalast**, wo das Seefahrtsmuseum und historische Museum des Küstenlands untergebracht sind. Gleich daneben, im **Park des Museums der Stadt Rijeka** ziehen Torpedokanonen die Aufmerksamkeit auf sich und erinnern daran, dass diese Waffe in Rijeka entwickelt wurde. Das Museum verfügt über kulturhistorische Sammlungen, die das Leben in der Stadt im 19. und 20. Jahrhundert veranschaulichen. Daneben gibt es ein kleines Lapidarium.

In der Nähe dokumentiert das **Naturkundemuseum** die Regionen Gorski Kotar, Istrien und Kvarner Bucht. Das neobarocke Gebäude des **Staatsarchivs** war einst die Residenz des österreichischen Erzherzogs Josef. Der im monumentalen Rustika-Stil erbaute **Gerichtspalast** steht an der Stelle der einstigen Fortifikationen.

Kathedrale Sv. Vid

Durch das nördliche Stadttor gelangt man zur ehemaligen Jesuitenkirche, der Kathedrale Sv. Vid, die nach dem Vorbild der Kirche Santa Maria della Salute in Venedig erbaut wurde. Innen erhielt die barocke Rotonde eine Frauengalerie, damit die Novizen nicht von weiblichen Reizen abgelenkt würden. Das gotische Kruzifix am Ignatiusaltar wurde lange Zeit als wundertätig verehrt. Die Kapelle **Sv. Sebastijan** stammt aus der Hochreanaissance.

In der Nähe der Kirche lag das spätantike Castrum, von dem noch der **Römischer Bogen** genannte Eingang in das einstige römische Prätorium zu sehen ist.

Die Kathedrale Sv. Vid

Am nahen Trg Ivana Koblera steht das alte ursprünglich gotische **Rathaus**, das später klassizistisch umgestaltet wurde. Auf dem Platz erinnert ein von dem Architekten Igor Emili (1927–1987) entworfener **Brunnen** mit einem Mühlstein (1974) an die 2005 geschlossene Papierfabrik ›Hartera‹.

Kirche Uznesenja Marijina

An der Fassade der Kirche Uznesenja Marijina mischen sich Renaissance, Barock, Klassizismus und Historismus. Ihr leicht geneigter schiefer Turm weist noch romanische und gotische Elemente auf.

Der Palast Modello

Am östlichen Ende der Užarska ulica gelangt man auf den Jelačić-Platz, von wo die **klassizistischen Hausfassaden** der ulica Fiumara und der herrliche **Adamić-Palast** zu sehen sind. Am Platz selbst führt über den Mrtvi kanal (Toter Kanal) eine 2002 erbaute Brücke, die an die gefallenen Soldaten des kroatischen Unabhängigkeitskriegs erinnert.

Kroatisches Nationaltheater

Über die Scarpina kommt man zum prachtvollen **Palast Modello**, der 1885 von dem Wiener Architektenatelier Fellner und Helmer im Stil der Wiener Ringstraße gebaut wurde. Gegenüber liegt der **Große Markt**, ein Komplex von zwei Pavillons mit Plastiken des venezianischen Bildhauers Urbano Bottasso sowie einer Fischhalle.

Das Kroatische Nationaltheater wurde 1883 durch die Wiener Architekten Helmer und Fellner im Stil der Neorenaissance vollendet. Die Deckengemälde im neobarocken Theatersaal schufen Franz Matsch, Gustav und Ernst Klimt. Das Theater trägt den Namen des bedeutenden kroatischen Dirigenten und Komponisten Ivan Zajc, dessen Statue in dem kleinen Park vor dem Gebäude zu sehen ist. Der Brunnen vor dem Theater ist eine Skulptur Dušan Džamonjas. Nicht weit von hier – an der Riva Boduli – liegt der 1717 von dem österreichischen Kaiser Karl VI. gegründete **Hafen** von Rijeka, der 1913 zu den zehn größten Seehäfen Europas gehörte.

Korzo

Über die I. Henckea kommt man wieder auf den Korzo und zum **Stadtturm**, den ein Wappen ziert, das der österreichische Kaiser Leopold I. der Stadt 1659 verliehen hat: Beide Köpfe des Doppeladlers schauen hier nach rechts, nach Osten! Die Fassaden des historistischen **Palasts**

▲ Karte S. 256

Jadran (Jadranski trg) der Reederei ›Adria‹ zieren allegorische Darstellungen der Schifffahrt und der Seemacht Rijeka. Der **Palast Ploech** am Trg Žabića wurde von dem Triester Architekten Giacomo Zammattio im Stil des Wiener Historismus entworfen.

Die **Kapuzinerkirche** der Jungfrau von Lourdes beeindruckt mit ihrer prächtigen neogotischen Fassade. Das barocke **Verwaltungsgebäude der ehemaligen Zuckerraffinerie** (Petra Krešimira Krešimirova 28) wurde 1752 errichtet. Der neoklassizistische **Bahnhof** entstand nach Plänen von Ferenc Pfaff, der auch den Hauptbahnhof in Zagreb entworfen hat.

Kastell Trsat

139 Meter über dem Fluss Rječina erhebt sich der Berg Trsat mit dem Kastell, dessen Ruine 1826 der österreichische Feldmarschall Graf Laval Nugent kaufte und im neogotischen Stil restaurieren ließ. Das **Mausoleum** der Familie wurde im Stil eines griechischen Tempels errichtet. Der bronzene, spätbarocke **Drache von Trsat** ist ein Werk des Wiener Bildhauers Anton Dominik Fernkorn (1813–1878). In der Nähe des Kastells steht die Kirche **Sv. Majka Božja Trsatska**, deren Vorgängerbau einer Legende zu verdanken ist, wonach Engel auf ihrem Weg nach Loreto 1291 das Haus der heiligen Familie vorübergehend hier aufgestellt hatten. 1453 ließ Graf Martin Frankopan die neue Kirche und das Franziskanerkloster errichten. Das gotische Triptychon der heiligen Jungfrau von Trsat auf dem Hauptaltar schenkte Papst Urban V. dem Wallfahrtsort 1367. Sehenswert sind auch die Altargemälde des Schweizer Franziskaners Serafin Schön aus dem 17. Jahrhundert. Vor der Kirche steht das Denkmal **Wallfahrer von Trsat**, eine Skulptur von Ante Jurkić, die an den Besuch von Papst Johannes Paul II. 2004 in Trsat erinnert.

Der Stadtturm am Korzo

Rijeka

Vorwahl: +385/51.
Postleitzahl: 51000.
Touristisches Informationszentrum TIC, Korzo 14, Tel. +385/51/335882, www.tz-rijeka.hr.

Flughafen Rijeka, 51513 Omišalj, Tel. +385/51/842055, www.rijeka-airport.hr. 26 km von der Stadt entfernt auf der Insel Krk (Shuttlebus, ca. 30 Min. Fahrt, in der Hochsaison Staugefahr!)
Busbahnhof, Trg Žabića 1, Tel. +385/51/66300, Tel. mobil +385/60/302010, www.autotrans.hr.
Bahnhof, Trg kralja Tomislava 1, Tel. +385/51/213333, www.hznet.hr.
Taxistand, beim Busbahnhof, Trg Žabića.
Taxi Rijeka, Tel. mobil +385/91/5003355.

Hauptbüro der Jadrolinija, Riva 16, Tel. +385/51/666111, Tel. mobil +385/60/321321, www.jadrolinija.hr.

Privatunterkünfte vermittelt das TIC. Infos zu Hotels: www.jadran-hoteli.hr.

Bonavia, Dolac 4, Tel. +385/51/357100, www.bonavia.hr; DZ 110 Euro. Luxuriöses Hotel im Zentrum.

Best Western Hotel Jadran, Šetalište XIII divizije 46, Tel. +385/51/216600, www.bestwestern-ce.com; DZ 90 Euro. Direkt am Meer, mit eigenem Strand und Swimmingool.

Continental, Šetalište Andrije Kačića Miošića 1, Tel. +385/51/372008; DZ 90 Euro. Schönes historisches Hotel (erbaut 1888) im Zentrum Rijekas.

Neboder Rijeka, Strossmayerova 1, Tel. +385/51/373538; DZ 80 Euro. Hotel im Hochhaus mit Blick auf die Kvarner Bucht.

Youth Hostel, Šetalište XIII divizije 23, Tel. +385/51/406420, www.hfhs.hr; DZ 52 Euro, im Mehrbettzimmer ab 16 Euro/Pers.

Bistro Mornar, Riva boduli 5a. Preiswerte Hausmannskost.

Konoba Feral, Matija Gupca 5b. Günstige mediterrane Küche in historischem Ambiente.

Konoba Tarsa, Josipa Kulfaneka 10. Günstige mediterrane Küche in Trsat.

Aerosteak Čavle, Soboli 53. In Čavle, Fleisch und Vegetarisches, höhere Preise.

Caffe bar Karolina, Gat Karoline Riječke bb. An der Uferpromenade.

Arca Fiumana Pub, Adamićev gat. Bar auf einem Schiff.

Bard - Celtic café, Trg Grivica bb. Bar in der Nähe der Kathedrale Sv. Vid, bekannt für gutes Bier und gute Musik.

Jazz Tunel, Školjić 12. In der Bar treten kroatische und internationale Jazzmusiker auf (Di, Fr. u. Sa.)

Boa, Ante Starčevića 8. Discothek im Zentrum mit DJ-Performances.

Ein beliebtes Souvenir aus Rijeka ist der **Morčić**: Dieser Kopf eines ›kleinen Mohren‹ mit weiß-rotem Turban ist eine Variante des venezianischen Moretto und ziert Ohrringe und Halsketten.

La mamma, Petra Zrinskog 2, Trsat, Tel. +385/51/403313, www.lamammadelicije.hr (kr.). Regionaler Wein, Schnäpse, Honig, Marmelade, Olivenöl, Spezialitäten aus dem Gorski Kotar.

Naturkundemuseum, Lorenzov prolaz 1, Tel. +385/51/553669, www.prirodoslovni.com; Mo–Sa 9–19, So 9–15 Uhr.

Museum der Stadt Rijeka, Muzejski trg 1/1, Tel. +385/051/336711, www.muzej-rijeka.hr (kr.); Mo–Fr 10–13 und 16–19, Sa 10–13 Uhr.

Seefahrtsmuseum und Historisches Museum des Küstenlands, Muzejski trg 1, Tel. +385/51/213578, http://ppmhp.hr; Di, Do, Fr 9–16, Mi 9–20, Sa 9–13 Uhr.

Museum für moderne und zeitgenössische Kunst, Dolac 1/II, Tel. +385/51/492611, www.mmsu.hr; Di–Fr 10–13 und 17–20, Sa 10–13 Uhr.

Peek & Poke Informatikmuseum, Ivana Grohovca 2, Tel. +385/51/680770, www.peekpoke.hr; geöffnet nach Voranmeldung. In der Nähe der Kathedrale Sv. Vid. Ausstellung von über 100 Computern und mehr als 1000 Taschenrechnern aus den 70er und 80er Jahren.

Ikonensammlung, in der orthodoxen Nikolauskirche, I. Henckea.

Kroatisches Nationaltheater Ivan Zajc, Uljarska 1, www.hnk-zajc.hr (kr.). Opern, Ballett und Theatervorstellungen. Kartenverkauf Verdijeva 5a, Tel. +385/51/337114.

Maskentreiben beim Karneval von Rijeka; Februar.

St.-Veits-Tage; 9.–16. Juni. Wallfahrten zu Ehren des Stadtheiligen, Konzerte, verschiedene Vorstellungen, große Segelregatta.

▶ Karte S. 256

Schöne Strände sind in **Ploče** (Kiesstrand) und **Kostanj** – der erste kroatische Strand für Menschen mit körperlichem Handicap.

Kastav: Ein Ausflug in die 350 m hoch über der Bucht von Rijeka liegende Künstlerstadt lohnt sich schon wegen des herrlichen Blicks auf den Kvarner und das Učka-Gebirge. Rund um die Stadt gibt es schöne Wanderwege.

Krankenhaus, Krešimirova 42, Tel. +385/51/658111.

Die Riviera von Rijeka und Crikvenica

Bakar

Leider verunziert ein Kraftwerk mit einem 250 Meter hohen Schornstein die Bucht des mittelalterlichen Bakar, in dessen **Pfarrkirche** das Gemälde der heiligen Dreifaltigkeit von Girolamo da Santacroce (um 1480–1556) sehenswert ist. Das im 16. Jahrhundert erbaute **Kastell der Frankopanen** liegt oberhalb des Orts. Verwilderte Weinbauterrassen erinnern daran, dass hier einst der Schaumwein ›Bakarska vodica‹ (Bakarer Wässerchen) produziert wurde.

Beim einstigen Fischerdorf **Bakarac** stehen am Meer noch ›Tunere‹, Leitern, von deren Spitzen man noch 1980 nach Thunfischen Auschau hielt.

Kraljevica

Wie sein italienischer Name Porto Re belegt, verdankt das 20 Kilometer südlich von Rijeka gelegene Kraljevica seine Gründung einem ehemals wichtigen Handelshafen. Petar Zrinski ließ das viereckige **Neue Schloss** (Novi Grad) mit runden Ecktürmen 1650 im Stil der italienischen Spätrenaissance errichten. In seinem Festsaal soll 1671 die Verschwörung der kroatischen Adelsgeschlechter Zrinski und Frankopan gegen die Habsburger stattgefunden haben. Von hier sieht man den Hafen und die Werft, die 1729 von Karl IV. gegründet wurde und heute noch mit 480 Angestellten ein wichtiger Arbeitgeber der Region ist. 1925 bis 1926 arbeitete dort auch Josip Broz Tito. Das imposante, aber zerfallene secessionistische Gebäu-

Die ehemaligen Thunfischleitern werden heute sportlich genutzt

Der Bootshafen von Kraljevica mit dem ehemaligen Hotel ›Liburnija‹ und dem Neuen Schloss

de direkt am Meer (Obala Kralja Tomislava) war 1904 das erste Hotel der Stadt. Zu Beginn des 17. Jahrhunderts baute Fürst Petar Zrinski das frühbarocke **Alte Schloss** (Stari Grad). Sehenswert ist auch die Kirche **Sv. Nikola** aus dem 16. Jahrhundert, vor der eine Statue des heiligen Nikolaus (2008) von Josip Diminić steht.

Während des Zweiten Weltkriegs stand die Stadt unter der Herrschaft der Italiener, die hier 1942 bis 1943 ein Konzentrationslager betrieben. Das **Denkmal für die Gefallenen des Volksbefreiungskriegs** (1949) auf dem Hauptplatz stammt von Zvonko Car (1913–1983) aus Crikvenica.

Kraljevica

Vorwahl: +385/51.
Postleitzahl: 51262.
Turistička zajednica, Rovina bb, Tel. +385/51/282078, www.kraljevica.hr (kr.).
Post, Zrinski trg 11, beim Alten Schloss.
Erste&Steiermärkische Bank, Palih boraca 2.
Internet: **biser caffe bar**, Zrinski trg, Tel. +385/51/281652.

INA-Tankstelle, Kraljevica, Fara 9.

Hotel Kraljevica, Strossmayerova 33, Tel. +385/51/281250, www.hotel-kraljevica.hr; DZ 80 Euro. In der Nähe des Zentrums.
Ferienanlage Uvala Scott, Uvala Grabrova bb, Tel. +385/51/281226, www.jadran-hoteli.hr/uvala-scott; DZ 60 Euro. Das Hotel liegt in einer Bucht, die einem Neffen des Dichters Walter Scott gehörte.

Campingplatz&Apartments Oštro, Oštro 16, Tel. +385/51/281218, www.jadran-hoteli.hr/ostro. Auf einer Halbinsel, mit Sand- und Kiesstränden.

Konoba Fra Krsto Frankopan, Tel. +385/51/282192. Gehobene Gastronomie im Neuen Schloss.
Pizzeria Petrus, Strossmayerova 27. Günstige Pizzen.
Restoran Frankopan, Fara 6. Am Stadteingang, sympathischer Familienbetrieb.

Traditionelle Straßenfastnacht; Februar.

Ambulanz, Frankopanska ulica 9, Tel. +385/51/281232.
Apotheke, Strossmayerova 3, Tel. +385/51/281414.

Crikvenica

Crikvenica (12 000 Einwohner) ist bei Badeurlaubern beliebt, weil es Sand- und Kiesstrände hat. Seinen Namen erhielt Crikvenica (Kirchlein) nach der Kirche eines **Paulinerklosters,** das Nikola Frankopan IV. 1412 an der Mündung der Dubračina errichten ließ (heute: Hotel ›Kaštel‹).

Daneben steht die ursprünglich gotische Kirche **Mariä Himmelfahrt** (Uznesenja Marijina), die im 17. Jahrhundert barock erweitert wurde. Die Figuren auf dem Hauptaltar (1776) stammen von dem Paulinermönch Pavel Riedl. Vor der Kirche steht die Marmorstatue der ›Muttergottes‹ (1933) von Zvonko Car. Schon 1888 hatte Crikvenica ein Strandbad, und 1891 öffnete das erste Hotel. 1895 folgte das von den Wiener Hofarchitekten Fellner und Helmer in der Braće Buchoffer erbaute Hotel ›Erzherzog Joseph‹, das seit 1900 ›Therapia‹ heißt. Drei Jahre später entstand das Hotel ›Bellevue‹.

1906 wurde die Stadt Luftkurort. Es entstanden schöne Quartiere wie das einstige Hotel ›Miramare‹ (1906), die Villa Ružica (1913) und das Hotel ›Esplanade‹ (1929).

Das Hotel ›Kvarner Palace‹ in Crikvenica

Crikvenica

Vorwahl: +385/51.
Postleitzahl: 51260.
Turistička zajednica: Trg Stjepana Radića 1c, Tel. +385/51/784101, www.rivieracrikvenica.com.
Post, Ivana Skomerže 2.
Erste Bank Crikvenica, Trg Stjepana Radića 1.
Free internet club Tosteria mia, Nike Veljačića 4C, Tel. +385/51/243144.

Busbahnhof, Nike Veljačića 3, 51260 Crikvenica, Tel. mobil +385/60/300100, www.autotrans.hr. Buslinien nach Rijeka, Zagreb, Novi Vinodolski.
Transfer Service Rijeka, Tel. +385/51/615729.

Hotel Kvarner Palace, Braće dr. Sobol 1, Tel. +385/51/380000, www.kvarnerpalace.info; DZ ab 105 Euro. Wellnesshotel mit k.u.k. Ambiente.
Hotel Esplanade, Strossmayerovo šetalište 52, Tel. +385/51/785006; DZ 75 Euro. Historisches Hotel an der Strandpromenade.
Hotel Zagreb, Strossmayerovo šetalište 42, Tel. +385/51/241744. Schönes kleines Hotel in Strandnähe. DZ 60 Euro.
Hotel Mediteran, Gajevo Šetalište 18, Tel. +385/51/785011, www.hotelmediterancrikvenica.com; DZ/HP 80 Euro. Älteres Hotel der Stadt, mit guten Zimmern im Neubau.

Autocamp Selce, Jasenova bb, 51266 Selce, Tel. +385/51/764038, www.jadran-crikvenica.hr. Kleiner Campingplatz in der Nähe von Crikvenica.
Campingplatz Kačjak, 51260 Crikvenica/Dramalj, Kačjak bb, Tel. +385/51/786250, www.jadran-crikvenica.hr. Platz an einem Sand- und Kiesstrand auf einer Halbinsel ca. 4 km nördlich von Crikvenica.

Burin, Dr. I. Kostrenčića 10a. Mediterrane Küche zu moderaten Preisen.
Food factory, Štrossmayerovo šetalište 50. Günstiges Fastfood.
Konoba Ognjište, Kralja Tomislava 144. Einfache Grillspeisen, Pizza, Lasagne.
Restoran Sabbia, Štrossmayerovo šetalište 50 b. Günstige Pizzen und Fischgerichte.

▲ Karte S. 249

Cafe Milman, Braće Brozičević bb, Tel. +385/51/241122, www.milan.hr (kr.). Kaffeespezialitäten aus eigener Rösterei und leckere Kuchen (Cappuccino-Torte!).

Café-Bar Hotel International, Ivana Skomerže 1, Tel. +385/51/241324. Die hoteleigene Konditorei ist berühmt für die ›Frankopan-Torte‹ aus Blätterteig, Muskatnuss, Zimt, Mandeln und Trockenfrüchten, ein Rezept, das 1688 im Grazer ›Koch- und Artzney-Buch‹ veröffentlicht wurde.

Wine Shop, Školska 3.

Balustrada Bar, Štrossmayerovo šetalište 21.

Bakaga Discotheque, Ivana Skomerže 1 (im Hotel ›International‹).

Konzum Maxi, Braće Brožičević 3.

Stadtmuseum Crikvenica, Petra Preradovića 1, Tel. +385/51/781000, www.mgc.hr (kr.). Archäologische und paläontologische Sammlungen zeigen Funde aus einer antiken Keramikwerkstatt sowie eiszeitliche Fossilien.

Memorijalni Atelje Zvonka Cara, Bana Jelačića bb, Tel. +385/51/241051. Das Atelier Zvonko Car (nahe dem Stadtstrand) zeigt mehrere Skulpuren des 1982 verstorbenen Bildhauers.

Aquarium, Vinodolska 8, 51260 Crikvenica, Tel. +385/51/241006, www.aquariumcrikvenica.com/info. In 30 Wasserbecken sind über 100 Fischarten aus der Adria und den tropischen Meeren zu sehen.

Ethno Selce; 2. Wochenende im Juli, in Selce. Präsentationen ökologischer Produkte und Gerichte, alten Handwerks, traditioneller Tänze und Gesänge.

Ad Turres-Tag; 3. Wochenende im Juli. Crikvenica feiert seine römische Vergangenheit und lässt antikes Alltagsleben mit Spielen, Lesungen, Workshops und römischen Speisen wieder erstehen.

Fischerwoche; Ende August, www.ribarski.net. Konzerte, Theatervorstellungen, Folklore, Ausstellungen und Workshops rund um das Thema Meer.

Karneval; Januar/Februar. Die Zeit der Narren ›Maškare‹ an der Riviera von Crikvenica.

Stadtstrand Gradska plaža. Behindertengerecht, mit Wasserrutschen, Sandkästen, Spielplätzen, Verleih von Liegestühlen und Sonnenschirmen.

Dive City, Braće Buchoffer 18, Tel. +385/51/784175, www.divecity.net.

Unterwasserclub Crikvenica, Frankopanska 28 b, Tel. +385/51/783004.

Am Hafen bieten Schnell- und Taxiboote Ausflüge zu den Inseln Krk und Rab und den Badebuchten bei Dramalj und Selce an.

Nautique Ski Zentrum, Gajevo Šetalište bb, 51265 Dramalj. Wasserski.

Ski taxi Ahel, Uvala Grabrova, 51264 Jadranovo, Tel. mobil +385/91/5283843. Wasserski, Wakeboard.

Adrenalinpark, Klanfari 7, Crikvenica, Tel. mobil +385/98/259755, www.adrenalinpark.eu (kr.). Kletterareal für Erwachsene und Kinder.

Paragliding Kvarner, Šmrika, Umejčina 11, Tel. mobil +385/95/8549995, www.paragliding-kvarner.com. Flüge mit linzensiertem Tandempiloten.

Sportplätze Jeličić, Štrossmayerovo šetalište bb, Tel. mobil +385/91/726002. Badminton, Tischtennis, Basketball, Minigolf, Tischfußball, Billard und Scootervermietung.

Rund um Crikvenica gibt es viele markierte Radwege. Eine Rad- und Wanderkarte der Region bekommt man bei den lokalen Touristenbüros.

Crikvenica Tourist, Trg Stjepana Radića 1, Tel. +385/51/241249, www.crikvenica-tourist.hr. Radverleih.

Fahrrad Club Crikvenica, Kotorska 15, Tel. mobil +385/98/9733066, www.bkc.hr. Geführte Radtouren.

Crikvenica Tourist, Trg Stjepana Radića 1c, Tel. +385/51/241516, www.crikvenica-tourist.net. Informationen für Sportfischer und Fischfangerlaubnis. Ausflüge mit Fischern, Tel. +385/51/241051.

Sportangelverein ŠRD Arbun - Crikvenica, Frankopanska 26 a, Tel. +385/51/241373.

Liebespfad, 3 km. Von Crikvenica (Braće Car) entlang der Küste durch Kiefernwald nach Tribalj, Wanderkarten beim Touristenbüro.

Poliklinika Katunar, Dr. Ivana Kostrenčića 10, Tel. +385/51/785132, +385/51/785164.

Apotheke, Trg Stjepana Radića 1.

Novi Vinodolski

Das Küstenstädtchen Novi Vinodolski (5300 Einwohner) liegt am Eingang des langezogenen ›Vinodol‹ (Weintal), dessen Name eine Übersetzung des lateinischen ›Vallis vinearia‹ ist. Wein wurde in diesem klimatisch günstig gelegenen Tal schon zur Römerzeit angebaut. Im späten Mittelalter war die Stadt der Hauptsitz der Frankopanen. In ihrer Burg **Novi Grad** (am Hauptplatz) versammelten sich am 6. Januar 1288 die Vertreter von neun Städten der Region und unterzeichneten das in glagolitischer Schrift verfasste Statut von Vinodol, das älteste kroatische Gesetzbuch. Von dem Kastell sind der Renaissance-Wehrturm Kvadrac und der Palast mit Innenhof erhalten, wo heute das **Volksmuseum** und die **Galerie Novi Vinodolski** untergebracht sind.

In der 1520 erbauten, später barockisierten Pfarrkirche **Sv. Filip i Jakov** in der Oberstadt steht ein von Paulinermönchen geschnitztes barockes Chorgestühl. Novi Vinodolski ist Geburtsort von Ivan Mažuranić (1840–1890), Dichter der Romantik und zeitweise kroatischer Banus, dessen Bildnis die 100-Kuna-Banknoten ziert.

▲ Karte S. 249

Primorje

Das Hinterland der kroatischen Küste (Primorje) ist vom Tourismus noch unberührt. Auf einem hohen Berg des Vinodol liegt **Bribir**, wo die Frankopanen im 13. Jahrhundert eine Festung hatten, von der ein Turm erhalten ist.

In der ursprünglich gotischen, später barockisierten Pfarrkirche Kirche **Sv. Petar i Pavao** sind ein Renaissancerelief florentinischer Meister, das Altarbild ›Fußwaschung‹ von Palma dem Jüngeren und der Marmoraltar des barocken Bildhauers Antonio Michelazzi (1707–1772) besonders sehenswert.

Freilaufende Pferde im Primorje

Faszinierende Blicke auf die Landschaften des Primorje bieten die **Oči Vinodola** (Die Augen des Vinodol), Aussichtspunkte, die sich von Nord nach Süd auf den Bergen des Hinterlands reihen: Mahavica, Pridva, Slipica und Gradina. Vom Aussichtspunkt ›Kuk‹ (301 Meter) hat man eine gute Sicht auf die gesamte Riviera von Novi Vinodolski, die Kvarner Bucht, den Velebit und das Učka-Gebirge.

Vom Parkplatz beim Dorf Omar (Luka Krmpotska) kann man zur kleinen **Staklena Kapelica** (Glaskapelle) spazieren. An einem 800 Meter langen Spazierweg liegen zehn thematisch unterschiedliche **Nebeski Labirinti** (Himmlische Labyrinthe), die eine Esoterikerin aus Crikvenica mit Natursteinen in die karge Landschaft gelegt hat, in der man von freilaufenden Pferden überrascht wird.

Auch vom Aussichtspunkt **Sviba** (753 Meter) an der Straße Novi Vinodolski–Breze bieten Karstwiesen, Velebit, Kvarner Bucht und das Učka-Massiv einen überwältigenden Anblick!

Novi Vinodolski

Vorwahl: +385/51, **Postleitzahl**: 51250.
Turistička zajednica, Kralja Tomislava 6, Tel. +385/51/244306, www.tz-novi-vinodolski.hr.
Post, Kralja Tomislava 31B.

INA-Tankstelle, Kralja Tomislava bb.
Taxi Novi Vinodolski, Tel. mobil +385/91/5313046.

Lišanj, Lišanjska 1, Tel. +385/51/665600, www.hotel-lisanj.com; DZ ab 60 Euro. Direkt am Stadtstrand, 10 Min. vom Zentrum.
Ethno Hotel Balatura, Mali Sušik 2; 51243 Tribalj, Tel. +385/51/455340, www.hotel-balatura.hr; DZ 100 Euro. Landhaus mit historischem Ambiente.

Autocamp Klenovica, Klenovica bb, 51252 Klenovica, Tel. +385/51/796251, www.camp-klenovica.com. Großer Campingplatz an Kiesstrand.

Buffet Bonaca, Obala Petra Krešimira IV. bb. Leichte mediterrane Gerichte zu fairen Preisen; Meerblick.
Lucija, Vinodolska 6. Rustikale Konoba im Zentrum, leckere Spezialitäten, etwas teurer.
Mate, Korzo V. Zakona 36b. Stilvolle Konoba in der Altstadt.
Vinodol, Obala Petra Krešimira IV 1b. Fisch-, Fleisch- und Nudelgerichte, Pizza, hausgemachtes Eis.
Buffet Lovački dom Zvonko, Gornje Krmpote bb, Klenovica, Tel. +385/51/793701, Tel. mobil +385/91/7538813. Uriges Jägerheim; Wirt Zvonko serviert als Spezialität Wildgulasch mit Brennnessel-Kroketten.

Caffe bar Novi Fortis, Obala Kneza Branimira bb, Tel. +385/51/244078. Café mit Terrasse direkt am Strand.

Vinarija Pavlomir, Novljansko polje bb, Tel. +385/51/248031.

Karneval Mesopust; Anfang Juli. Fest mit dem Volkstanz ›Kolo‹, der von zweistimmigen Gesängen und Klängen der ›Sopila‹ (Holzblasinstrument) begleitet wird.

Badestrand Lišanj, in der gleichnamigen Bucht. Mit Felsen, Sand, Kies oder Betonflächen, schöner Bereich für Kinder.
Am **Nordrand von Novi Vinodolski** reihen sich naturbelassene Felsen- oder betonierte Strände aneinander. Verleih von Liegestühlen und Sonnenschirmen: unterhalb des Restaurants ›Bonaca‹.

Ranch Predrag Rubčić, Novljansko polje bb, Tel. mobil +385/91/9532902. www.rekreativnojahanje.blogspot.de.
Reiten im Vinodol, Iva Vidas, Tribalj, Tel. mobil +385/99/3930390.

Ambulanz, Kralja Tomislava 24, Tel. +385/51/792200.

Senj

Durch die am Fuße der Gebirge Velebit und Kapela liegende Küstenstadt Senj fegt der Fallwind Bura oft besonders heftig. Im Winter stürzt kalte Gebirgsluft von den Felsen durch eine enge Schlucht und erreicht bisweilen eine Geschwindigkeit bis zu 200 Stundenkilometern.

Geschichte

Stürmisch ist auch die Geschichte der ältesten Stadt der nördlichen Adria, die auf eine bereits im 5. Jahrhundert bestehende liburnische Siedlung zurückgeht. Die im 1. Jahrhundert vor Christus von den Römern am Meer gegründete Siedlung Senia lag am Ende eines wichtigen Gebirgspasses, der das Küstengebiet mit dem Binnenland verband und deshalb zum zentralen Hafen und Handelsplatz

Der Hafen von Senj

Karte S. 249

wurde. Die Völkerwanderung zerstörte die antike Stadt, auf deren Ruinen die Kroaten eine neue Siedlung gründeten. Bereits 1154 bestand hier ein Bistum. 1248 erlangte der hiesige Bischof von Papst Innozenz IV. die Erlaubnis, die glagolitische Schrift und die kroatisch-kirchenslawische Sprache in der Liturgie zu verwenden. Damit wurde zum ersten Mal – über 700 Jahre vor dem Zweiten Vatikanischen Konzil – einem katholischen Bischof gestattet, die Messe in einer anderen Sprache als Latein zu lesen! Im 10. Jahrhundert war Senj wichtiges Zentrum glagolitischen Schrifttums. 1493 wurde eine glagolitische Druckerei gegründet, und bereits ein Jahr später ein glagolitisches Messbuch gedruckt. Eine erste wirtschaftliche und kulturelle Blüte erreichte Senj während der Regentschaft der Frankopanen (1271–1469). Danach kam die Stadt unter die Herrschaft Ungarns und ab 1526 Habsburgs. Mit dem Vordringen der Osmanen kamen viele Flüchtlinge aus dem türkisch besetzten Gebieten Dalmatiens, Bosniens und der Herzegowina nach Senj. Nachdem 1537 die Festung Klis (bei Split) an die Türken fiel, flüchteten die überlebenden ›Uskoken‹ (Entsprungene) und verschanzten sich hier in der Festung Nehaj. Senj wurde zum Hauptort der Militärgrenze gegenüber dem Osmanischen Reich und den Gebieten Venedigs. Die berüchtigten Senjer Uskoken kämpften gegen die Türken, überfielen Küstenstädte und enterten auch venezianische Handelsschiffe und päpstliche Galeeren. Schließlich beschloss die Serenissima, dem ›Seeräubernest‹ Einhalt zu gebieten: 1615 kam es zum venezianisch-österreichischen ›Uskokenkrieg‹. Nach dem Frieden von Madrid (1617) wurden die Freibeuter aus Senj verbannt und in das Žumberak-Gebirge westlich von Zagreb umgesiedelt. Ende des 18. Jahrhunderts wurde die ›Jozefi-

na‹ gebaut, ein wichtiger Verkehrsweg, der Stadt und Küste mit dem Hinterland (Karlovac) verbindet. Senj wurde zum Umschlagplatz für den Handel mit Salz, Getreide und Holz und prosperierte wirtschaftlich und kulturell, verlor aber nach dem Bau der Eisenbahnlinie Zagreb–Rijeka 1873 an Bedeutung. Im Zweiten Weltkrieg wurde Senj mehrfach bombardiert, da hier der Versorgungshafen der deutschen Marine war.
Wegen der rauen Bura wählen nur wenige Urlauber Senj als Erholungsort. Dabei hat die Stadt Charme und einige Sehenswürdigkeiten.

Denkmal am Hafen von Senj

Stadtrundgang

Von der mittelalterlichen Stadtbefestigung sind einige Türme erhalten: **Šabac** und **Naša** an der Uferstraße und in der Stara Cesta der Rundturm **Leonova Kula**. An der Fassade der 1169 als einschiffig erbauten und später gotisch beziehungsweise barock erweiterten Kathedrale **Sv. Marija** am Trg Cimiter verweisen romanische Blendarkaden auf norditalienische Vorbilder. Innen sind das gotische Wandgrab des Bischofs Ivan Cardinalibus und ein Renaissancerelief der heiligen Dreifaltigkeit sehenswert, auf dem sich das älteste datierte kroatische Wappen befindet. In der Nordwestecke des Trg Cimiter präsentiert sich der dreistöckige **Vukasović-Palast** in einem Mischstil aus Spätgotik und Renaissance. Hier ist das **Stadtmuseum** untergebracht mit interessanten Ausstellungen zur Stadtgeschichte und zur glagolitischen Druckerei.
Die nordöstliche Seite des Velika Placa (Großer Platz) nimmt das 1330 von den Krker Fürsten errichtete **Kastell** ein, das später klassizistisch umgestaltet und bischöfliches Konvikt wurde.
An dem mit Kaiserkrone geschmückten **Großen Tor** (Vela Vrata) endet die 1779 unter Joseph II. gebaute Straße ›Jozefina‹ nach Karlovac. Die Entfernungen zu wichtigen Städten der einstigen Donaumonarchie sind am linken Türsturz in ›germanischen‹ Meilen (1 Meile = 7,856 Kilometer) angegeben.
Die Festung **Nehaj** (Fürchte nichts!) auf dem 60 Meter hohen Hügel Trbušnjak ließ General Ivan Lenković 1558 nach dem Vorbild süditalienischer Stauferburgen errichten. In dem 18 Meter hohen würfelförmigen Bau mit 3,30 Meter dicken Mauern und vier Mauertürmen dokumentiert eine Ausstellung die Geschichte der Uskoken von Senj. Der Keller der Burg beherbergt ein Restaurant.

Die Burg von Senj

Senj

Vorwahl: +385/53.
Postleitzahl: 53270.
Turistička zajednica: Stara Cesta 2, Tel. +385/53/881068, www.tz-senj.hr.
Post, Obala dr. Franje Tuđmana 3
Erste&Steiermärkische Bank, Obala dr. Franje Tuđmana 1.

Busbahnhof, Obala dr. Franje Tuđmana 8, Tel. +385/53/881235. In der Urlaubssaison 4x tägl. Busse Zagreb–Senj.
Branimir Taxi, Tel. +385/53/882295.

Fähranleger Stinica: Fähren nach Mišnjak (Insel Rab). Rapska plovidba, Tel. +385/51/724122, Fahrplan: www.rapska-plovidba.hr/plovni_de.html.

Garni Hotel Art, Obala kralja Zvonimira 4, Tel. +385/53/884377, www.coning-turizam.hr; DZ 110 Euro. Schlichtes Hotel in zentraler Lage am Hafen.
Hotel Libra, Obala dr. Franje Tuđmana 8, Tel. +385/53/881051, www.hotel-libra.hr; DZ 110 Euro. In Strandnähe.

Campingplatz Bunica V, Bunica 9, Tel. +385/53/616718. Kleiner Platz, wegen seiner Lage in einer schönen Bucht begehrt.
Škver, Škver bb, Tel. Tel. +385/53/885266. Nur 5 Min. vom Stadtzentrum.
Ujča, Vučja draga bb, Tel. Tel. +385/53/884626, www.camp-ujca.com. Camp mit 45 Einheiten in schöner Bucht mit Kiesstrand (4 km von Senj).

Buffet Senia, Blaža Baromića 19. Einfache Küche.
Konoba Lavlji dvor, Petra Preradovića 2. Gute Pizzen, Nudel-, Fisch- und Fleischgerichte. Im historischen Stadtzentrum.
Konoba Stari Grad, Uskočka 12. Günstige Menüs.
Restoran Krešimir, Obala Kralja Zvonimira 10. Im Stadtzentrum, am Meer; Fleisch- und Fischgerichte zu moderaten Preisen.
McDado, Ive Vlatkovića bb. Snacks und Fast Food zu fairen Preisen.
Restoran Paron, Obala Frane Tuđmana 8. Feinschmeckerlokal.
Gostionica Jablan, Senjska Draga 19 (im Hinterland, 6 km von Senj). Leckere Nudel- und Grillgerichte.

Mališa, Križ 14. Trendige Nachtbar.
Magnus, Kolan 10. Größte Diskothek der Region, ganz im römischen Stil eingerichtet.

Uskokentage; Anfang Juni. Mittelalterliche Ritterturniere.
Sommerkarneval; Anfang August. Maskenumzug mit Teilnehmern aus aller Welt.

Prva draga: Schöner Kiesstrand am nördlichen Stadtrand.
Neben dem Strand **Škver** (Kies- und Betonflächen) liegt ein Campingplatz.
Südlich von Senj befinden sich kleinere und wenig frequentierte Kiesstrände.

Themenweg Die Stadt der roten Zora: Nach einem Aufenthalt in Senj schrieb Kurt Held den Roman ›Die rote Zora und ihre Bande‹ (1941), der von Waisenkindern handelt, die in der Festung Nehaj ihr Versteck haben. 1978 wurde in Senj nach dem Roman eine 13-teilige Fernsehserie gedreht, deren Drehorte eine vom Touristenverband herausgegebene Broschüre beschreibt.
Eine deutschsprachige Fan-Seite zur roten Zora ist http://wege-nach-osten.de/zora-ferien.

Ambulanz, Stara cesta 43, Tel. +385/53/881622, +385/53/881131.
Apotheke, Obala dr. F. Tuđmana 4.

▲ Karte S. 249

Nationalpark Nord-Velebit

Senj ist idealer Ausgangspunkt für Ausflüge in den Nördlichen Velebit. Auf der Straße Richtung Vratnik-Pass gelangt man zu einem klassizistischen Brunnen und einer **Rundkapelle**, hinter der Josip Kajetan Knežić, der Ingenieur der Josephina-Straße, 1848 in einem Steingrab bestattet wurde. Das einstige ›Motel Vratnik‹ am Pass oberhalb von Senj verfällt zusehends. Auch die Reste einer italienischen Festung und eines Tobruk-Bunkers aus dem Zweiten Weltkrieg sind wenig einladend. Dafür bietet sich hier ein herrlicher Blick auf die Stadt und die Adria!

Vom **Pass Vratnik** führt der 57 Kilometer lange **Primužić-Wanderweg** bis zum Pass Baške Oštarije (929 Meter), unterwegs gelangt man zu den **Rožanski** und **Hajdučki kukovi**, faszinierenden Bergkuppen aus weißen Kalkfelsen.

Auch von dem kleinen Küstenort **Sveti Juraj** läßt sich das Nördliche Velebit-Gebirge gut erkunden: Von der E65 zweigt man in Richtung Krasno polje ab und erreicht nach neun Kilometern das Bergdorf **Oltari** (1027 Meter). Von hier führt ein markierter Waldweg (auf das Schild ›Zavižan‹ achten!) zu einem Bergsattel zwischen **Veliki Zavižan** (1676 Meter) und **Vučjak** (1645 Meter), an dessen Südhängen sich der **Botanische Garten Velebit** (Velebitski botanički vrt) erstreckt. Auf einer etwa dreistündigen Wanderung kann man über 2600 verschiedene Pflanzen des Velebits kennenlernen.

Wunderbar ist auch die Aussicht von dem 820 Meter hoch gelegenenen **Krivi put** am Südrand des Velebit.

Etwa 35 Kilometer südlich von Senj liegt in 714 Metern Höhe auf einem Bergsattel der Wallfahrtsort **Krasno** mit einer barocken Marienkirche.

Nationalpark Paklenica

Der 96 Quadratkilometer große Nationalpark Paklenica (Karte → S. 301) liegt 30 Kilometer nordöstlich von Zadar an der kroatischen Adria und nur etwa einen Kilometer von Starigrad-Paklenica entfernt. Sein Name geht auf die Schwarzkiefern zurück, deren Harz (Paklina) zur Imprägnierung von Booten verwendet wurde. In der unberührten Natur leben

Blick vom Vratnik-Pass auf die Insel Krk

Kletterer in der Paklenica-Schlucht

Braunbären, Luchse, Schlangenadler, Gänsegeier und Reptilien wie giftige Hornvipern und Kreuzottern (!).

Der Park ist mit über 400 Routen ein beliebtes Klettergebiet. Um die Natur zu erhalten, aber auch wegen der immer noch bestehenden Landminengefahr, sollten die 150 Kilometer markierten Wanderwege nicht verlassen werden.

Von Starigrad-Paklenica aus erreicht man einige **Drehorte der Winnetou-Verfilmungen**: die Paklenica-Schlucht, Rovanjska, den Zrmanja-Canyon und die Hochebene Obrovac zwischen Zrmanja-Canyon und dem Tulove Grede beim Mali Alan (1044 Meter). Für alle Winnetou-Fans lohnt der Besuch der privaten Website www.winnetous-spuren.de.

Nationalpark Nord-Velebit

Vorwahl: +385/53.

Nationalpark Nord-Velebit, Verwaltung: Krasno 96, 53274 Krasno, Tel. +385/53/665380, www.np-sjeverni-velebit.hr.

Hotel Degenija, Krasno 58, 53274 Krasno, Tel. +385/53/851205, www.degenija-krasno.hr; DZ 65 Euro. In 1000 m Höhe.

Apartmani Manjan, Krasno 109, Tel. +385/53/851014, http://bistro-manjan.hr (kr.); DZ 30 Euro. Freundliche, helle Apartments.

Hotel Alan, dr. Frane Tuđmana 14, Starigrad-Paklenica, Tel. +385/23209050, www.hotel-alan.hr; DZ 160 Euro.

Planinarski dom Zavižan, auf dem Berg Veliki Zavižan (bei Oltari), Tel. +385/53/614203. Berghütte (Bewirtung und Übernachtung).

Rossijeva koliba, auf dem Wanderweg Premužićeva staza (ca. 2 Std. vom Zavižan). Schutzhütte.

Planinarska kuća, in Nähe des Veliki Alan, Tel. mobil +385/99/5154999, www.hps.hr/alan. Berghütte.

Winnetou-Museum, Dr. Franje Tuđmana 14; 23244, Starigrad-Paklenica, Kroatien, Tel. +385/23/369276. Neben dem Hotel ›Alan‹. Das ehemalige Motel, in dem Schauspieler der Winnetoufilme untergebracht waren, erinnert an die Dreharbeiten.

▸ Karte S. 249

Inseln der Kvarner Bucht

Die Adria mit ihren ruhigen Buchten, mit den ihrem Schoße entsteigenden Eilanden und ihren malerischen Gestaden; die anmutigsten Hügel und Täler mit der üppigsten Flora, die herrlichsten Wälder und ein italischer Himmel gewähren uns ein schönes, liebliches Ganze, das nur in wenigen Regionen so vereint sich findet …

Jakob Löwenthal (1807–1882), Der Istrianer Kreis (1840).

Krk

Die 38 Kilometer lange und bis zu 21 Kilometer breite Insel Krk ist seit 1980 über die 1450 Meter lange, mautpflichtige **Krker Brücke** (Krčki most) mit dem Festland verbunden. Die imposante Stahlbetonbrücke war bei ihrer Eröffnung die am weitesten gespannte Betonbogenbrücke der Welt – erst 1997 wurde sie von der Wanxian Bridge in China übertroffen. Der nordöstliche Teil der Insel unterscheidet sich mit seinen kahlen Karstbergen stark von den fruchtbaren, üppig bewachsenen Gegenden im Süden, wo Mais, Wein und Oliven angebaut werden.

Geschichte

In der Jungsteinzeit siedelten auf Krk Liburner, von denen der illyrische Name ›Kurik‹ stammt. Nach der römischen Herrschaft herrschten hier Byzantiner, Kroaten und Venezianer, die die Verwaltung der Insel von 1118 bis 1480 den kroatischen Fürsten Frankopan überließen. Bis 1797 unterstand die Insel der direkten Herrschaft Venedigs, kam dann an Österreich, kurzzeitig an Frankreich und nach 1920 an Jugoslawien. Im Mittelalter gab es auf der Insel bedeutende Zentren des glagolitischen Schrifttums, weshalb man an vielen Orten glagolitische Inschriften findet.

Stadt Krk

Auch die Hauptstadt Krk (5600 Einwohner) blickt auf eine über 3000 Jahre alte Geschichte zurück. Ihr Grundriss stammt noch von den Römern, die sie als Splendissima civitas Curictarum (prächtige Stadt) priesen.

Die historische Altstadt hat sich ihren mittelalterlichen Charakter bewahrt. Im Norden am oberen Tor steht die gotische Franziskanerkirche **Sv. Franjo** mit einem Altarblatt einer thronenden Madonna von Bernardino Licinio (1489–1565). Sehenswert ist auch der Kreuzgang im Kloster. Die Grundschule ›Fran Krsto Frankopan‹, seit 2005 das größte Gebäude der Altstadt, bildet einen markanten Kontrast zu den Resten der Stadtmauer. Unten, am südwestlich gelegenen Großen Platz (Vela Placa) steht der venezianische **Stadtturm** aus dem 16. Jahrhundert mit einer Uhr, die 24 Stunden anzeigt. In der **Galerie Stanić** auf der Südseite des Platzes hat man im Keller frührömische Mauern und einen Opferaltar eines Venustempels ausgegraben. Reste einer römischen Therme mit Mosaikfußböden aus dem 1. Jahrhundert fand man in der benachbarten Ribarska ulica im Keller des Hauses Vasilić.

Auf den Fundamenten einer römischen Therme wurde die romanische Kathedrale **Uznesenja Marijina** errichtet. Innen hat die mehrfach umgebaute dreischiffige Kirche 14 Säulen mit korinthischen und frühchristlichen Kapitellen. Im linken Seitenschiff kam in der Gotik eine Kapelle hinzu, deren Kreuzrippengewölbe die Wappen der Familie Frankopan zieren. Im Mittelschiff stehen Lesepulte aus der Renaissance. Das Gemälde der ›Grablegung‹ stammt von Giovanni Antonio da Pordenone (1434–1539). Mit der Kathedrale verbunden ist die zweistöckige

Blick auf die Stadt Krk

frühromanische Kirche **Sv. Kvirin**, in deren oberen Räumen (Eingang durch den Kirchturm) eine sehenswerte Sammlung sakraler Kunst untergebracht ist.
Östlich der Kathedrale befindet sich der Trg Kamplin mit einer großen Zisterne, einem zylindrischen Turm aus dem 12. Jahrhundert und dem **Kastell**, das die Krker Fürsten Frankopan im 12. Jahrhundert auf römischen Fundamenten errichteten. An seinem Rundturm brachten die Venezianer ihren Markuslöwen an.

Omišalj

Ganz im Norden der Insel liegt das kleine Omišalj hoch über einer Bucht – eigentlich malerisch, stünde da nicht eine Ölraffinerie. Dennoch hat der Ort mittelalterlichen Charme: Die Kirche **Uznesenja Marijina** hat am Portal noch romanisches Flechtbandornament. Über der gotischen Rosette sieht man das Relief eines Löwen und unter ihr eine glagolitische Inschrift. Aus der Gotik stammen auch Kuppel, Chor und Kapellen der Kirche. Der Glockenturm und die Loggia neben dem Gotteshaus sind aus dem 16. und 17. Jahrhundert. In der Nähe befindet sich in der Sepen-Bucht (von der Hauptstraße dem Schild ›Mirine-Fulfinum‹ folgen) eine teilweise erhaltene altchristliche **Basilika** aus dem 5. Jahrhundert und Reste einer römischen Villa rustica.
Bei Omišalj befindet sich der Flughafen Rijeka.

▲ Karte S. 249

Malinska

An einer bewaldeten Bucht auf der Westseite der Insel liegt gut geschützt vor der rauen Bura der Badeort Malinska (800 Einwohner), dessen Ortsname auf die Mühle (melin, malin) des 15. Jahrhunderts zurückgeht. Malinska erhielt ab 1880 touristische Bedeutung, als österreichische und ungarische Aristokraten kamen, um Schnepfen und andere Vögel zu jagen. 1971 wurde der große Hotelkomplex ›Haludovo‹ erstellt, ein Prestigeobjekt, das berühmte Gäste wie Saddam Hussein und Olof Palme beherbergte. Die einst exklusivste Hotelanlage der östlichen Adria wurde 2002 geschlossen und verkommt zur Betonruine.

Porat

Nicht weit vom Zentrum Malinskas liegt Porat, noch zu venezianischer Zeit ein Hafen (Porto), woher sich der Ortsname ableitet. In der 1480 erbauten Franziskanerkirche Marjia Magdalena hängt ein herrliches Polyptychon (1556) von

Am Hafen von Malinska

Die Krčki most verbindet Krk mit dem Festland

Girolamo und Francesco da Santacroce. Im Atrium des Klosters richtete der Kulturwissenschaftler Branko Fučić ein Lapidarium mit Kopien glagolitischer Inschriften ein. Das Klostermuseum informiert über die Geschichte der Franziskaner in der Region.

Dobrinj

Wenige Autominuten östlich von Malinska thront 200 Meter hoch über dem Meer das Städtchen Dobrinj, dessen Kirche **Sv. Stjepan** bereits 1100 erwähnt wird. In der Spätgotik erhielt die Kirche die typische Vorhalle (cergan), später wurde sie barockisiert. Ihr im 16. Jahrhundert errichteter Kirchturm wurde mehrfach vom Blitz getroffen und im Zweiten Weltkrieg fast gänzlich zerstört. Nach dem Wiederaufbau schlug vor 30 Jahren erneut der Blitz in ihn ein. Vom kleinen **Park Jardin** neben der Kirche hat man einen herrlichen Blick auf die Bucht Soline und einen Teil der Kvarner Bucht. Im **Pfarrhaus** zeigt eine Sammlung sakrale Kunstwerke, glagolitische Schriften und Messbücher. An der alten Placa, wo man alte Hohlmaße bewundern kann, zeigt die **Galerie Infeld** kroatische und internationale Kunst der Gegenwart.

Vrbnik

Elf Kilometer südlicher schwebt Vrbnik auf einem steilen Felsen über dem Meer. Früh haben sich hier Kroaten angesiedelt. Schon 1388 hatte Vrbnik ein in glagolitischer Schrift verfasstes Stadtrecht.

Besonders sehenswert sind auf einer Anhöhe im Zentrum der Altstadt der **Campanile** aus der Renaissance und die gotische Pfarrkirche **Uznesenja Marijina** mit einem Altargemälde eines unbekannten venezianischen Malers aus dem 16. Jahrhundert und einem ›Letzten Abendmahl‹ (1599) von Meister Marin Cvitković aus Kotor.

Die **Bibliothek D. Vitezić** im ehemaligen Fürstenhof am Hauptplatz enthält über 10 000 wertvolle Bücher, darunter alte glagolitische Messbücher und einen seltenen Atlas, der 1718 in Nürnberg gedruckt wurde.

Vrbnik ist berühmt für seine verwinkelten, schmalen Gässchen. Rechts vom Marktplatz geht es zu einer besonders engen ›Straße‹, die an ihrer schmalsten Stelle nur 43 Zentimeter misst! Unbedingt probieren sollte man den herben Weisswein Žlahtina, der aus einer autochthonen Rebsorte gekeltert wird, die in der Umgebung von Vrbnik angebaut wird.

Punat

Wenige Autominuten nordöstlich der Stadt Krk steht an der viel befahrenen Straße in der Bucht von Punat die frühromanische Kirche **Sv. Dunat**. Der rustikal wirkende Bau aus dem frühen 9. Jahrhundert ist ein bedeutendes Beispiel altkroatischer Architektur. In Punat selbst gibt es außer der **Pfarrkirche** mit einer gotischen Holzfigur der ›Anna selbdritt‹ und einer historischen **Olivenmühle** kaum Sehenswürdigkeiten. Aber von hier kann man mit dem Boot zu der Insel **Košljun** übersetzen, wo im 12. Jahrhundert Benediktiner ein Kloster gründeten, das die Franziskaner 1447 übernahmen. Die Frankopanen stifteten die spätgotische Klosterkirche, die später barockisiert wurde. Innen beeindrucken ein Polyptychon des Renaissancemalers Girolamo da Santacroce (1480–1556) und das monumentale Gemälde des ›Jüngsten Gerichts‹ (1643) von Francesco Ughetto. Die 14 Stationen des Kreuzwegs (1960) schuf Ivo Dulčić (1916–1975). Im Klostermuseum sind glagolitische Handschriften und Wiegendrucke, eine ethnographische Sammlung sowie mehrere sehenswerte Gemälde ausgestellt.

Die altkroatische Kirche Sv. Dunat

▲ Karte S. 249

Die Kirche Sv. Lucija in Jurandvor

Jurandvor

Fährt man von Punat weiter in Richtung Baška, passiert man die reizvolle Landschaft der fruchtbaren Talsenke **Draga Baščanska** und kommt an Skulpturen des 2009 eröffneten **Glagolitischen Wegs von Baška** vorbei, der mit dem großen Buchstaben ›A‹ auf dem Berg Treskavac beginnt und an der Uferpromenade von Baška endet. Diese altkroatische Schrift hatte im Kloster des nahe gelegenen Jurandvor ein wichtiges Zentrum: In seiner frühromanischen Kirche **Sv. Lucija** wurde 1851 die **Tafel von Baška** (um 1100), ein Teil der einstigen Altarschranke gefunden, deren glagolitische Inschrift zu den ältesten schriftlichen Denkmälern der kroatischen Sprache gehört. Eintrittskarten für den Klosterkomplex, Souvenirs und Erfrischungen erhält man unterhalb der Kirche. Im ehemaligen Refektorium erfährt man Wissenswertes über die Tafel von Baška und die Geschichte des Klosters.

Baška

Ganz im Süden der Insel liegt der malerische Fischerort Baška in einer weiten Bucht zu Füßen des **Obzova-Bergs** (569 Meter). Der zwei Kilometer lange Kieselstrand erstreckt sich westlich der Altstadt und ist in den Sommermonaten sehr beliebt. In der barocken Kirche **Sv. Trojstvo** hängt ein ›Letztes Abendmahl‹ von Palma dem Jüngeren.

Das liebevoll eingerichtete **Heimatmuseum** neben der Kirche zeigt eine Sammlung historischer Trachten und Hausrat.

Insel Prvić

Nur durch wenige Seemeilen von der südlichen Küste Krks getrennt liegt Prvić (die Erste). Auf der größten unbewohnten Insel der Kvarner Bucht erreicht die vom Velebit kommende Bura durchschnittlich an 203 Tagen im Jahr Orkanstärke! Südlich von Prvić liegt – schon vor der Nordküste Rabs – die grüne Insel **Sv. Grgur**, auf die früher die Einwohner von Lopar ihre Schafe zum Weiden brachten. Von 1948 bis 1988 gab es hier ein jugoslawisches Frauenstraflager, von dem einige Ruinen und Bunker erhalten sind. Bootsausflüge nach Prvić werden an den meisten Häfen angeboten.

Insel Goli otok

Die benachbarte Insel Goli otok macht ihrem Namen (Nackte Insel) alle Ehre: Auf der ursprünglich vollkommen kahlen Karstinsel waren ab 1948 politische Gefangene inhaftiert, nach dem Bruch mit der Sowjetunion bis 1958 vorwiegend sogenannte ›Kominformler‹, stalinistische Gegner des Tito-Regimes, später Dissidenten wie Oppositionelle des kroatischen Frühlings. Man schätzt, dass bis zu seiner Schließung 1988 12 000 bis 16 500 Verurteilte die Hölle dieses Konzentrationslagers durchgemacht haben. Mindestens 300 von ihnen starben infolge der schweren Arbeit in Steinbrüchen und Industrieanlagen oder nach Misshandlungen. Mit einem Elektrobähnchen kann man die Reste der Schlafbaracken, Fabrikhallen und Verwaltungsgebäude abfahren. Bootsausflüge nach Goli Otok werden an den meisten Häfen angeboten.

Der Strand in Baška ist sehr beliebt

Krk

Vorwahl: +385/51.

Postleitzahl Stadt Krk: 51500.

Turistička zajednica Insel Krk, Trg Sv. Kvirina 1, Tel. +385/51/221359, www.krk.hr, tz-otoka-krka@ri.t-com.hr.

Turistička zajednica Stadt Krk, Vela placa 1/1, Tel. +385/51/221414, www.tz-krk.hr.

Flughafen Rijeka, 51513 Omišalj, Tel. +385/51/842055, www.rijeka-airport.hr.

Brücke zum Festland: mautpflichtig; PKW 4,60 Euro (hin und zurück).

Autofähren:
Valbiska (Krk)–Merag (Cres), www.jadrolinija.hr; im Sommer alle 1–2 Stunden.
Valbiska (Krk)–Lopar (Rab), www.lnp.hr; ca. 4x am Tag.

Bootsfahrten an der Küste Krks und zu benachbarten Inseln (Prvić, Goli otok, Sv. Grgur, Rab) werden an den meisten Häfen (z.B. Malinska und Stadt Krk) angeboten.

Turistička Agencija Gaber, Stjepana Radića 30, Tel. +385/51/221676, www.krk-info.com. Vermittlung von Ferienhäusern und günstigen Unterkünften.

Krk: **Hotel Dražica**, Ružmarinska 6, Tel. +385/51/655755, www.hotelikrk.hr; DZ 120 Euro. Südöstlich vom Stadtzentrum in Strandnähe.

Hotel Valamar Koralj, V. Tomašića bb, Tel. +385/51/655400, www.valamar.com; DZ/HP 165 Euro. Direkt über einer Badebucht, in Stadtnähe.

Hotel Bor, Šetalište Dražica 5, Tel. +385/51/220200, www.hotelbor.hr; DZ 90 Euro. Schöne Lage am Strand, 600 m vom Stadtzentrum. Hunde erlaubt.

Hostel Krk, Dr. D. Vitezića 32, Tel./Fax +385/51/220212, www.hostel-krk.hr; mit Frühstück 20 Euro. In der Altstadt.

Malinska: **Vila Rova**, Rova bb, Tel. +385/51/866100, www.croatia-krk.eu/vila-rova; DZ 140 Euro. Mit eigenem Badestrand.

Vrbnik: **Argentum**, 51516 Vrbnik, Supec 68, Tel. +385/51/857370, www.hotel-argentum.net; DZ ab 55 Euro. In Nähe der Altstadt, Restaurant, günstige Touristenmenüs. Terrasse, Blick auf Kvarner Bucht.

Punat: **Hostel Halugice**, Novi put 8, 51521 Punat, Tel./Fax +385/51/854037; Bed&Breakfast 20 Euro.

Baška: **Hotel Tamaris**, E. Geistlicha bb, Tel. +385/51/864200, www.baska-tamaris.com; DZ 125 Euro. Kleines Familienhotel direkt am Kiesstrand.

Krk: **Campingplatz Ježevac**, Plavnica bb, Tel. +385/51/221081. Ca. 1 km vom Stadtzentrum. Felsstrände und Abschnitte mit Sand, von Wald umgeben.

Šilo: **Campingplatz Tiha**, Konjska bb, 500 m vom Ort Šilo, Tel. +385/51/1852120, www.hotelmalin.com. Langer Kieselstein- und Felsstrand.

Baška: **Campingplatz Bunculuka**, E. Geistlicha 39, Tel. +385/51/856806, www.hotelibaska.hr. FKK-Platz mit Kiesstrand, von Kiefern umgeben.

Marina Punat, Puntica 7, Tel. +385/51/654111, www.marina-punat.hr.

Krk: **Taverna Andreja**, Vela Placa 6, 51500 Krk. Kleines Familienrestaurant mit großem Angebot an Fisch- und Fleischgerichten.

Bistro Terasa Diana, S. Radića bb. Nationale und internationale Gerichte im Ambiente der alten Stadtmauern.

Galeb, Obala hrvatske mornarice 3. Gemütliche Atmosphäre, Fisch- und Fleischspezialitäten.

Taverna Šime, Antuna Mahnića 1. Fischgerichte nach originellen Rezepturen, Grillgerichte, reiche Auswahl an Qualitätsweinen.

▶ Karte S. 249

Malinska: **Konoba Bracera**, Kvarnerska 1, www.konoba-bracera.com. Origineller Familienbetrieb (Fischer!). Frische und günstige Fische, Teigwaren, Kuchen und Brot nach alten hauseigenen Rezepten. Traditionelle Gerichte unter der ›Peka‹ (Glocke).
Dobrinj: **Zora**, Tel. +385/51/848250. Das Gasthaus auf dem Hauptplatz serviert hausgemachte Šurlice (istrische Nudeln mit Gulasch) und als Nachtisch Presnoc, Kuchen aus frischem Schafskäse – zu fairen Preisen. Reservierung empfehlenswert.
Vrbnik: **Konoba Gospoja**, Trg Škujica 10, Tel. +385/51 857/017. Lokal mit guter Küche und großer Terrasse.
Nada, Glavaca 22. Restaurant und Weinkeller. Mediterrane Küche, hier wird auch der exzellente lokale Weißwein Žlahtina serviert.
Baška: **Cicibela**, Emila Geistlicha 22a. Direkt an der Strandpromenade: Verschiedene Fisch- und Fleischsorten und Pizzen.

Katarina, Matije Gupca 2, Stadt Krk. Die Konditorei und Pizzeria mit Gartenterasse bietet köstliches Eis und leckere Torten. Empfehlenswert sind Cremeschnitten und die Nusstorte ›boem kocka‹!

Vrbnik: Kušaonica Gospoja, Frankopanska 1, Tel. +385/51/857017. Weinkeller: Weißwein. Žlahtina, Dessertwein Misno vino, Kräuter-, Feigen-, Honigschnaps. Terrasse mit Blick auf Meer und Festland.
Katunar, Vinogradska 17, Tel. +385/51/857393. Neben traditijonell ausgebautem Žlahtina Barrique auch Schaumweine und Rotwein Kurykta nigra.

Club boa, Malinska, Dubašljansja ulica 76. Nachtclub.

Tropfsteinhöhle Biserujka (Perle), bei Rudine, nördlich von Šilo; Führungen alle 15 Minuten. Ca. 110 m lange Höhle, 12 m unter der Erdoberfläche. Der Sage nach ist in der Höhle ein Schatz verborgen, den Seeräuber dort versteckt haben.
Baška: **Aquarium Baška**. Stepana Radića 26, Tel. +385/51/860871. Im Ortszentrum kann man in 20 Aquarien über 400 Muschel- und Schneckenarten sowie über 100 Fischarten bewundern.

Schwarzes Schaf (Crna Ovca); Anfang Mai, Baška. Mischung aus Sport-, Kultur- und Gastronomieveranstaltung.
Fischertag; 2. Sonntag im August, Baška. Mit Wettfischen.
Malinska: Während der Sommermonate viele Veranstaltungen, Auftritte traditioneller Klapas und Tanzgruppen. Im Kloster Porat und in der Kirche Sv. Apolinar klassische Konzerte.
Croatia Cup; Mai, Punat. Internationale Segelregatta.
Stadt Krk, **Krčki Sajam:** Vom 8. bis 10. August gibt es am ›Laurentius-Markt‹ verschiedene Folkloreveranstaltungen, Verkaufsstände an der ganzen Promenade und großes Feuerwerk. Während der Sommermonate finden klassische Konzerte und ein Jazzfestival statt.
Johannestag (24. Juni), Vrbnik. Feierlicher altkirchenslawischer Gottesdienst, am Abend großes Fest auf dem Škujica-Platz.
Weintage; letztes Wochenende im August, Vrbnik. Mit Verkostung von Weinen unterschiedlicher Regionen Kroatiens.

Stadtstrand Punat. Der flache Strand ist ideal für Familien mit kleinen Kindern, Nichtschwimmer und ältere Urlaubsgäste. Zu den Stränden gelangt man auch mit einem kleinen Zug. Für Urlauber, die mit dem Boot nach Punat kommen, gibt es einsame Badebuchten bei **Stara Baška**.
FKK-Strand Konobe, ca. 3 km von Punat. Vom Strand hat man einen herrlichen Blick auf die umliegenden Inseln.

Vela Plaža Baška, im Süden. Kiesstrand, Tretboot- und Rollerverleih.
Feinkieselstrand Rupa, im Zentrum von Malinska. Betonierte Liegeflächen, gutes Sport- und Freizeitangebot.
FKK-Strand Rajska Plaža, 1,5 km von Malinska. Kaum Infrastruktur, felsiger Zugang zum Meer (Gummischuhe empfehlenswert!).
Sandstrand in Šilo. Bei Familien mit Kleinkindern beliebt. In der Bucht Soline kann man in warmem Heilschlamm baden.
Plaža Porporela Ježevac und **Dražica** bei Krk. Die Kiesel- und Felsstrände Strände in der Nähe der Stadt.
Plaža Dunat, im südlichen Stadtteil von Krk (bei Kornić).
Potovošće, 2 km südlich von Vrbnik. Kieselstrand in einer ruhigen Bucht.

Segelschule Y.C. Malinska, Obala 46, Malinska. Auch Tretboote und Strandliegen.
Nautika-M – Plaža Haludovo, N. Tesle 67, Malinska. Bootsausflüge, Fischerpicknicks, www.litus.hr.

Squatina Diving, Baška, Zarok bb, Tel. +385/51/856034.
Tauchertreff Punat, Tel. +385/51/855120, www.tauchertreff-punat.de.
Correct diving Malinska, Brzac 33, Malinska,Tel. +385/51/869289, www.correct-diving.com. Nachttauchen, Wracktauchen und Apnoetauchen, Tauchkurse für Einsteiger und Kinder.

Sportzentrum Zablaće, Baška: Fußball, Tennis, Tischtennis und Minigolf.
Kletteranlagen, bei Bunculuka und Portafortuna (Baška), www.climbinbaska.com.

Baška: sehr viele Wanderwege – auch zu schönen Stränden; Karten bei der Turistička zajednica.
Malinska: viele Wander- und und Radrouten, Paradiesweg (Rajska cesta) von Malinska nach Njivice oder Weg von Malinska nach Porat.
Šilo: ca. 7-stündige Wanderung nach Klimno, 3-stündige nach Dobrinj.

Ambulanz, Vinogradska bb, Krk, Tel. +385/51/221155, **Ambulanz für Touristen**, Pod Topol 2/Obala, Punat.
Apotheke, Krk, Vela placa 3.

Cres

Wilder und landschaftlich aufregender als Krk ist die 68 Kilometer lange Insel Cres, deren Norden und Osten kahl und steinig sind, während sich im Süden und Westen fruchtbare Felder und Olivenhaine ausdehnen. Cres bildet mit der Insel Lošinj, von der sie nur durch einen neun Meter breiten Kanal getrennt ist, eine Schranke zwischen Kvarner Bucht und dem offenen Mittelmeer. Beide Inseln wurden in der Antike ›Absyrtides‹ genannt, nach dem griechischen Helden Apsyrtes der Argonautensaga, der von Jason getötet wurde. Medea zerstückelte den Leichnam und warf seine Glieder ins Meer, aus denen die Apsyrtides-Inseln entstanden sein sollen. Funde verweisen auf erste Siedlungen in prähistorischer Zeit. Später bevölkerten Römer, Byzantiner und Sarazenen die Insel, die später häufig wechselnden Herrschern unterstand. Am längsten war Cres im Besitz Venedigs (1407–1797). In neuerer Zeit wurde die Insel von Österreichern, Franzosen und Italienern regiert, bis sie ab 1945 jugoslawisch wurde und seit 1991 Teil der Republik Kroatien ist.

Cres überrascht mit ursprünglicher Natur, seltenen Vögeln wie dem Gänsegeier, vielen endemischen Pflanzen und einer Vielzahl von Heilkräutern. Eine geologische Besonderheit ist in der Mitte der Insel der **Vransko jezero**, ein Süßwassersee,

▲ Karte S. 249

Aussicht vom Bergdorf Lubenice auf Cres

Das Franziskanerkloster in der Stadt Cres

dessen Wasseroberfläche sich 13 Meter über dem Meeresspiegel befindet, während sein Grund unter dem Meeresspiegel liegt. Der See ist Trinkwasserreservoir der Inseln Cres und Lošinj - das Angeln ist verboten, das Ufer darf nicht betreten werden. Um den See führt ein unbefestigter schmaler Weg, den man nur mit geländegängigem Wagen befahren sollte - es gibt keine Wendemöglichkeit!

Stadt Cres

Die Stadt Cres liegt in einer hübschen Bucht auf der fruchtbaren Westseite der Insel. Schon zu römischer Zeit erlangte das antike Crepsa Stadtrecht. Nach dem Niedergang des Weströmischen Reichs ließen sich die Goten nieder, dann kam die Stadt unter die Herrschaft von Byzanz und wurde im 10. Jahrhundert Teil des kroatischen Königreichs. Die längste Zeit regierten hier die Venezianer (1000–1797), später Österreicher, bis die Stadt 1918 von den Italienern besetzt wurde. Mit dem Vertrag von Rapallo wurde sie Jugoslawien zugesprochen.

▶ Karte S. 249

Vor dem Eingang zur Stadt steht auf der Šetalište XX. travnja ein **Denkmal für die Gefallenen des Zweiten Weltkriegs** aus der Tito-Ära. Dahinter erstreckt sich die **Stadtmauer**, an deren südlichen Ende das kleine Tor **Bragadina** erhalten ist. Im Norden steht das Stadttor **Marcella**. Beide Tore aus der Hochrenaissance sind nach venezianischen Patriziern benannt. Am Bootshafen **Mandrać** liegt der Hauptplatz mit **Stadtloggia** und **Uhrturm** aus dem 16. Jahrhundert. Durch sein Tor gelangt man zur Pfarrkirche **Sv. Marija Snježna** aus dem 15. Jahrhundert mit einem freistehenden Glockenturm. Am reich verzierten Renaissanceportal befinden sich aufwändige Reliefs und Skulpturen. In der Kirche ist eine spätgotische Pieta sehenswert. Die Kunstsammlung im Pfarrhof zeigt zwei wertvolle Gemälde von Alvise Vivarini aus dem 15. Jahrhundert.

Der **Palast der Familie Petris** ist ein architekonisches Meisterwerk aus Spätgotik und Renaissance. Hier wurde der Philosoph und Schriftsteller Franciscus Patritius (Petris) geboren (1529–1597), ein bedeutender Vertreter des Neuplatonismus, dessen Denkmal auf dem Platz die Zagreber Bildhauerin Marija Ujević-Galetović 1997 schuf. Im Palast zeigt das **Stadtmuseum** Funde aus der Antike, mittelalterliche Skulpturen und Dokumente der Stadtgeschichte. Gegenüber liegt das **Fontego**, der einstige Getreidespeicher. In der Nähe steht die Kirche **Sv. Izidor** mit einer schönen romanischen Apsis.

Die gotische Kirche des **Franziskanerklosters** birgt ein geschnitztes Chorgestühl und eine sehenswerte Renaissancekapelle. Das Kloster hat zwei Kreuzgänge aus dem 15. Jahrhundert, vom kleineren kommt man in das **Klostermuseum**, das ein glagolitisches Messbuch, Kunstwerke aus Gotik und Barock und eine ethnographische Sammlung zeigt. Beachtenswert ist der Glockenturm des Klosters, der mit fröhlichen und missmutigen Gesichtern dekoriert ist, Allegorien milder Winde und der rauen Bura.

Besuch bei den Gänsegeiern

Der Gänsegeier (Gyps fulvus) ist eines der seltenen Naturphänomene des Gebiets Tramuntana der Insel Cres, wo es zwei Vogelreservate gibt: Im zentralen Gebiet Podokladi und im nördlichen Kruna leben rund 70 nistende Pärchen. Das Reservat auf Tramuntana heißt nach den gleichnamigen Felsklippen in Podbeli. Die Gänsegeier bauen hier ihre Nester auf steilen Felsklippen direkt über dem Meer - manchmal in weniger als zehn Metern Höhe über der Meeresoberfläche.

Die Vögel werden von den Einwohnern dieses Ortes im Dialekt Orli (Adler) genannt. Mit einer Flügelspannweite bis zu 2,80 Metern gehören sie zu den größten Vogelarten, erreichen ein Gewicht bis zu 15 Kilogramm und werden fast 60 Jahre alt. Sie leben in Kolonien, nisten und suchen gemeinsam Nahrung. Die Kolonien können aus 2 bis 100 Paaren bestehen. Gänsegeier ernähren sich nur von toten Tieren und verhindern damit Viehepidemien. Ohne die traditionelle Schafzucht, bei der die Schafe das ganze Jahr über draußen bleiben, gäbe es heute keine Gänsegeier. Diese Wechselbeziehung zwischen Tier und Mensch hat auf Cres lange Tradition.

Heute sind Gänsegeier eine gefährdete Tierart, weil sie mit dem Rückgang der Schafzucht ihre Nahrungsgrundlage verlieren, ihre Nistplätze durch den Tourismus beeinträchtigt werden und viele Jungvögel ins Meer fallen. Das 1993 gegründete Umweltzentrum Caput Insulae-Beli (ECCIB) hat sich den Schutz des natürlichen und kulturhistorischen Erbes der Insel Cres zur Aufgabe gemacht und zeigt in der einstigen Volksschule von Beli die Dauerausstellungen ›Die Biodiversität des Cres-Lošinj-Archipels‹ und ›Die Geschichte von Beli und der Tramuntana‹ und ist Ausgangspunkt für den Lehrpfad ›Geschichte und Kunst in der Natur‹. Freiwilligenprogramme sind ein bedeutender Teil des ECCIB, das sich um junge Geier kümmert, die aus der See gerettet wurden, sowie um kranke oder verletzte Vögel. In einem großen Freigehege werden kranke oder verletzte Geier gehalten, bis sie sich wieder der Freilandkolonie anschließen können. Hier kann man sie aus nächster Nähe bewundern!

Im Umweltzentrum auf Cres kann man Gänsegeier aus nächster Nähe beobachten

Beli

Die Fahrt in den Norden der Insel führt über eine enge Straße, die sich einen hohen Bergkamm hinaufzieht. 130 Meter über dem Meer liegt das kleine Beli traumhaft auf einem steilen, einsamen bewaldeten Hügel. Der Ort geht auf eine urgeschichtliche Wallburg zurück. Die Römer nannten ihn ›Caput insulae‹. Schon im frühen Mittelalter hatten hier Kroaten eine befestigte Stadt.

Den Charme alter Zeiten hat sich Beli bis heute bewahrt: Auf dem kleinen Platz hinter der **Stadtloggia** steht ein Haus, dessen äußerer Treppenaufgang mit gedeckter Terrasse (balatura) ein typisches Beispiel alter Wohnarchitektur ist. Durch winklige Gassen gelangt man zum höchsten Punkt der Stadt, einen Platz mit öffentlicher Zisterne. Hier steht die ursprünglich romanische Pfarrkiche **Blažene Marije Djevice** und daneben die kleine romanische **Sv. Marija** mit wertvollen gotischen Prozessionskreuzen. Eine steile enge Straße führt hinunter nach **Pod Beli**, den kleinen Hafen mit Badestrand und Campingplatz.

Blick auf Beli

Valun und Lubenice

Fährt man von Cres in südlicher Richtung, lohnen Abstecher nach Valun und Lubenice: In der Sakristei der Kirche **Sv. Marija** von Valun sieht man die **Tafel von Valun** aus dem späten 11. Jahrhundert, die mit ihrer zweisprachigen Inschrift (Lateinisch und Glagolitisch) eines der ältesten schriftlichen Dokumente altkroatischer Sprache ist.

So märchenhaft wie seine Lage 378 Meter über dem Meer ist vielleicht auch die Herkunft des Namens von Lubenice: Von hier sollen sich zwei unglücklich Verliebte (Zaljubleni) von den Klippen geworfen haben! Von der einstigen Bedeutung des heute mit 43 Einwohnern winzigen Ortes zeugen vier Kirchen. Vor dem Ortseingang am Parkplatz stehen die Ruinen der romanischen Kirche **Sv. Nedjelja** und die Kirche **Sv. Antun**. Vor dem Glockenturm ist ein Aussichtspunkt, von wo man den besten Blick auf das Städtchen und die steilen Felsen hat, unter denen eine kleine Bucht liegt. In der **Pfarrkirche** wird eine gotische Nikolausstatue aufbewahrt. Rund um Lubenice gibt es Wanderwege und den Lehrpfad **Hibernica**, der über Kultur und Natur der Gegend informiert.

▶ Karte S. 249

Martinšćica

Weiter südlich liegt der beliebte Badeort Martinšćica. Seine Franziskanerkirche **Sv. Jeronim** aus dem 16. Jahrhundert birgt ein Renaissancegemälde des venezianischen Malers Baldassare d'Anna (um 1560–1639). Die Klostersammlung beherbergt Votivbilder Creser Seeleute in historischen Trachten. Neben dem Kloster errichtete die Patrizierfamilie Sforza im 17. Jahrhundert ein zweistöckiges Landhaus.

Osor

Osor liegt ganz im Süden an einer Meerenge zwischen den Inseln Cres und Lošinj, die wahrscheinlich bereits von den Römern durch einen künstlichen Kanal schiffbar gemacht wurde. Heute wohnen hier nur etwa 80 Menschen. Dabei erlebte der Ort schon in der Antike eine erste Blüte und hatte zeitweise bis zu 30 000 Einwohner. Im 6. Jahrhundert war Osor sogar Bischofssitz und bis ins 15. Jarhundert Hauptstadt beider Inseln. Mit dem Aufstieg Venedigs und der Verlagerung der Schiffsrouten von der Küste aufs offene Meer verlor Osor an Bedeutung. Mehrere Pest- und Malariaepidemien im 16. Jahrhundert besiegelten den Untergang der Stadt.

Die Kathedrale **Uznesenja Marijina** aus der zweiten Hälfte des 15. Jahrhunderts hat eine schöne Renaissancefassade und einen barocken Glockenturm. Unter dem Hauptaltar der Kirche befindet sich das Grab des Stadtheiligen Bischof Gaudentius, durch dessen Fürbitte die Inseln Cres und Lošinj von giftigen Schlangen befreit worden sein sollen – tatsächlich gibt es hier keine giftigen Reptilien! In der Kirche ist eine ›Verkündigung‹ des venezianischen Renaissancemalers Palma dem Jüngeren sehenswert.

Lubenice liegt hoch über dem Meer

Abendstimmung in Osor

An der Westseite der Kathedrale steht die spätgotische Kirche **Sv. Gaudencije** mit Fresken aus dem 15. Jahrhundert sowie einem Altarbild mit einer historischen Ansicht Osors aus dem 19. Jahrhundert. Das ehemalige mittelalterliche **Rathaus mit Loggia** beherbergt das Stadtmuseum mit Lapidarium. Schräg gegenüber steht der **Bischofspalast** mit einer sehenswerten Sammlung sakraler Kunst.

Seit 1975 finden in Osor im Sommer klassische Konzerte statt. Darauf verweisen in der Stadt zahlreiche **Skulpturen zum Thema Musik**, Kopien von Werken bedeutender kroatischer Bildhauer wie Ivan Meštrović. Die Statue des Komponisten Jakov Gotovac vor dem Turm der Kathedrale stammt von Marija Ujević-Galetović. In der Hauptstraße erinnert ein bronzener Marder (1998) von Belizar Bahorić daran, dass die Kuna in Osor bereits 1018 als Zahlungsmittel erwähnt wurde und man damals in Kroatien mit Fellen des Marders (kuna) Tauschhandel trieb.

Insel Cres

Vorwahl: +385/51.
Postleitzahl Stadt Cres: 51557.
Turistička zajednica Cres, Cons 10, Tel. +385/51/571535, www.tzg-cres.hr.

Autofähre:
Merag (Cres)–Valbiska (Krk); alle 90 Min., Überfahrt 25 Min.
Porozina (Cres)–Brestova (Istrien); alle 90 Min., Überfahrt 20 Min.; Erw. 2, Kinder 1 Euro, Auto 12 Euro.
Jadrolinija Rijeka, www.jadrolinija.hr.

Cres: Hotel Kimen, Melin I/16, Tel. +385/51/573305, www.hotel-kimen.com; DZ 90–120 Euro. Einfach, aber gut, 50 m zum Strand.
Martinšćica: Hotel Zlatni Lav, Tel. +385/51/574020, www.hotel-zlatni-lav.com; DZ 90 Euro. 150 m zum Strand.
Beli: Pension Tramontana, Beli 2, Tel. +385/51/840519; DZ 80 Euro.. Leckere Fisch- und Fleischgerichte.

Cres: Camping Kovacine, Melin 1, Nr. 20, Tel. +385/51/573150, www.camp-kovacine.com. 18 ha großer Platz mit Nadel- und Olivenbäumen, nahe der Stadt Cres.
Martinšćica: Camping Slatina, Martinšćica 92, Tel. +385/51/574127, www.camp-slatina.com. Zählt zu den besten Campingplätzen Kroatiens.
Osor: Camping Bijar, Osor bb, Tel. +385/51/237147, www.camp-bijar.com. Kleiner Platz im Kiefernwald am Meer.

ACI Marina Cres, Jadranska obala 22, Stadt Cres, Tel. +385/51/571622, www.aci-club.hr.

Cres: Mar, Jadranska obala bb. Luxuriöses Ambiente, Blick auf die Marina, lokale und internationale Gerichte zu guten Preisen.
Caruso, Šetalište 20, Travnja. Reiche Auswahl an günstigen Gerichten.
Konoba Kopac, Osorska 14, Fisch- und Fleischplatten zu erschwinglichen Preisen.
Pizzeria-Buffet Capitano, Cons 11. Preiswerte Pizza, Grillgerichte.
Valun: **Restaurant Toš Juna**, Valun bb. Von einem Olivengarten umgebenes Lokal.
Taverne Na moru, Valun 65. Kleines Familienrestaurant direkt am Meer, günstige Fischgerichte und Lammspezialitäten.
Osor: Konoba Bonifačić, Osor 76. Schönes Gartenlokal, frisch gemachte Hausmannskost zu angemessenen Preisen.

Cres: Štala, Bar mit Terrasse und Dancefloor.
Martinšćica: Bar Timun. Open-Air-Entertainment im Pinienhain des Slatina-Campingplatzes.

Umweltzentrum Caput Insulae, Beli, www.supovi.hr. Informiert über Flora und Fauna der Insel. In großen Volieren kann man Gänsegeier aus nächster Nähe beobachten.

Sommerfestival; 3.–5. August, Stadt Cres. Mit Fußball- und Handball-Turnieren, Konzerten und kulinarischem Angebot.

Valun: zwei Kiesstrände, teilweise FKK.
Sv. Ivan, unter den Felsen von Lubenice. Weißer Kiesstrand, nur zu Fuß oder mit dem Boot zu erreichen (wenig Badegäste). Viele – nur zu Fuß erreichbare – Strände gibt es zwischen der Stadt Cres und der Bucht von Ustrine, in der **Bucht Meli** ist der flache Strand für Kleinkinder geeignet.

Padi Diving Cres, Tel. +385/51/571706, www.divingcres.de.

Ambulanz, Tel. +385/51/571116.

Karte S. 249

Lošinj

Von ihrer Nachbarinsel Cres trennt Lošinj nur ein schmaler Kanal, und doch hat die südlicher liegende Insel dank wärmeren Klimas einen anderen Charakter: Die vielen grünen Kiefern- und Pinienwälder, Palmen und üppig blühende Agaven, Oleander und Zitrusbäume verleihen ihr fast lieblichen Charme. Lošinj zählt mit über 2500 Sonnenstunden im Jahr zu den sonnigsten Gegenden Kroatiens. Kein Wunder, dass die Insel mit ihren schönen natürlichen Buchten auf eine lange touristische Tradition zurückblickt.

Mali Lošinj

Der Name ›Klein Lošinj‹ täuscht: Mali Lošinj ist der größte Ort der Insel, wurde aber 1398 zur Unterscheidung vom früher entstandenen Veli Lošinj (Groß Lošinj) ›Kleines Dorf‹ genannt. Im 15. Jahrhundert errichteten die Venezianer in Mali Lošinj zum Schutz gegen Piraten einen Fluchtturm. Der Aufschwung von Seefahrt und Schiffbau verwandelte den Ort seit dem 18. Jahrhundert in eine prosperierende Stadt, die Osor als Verwaltungszentrum ablöste. Zahlreiche Werften entstanden, und reiche Seeleute ließen sich spätbarocke oder klassizistische Kapitänshäuser inmitten von Gärten mediterraner Vegetation bauen. 1854 wurde die staatliche Marineschule gegründet. Als die Habsburger die Stadt 1892 zum Kurort erklärten, zog sie viele österreichische und ungarische Gäste an. Prachtvolle Villen entstanden.

Bis heute ist Mali Lošinj ein beliebtes Reiseziel. An einer breiten Bucht befindet sich der Hafen, den nette Cafés und Restaurants säumen. Für den Platz hat Bildhauer Matko Vinković aus Rijeka 1960 einen schönen **Brunnen** mit zwei Delphinen entworfen, der daran erinnert, dass in den Gewässern um Lošinj über 100 Delphine beheimatet sind. Etwas weiter ist die Statue eines **Tauchers mit Harpune** (1989) zu sehen.

Im **Palast Kvarner** an der Riva soll nach dessen Restaurierung der berühmte ›Kroatische Apoxyomenos‹ aus dem 1. Jahrhundert vor Christus ausgestellt werden. Die Bronzestatue des griechischen Athleten wurde 1999 vor der Küste Lošinjs aus einer Tiefe von 45 Metern geborgen.

Im oberen Teil der Stadt steht neben einem 34 Meter hohen Glockenturm die Barockkirche **Rođenje Marijino**. Innen ist ein Gemälde des venezianischen Renaissancemalers Alvise Vivarini beachtenswert. In der Vladimira Gortana 35 befindet sich die **Kunstsammlung Andro Vid und Katarina Mihičić** mit über 87 Werken bedeutender kroatischer Bildhauer und die **Sammlung Piperata** mit Gemälden italienischer, französischer und niederländischer Meister.

Südwestlich des Ortskerns erstreckt sich die Halbinsel **Čikat** mit Aleppokiefern, Pistazien, Myrten, Erdbeerbäumen, Zedern und Olivenbäumen. An der Uferpromenade reihen sich imposante his-

Mali Lošinj

toristische Bauten aneinander wie die **Villa Karolina** oder das **Hotel Alhambra**, das der Grazer Alfred Keller entwarf, ein Vertreter der architektonischen Moderne. In der Nähe erinnert ein Denkmal an den Botaniker Ambroz Haračić, der die Halbinsel Čikat 1886 aufforsten ließ. An der Bucht steht auch die klassizistische Votivkirche **Navještenja Blažene Djevice Marije**, in der sich im 19. Jahrhundert die Seeleute von ihren Familien verabschiedeten. In der Kirche sind die Votivbilder als Dank für die Errettung aus Seenot sehenswert. In der Nähe der Kirche erinnert ein Mahnmal an die Besatzung eines Marineschiffs, das im Zweiten Weltkrieg bei der Insel Susak auf eine Mine auflief.

■ Veli Lošinj

Auch in Veli Lošinj (Groß-Lošinj) gibt es noch viele spätbarocke und klassizistische Gebäude. Der **venezianische Turm** wurde 1445 errichtet, um den Hafen vor Piratenangriffen zu schützen. Heute befinden sich hier eine Galerie und ein Museum. Sehenswert ist ein Replikat des ›Kroatischen Apoxyomenos‹, das den Athleten in der nachgestellten Fund-situation zeigt. Direkt am Hafen steht die barockisierte Pfarrkirche **Sv. Antun Pustinjak**, für die wohlhabende Schiffseigner, Kapitäne und Kaufleute rund 30 Gemälde italienischer Maler der Renaissance und des Barock gestiftet haben, darunter von Bartolomeo Vivarini und Bernardo Strozzi. Unweit des Hafens steht die 1510 erbaute Kirche **Gospa od Anđela**, die Anfang des 18. Jahrhunderts einen barocken Chorraum erhielt. Innen ist ein Gemälde des spätbarocken italienischen Malers Francesco Fontebasso sehenswert.

Die erste Pension der Stadt öffnete 1887 unter dem Namen ›Erherzogin Renata‹. Als eigentlicher Begründer des Tourismus in Veli Lošinj gilt Erzherzog Karl Stephan von Österreich, der 1885 ein Kapitänshaus am Hang über dem Stadthafen kaufte und zur Villa ›Wartsee‹ umbaute. Ein Jahr später ließ er in Pod Javori am Südrand von Veli Lošinj ein **Palais** errichten und einen Garten mit 200 importierten Pflanzen anlegen. Sehenswert sind auch viele ehemalige **historistische Gästehäuser**.

Im **Marine Education Centre** (Kaštel 24) informiert eine Ausstellung über Flora und Fauna der Adria und über Projekte zum Schutz der Delphine in den Gewässern vor Lošinj (www.blue-world.org).

■ Insel Susak

Westlich von Lošinj liegt die Insel Susak, die für ihre Frauentrachten und ihren

▲ Karte S. 249

Der Hafen von Veli Lošinj

Wein berühmt ist. In ihrer romanischen Pfarrkirche **Sv. Nikola** befindet sich ein bemaltes byzantinisches Holzkreuz, das wegen seiner Höhe von über vier Metern ›Veli Buoh‹ (Großer Gott) genannt wird. Das Kreuz soll von Italien angespült worden sein – wie man es durch die viel zu kleine Tür brachte, bleibt unerklärlich!

Lošinj

Vorwahl: +385/51.
Postleitzahl: 51550.
Turistička zajednica. Riva lošinjskih kapetana 29, Tel. +385/51/231884, www.tz-malilosinj.hr.

Zračna luka Lošinj, Privlaka 19, p.p. 61, Tel. +385/51/231666, www.airportmalilosinj.hr. Der kleine Flughafen 12 km nördlich von Mali Lošinj (an der Landstraße 100) bietet Lande- und Unterstellmöglichkeit für Kleinflugzeuge, Panorama- und Taxiflüge an.

Autofähren:
Zadar–Ist–Olib–Silba–Premuda–Mali Lošinj; Mo–Sa 6–8x tägl.
Mali Lošinj–Unije–Susak; 4x tägl., www.jadrolinija.hr.
Ganztägige Bootsausflüge zu den Inseln Susak, Oruda, Orjule und Ilovik vom Hafen Veli Lošinj. **Bootsverleih** in Mali Lošinj, Čikat-Bucht.

Mali Lošinj: Vespera Hotel Aurora, Ulica Sunčana uvala 5, Tel. +385/51/231304. www.losinj-hotels.com; DZ 70 Euro. Großes Familien- und Kinderhotel am ›Sonnenstrand‹.
Veli Lošinj: **Hostel Zlatokrila**, Kaciol 4, Tel. +385/51/236234, www.hfhs.hr, losinj@hfhs.hr; ab 15 Euro Nacht/Person. Schlicht, im Zentrum. Zimmer (2–5 Betten) mit Dusche/WC auf dem Flur.
Villa Mozart, Kaciol 3, Kleines Hotel im Zentrum, in Strandnähe; DZ ab 50 Euro. Historisches Ambiente.
Nerezine: Buffet Osor, Osor 28, Tel. +385/51/237135, www.ossero.com; DZ 60 Euro.

Čikat, Tel. +385/51/231708, www.camps-cres-losinj.com. Größter Campingplatz der Inseln Cres und Lošinj, mit eigenem Strand, 2 km von Mali Lošinj.

Marina Lošinj, Mali Lošinj, Tel. +385/51/234081, www.marinalosinj.com.

Mali Lošinj: **Corrado**, Sv. Marije 1. Empfehlenswerte Fischgerichte zu höheren Preisen.
Za kantuni, im Stadtzentrum auf der rechten Hafenseite. Günstige Fleisch- und Fischgerichte.
Kadin, Lošinj brodograditelja 59. Etwas abseits am Hafen. Preiswerte Fisch- und Fleischgerichte, kinderfreundliches Personal.
Veli Lošinj: **Punta**, Šestavine bb. Mit Terrasse am Meer, günstige Fischgerichte und Meeresfrüchte.
Villa Mozart, Kaciol 3. Fisch-und Fleischgerichte, Vegetarisches für wenig Geld.
Pizzeria Fortuna, Sestavina 3. Direkt am Hafen, günstige Grill- und Fischgerichte und Pizza.

Mali Lošinj: Lido, Riva lošinjskih kapetana 2. Die beste Konditorei an der Riva bietet Pizzen und leckere Kalorienbomben: Torten und Eis!

Berg Osoršćica: schöne Wanderwege, vom Gipfel Sv. Nikola bietet sich ein herrlicher Ausblick.
Auch die **Höhle des heiligen Gaudentius** und die Höhle **Vela Jama** sind einen Ausflug wert.
Karten bei der Turistička zajednica.

Rab

Ich machte während meines hiesigen Aufenthaltes eine Menge Excursionen, nach allen Theilen der Insel, und fand meine Erwartungen von der Schönheit der Insel noch übertroffen.

Ernst Friedrich Germar:
›Reise nach Dalmatien‹ (1817)

Blick auf die Stadt Rab

Die östliche Seite der Insel Rab gleicht einer Mondlandschaft. Von der Fährstelle Mišnjak erstreckt sich karges, unbesiedeltes Land – eine Folge der rauen Borawinde. Aber nur der Nordosten der Insel ist arm an Vegetation, im Westen und Südwesten finden sich üppige Steineichenwälder, Zedern, Maulbeerbäume und Föhren. Das von Nord nach Süd verlaufende Karstmassiv **Kamenjak** (408 Meter) wirkt als Windschutz, einen ähnlichen Effekt hat der bewaldete Berg **Kalifront** (97 Meter) im Südwesten. Die Insel erfreut sich eines milden Klimas mit bis zu 2500 Sonnenscheinstunden im Jahr. Südliche Meeresströmung umspült die Insel mit frischem Wasser. Die Wassertemperatur des Meeres erreicht im Sommer angenehme 24 Grad, im Winter noch milde 12 Grad. Auf Rab gibt es sogar Sandstrände. Kein Wunder, dass die etwa 9000 Bewohner der Insel, die schon 1889 zum Ferien- und Kurort erklärt wurde, ganz auf Tourismus eingestellt sind.

Geschichte

Schon in der der älteren Steinzeit war die Insel besiedelt. Ihr kroatischer Name Rab leitet sich wahrscheinlich von dem liburnischen Wort ›Arba‹ (Wald, Grün) ab und verweist auf die dichte Bewaldung der Insel. In einer Seeschlacht besiegte Dionysios der Jüngere 365 vor Christus mit seiner syrakusischen Flotte die Liburner. Die Griechen errichteten auf Rab an strategisch wichtigen Orten Festungen zum Schutz ihrer Handelsschiffe. Spuren der Anlagen, die im 3. Jahrhundert vor Christus von Liburnern zerstört wurden, finden sich auf **Kap Kaštelina**, in der Bucht Kampor und auf der Halbinsel Lopar. 100 Jahre später eroberten die Römer Arba und legten bei der heutigen Stadt Rab einen befestigten Flottenstützpunkt an. Unter Augustus erfolgte der Ausbau der heutigen Hauptstadt zum ›Munizipium‹ mit regelmäßigem Grundriss, Wehrtürmen und Mauern. Daneben entstanden Sommersitze. Bis zum 3. Jahrhundert nach Christus erlebte die Insel eine Blütezeit, und wurde mit dem Ehrentitel ›Felix Arba‹ bedacht. Nach Völkerwanderung und Untergang des Weströmischen Reichs fiel die Insel 493 unter die Herrschaft des Ostgotenkönigs Theoderich und ab 544 an Byzanz. Damals wurde sie Bischofssitz. Mit dem Erstarken des kroatischen Fürstentums wurde auch Rab tributpflichtig. Vom 9. bis 15. Jahrhundert unterstand die Insel ungarisch-kroatischer Herrschaft. Benediktiner und später Franziskaner ließen sich nieder und bauten erste Kirchen und Klöster. Danach gehörte Rab von 1409 bis 1797 zur Republik Venedig und war eine wichtige Station des venezianischen Levantehandels. Die Hauptstadt wurde als Vorposten

▶ Karte S. 249

gegen die Uskoken-Piraten militärisch befestigt. Die lokale Seidenraupenzucht trug zum Wohlstand der Bevölkerung bei. Von 1797 bis 1918 stand die Insel, unterbrochen von einem französischen Intermezzo, unter österreichischer Hoheit, geriet 1918 unter italienische Besatzung und wurde nach dem Vertrag von Rapallo (1920) Jugoslawien zugesprochen. 1941 fiel die Insel wieder an die Italiener, die in Kampor ein Konzentrationslager einrichteten. Nach der Kapitulation Italiens marschierten deutsche Truppen ein. Nach 1945 kam Rab an Jugoslawien, seit 1991 gehört es zur Republik Kroatien.

Stadt Rab

Die Stadt Rab an der Südwestküste der Insel erinnert an ein Segelschiff mit vier hohen Masten: Vier freistehende **Glockentürme** reihen sich auf der ins Meer ragenden felsigen Landzunge zwischen der Bucht der heiligen Euphemia und dem Stadthafen. Ihre größte Blüte hatte die ehemalige Bischofsstadt vom 12. bis 14. Jahrhundert, als die wichtigsten Bauten entstanden und sich Rab über den ältesten Bezirk **Kaldanac** auf der vordersten Landzunge ausdehnte. Er wird von mittelalterlichen Mauerresten begrenzt. Als Mitte des 15. Jahrhunderts die Pest wütete, wurde Kaldanac von den Überlebenden verlassen. Die Seuche hatte die Stadt praktisch entvölkert.

Die vier Glockentürme der Stadt Rab

Den neueren Stadtteil **Varoš** mit Mauern und Türmen des 15. Jahrhunderts durchziehen drei parallele Hauptstraßen: An der oberen Straße (Gornja ulica) reihen sich die Kirchen und Glockentürme. Die mittlere Straße (Srednja ulica), einst Zentrum der Handwerker und Kaufleute, ist heute von Juwelieren und Boutiquen geprägt. An der unteren Straße (Donja ulica) und der Obala kralja Petra Krešimira liegen heute die meisten Bars, Restaurants und Eisdielen. Mit dem Fall Venedigs 1797 und dem Zusammenbruch des Levantehandels endete Rabs wirtschaftliche Blüte, 1828 wird der Bischofssitz aufgelöst. Erst Anfang des 20. Jahrhunderts erlangt Rab als Luftkurort und Seebad wieder wirtschaftliche Bedeutung.

Trg Svetog Kristofora

Den Stadtrundgang beginnt man am besten beim Trg Svetog Kristofora, wo der **Brunnen Kalifront und Draga** (1989) des Bildhauers Žarko Violić zwei Figuren aus einem Gedicht des Renaissancedichters Juraj Baraković verewigt. Die Treppengasse Bobotina hinauf gelangt man zur Tvrđava Galjarda und zur Gornja ulica. Geht man rechts, passiert man die Reste einer Befestigung des Spätmittelalters, die **Tvrđava Kristofor** mit einem Stadtturm, von dessen kleiner Galerie man den schönsten Blick auf alle vier Kirchtürme Rabs hat. Teil der Stadtmauer war die daneben stehende Kirche **Sv. Kristofor** aus dem 14. Jahrhundert, die das städtische Lapidarium beherbergt.

Nordwestlich liegt der **Park Komrčar**, dessen Name an das römische Marsfeld (Campus Martius) erinnert. Eine 1974 aufgestellte Büste zeigt den Oberförster Pravdoje Belia, der den Stadtgarten Anfang des 20. Jahrhunderts anlegte.

Kloster Sv. Ivana Evanđelista

Geht man weiter durch die Gornja ulica, kommt man zum Kloster Sv. Ivana Evanđelista, von dessen dreischiffiger Basilika aus dem 6. Jahrhundert bis auf wenige Mauern und Säulen mit byzantinischen Merkmalen nur der romanische **Campanile** vollständig erhalten ist. Der Turm kann bestiegen werden. Die angrenzende Kirche **Sv. Križ** steht an der Stelle einer früheren Antoniuskapelle aus dem 13. Jahrhundert. Am Hauptaltar hängt ein Gemälde von Giovanni Antonio Pellegrini (1675–1741). Während der ›Raber Musikabende‹ finden hier Konzerte statt. An Häusern der Gornja ulica sieht man viele Wappen und Inschriften.

Sv. Justina

Die Renaissancekirche Sv. Justina gehörte bis 1807 zu einem Benediktinerkloster. Ihr **Glockenturm** stammt aus dem Barock. Die Kirche des einstigen Nonnenkonvents beherbergt heute ein **Museum sakraler Kunst**, zu dessen Exponaten das romanische Kreuz König Kolomans und der Schrein des heiligen Christophorus zählen. Das Kopfreliquiar enthält einen mit Edelsteinen und einer Krone geschmückten Schädel, der von dem legendären frühchristlichen Märtyrer stammen soll, der zum Schutzhelfer der Insel Rab avancierte. Beeindruckend ist das Polyptychon von Paolo Veneziano. Sehenswert sind außerdem das Gemälde ›Tod des heiligen Joseph‹ aus der Schule Tizians und eine Renaissance-Grabplatte von Andrija Aleši.

Sv. Andrija

▲ Karte S. 249

Vom **Trg slobode**, den eine mächtige Steineiche beherrscht, die an die Befreiung von Italien erinnert, hat man einen Blick auf den Stadtstrand und die Halbinsel Frkanj, wo im August 1936 der englische Ex-König Edward VIII. und seine Gemahlin Lady Wallis Simpson beim Baden ihre Hüllen fallen ließen und damit auf Rab das FKK-Baden populär machten. Ein paar Schritte weiter südöstlich beginnt der älteste Stadtteil **Kaldanac** an der Spitze der Halbinsel, erkennbar am unregelmäßigen Gassenmuster.
Bald erreicht man die Kirche **Sv. Andrija** mit dem 1181 erbauten romanischen Campanile. In dem zur Kirche gehörenden Benediktinerinnenkonvikt leben noch acht Nonnen, die begehrte Glückwunschkarten herstellen. Das Kloster hat ein sehenswertes Renaissanceportal. In der dreischiffigen vorromanischen Basilika ist am linken Seitenaltar eine Kopie eines Polyptychons von Bartolomeo Vivarini beachtenswert.

Kathedrale

Obwohl Rab nicht mehr Bischofssitz ist, wird die auf antiken Fundamenten errichtete Kirche Uznesenja Marijina Kathedrale genannt. 1177 wurde sie von Papst Alexander III. auf seiner Rückreise von Zadar nach Rom geweiht. Der romanische Kirchenbau wurde später gotisch verändert. Sein freistehender romanischer **Glockenturm** erinnert an den

Der Chorumgang des Klosters Sv. Ivana Evanđelista ist gut zu erkennen

lombardischen Stil, der spitze Turmhelm ist eine Ergänzung des 15. Jahrhunderts. Die rot-weiße Fassade schmücken im unteren Teil zwei Reihen schlichter, flacher Blendarkaden. In der Lünette über dem Renaissance-Hauptportal (1490) steht eine Pietà (1514) von Petar aus Trogir, die auf die Spätgotik verweist. Die **Bronzestatue des heiligen Christophorus**, ein Werk von Kuzma Kovačić (geb. 1952), wurde 2009 neben der Kirche aufgestellt.
Innen hat die Basilika römische Marmorsäulen mit meist präromanischen Kapitellen. Das im Stil der venezianischen Blumengotik aus Kastanienholz geschnitzte **Chorgestühl** (1445) im Chor zeigt die Wappen Raber Patrizierfamilien und die Verkündigung Mariä an der Frontseite. Sechs Marmorsäulen aus dem 12. Jahrhundert mit frühbyzantinischen Kapitellen tragen das sechseckige **Altarziborium**, auf dem altkroatisches Flechtwerkornament erhalten ist, in den Zwickeln seiner Stirnbögen symbolisieren aus einem Kelch trinkende Pfauen die Eucharistie.
Das Gemälde ›Mariä Himmelfahrt‹ auf dem **Hauptaltar** wird dem vermutlich aus Rab stammenden Maler Matej Pončun (Matteo Ponzone, 1583–1663) zugeschrieben. Das barocke Antependium am Altar zeigt in einer Intarsie den heiligen Christophorus mit dem Christuskind.
Am Altar in der Nordapsis hängt ein Bild der Muttergottes mit Kind des spätgotischen venezianischen Malers Marco di Martino. In die Nordwand ist ein vorromanisches Marmorrelief eines thronenden Christus eingelassen, hier befindet sich auch die Renaissancegrabplatte des Bischofs Ivan Scaffa von Andrija Aleši.
In der **südlichen Apsis** ist eine romanische Balustrade sehenswert, in der linken Kapelle des heiligen Peter das oktogonale Taufbecken (1497) von Petar Trogiranin.

■ Sv. Antun Opat

Geht man rechts um die Kathedrale herum, hat man einen herrlichen Blick auf die Bucht und gelangt nach wenigen Schritten zu dem an der Stadtmauer stehenden Franziskanerinnenkloster Sv. Antun Opat mit einer kleinen Kapelle. In die Kirchenfassade ist ein Relief des heiligen Antonius (1541) eingelassen. Von der ursprünglichen Kirche ist das gotische Gewölbe erhalten, auf dem Schnitzaltar eines venezianischen Künstlers steht die Figur des heiligen Antonius aus der zweiten Hälfte des 15. Jahrhunderts. Beachtenswert sind Tafelbilder von Schülern Vivarinis.
Von der Poljanica kneginje Mande Budrišić führt ein Weg hinunter in einen kleinen Park, wo eine Bronzestatue (2004) an den heiligen Marin erinnert. Das Werk der Autodidaktin Daniella Volpini ist ein Geschenk der Republik San Marino: Laut einer Legende floh der in Lopar auf Rab geborene Steinmetz Marin vor den Christenverfolgungen des 4. Jahrhunderts nach Italien. Aus seiner Einsiedelei am Monte Titano entstand später die nach ihm benannte Republik.

■ Fürstenhof

Am 1924 erbauten **Jugendstilhotel Arbiana** (einst ›Bristol‹) vorbei führt die Biskupa Draga zum **Trg Municipium Arba**, einem Platz aus römischer Zeit, wo sich die Touristeninformation befindet. Gegenüber steht der ehemalige Fürstenhof. Dieses älteste weltliche Gebäude Rabs entstand im 15. und 16. Jahrhundert durch den Umbau eines romanischen Wehrturms. Die Fassade schmücken venezianisch-gotische Eselsrückenfenster und ein Balkon, an dessen Konsolen sechs Löwenköpfe an die fast 400 Jahre lange Herrschaft Venedigs über die Insel erinnern. Im Hof des Palasts ist ein kleines Lapidarium untergebracht.

Paläste

Im Südwesten des Platzes führt eine Gasse zur Srednja ulica und dem **Stadtturm** von 1509, der im 18. Jahrhundert sein heutiges Aussehen erhielt. Seine über 400 Jahre alte Uhr ist noch immer in Funktion. Gegenüber steht die **Stadtloggia**, ein schlichter Renaissancebau, in dem einst Gericht gehalten wurde und heute die Kellner des Restaurants ›Paradiso‹ servieren.

Hinter der Loggia ist in der Stjepana Radića von dem einstigen **Palast der Familie Cernotto** das spätgotische Portal erhalten, das 1456 von Andrija Aleši gemeißelt wurde. Am nordwestlichen Ende der Donja ulica kommt man zu den Resten des **Palasts Nimira**, der im Übergangsstil von Gotik zu Renaissance erbaut wurde.

Am Beginn der Srednja ulica erhebt sich der spätgotische **Palast Dominis**, dessen Fensterrahmen im zweiten Stock (Piano Nobile/Beletage) reiche Verzierungen zeigen, die mit unverputzten Natursteinmauern kontrastieren. Das schöne Renaissanceportal wird Meister Petar Trogiranin zugeschrieben. Vor dem Gebäude steht die **Bronzebüste des Theologen Marcantun de Dominis** (1994) - ein Werk von Bildhauer Kosta Angeli Radovani (1916-2002). Der Erzbischof, Mathematiker und Physiker de Dominis wurde hier 1560 geboren und starb 1624 in Rom als Gefangener der Inquisition.

Gegenüber steht die barocke Kapelle **Sv. Antuna** mit reichen Intarsien am Marmoraltar und einem Gemälde venezianischer Schule.

Kloster Sv. Eufemije

▶ Karte S. 249

Nur etwa 2,5 Kilometer nördlich von Rab liegt in **Kampor** in der gleichnamigen Bucht das Kloster Sv. Eufemije, das 1446 von Observanten, einem Reformzweig der Franziskaner, gegründet wurde. Das malerisch auf den Klippen über dem Meer gelegene Kloster trägt den Namen eines früheren Gotteshauses, das nach der frühchristlichen Märtyrerin Euphemia benannt war, während die schlichte einschiffige **Predigerkirche** 1466 dem heiligen Bernhardin von Siena geweiht wurde. Im rechteckigen Sanktuarium mit Kreuzrippengewölbe begeistert das herrliche Polyptychon (1458) von Antonio und Bartolomeo Vivarini, zwei venezianischen Malern, die den byzantinischen Schematismus aufgaben. In der Kapelle **Sv. Križ** gibt es ein spätgotisches Holzkruzifix, die linke Votivkapelle wurde 1506 für eine byzantinische Muttergottesikone errichtet. An der Kassettendecke von 1669 finden sich Szenen aus dem Leben des heiligen Franziskus. Im Kloster beeindruckt der malerische Kreuzgang.

Kreuzgang des Klosters Sv. Eufemije

Die Klosterbibliothek umfasst über 7000 Bände, darunter seltene Mess- und Choralbücher sowie Inkunabeln. Einige sind im **Klostermuseum** ausgestellt, das auch kulturgeschichtliche, kunsthandwerkliche, ethnographische Sammlungen und antike Kunstwerke zeigt.

Die renovierte Kirche **Sv. Eufemija** beherbergt eine Ausstellung von Bildern und Zeichnungen des autodidaktischen slowenischen Malermönchs Ambroz Testen (1887–1984), der in expressionistischen Darstellungen Zufallstechniken wie die ›Klecksographie‹ nutzte.

Fährt man vom Kloster in Richtung Kampor, verweisen Schilder und eine Steintafel auf einen **Gedenkfriedhof** (Groblje): 1942 hatten hier die italienischen Faschisten das Konzentrationslager Kampor eingerichtet, in dem wahrscheinlich mehr als 4600 Inhaftierte (Slowenen, Kroaten und Juden) umkamen. Die Gedenkstätte wurde 1953 angelegt – von Häftlingen der jugoslawischen Gefangeneninsel Goli otok! Unter einem Betongewölbe steht eine Mosaikwand des slowenischen Künstlers Marij Pregelj (1913–1967), der ohne das damals übliche sozialistisch-realistische Pathos das Leid der Inhaftierten und ihre Befreiung darstellte.

Sv. Petar

Nördlich von Kampor steht in einer breiten fruchtbaren Ebene zu Füßen des Kamenjak bei Supetarska draga die Kirche Sv. Petar. Die Basilika ist ein Relikt eines Benediktinerklosters aus dem 11. Jahrhundert, das 1467 aufgehoben wurde. Ihre Fassade verweist auf die Frühromanik. Innen beeindrucken Säulen mit vorromanischen Kapitellen, die mit Akanthus- und Palmblättern geschmückt sind. Vom frühromanischen **Campanile** ist nur der untere Teil erhalten, dafür hängt hier die wohl älteste Glocke (1290) Kroatiens.

Supetarska draga und Lopar

In **Supetarska draga** sind am Meer eine Mühle aus dem Mittelalter und eine rekonstruierte Tunera, eine Holzleiter zum Beobachten der Thunfischschwärme, erwähnenswert.

Ganz im Norden von Rab liegt das Dorf **Lopar** auf einer Halbinsel mit vielen kleinen Buchten und schroffen Kaps, aber auch schönen sandigen Badestränden. In dem Ort soll der Steinmetz Marin, der legendäre Gründer San Marinos, geboren sein.

Barbat

Im Südwesten der Insel liegt Barbat mit schönen Kiesstränden. Im heutigen Urlaubsort gab es im Mittelalter eine Benediktinerabtei. An der Stelle des Klosters steht seit 1859 die **Pfarrkirche**. Von Barbat führt ein steiler, schmaler Hirtenweg auf den 223 Meter hohen Berg **Sv. Damijan**, wo imposante Ruinen stehen, die neuerdings als Teile des frühbyzantinischen Festungssystems aus der Zeit Justinians gedeutet werden.

Rab

Vorwahl: +385/51.
Postleitzahl: 51280.
Turistička zajednica Rab, Trg Municipium Arba 8, Tel. +385/51/724064, www.tzg-rab.hr, tzg-raba@ri.t-com.hr.
Post Stadt Rab, Palit 67.
Internetcafé, in der Mitte der Donja ulica, Stadt Rab.

INA-Tankstellen: Banjol, Banjol 801; Rab, Šetalište Kapetana Ivana Dominis.

Mišnjak (Rab)–Stinica, www.rapska-plovidba.hr; ganzjährig, 8–20x/Tag, Fahrzeit 18 Minuten, Pers. 2 Euro, PKW 15–20 Euro.
Stadt Rab–Lun (Pag), Rapska plovidvba d.d., Hrvatskih branitelja domovinskog rata 1/2, Tel. +385/51/724122, www.rapska-plovidba.hr; Pers. 2 Euro. Personenfähre.
Lopar (Rab)–Valbiska (Krk), Linijska Nacionalna Plovidba, Tel. +385/51/775532, www.lnp.hr; 2–4x tägl., Fahrzeit 90 Minuten, Pers. 5 Euro, PKW 20 Euro.

Rijeka-Rab-Novalja (Pag), www.jadrolinija.hr; 3x tägl., 8 Euro. Katamaranboote. An vielen Stränden werden **Bootsausflüge** in Badebuchten angeboten, Ausflüge zu den Inseln Sv. Grgur und Goli otok von Lopar aus: Info Turistička zajednica Lopar bb, Tel. +385/51/775508.

Stadt Rab: Grand Hotel Imperial, M. Dominisa 9, Tel. +385/51/724522. www.imperial.hr; DZ 100 Euro. Renoviertes, älteres Hotel im Park Komrčar.
Arbiana, Obala Kralja Petra Krešimira IV., Tel. + 385/51/725563, www.arbianahotel.com (kr.); DZ 120 Euro. Historisches Hotel in der Altstadt.
Hotel International, Obala Kralja Krešimira IV. 4, Tel. +385/51/602000, www.hotelrab.com; DZ 100 Euro. Modernes Hotel direkt am Meer.
Banjol: **Café-Restaurant Captain's Club**, Banjol 731, Tel. +385/51/777907, www.captains-club.net; DZ 60 Euro. Direkt am Meer.
Padova, Banjol 322, Tel. +385/51/724418, www.imperial.hr; DZ 70 Euro. Modernes Hotel mit Wellness, Außenpool und Blick auf die Altstadt.
Kampor: **Hotel Eva**, Kampor 87, Tel. +385/51/724233, www.imperial.hr; DZ 60 Euro. Strandnah, umgeben von Kiefernwald auf der Halbinsel Kalifront.
Hotel Carolina, Kampor bb, Tel. +385/51/724133, www.imperial.hr; DZ 90 Euro. Großes Hotel mit Swimmingpool und Terrasse, 20 m zum Strand.
Lopar: **Epario**, Lopar 456 A, Tel. +385/51/777500, www.epario.net; DZ/HP 80 Euro. Strandnahes modernes Hotel mit Kinderspielraum und Fitnessstudio.
Ferienwohnungen Dania, Lopar 454, Tel. +385/51/775212, www.dania.hr; ab 50 Euro. Ruhige Lage, 300 m zum Paradiesstrand, 3 km zur Altstadt.
Tourist Resort San Marino, Lopar 608, Tel. +385/51/775144, www.imperial.hr; DZ 80 Euro. Touristensiedlung am 1,5 km langen Paradiesstrand.
Villa Rio, Lopar 327, Tel. +385/51/725639, http://ville-rab.com; DZ 75 Euro. 30 m bis zum Meer, Blick auf die Altstadt.
Barbat: **Villa Hotel Barbat**, Barbat, Tel. +385/51/721858, www.hotel-barbat.com; DZ 150 Euro. Stilvolles Hotel im Ortskern, 300 m zum Meer. Zimmer mit Balkon und Meerblick.
Supetarska Draga: **Apartments Melita**, Supetarska Draga 182, Tel. +385/51/776181, www.rab-melita.com; DZ 50 Euro. 6 km von der Altstadt Rab.

Lopar: **Camp San Marino**, Lopar 488, Tel. +385/51/775133, www.rab-camping.com; Mobilheim ab 70 Euro. Am 1,5 km langen Paradiesstrand, 12 km zum Zentrum Rabs.
Banjol: **Campingplatz Padova III**; Mobilheim ab 55 Euro. Im Kiefernwald am 500 m langen Kiesstrand, 2 km zum Zentrum Rabs.

ACI Marina Rab, Šetalište Kap, I. Dominisa 101 (im Stadthafen), Tel. +385/51/724023, www.aci-club.hr.
ACI Marina Supetarska Draga, an der Ostseite der gleichnamigen Bucht, Tel. +385/51/776268.

Stadt Rab: **Astoria**, Trg Municipium Arba 7. Exzellentes Restaurant mit Blick auf Hafen und Altstadt, gekocht wird mit ökologischen Zutaten.
Restaurant Santa Maria, D. Dokule 6. Das schöne mittelalterliche Ambiente begründet das hohe Preisniveau.
Konoba Rab, Kneza Branimira 3. Gutes, einfaches Essen in gemütlicher Taverne in der Altstadt.
San Marco, Rapske brigade 6. Günstige Pizzeria und italienische Küche im Stadtzentrum.
Tapas Bar Kampanel, Put Kaldanca 12. Preiswert und gut in der Altstadt.

▶ Karte S. 249

Banjol: Captain's Club, Banjol 727a. Restaurant mit Terrasse am Meer, Fahrradverleih und Zimmervermietung.
Villa Restaurant Petrać, Banjol 590. Gourmet-Restaurant mit fairen Preisen. 6 Autominuten vom Stadtzentrum Rab.
Supetarska Draga: Restaurant Melita, Supetarska Draga 182. Gut und günstig.

Café Bar Astoria, im Erdgeschoss der Residenz, am Hauptplatz der Altstadt Rab.

Stadt Rab: Während der Sommermonate viele Veranstaltungen an der Uferpromenade. Gute Bars liegen in den Gassen der Altstadt.
Diskothek Santo's, Barbat. Direkt am alten Fähranleger von Pudarica am schönen Sandstrand.

Stadt Rab: **Delicium Arba**, Trg Sv. Kristofora bb, www.rabskatorta.com. Empfehlenswerte Delikatessen: Rapska torta (Raber Torte), ein Kuchen aus Mandeln, Zitronenschalen und Kirschlikör, der bereits 1177 Papst Alexander III. bei seinem Besuch in Rab angeboten wurde, Mustaćoni – Plätzchen aus Mandeln, Kakao, Nelken und Zimt – und Rapski baškotini, aromatische Mandelkekse.

Stadfest; 9. Mai, Stadt Rab, Trg Kristofora. Folkloreauftritte, feierliche Parade und Wettkampf der Bogenschützen.
Rabska Fjera; 25.–27. Juli. An den Raber Festtagen wird die Innenstadt zur Freilichtbühne für Vorstellungen traditionellen Kunsthandwerks, Spektakel in historischen Kostümen, Ritterturnier und Volksfest.

Die Strände im Westen der Insel sind eher steinig, im Osten gibt es Kieselstrände, im Norden Sandstrände.
Lopar: **Paradiesstrand**, bei San Marino. Der flache, sandige Strand ist für Familien mit Kleinkindern geeignet. Kiefernwald bietet Sonnenschutz, strandnah liegen Konobas und Restaurants.
Auch in **Barbat** gibt es familientaugliche Badestellen (Kies- und Sandbuchten) bei **Mirine**, **Ravnice** und **Polovine** – speziell für FKK-Urlauber: zwischen Mirine und Vodenca.
Die **Bucht von Kampor** mit **Sandstrand Mel** ist beliebtes Ziel von Schnorchlern und Tauchern.
Schöne Strände erstrecken sich auch von **Palit** bei Soline bis zur Altstadt Rabs.

Motorbootverleih: Rent a boat Val, Barbat, am südlichen Ortseingang, www.rab-val.com.
Gostiona Bimbo, Barbat 643, www.otokrab.hr/bimbo, www.plazaboats.com.

Rab hat zahlreiche markierte Wander- und Fahrradwege, die durch abwechslungsreiche Landschaften führen. Informationen und Karten bei den lokalen Touristenbüros.
Wanderweg Nr. 3: Von Rab (Uferpromenade) auf den Gipfel des **Kamenjak** (408 m) mit spektakulärem Blick auf den Velebit und die Inselwelt.
Halbinsel Kalifront: angenehme Wander- und Fahrradwege auf der reich gegliederten, waldreichen Halbinsel, die für ihre alten immergrünen Steineichen (Quercus ilex) im Dundo-Wald bekannt ist.
Zum Franziskanerkloster Sv. Eufemija: Ein 2,5 km langer Spazierweg führt von der Strandpromenade Rabs zum Kloster oder in entgegengesetzter Richtung nach Banjol und Barbat.

Tauchbasis Riko Pljesa, Tel. +385/51/776145, www.aquasport.hr.

Ambulanz, Tel. +385/51/724094.

Trocken gelegter Tang / kräuselt sich / und schmeckt salzig
schamloses Haar / am offenen / Schoß des Meeres
unter der Sonne / die mich überschüttet
mit dem Geruch der Haut wenn es zum Denken / zu heiß ist
Im Licht / das die Träume sticht wie der Star / meiner grauen Stadt
möchte ich liegen / lieber ein Hund / der Quallen frisst
an deiner Küste / als ein König / in diesem Bürgerreich

Erich Fried: Brief aus England nach Dalmatien

Primošten im Abendrot

DALMATIEN

Zadar

'Gassen, die noch von den Römern angelegt sind, faszinierende Bauten aus Romanik, Gotik und Renaissance und eine Riva, von der aus sich die schönsten Sonnenuntergänge bewundern lassen: Das macht die 78 000-Einwohner-Stadt zum Erlebnis.
Kulinarisch ist Zadar für seinen Maraskino-Likör berühmt, eine Spezialität aus dem Zadarer Hinterland. Seit 400 Jahren wird er aus der ›Maraska Weichsel‹, einer Sauerkirschsorte, gebrannt.
Unbedingt besuchenswert sind das Forum mit den Kirchen Sv. Donat und Sv. Stošija, der goldene Schrein des heiligen Simeon in der Kirche Sv. Šimun, das Franziskanerkloster und die Wasserorgel an der Nordseite der Altstadtinsel.

Innenraum der Kirche Sv. Donat aus dem 15. Jahrhundert

▲ Karte S. 303

Geschichte

Nachdem die Römer die liburnische Siedlung 200 vor Christus zerstört hatten, bauten sie die Stadt unter dem Namen Jadar neu auf und legten ein Straßennetz im Schachbrettmuster an. Im 6. Jahrhundert ließ ein Erdbeben die Stadt völlig in sich zusammenfallen. Die Überlebenden stellten sie auf dem alten römischen Grundriss wieder her, so dass ihre Straßen bis heute den alten Plänen folgen. Im 7. Jahrhundert wurde Zadar zum Verwaltungshauptort für das byzantinische Reich und war so mächtig, dass es den Ansturm der Awaren abwehren konnte. Ab dem 10. Jahrhundert konkurrierte die Stadt heftig mit Venedig. Um die Konkurrenz loszuwerden, ließ die Serenissima 1202 mit Hilfe des Kreuzzugheeres Zadar zu plündern. Deutsche und französische Ritter mit insgesamt 31 000 Mann auf 480 Schiffen raubten sie aus und bezahlten Venedig so für ihre Überfahrt. 1204 wiederholte die gleiche Truppe dies dann in Konstantinopel.
150 Jahre später, als der ungarische König Ludwig Venedig entscheidend schwächte, musste Venedig in der heute noch zu besichtigenden Sakristei des **Franziskanerklosters** von Zadar den Verzicht auf Dalmatien unterschreiben. Der berühmte goldene Schrein des Sv. Šimon zeigt den Einzug Ludwigs in Zadar, gestiftet von Ludwigs Frau Elisabeth.
Doch Zadar verbündete sich im Folgenden mit Ladislaus von Neapel, und die Handelsaristokraten krönten Ladislaus in der bis heute kaum veränderten Kirche **Sv. Krševan** voreilig zum ungarisch-kroatischen König. Im Kampf um die ungarische Krone unterlag Ladislaus und verkaufte 1420 Dalmatien inklusive Zadar für 100 000 Dukaten an Venedig.

Der Norden von Dalmatien

Sv. Donat und Sv. Stošija

Mit dem Vertrag von Rapallo 1920 kamen die Stadt und einige der istrischen Inseln bis 1947 zu Italien, während das übrige Dalmatien ins Königreich Jugoslawien eingegliedert wurde. Im Zweiten Weltkrieg wurde Zadar von Deutschen besetzt und von alliierten Bombern zu 65 Prozent zerschossen. Erst nachdem am 31. Oktober 1944 jugoslawische Partisanen die Stadt übernommen hatten, wurde sie ein Teil Jugoslawiens.
Während des Unabhängigkeitskrieges zwischen 1991 und 1995 näherte sich die serbische Armee der Stadt bis auf 800 Meter. 180 Menschen fielen den Angriffen zum Opfer. Fast alle Kulturdenkmäler wurden getroffen. Am 22. Januar 1993 befreite die kroatische Armee die Stadt aus der rest-jugoslawischen Umklammerung.

Stadtrundgang

Eine Möglichkeit ist, die Altstadt über die elegante Fußgängerbrücke von 1928 in der Verlängerung der Straße S. Radića zu betreten. Sie führt durch die Nova Vrata, das erst 1931 in die Mauer gebrochene Neue Tor, geradewegs in die Stadt.

▶ Karte S. 303

Narodni trg

Über die Jurja Barakovića geht es auf den Narodni trg (Volksplatz), das weltliche Zentrum der Stadt. Beeindruckend sind die Reste der frühmittelalterlichen Kirche Sv. Lovro (Laurentiuskirche) in den Hinterräumen des **Café Lovre**. Das vermutlich aus dem 11. Jahrhundert stammende Kirchlein hat Stilelemente einer kleinen Kathedrale und ist aus Steinfragmenten der Römerzeit gebaut.

Sv. Donat

Vom Narodni Trg führt die Flaniermeile der Stadt, die Široka ulica, auch Kalelarga genannt, zum **Forum**, das das kirchliche Gegenstück zum weltlichen Platz ist. Dort ließ Bischof Donatus im 9. Jahrhundert die Rundbaukirche errichten. Erst dem heiligen Geist geweiht, wurde sie im 15. Jahrhundert Sv. Donat genannt. In ihrem Sockel, der nach dem Zweiten Weltkrieg freigelegt wurde, sind heute noch römische Erdbebentrümmer zu sehen. Das 26 Meter hohe Bauwerk soll nach dem Vorbild der Aachener Kaiserpfalzkapelle gestaltet worden sein, vermischt mit byzantinischen Stilelementen. Im schlichten Inneren der heute nur noch

Klosterkirche Sv. Marija

als Konzertsaal genutzten Kirche wurde der Boden wurde nachträglich mit Resten der Steinplatten ausgelegt, mit denen die Römer ursprünglich das Forum gepflastert hatten.

Benediktinerinnenkloster

Gegenüber von Sv. Donat liegt der moderne Bau des **Archäologischen Museums**, dessen Besuch unbedingt lohnt. Daneben befindet sich das Benediktinerinnenkloster mit der Kirche **Sv. Marija**. Gegründet wurde es 1066 von der Halbschwester des kroatischen Königs Krešimir IV., heute bewachen die Schwestern darin große Zeugnisse Zadarer Gold- und Silberschmiedekunst, es sind die Reliquare aus den Kirchen der Stadt. Die Kirche **Sv. Marija**, einst im 11. Jahrhundert samt Turm von König Koloman finanziert, erhielt in der Renaissance einen typischen kleeblattförmigen Giebel. Das Innere wurde 1744 barockisiert.

Domkirche Sv. Stošija

Der Kirchturm auf der Nordseite des Platzes gehört zur Domkirche Sv. Stošija (heilige Anastasia), deren Zentralbau sich hinter Sv. Donatus erstreckt. Die erste Kirche an dieser Stelle wurde im frühen 12. Jahrhundert um die Reliquien der heiligen Anastasia erbaut. Nachdem sie 1202 von den Kreuzrittern zerstört worden war, schufen Baumeister aus der Toskana unter der Herrschaft von Ladislaus von Neapel 1324 den heutigen Bau und gaben der romanischen Fassade das an Pisa erinnernde Gepräge. Der 56 Meter hohe **Turm** wurde Mitte des 15. Jahrhunderts begonnen und erst 1892 vom englischen Architekten Thomas Graham Jackson im neuromanischen Stil nach alten Zeichnungen beendet und hat eine Aussichtsplattform.

Innen überwölbt ein frühgotisches **Ciborium** aus dem Jahr 1332 den Altar. Das feingliedrige **Chorgestühl** fertigte der venezianische Meister Matteo Morozon 1418. Die **Fresken** über dem Altar stammen aus dem 14. Jahrhundert, in der Sakristei sind frühchristliche **Bodenmosaiken** zu sehen. Unter dem Chor befindet sich die Krypta aus dem 9. Jahrhundert vermutlich aus einem anderem (Vorgänger?-)Kirchbau.

Kirche Sv. Ilija

Unweit westlich von Sv. Stošija befindet sich die äußerlich unscheinbare orthodoxe Kirche Sv. Ilija (heiliger Elias) aus dem 16. Jahrhundert mit **Glockenturm** von 1754, ihre Innenausstattung wurde 1773 eingefügt. In der Kirche ist eine **Ikonensammlung** zu sehen. Schräg gegenüber befindet sich das **Römerforum** mit einer letzten Säule aus römischer Zeit; sie diente über Jahrhunderte als Pranger der Stadt.

Franziskanerkloster

In westlicher Blickrichtung, fast an der Landspitze der Halbinsel, liegt das Franziskanerkloster aus dem 13. Jahrhundert, mit einer Kirche, die als die älteste gotische Franziskanerkirche in Dalmatien gilt. Links vom Haupteingang befindet sich eine dreijochige **Kapelle**, deren Bau Nikola Firentinac zugeschrieben wird.

Die Wasserorgel ist ein beliebter Treffpunkt, auch für etwas skurrile Persönlichkeiten

▲ Karte S. 303

Hinter dem Hauptaltar steht in einem Nebenraum ein **Chorgestühl** in venezianischer Gotik, das 1394 von dem venezianischen Holzschnitzer Johannes von Borgosansepolcro beendet wurde. Daneben liegt die **Schatzkammer** mit einer kleinen Ausstellung großartiger Kunst aus dem 14. und 15. Jahrhundert, Highlight ist ein bemaltes byzantinisches Kruzifix aus dem 12. Jahrhundert. Der **Renaissance-Kreuzgang** wurde nach Entwürfen der Meister Ivan Trifunić und Ivan Stijić 1556 gebaut.

Uferpromenade

Durch ein paar Gassen kann man sich nordwestlich zur Spitze der Altstadtinsel schlängeln. Dort trifft man auf die schön angelegte Uferpromenade, von der aus sich Sonnenuntergänge beobachten lassen, die bereits George Bernard Shaw als die schönsten der Welt bezeichnete. An der Spitze befindet sich auch die weltweit einzige **Wasserorgel**. Unter den Platten kommt die Riva zum Klingen, indem Wellen in Hohlkammern fließen. Die Orgeltöne entstehen durch den Luftdruck des eindringenden und austretenden Wassers in 35 Pfeifen aus wasserbeständigem Material. Die Wasserorgel wurde 2005 vom Architekten Nikola Bašić entworfen. Von ihm stammt auch der ›Sonnengruß‹ daneben. Hunderte Glasplatten, die anmuten, als wären sie Sonnenkollektoren, erzeugen unterschiedliche Lichteffekte.
Entlang der Uferpromenade kommt man an den Nobelhäusern aus östereichisch-ungarischer Zeit vorbei, wie etwa dem 1902 eröffneten **Nobelhotel Zagreb**, das früher ›Bristol‹ hieß. Wo die Riva immer enger wird, kommt man um die Ecke in den kleinen malerischen alten Hafen von Zadar. An dessen Ende befindet sich das an einen römischen Triumphbogen erinnernde **Festlandtor**, vom Venezia-

Am Platz der fünf Brunnen

ner Architekten Michele Sanmicheli im 16. Jahrhundert ganz im Geist der Renaissance erbaut. Über der Hauptdurchfahrt prangt das venezianische Wappentier, der Löwe mit Flügeln, darunter im Schlussstein des Bogens Sv. Krševan, der Patron der Stadt. Die Straße, die auf das Tor zuführt, war zuvor eine Zugbrücke.

Platz der fünf Brunnen

Nördlich oberhalb des Tores befinden sich auf dem Trg Pet Bunara (Platz der fünf Brunnen) noch immer fünf Brunnen hintereinander. Darunter befindet sich eine große Zisterne. Sie wurde mit dem Mauerbau während der Bedrohung durch die Türken errichtet. Der fünfeckige Turm **Babljа Kula** gehört zu einem ehemaligen Kastell aus dem 13. Jahrhundert. Der Platz der fünf Brunnen mündet unmittelbar in den Trg Petra Zoranića. 2007 haben erneute Ausgrabungen auf diesem Platz eine römische Stadttoranlage freigelegt. Die Säule besteht aus römischen Fragmenten.

Sv. Šimun

Nur wenige Schritte in die Gasse Šime Budnica findet sich die Kirche Sv. Šimun aus dem 16. Jahrhundert, in der der berühmte goldene **Schrein des heiligen Simeon** bewahrt wird. Das Meisterwerk mittelalterlicher Goldschmiedekunst aus Zadar ist aus Holz mit vergoldetem Silber beschlagen. Es wurde im 14. Jahrhundert gefertigt und von Königin Elisabeth Kotromanić gespendet. Die Frau von König Ludwig von Anjou hatte ihn anlässlich des Einzuges ihres Mannes in die Stadt gestiftet. Dargestellt wird dieser Einzug auf dem rechten der drei Felder auf der Frontseite des Schreins. In der Lade befinden sich Reliquien des heiligen Simeon, deshalb zeigt das zentrale Motiv auf der Vorderseite die biblische Gestalt, die nach der Beschneidung Jesus als Messias erkennt. Simeon gilt als Schutzheiliger all derer, die sich Kinder wünschen; tätsächlich hatten Ludwig und Elisabeth auch ein Nachfolgeproblem für ihren Thron.

Sv. Krševan

Auf dem Weg durch die Gasse nach Osten gelangt man zur Kirche Sv. Krševan, die mit ihrer lombardisch geprägten Romanik beeindruckt. Die 1175 geweihte Kirche erlangte historische Bedeutung, als in ihr 1403 Ladislaus von Neapel zum ungarisch-kroatischen König gekrönt wurde. Am Glockenturm wurde zwischen 1485 und 1546 gebaut, doch ist er niemals beendet worden.

Zadar

Vorwahl: +385/23, **Postleitzahl**: 23000. **Turistička zajednica Zadar**, Smiljanića bb, Tel. +385/23/316166, www.zadar.travel. **Turistička zajednica Zadarske Županije**, für das Umland: Sv. Leopolda B. Mandića 1, Tel. +385/23/315316, www.zadar.hr. Zuständig für Pag, Nin und alle Inseln des Zadarer Archipels.

Flughafen, 12 km östlich, Tel. +385/23/205800. Verbindungen von Berlin (Lufthansa), Köln, Stuttgart, Hamburg (Germanwings), Düsseldorf/Weeze, Frankfurt-Hahn, Karlsruhe (Ryanair), Dortmund (Easyjet), Frankfurt (Croatian Airlines), Düsseldorf, München (Lufthansa/Croatian Airlines), Friedrichshafen (Intersky), Zürich (Croatian Airlines, Intersky), Bern (Skywork).

Busbahnhof, Ante Starčevića, Tel. +385/23/211555. Im Osten außerhalb der Altstadt, Zubringerbusse zum Flughafen.

Bahnhof, Ante Starčevića 3, Tel. +385/23/211343. Nicht online buchbar, über Reisebüro oder am Schalter.

Internationale Autofähre nach **Ancona**. Zadar ist Ausgangspunkt für Überfahrten auf die vorgelagerten Inseln.

Zadar-Preko (Ugljan): etwa jede Stunde.

Zadar-Premuda, Ist, Olib, Silba, Mali Lošinj: 1x tägl., Nebensaison 3-4x wöchentl.

Zadar-Bribinj (Dugi Otok): 3x tägl., Nebensaison 2x tägl.

Zadar-Molat, Brgulje, Zapuntel, Ist: 1x tägl. (Hauptsaison Sa und So 2x tgl.).

Zadar-Bršanj (Iž), Rava, Mala Rava: 1x tägl., Nebensaison 5x wöchentl.

Außerdem **Personenfähren** (Katamaran) nach Ist und Molat, Dugi Otok, Iž und Rava, Vrgada.

Kolovare, Bože Peričića, Tel. +385/23/203200, www.hotel-kolovare.com; DZ 115–180 Euro. Mittelklasse, rund 10 Gehminuten südöstlich der Altstadt gelegen, strandnah, Zimmer teilweise mit Meerblick, klimatisiert.

Mediteran, Matije Gupca 19, Stadtteil Borik, Tel. +385/23/337500, www.hotelmediteran-zd.hr; DZ 70–105 Euro. In Meernähe.

Pinija, Petrčane bb, Tel. +385/23202500, www.hotel-pinija.hr; DZ 80 Euro. Zimmer teilweise mit Meerblick. Eigener Strand, 12 km von der Altstadt.

Porto, Nikole Jurišića 2, Tel. +385/23/292300, www.hotel-porto.hr; 66 Zimmer, 3 Suiten; DZ 75–80 Euro. Östlich der Altstadt, Richtung Flughafen, schlicht und sauber.

Apartment Basioli, Krešimirova obala 116, Tel. +385/23/331129, Tel. mobil +385/91/5855966, neven.basioli@zadar.net; Apartment 50–100 Euro. 7 Apartments mit Meerblick.

Pansion Maria, Put Petrića 24, Tel. +385/23/334244, Tel. mobil +385/91/5161418, www.pansionmaria.hr; DZ/Dreibettzimmer 60/75 Euro. Sehr schlicht.

Hotel kod Marinka, Poljski Put 1, Borik, Tel. +385/23/337800, Tel. mobil +385/98/465045; 17 DZ, 65 Euro, 4 Dreibettzimmer, 70–80 Euro. Unvorteilhafte Lage, aber gut ausgestattet.

Camping Borik, Majstora Radovana 7, Tel. +385/23/332074, www.campingborik.com; 1500 Plätze. Einfacher Platz.

Autokamp Planik, Ražanac, Tel. +385/23/651431, Tel. mobil +385/98/272187, www.planik.hr. An der Brücke nach Pag.

Marina Zadar Tankerkomerc, Ivana Meštrovića 2, Tel. +385/23/332700, www.marinazadar.com. Mitten in der Stadt, renoviert und sauber, aber nicht immer leise. Mit blauer Flagge ausgezeichnet, das Personal weiß um seinen Wert.

Restaurant Dva Ribara, Blaza Jurjeva 1. Im Kern der Altstadt, Pizzeria, Nudelgerichte, Risotto und leckere Fleischgerichte.

Foša, Kralja Zvonimira, Tel. +385/23/314421. In der Altstadt, toll sitzen am Meer, Fischgerichte.

Tu mi je lipo, D-3, Rivnica bb, Tel. +385/23/312226. In der Altstadt, gut Gegrilltes schön angerichtet.

Kornat, Liburnska obala 6, Tel. +385/23/254501. Gehobenere Küche, teurer.

Falcon, Obala Kneza trpimira 5, Tel. +385/23/332206. Pizzen und deutsches Bier.

Mijo, Tina Ujevića 28, Diklo, Tel. +385/23/332728. Bietet seltene Spezialitäten.

▶ Karte S. 303

Niko, Obala kneza Domagoja 9, Borik, Tel. +385/23/337888. Gehoben, guter Fisch, nicht zu teuer. Etwas außerhalb mit Blick auf die Stadt.
Roko, Put Dikla 74, Borik, Tel. +385/23/331000; So geschlossen. Selbstgefangener Fisch.
Sabunjar, Jadranska 99, Tel. +385/23/340355. Bestes Restaurant für Lamm.

Fischmarkt, in der Markthalle an der Hafenseite innerhalb der Stadtmauer, fangfrischer Fisch sowie Obst und Gemüse aus der Umgebung.

Musikfestival St. Donat; Juli/August.

Archäologisches Museum (Arheološki muzej), Trg opatice Čike (Forum), Tel. +385/23/250516, http://amzd.hr (kr.); Jan–März Mo–Sa 9–14, April, Mai und Okt.–Dez. Mo–Sa 9–15, Juni–Sept. Mo–So 9–21. Funde aus der Bronzezeit, lebensgroße Figuren, Amphoren und Gräber aus der Römerzeit. Im Erdgeschoss Meisterwerke großer romanischer Kunst.
Museum Gold und Silber von Zadar (Zlato i srebro Zadar), Trg opatice Čike, Tel. +385/23/250496; Sommer 10–13, 17–20, Winter 10–13 Uhr.
Volksmuseum Zadar, Poljana Pape Aleksandra III bb, Tel. +385/23/251851; Sommer Mo–Fr 9–12,18–21, Sa 9–13 Uhr.
Kunstgalerie des Volksmuseums (Galerija umjetnina), Medulićeva 2, Tel. +385/23/211174, http://nmz.hr. Wird renoviert und frühestens 2015 wieder eröffnet.

Wer es eilig hat, kann an der **Wasserorgel** ins Wasser springen. Saubere Strände findet man eher außerhalb der Stadt.
Plaza Borik: Von Kiefernwäldern und Olivenbäumen umgebener Kiesel- und Felsstrand mit Badeplateaus und Grasabschnitten, auf der Halbinsel Puntamika, ca. 1 km nördlich vom Stadtzentrum.
Ošljak: kleine Insel vor Ugljan, autofrei, stille Strände. Zwischenstopp der Fähre nach Preko (Ugljan).

Zadar Sub Diving Center, Dubrovaćka 20A, Tel. +385/23/214848, www.zadarsub.hr. Nach EUF-Standards zertifiziert.
Aquarius Diviana, Vukovarska 1D, Tel. +385/23/326341, www.divana.hr/aquarius. Bieten Tauchrundfahrten.

Fahrradladen Calimero, Obali kneza Branimira 2, Tel. +385/23/241243. Verleih.

Krankenhaus (Bolnica), Bože Perčića 5, Tel. +385/23/505505. Beim Hotel ›Kolovare‹, 10 Min. von der Altstadt entfernt.
Apotheken: **Centar**, Jurja Barakovića 6, Tel. +385/23/251347. Im Zentrum.
Donat, Braće Vranjanina 14, Tel. +385/23/251342.

Nin

So klein und verschlafenen die Stadt Nin heute wirkt: Im 9. Jahrhundert machte König Tomislav den Ort zum Hauptsitz des neu gegründeten kroatischen Königreichs. Doch zu dem Zeitpunkt war Nin bereits eine alte Stadt. Gegründet worden war sie von den Liburnern, im 1. Jahrhundert bauten die Römer die Stadt nach ihrer Zerstörung mit einer völlig neuen Straßenführung wieder auf. Mit der Ernennung zum Bischofssitz 879 wurde Nin erstmals erwähnt. Der dritte Niner Bischof, Grgur, scheiterte mit dem vehementen Versuch, Nin zum führenden Erzbistum in Dalmatien zu erheben, der Stadt wurde die Bischofswürde aberkannt. Im 19. Jahrhundert wurde Grgur dafür aber als nationaler Märtyrer gefeiert. Bis heute wird behauptet, dass

Die Statue des Branimir vor dem Eingangstor von Nin

er auch daran gescheitert sei, Kroatisch als Kirchensprache einzuführen. Jüngste Forschungen rücken inzwischen von dieser These ab. Nin wurde im 19. Jahrhundert zum Symbol für die nationale Unabhängigkeit.

Etwa zur gleichen Zeit wurde auch die Salzgewinnung aus Meerwasser entdeckt, die bis heute betrieben wird. Im 16. Jahrhundert wurde die Stadt von den Venezianern im Kampf mit den Türken zerstört.

Stadtrundgang

Parken lässt sich auf einem bewachten Parkplatz unmittelbar vor der Stadt. Von dort aus ist bereits das das 1778 errichtete offizielle **Eingangstor** zu sehen. Darauf wehte die kroatische Flagge schon während der kommunistischen Herrschaft, was der Stadt die Aberkennung des Stadtrechts kostete.

Durch das Tor betritt man eine idyllische kleine Altstadt, an deren erster großer Kreuzung sich die Kirche **Sv. Anselmo** befindet. Sie wurde auf den Mauern eines älteren Vorgängerbaus aus dem 6. Jahrhundert errichtet, und ihr Glockenturm stammt aus dem 12. Jahrhundert das älteste Gebäudeteil. Im Turm befindet sich die Schatzkammer mit erstaunlichen Goldschmiedearbeiten, so ein karolingisches Reliquiar aus dem 8./9. Jahrhundert, das ein Schulterblatt des heiligen Anselm enthält. Auch ein Ring von Papst Pius II. (1458–1464) findet sich in der kleinen Ausstellung.

Wer an der Kreuzung rechts abbiegt und die Fußgängerzone verlässt, läuft auf die expressive **Statue des Bischofs Grgur von Nin** zu, die von Ivan Meštrović 1932 gefertigt wurde. Von der Berührung des Fußes erhoffen sich die Touristen Glück. Linkerhand liegt die kleinste **Kathedrale** der Welt, erbaut im 9. Jahrhundert. Hier wurden die ersten kroatischen Könige gekrönt, und sie war zugleich Bischofskirche. Der Schlüssel für die Besichtigung ist im Stadtmuseum erhältlich.

Zurück in der Fußgängerzone läuft man auf das markant rotgestrichene **Stadtmuseum** zu. Geht man daran vorbei und dann nach links, gelangt man zum wieder hergestellten **Tempel der römischen Jagdgöttin Diana**.

Statue des Bischof Grgur Ninski vor der kleinsten Kathedrale der Welt

▲ Karte S. 309

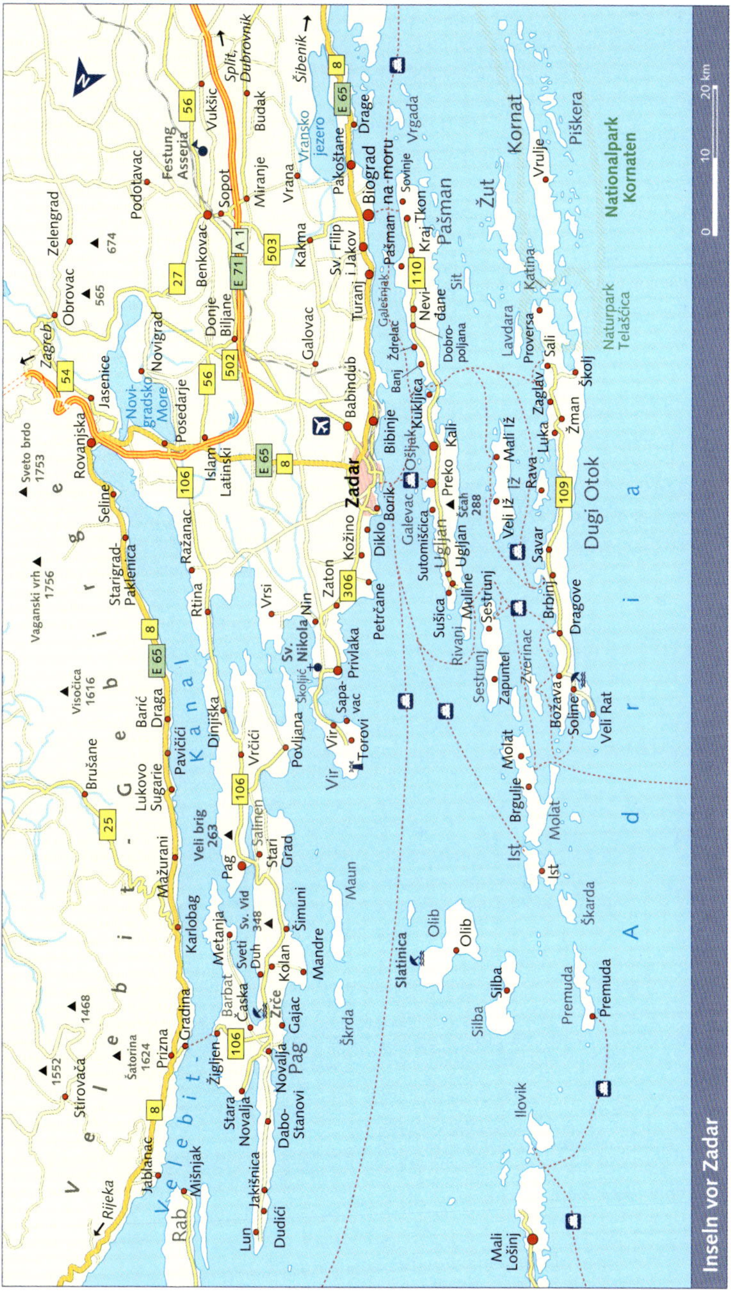
Inseln vor Zadar
Rijeka
Zagreb
Split, Dubrovnik
Šibenik
Velebit
Velebitski Kanal
Velebit-Kanal
Rab
Mišnjak
Jablanac
Stirovača
1552
Šatorina 1624
1468
Prizna
Gradina
Karlobag
Mažurani
Lukovo Sugarje
Brušane
Visočica 1616
Barić Draga
Pavičići
Vaganski vrh 1756
Starigrad-Paklenica
Seline
Sveto brdo 1753
Rovanjska
Jasenice
Obrovac
565
674
Zelengrad
Podotavac
Festung Asseria
Vukšić
Budak
Miranje
Sopot
Benkovac
Donje Biljane
Novigrad
Novigradsko More
Posedarje
Islam Latinski
Ražanac
Rtina
Vrsi
Dinjiška
Vrčići
Pag
Veli brig 263
Metanja
Sveti Duh
Sv. Vid 348
Stari Grad
Salinen
Šimuni
Kolan
Mandre
Barbat
Časka
Zrče
Gajac
Novalja
Žigljen
Stara Novalja
Dabo-Stanovi
Jakišnica
Lun
Dudići
Škrda
Maun
Povljana
Vir
Torovi
Sapavac
Privlaka
Sv. Nikola
Školjić
Nin
Zaton
Petrčane
Kožino
Diklo
Zadar
Borik
Babindub
Galovac
Kakma
Vrana
Vransko jezero
Pakoštane
Drage
Biograd na moru
Sv. Filip i Jakov
Turanj
Bibinje
Sukošan
Galešnjak
Pašman
Ždrelac
Banj
Kukljica
Kali
Preko
Ošljak
Galevac
Sutomišćica
Ugljan
Šćah 288
Sušica
Muline
Rivanj
Sestrunj
Zverinac
Zaputel
Molat
Brgulje
Ist
Škarda
Olib
Slatinica
Silba
Premuda
Ilovik
Mali Lošinj
Veli Iž
Mali Iž
Rava
Savar
Brbinj
Dragove
Božava
Soline
Veli Rat
Dugi Otok
Luka
Žman
Zaglav
Sali
Proversa
Lavdara
Katina
Dobropoljana
Nevidane
Kraj
Tkon
Sit
Sovinje
Vrgada
Žut
Kornat
Vrulje
Piškera
Školj
Naturpark Telašćica
Nationalpark Kornaten
Jadransko More
A d r i a
0
10
20 km
8
E 65
E 71
A 1
25
27
54
56
106
109
110
306
502
503

Insel Vir

Nordwestlich von Nin schließt sich die Insel 22,3 Quadratkilometer große Insel Vir mit ihren schönen Stränden vor allem im Nordwesten an. 1069 wurde sie erstmals erwähnt. Im **Dorf Vir** ist eine Kirche aus dem 13. Jahrhundert erwähnenswert, und in der Bucht **Sapavac** befinden sich Reste einer venezianischen Festung aus dem 17. Jahrhundert gegen die Türken.

Empfehlenswert ist ein Ausflug zum 1881 errichteten **Leuchtturm** im Nordwesten der Insel.

Nin

Vorwahl: +385/23.
Posteitzahl: 23232.

Turistička zajednica Nin, Trg Braće Radić 3, bei der alten Brücke, Tel./Fax +385/23/265247, 265264, www.nin.hr.

Aparthotel Lekavski, Dražnikova 15, Zaton, Tel. +385/23/265888, www.lekavski.de; DZ 100 Euro. Etwas außerhalb.

Apartment Vila Vukić, Vrsi Mulo, Tel. +385/23/360321, www.croatia-vrsi.com; Apartment 60–70 Euro. Außerhalb, 30 Meter von Meer, Apartments mit Balkon und Klimaanlage, Pizzeria.

Apart Hotel Condura Croatica, Ninske Vodice Put Škrile 1, Tel. +385/23/272330, www.condura-croatica.hr; Apartment 65–85 Euro. Schlicht ausgestattet, tolle Lage am Sandstrand von Sabunike, Restaurant.

Camping Zaton Holiday Village, Tel. +385/23/280280, www.zaton.hr. Große Ferienanlage an der Straße Zadar–Nin, der ADAC zählt sie zu den besten Campinganlagen Europas. Bietet mit Infrastruktur von Restaurants und Einkaufszentrum über Swimmingpools und Sportanlagen bis zu Folkloreveranstaltungen und anderen Animationen alles, inklusive aufgeschütteter Sandstrände. Allerdings ist das Ganze nicht ganz billig: Jedes Extra kostet zusätzlich.

Fischrestaurant Aenona, gegenüber der Kirche Sv. Križ. Schönes Ambiente, Speisen ordentlich, teuer.

Restaurant Pernin Dvor. Gemütlich und gut, schöne Terrasse.

Dalmacija, Zrinsko-Frankopanska 4, Tel. +385/23/264163. Sehr urig, Spaghetti, Fisch und Fleisch vom Grill.

Stadtmuseum, Trg Kraljevac 8, Tel. +385/23/264726; Mai und Sept. 9–12, 17–20, Juni–Aug. 9–22, Okt.–Mai 8–14 Uhr. Grabbeigaben aus der Zeit der Liburner, erinnert an das berühmte Taufbecken von Višeslav, das in Nin stand und jetzt nur noch als Kopie zu sehen ist. Das Taufbecken aus dem 9. Jahrhundert erwähnt in einer Inschrift den Fürsten Višeslav. Das Original befindet sich in Split.

Salzmuseum, Park Solana Nin, Ilirska cesta 7, Tel. +385/23/264764, www.solananin.hr.

Niner Bucht: wegen ihrer geringen Wassertiefe für Kinder zum Baden geeignet, die Wassertemperatur ist einige Grad höher als anderswo. Der Salzgehalt im Wasser, aber auch in der Luft, ist höher als im Durchschnitt. Der Heilschlamm auf der Düne von Nin war schon zur römischen Zeit bekannt.

Sabunike: mehrere kleine Buchten mit Sandstränden, nördlich davon auch FKK möglich.

Žukve: Sand- und Kieselstrand, das Café ›Santa Maria‹ ist einen Besuch wert.

Vrsi: Hinter dem Ort lassen sich versteckte Buchten finden.

Ambulanz, Put Grgura Ninskog 11, Tel. +385/23/264888.

Apotheke, Kremić, Jurja Barakovića 5, Tel. +385/23/264491.

▸ Karte S. 309

Insel Pag

Berühmt ist die Insel Pag für den Schafskäse, genannt Paški Sir, und für die Pager Spitzen. Heute ist die Insel besonders wegen der Partyzone in Zrče, unweit von Novalja, unter Jugendlichen beliebt.

Geschichte

Der frühere Reichtum der Insel basierte auf der Salzgewinnung aus dem Meer, die 1215 erstmals schriftlich erwähnt wurde. Heute noch sind die Salinen östlich der Stadt Pag zu sehen. Das Salz greift aber auch die Substanz der Häuser an, nach starken Bura-Winden müssen die Häuser abgewaschen werden.

Seit dem 1. Jahrtausend vor Christus siedeln Menschen auf der Insel, zunächst Liburner, dann folgten die Römer. Sie bauten mit Cissa (an der Stelle des heutigen Časka) die erste Stadt. Doch mit dem Erdbeben im 6. Jahrhundert und dem gleichzeitigen Anstieg des Meeresspiegels versank die Stadt. Die Überlebenden siedelten sich im heutigen Stari Grad (Alte Stadt) an.

Die Stadt Pag von oben

Hier reift der Paški Sir, der berühmte Schafskäse von Pag

Seit König Petar Krešimir IV. im Jahr 1071 die nördliche Hälfte der Insel (Halbinsel Lun und Novalja) an Rab und die Südhälfte an Zadar verschenkte, ist die Insel geteilt. Auch die Grenze zwischen Kvarner Bucht und Dalmatien verläuft auf dieser Linie. Die Salinen führten früh zu einem Streit zwischen Zadar und Rab. 1393 zerstörten die Zadarer die alte Hauptstadt, das heutige Stari Grad.

Paški Sir und Paška Čipka

Paški Sir (Pager Käse) und Paška Čipka (Pager Spitzen) sind die beiden Spezialitäten, für die Pag bekannt ist. Der Pager Käse, in der Art eines nicht ganz so harten Parmesan, ist für sein würziges Aroma bekannt. Grund dafür ist das

Salz, das sich auf die Pflanzen legt und so von den Schafen und Kühen mitgefressen wird. Auf Pag gibt es auch eine ganz eigene Vegetation, die das Salz gut verträgt.

2011 gewann der Pager Käse der Familie Gligora aus Kolan auf dem World Cheese Award in Birmingham Silber, Gold und Super Gold in drei Kategorien gegen 2600 Käsesorten. Je nach Jahreszeit und Milchproduktion kostet ein Laib um die 200 Kuna. Wie der Käse gemacht wird, kann man sich in der Paška sirana d.d., Pager Käserei AG, ansehen; Splitska bb, Tel. +385/23/611993, www.paskasirana.hr.

Die Pager Spitze (Paška Čipka) ist eine Nähkunst (keine Häkel- oder Strickarbeit), die ohne vorgezeichnetes Muster gefertigt wird. Diese Kunst ist ein Stück lebendige Renaissance und Venezianismus. Hauptabnehmer wurde im 19. Jahrhundert der Hof von Wien. Um 1905 wurde in Pag eine Spitzenschule eingerichtet, die diese alte Tradition fördern sollte. Heute hat die Stadt Pag dieser Nähkunst ein eigenes Museum gewidmet. Seit 2009 steht die Pager Spitze auf der Liste des immateriellen Weltkulturerbes der UNESCO.

Pag-Stadt

▲ Karte S. 309

Nach der Zerstörung durch Zadar und angesichts der heraufziehenden Bedrohung durch die Türken vergaben die durch das Salz reich gewordenen Bewohner 1443 einen Auftrag an Juraj Dalmatinac, ihre Stadt völlig neu aufzubauen. Bis dahin lebten sie in Stari Grad, oberhalb der heutigen Salinen.

Der auf dem Reißbrett entworfene Stadtplan orientierte sich entsprechend der Ideale der Renaissance an der römischen Stadtplanung, dabei wurden die Gassen so angelegt, dass man von fast jeder aus das Meer sehen kann. Im 19. Jahrhundert wurde die Stadtbefestigung abgetragen und als Steinbruch für den Bau weiterer Häuser verwendet.

Auf dem zentralen Platz der Stadt, Kralja Petra Krešimira IV., wurde die Pfarrkirche **Uznesenja Marijina** (Mariä Himmelfahrt) ab 1443 errichtet, fertig wurde sie erst 1562. Der Glockenturm blieb unvollendet. Die Kirche ist für ihre Zeit konservativ im romanisch-gotischen Grundriss erbaut und ähnelt der alten Kirche in Stari Grad. Stilmerkmale der Renaissance sind in der Rosette zu finden, deren feine Verzierung an die Pager Spitzen erinnert, sie ist heute das Wahrzeichen der Stadt. Im rechten Seitenaltar befindet sich eine Kreuzdarstellung aus dem 12. Jahrhundert mit eigenwilligen Proportionen, die als wundertätig gilt.

Gegenüber befindet sich der renovierte **Rektorenpalast** des aus Venedig bestellten Stadthalters und beherbergt heute ein **Museum mit Ausstellung von Pager Spitzen**. In der Koludraška-Straße befindet sich die Kirche **Sv. Margarita** aus dem 15. Jahrhundert, die zu einem Benediktinerinnenkloster gehört. Am Eingang des 1843 errichteten Klosters bieten Nonnen vormittags Schiffszwieback an, wie ihn die Pager Seefahrer für ihre Reisen mitnahmen, ein aromatisches Gebäck.

Südlich oberhalb der Salinen befindet sich **Stari Grad**, die frühere Hauptstadt der Insel. Von ihr ist lediglich die sehenswerte Kirche geblieben nebst einer verfallenden Klosteranlage, die die Franziskaner 1589 einst errichteten. Am 15. August, zu Maria Himmelfahrt, wird von dieser Kirche aus die Marienstatue der Kirche in einer langen Prozession in die Kirche der Neustadt getragen. Sie bleibt dort bis zum 8. September und wird in einer erneuten Prozession wieder zurückgebracht.

Die Pager Spitzen werden genäht, nicht gehäkelt

Pag-Stadt

Vorwahl: +385/23.
Postleitzahl: 23250.
Turistička zajednica Pag, Od Špitala 2, Tel. +385/23/611286, www.tzgpag.hr.
Turistička zajednica Zadar Županije (→ S. 305). Für alle Inseln im Archipel zuständig.
Post, Golija 28A.

Hotel Tony, Pag, Dubrovačka ulica 39, Tel./Fax +385/23/611370, www.hotel-tony.com; 20 Zimmer; DZ 90 Euro. Direkt am Meer, klimatisiert, ruhig.
Meridijan 15, Ante Starčevića 16, Tel. +385/23/492200, www.meridijan15.hr; 150 Euro. Zentrumsnah, am Meer.
Hotel Biser, A.G. Matoša 46, Tel. +385/23/611333, www.hotel-biser.com; 20 schlichte Zimmer, DZ 60–90 Euro. Klimatisiert, eigener Strand, Restaurant.

Restaurants und Cafés an der Uferpromenade.
Bistro Diogen, nahe der Brücke.
Restaurant Bodulo, an der Stadtmauer. Schönes Ambiente und nicht sehr teuer.
Dva Ferrala, Smovka Golija bb, Tel. +385/23/611095. Für Feinschmecker, örtliche Spezialitäten. Schöner Innenhof, direkt am Meer.
Restaurant und Pizzeria Na Tale, Stjepana Radića 4, Pag, Tel. +385/23/611194. Große Auswahl an Fisch- und Fleischgerichten, gute Steaks, Pizza und Pasta, Reservierung kann nötig sein.

Museum der Pager Spitzen, im Rektorenpalast, Trg Kralja Petra Krešimira IV; Juni, Sept. 10–12, Juli, Aug. 9–13 und 19–22 Uhr.
Salzgewinnungsanlage, am Rande der von Süden kommenden Zufahrtsstraße, www.solana-pag.hr (kr.); Besichtigung nach Anmeldung ein bis zwei Tage im Voraus an der Pforte, Führungen unregelmäßig innerhalb der Woche.

Karneval; 6. Januar bis Faschingsdienstag.
Die Sklavin von Pag (Robinja); Vorführungen meist in der Karnevalssaison. Volksdrama aus dem 16. Jahrhundert über den Verkauf der Tochter eines kroatischen, auf dem Amselfeld von den Türken besiegten Herrschers.
Kinderkarneval; Ende Juli.
Maria Himmelfahrt; 15. August. Prozessionen aus Pfarrkirche von Stari Grad zur neuen Kirche.

Viele Bademöglichkeiten auf der südlichen Seite der **Pager Bucht**.
Sveti Duh: Sandstrand, auf halbem Weg nach Novalja.
Prosika: Der Strand mit den meisten Aktivitäten, stark frequentiert. In der Nähe der Salinen gibt es Schlamm für Moorpackungen.

Ambulanz Pag, Prosika 7, Tel. +385/23/611006.

Novalja

Auf dem Weg nach Novalja kommt man am Zentrum des Party-Tourismus in der Bucht von **Zrče** vorbei. Drumherum, in Kolan, Mandre, Gajac und natürlich in Novalja selbst, wird im Sommer jedes freie Zimmer von Partygästen belegt. Die vielen jugendlichen Gäste sind willkommen, aber sie werden in ihrer Feierwut als wenig rücksichtsvoll empfunden. Es entsteht viel Müll an den Straßen und Stränden, und die Beats wummern über den nördlichen Teil der Pager Bucht.

Novaljas lange Tradition beginnt mit den Liburnern, die ab 900 vor Christus an dieser Stelle einen Hafen unterhielten. Unter den Römern war sie der Anlandehafen für die Stadt Cissa, die bei dem heutigen **Časka** in der nördlichen Pager Bucht lag. Dort steht noch heute

▲ Karte S. 309

Der Turm von Časka

ein halb verfallener Turm, der in etwa die Stelle der einstigen römischen Siedlung markiert. Erst kürzlich wurden je ein Boot der Liburner und eins der Römer ausgegraben und eine Nekropole freigelegt.

Mit der Schenkung von König Petar Krešimir IV. im 11. Jahrhundert kam Novalja an Rab. 1203 wurde Novalja von Zadar bei einem Angriff völlig zerstört, von dem es sich nie mehr erholte. Noch bis nach dem Ersten Weltkrieg gehörten die Bauern in einer Art Leibeigenschaft den Großgrundbesitzern in Rab, die erst nach dem Ende des Ersten Weltkrieges bei einer Landreform beendet wurde.

Die römische Vergangenheit ist heute noch zu erleben: Aus dem einigermaßen fruchtbaren Tal, das sich hinter dem heutigen Časka erstreckt, haben die Römer eine über einen Kilometer lange Wasserleitung nach Novalja verlegt, um den Hafen zu versorgen. Dieses für ganz Kroatien einzigartige **unterirdische Aquädukt** wurde erst Ende des 19. Jahrhunderts gefunden, nachdem ein Kind in einen Luftschacht gefallen war. Der Eingang in dieses (leider nicht mehr zu betretende) Bauwerk befindet sich im Keller des städtischen Museums.

Am malerischen Trg Basilike, der von der Riva abgeht, sind hinter der Kirche **Majke Božje od Ružarija** von 1828 unter einer Glasscheibe Grundmauern und Bodenmosaiken einer Kirche aus dem 4. oder 5. Jahrhundert zu sehen.

Noch weiter oberhalb neben der Kirche Sv. Katarina aus dem 18. Jahrhundert zeigt das **Museum mit der Sammlung Stomorica** zahlreiche römische Funde aus der Gegend von Časka. In der Kirche **Sv. Katarina** ist der Altar aus Marmor, den Ivan Rendić gestaltete, erwähnenswert. Idyllisch ist die Fahrt auf die schmale **Halbinsel Lun**. Auf dem 150 Meter hohen Bergrücken bieten sich schöne Ausblicke auf das Meer. An der Spitze finden sich schöne Buchten und Haine mit uralten, knorrigen Olivenbäumen.

Novalja

Postleitzahl: 53291.
Vorwahl: +385/53.
Turistička zajednica, Trg Briščić 1, Tel. +385/23/661404, www.visitnovalja.hr.
Post, Obala kneza domagoja 1.

Autofähre: Prizna–Žigljen (Pag)
Katamaran: Rijeka–Rab–Novalja (Pag)

Ausflüge auf die Inseln im Zadarer Archipel sind möglich. Die Inseln **Olib** und **Silba** sind nur noch mit Taxibooten erreichbar. Angebote genau prüfen: Bei Fahrten auf die Inselgruppe der **Kornaten** wird nicht unbedingt der Nationalpark angesteuert.

Hotel Loža, Trg Loza 1, Tel. +385/23/661326; 35 Zimmer; DZ 35–75 Euro. Ho-

Die uralten Olivengärten auf der Halbinsel Lun sind legendär

tel im Zentrum, direkt am Wasser. Mit Restaurant und Internetcafé, günstig, einfach.
Hotel Boškinac, Novaljsko polje bb, Tel. +385/23/663500, www.boskinac.com; DZ 140–230 Euro. Oberhalb von Novalja, sehr ruhig, hervorragender Weinkeller.
Günstige Privatunterkünfte unter www.novalja-pag.net oder www.novalja.info (kr.).

Restoran Paprika, Braće Radića 40. Selbstgemachte Teigwaren.
Konoba 85, Josipa Kunkere 4. Fleisch- und Fischgerichte vom Grill.

Camping Straško, www.turno.hr. Im Süden von Novalja, ausgeschildert, 57 ha groß, auch Mobilheime.

Zrće, nordöstlich von Novalja in der Bucht von Časka. Non-Stop-Party-Zone mit verschiedenen Clubs unter Bambusschirmen; Wassersportangebote und Rutschanlagen. Kein billiges Vergnügen: Jede einzelne Leistung bis zum Parken wird extra berechnet.

Wracktauchen. An der östlichen Seite der Insel Pag liegen im Velebit-Kanal Reste eines römischen Schiffes aus dem 1. Jahrhundert vor Christus. Am Grund sind knapp 100 Amphoren verteilt, die durch einen Drahtkäfig vor Zugriff geschützt sind.
Lagona Divers-Pag, c/o Pansion Mama, Livić 85, Stara Novalja. +385/53/651328, www.lagona-divers-pag.com.

Am nördlichen Stadtausläufer finden sich gute Badestellen, am saubersten ist es in der **Bucht Babe**. Weitere Badestrände südlich bei der **Ferienkolonie Straško**.
Stara Novalja, schöner Sandstrand, sehr beliebt.

Rad- und Fußwanderungen auf den Höhenzug **Zaglava** oder zur Halbinsel **Barbat**, dort gibt es stille Buchten zum Baden. Aktueller Radführer im Touristenbüro.

Reichhaltiges Veranstaltungtsprogramm, Abende von einheimischen Klapa-Chören, aber auch Bands auf der Promenade, Programm in der TZ.

Ambulanz: Braće Radić, Tel. +385/23/661367.
Apotheke, Dalmatinska 1, Tel. +385/23/661370.

Karte S. 309

Der Inselarchipel vor Zadar

Ein irischer Pilger berichtete bereits 1323, dass das Archipel vor Zadar so viele Inseln wie das Jahr Tage habe. Tatsächlich sind es an die 300, von denen aber nur ein Dutzend besiedelt ist. Die größten Inseln vor der Stadt sind die Zwillingsinseln Pašman und Uglijan, die, wie auch die anderen Inseln, Rückzugsorte vor der türkischen Bedrohung waren. 1883 wurde der Kanal zwischen den Inseln, den man zuvor durchwaten konnte, auf vier Meter Tiefe gegraben, so dass Schiffspassagen möglich sind. Seit 1973 sind beide Inseln mit einer Autobrücke verbunden, die 2009 neu aufgebaut wurde.

Ugljan

Die 52 Quadratkilometer große Insel Ugljan ist so etwas wie der Vorgarten Zadars. Viele Bürger Zadars haben auf dem flachen Bergrücken ihre grüne Oase und bauen etwas zur Selbstversorgung an. Auf der Südseite locken einsame Badebuchten. Dominiert wird die Insel vom Berg **Ščah** mit seinen 288 Metern Höhe. 1325 wurde die Insel erstmals erwähnt, Funde belegen aber bereits eine Besiedelung in der Steinzeit. Den Römern hatte es insbesondere die Nordseite angetan, wo entsprechend viele archäologische Funde gemacht wurden.

Von Zadar aus erreicht man die Insel per Fähre im Hafenort **Preko**. Dieser bietet schöne Strände auf den vorgelagerten Inseln **Ošljak** und **Galevac**, wo außerdem ein altes Franziskanerkloster aus dem 15. Jahrhundert steht. In Preko ist die romanische Kirche Sv. Ivan Kristitelj aus dem 12. Jahrhundert beachtenswert. Darüber bröckeln auf dem Berg ungesichert die Ruinen der venezianischen Michaelsfestung (Sv. Mihovil) aus dem 13. Jahrhundert vor sich hin. Zu ihr schlängelt sich ein schöner Weg durch die Gärten.

Im zersiedelten Nordteil der Insel ist in **Ugljan** das Franziskanerkloster Sv. Jeronim aus dem Jahr 1430 mit der einschiffigen gotischen Kirche von 1447 erwähnenswert. Der Kreuzgang entstand im 16. Jahrhundert, dabei wurden unter anderem ausrangierte romanische Kapitelle aus Zadars Kirchen verwendet.

In **Muline** auf der dem Meer zugewandten Seite befinden sich Reste einer Villa rustica.

Pašman

Die Insel ist über die Brücke von Uglijan her zu erreichen oder aber von Biograd na moru mit der Fähre, die in Tkon landet. Erstmals wurde sie in einer Urkunde erwähnt, die 1050 bestimmte, dass sie zum Bistum Biograd gehören sollte. Auch hier siedelten bereits die Römer.

In **Tkon** ist neben den schönen Renaissancepaläste, die das Ufer säumen, die Pfarrkirche aus dem 15. Jahrhundert mit dem Altarbild des Zadarer Künstlers und Landkartenmalers Petar Jordanić zu sehen. Das Benediktinerkloster oberhalb des Ortes aus dem 12. Jahrhundert wur-

Blick vom Benediktinerkloster in Tkon auf das Franziskanerkloster in Kraj

de zur Zuflucht, nachdem die Türken Biograd zerstört hatten, und diente auch als Festung. Die gotische Lünette oberhalb der Eingangstür mit der Marienfigur trägt bereits Merkmale der Renaissance. Als Kostbarkeit der kleinen gotischen Kirche aus dem Jahr 1367 gilt das sogenannte ›Kreuz von Tkon‹ eines unbekannten Künstlers im Chor der Kirche. Das Entstehungsdatum wurde auf das frühe 15. Jahrhundert festgelegt.

Schöne Strände gibt es in und um **Kraj**. Dort steht auch ein Franziskanerkloster aus dem 14. Jahrhundert, das Sv. Dujam geweiht ist. Die eindrucksvolle ›Mutter Gottes auf dem Thron‹ stammt von einem unbekannten Meister aus der Gotik. Die Insel **Galevac** ist Privatgrund des Franziskanerklosters, das sich seit dem 15. Jahrhundert dort befindet; wer dort baden möchte, sollte sich vorher umhören, wo das möglich ist.

Inseln Ugljan und Pašman

Vorwahl: +385/23.
Für alle Inseln im Archipel ist die **Turistička zajednica Zadar Županije** zuständig (→ S. 305).

Autofähre: Zadar–Preko (Ugljan); alle 1–1,5 Std.
Biograd–Tkon (Pašman); alle 1–1,5 Std.
Zur Insel Ošljak: Die Fähre Zadar–Preko fährt 1x tägl. auch die Insel an, die allerdings autofrei ist, ansonsten fahren Taxiboote.
Zur Insel Galevac: In Preko nach Šime Sorić fragen, der Gäste die 70 Meter zur Insel hinüberrudert; manche schwimmen auch.

Privatunterkünfte vor Ort suchen, die Hotels sind nicht empfehlenswert; Angebote hier: http://tz.preko.hr/en/search_acc.

Camping-Anlage Sovinje, Tel. +385/23/285541, www.fkksovinje.hr. FKK-Platz, 2 km südlich von Tkon.
Lučina Camping, Pašman 68, Tel. +385/23/260173, www.lucina.hr. Eigenwerbung: ›Das Camp besitzt zwei verdiente Sternchen‹.

Die Strände unterhalb von **Neviđane** sind wegen ihrer Abgelegenheit bisher nur unter den Inselbewohnern bekannt, so zum Beispiel der Strand bei **Zdrelac**.

Dugi Otok

Auf über 52 Kilometern erstreckt sich Dugi Otok mit einer Fläche von 124 Quadratkilometern. An ihrer schmalsten Stelle ist die Insel gerade einmal 1,5 Kilometer breit. In der Geschichte ist die heute von 1500 Einwohnern bewohnte Insel mehrfach umgetauft worden: In der Liste des Porphyrogennetos wurde sie Mitte des 10. Jahrhunderts erstmals unter dem Namen Pizuhs erwähnt, später hieß sie Telagos.

Für die österreichische Armee war die Telašćica-Bucht im Süden der Insel ein Stützpunkt für die Kriegsflotte. Zahlreiche Höhlen wie bei Luka dienten den Partisanen im Zweiten Weltkrieg als Unterschlupf.

Während die Personenfähre in **Sali** landet, kommt man mit der Autofähre im Fährhafen **Brbinj** an. Dort sollte man mit gut gefülltem Tank landen, es gibt nur eine Tankstelle im 33 Kilometer südlich gelegenen Zaglav.

Im Norden der Insel liegt der bei Skippern beliebte Hafen **Božava**. Es wurde erstmals 1327 unter dem Namen Bosane erwähnt. Heute sind noch die ummauerten Höfe mit ihren Schießscharten zur Verteidigung gegen Piraten zu

▲ Karte S. 309

Im Naturpark Telašćica

sehen. Sowohl die Pfarrkirche als auch die Friedhofskirche stammen aus dem 9. Jahrhundert.

Das Dorf **Savar** ist vor allem berühmt für die vorgelagerte Friedhofsinsel, die inzwischen durch einen Damm mit dem Festland verbunden ist. Die Friedhofskirche stammt aus dem 8./9. Jahrhundert und ist eine der wenigen vollständig erhaltenen altkroatischen Kirchen Dalmatiens.

Sali

Die Personenfähre aus Zadar landet in Sali und in Zaglav, drei Kilometer nördlich von Sali. Sali ist mit etwa 900 Einwohnern der größte Ort auf Dugi Otok und das Verwaltungszentrum der Insel. Bereits im 10. Jahrhundert wurden die Fischer von Sali erwähnt, die unter den Venezianern das alleinige Recht erlangt hatten, in den reichen Gründen der südlich sich anschließenden Kornaten zu fischen. Sehenswert ist die Kirche **Sv. Uznesenja Marijina** (Auferstehung Mariens) aus dem 15. Jahrhundert, in der Reliefs mit Flechtwerkornamenten und Grabplatten mit glagolitischen Inschriften zu bewundern sind.

Schön ist auch der **Olivengarten** (Saljsko polje) mit über 700 Jahre alten Bäumen, von denen manche einen Durchmesser von fünf Metern erreicht haben.

Naturpark Telašćica

Nur wenige Autominuten südwestlich von Sali liegt der etwa 70 Quadratkilometer große und eintrittspflichtige Naturpark Telašćica. Er wurde 1988 gegründet, seine Grenzen umfassen die tiefeingeschnittene Bucht Luka Telašćica und 19 kleine Inseln.

Das Wechselspiel von Inseln, Steilufer und Meer ist ein beeindruckendes Naturerlebnis. Eine Besonderheit ist der **Binnen-Salzsee Mir** (=Friede) an der Südspitze mit seinem leicht höheren Salzgehalt und seiner höheren Temperatur. An der Südseite führt ein Fußmarsch hinauf zur Steilküste mit herrlichem Blick über das Meer.

Auf der Südspitze von Dugi Otok und auf der gegenüberliegenden Insel **Katina** sind römische Anlagen zu sehen, die möglicherweise einmal miteinander verbunden waren und dem Fischfang dienten.

Dalmatien

i Dugi Otok

Vorwahl: +385/23.

Turistička zajednica, Obala Perta Lorinija bb, 23281 Sali, Tel. +385/23/377094, tz-sali@zd.t-com.hr, www.dugiotok.hr. Für die gesamte Insel zuständig.

Naturpark Telašćica, Danijela Grbin bb, 23281 Sali, www.telascica.hr; Eintrittskarten (25 Kuna/Tag), Genehmigungen für Taucher, Schiffsbesitzer und Jäger.

Post, in Sali an der Uferpromenade, nahe der Turistička zajednica. Auch Geldwechsel.

Die einzige **Tankstelle** der Insel befindet sich in Zaglav beim Fähranleger.

Autofähre: Zadar–Brbinj (Dugi Otok); Hauptsaison 3x, Nebensaison 2x tägl.

Personenfähre: Zadar-Sali (Dugi otok)-Zaglav (Dugi otok); 3x tägl.

Božava: **Maxim** (135–200 Euro), **Lavanda** und **Agava** (90–160 Euro), www.hoteli-bozava.hr. Drei Hotels unter gleicher Trägerschaft, komplett renoviert.
Privatunterkünfte sind ausreichend zu finden, einfach fragen.
Sali: **Hotel Sali**, Adresa bb, Tel. +385/23/377049, www.hotel-sali.hr; DZ 55–85 Euro. An der Bucht Sašaica, mit Restaurant und Tauchclub.

Marina Božava, im Hafen. Vorsicht vor Steinschüttungen auf der Innenseite des Wellenbrechers. Keine Sanitäranlagen.
Marina Sali. Mit Murings, Wasser und Strom. In Zaglav gibt es keine Marina.
Naturpark Telašćica: Auch Bootsbesitzer müssen Eintritt für den Naturpark bezahlen, mehrere Bojenfelder gibt es zum Beispiel bei Mala Proversa und an der Bucht zum See Mir.

Božava: **Restaurants Mareta** und **Aphrodite**, beide an der Uferpromenade.
Sali: **Restaurant Kornat**, etwas oberhalb der Hafenpromenade.
Buffet Bočac. Meeresspezialitäten und Fleisch vom Spieß; Grill und Peka.

In Sali und Božava gibt es kleine Supermärkte.

Božava, **Badebucht Sakarun**: Sandstrand, zwar für Kinder geeignet, allerdings voll und wenig gepflegt.
Einsamere Sandstrände liegen Richtung Veli Rat, beim **Leuchtturm**.

Tauchschule Božava, am Hafen, Tel. +385/23/318891, www.bozava.de. Von Deutschen geleitet, umfangreiches Angebot.

Von **Božava** aus schöne Wandermöglichkeiten in den Norden der Insel nach Soline, Verunič und Veli Rat.
Verschiedene Wanderungen ab **Sali**, z.B. in den Telašćica-Nationalpark (13 km)

Sportfischen: 100 Kuna pro Tag, Harpunieren steht unter Strafe.

Ambulanz, Božava, Tel. +385/23/377604.

Iž

Auf der 17,6 Quadratkilometer großen Insel gibt es etwa 600 Insulaner und 80 000 Olivenbäume. Die bei Porphyrogennetos im 10. Jahrhundert unter dem Namen Ez erstmals erwähnte Insel war bereits von Illyrern besiedelt, die sich auf dem 102 Meter hohen Berg **Veli Opačac** südlich von Veli Iž niedergelassen hatten.
Geschichte geschrieben hat der große Sohn der Insel, der Schriftsteller, Übersetzer und Verleger Šimun Budinić (1530–1600). Der Pfarrer in Mali Iž erfand die lateinische Schreibweise des stimmhaften ›ž‹ (wie in Garage) und des ›č‹ (sprich tsch) mit dem umgekehrten Dach auf dem Buchstaben.
In **Veli Iž** wird eine alte Tradition der Töpferei gepflegt, wobei die Töpferwaren einen weißen Schimmer haben, denn dem Ton wird etwa ein Fünftel Kalzit zugesetzt. Das auf der Insel gewonnene helle Mineral bindet den Ton besser und verringert die Bruchgefahr beim Brennen.
Bei **Mali Iž** sind teilweise Trockenmauern aus illyrischer Zeit zu sehen. Teile der altkroatischen Kirche Sv. Marija stammen aus dem 9. oder 10. Jahrhundert.

▶ Karte S. 309

Molat

Die heute von 200 Menschen bewohnte Insel Molat war einst Reiseziel des britischen König Edward VIII. und seiner Geliebten Wallis Simpson. Er lobte Wein und Käse der Insel. 1115 gehörte Molat dem Benediktinerkloster Sv. Krševan in Zadar, bis die Venezianer reiche Adlige mit der Insel belehnten. Bei Brgulje ist die traumhafte Bucht **Brguljski Zalev** ein Geheimtipp. Etwas außerhalb, nördlich des Dorfes **Molat**, stand das ehemalige Konzentrationslager der italienischen Faschisten, das am 19. Januar 1942 die ersten Gefangenen aufnahm und ein Jahr später wieder aufgelöst wurde. Hier wurden 1627 Menschen interniert, davon 522 Frauen und Kinder. Das Lager wurde der ›Friedhof der Lebenden‹ genannt. Heute ist es nur schwer zugänglich, und niemand redet gern darüber.

Olib

Auf ihren etwas über 25 Quadratkilometern bietet die ruhige Insel einsame Badebuchten. Die in der Liste des Porphyrogennetos, dem Schreiber des Kaisers Konstantin aus dem 10. Jahrhundert unter dem Namen Aloip verzeichnete Insel gehörte bis 1900 zu Zadar, dann wurde die Stadt unter ihren Bewohnern aufgeteilt. 1476 verstärkte sich die Besiedelung durch Flüchtlinge aus Vrlika (bei Knin), die den Osmanen entkommen waren. In der Pfarrkirche **Sv. Štosija** von 1632 befindet sich ein Holzkreuz, das die Flüchtlinge aus Vrlika mitgebracht haben.

Silba

Die erstmals im 10. Jahrhundert unter dem Namen Selbo erwähnte Insel ist mit dem 80 Meter hohen Berg als höchste Erhebung relativ flach. Silba (von lateinisch: Wald) war einst sehr reich. Zunächst befand sie sich im Besitz des Marienklosters in Zadar, vom 16. Jahrhundert bis 1852 dann im Privatbesitz venezianischer Kaufleute, die auf der Insel eine Handelsstation aufbauten. In den besten Zeiten Ende des 18. Jahrhunderts hielten wenige Schiffseigner etwa 100 Schiffe, die über die Weltmeere fuhren.

Zuletzt gehörte Silba einem kroatischen Emigranten in den USA. Der verkaufte sie schließlich an seine Bewohner. Der Tag, an dem die Nachricht vom Verkauf die Insel erreichte, der 19. März 1852, ist heute noch Anlass für ein alljährliches Fest, gewidmet dem heiligen Joseph.

Die Attraktion des Ortes ist der sogenannte Liebesturm. Der **Torreta** wurde von einem Kapitän für seine Liebste gebaut, die von dort aus sein Kommen frühzeitig sehen konnte.

Mali Iž

Das Hinterland von Zadar

In der karstigen Landschaft nördlich von Zadar sind viele der jugoslawisch-deutschen Karl-May-Verfilmungen entstanden. Die Region ist Teil des Ravni Kotar, das von Nin bis zum Fluss Krka und vom Novigradkso More bis zur Küste reicht.

Blick auf Novigrad und das Novigrader Meer

Novigradsko More

Das Novigradsko More (Novigrader Meer) unterhalb der 2006 in den Fels gehauenen Autobahn ist mit der offenen See durch einen engen Kanal verbunden. Früher konnte dieser Kanal nur über die Brücke bei Maslenica überquert werden. Im Krieg zwischen Serben und Kroaten wurde die Maslenica-Brücke beim Rückzug kroatischer Einheiten zerstört.

Novigrad

Die **Burg** oberhalb von Novigrad, vom Grafengeschlecht Gusić-Kurjaković Anfang des 13. Jahrhunderts gebaut, war einst Teil weltgeschichtlicher Ereginisse. Von 1386 bis 1387 wurde Elisabeth, die Witwe des Königs Ludwig von Anjou, zusammen mit ihrer Tochter Maria auf der einst von neun Türmen umkränzten Burg gefangengehalten. Im Kampf um den ungarischen Thron ließ ihr Widersacher Karl von Durazzo die Königswitwe hinrichten, während Maria von König Sigismund befreit wurde.

Das serbisch-orthodoxe Krupa-Kloster

In der Kirche **Sv. Martin** mit ihrem kleeblattförmigen Grundriss aus dem 5. Jahrhundert wird eine Brokatarbeit von Elisabeth gezeigt. Sie soll ein Geschenk an die Frauen gewesen sein, die mit ihr die letzten Stunden vor ihrer Hinrichtung verbracht haben. Bedeutung erlangte Novigrad durch einen fortschrittlichen Gesetzeskodex, der in der Stadt verfasst wurde und der für lange Zeit im Ravni Kotar galt.

Während des letzten Krieges wurde im Gemeindebezirk von Novigrad die Infrastruktur zu großen Teilen zerstört. 669 Privathäuser wurden dem Erdboden gleichgemacht, 500 weitere Häuser stark beschädigt, niedergebrannt oder geplündert.

Krupa-Kloster

Mehr als 20 Kilometer nordöstlich von Obrovac liegt am kleinen und romantischen Seitenflüsschen Krupa eines der

▲ Karte S. 309

wenigen serbisch-orthodoxen Klöster in Dalmatien. Es wurde 1317 wahrscheinlich von Mönchen aus dem serbischen Teil von Bosnien gegründet und wurde mehrfach von Türken zerstört. Erneut massiv beschädigt wurde das Kloster 1941 von der Ustaša. Und auch im Zuge der ›Oluja‹, der letzten Kriegsoffensive 1995, wurden dem Kloster Schäden zugefügt und es wurde teilweise beraubt. 1622 hatte Georgije Mitrofanović, ein Mönch und berühmter Freskenmaler aus dem serbischen Kloster Hilandar auf dem Berg Athos, die Kirche mit Fresken ausgestattet. Erst 2010 kamen 26 wertvolle Ikonen aus Serbien zurück.

Benkovac

Benkovac ist berühmt für seinen Steinbruch. Mit ›Benkovački kamen‹ (kamen=Stein) sind die meisten Terrassen und Außenflächen in Kroatien gepflastert. In der Art wie Schiefer, allerdings farblich zwischen beige und goldgelb changierend, lässt er sich in beliebig schmalen Platten lösen und wird als Bruchstein verlegt.

Das Zentrum des Ortes liegt an einem Hügel, auf der sich die erstmals im 15. Jahrhundert erwähnte Burg der Fürsten Benković befand. 1527 wurde sie von den Türken erobert und zerstört. Unterhalb befindet sich ein **Museum** mit einem engagierten Leiter. Gezeigt werden Fragmente von Neandertalerknochen, die in einer Höhle bei Raštević gefunden wurden (Stadtmuseum, Obitelji Benkovic 6, Tel. +385/23/681055).

Festung Asseria

Dort, wo heute auf einem Hügel in der Nähe des Dorfes Podgrađe die Ruine der Festung Asseria zu sehen ist, siedelten ursprünglich die Liburner. Diese unterhielten unter anderem an dieser Stelle eine Werkstatt zur Herstellung von Grabsteinen, die Cippi genannt werden. Grabsteine gleicher Fertigung sind noch in 30 Kilometer Umkreis gefunden worden. Die Römer bauten den Hügel dann zur Festung aus, die dann Stadt und Militärbasis, Handelsplatz und ein Fluchtort für die römischen Gutsbesitzer aus der fruchtbaren Ebene war. Von hier gingen militärische Operationen bis nach Rumänien aus. Als die Awaren die die Verteidigungsanlagen übernahmen, bauten sie aus den Steinen der Römer noch einmal eine Verteidigungsanlage auf, die aber längst nicht so massiv ausfiel.

Biograd na moru

An der Straße in die alte Königsstadt Biograd durchquert man einige kleine Orte mit schönen Gassen, unterhalb der Ortschaften liegen schöne Strände. In Biograd ist von der großen Vergangenheit kaum mehr etwas zu sehen. Nachdem in Folge des Todes von Zvonimir 1089 ein Streit um die Herrschaft in Kroatien ausgebrochen war, ritt Koloman, der Neffe des ungarischen Königs, mit seinen Leuten nach Biograd und ließ sich 1102 in der Stadt krönen. Mit Koloman in Biograd begann die ungarisch-kroatische Personalunion.

Grabstelen in Asseria

Sommerfest in Biograd na moru

1125 machte der venezianische Doge Domenico Micheli die Stadt dem Erdboden gleich, 1646 wiederholten das die Türken. 1920 begründete ein Tscheche den Tourismus, indem er 1935 das erste große Hotel, ›Vrana‹, baute, heute das Hotel ›Ilirija‹. Am 30. Juni 1993 trafen schwere Bombardements durch serbische Artillerie die Stadt. Heute werden in der Stadt wieder 700 000 Übernachtungen jährlich gezählt.

Eine Ahnung der großen Geschichte vermitteln die Grundmauern der Kirche **Sv. Ivan** nahe dem Trg Sv. Stošija. Die Kirche gehörte zu den bedeutendsten Basilikabauten in Kroatien. Sie wurde 1076 geweiht und war mit drei Apsiden versehen.

i Biograd na moru

Vorwahl: +385/23.

Postleitzahl: 23210.

Turistička zajednica, Trg hrvatskih velikana 2, Tel. +385/23/383123, www.tzgbiograd.hr.

Die Hotels **Ilirija** und **Kornati** (DZ/HP 100–160 Euro) sind die beiden Großhotels mit dem meisten Komfort. Zur gleichen Gruppe der ›Ilirija‹-Hotels gehören die Hotels **Villa Donat** (alter Palazzo im Zentrum von Sv. Filip i Jakov; DZ/HP 155–195 Euro) und **Adriatic Biograd** (DZ 130 Euro), gemeinsame Adresse Tina Ujevića 7, Tel. +385/23/383556, www.ilirijabiograd.com.

Hotel Bolero, Ivana Meštrovića 1, Tel. +385/23/386888, www.hotel-bolero.hr; DZ 85–100 Euro. Familiengeführtes Hotel.

Albamaris, Augusta Senoe 40, Tel. +385/23/384404, www.albamaris.hr; DZ 60 Euro. Einfacher Kastenbau mit Meerblick.

Hotel Biograd, Jadranska magistrala bb, Tel. +385/23/384462; DZ 90–140 Euro.

Mare Nostrum, Sv. Petar 375 b, Tel. +385/23/391420, www.marenostrum-hr.com; DZ 50–90 Euro. Außerhalb, direkt am Meer, neu, mit Lavendelgarten.

▲ Karte S. 309

Entlang der Küste gibt es zahlreiche Autocamps.
Autocamp Crkvine, Pakoštane, am Westufer des Vransko jezero, Tel. +385/23/381433. Auf 6 Hektar unter Kiefern, mit Blick auf den See.
Blue Club, südlich von Biograd. Großes Areal auf einer Wiese.

Marina Kornati, Tina Ujevića 7, Tel. +385/23/383800, www.marinakornati.com. Kran und 1000 Liegeplätze.
Šangulin, Kraljice Jelene 3, Tel. +385/23/385150, www.sangulin.hr. Beide Marinas in Biograd sind gut ausgestattet, aber leider schlecht bewirtschaftet.

Restaurant Meduza, Augusta Šenoe 24, Tel. +385/23/384025. Hier gibt es gute Fischgerichte.
Vapor, Obala kralja Petra Kresimira IV 24, Tel. +385/23/385482. Traditionell, im k.u.k. Ambiente, Fisch, gute Weine.
Casa Vecchia, Kralja Kolomana 30. Schöner Innenhof, Pizza.
Guste, Obala kralja Petra Krešimira IV bb, beim Fährhafen, Tel. +385/23/385045. Schönes Ambiente im Garten mit Blick auf das Wasser.

Stadtmuseum, Obala kralja Petra Krešimira IV 20, Tel. +385/23/383721. Gezeigt werden Funde aus römischer Zeit und die Ladung eines gesunkenen Handelsschiffes aus Lübeck.

Beliebt ist der Strand **Dražice** (mit Wasserrutsche), aber wie viele in dieser Richtung meist überfüllt, besser nach Norden Richtung S. Filip i Jakov entlang der Olivenhaine suchen.

Vrana-See

Der 30 Quadratkilometer große Vrana-See ist der größte Süßwassersee in Kroatien und bildet seit 1999 das Zentrum eines Naturreservats mit zahlreichen Wander- und Radwegen. Im Nordwesten des 57 Quadratkilometer großen Reservates gibt es seit 1983 ein **ornithologisches Schutzgebiet**, seit kurzem versehen mit einer Beobachtungsstation. 241 Vogelarten wurden im Park registriert, 102 davon nisten dort. Bereits seit 2000 vor Christus war diese Gegend wegen ihrer Fruchtbarkeit ein wichtiges Landwirtschaftszentrum und Wasserreservoir. Die Römer versorgten Zadar über eine lange Wasserleitung vom Vrana-See aus, indem sie das Wasser über ein Gefälle von einem Millimeter pro Meter fließen ließen. Erst die Türken haben durch das ehemalige Moor um den See systematisch Wassergräben gezogen und mit der Entwässerung begonnen.

Die **Burg** oberhalb des Dorfes Vrana gehörte einst dem Papst. Seit dem 9. Jahrhundert war die Anlage dann ein Kloster und Zentrum der Benediktiner in Kroatien. Darin wurden zeitweise auch die Insignien der kroatischen Könige aufbewahrt. Im 12. Jahrhundert übernahmen der Templerorden und Anfang des 14. Jahrhunderts der heutige Johanniterorden die Burg und bauten sie zu einer Festung aus. Aus Vrana stammen zwei bedeutende Renaissancekünstler des 15. Jahrhunderts: der Baumeister Lucijan und der Bildhauer Franjo Vranjanin. Unweit des Kastells findet sich einer der wenigen erhaltenen türkischen Hans auf kroatischem Boden: der **Han Jusufa Maškovića**. Ein Han war bei den Osmanen eine großangelegte Herberge und Restauration, aber auch ein Marktplatz zum Warentausch für durchreisende Kaufleute. Der nach seinem Eigentümer benannte Han Jusufa Maškovića wurde 1644 erbaut.

Šibenik

Die 100 000-Einwohner-Stadt Šibenik liegt im Mündungsgebiet des Krka-Flusses. Dort stapeln sich die Häuser seit der Renaissance an einem größeren Hügel hinauf. Oben liegt eine Festung, drei weitere sind auf weiteren Hügeln vorgelagert. Malerisch enge Gassen mit Renaissancehäusern aus Naturstein prägen das Stadtbild. Die Kathedrale, die zum UNESCO-Weltkulturerbe zählt, ist eine der beeindruckendsten dalmatinischen Kirchen.

Geschichte

An der Stelle des heutigen Šibenik haben zwar wohl einmal Liburner gesiedelt, die Stadt wurde aber erst von Awaren/Kroaten gegründet. Sie wuchs schnell und wurde bereits 1066 erstmals erwähnt. Zunächst stand sie unter der Verwaltung von Trogir, ihre Eigenständigkeit gewann sie dadurch, dass die Stadtväter 1251 dem ungarischen König Bela IV. ein gefälschtes Dokument zur Bestätigung vorlegten, wonach Belas Vorgänger Koloman IV. den Šibenikern bereits das Stadtrecht gewährt habe.

Nach einigen wechselvollen Herrschaften der Ungarn, dem bosnischen König und schließlich Venedig erlebte die Stadt ihre wohl dramatischsten Jahre zwischen 1647 und 1650. Als 1647 der türkische Pascha Teklija mit 20 000 Soldaten heranrückte und die Stadt zu belagern begann, legte der deutsche General Martin Degenfeld (1599–1653), der im Dienste der Serenissima stand, in kurzer Zeit ein kluges System von vier Festungen an und konnte die Türken besiegen. Zwei Jahre später hatte Šibenik knapp 12 000 Einwohner. Doch noch im gleichen Jahr, 1649, brach die Pest aus. Ein Jahr später lebten nur noch 1500 Einwohner in der Stadt.

▲ Karte S. 328

Mit dem Anschluss an das Eisenbahnnetz 1877 konnten die Rohstoffe aus dem Hinterland über den Hafen Šibenik verschifft werden, was zu einer neuen Blüte führte. Nikola Tesla, der Erfinder des Wechselstroms, errichtete das erste Wasserstromkraftwerk im Gebiet der Krka und machte damit die Stadt 1895 zur ersten vollelektrifizierten Stadt Kroatiens. Daran erinnern noch die alten Straßenlaternen in der Stadt.

Während des Zweiten Weltkrieges bombardierten die Aliierten die deutschen Besatzer, die sich ab 1943 in der Stadt verschanzt hatten, dabei wurden viele Kulturdenkmäler beschädigt.

Im letzten Krieg tobte um Šibenik zwischen dem 16. und 22. September 1991 eine entscheidende Schlacht, die die Kroaten gewinnen konnten. Dabei wurden viele Gebäude, unter anderem auch die zum UNESCO-Kulturerbe gehörende Kathedrale Sv. Jakov, beschädigt. Die Ser-

Blick auf Šibenik von Norden

In den engen Gassen von Šibenik

ben zogen sich zwar zurück, aber sie beschossen die Stadt von außerhalb immer wieder mit Raketen und Granaten. Erst mit der Operation ›Oluja‹ 1995 endete die permanente Bedrohung.

Stadtrundgang

Am besten lässt sich ein Stadtrundgang vom Poljana Maršala Tita beginnen. Von dort geht es über den Trg kralja Držislava in die Zagrebačka ulica.

Uspenije Bogomatere

An der zweiten Querstraße befindet sich die Kirche Uspenije Bogomatere, serbisch Vaznesenija Bogorodice (Auferstehung der Mutter Gottes). Sie ist heute die Kathedrale der serbisch-orthodoxen Eparchie, der obersten Kirchenleitung für Dalmatien. Die Fassade aus dem späten 16. Jahrhundert der zu einem Kloster gehörenden Kirche mit zwei kanzelartigen Balkonen vor den Glocken gilt als originelle Barockarchitektur. 1390 wurde das Kloster erstmals erwähnt, in dem Komplex lebten erst Templer, dann Flagellanten und schließlich Benediktiner. 1810 übergab Napoleon die Gebäude, die im 17. Jahrhundert ihr heutiges Aussehen erhielten, der serbisch-orthodoxen Episkopie. Heißt es vielfach, Napoleon hätte sie den Orthodoxen geschenkt, so gab es nach Angaben der orthodoxen Kirche einen Kaufvertrag, den griechische Kaufleute mit der französischen Administration ausgehandelt hätten. Im südslawischen Krieg 1991 konnte eine Sprengung der Kirche durch den Einsatz eines Franziskaners verhindert werden. Im Inneren ist die **Ikonostase** aus dem 17. und 18. Jahrhundert sehenswert. Am reichgeschnitzten barocken Chorgestühl und an der Kanzel ist die frühere katholische Nutzung noch gut zu erkennen.

Dort wo die Zagrebačka in die Don Krste Stošića übergeht, steht sich die unscheinbare kleine Kapelle **Sv. Krševan**, die älteste Kirche der Stadt aus dem 12. Jahrhundert. Oberhalb beginnt der Stadtteil Gorica, in dem ursprünglich die Feldarbeiter der Stadt lebten.

In der Andrije Kačića befindet sich in der Franziskanerkirche **Sv. Lovro** ein beachtenswertes modernes Deckengemälde mit einer apokalyptischen Szene, das V. Marjanović 1934 malte.

Kathedrale Sv. Jakov

Die Kathedrale Sv. Jakov am Trg Republike Hrvatske, seit 2002 UNESCO-Weltkulturerbe, sind Lebensleistungen der beiden Baumeister Juraj Dalmatinac und Nikola Firentinac, einem Schüler Donatellos. Nachdem bereits ab 1402 italienische Bildhauer, unter anderem Bonino aus Mailand, mit der Nordseite begonnen hatten, erstellte Dalmatinac 1433 eine neue Gesamtplanung und gab der Kirche den kreuzförmigen Grundriss und die Kuppel.

Die zum Teil noch romanisch geprägten Arbeiten seiner Vorgänger am Nordportal (Adam und Eva auf Löwen stehend) und am Hauptportal (Das jüngste Gericht) bezog Dalmatinac mit ein. Dalmatinac selbst schuf die 74 in Stein gehauenen Portraits, die an einem Fries um den Chor und unter dem Dach herum angebracht sind. Über die 1850 bei Renovierungsarbeiten veränderten Charakterköpfe ist viel spekuliert worden: Waren es persönliche Bekannte, wichtige Zeitgenossen, frühe Karikaturen oder schlicht Fratzen? Die Bronzetüren am Nordportal (Altes Testament) und Haupteingang (Neues Testament) wurden 1967/68 von Grgur Antunac gefertigt, an ihnen sind noch immer Einschläge der Granatsplitter zu sehen.

Die 30 Meter hohe **Kuppel** konstruierte Firentinac auf einem achteckigen Zwischenstück, noch bevor Michelangelo und Bramante in Florenz und Rom ähnliche Konstruktionen verwendeten. Der Engel Michael auf der Spitze ist gleichzeitig ein Windrichtungsanzeiger. Das Innere ist von unverwechselbarer Wirkung: Während unten dunkle gotische Spitzbögen die Augen nach oben führen, erlebt der Betrachter beim Blick in den Renaissanceaufbau Helligkeit und Offenheit. In der ersten Kapelle befindet sich der Sarkophag des Bischofs, Humanisten und Schriftstellers Juraj Šižgorić, den Andrija Aleši nach Dalmatinac-Entwürfen ausführte.

Das Bild auf dem Altar ist von Felipe Zaniberti, einem Tizian-Schüler. Ein Meisterwerk von Dalmatinac ist das **Baptisterium**, das unterhalb des südlichen Seitenschiffes liegt. Das von vier Rippen getragene Gewölbe ist ganz mit Steinfiguren, Engeln und Cherubimköpfen verziert.

Loggia communis

Auf dem Platz Trg Republike Hrvatske gegenüber der Kathedrale befindet sich die Loggia communis. Das mit großzügigen Bögen ausgestattete Gebäude war Sitz des Stadtrates und diente als Gerichtssaal

Die Kathedrale von Šibenik

Die Loggia communis

und Ort für Versteigerungen. Links von der Loggia hat Ivan Meštrović seinem Bildhauerkollegen Juraj Dalmatinac ein Denkmal gemeißelt, mit dem er die kühn planende Persönlichkeit einfangen wollte.

Bunari

Unterhalb des Denkmals befinden sich die Bunari, vier Brunnen über der Stadtzisterne, die 28 000 venezianische Fässer Wasser, etwa 210 000 Hektoliter, aufnehmen konnten. Sie wurden zwischen 1445 und 1451 erbaut und dienten bis 1879 zur Wasserversorgung für die einfache Bevölkerung. Danach wurde Wasser aus der Krka in die Stadt geleitet, das aus sechs öffentlichen Wasserhähnen gezapft werden konnte.

Heute bergen die unterirdischen Gewölbe ein gutgemachtes interaktives **Erlebnismuseum**, in dem wichtige Stationen der Stadtgeschichte auch für Kinder hautnah erlebbar werden.

Sv. Barbara

In der kleinen Kirche Sv. Barbara aus dem 13. Jahrhundert in der Kralja Tomislava ist das **Kirchenmuseum** untergebracht. Die Figur des Sv. Nikola über seinem Eingang ist von Bonino aus Mailand.

Die Charakterköpfe von Juraj Dalmatinac am Sims der Kathedrale

Höhepunkte dieser Ausstellung sind ein Polyptychon von Blaž Jurjev Trogiranin und eine Schutzmantelmadonna des einheimischen Künstlers Nikola Vladanov Šibenčanin.

■ Die Festungen

Von den vier Festungen der Stadt liegt nur eine, die größte, innerhalb der Stadt, die 2200 Quadratmeter große Festung **Sv. Ana**, früher nach dem Stadtheiligen Sv. Mihovil benannt. Sie wurde bis zum 15. Jahrhundert mehrfach zerstört, zweimal - 1663 und 1752 - sind ihre Pulverkammern explodiert. Von der Festung, die bis 2014 renoviert wird, bieten sich herrliche Ausblicke auf die Stadt.

Die beiden nördlich der Stadt vorgelagerten Festungen **Sv. Ivan** und **Šubičevac** wurden vor den Türkenkriegen im 17. Jahrhundert gebaut und halfen, die Stadt erfolgreich zu verteidigen. Šubičevac wurde lange Festung Degenfeld genannt, nach dem deutschen Kommandeur in venezianischem Dienst. Auf ihr befindet sich ein Denkmal von Kosta Angeli Radovani und Zdenko Kolacio zu Ehren von 26 Mitgliedern der Volksbefreiungsfront, die hier oben von den faschistischen Besatzern erschossen wurden.

Die wohl bis heute imposanteste Festung ist **Sv. Nikola** auf einer kleinen Insel im Meer weit vor der Stadt. Sie wurde erbaut, um die Angriffe abzuwehren, die die Osmanen seit dem 16. Jahrhundert vom Meer aus führten. Im Eingangsraum hängt eine Platte mit den Namen aller Dogen und Burgherren des 16. Jahrhunderts. Seit 2002 werden hier Konzerte mit klassischer Musik aufgeführt.

Šibenik

Vorwahl: +385/22.

Postleitzahl: 22000.

Turistička zajednica grada Šibenika, Fausta Vrančića 18, Tel. +385/22/212075, www.sibenik-tourism.hr.

Busbahnhof, Draga 14, Tel. +385/22/368368. Busse nach Split, Zadar, Rijeka, Dubrovnik, Pula und Zagreb.

Bahnhof, Fra Jerolima Milete, Tel. +385/22/333696.

Fährhafen, beim Frachthafen, Tel. +385/22/213468.

Autofähre: Šibenik–Zlarin (1x tägl.)–Kaprije–Žirje; 2x tägl.

Personenfähre: Šibenik–Zlarin–Prvić Luka–Šepurine–Vodice; 4/5x tägl.

Jadran, Obala dr. Franje Tuđmana 52, Tel. +385/22/242000, www.rivijera.hr; DZ 110–120 Euro. Einziges innenstadtnahes Hotel, am Wasser, schlicht eingerichtet.

Hotel Panorama, Šibenski most 1, Tel. +385/22/213 397, www.hotel-panorama.hr; DZ 80 Euro. Modern eingerichtet, TV, Sat-TV, Telefon, Bad mit Dusche und WC, Swimmingpool.

Vrata Krke, Lozovac bb, Lozovac, Tel. +385/22/778091, www.vrata-krke.hr;

▶ Karte S. 328

DZ 50–105 Euro. Sehr schön ausgestattetes Hotel östlich der Krka-Wasserfälle, mit Reitschule.

Tipp: Schöne Unterkünfte gibt es in der Umgebung an der Küste: in Vodice, Primošten oder auf Murter.

Camping Solaris, www.campingsolaris.com, **Camping Zablaće**. Beide Plätze sind Teil des ›Solaris Holiday Resort‹. Unter Bäumen, mit den Bequemlichkeiten der Anlage.

Gradska Vijećnica, Trg Republike Hrvatske 1, Tel. +385/22/213605. Im Erdgeschoss des Rathauses, hochpreisig, europäische Küche, große Auswahl an Weinen.

Alpa, Kralja Tomislava 17, Tel. +385/22/217977. Ältestes Restaurant der Altstadt.

No. 4, Trg Dinka Zavorovića 4, Tel. +385/22/217517. Internationale Küche.

Kula, Obala Franje Tuđmana 52 (im Hotel ›Jadran‹), Tel. +385/22/312480. Landestypische Speisen, große Auswahl einheimischer Weine.

Zlatna Ribica, K. Spužvara 46, Brodarica, Tel. +385/22/351160, www.zlatna-ribica.hr. Schönes Ambiente, Fischgerichte.

Liegeplätze am Kai vor der Altstadt.

Marina Mandalina, Obala Jerka Šižgorica, Tel. +385/22/312977, http://marina-mandalina.com. Neue Marina.

Museum der Stadt, Gradska vrata 3, Tel. +385/22/213880, www.muzej-sibenik.hr; Di–So 10–13, Di, Sa auch 17–20 Uhr, Sa freier Eintritt. Im Rektorenpalast, Ausstellung mit vielen Meisterwerken.

Museum Dražen Petrović, Preradovićevoj 3. Der in Šibenik geborene Petrović war einer der besten kroatischen und europäischen Basketballspieler, er kam 1993 bei einem Verkehrsunfall ums Leben. Das kleine Museum befindet sich in seiner ehemaligen Privatwohnung.

Im Sommer gibt es in Šibenik ein reichhaltiges Kulturangebot, Infos in der TZ.

Internationales Kinderfestival; Juni/Juli, www.mdf-sibenik.com (kr.). Besteht seit 1958, landesweit berühmt. Theater, Musik und Bildende Kunst aus den umliegenden Ländern.

Večeri dalmatinske Šansone; August, www.sansona-sibenik.com. Abende des dalmatinischen Chansons, Mischung aus Folklore und Popmusik.

Kultursommer; Juli/August. Klassische Musik, Konzerte auch an ungewöhnlichen Orten wie der Festung Sv. Nikola.

Orgelschule; August, www.organum.hr (kr.) Bei der international bekannten, alljährlich stattfindenden Orgelschule erklingen die 19 Orgeln der Stadt. 40 bis 60 Organisten bieten öffentliche Abschlusskonzerte.

Banj: neuer Strand mit kleinen Imbiss-Häuschen.

Weitere Badestellten und Strände: **Krka-Fluss**, oberhalb der Wasserfälle Skradinski Buk, auf den vorgelagerten **Inseln** oder auf **Murter**.

Falkenzentrum (Sokolarski centar), bei Dubrava, www.sokolarskicentar.com (kr.). Anmeldung erforderlich: Matije Gupca 87, 22000 Šibenik, Tel. +385/22/219207, Tel. mobil +385/91/5067610.

Themenpark, Pakovo Selo, etwa 20 Kilometer nordöstlich von Šibenik, www.dalmati.com. Freilichtmuseum, auf etwa 15000 Quadratmetern wurde ein typisches Dorf rekonstruiert, mit einheimischen Gerichten, traditionellen Trachten und Folklore.

Krankenhaus, Stjepana Radića 83, Tel. +385/22/641641.

Das Gebiet der Krka

Seit 1985 ist der größere untere Teil des 72 Kilometer langen Krka-Flusses, der bei Knin entspringt, ein Nationalpark und schützt ein Areal von etwas über 2000 Quadratkilometern. Uneinig sind sich die Geologen, ob sich das Wasser in den Fels eingegraben hat oder ob es zuvor einen unterirdischen Wasserlauf gab, der später eingebrochen ist. Durchschnittlich 55 Kubikmeter Wasser rauschen pro Sekunde zu Tal und überwinden ein Gefälle von 220 Metern. 800 Pflanzen- und über 220 Tierarten wurden in der sich ständig verändernden Flusslandschaft gezählt. Es gelten strenge Naturschutzbestimmungen, Baden im Fluss ist nur an den wenigen angezeigten Stellen erlaubt, und es darf nichts aus dem Park mitgenommen werden.

Am Fluss entlang verlief die Grenze zwischen Liburnern und Dalmatern, bis die Römer den Krka-Fluss mit einem Militärlager bei Burnum sicherten. Unter den Kroaten bildete das Tal die Herrschaftsgrundlage für die Fürsten von Bribir.

Krka-Nationalpark

Für Besucher gibt es mehrere Zugänge zum Park zu unterschiedlichen Touren im Krka-Tal: Die Wasserfälle von Skradinski buk sind am einfachsten von Lozovac durch Umsteigen in einen Bus zu erreichen, der dann an einem Parkplatz in der Nähe eines kleinen Museumsdorfes hält. Von dort aus steigt man zu Fuß noch einmal zahlreiche Treppen zum tosenden Schauspiel hinab. Eine andere Möglichkeit ist, von Skradin mit einem Boot zu den Wasserfällen zu fahren.

■ Wasserfall Skradinski buk

Der Skradinski buk überwindet mit mehr als 45 Metern über etwa 17 Stufen den größten Höhenunterschied aller Wasserfälle im Park. Auf einer Länge von etwa 800 Metern hat sich eine Wasser- und Waldlandschaft entwickelt, die zu Fuß über gekennzeichnete Wege durchstreift werden kann. Unterhalb des Falls vermischt sich das Flusswasser mit dem Meerwasser.

Wasserfall im Krka-Nationalpark

▲ Karte S. 301

Tracht aus der Umgebung des Krka-Gebietes

Etwas oberhalb im **Museumsdorf** ist zu sehen, wie sich die Menschen die Wasserkraft für unterschiedlichste Zwecke zunutze gemacht haben, nicht nur, um Getreide zu mahlen, sondern auch, um in kleinen Manufakturen Webstühle in Gang zu halten und Tuch zu waschen. Im Film ›Winnetou I‹ flirtete Old Shatterhand (Lex Barker) mit Nscho-tschi (Marie Versini) unterhalb der Wasserfälle von Skradinski buk. Im Jahr 1895 wurde das erste Wasserkraftwerk Kroatiens von Nikola Tesla am Krka-Fluss erbaut, das Šibenik mit Strom versorgte.

■ Wasserfall Roški Slap und Kloster Visovac

Unweit des Museumsdorfes kann man eine zweistündige Schiffstour zu dem auf einer Insel gelegenen Kloster Visovac oder zu den Wasserfällen bei Roški Slap buchen. Dies sollte man aber wegen großer Nachfrage frühzeitig tun; die Schiffe fahren alle Stunde.

Zum Inselkloster Visovac kommt man auch, indem man über Drnis und Bristane an den Fluss heranfährt und dann mit einem kleinen Boot auf kurzer Strecke zum Kloster übersetzt.

Oberhalb der Roški-Slap-Fälle befindet sich die Straße mit dem dritten Zugang in den Nationalpark. Von einem Parkplatz aus kann man dann zu den Roški-Slap-Fällen herunterlaufen. Diese Fälle, die über 22 Meter hinabstürzen, sind zwar bei weitem nicht so beeindruckend wie die bei Skradinski kuk, aber es gibt eine kleine, im Sommer geöffnete Gastwirtschaft und Bademöglichkeiten in einem eng umgrenzten Areal.

■ Skradin

Die Römer erwähnten die Siedlung der Liburner bereits 339 vor Christus, bevor sie sie eroberten und Scardona nannten. Im Jahr 530, als Šibenik noch ein Dorf war, wurde Skradin zum Bischofssitz ernannt und entwickelte sich zum zentralen Handelsplatz. Im Laufe der Geschichte eroberten Awaren, Venezianer und Türken die Stadt.

Fahrt zur Klosterinsel Visovac

Nach dem Abzug der Türken 1683 war Skradin verödet und Šibenik fortan unterlegen. Während des letzten Krieges haben im Kampf zwischen Kroaten und Serben etwa 500 Granateneinschläge die beiden orthodoxen Kirchen und zahlreiche Häuser der Fußgängerzone zerstört.

In der katholische Kirche **Porođenja Blažene Djevice Marije** (Geburt der heiligen Jungfrau Maria) von 1757 ist die Orgel von dem Nakič-Schüler Francesco Dacci über dem Haupteingang beachtenswert. Neben der Kirche befindet sich der **Palazzo Nadžupsko-Opatski**. Heute ist darin die Schatzkammer der Kirche mit sakralen und volkskundlichen Ausstellungsstücken untergebracht.

Visovac-Kloster

Das Kloster war und ist ein Symbol für die Unabhängigkeit Kroatiens, denn die Franziskaner im Visovac-Kloster konnten als einzige auch während der türkischen Besetzung des Umlandes im Kloster ihr mönchisches Leben aufrechterhalten. Das war ihrem Verhandlungsgeschick, aber vor allem auch einer gewissen Toleranz seitens der Türken zu verdanken.

Gegründet hatten Augustiner-Eremiten das Kloster um 1400. 1445 baten Franziskaner, die aus Bosnien vor den Türken geflüchtet waren, um Asyl und übernahmen später das Kloster. Die Kirche stammt noch aus der Gründerzeit und wurde im 17. Jahrhundert umgebaut. Heute leben drei Mönche und zehn Novizen im Kloster, in den weitläufigen Räumen findet eine Priesterausbildung statt. Am 15. August (Mariä Himmelfahrt) wird auf Visovac Velika Gospa, Mariä Himmelfahrt, gefeiert, mit Musik und Essen. Die Madonna von Visovac galt den kroatischen Soldaten im letzten Krieg als Schutzheilige.

▶ Karte S. 301

Krka-Kloster

Oberhalb der Wasserfälle von Roški slap liegt das serbisch-orthodoxe Krka-Kloster **Sv. Arhanđel** in einer Flussschleife. Es kann mit dem Auto nur von der Westseite erreicht werden. Gegründet wurde es 1345 von Jelena Šubić, der Schwester des serbischen Kaisers, die in das kroatische Geschlecht der Fürsten von Šubić eingeheiratet hatte. Kloster und Kirche wurden im 17. Jahrhundert mehrfach von Türken, aber auch von Venezianern zerstört, der heutige Bau wurde 1790 in byzantinischem Stil gebaut.

In der Kirche ist die **Ikonostase** beachtenswert. Die überwiegende Zahl der Ikonen unten und in der Mitte stammt von der Insel Kreta, die oberen wurden im 17. Jahrhundert aus Russland in das Kloster gebracht.

Unter der Kirche befinden sich **Katakomben** aus römischer Zeit, die den Klosterbrüdern als Beweis dafür gelten, dass der Apostel Paulus in dieser Gegend missioniert haben soll. Sie wurden während der Türkenkriege als Verstecke genutzt. Seit 2001 hat im Kloster wieder ein Priesterseminar seine Arbeit aufgenommen.

i Krka-Nationalpark

Vorwahl: +385/22.
Postleitzahl: 22222.
Turistička zajednica, Trg Male Gospe 3, Tel. +385/22/771306, www.skradin.hr. Eintrittskarten für den Nationalpark und/oder das Schiff zum Skradinski buk. Historische Informationen auf www.scardona.com.
Bank, bei der Kirche.

Flussschiffe Richtung Skradinski buk legen nahe der Marina ab.

Hotel Skradinski buk, Burinovac bb, Tel.

+385/22/771771, www.skradinskibuk.hr; DZ 90 Euro. Sauber und nett, oft voll.

Restaurant Toni, Dr. Franje Tuđmana 38, Tel. +385/22/771177. Am Ortsausgang, nicht unbedingt günstig, aber gut.
Skala, Rokovača, Tel. +385/22/771081. Etwas oberhalb in der Stadt, man isst mit Blick auf die Stadt, dabei nicht teuer. Spezialitäten sind Fische aus dem Fluss oder auch aus dem Meer.

Baden ist möglich an der Ortseinfahrt von Skradin oder bei der Brücke an der Zufahrtstraße.

Von Skradin führen Wanderwege in den Park. In der Turistička zajednica gibt es wenige Karten, aber einige Tipps; die Wanderwege sind markiert.

Bribir Glavica

Nordwestlich von Skradin liegt die Bergkuppe Bribir Glavica. Dort erhoben sich einst imposante Festungen, von denen aus mächtige Herrscher regierten. Schicht um Schicht werden die verschiedenen Bebauungen wieder ausgegraben. Auch wenn vom vergangenen Glanz nur noch Grundmauern zu sehen sind: Der Blick vom 300 Meter hohen Berg in alle Himmelsrichtungen über die weite Landschaft ist einen Besuch wert.
Bereits im 1. Jahrtausend vor Christus hatten die Liburner auf diesem Berg eine Wallburg errichtet. Am südlichen Hang blickt der Besucher auf **Ausgrabungen einer römischen Stadtanlage** aus dem 1. Jahrhundert vor Christus, die als ›municipium varvariae‹ bezeichnet wurde. Letzter Herrscher war die kroatische Adelsfamilie Šubić, die über das Krka-Gebiet und teilweise auch darüber hinaus regierte.

Erhalten ist eine **orthodoxe Kirche**, die mitten auf einem Friedhofes steht. Seitlich im Boden sind Grundmauern einer älteren Kirche zu sehen. Die Gräber sind teilweise offen oder leer, weil die serbische Bevölkerung auf der Flucht in Folge des letzten Krieges auch ihre Toten mitgenommen hat.

Burnum

Bei Ivoševci, nordöstlich von Kistanje, versteckt zwischen Feldern und Schafweiden und von der Straße schwer einsehbar, stehen die beiden markanten Bögen von Burnum. Sie sind Reste eines riesigen Militärlagers der Römer, in dem die 20. Legion untergebracht war. Im Volksmund wird der Ort auch Hohlkirche oder Trojanov grad (Trojastadt) genannt.
Wenn man die Weide mit den Bögen verlässt und auf die Straße zurückkehrt, links abbiegt und ein paar hundert Meter weiter sich erneut rechts in die Felder schlägt, kann man auf einer schmalen Sandstraße die Grundmauern des 2006 ausgegrabenen **Amphitheaters** erreichen. Hier fanden Gladiatorenkämpfe und andere tödliche Spiele statt. Ein Pfahl, an

Ausgrabungen in Bribir Glavica

Die türkische Festung in Drniš

dem die Verlierer ihren Todesstoß bekamen, ist ebenfalls gefunden worden. Vermutet wird, dass die Anlage 33 vor Christus entstanden ist.

Drniš

Die Stadt, in der Zerstörungen aus dem letzten Krieg noch unübersehbar sind, wurde 1522 von den Osmanen gegründet. Sie blieb trotz zahlreicher Angriffe der Venezianer in ihrer Hand, bis sie im 18. Jahrhundert zu Österreich-Ungarn kam.

Unter Österreich-Ungarn wurde Drniš durch eine Eisenbahnlinie mit Šibenik verbunden, so dass Kohle und Bauxit, die in den umliegenden Bergen gewonnen wurden, abtransportiert werden konnten.

▲ Karte S. 301

Die Ruinen einer alten **Festung** mit einem markanten halbzerstörten Turm am Taleingang sind Reste eines türkischen Baus. Darunter soll sich bereits eine Verteidigungsanlage aus römischer Zeit befunden haben. Das kleine Kirchlein **Sv. Rok** in Drniš war einst eine von fünf Moscheen; heute dient der Bau als katholische Kirche.

Bekannt ist Drniš für die Kunstwerke von Ivan Meštrović, dessen Heimat im nahen Otavice zu finden ist. So hat er die schöne **Brunnenanlage Die Quelle des Lebens** im Park unterhalb des Rathauses geschaffen. Am Ortsausgang Richtung Süden findet sich das kleine **Heimatmuseum** mit Werken von Meštrović und archäologischen Funden aus illyrischer und römischer Zeit.

Otavice

In Otavice ist der große kroatische Bildhauer Ivan Meštrović geboren, dort baute er von 1926 bis 1930 auf der Höhe Glavica ein sehenswertes **Mausoleum** für sich und seine Familie, das er mit typischen Reliefs in eigener Umsetzung des Jugendstils schmückte.

Im Sommer 1991, während des letzten Krieges, wurde das Mausoleum erheblich beschädigt und die bronzene Grabplatte, auf der alle Familienmitglieder außer seinem letzten Sohn abgebildet waren, gestohlen, ebenso die Glocke über der Tür.

Die Besichtigung des Mausoleums ist nur nach Anmeldung möglich, Tel. +385/22/872630 oder mobil +385/91/5552862.

Knin

Knin hatte immer wieder die Funktion als Hauptstadt oder Verwaltungszentrum. Im 10. und 11. Jahrhundert war Knin Sitz der kroatischen Fürsten und Könige während der einzigen Phase nationaler Selbständigkeit. Als Kroatien 1102 an Ungarn fiel, war Knin der Sitz des Bans, der im Auftrag Ungarns die Verwaltung über ganz Kroatien sicherstellte.

In Knin wurde von 1409 bis 1522 das altkroatische Recht festgelegt und mit einer Art nationalem Gerichtshof dessen Einhaltung überwacht. Nach der Eroberung durch die Türken wurde Knin zu einem Verwaltungszentrum der Gebiete Lika und Krka.

Von 1991 bis 1995 war Knin die Hauptstadt der Republika Srpska Krajina (RSK). Die kroatische Minderheit wurde misshandelt und vertrieben. Nach der Rückeroberung durch die Kroaten trat die überwiegende Zahl der Serben die Flucht an oder wurde auf grausame Weise dazu gezwungen. Als die kroatische Armee am 5. August 1995 die kroatische Flagge auf der Festung von Knin hisste und der damalige Präsidenten Franjo Tuđman sie küsste, war dies nicht nur der Schlusspunkt des Krieges. Mit dem hochsymbolischen Akt markierte der neue Staat, dass er die nationale Wiege in das Land zurückgeholt hatte. Heute wird am 5. August der Nationalfeiertag in Kroatien begangen.

Die **Festungsruine** ist mit einer Ausdehnung von über 50 000 Quadratmetern die größte erhaltene Festung in Dalmatien. Der nördliche Teil ist der älteste und stammt aus vormittelalterlicher Zeit, der mittlere und der untere sind zusammen im Mittelalter dazugebaut worden.

In der Kirche **Sv. Barbara** befindet sich eine Glocke, die Johannes Paul II. 1994, als Knin noch Teil der Republik Krajina war, den verbliebenen Katholiken gestiftet hatte.

Drniš und Knin

Vorwahl: +385/22.
Postleitzahl: 22300.
Turistička zajednica Drniš, Domovinskog rata 5, Tel. +385/22/888619, www.tz-drnis.hr.
Turistička zajednica Knin, Tuđmanova 24, Tel. +385/22/664822, www.tz-knin.hr.
Weitere Informationen auf www.sibenikregion.com.

Busbahnhof Knin, Pavlinovićeva 7, Tel. +385/22/661005.

Hotel Park, Stubište 1, Drniš, Tel. +385/22/888636, www.hotelpark.hr, hotel.park@si.t-com.hr; DZ 55 Euro. Im Zentrum.
Hotel Mihovil, Ante Anića 3, Knin, Tel. +385/22/664444, http://hotelmihovil.com (kr.).

Küstenorte bei Šibenik

Vodice

Vodice steht heute für Spaß- und Badetourismus. Früher war die Stadt berühmt, weil viele ›Wässerchen‹ (vodice) den Berg herunterkamen, heute fließen inhaltsreichere ›Wässerchen‹ in den Kneipen an der Promenade. Vodice bietet mit neun Hotels vor allem Allinclusive-Urlaub.

Mit Gütern rund um Vodice wurden einst die römischen Soldaten abgefunden. 1322 wurde der Ort erstmals in einem ungarischen Dokument erwähnt. Das Wasser aus den Bergen Ende des 15. Jahrhunderts wurde zum Exportschlager und in großen Fässern verschifft. Die Türken konnten den Ort nicht erobern.

Berühmt ist Vodice für seinen sehr süßen Marascina-Wein. Die Süße kommt aus einer besonderen Rebsorte, sie wird noch gesteigert, indem die Trauben vor der Verarbeitung getrocknet werden. Meist wird der Wein nach dem Essen gereicht oder aber auch zu Backwerk.

Vodice

Vorwahl: +385/22, **Postleitzahl**: 22211.

Turistička zajednica, Obala Vladimira Nazora bb, Tel. +385/22/443888, www.vodice.hr. Wenig Informationen, aber Hinweise auf Apartments gibt es unter www.vodice.info.

Die neun großen Hotelanlagen findet man unter www.vodice.hr. Einige in Auswahl:

Hotel Punta, Hoteli Vodice d.d, Grgura Ninskog 1, Tel. +385/22/451480, www.hotelivodice.hr; DZ 130–240 Euro. Die größte Bettenburg am Platze, mit fünf Sternen.

Imperial Vodice, Vatroslava Lisinskog 2, Tel. +385/22/454454, www.rivijera.hr; DZ 70–150 (ohne Klimaanlage)/120–195 Euro (mit Klimaanlage).

Villa Matilde, Ljudevita Gaja bb, Tel. +385/22/444950, www.villematilde.com; Apartment 4 Pers. 65–135 Euro. Kleinere Apartmentsiedlung.

Hotel Kristina, Šetalište M. Sladoljeva 3, Tel. +385/22/444173, www.hotelkristina.net; DZ/HP 105–135 Euro.

Dalmatino, Grgura Ninskog 4, Tel. +385/22/440911, www.hoteldalmatino.com (kr.); DZ 90 Euro. Auf der Halbinsel Punta am Meer, nicht weit von der Stadt.

Bauernhoftourismus bei Familie Kalpić, Radonić, Tel. +385/22/217526, Tel. mobil 91/5458711, agroturizam@gmail.com, www.kalpic.com; DZ 80 Euro, Anmeldung erforderlich. Urlaub inmitten von Gärten, Weinreben und Obstbäumen.

Autokamp Imperial, Vatroslava Lisinskog 2, Tel. +385/22/454412, www.rivijera.hr.

Autokamp Ivona, Goran Roca, Vlahov Venca 14/a, Tel. +385/22/442558, www.autocamp-ivona.com. Schlicht.

Marina ACI Vodice, Artina 2, Tel. +385/22/443086, www.aci-club.hr. Gepflegte Marina, mit Tankstelle. Von den 450 Plätzen sind viele von Dauerliegern besetzt.

Zudije; Ostern. Ein 100 Jahre alter Brauch wird zelebriert: Als römische Soldaten verkleidete Männer stehen von Gründonnerstag bis Ostersonntag vor der Kirche oder laufen bei Prozessionen mit. Sie symbolisieren die Wache am Grab Christi.

An der Hafenpromenade reihen sich viele Restaurants aneinander, hier eine Auswahl:

Restaurant Arausa, Trg Franje Tuđmana 17. Gute Kalamares und Fischplatte, gemäßigte Preise.

Konoba Gušte, Vl. Gušte Jurčev Barabin, Mirka Zore bb. Gute Steaks, angemessener

▶ Karte S. 301

Preis, freundliche, persönliche Bedienung.
Pizzeria Riva, im Ortszentrum. Einfach und gut, auch mit klassisch-kroatischen Spezialitäten.
Restaurant Rico, Obala V. Nazora 5, Tel. +385/440808. Speisen und Service auf hohem Niveau, südlich des Hauptplatzes vor dem Wellenbrecher.

Tauchbasis Neptun Sub, am Hotelkomplex ›Punta‹, Grgura Ninskog 1. Tauchkurse und Tauchausflüge.
Auch die **Turistička zajednica** vermittelt Tauchkurse, Tel. +385/22/200493.

Rundfahrten und Ausflüge in die Kornaten vom Hafen.

Ambulanz Vodice, Roca Pave 6, Tel. +385/22/443169.
Apotheke, Roca Pave 6, +385/22/440014.
Apotheke Grubišić, Bribirskih knezova 18a, Tel. +385/22/444569.

Primošten

Primošten liegt romantisch auf einer Insel und war vom 15. Jahrhundert bis zum 19. Jahrhundert durch eine Zugbrücke mit dem Festland verbunden, die dann durch eine Steinbrücke ersetzt wurde. Auf der Spitze des bebauten Hügels befindet sich die Pfarrkirche **Sv. Juraj** von 1485 mit modernen, charaktervollen Wand- und Deckengemälden. Primošten ist berühmt für den Anbau der Traube Babić, aus dem ein guter, schwerer Rotwein gekeltert wird.

Rogoznica

Ebenso wie Primošten liegt der kleine Ort Rogoznica auf einer Insel. Historiker glauben, dass auf der ›Kopora‹ genannten Insel bereits die griechische Siedlung Herakleia lag. Oberhalb des 1390 erstmals erwähnten Ortes befindet sich die Bauruine einer **Festung** aus napoleonischer Zeit. Eine Besonderheit Rogoznicas ist die Schiffsprozession an jedem 2. Juli über die Bucht zu einer kleinen Kirche am **Kap Gradina** mit einem wundertätigem Marienbild.

Am Hafen von Vodice

Primošten und Rogoznica

Vorwahl: +385/22.
Postleitzahl: 22202.
Turistička zajednica Primošten, Trg biskupa Arnerića 2, Tel. +385/22/571111, www.tz-primosten.hr, tz-primosten@si.htnet.hr.
Turistička zajednica općine Rogoznica, Kneza Domagoja bb, Tel. +385/22/559253, www.tz-rogoznica.hr.

Hotel Zora, Punta Maslin, Primošten, Tel. +385/22/570048, www.hotelzora-adriatiq.com; DZ 170 Euro. Mehr als 300 Zimmer, direkt am Meer, mit Swimmingpool, Sauna und Tennisplätzen.

Camp Adriatic, Primošten, Tel. +385/22/571223, www.autocamp-adriatiq.com. Im Kiefernwald, direkt am Meer.

Marina Kremik, Splitska 24, Primošten, Tel. +385/22/570068. Außerhalb, 4 km südlich, gute sanitäre Anlagen.
Marina Frapa, Uvala Soline bb, Rogoznica, Tel. +385/22/559900.

Amphora, Rudina B. J Arnerica 9, Primošten. Spezialität: Fischgerichte, einfach und gut.
Konoba Maestral, Fra Andrije Kačića Miošića 3, Primošten. Gutes Preis-Leistungs-Verhältnis, freundliche Bedienung.

Kiesstrand, nördlich von Primošten, auch für Familien geeignet.

Inseln vor Šibenik

Murter

So dichtbesiedelt Murter heute ist, der Name bedeutet ursprünglich ›insula mortarii‹, Insel der Toten. Wahrscheinlich unter dem Eindruck einer im 17. Jahrhundert wütenden Pest entstanden, wurde der Name im 18. Jahrhundert erstmals zu ›Murter‹ verballhornt. Bei Ptolemäus hieß die Insel ›Scardon‹, der ungarische König Bela I. nannte sie ›Srimač‹.
Tisno ist der Brückenort zwischen Festland und der Insel Murter. Über eine Klappbrücke quält sich in den Sommermonaten der Verkehr auf die Insel. Erstmals 1474 erwähnt, wurde der Ort ab dem 15. Jahrhundert zur Fronarbeitersiedlung in der Hand der italienischen Familie Gelpi.
Murter, der Hauptort der Insel, hat seinen Namen erst seit 1715, davor hieß er schlicht Veliko Selo (Großes Dorf). Die breite Uferpromenade zieht sich bis zum Yachthafen hinauf. Oberhalb liegt der Berg **Gradina**, auf dem sich einst die reiche Römersiedlung Colentum befand. Unten am Hafen sind noch Reste der römischen Hafenanlagen zu sehen, die sich weit ins Meer strecken.
An der **Uferpromenade** befindet sich die Hauptverwaltung des Naturschutzparkes, hier legen auch die Boote zu den Kornateninseln ab. Ein guter Badestrand befindet sich in der **Slanica-Bucht**.

▶ Karte S. 301

Tisno und Insel Murter

Vorwahl: +385/22.
Postleitzahl: Tisno: 22240, Murter: 22243.
Turistička zajednica Murter, Rudina bb, Tel. +385/22/434995, www.tzo-murter.hr. Der Tourismusverband vermittelt Privatunterkünfte, Robinson-Urlaub und Fahrten in die Kornaten.
Turistička zajednica Tisno, Istočna Gomilica 1a, Tel. +385/22/438604, www.tz-tisno.hr.
Post, Trg Šime Vlašića, Tisno.

Apartment Village Hostin Rastovac, Petrića Glava 34, Tel. +385/22/438373, Tisno, www.hostin.hr; Apartment 2 Pers./HP 150 Euro. 2 km von Tisno entfernt, am Meer, mit Pool. Zwei- und Dreibett-Apartments, mit angeschlossenem Campingplatz.
Hotel Colentum, Put Slanice bb, Murter, Tel. +385/22/431100, www.hotel-colentum.hr; DZ 700–1750 Euro/Woche.

Tisno: Drei empfehlenswerte Campingplätze hintereinander: **Jazina** (www.campjazina.com), **Rina** und **Tome**, am Ufer der Festlandseite.
Camp Dalmatia, Put Jazine 265, Tisno, Tel. +385/22/439933. Neue Bäder, aber wenig aufgeräumter Platz.

Murings im **Ortshafen Tisno**, Hafenmeister, Obala Sv. Martina, Tel. +385/22/439313.
Achtung: Die Brücke in Tisno wird nur zwischen 9 und 9.30 Uhr und 17 und 17.30 Uhr hochgezogen.
Marina Hramina, Put Gradine 1, Murter, Tel. +385/22/434411. Geschützte Lage, Ausgangspunkt für Segeln in den Kornaten, viele Serviceangebote (Kran), aber nur mäßig gepflegt.

Restaurant Brošića, Tisno, bei der Brücke. Fischspezialitäten. Überdachte Terrasse.
Mate, Kornatska 1, Murter, Tel. +385/22/435351. Gute dalmatinische Spezialitäten.
Fischrestaurant Čigrada, Insel Murter. In der gleichnamigen Bucht, außerhalb. Die Küche ist besser, als von außen zu erwarten ist.

Ambulanz, Tel. +385/22/435262 oder Tel. mobil +385/91/227560 39, und **Apotheke**, Tel. +385/22/434129, beide ul. Hrvatskih vla dara 47.

Die Kornaten

Die Bezeichnung ›Kornaten‹ geht auf das Wort ›corona‹ (Krone) zurück. In der Geschichte boten die Inseln mit ihren zahlreichen Buchten Verstecke für lichtscheues Gesindel auf See. Die Gewässer waren fischreich und boten gute Bedingungen für die Fischzucht. Die Illyrer bauten Verteidigungsanlagen auf den Inseln, von denen noch einige Reste zu sehen sind, wie zum Beispiel auf der Insel **Kornat**. Die Römer haben zahlreiche Fischteich- und Salzgewinnungsanlagen hinterlassen. Im Zweiten Weltkrieg machten sich die Partisanen das Labyrinth der Inseln zunutze, indem sie Krankenlager und mehrere Schiffsreparaturanlagen errichteten. Ein Relikt aus jüngerer Vergangenheit ist auf der Insel **Mana** zu sehen, die Kulissen für den Film ›Raubfischer in Hellas‹, den eine Münchener Produktionsgesellschaft 1959 hier gedreht hatte.

Die Namensgebung der Inseln zeugt vom Humor ihrer Bewohner. Bis die Österreicher die Herrschaft im Lande übernahmen, sollen viele Inseln keine Namen gehabt haben. Doch als die Kartographen übereifrig durch das Land zogen und dokumentierten, sollen sich die Fischer so manchen Namen zum Spaß ausgedacht haben. Und weil die Österreicher nur wenig kroatisch verstanden, stehen anzügliche Inselnamen in den Karten: ›Große Hure‹ und ›Kleine Hure‹ oder ›Omas Hintern‹, aber auch gruselige wie ›Schleifer‹, ›Der Tote‹ oder ›Schwarzer Schmied‹.
Touren auf die Inseln werden von **Sukošan**, **Biograd**, **Šibenik** und vor allem vom offiziellen Verwaltungszentrum in **Murter** angeboten. Mit dem Taxiboot lassen sich individuelle Preise und Routen vereinbaren. Die Nationalparkbestimmungen sind strikt: Es darf getaucht, gebadet und sogar gefischt

Einzigartige Landschaft: die Kornaten

werden, aber nur an bestimmten Stellen und mit Genehmigung. Der Besuch des Nationalparks kostet Eintritt, auch für die Skipper, die von Booten der Nationalparkverwaltung aus kontrolliert werden. Bei den meisten organisierten Touren sind sie im Preis enthalten, trotzdem sollte vorher gefragt werden. Eintrittskarten sowie Informationen zu Campingplätzen und Tauchrevieren sind in der Nationalparkverwaltung erhältlich: **Kornati National Park**, Butina 2, 22243 Murter, Tel. +385/22/435740, www.np-kornati.hr.

Der Archipel vor Šibenik

Die autofreien Inseln vor Šibenik bieten viel Ruhe, erholsame Wandermöglichkeiten, schöne Badestellen und gemütliche Konobas. Die meisten Häuser waren Ferienhäuser reicher Šibeniker Bürger. Dazu gehört auch die Villa von Faust Vrančić auf der Insel **Prvić**. Im Haus des berühmten Universalgelehrten und erstem Erbauer eines funktionierenden Fallschirmes befindet sich heute ein kleines Museum. **Zlarin,** die ›Goldene‹, ist bekannt für ihre Korallenvorkommen. Auf **Kaprije** werden Kapern geerntet, dort befindet sich eine schöne Badebucht auf der Ostseite. Die Insel **Žirije** ist bekannt für ihre beiden Festungen aus dem 6. Jahrhundert auf den Bergen Gradina und Gustijerna, auch hier gibt es schöne Strände auf der Ostseite.

▲ Karte S. 301

Das nur 300 Meter vom Ufer entfernt liegende Eiland **Krapanj** ist das Zentrum der Schwammfischerei im Archipel, von der ein kleines Museum berichtet. Im Westteil liegt das 1435 von einheimischen Baumeistern errichtete Franziskanerkloster, in dessen Refektorium eine Darstellung des heiligen Abendmahles von Santacroce zu sehen ist.

Krapanj

Vorwahl: +385/22.
Postleitzahl: 22010.
Turistička zajednica Brodarica-Krapanj, Krapanjskih spuzvara 1, 22010 Brodarica, Tel. +385/22/350612, www.tz-brodarica.hr.

Hotel Spongiola, Obala I Krapanj, Tel. +385/22/348900, www.spongiola.com; DZ/HP 120–210 Euro. Zimmer und Apartments, mit Tauchzentrum.

Einige Lokale an der Uferstraße: ›Jadran‹, ›Karatel‹, ›Zlatna ribica‹, ›Lipa Dalmacija‹, ›Sototajer‹.

Bei Krapanj werden Schwämme gestochen

Trogir

Mit dem Betreten der Altstadt von Trogir könnte man meinen, man reist zurück ins Mittelalter beziehungsweise in die Renaissance. Es gibt kaum ein geschlossener wirkendes Altstadtbild. Das hat die Stadt so beliebt gemacht, dass sie von vielen Touristen besucht wird und zur Museumsstadt geworden ist. 1997 ist die 10 000-Einwohner-Stadt von der UNESCO in die Liste des Weltkulturerbes aufgenommen worden. In der deutsch-jugoslawischen Karl-May-Filmproduktion ›Winnetou III‹ diente die Stadt als Kulisse für Santa Fe. Trotz des Rummels sind große Kulturdenkmäler zu entdecken, dazu gehört insbesondere die Kathedrale.

Geschichte

Im Mittelalter war Trogir mächtiger als Šibenik und Split, heute steht Trogir verwaltungstechnisch unter der Regie von Split. Deshalb schauen die Bewohner durchaus argwöhnisch auf die große Stadt im Süden.

Von den Griechen, die hier 380 vor Christus eine Kolonie gründeten, ist der Name Tragurion belegt. Die Römer, die die Stadt 78 nach Christus übernahmen, formten es zu Tragurium, die Kroaten machten Trogir daraus und die Italiener Trau. Ihre Bedeutung erlangte die Stadt zum einen, weil die Awaren im 6. Jahrhundert an den Stadtmauern scheiterten, während sie das größere Salona im Süden dem Erdboden gleichmachten und als Konkurrenzhafen auslöschten. Zum anderen gelang es der Stadt im frühen Mittelalter, die Salinen bei Šibenik auszubeuten. Einschneidend war erst die völlige Zerstörung der Stadt durch die Sarazenen 1123.

Als sich Šibenik mit einem Trick eigene Stadtrechte sicherte und sich 1298 von Trogir abnabelte, brach das Wirtschaftsleben erneut ein. Es blieben der Handel und die Marmorsteinbrüche in den Bergen, die Geld in die Stadt brachten. Bis heute wird der Stein oberhalb von Seget abgebaut und exportiert.

Nach der Machtübernahme durch die Venezianer 1420 begann eine starke Opposition gegen die Kaufmannsrepublik, die über Jahrhunderte andauerte. Anfang der 30er Jahre des 20. Jahrhunderts zerstörten die Bewohner alle Markuslöwen an öffentlichen Gebäuden der Stadt, worauf sie noch heute stolz sind.

Stadtrundgang

Von der Landseite ist es am einfachsten, die Stadt durch das **Nordtor** betreten. Oben auf dem barocken Portal steht die gotische Figur des Stadtheiligen Sv. Ivan, die Bonino da Milano gefertigt hat.

Kathedrale Sv. Lovro

Den Platz Trg Ivan Pavle II überragt die Kathedrale Sv. Lovro aus dem 13. Jahrhundert. Ursprünglich stand an der Stelle der Kathedrale, die die Einheimischen heute Sv. Ivan nennen, ein griechischer Tempel. Berühmt ist die Kathedrale für ihr romanisches **Portal**, dessen Restaurierung 2006 abgeschlossen wurde. Es wurde 1240 von der Bauhütte des wohl größten kroatischen Bildhauers der Romanik, Meister Radovan, gestaltet. Heute wird darüber gestritten, welche Teile von ihm und welche von seinen Schülern sind. Der Blick wird auf zwei ausdrucksstarke Großfiguren gelenkt, auf der linken Seite vom Eingang Eva und rechts Adam. Das symbolreiche und das mittelalterliche Weltbild transportierende Portal gliedert sich in zwei Teile: Unten an den Seiten der Tür wird der weltliche und über der Tür der biblisch-himmlische Bereich dargestellt.

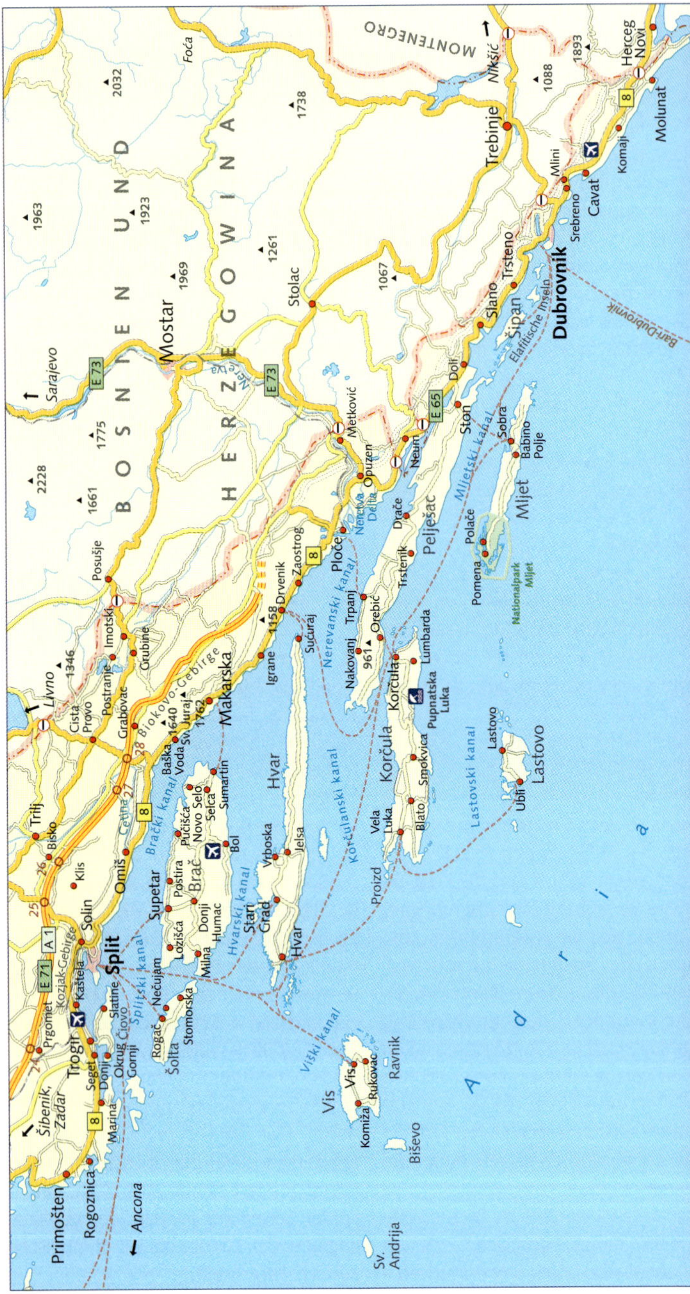

Der Süden von Dalmatien

Blick auf Trogir von der Insel Čiovo aus

Drei Säulenreihen säumen den Türstock, wovon die äußere mit Figuren von Heiligen und Aposteln verziert ist, die innerste mit Dämonen und Fabelwesen. In der mittleren Reihe wird das mittelalterliche Leben der Menschen buchstäblich als ein Leben zwischen Dämonen und Heiligen gezeigt. Lebenspralle Szenen aus dem mittalterlichen Alltag sind zu sehen: Menschen beim Schafescheren, Wurstkochen und Weintrinken.

Im Inneren der Kirche fällt der Blick zuerst auf die romanische **Kanzel** aus dem 13. Jahrhundert. Über dem Altar wölbt sich ein Ziborium, verziert mit zwei Figuren von Meister Radovan, die eine Verkündigungszene darstellen.

Eine weitere Attraktion ist der 1468 begonnene Anbau der **Grabkapelle des Sv. Ivan** von Nikola Firentinac und Andrija Aleši. Einzigartig in dem vielfältigen Figurenschmuck sind die Engel von Ivan Duknović im Fries. Die mit Fackeln aus den Wänden heraustretenden Himmelsboten stellen Szenen aus der Apokalypse dar. Die tonnengewölbte Kassettendecke mit seinen Engelsköpfen erinnert an den Jupitertempel in Split. Der **Kirchturm** ist begehbar. Für die Besichtigung vieler Kirchen wird ein Eintritt verlangt. Es gibt auch ein Ticket, mit dem man Zugang zu allen Kirchen bekommt.

Trg Ivan Pavle II

Gegenüber dem Eingang der Kirche befindet sich der **Palazzo Čipiko**, links der alte, rechts der neue, letzterer mit gotischem Maßwerk im Fenster. Die Balkone mit den einzigartigen Medaillons schuf Andrija Aleši (1430–1504). Von der Seitengasse aus kann man in den Innenhof des alten Palazzos blicken.

Auf der Südseite des Platzes befindet sich die offene **Loggia** mit dem Uhrturm. In ihr wurden öffentliche Gerichtsverhandlungen abgehalten, die die Bewohner mitverfolgen konnten. Nikola Firentinac schuf das Relief über dem heute noch erhaltenen Richtertisch. Das Relief an der Längswand fertigte Ivan Meštrović, es stellt den Trogirer Bischof Petar Berislavić dar. Neben der Loggia ragte eine Hand aus der Mauer, an der die Leute nach einem Todesurteil sofort aufgehängt wurden. Am **Uhrturm** aus dem 15. Jahrhundert befinden sich zwei zartgliedrige

Figuren, die Christus und den heiligen Sebastian darstellen, geschaffen von Nikola Firentinac.

Das Gebäude neben dem Uhrturm gehört zum Kloster **Sv. Ivan**, das auch die Sammlung kirchlicher Kunst mit Meisterwerken des frühen Mittelalters von G. Bellini und Blaž Jurjev Trogiranin beherbergt. Im Hof des Klosters befinden sich die frischrenovierten Reste der frühmittelalterlichen Kirche Sv. Marija mit kleeblattförmigem Grundriss. Schräg gegenüber ist in einer Kirche eine **Dauerausstellung mit Figuren von Firentinac** zu sehen.

Auf der Ostseite neben der Kirche steht das **Rathaus**. Der einstige Rektorenpalast der Venezianer aus dem 15. Jahrhundert wird heute noch für die Verwaltung der Stadt genutzt. Im Innenhof befindet sich ein wunderschöner gotischer Treppenaufgang. Vor der Kulisse des Platzes Trg Ivan Pavle II findet im Sommer das Nachtleben statt, wenn zahlreiche Folklore-, Rock-, und Popbands die Stadt zur Partyzone werden lassen.

Durch die Stadt

In der Gasse südwestlich des Platzes liegt die kleine Kirche **Sv. Barbara** aus dem 10. Jahrhundert. Die älteste Kirche der Stadt strahlt mit ihrem schmucklosen

An der Promenade von Trogir

▲ Karte S. 344

Uhrturm und Loggia in Trogir

Inneren und ihren dicken Säulen und Bögen archaische Wucht aus.

Südwestlich der Kirche Sv. Barbara befindet sich das Benediktinerinnenkloster **Sv. Nikola** (Schutzheiliger der Seefahrer). Das Museum des Klosters beherbergt Trogirs wichtigstes Relikt aus griechischer Zeit: ein Relief, das den Gott Kairos darstellt. Als ›Gott des rechten Augenblicks‹ wird er mit dem Haarschopf in der Stirn dargestellt. An ihm kann man – so entstand die deutsche Redensart – ›die Gelegenheit beim Schopf packen‹.

Die breite **Uferpromenade** lädt zum Schlendern ein. Dabei kommt man am **Dominikanerkloster** aus dem 14. Jahrhundert vorbei, vor dem die Plastik des 1260 in Trogir geborenen Bischofs Augustin Kazotić steht. Der Dominikaner war der erste seliggesprochene Kirchenmann Kroatiens. Im Inneren des von Nikola Firentinac umgestalteten Raumes hat die Klosterkirche als eine der wenigen noch das vollständig erhaltene Dach aus Tannenholz. Beachtenswert sind die Altargemälde aus der Schule Tizians und die ›Beschneidung Christi‹ von Palma dem Jüngeren. Im lauschigen Kreuzgang, der mit Blumentöpfen und allerlei Funden vollgestellt ist, sind die letzten Löwendarstellungen der Stadt zu finden. Am Ende der Insel liegt die Festung **Kamerlengo**, die die Venezianer kurz nach der Eroberung Trogirs bauten. Dort waren die venezianischen Streitkräfte untergebracht. Ihre starke Befestigung sollte die Truppen vor allem vor einem Volksaufstand schützen. Die Festung ist nur in der Saison geöffnet; dann finden abends Konzerte statt, Termine bei der Turistička zajednica.

Insel Čiovo

Am Ostufer von Trogir entlang führt die Straße über eine Drehbrücke auf die knapp 30 Quadratkilometer große Insel Čiovo, die eigentlich Trogirs Badeinsel ist. Unter den Römern war sie ein Ort der Verbannung. Als der Hafen an Bedeutung gewann, wurde auf der Insel eine Quarantänestation gebaut, aber auch Leprakranke wurden auf die Insel abgeschoben. 1242 versteckte sich der ungarische König Bela IV. vor den Tataren auf der Insel. Seine Rettung hat der Stadt Trogir einen mächtigen Protegé gebracht.

Trogir

Vorwahl: +385/21.
Postleitzahl: 21220.
Turistička zajednica Županje Split, Prilaz braće Kaliterna 10/I, p.p. 430, 21000 Split, Tel. +385/21/490032, www.dalmatia.hr.
Turistička zajednica Trogir, Trg Ivana Pavla II. Br. 1, Tel. +385/21/881412, www.tztrogir.hr; außerdem www.trogir.org, www.trogir24.de.

Flughafen Split, Zračna Luka, Cesta dr. Franjo Tuđman, 21216 Kaštel Štafilić, Tel. +385/21/203506, www.split-airport.hr. Näher an Trogir als an Split, etwa 20 Min. Autofahrt.
Busbahnhof, Kneza Trpimira 2, in östlicher Blickrichtung vom Nordtor. Auch internationale Busse aus Deutschland und Österreich. Von Split mit dem Bus 37 direkte Verbindung.
Personenfähre: Split–Trogir–Seget Donji–Drvenik Mali–Drvenik Veli; Ableger bei der Festung Kamerlengo, 2–3x täglich.

Domus maritima, Put Cumbrijana 10, Tel. mobil +385/91/1113456, www.domus-maritima.com; DZ 100 Euro. Stilvoll in einem alten Palazzo.
Hotel Fontana, Obrov 1, Tel. +385/21/885744, www.fontana-commerce.htnet.hr; DZ 95 Euro. Kleines Hotel im Herzen der Altstadt, mit Restaurant.
Bavaria, Hrvatskih žrtava 133, Tel. +385/21/880601, www.hotel-bavaria.hr; DZ 75 Euro. Am Rand der Stadt.

Campingplätze gibt es nur außerhalb, Richtung Westen: **Kamp Seget**, Hrvatskih žrtava 121, 21218 Seget Donji, www.kamp-seget.hr.
Vranjica belvedere, Put Hrvat skih žrtava bb, 21218 Seget Donji, www.vranjica-belvedere.hr.

ACI Trogir, Put Cumbrijana bb, Tel. +385/21/881544, www.aci-club.hr. An der Nordseite der Insel Čiovo.

Tragos, Budislavićeva 3, Tel. +385/21/884729, www.tragos.hr. Gerichte aus Trogir, schönes Ambiente eines alten Weinkellers oder auf der Terrasse; gehoben.
Don Dino, Splitska 1, Tel. +385/21/882555, www.dondino.hr. Gehobene Pizzeria mit langer Tradition.
Alka, Kažotica 15, Tel. +385/21/881856, www.restaurant-alka.hr. Gehobene Gas-

tronomie mit Fischgerichten und internationaler Weinkarte.
Capo, Ribarska 11, Tel. +385/21/885334, www.capo-trogir.com. Im Stil einer Konoba, mit Internetcafé.
Fontana, Tel. +385/21/885744, www.fontanatrogir.com. Besticht durch seine Lage am Wasser, mit Fischspezialitäten. Reservieren kann notwendig sein.

F1-Club. Diskothek 5 km vom Zentrum Trogir, Auftritte kroatischer Stars.
Fischparties, in den zahlreichen Strandbars von Gornji Okrug, mit Live-Bands und viel Musik bis in die späte Nacht.

Stadtmuseum, Šubičeva, im Palast der Familie Garagnin-Fanfogna.Sammlung von Funden aus griechischer, römischer und türkischer Zeit; Plastiken von namhaften Künstlern wie Nikola Firentinac. Außerdem die Ausstellung der albanischen Künstlerin Cata Dujšin-Ribar, eine echte Entdeckung.

Im Sommer Nightlife mit Bands und geöffneten Restaurants in der ganzen Stadt.
Fischerparties, am Strand von Okrug auf der Insel Čiovo.
Sommerkonzerte, unter anderem in Kaštel Kamerlengo.
Trachtenfestival; Anfang Juli.

Pantan, 1,5 Kilometer östlich von Trogir. Auch mit Bus Nr. 37 erreichbar; in der Strandbar ›Mosquito‹ werden Cocktails serviert.
Strand Okrug Gornji auf Čiovo, bekannt für seine Strandfeiern.
Zwei Kilometer von Okrug Gornji entfernt gibt es einen Strand auf Čiovo, der wegen seiner Beliebtheit auch **Copacabana** genannt wird, mit verschiedenen Bars und Restaurants, die bis spät in die Nacht geöffnet haben.

Trogir Diving Center, Pod Luku 1, Okrug Gornji, Tel./Fax +385/21/886299, www.trogirdivingcenter.com; April–Okt. Tauchschule, Ausflüge mit Tauchbooten.

Schöne Wandermöglichkeiten auf dem südöstlichen Teil von Čiovo, ab Slatine mit schönem Blick auf das Meer, zum Beispiel zur kleinen, malerischen **Einsiedelei Prizidnica** oberhalb des Meeres.

Ambulante Versorgung, Kard. A. Stepinca 17, Tel. +385/21/881461, +385/21/882922.
Apotheken: Ljekarna, Gradska 25; Kard. A. Stepinca 17.
Krankenhäuser in Split, → S. 358.

Kaštela

▶ Karte S. 344

Die Küste zwischen Trogir und Split war seit dem Mittelalter die Kornkammer für die beiden Städte. Der Berg **Kozjak** oberhalb war bereits vor 45000 Jahren besiedelt, wie steinzeitliche Funde in Höhlen gezeigt haben. Zur Verteidigung gegen die eindringenden Türken wurden ab dem 14. Jahrhundert 16 burgähnliche Festungen (Castelli) gebaut, die zum Teil heute noch am Wasser oder auf vorgelagerten Inseln aufragen. Ab dem 18. Jahrhundert war der Küstenabschnitt eher der Lustgarten für die Reichen und Schönen. Heute ist dieser Küstenabschnitt zersiedelt und im Sommer staubig und voll.
Charakteristisch für die Gegend ist der Anbau der Traube Crljenak. Aus ihr wird ein weicher und runder Wein gekeltert. Erst kürzlich fand man heraus, dass sie mit der in den USA beliebten Traube ›Zinfandel‹ genetisch identisch ist; so glauben manche, dass die Zinfandeltraube von Kroaten aus Kaštel in die USA eingeführt wurde.

Kaštel Sućurac

Der Ort mit seiner verwinkelten Altstadt gilt als die älteste und besterhaltene Festung. Unter dem Spliter Erzbischof entstand Ende des 14. Jahrhunderts zunächst ein Wehrturm, der 1488 zu einem kleinen **Schloss** ausgebaut wurde. Dieses beherbergt heute ein Museum mit antiken Ausstellungsstücken.

Kaštel Gomilica

Das Kaštel Gomilica liegt auf einer Insel, die der kroatische König Zvonimir im Jahr 1078 den Benediktinerinnen schenkte. Darauf ließen sie das Kastell im 16. Jahrhundert als eine im Grundriss fast viereckige Festung errichten. Vor der Kirche des Ortes steht eine 700 Jahre alte Eiche.

Kaštel Lukšić

1487 erhielt der Adelige Luksi Vitturi aus Trogir die Genehmigung zum Bau einer Festung, aus der 1564 schließlich eines der schönsten **Renaissanceschlösser** der Küste wurde. Um die Festung rankt sich die Legende von Miljenko und Dobrila, eine Art Romeo-und-Julia-Geschichte. Dobrila, Tochter des Palasteigentümers Vitturi, und Miljenko aus dem Hause Rušinić verliebten sich ineinander, obwohl ihre Familien verfeindet waren. Nach zahlreichen gescheiterten Versuchen, die beiden von einer Vermählung abzubringen, stimmte der größte Widerständler, Vater Vitturi, einer Hochzeit zu und erschoss Miljenko auf dem Fest. Das Drama wird während der Sommermonate im Kaštel aufgeführt.

Kaštel Stari

Kaštel Stari (stari=alt) wurde 1481 von dem Trogirer Humanisten, Schriftsteller und Heerführer Koriolan Čipiko gebaut. Čipiko, der für Venedig unter anderem an der Küste der Türkei gekämpft hatte, war der erste aus Trogir, der eine Wehranlage gegen die Osmanen baute. Ironie der Geschichte: 1492 brannte der Palast ohne Zutun der Türken ab, dabei kam Čipikos Frau ums Leben.

Kaštel Novi

Kaštel Novi (novi=neu), das neue Kastell, ließ der Neffe von Koriolan Čipiko, Pavlo Antun Čipiko, 1512 errichten. Im Ort wurde der Bildhauer Marin Studin (1895–1960) geboren. Der Schüler von Ivan Meštrović fertigte die Skulptur des **Sv. Roko** in der gleichnamigen Kirche an und das zehn Meter hohe Denkmal ›Verkünder der Freiheit‹ an der Uferpromenade zwischen Kaštel Stari und Kaštel Novi.

An der Promenade von Kaštel Štafilić

Kaštela

Vorwahl: +385/21.
Postleitzahlen: 21215–21217.
Turistička zajednica Grada Kaštela, Dvorac Vitturi, Brce 1, 21215 Kaštel Lukšić, Tel./Fax +385/21/227933, www.kastela-info.hr.

Flughafen Split, zwischen Kaštel und Trogir, → S. 347.

Bahnhof, Kaštel Stari. Mehrmals am Tag Züge nach Split, nicht zum Flughafen.

Villa Žarko, Obala k. Tomislava 7a, 21215 Kaštel Lukšić, Tel. +385/21/228160, www.villa-zarko.com; DZ 75–95 Euro. Schöner Blick, schlicht.
Adria, Cesta Franje Tuđmana bb, Tel. +385/21/798140, www.hotel-adria.hr; 70–85 Euro. Mit Restaurant, Reservierung empfohlen.
Villa Šoulavy, Obala Kralja Tomislava 18, 21215 Kaštel Lukšić, Tel. +385/21/246640, www.villasoulavy.hr; DZ 60 Euro (ab 2 Wochen 35–55 Euro). Gebäude aus dem 16. Jahrhundert, komplett saniert.
Hotel Kaštel, Sv. Ivana 2, 21215 Kaštel Lukšić, Tel. +385/21/228455, www.hotel-kastel.hr; 23 Zimmer. Schlicht, östlich der Ortes, mit eigenen Bademöglichkeiten und Restaurant.
Hotel Sv. Jure, Obala Kralja Tomislava 21, Kaštel Novi, Tel. +385/21/232759, www.sveti-jure.com; DZ ab 50 Euro. An der Uferpromenade, im Landhausstil, gute Gastronomie.
Villa Miolin, Cesta Franje Tuđmana 169, 21215 Kaštel Sućurac, Tel. 224224, mobil 098/73 21 26, renato. miolin@st.t-com.hr; ab 40 Euro.

Kamp Dragan, Ante Starčevića 39, Kaštel Gambelovac, Tel. +385/21/220573, www.campdragan.com (kr.).
Autocamp Biluš, Obala Kralja Tomislava 49, Kaštel Stari, Tel. +385/21/230543, www.campsplit.com.
Camping Juras, Put Resnika bb, zwischen Resnik und Kaštel Štafilić, Tel. +385/21/234408.
Camp Confido und **Camp Koludrovac**, beide Put Resnika bb.

Baletna Škola, Don Frane Bege 2, Kaštel Kambelovac, Tel. +385/21/220208. Einfache, traditionelle dalmatinische Gerichte.
Restaurant Palma, Kaštel Stari, vor dem Čipiko-Palast.
Konoba Sv. Jure, an der Uferpromenade, Kaštel Novi, Tel. +385/21/232759. Landhaus-Ambiente mit offenem Grill, nettes Personal und moderate Preise, Peka (Gegrilltes unter der Haube) muss einen Tag vorher bestellt werden.
Restoran Odmor, Kaštel Kambelovac, Tel. +385/21/220263.
Restoran Bimbijana, Kaštel Gomilica, Tel. +385/21/222780.

Mehr als 100 Kilometer Wanderwege führen durch die Berge oberhalb von Kaštela, zum Beispiel von Sućurac zum Berg **Kozjak** oder auf das Joch **Vrata** am Bergrücken des Kozjaks vorbei an zahlreichen kleinen Kirchen bis zur Kirche **Sv. Luka** (auf 690 Metern Höhe), die aus dem 9. Jahrhundert stammt. Material zu den Wanderrouten gibt es in der Turistička zajednica.
Berg Biranj: Wanderung zur frühromanischen Kirche Sv. Ivan zwischen Resten einer präromanischen Fluchtburg, Wallfahrt jährlich am 26. Juni.
Kozjak-Gebirge: 50 bis 250 Meter hohe, steile Felswände für Kletterer.
Markierte **Mountainbikewege** auf den Höhen des Kozjak-Gebirges. Eine Übersicht ist in der Turistička zajednica erhältlich; sie ersetzt aber keine Karte.

Ambulanz, F. Tuđmana bb.

▲ Karte S. 344

Split

Split ist die einzige Stadt der Welt, die in einen römischen Palast gebaut ist. An kaum einem anderen Ort außerhalb von Rom sind so gut erhaltene antike Mauern, Tempel und Säulen zu sehen. Die ganze Innenstadt ist ein einziges römisches Freilichtmuseum – und mehr als das: Split ist nach Zagreb die Nummer zwei in Kroatien, was die Größe der Stadt, die Bedeutung ihres Flughafens und ihrer Wirtschaft betrifft. Zementfabriken, Anlagen der Plastikindustrie, Werften, der Hafen und nicht zuletzt natürlich der Tourismus sind die Einnahmequellen. Der Hafen ist der zentrale An- und Ableger für die Fähren auf die großen Inseln: Brač, Hvar, Korčula, Šolta und Vis.

Geschichte

Als die Griechen im 4. Jahrhundert vor Christus auf der Halbinsel eine Kolonie errichteten, bedeckte noch Ginster die ganze Landzunge, und so nannten die Griechen ihre Gründung Asphalatos. Die Römer machten daraus ›Spalatum‹ und die späteren Einwohner ›Split‹.

Doch nachdem die Römer die Küste erobert hatten, gründeten sie fünf Kilometer nördlich vom heutigen Split auf liburnischen Grundmauern die Stadt Salona, die bald zu einer antiken Großstadt heranwuchs.

In einem Dorf bei Salona wurde der spätere römische Kaiser Diokletian geboren. Der scharfe Christenverfolger beendete als einziger römischer Kaiser seine Regentschaft, indem er freiwillig in den Ruhestand ging. Für seine letzten Lebensjahre baute er einen Palast, an der Stelle, wo heute die Altstadt von Split steht. 305 nach Christus war der Palast bezugsbereit, in dem Diokletian noch acht Jahre lebte.

Als die Awaren im 7. Jahrhundert die große Stadt Salona überfielen, suchten die Bewohner Schutz hinter den Palastmauern. Er wurde zu einem riesigen Flüchtlingscamp, das sich allmählich zu einer Stadt wandelte. Im Mittelalter erreichte sie sogar eine kurze Zeit der Autonomie und prägte ihre eigenen Münzen.

Eine der größten Bedrohungen nach der Übernahme durch Venedig 1420 waren die Türken. Der eingewanderte Jude Danijel Rodriga erreichte, mit den Türken Handel treiben zu dürfen. Indem er Split zu einem modernen Hafenzentrum ausbaute und erstmals ein Zollamt einrichtete, machte er aus der Not eine wirtschaftliche Tugend.

Unter Napoleons Marschall Auguste Viesse de Marmont wurde die Stadt grundlegend modernisiert und unter anderem die Riva verlängert. Der folgende österreichische Herrscher Kaiser Franz I. machte Split zu einer Industriestadt.

Im Zweiten Weltkrieg wurde Split in Absprache mit der kroatisch-faschistischen Marionettenregierung Ante Pavelićs von den Italienern besetzt und deswegen von den Alliierten bombardiert. Nachdem die Partisanen 1944 Dalmatien unter ihre Kontrolle gebracht hatten, bildeten sie in Split die erste kroatisch-kommunistische Regierung, bevor diese nach Zagreb umzog.

Im letzten Krieg wurde Split 1991 zwar von der Marine der jugoslawischen Armee bombardiert, doch die Schäden hielten sich in Grenzen. Durch das Universitätskrankenhaus wurde die Stadt vor allem zu einem medizinischen Versorgungszentrum nicht nur für die Orte und Inseln der Umgebung. Aus den Kriegsgebieten in Bosnien und Herzegowina brachten Helfer etwa 30 000 Verwundete nach Split.

Wichtige Persönlichkeiten Dalmatiens

Juraj Dalmatinac (gest. 1473) ist der für Dalmatien wichtigste Name. Er hat unter anderem die gesamte Stadt Pag entworfen. Sein Lebenswerk ist die Planung der Kathedrale von Šibenik, wo er vor allem für die beeindruckende Taufkapelle den Fries der 74 Köpfe geschaffen hat und die Vorarbeiten für die Kuppel geleistet hat. Weil er mit diesem Werk bekannt wurde, nannte er sich auch Giorgio da Sebenico. Sein Schaffensdrang war enorm: Im gleichen Jahr, in dem er in Šibenik an der Taufkapelle baute, schuf er im italienischen Ancona 1452 die Loggia dei Mercanti. Danach arbeitete er in Dubrovnik am Fürstenpalast und an der Festungsanlage. Er soll in Šibenik gestorben sein.

Nikola Firentinac, in Florenz geboren, gestorben 1505, war nach Dalmatinac der bedeutendste Baumeister Dalmatiens, weil er architektonisch den Renaissancestil durchsetzte. Der ehemalige Gehilfe von Donatello, der ihn nachhaltig beeinflusst hatte, entwarf ab 1468 mit Andrija Aleši und Ivan Duknović die Ursini-Kapelle im Dom von Trogir. Ab 1477 übernahm er die Bauleitung der Kathedrale von Šibenik. Seine Skulpturen zeichnen sich durch Zartheit und Lebendigkeit aus.

Juraj Dalmatinac, Skulptur von Ivan Meštrović

Andrija Medulić (1500–1563), Maler aus Zadar, war beeinflusst von byzantinischer Kunst, ging bei Tizian in die Lehre und war Lehrer in der Frühphase von Tintoretto.

Lucijano Vranjanin (ca. 1420–1479), ebenfalls aus Zadar, trieb die Entwicklung der italienischen Renaissance auf ihren Höhepunkt. Er hinterließ Werke in Neapel, Venedig und Mantua, als sein Meisterwerk gilt der Palazzo Ducale in Urbino.

Faust Vrančić (1551–1617) aus Šibenik war eine Art Leonardo da Vinci Kroatiens. Der Schwerpunkt dieses Universalgelehrten, der auf der vorgelagerten Insel Prvić geboren wurde, lag jedoch nicht so sehr in der Malerei als vielmehr in der Literatur. Als erster hat er eine Art Fallschirm entwickelt. In einem quadratischen Holzrahmen von sechs mal sechs Meter spannte er ein Tuch und segelte damit 1617 vor zahlreichen Zuschauern vom Glockenturm des 86 Meter hohen St. Martinsdoms in Bratislava unbeschadet in die Tiefe. Später wiederholte er erfolgreich seinen Sprung in Venedig. Der Bischof und spätere Kardinal schrieb außerdem das erste Wörterbuch mit den seiner Meinung nach ›edelsten‹ europäischen Sprachen: Lateinisch, Italienisch, Deutsch, Kroatisch und Ungarisch. Er schrieb außerdem eine Geschichte Kroatiens und förderte als Archäologe erfolgreich römische Reste zu Tage.

Franz von Suppé kam 1819 in Split zur Welt. Seine Familie war allerdings aus Belgien über Italien nach Split eingewandert. Suppés Vater war Staatsbeamter der österreichisch-ungarischen Monarchie. Mit 13 komponierte Suppé seine erste Messe, die ›Missa Dalmatica‹. Der Vater zwang ihn zum Jurastudium nach Padua, doch als dieser starb, zog Suppé mit seiner Mutter nach Wien, wo er erst spät mit Operetten wie ›Fatinitza‹ (1876) und ›Bocaccio‹ (1879) Erfolge feierte. Es heißt, Suppé sei sprachlich seine dalmatinische Herkunft immer anzumerken gewesen.

Dado Pršo (geb. 1974). Die Geschichte des Fußballspielers, der international von sich reden machte, zeigt viel von den Konflikten des Landes. Pršo musste sich stets dem Vorwurf stellen, er sei kein Kroate, sondern Krajina-Serbe. Wegen der langen Belagerung Zadars während des Krieges Anfang der 90er, die von den Krajina-Serben unterstützt wurde, ist dieser Vorwurf ein Politikum. »Ich bin Kroate, und alles andere ist Unsinn«, versuchte Pršo alle Unklarheiten aus dem Weg zu räumen.

Dražen Petrović (1964–1993), Basketballer aus Šibenik, wurde wegen seiner leichten Spielweise auch als ›Mozart des Basketballs‹ bezeichnet. Ebenso frühzeitig wie der Komponist Mozart kam er allerdings auch ums Leben, bei einem Autounfall auf der A9. Der 1964 Geborene führte in 35 Länderspielen die jugoslawische Mannschaft einmal zur Weltmeister- und einmal zur Europameisterschaft. Mit 13 entdeckt, spielte der Sohn eines Šibeniker Polizisten für Real Madrid und in der nordamerikanischen NBA-Liga. Bei den Olympischen Spielen in Barcelona holte Petrović Silber für Kroatien. 2002 wurde Petrović in die amerikanische Hall of Fame aufgenommen.

Goran Ivanišević ist der gefeierte Sohn der Stadt Split. Der 1971 geborene Tennisspieler stand bereits als 18-jähriger in Wimbledon im Halbfinale, und 2001 gewann er schließlich das Turnier. 1992 errang er bei den Olympischen Spielen in Barcelona die erste Medaille für das unabhängige Kroatien. Bekannt war er für seine Flüche auf dem Platz, die für ihn lange Zeitstrafen nach sich zogen.

Rundgang durch die Altstadt

Am besten betritt man die Altstadt von Split durch den ehemaligen **Lieferanteneingang des Diokletianpalastes**. Der Eingang, der durch den Keller des Palastes führt, liegt an der **Hafenpromenade**, die 2007 aufwendig restauriert und mit fast futuristisch anmutenden Elementen versehen wurde. Die Konstruktion des Gewölbes zeichnet den Grundriss der kaiserlichen Räume im ersten Stock ab. Gegen Gebühr sind die **Kellerräume**, die bis 1954 mit mittelalterlichem Schutt gefüllt waren, zu besichtigen.

Der Bau vereinte erstmals Elemente einer römischen Villa mit der einer Festung und gilt als Vorläufer des Schlosses. Mit den Maßen 215 mal 180 Meter ist der Grundriss nicht ganz quadratisch. Zehn Jahre hatte die Errichtung gedauert, und mit seiner Fertigstellung 305 dankte Diokletian ab. Während im Südteil der ehemalige Kaiser residierte, befand sich im Nordteil ein Militärlager zur persönlichen Verteidigung.

Im Peristyl des Palastes

An der Promenade von Split

Peristyl

Wenn man aus den Kellergewölben das Tageslicht erreicht, steht man bereits im Herzen des Palastes, dem Peristyl. Er war der offene Thronsaal, eine Art Freiluftaudienz. Über dem Aufgang befindet sich das **Protiron**. Dort saß zwischen den mittleren beiden Säulen Diokletian auf einem kaiserlichen Thron und empfing seine Gäste. Dahinter begannen die Privatgemächer des Kaisers.

Rechts zieht die Kathedrale die Blicke auf sich. Links befinden sich zwei **Palazzi** aus dem Übergang der Gotik zur Renaissance. Das Portal des ersten neben dem Protiron wurde von Juraj Dalmatinac umgebaut, der daneben wurde unter anderem von Schülern beziehungsweise von Nikola Firentinac selbst aufgestockt. Vor der heutigen **Domnius-Kathedrale** steht eine Reihe korinthischer Säulen, dazwischen Sphinxen aus Granit, vermutlich Mitbringsel von Diokletians Feldzügen. In dem achteckigen Bau wollte er sich nach seinem Tod als Gott verehren lassen. Doch bereits sein Nachfolger Konstantin der Große machte das Christentum zur neuen Staatsreligion. Das Mausoleum wurde umgehend in eine Kirche umgewandelt und Domnius geweiht, einem

▲ Karte S. 355

Märtyrer aus Salona, den Diokletian hatte hinrichten lassen.

Heute betritt man die Kirche vom **Altarraum** aus, wo man an einem Eintrittsschalter vorbei muss. Im Innenraum ruht auf acht Säulen eine 25 Meter hohe Kuppel. Im Kranz unterhalb der Kuppel über dem heutigen Altar sind die Portraits von Diokletian und seiner Frau Prisca zu sehen. Der rechte Altar wurde von Juraj Dalmatinac 1448 gefertigt und ist dem heiligen Anastasius (Sv. Staš) gewidmet. Beachtenswert ist außerdem das **Chorgestühl** aus dem 13. Jahrhundert und die Schatzkammer mit unzähligen Gold- und Silberschmiedearbeiten, die seit dem 14. Jahrhundert bis heute entstanden. Beim Verlassen der Kathedrale kommt man durch das schwere Eingangstor aus Nussholz, ein Meisterwerk von Andrija Buvina aus dem Jahr 1214. Der **Turm** der Kathedrale wurde zwischen dem 13. und dem 16. Jahrhundert errichtet, und lässt sich gegen eine Gebühr besteigen. Der **Jupitertempel** am Ende der kleinen Gasse gegenüber ist mit seinem Tonnengewölbe, das Renaissancekünstlern als Vorbild diente, einer der wenigen voll-

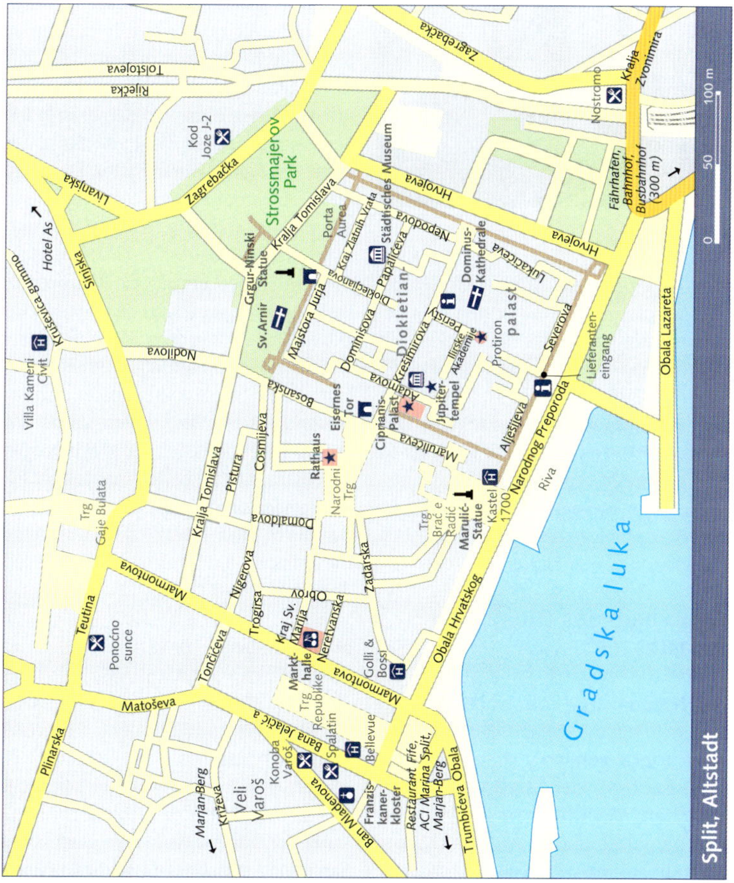

Die Domnius-Kathedrale

ständig erhaltenen römischen Tempel überhaupt auf der Welt. Innen befindet sich ein kreuzförmiges Taufbecken aus dem 11. Jahrhundert. Das Relief auf der vorderen Steinplatte gilt als älteste Darstellung eines kroatischen Königs. Umstritten ist die ältere Behauptung, ob sie König Tomislav zeigt.
Hinter dem Taufbecken steht eine Bronzeplastik von Ivan Meštrović von 1945, die Johannes den Täufer darstellt.

Außerhalb des Diokletian-Palastes

Durch das Westtor gelangt man auf den **Narodni Trg** (Volksplatz), den zentralen Platz des Stadtteils Neustadt. Auch Pjaca genannt, ist er das weltliche Zentrum der Stadt. Die venezianischen Mächtigen regierten vom Fürstenpalast und dem Rathaus aus. Das Rathaus mit seinen drei charakteristischen gotischen Bögen an der Nordseite des Platzes wurde erst 2007 renoviert. 1944 bildete sich in dem Gebäude die erste kommunistische Regierung des kroatischen Teils von Jugoslawien.
Südlich liegt der dritte große Platz der Stadt, der **Trg Braće Radić**. Unübersehbar ist auf ihm die Statue von Ivan Meštrović aus dem Jahr 1924, die den kroatischen Renaissancedichter Marko Marulić darstellt.
Westlich an der Riva liegt der **Trg Republike** mit einem imposanten Neorenaissancegebäude, das von Ante Bajamonti (1822–1891) gebaut wurde. Er hatte die Stadt mit zahlreichen Initiativen in die Moderne geführt. In dem Gebäude ist die Stadtverwaltung untergebracht.
Am nördlichen Hafen, an der vielbefahrenen Bana Jelačićeva, liegt eine Oase der Ruhe, das **Franziskanerkloster**. Das Kloster ist berühmt für seine Kunstsammlung mit Bildern aus dem 15. bis 19. Jahrhundert. Die neogotische Kirche aus dem 19. Jahrhundert enthält ein Kruzifix von Blaž Jurjev Trogiranin aus dem Jahr 1412. Der Kreuzgang aus dem 14. Jahrhundert weist schöne romanische Formen auf.
Hinter dem Franziskanerkloster beginnt das malerische Viertel **Veli Varoš**. Im Zentrum befindet sich die kleine Kirche Sv. Nikola aus der ersten Hälfte des 11. Jahrhunderts mit einem Tonnengewölbe, das durch eine zusätzliche Säulenreihe mit seltenen blütenförmigen Kapitellen abgestützt wird.

Marjan-Berg

Oberhalb des Stadtteils Veli Varoš beginnt der Marjan-Berg mit den Gärten der Reichen und Schönen, die grüne Lunge der Stadt.
An der Šetalište Ivana Meštrovića befindet sich das **Museum kroatischer archäologischer Denkmäler**. Die in Knin gegründete Sammlung enthält alle wichtigen Funde

▲ Karte S. 355

aus der Zeit des mittelalterlichen kroatischen Königreichs, unter anderem das berühmte Višeslav-Taufbecken aus Nin. Weiter oben folgt die **Meštrović-Galerie**. Sie beinhaltet die größte Sammlung von Werken Ivan Meštrovićs aus allen Schaffensperioden, unter anderem die bewegenden Bronzestatuen ›Hiob‹, ›Maria mit Kind‹ und ›Kreuzigung‹. Die tempelartige Anlage, die Meštrović zwischen 1931 und 1939 errichten ließ, ist selbst schon sehenswert. 500 Meter nördlich liegt das **Meštrović-Kaštelet**, ein Palazzo der Familie Capogrosso-Cavagnin, das Meštrović 1932 umbauen ließ. Darin sind Meštrovićs Holzreliefs aus dem Leben Christi zu sehen.

Poljud

Im nordwestlichen Stadtteil Poljud liegt das markante Gebäude des **Fußballstadions von Hajduk Split**, das frisch renoviert wurde, und daneben ein **Franziskanerkloster** mit einem Wehrturm. An der Seitenwand befindet sich die Darstellung einer akademischen Diskussionsrunde mit einem Marienbild im Mittelpunkt und unten rechts der einzigen Darstellung Mohameds in Dalmatien.

An der großen mehrspurigen Ortsausfahrt Richtung Solin ist rechts das gut erhaltene Teilstück des römischen **Aquädukts** zu sehen. Es stammt aus dem 4. Jahrhundert und transportierte das Wasser aus dem Jadro in die Stadt.

Split

Vorwahl: +385/21, **Postleitzahl**: 21000.
Turistički zajednica, Obala Hrvatskog narodnog preporoda 7, Tel. +385/21/348600, www.visitsplit.com.
Turistički Informativni Centar, Peristil bb, Tel. +385/21/345606.
Turistička zajednica Splitsko-dalmatinske županije (für die Region), Prilaz braće Kaliterna 10/I, Split, Tel. +385/21/490032, www.dalmatia.hr.
Deutsches Honorarkonsulat, Biserova 16, Tel. +385/21/394690, split@hk-diplo.de.
Split Card, erhältlich im Tourismusbüro (nur am Peristil) oder im Hotel; 5 Euro/3 Tage, ab 3 Tage Aufenthalt kostenlos. Ermäßigter/kostenloser Eintritt in Museen, Rabatte in Restaurants und Geschäften.

Split–Ancona (Italien); 2–3x in der Woche (abends, in der Saison über Stari Grad).
Split ist Ablegehafen für Fähren auf die vorgelagerten Inseln.
Autofähren:
Split–Supetar (Brač); stündlich.
Split–Stari Grad (Hvar); 7x tägl.
Split–Rogač (Šolta); 5x tägl.
Split–Vela Luka (Korčula)–Ubli (Lastovo)–; 4x tägl.
Split–Vis (Vis); 2–3x tägl.
Split–Trogir–Drvenik Mali–Drvenik Veli; 3x tägl.
Personenfähren:
Split–Jelsa (Hvar); 1x tägl.
Split–Mlina (Brač) (1x tägl.
Split–Ubli (Lastovo) und Vela Luka (Korčula); 1x tägl. (sehr früh).
Rundtour Korčula: Split–Prigradica (Korčula)–Hvar; 1x tägl.

Flughafen Split, Zračna Luka, Cesta dr. Franjo Tuđman, 21216 Kaštel Štafilić, Tel. +385/21/203555, www.split-airport.hr. Split wird von Air Berlin, Easyjet, Edelweiss, Lufthansa, Germania, Germanwings, Austrian Airlines und Croatia Airlines angeflogen. 20 km von Split entfernt, erreichbar mit Bus Nr. 37 oder 38.
Busbahnhof, Obala Kneza Domagoja 12, Tel. +385/21/329180, www.ak-split.hr.
Bahnhof HŽ-kolodvor Split, Obala kn. Domagoja bb. Züge nach Zagreb.

Hotel Le Meridien Lav, Grljevačka 2A, 21312 Podstrana, www.lemeridien.com/split; 381 Zimmer; DZ ab 195 Euro. 8 km südlich, kleiner Strand, Restaurants, Pools.

Peristil, Jelene 5, Tel. +385/21/329070, www.hotelperistil.com; DZ 120–165 Euro. Schlicht und liebevoll.
As, Kopilica 8a, Tel. +385/21/366100, www.hotelas-split.com; DZ 100–110 Euro. Moderner Komplex im Gewerbegebiet, außerhalb, Nähe Bahnhof.
Kastel, Mihovilova širina 5, Tel./Fax +385/21/343912, www.kastelsplit.com; DZ 85–135 Euro. In der Altstadt, klein, sauber und kuschelig.
Villa Kameni Civit, Kruševića gumno 13, Tel. mobil +385/99/5926263, www.kamenicvit.com; DZ 80 Euro. Schönes Backsteinhaus, ruhig gelegen.
Bellevue, Bana Jelačića 2, Tel. +385/21/585701, www.hotel-bellevue-split.hr; 100 Betten, DZ 70–100 Euro. In einem Palast, zentral gelegen.
Goli + Bosi, Morpurgova Poljana 2, Tel. +385/21/510999, www.gollybossy.com; im Mehrbettzimmer 33 Euro, DZ 85–110 Euro. Designhostel, mit Restaurant.

Vier Jachthäfen, unter anderem: **ACI Split**, Uvala Baluni bb, Tel. +385/21/398599, www.aci-club.hr. Kann im Sommer überfüllt sein, auf dem Weg zur Tankstelle Felsen im Wasser.

Noštromo, Kraj Sv. Marije 10, Tel. +385/91/405666, www.restoran-nostromo.hr. Fischspezialitäten, etwas teurer.
Kod Joze J-2, Sredmanuška 4. Deftige und günstige Küche.
Ponoćno sunce, Teutina 15. Fisch- und Fleischgerichte, gut geführt.
Fife, Trumbićeva obala 11, In-Restaurant, gilt als beste einheimische Küche, günstig.
Konoba Varoš, Ban Mladenova 7. Fisch- und Fleischgerichte.
Wine Garden, Poljana Tina Ujevića 3/3, Tel. +385/21/272350. Mediterrane Küche, beste Bruscetta, günstig und gut.

Museum kroatischer archäologischer Denkmäler (Muzej Hrvatskih arheoloških spomenika), Zrinsko-Frankopanska 25, Tel. +385/21/329340, www.armus.hr; Juni–Sept. Mo–Sa 9–14, 16–20, Okt.–Mai Mo–Fr 9–14, 16–20, Sa 9–14 Uhr. Archäologische Höhepunkte aus illyrischer, griechischer, römischer und frühmittelalterlicher Zeit aus Salona, Hvar und Vis.
Zentrale Galerie für bildende Kunst, Kralja Tomislava 15, www.galum.hr; Di–Fr 10–18, Sa/So 10–14 Uhr. Ausstellung großer dalmatinischer Maler wie Ignjat Job, Juraj Plančić, Vladimir Becić, Frederiko Benković und Andrija Medulić.
Städtisches Museum (Muzej grada), im Papalić-Palast, Papalićeva 1, Tel. +385/21/360172, www.mgst.net; Sommer Di–Fr 9–21, Sa/So, Mo 9–16, Winter Di–Fr 10–17, Sa/So, Mo 10–13 Uhr. Im schönen romanischen Gebäude, von Juraij Dalmatinac gotisch umgebaut, befinden sich Urkunden, Bücher, Münzen und Gemälde des Spliter Malers Emanuel Vidović.
Meštrović-Galerie, Šetalište Ivana Meštrovića 46, Tel. +385/21/340800, www.mestrovic.hr; Mai–Sept. Di–So 9–19, Okt.–April Di–Sa 9–16, So 10–15 Uhr.
Meštrović-Kaštelet, Šetalište Ivana Meštrovića 39, Tel. +385/21/358185, www.mestrovic.hr; Mai–Sept. Di–Sa 9–19, So 10–19, Okt.–April Di–Sa 9–16, So 10–15 Uhr.

Klinička bolnica Firule, Špinčićeva 1, Tel. +385/21/556111.
Klinička bolnica, Križine, Šoltanska 1.

▲ Karte S. 344

Solin und Salona

Auf dem Weg zu dem großen archäologischen Feld mit der großen Stadtanlage Salonas aus römischer Zeit kommt man durch das idyllische **Solin**, eine ursprünglich kroatische Gründung. In der Pfarrkirche **Gospin otok** (Gottesmutterinsel) befindet sich der Sarkophag der Königin Jelena. Die Gattin des Königs Mihajlo Krešimir und Mutter des Königs

Stjepan Držislav starb um 976. Die Inschrift auf ihrem Sarg gilt als das erste Dokument, das einen kroatischen König namentlich erwähnt.
Gut einen Kilometer nördlich sind auf einem parkähnlichen Gelände von 156 Hektar Fläche die Grundmauern der römischen 60 000-Einwohner-Metropole **Salona** zu sehen. Forum, Thermen, Theater und große Basiliken sind zu erahnen. Hinweisschilder geben Erklärungen. Ein kleines **Museum** zeigt wichtige Ausgrabungsgegenstände. Im äußersten Westen der Stadtanlage sind die Reste des **Amphitheaters** zu sehen. Es konnte 15 000 bis 18 000 Zuschauer fassen. In Salona starb am 10. April 304 der Hauptmann der Wache Domnius einen der ersten Märtyrertode für das Christentum außerhalb Italiens.

Fundstücke aus Salona

Im Hinterland von Split

Klis

Auf der Strecke nach Sinj erhebt sich beeindruckend die **Burganlage** Klis, die 852 als Teil des Hofes von Fürst Trpimir erstmals erwähnt wurde. Wie strategisch die Lage war, beweist, dass der kroatische Befehlshaber Petar Kružić 25 Jahre lang unter anderem mit Hilfe von Uskoken aus Senj die Burg vor den Osmanen verteidigen konnte, bis diese die Festung 1537 einnahmen. Erst 1648 konnten die Venezianer unter Leonardo Foscolo die Festung wieder zurückerobern. Aus diesem Anlass sollen in Venedig alle Glocken geläutet haben. In der häufig erweiterten Anlage ist die kleine Kirche **Sv. Vid** zu sehen, die ursprünglich eine Moschee war und von den Osmanen an der Stelle einer älteren romanischen Kirche gebaut worden war.

Männer in Uskoken-Tracht am Aufgang zur Burg Klis

Sinj

Die Stadt Sinj ist berühmt für seine seine alljährlich stattfindenden Reiterspiele **Sinjska alka**, die 2011 in die Liste des immateriellen UNESCO-Weltkulturerbe aufgenommen wurden. Seit Jahrhunderten wird mit den Spielen der Sieg über die Türken gefeiert.
Links von der Zufahrtstraße zum Ort befindet sich eine **Pferderennbahn**, auf der die Rennen abgehalten werden. Bei den Spielen geht es darum, mit einer Lanze von einem Pferd aus, das mindestens 45 Stundenkilometer schnell sein muss, den inneren Kreis eines sogenannten ›Alka‹ (türkisch=Ring) zu treffen.

Tatsächlich wurde das 33 nach Christus bereits von Römern besiedelte Städtchen etwa 1530 von den Osmanen eingenommen und konnte erst 1699 zurückerobert werden. Fortan gehörte die Stadt zwar zu Venedig, war aber immer wieder türkischen Raubzügen ausgesetzt. Nach einer Legende brachen die Osmanen 1715 einen dieser Angriffe auf die mit 600 Mann hoffnungslos unterbesetzte Burg von Sinj kurzfristig ab. Angeblich sei ihnen die Jungfrau Maria in einem hellen Licht erschienen und habe sie zur Umkehr gebracht. Mit der Sinjska alka wird dieses Wunder gefeiert.

Die Altstadt von Sinj ist rund um eine **Burg** auf einer einzeln aufragenden Anhöhe gebaut. Am Eingang des Ortes befindet auf dem Parkplatz ein Reiterstandbild von Ivan Meštrović. Am Hauptplatz stellen Szenen auf den modernen Bronzetüren am Haupteingang der Kirche **Mariä Himmelfahrt** (Uznesenja Marijina) das Wunder der Sinjska Gospa (Gottesmutter von Sinj) plastisch dar. Das Marienbildnis im Inneren, vor dem die Bewohner um Schutz vor den Türken gebetet hatten, gilt als wundertätig.

Insel Šolta

Kaum ein Ort in Dalmatien wurde so früh erwähnt wie Šolta. Im 4. Jahrhundert vor Christus erwähnte der griechische Schriftsteller Pseudoscyllax die ›Nesos Olynthia‹, die ›Insel der unreifen Feige‹. Die Kroaten machten daraus ›Sulet‹ und dann unter italienischem Einfluss Šolta. Viele Alte nennen die Insel heute noch ›Sulet‹. Nach einer Legende lebte im 3. Jahrhundert vor Christus die Königin Teuta in einer Burg über der südlichen Bucht **Senjska.** Die Herrscherin über die Liburner an der Adria und zugleich Piratin wurde wie eine Göttin verehrt. Um sich ihrer Gunst zu versichern, werfen Fischer von Šolta heute noch nach dem Fang einen Fisch in jede Windrichtung ins Wasser, damit das Fischerglück nicht ausbleibt.

Im Lauf der Jahrhunderte bot die Insel Zuflucht vor Awaren und Türken, war aber auch ständigen Angriffen von Piraten und Venezianern ausgesetzt. Während des Zweiten Weltkriegs wurde die Insel fast vollständig evakuiert. Dann nahmen die Deutschen die Insel ein und bauten sie als Vorposten aus. Dennoch lieferten sich Partisanen und Faschisten auf der Insel einen erbitterten Kampf.

Mit der Fähre landet man in **Rogač**, dem Hafen von Grohote, das auf einer Anhöhe liegt. Das halbverfallene Dorf **Grohote** ist seit den 1960ern ein Zentrum naiver Kunst. Protagonist war der Künstler Eugen Buktenica, der in Grohote geboren wurde. Die Kunstwerke des Bauern und Fischers, der nur vier

Am Hafen von Stomorska

▲ Karte S. 344

Dorfschulklassen besuchte, werden in großen Galerien der ganzen Welt ausgestellt. Als beherzter Gegner der Nazis verfasst er auch zahlreiche Lieder gegen sie. Dafür wurde der tieffromme Mann von den deutschen Besatzern inhaftiert. Bereits in der Renaissance wurde die Bucht von **Nečujam** von Spliter Patriziern geschätzt, und auch für die kommunistische Nomenklatura im Tito-Regime war der Ort ein beliebtes Wochenendziel. Heute gibt es hier eine große Feriensiedlung, und es wird gefeiert.

Das in einer schmalen Bucht gelegene **Stomorska** ist das gemütlichste Hafendorf der Insel. Das Dorf entstand im 17. Jahrhundert mit kleinen Palazzi und einem Wehrturm. Viele Bewohner in Stomorska leben immer noch vom Fischfang.

Insel Šolta

Vorwahl: +385/21.

Postleitzahl: 21431.

Für Šolta ist die Turistička zajednica Splitsko-dalmatinske županije in Split zuständig (→ S. 357).

Turistička zajednica, Podkuća 8, 21430 Grohote, Tel./Fax +385/21/659220, www.visitsolta.com.

Eine nette private Homepage ist www.eadria.com (dt.), mit Privatunterkünften.

Postämter, Geldautomaten und **Banken** in Grohote, Nečujam und Stomorska.

Achtung: Die einzige Tankstelle ist in Rogač am Fähranleger, im Zweifelsfall besser dort nachtanken, bevor es auf die Insel geht. Im Notfall sind aber auch die Einheimischen hilfsbereit.

Autofähre: Split–Rogač; tägl. 4x (Nebensaison), 6x in der Hauptsaison.

Martinis Marchi Heritage Hotel, Put Sv. Nikole 51, Maslinica, Tel. +385/21/572768, www.martinis-marchi.com; Suite 200–400 Euro. Sehr geschmackvoll, mit Pool.

Nečujam Center, Setalisce M. Marulica 1, Tel. +385/21650149. Große Apartmentsiedlung.

Hotel in Stomorska, am Hafen. Mit Restaurant.

Camp Mido, Put Krusice 3, Stomorska, Tel. +385/21/658011. Mit Apartmentsiedlung, für Caravans nur schwer zugänglich.

Šišmiš, Maslinica, Uvala Šešula, Tel. +385/21/659086. Frischer Fisch, Fleischgerichte, Peka. Schöner Blick über die Bucht.

Restaurant Nevera, Hafenmole Stomorska.

Conte Alberti, Hafenmole Maslinica.

Einkaufen in allen Orten möglich, ein größerer Supermarkt befindet sich in Grohote auf der Südseite des Dorfes gegenüber dem Parkplatz.

Nečujam: Strände vor allem an der nördlichen Seite der Bucht.

Stomorska: Um das Kap herumgehen.

Grohote: Kleine Buchten gibt es auf der Südseite, sie sind nur nach längerer Wanderung oder mit einem Boot zu erreichen.

Wenige Liegeplätze befinden sich nahe der Orte: **Stomorska**, im Dorfhafen; **Maslinica**, hier allerdings sehr flach, das Wasser ist nicht immer von einheitlicher Tiefe.

Viele Wandermöglichkeiten vor allem auf der Südseite, zum Beispiel von Grohote oder Gore Selo, kein Kartenmaterial auf der Insel erhältlich.

Ambulanz, Podkuća 31., Tel. +385/112. Hubschrauber und ein Notfall-Schnellboot stehen zur Verfügung.

Insel Vis

Obwohl Vis mit 42 Kilometern Entfernung zu den am weitesten entfernten Inseln gehört, wurde von Vis aus immer wieder das Festland erobert. Es ist deshalb kein Wunder, dass das Tito-Regime die Insel zum militärischen Sperrgebiet erklären ließ. Bereits 1943 setzten sich die Briten auf der Insel fest, und 1944 flüchtete auch Josip Broz Tito unter den Schutz der Briten nach Vis. Dort verschanzte er sich in einer Höhle und führte von dort aus erfolgreich seinen Partisanenkampf. Die **Höhle** ist heute noch zu besichtigen.

397 vor Christus nahm der Syrakuser Tyrann Dionysios der Ältere den Illyrern die Insel ab und gründete auf ihr eine Kolonie, die er Issa nannte. Sein Sohn, Dionysios der Jüngere, kolonisierte von der Insel aus das Festland und gründete Tragurion (Trogir), Epetion (Stobreč bei Split), Aspalatos (Split), Korkyra Melaina (Korčula), Stari Grad (Hvar) und andere. Im Kampf gegen die Illyrer besiegten die Römer von Vis aus die Piratin Teuta. Auch im Kampf gegen Napoleon eroberte der Brite William Hoste 1811 zuerst Vis und bekämpfte von dort aus die Besatzer auf dem Festland.

1866 schlugen die Österreicher erfolgreich die Seeschlacht von Lissa gegen die Italiener und Preußen, obwohl Österreich unter Admiral Wilhelm von Tegethoff mit zu wenigen und veralteten Schiffen unterlegen war.

Bis 1989 gab es keinen Tourismus auf der Insel, denn bis dahin war sie militärisches Sperrgebiet der jugoslawischen Marine. Dadurch ist die Entwicklung auf Vis stehengeblieben, auch die Sprache hat sich eigenständig entwickelt. Heute lebt Vis vom Weinanbau, der Fischerei und der wegen des milden Klimas möglichen Aufzucht von jungen Palmen. Die Güte des Weines ist legendär: Auch James Joyce ließ sich Wein aus Vis kommen. Auf einer Fläche von 700 Hektar Fläche werden die rote Plavac- und die weiße Vugava-Traube angebaut.

▲ Karte S. 344

Ein Zeugnis der griechischen Kultur auf Vis: der Artemis-Kopf

■ Vis-Stadt

Die Fähre landet im Hafen der langgestreckten Bucht, an der auch das alte Zentrum der Stadt liegt. Wer das Schiff verlässt und sich nach rechts wendet, kommt am Ende der Promenade auf die Halbinsel **Priovo.** Dort hatten die Griechen 400 vor Christus ihr Machtzentrum errichtet, später übernahmen es die Römer.

Eindrucksvoll sind die **Grundmauern der römischen Thermen** mit ihren Mosaiken, die sich auf der linken Seite der Straße zur Halbinsel, nur wenige hundert Meter vom Anleger entfernt, präsentieren. Neben den Fußbodenverzierungen aus dem 2. Jahrhundert sind auch Reste eines Tempels erkennbar. Dort hatte sich einst auch ein römisches Theater befunden, in das heute ein **Franziskanerkloster** gebaut ist. Seine halbrunden Wirtschafts- und

Klausurgebäude wurden in die ehemalige Tribüne gebaut. Die Klosterkirche Sv. Jeronim entstand Anfang des 16. Jahrhunderts aus den Steinquadern des römischen Theaters.

An der Promenade in entgegengesetzter Richtung liegen viele Paläste. In der Kirche **Mariä Himmelfahrt** ist ein Polyptychon von Girolamo da Santacroce zu sehen.

Den Reichtum der griechischen Kultur auf Vis zeigt das **Museum**, das im Haus der Batterija untergebracht ist. Berühmt und eine Art Wahrzeichen ist ein Kopf der Artemis, der in Vis gefunden wurde, leider aber nur in Kopie ausgestellt wird. Das Original hat sich die Hauptstadt Zagreb angeeignet. Doch die Ausstellung mit Vasen, Amphoren und Bronzeminiaturen, antike Funde aus den Schiffswracks, die rund um die Insel geborgen wurden, ist auf jeden Fall lohnenswert.

Rukovac und Insel Ravnik

Die Insel kann man per Rundfahrt erkunden, dafür sollte man in Vis tanken, dort ist die einzige Tankstelle. Die beiden Hauptorte an den entgegengesetzten Enden der Insel, Vis-Stadt und Komiža, sind mit einer westlichen und einer östlichen Route verbunden.

Mosaike in den den römischen Thermen

Auf der östlichen Seite lässt sich von Rukovac auf die Insel Ravnik übersetzen. Dort kann man sich in die weniger bekannte **Zelena špilja** fahren lassen, eine Höhle, die im Unterschied zur blauen Modra špilja leicht grün schimmert. Zur Karnevalzeit wird in Rukovac groß und noch sehr ursprünglich mit Fellverkleidungen gefeiert.

Oben auf der Ebene, wo sich heute die Weingärten von **Roki's Konoba** anschließen, war im Zweiten Weltkrieg der Flughafen der Royal Airforce. Weiter südlich folgt dann rechts der Berg Žena glava und darunter die **Tito-Höhle** (Titova špilja), von der aus Josip Broz Tito den Guerilla-Kampf gegen die Achsenmächte führte. Heute ist die Höhle zu besichtigen.

Komiža

Das zweitgrößte Städtchen der Insel wurde im 12. Jahrhundert gegründet. An der schönen Promenade liegt die Pfarrkirche **Sv. Marija**, die eng mit der Auffindung der einzigen Süßwasserquellen im Ort verbunden ist – zumindest der Legende nach. Einmal sollen Piraten die eineinhalb Meter große Marienstatue aus dem Gotteshaus gestohlen haben. Als auf der Flucht ein Sturm aufkam, warfen sie die Figur über Bord. Dort, wo sie am Ufer ankam, sprudelte fortan eine Süßwasserquelle. Die Kirche wird deshalb auch ›Unsere Mutter von den Piraten‹ genannt. Sie enthält heute die älteste Kirchenorgel Dalmatiens aus dem Jahr 1670.

Am Ende der Promenade steht das **Kastell** mit Uhrturm, das als Quasi-Wahrzeichen des Ortes für die Souvenirs herhalten muss. Das 1585 gebaute Kastell beherbergt in seinen dicken Mauern heute das **Fischereimuseum**. Darin ist die letzte funktionierende Falkuša zu besichtigen. Dieser spezielle Schiffstyp, der in Korčula entwickelt wurde, konnte durch Rudervorrichtungen auch bei Windstille weiterfahren und war auf vielen dalmatinischen Inseln noch bis in die 1950er Jahre im Einsatz.

Trutzig über der Stadt wacht die ehemalige Benediktinerabtei **Muster**. Sie wurde im 13. Jahrhundert gegründet und entwickelte sich über die Jahrhunderte immer mehr zu einer Festung. Im 17. Jahrhundert wurde der Turm, dessen Wehrcharakter noch gut erkennbar ist, barockisiert.

Insel Biševo

Die **Blaue Grotte** (Modra špilja) auf der Ostseite ist die Attraktion dieser Insel, die von nicht einmal 20 Bewohnern besiedelt ist. Die Grotte ist nur mit dem Boot erreichbar (eintrittspflichtig). Zwischen 11 und 12 Uhr steht die Sonne im Sommer so, dass sie die Höhle durch Lichtbrechungen in ein strahlendes Blau taucht. Eine Überfahrt von Komiža kostet zwischen 50 und 100 Kuna.

Insel Vis

Vorwahl: +385/21, **Postleitzahlen**: Vis-Stadt 21480, Komiža 21485.

Turistička zajednica Vis, Šetalište stare Isse 5, Tel. +385/21/717017, www.tz-vis.hr, www.croatianhistory.net/etf/vis.html.

Turistička zajednica Komiža, Riva Sv. Mikule 2, Tel. +385/21/713455, www.tz-komiza.hr.

Für die Insel Vis ist auch die Turistička zajednica Splitsko-dalmatinske županije in Split zuständig (→ S. 357).

Vis-Stadt: Post, Obala Svetog Jurja 25.

Tankstelle in Vis-Stadt, nördlich vom Fähranleger. Bevor man auf Inseltour geht, sollte man unbedingt volltanken, denn die Tankstelle in Komiža ist nicht immer geöffnet.

Busverbindung mehrfach am Tag von Komiža nach Vis-Stadt, so dass die Fähren erreicht werden.

Fähren legen in Vis-Stadt ab. Die Autofähre nach **Split** fährt 2-3x pro Tag, ein Katamaran 2–3x. Ein Tagesausflug von Split auf die Insel ist je nach Tag möglich.

Vis-Stadt: **San Georgio**, Petra Hektorovica 2, Tel. +385/21/711362, www.hotelsangiorgiovis.com; DZ 120–165 Euro. Moderne Einrichtung, sehr geschmackvoll.

Tamaris, Obala Sv. Jurja 30, Tel. +385/21/711350, www.vis-hoteli.hr; DZ 110 Euro. In einem der edelsten Paläste der Stadt, direkt an der Riva.

Hotel Issa, Šetalište Apolonija Zanelle 5, Tel. +385/21/711124, www.vis-hoteli.hr; DZ 65–120 Euro. Westlich der Bucht, veraltete Einrichtung.

Komiža: **Hotel Biševo**, Ribarska 72, Tel. +385/21/713752, www.hotel-bisevo.com.hr; DZ 45–90 Euro. Hotelkomplex mit mehreren Gebäuden am nördlichen Ortsende, Kiesstrand.

Besser privat unterkommen: Auf www.tz-komiza.hr gibt es zahlreiche Angebote.

Vis-Stadt: Zwei Anlegestellen: Im Stadthafen nur wenige Muringleinen, Liegeplätze sind mit Strom und Wasser ausgestattet, allerdings ohne Sanitäranlagen.

Anlegestelle in Kut, Pier mit Wasser und Strom.

Komiža: Man kann in der Nähe des Wehrturms anlegen, Versorgung mit Strom und Wasser möglich. **Achtung**: flaches Wasser im Stadthafen, an manchen Stellen herausstehende Felsen.

Vis-Stadt: **Restaurant Kaliopa**, Vladimira Nazora 34, Tel. +385/21/711755. Am Ostende des Ortes. Gutes Essen, schön gepflegter Garten.

Pizzeria Karijola, Viški Boj 4. Am Ufer, mit Seeblick.

▲ Karte S. 344

Pojada, Don Cvjetka Marasovića 8, Tel. +385/21/711575. Östlich vom Hafen, in der ›zweiten Reihe‹. Schönes Ambiente, innovativ zubereitete Fischgerichte, gehobene Preise.
Buffet Vis, Obala Sv. Jurja bb, Tel. +385/21/711043. Am Ufer, in Hafennähe. Günstig und gut für einen Imbiss.
Komiža: **Restaurant Jastožera**, Gundulićeva 6. Schönes Ambiente, teurer, aber sehr gute Küche.
Pizzeria Hum, Riva sv. Mikule 9. Gute Pizzas und gefüllte Fischtaschen, günstig.
Konoba Bako, Gundulićeva 1. Fisch- und Fleischgerichte auf einer erhöhten Terrasse.
Konoba Jidro, an der Riva, Tel. +385/97/7111169.

Kultursommer: Vis organisiert jedes Jahr ein breitgefächertes Kulturprogramm, von Theater bis zum klassischen Konzert. In manchen Jahren wird die **Schlacht von Lissa** nachgespielt.

Vis-Stadt: **Scooter** können an der Riva ausgeliehen werden.

Vis-Stadt: Die Masse badet hinter der Halbinsel Priovo **vor dem Hotel Issa**. Schöner Strand an der Ostseite beim Stadtteil **Lučica**.
Tipp: Mit einem gemieteten Boot die Strände am nordöstlichen Ufer zwischen den Felsen aufsuchen, etwas außerhalb von Vela Smokova Luka, im Norden der Insel über die Ostroute erreichbar.
Einsame Badebuchten gibt es vor allem auf der Ostseite der Insel, von **Podselje** etwa führen einige Wege zu Stränden an der Nordküste oder nach Milna.
Komiža: Strände befinden sich zu beiden Seiten des Ortes: Im Norden gibt es einen Kiesstrand, der Südstrand ist mit schattenspendenden Palmen bestanden, mit FKK-Strand.

Vis-Stadt: **Tauchzentrum Dodoro Center**, Trg Klapavica 1, Tel./Fax +385/21/711913, www.dodoro-diving.com. Touren zu Schiffswracks, Nachttauchen und Tauchgänge in der Blauen Grotte. In der Bucht von Vis gibt es sechs Schiffswracks, aber nur zwei lassen sich besichtigen: die ›Vassilos T.‹ und die ›Teti‹.
Komiža: **Issa Diving Center**, Tel. +385/21/713651, Tel. mobil +385/91/2012731, www.scubadiving.hr. Touren zu Schiffswracks, Nachttauchen und Tauchgänge in der Blauen Grotte.
Manta Diving Center, Tel. mobil +385/98/265923, www.mantadiving.com. Tauchkurse, Wracktauchen, Nachttauchen, Ausflüge zur Blauen Grotte.

Vis-Stadt: Schöne Wanderungen führen von **Kut** aus an die nordöstliche Küste, wo einsame Badebuchten zur Rast einladen. In westliche Richtung bietet sich eine Wanderung vom **Franziskanerkloster** vorbei an einer ehemaligen Fortanlage zum **Kap Nv. Pošta** an. Möglich ist auch eine längere Wanderung nach **Rogačić**, hier befinden sich die in den Berg gehauenen Unterstände für Kriegsschiffe. Infos zu Wegstrecken sowie Karten in der Turistička zajednica.
Komiža: Schöne Wanderungen in den Norden der Insel, zum Beispiel durch das verwunschene Tal in das nordwestliche Dorf **Oključna**.
Kap (Rt) Barjaci: Eine Wanderung nach Dragodir zum Kap lohnt sich wegen der schönen Aussicht: von Komiža die Promenade nach Westen weitergehen.
Berg Hum: Die Besteigung des höchsten Berges der Insel ist möglich, genaue Wege in der Turistička zajednica erfragen.

Vis-Stadt: **Ambulanz**, Poljana Sv. Duha 10, gegenüber der Kirche Sv. Duh, Tel. +385/21/711633.
Komiža: **Medizinisches Zentrum**, Komiža, Tel. +385/21/713122.

Insel Brač

Berühmt wurde die Insel Brač bereits in den 1930er Jahren durch das **Goldene Kap** (Zlatni Rt) im Süden der Insel. Das Zlatni Rt ist eine Kiesstrandspitze bei Bol, auf der Südseite von Brač, die wie ein Horn in das Meer hineinragt und einen einzigartigen Badestrand bildet.

Berühmt ist Brač auch für seinen leuchtend weißen Stein, der auf der Insel abgebaut wird und aus dem unter anderem das Weiße Haus in Washington gebaut wurde, aber auch zahlreiche Häuser in Wien und die großen Bauten von Šibenik (Kathedrale) und Split (Diokletianpalast).

In der ersten Hälfte des 1. Jahrtausends vor Christus siedelten sich die Illyrer in dem Hochtal der Insel an. In römischer Zeit mussten in den Steinbrüchen bereits zahlreiche Sklaven schuften, unter Diokletian viele Christen als Zwangsarbeiter.

Im Laufe ihrer Geschichte gelangten immer wieder Flüchtlinge nach Brač: Durch Awaren Vertriebene aus Salona, Flüchtlinge vor den Türken oder Auswanderer aus dem Neretva-Tal.

Im Jahr 1078 erlaubte ein Privileg den Insulanern, mit den Bewohnern auf dem Festland Handel zu treiben, ohne Abgaben oder Steuern entrichten zu müssen. Der Handel, vor allem mit der Stadt Split, bescherte der Insel daraufhin viele Jahrhunderte lang Wohlstand.

Während des Zweiten Weltkrieges lieferten sich Partisanen und Faschisten, Italiener und Deutsche, heftige Kämpfe auf der Insel. Die Besatzer vergalten die Guerilla-Angriffe, indem sie Häuser anzündeten und zahlreiche Dörfer niederbrannten. Erst 1972 wurde die Insel an das Trinkwassernetz angeschlossen. Bis dahin hatten sich die Bewohner aus Zisternen versorgt.

Supetar

Supetar ist eigentlich eine Verballhornung von Sv. Petar und seit 1827 Verwaltungsort der Insel. Die Pfarrkirche Sv. Petar ist aus dem Jahr 1773. Größter Sohn des bereits seit den Römern besiedelten Ortes ist der Bildhauer Ivan Rendić. 200 seiner historistischen, fast immer künstlerisch wertvollen Skulpturen sind auf zahlreichen Friedhöfen, aber auch als Denkmäler in Städten ganz Kroatiens verteilt. Von Ivan Rendić sind mehrere kleinere Werke auf dem **Friedhof** zu sehen, aber auch in einem kleinen Raum der Bibliothek. Markant ist das

Im Hafen von Bol erinnert eine Statue an die Arbeit der Fischer

Karte S. 344

Hafen und Zentrum von Supetar

weithin sichtbare **Mausoleum** auf dem Friedhof, das 1914 von dem ansonsten unbekannt gebliebenen Künstler Toma Rosandić geschaffen wurde.

Postira

Viel Flair bietet der kleine Hafenort Postira mit seinen alten Palazzi. In einem wurde der Schriftsteller und Politiker Vladimir Nazor geboren. **Škrip** oberhalb von Postira gilt als das älteste Dorf mit dem ältesten Steinbruch der Insel. Hier haben die Römer den Stein für den Diokletianpalast geschlagen. Ein ehemaliger Wehrturm, in dem jetzt das sehenswerten **Museum der Insel Brač** ist, ist aus Resten illyrischer und römischer Mauern gebaut. Über dem Ort erhebt sich das **Cerenićev kaštel** aus dem Jahr 1618.

Pučišća

Reicher noch als Postira war Pučišća, wie die Renaissance- und Barockpaläste aus dem 15. Jahrhundert am Hafen zeigen. Von hier aus wurde der Bračer Stein in alle Welt exportiert. Zu den Kunden zählten früher die Großen der Steinmetzkunst wie Juraj Dalmatinac und Nikola Firentinac. Andrija Aleši pachtete sogar selbst einen Steinbruch im nördlichen Veselje. An der Hafenspitze befindet sich heute der größte Steinabbau der Insel, der von der Firma ›Jadrankamen‹ betrieben wird.

Ložišća

In Ložišća, auf der westlichen Seite der Insel, reckt sich ein überdimensionierter **Kirchturm** in die Höhe. Reiche Gutsbesitzer der Umgebung haben ihn Mitte des 19. Jahrhunderts bei Ivan Rendić in Auftrag gegeben.

Milna

Der lauschige Hafenort Milna entstand mit dem Bau der Sommerresidenz der Cerenić Ende des 16. Jahrhunderts. Mitte des 19. Jahrhunderts wurde in Milna eine Werft gegründet, auf der ein eigener Holzboottyp entwickelt wurde: die Braccera, die bald in der ganzen Adria zu finden war.
1806 wurde der General Viesse de Marmont, französischer Oberbefehlshaber der Illyrischen Provinzen, in einer Seeschlacht vor Milna von den Russen geschlagen. Der russische Zar machte Milna für ein Jahr zum Verwaltungszentrum von Brač. Die **Barockkirche** ist von 1783 und enthält wertvolle Werke zum Teil unbekannter venezianischer Meister und Skulpturen von Ivan Rendić.

Donji Humac

Auf dem Weg in den Ostteil der Insel kommt man an Donji Humac mit malerischen romanischen und gotischen Fassaden vorbei. Der Ort war über 800 Jahre das Verwaltungszentrum der Insel. In der Kirche hat ein **byzantinisches Fresco** aus dem 13. Jahrhundert die Zeiten überdauert, es galt als wundertätig.
Im nahen **Gornji Humac** finden sich in der kleinen Friedhofskirche mehrere Reliefs aus dem 15. Jahrhundert, eines ist von Nikola Firentinac.

Selca

In Selca ist die wuchtige **Christ-König-Kirche** (Krista Kralja) aus weißem Bračer Stein weithin erkennbar. Die 1919 vom Österreicher Adolf Schlauf projektierte Kirche macht mit einer charaktervollen Mischung aus gotischem und byzantinischem Stil auf sich aufmerksam. Im Chorraum steht eine Christusfigur von Ivan Meštrović, die er aus Granathülsen des Zweiten Weltkrieges gießen ließ.

In einem **Statuenpark** östlich der Kirche befinden sich neben der Plastik Leo Tolstois auch Abbilder von Franjo Tuđman, Hans-Dietrich Genscher und anderen.

Novo Selo

In dem Dorf Novo Selo ist der **Künstlergarten des Bildhauers Frane Antunjević** eine Attraktion. Obwohl Antunjević wie ein Einsiedler in seiner Hütte lebt, zeigt er gern sein Atelier und hat auch ein paar Kleinode für Touristen parat, die nicht teuer und echte Souvenirs sind.

Bildhauer Frane Antunjević in seinem Atelier

▲ Karte S. 344

Povlja

Das verträumte Fischerdorf Povlja am östlichsten Arm einer schönen, weitverzweigten Bucht ist historisch bedeutsam durch eine Urkunde von 1184 aus dem Benediktinerkloster, das die Besitztümer der Umgebung aufzählt. Von dem Kloster, das einst auf den Resten eines römischen Tempels errichtet wurde, sind neben der heutigen **Pfarrkirche** noch Grundmauern und der Chor der Kirche zu sehen.

Sumartin

Von Sumartin legen die Autofähren nach Makarska ab. Die Franziskaner errichteten im Jahr 1747 das heute noch erhaltene **Kloster**. Die Kirche wurde 1911 neu erbaut und weist eine überladene pseudobarocke Farbenpracht auf.

Bol

Das **Zlatni Rt**, das Goldene Kap, ist die Hauptattraktion der Insel. Es besteht aus einer Strandspitze aus feinem Kies, die wie ein Horn weit in das Meer hineinragt und entsprechend der Meeresströmung ständig ihre Position verändert. Ab 1920 wurde dieses Phänomen über die Grenzen hinaus zum Touristenmagneten. Bol als einziger Ort auf der Insel, in dessen Nähe Süßwasserquellen entspringen, war schon bei Illyrern und Römern ein beliebter Siedlungsplatz. 1475 siedelten sich dann die Dominikaner im Ort an, als sie die Halbinsel Glavica vom regierenden Fürsten geschenkt bekamen. Der markanteste Palazzo am Hafen ist das **Gebäude der Weinbaugenossenschaft**. Den dort produzierten Plavac bol sollte man unbedingt probieren.

Das 1475 erbaute **Dominikanerkloster** liegt eine Viertelstunde Fußmarsch entfernt im Ostteil des Ortes. Bereits seit 1184 befand sich an dieser Stelle ein Palais, das dem Bischof von Hvar ge-

Blick auf das Goldene Kap

hörte. In der Kirche, der nachträglich ein weiteres Schiff angefügt wurde, sind ein Jacopo Tintoretto zugeschriebenes Altarbild und ein beeindruckender Kreuzweg von Josip Botteri zu sehen. Angeschlossen ist ein **Museum** mit steinzeitlichen Funden der Insel, wertvollen Inkunabeln und einer kleinen Gemäldegalerie mit Werken aus der venezianischen Schule bis zur Moderne.

Auf der westlichen Seite der Stadt führt ein schöner Spazierweg durch ein Kiefernwäldchen zum Zlatni Rt.

Ein beliebtes Ausflugsziel ist die in einem engen Tal im Westen von Bol romantisch versteckte **Einsiedelei Blaca**, die im 16. Jahrhundert gegründet wurde. Zunächst lebten die Mönche von der Landwirtschaft, später vom Verfassen glagolitisch geschriebener Texte, und der letzte, 1962 verstorbene Mönch machte als Astronom auf sich aufmerksam. Heute ist das Kloster ein **Museum**, das an das karge Leben der Priester erinnert. In der weiteren Umgebung des Klosters gab es zahlreiche Einsiedeleien. Eine davon ist die **Drachenhöhle**, deren Wände zahlreiche Reliefs mit Darstellungen von Drachen und anderen Fabelwesen zieren. In den Bildern vermischen sich biblische Motive aus der Offenbarung und altslawische Mythen.

Dalmatien

Insel Brač

Vorwahl: +385/21.
Postleitzahlen: Supetar 21400, Bol 21405.
Zuständig für Brač ist die **Turistička zajednica Splitsko-dalmatinske županije** in Split (→ S. 357), Agentur: www.bracinfo.com.
Turistička zajednica Bol, Porat Bolskih Pomoraca bb, Tel. +385/21/635638, www.bol.hr.

Airport Brač, nordöstlich von Bol, Tel. +385/21/559711, www.airport-brac.hr; internationaler Flugbetrieb nur Mai–Okt. Der Flughafen wird von Express Airways, Tyrolean Airways (ehemals Austrian Airlines, Buchung über Gruber Reisen/Graz, www.gruberreisen.at) und Croatia Airlines (ab Zagreb, Graz) angeflogen. Ansonsten erfolgt die Anreise über den **Flughafen**

Split und weiter per Schiff nach Supetar. Mehrmals am Tag **Busverbindungen** von Bol nach Supetar zum Ableger der Fähre nach Split.

Autofähren:
Split–Supetar; Hauptsaison 14x tägl., Nebensaison 9x.
Makarska–Sumartin; 3–4x tägl.
Katamarane:
Split–Bol (Brač)–Jelsa (Hvar); 4x tägl.
Split–Milna (Brač)–Hvar; 2x tägl.
Tagesausflüge nach Jelsa sind nicht möglich; Tagesausflüge nur von Bol nach Split, nicht aber von Split nach Bol möglich.
Zahlreiche **Taxi- und Ausflugsboote** bieten von der Promenade in Bol aus Touren entlang der Küste an oder auch **Ausfahrten zum morgendlichen Fischen**.
Auch Bootsverbindungen bis unterhalb der Drachenhöhle oder zum Kloster Blaca.

Bol: Die Hotels **Elaphusa**, **Bonaca**, **Borak** gehören alle zu einer Gruppe, Tel. +385/21/635210.
Villa Giardino, Novi put 2, Tel. +385/21/635900, www.dalmacija.net/bol/villa giardino; DZ 100–110 Euro. Schöne, persönlich geführte Villa mit schönem Garten.
Kaštil, Frane Radića 1, Tel. +385/21/635995, www.kastil.hr; DZ 80–140 Euro. Schlicht, geschmackvoll, kinderfreundlich.
Villa Daniela, Domovinskog rata 54, Tel. +385/21/635959, www.villadaniela.com; DZ 50–130 Euro. Die meisten Zimmer mit Balkon und schöner Sicht,Pool.
Dominikanerkloster, Tel. +385/21/778000; DZ 60–80 Euro. Schlicht, nur für Reisende, die Ruhe suchen, auch HP möglich.

Bol: Kamp Meteor, Hrv. Domobrana 1, Tel. +385/21/635630. Kleiner Platz.
Kamp Zlatni Rt, 3 Min. Fußweg vom Zlatni Rt, Tel. +385/91/5342946. Lauschig unter Pinien, Sanitäranlagen sehr schlicht.
Kamp Njiva, Bračka Cesta, Tel. +385/21/635472. Zelten unter Olivenbäumen.

Stadthafen Bol. Renoviert und erweitert, allerdings sind die Liegeplätze trotzdem rar.

Bol: Konoba Gušt, Frane Radića, direkt hinter dem Hotel ›Kaštil‹, nahe dem Hafen.
Konoba Mlin, Ante Starčevića 1. Gemütlich in alter Ölmühle, mit Fisch vom Grill.
Konoba Mendula. Dalmatinische Hausmannskost zu günstigen Preisen; beim (weniger zu empfehlenden) ›Laguna‹ die Treppen rauf.

Nacht der Fischer; Ende August. Morgens um 5 Uhr wird ein 120 Meter langes Netz vor dem Zlatni Rt ausgelegt und um 17 Uhr wieder eingeholt. Der Fisch, der sich dann in den Netzten befindet, wird öffentlich für alle gegrillt.

Bol: Wassersportzentrum Big Blue, Podan Glavice 2, Tel. +385/21/635614, www.big-blue-sport.hr. Am Zlatni Rt, mit Surfschule und Sea-Kayaking.
Diving Center Bol, M. Marulica 3, Tel. +385/21/635367, www.nautic-center-bol.com. Vermieten auch 20 Boote für Küstenfahrten.

Ausflüge in die **Bucht Krušica**, wo im Zweiten Weltkrieg U-Boote lagen.
Kloster Blaca/Drachenhöhle: schöne Wanderwege und lohnende Ziele mit Museum bzw. beeindruckenden Felsskulpturen; 4 Std. hin und zurück. Feste Schuhe und Wasservorrat sind erforderlich.

Bol: Ambulanz, am Hafen, Porat bolskih pomoraca bb, Tel. +385/21/635112.
Apotheke, neben der Ambulanz.

Karte S. 344

Insel Hvar

Die milden klimatischen Bedingungen im Südwesten der Insel haben Hvar schon Mitte des 19. Jahrhunderts zu einem touristischen Anziehungspunkt werden lassen. Offenbar waren die klimatischen Verhältnisse in der Jungsteinzeit schon günstig genug, so dass sich sogar eine eigene Kultur mit einer eigenen Keramik entwickeln konnte, wie Ausgrabungen belegen.

Später hat die Insel immer wieder von außen kommende Mächte angezogen, die Hvar geprägt haben. Im 4. Jahrhundert vor Christus kamen die Griechen von den Ionischen Inseln über die See und errichteten die Stadt Pharos (heute Stari Grad). Damit war Hvar die einzige Kolonie, die nicht von Vis aus gegründet wurde. Aus Pharos wurde Hvar, die Alten nennen ihre Insel heute noch For. Dann kamen die Römer und verdrängten die Einheimischen aus den fruchtbaren Ebenen in den Ostteil der Insel, verwaltet wurde die Hvar fortan von Salona aus. Als die Venezianer 1420 die Insel besetzten, erlebte die Stadt Hvar mit ihrem Hafen einen großen Aufschwung. 1571 fielen die Türken in den südwestlichen Teil der Insel ein und richteten große Zerstörungen an. Erst in Jelsa wurden sie in die Flucht geschlagen.

Im 18. und 19. Jahrhundert wurde die Insel reich durch erfolgreiche Reedereien, doch mit der Einführung der Dampfschiffe unter Österreich-Ungarn, die in den Häfen Hvar und Jelsa nicht landen konnten, verlor die Insel ihre wirtschaftliche Basis und wurde zur Provinz. Mit dem aufkommenden Tourismus konnten dann neue Einnahmequellen erschlossen werden. Das günstige Klima ermöglicht seit 1938 Hvar als einziger der dalmatinischen Inseln den Anbau von Lavendel.

Hvar-Stadt

Die Szenerie dieser Stadt am Hafen mit dem großen Bogen des Arsenals vorn, dem großen Platz daneben und der Turm der Kirche Sv. Stjepan im Hintergrund ist unverwechselbar.

Als die Venezianer für die Zwischenstopps ihrer Handelsschiffe in Hvar einen geeigneten Landeplatz fanden, begann der Aufstieg des Hafens. Später wurden hier sogar eigene Reedereien gegründet, die ihre eigenen Flotten aufstellten. Mit dem Bedürfnis nach kultureller Betätigung entstand bereits im 14. Jahrhundert eine Theatertradition, die womöglich älteste in Europa. Sie mündete 1612 im Bau des vermutlich ersten Theaters Europas. Einen Rückschlag erlitt die Stadt, als bei dem Angriff der Türken 1571 ein Pulvermagazin explodierte und die gesamte Stadt abbrannte. Sie wurde im Renaissancestil erneut aufgebaut und hat daher ihr heute einheitliches Aussehen. Mit ihrem Werbegag, im Winter Übernachtungskosten nicht zu berechnen, sobald das Thermometer auf den Nullpunkt fällt, hat die Stadt in bescheidenem Maße den Fremdenverkehr über die Sommersaison hinaus ausdehnen können.

Arsenal und Sv. Stjepan in Hvar-Stadt

Stadtrundgang

Einen wunderschönen Blick über die Stadt hat man von der **Festung Spagnolia**, die auf der nördlichen Seite über der Stadt thront und die man in etwa einer halben Stunde Aufstieg erreichen kann. Sie wurde 1557 im Auftrag der Venezianer an der Stelle eines mittelalterlichen Kastells von spanischen Söldnern gebaut, daher der Name. Anfang des 19. Jahrhunderts machten die Österreicher eine Kaserne daraus.

Am großzügig gestalteten zentralen Platz Trg Sv. Stjepana befinden sich das Arsenal und die Renaissancekathedrale Sv. Stjepan. Das **Arsenal** am Hafen wurde in seiner heutigen Form 1611 errichtet. Darüber entstand 1612 das erste kommunale **Theater**, das erst vor wenigen Jahren renoviert wurde.

Die Pfarrkirche **Sv. Stjepan** wurde Ende des 16. Jahrhunderts geweiht. Die modernen Bronzetüren von Kuzma Kovačić stellen lokale Heiligenlegenden von den Inseln dar. Im Inneren machen zahlreiche Altäre auf sich aufmerksam, unter anderem der Hauptaltar, den Palma der Jüngere 1626 bemalte. An der Nordseite der Kathedrale befindet sich der **Bischofspalast** mit dem Museum kirchlicher Kunst.

Im Stadtteil der Handwerker, Sv. Marak, befindet sich das halbzerstörte **Dominikanerkloster** mit einem Museum. Es zeigt steinzeitliche Funde aus den Höhlen der Insel, außerdem beeindruckende Plastiken von Künstlern der 1920er Jahre.

Auf der anderen Seite der Stadt liegt das **Franziskanerkloster**. Berühmt ist das zwischen 1461 und 1489 gebaute Kloster vor allem wegen der großartigen Gemälde venezianischer Kunst in der Kirche, dem angeschlossenem Museum und seiner 500 Jahre alten Zypresse im Garten. Die Mariendarstellung in der Lünette über dem Eingang zur Kirche ist

Das Franziskanerkloster von Hvar

von Nikola Firentinac. Auf dem Hauptaltar befindet sich ein Polyptychon von Francesco da Santacroce. Dieses sowie zwei weitere Polyptychen unterhalb der Sängertribüne zählen zu den wichtigsten Werken des Künstlers. Oberhalb der Tribüne sind Bilder von Martin Benetović und eine Kreuzigung Christi von Leandro Bassano zu sehen. Von grandioser Lebendigkeit ist das Abendmahlgemälde von Matteo Roselli im Museum. Im Kloster leben noch zwei Franziskaner.

Stari Grad

Noch bis 1948 war Stari Grad der größte Ort der Insel, dann lief Hvar ihm den Rang ab. Belegt ist, dass griechische Kolonisten, die von den Ionischen Inseln kamen, sie 384 vor Christus, im Jahr der 99. Olympischen Spiele, gründeten. Sie nannten sie Pharos, später übertrug sich der Name auf die ganze Insel.

Das festungsartige Gebäude, das von der Zufahrtstraße her zu sehen, ist ein **Dominikanerkloster**, das 1482 errichtet wurde. Innen ist heute ein Museum eingerichtet, in dem unter anderem eine Beweinung Christi von Jacopo Tintoretto zu sehen ist.

▲ Karte S. 344

Unweit befindet sich die kleine Kirche **Sv. Ivan** aus dem 5. oder 6. Jahrhundert, eine frühere Bischofskirche. Teile ihrer Wände bestehen aus der ehemaligen griechischen Stadtmauer, innen ist ein römisches Mosaik zu sehen.

Im Zentrum des Ortes ist der **Renaissancepalast des Petar Hektorović** von 1520 die Hauptattraktion. Der adelige Humanist hat hier sein wichtigstes Werk geschrieben: ›Ribanje i ribarsko prigovaranje‹ (Gespräche von Fischfang und Fischern). Zu seiner Zeit war es ein Bestseller, heute ist es eine Art Nationalepos. Das Flair des Hauses mit einer Art Kreuzgang um einen Fischteich in der Mitte vermittelt viel vom Leben eines reichen Renaissancedichters. Außerdem war dieser Palazzo der erste mit einer Toilette.

Vrboska

Fast intim wirkt die kleine Bucht von Vrboska mit dem Hafen, der 1468 von dem Großreeder Matija Ivanić gebaut worden ist. Nach dem Türkeneinfall er-

Pfarrkirche Sv. Fabijan i Sebastijan in Jelsa

Im malerischen Hafen von Stari Grad

richtete man oberhalb des Hafens 1575 eine markante **Wehrkirche**, die ein Polyptychon von Paolo Veronese enthält. Ein kleines **Privatmuseum** im Hafen zeigt die Geschichte der Stadt.

Jelsa

Jelsa steht heute im Schatten von Hvar und Stari Grad. Doch während des Türkeneinfalls 1571 war sie die Retterin der Insel: Die festungsartige Pfarrkirche **Sv. Fabijan i Sebastijan** konnte als letzte Bastion dem Türkeneinfall auf Hvar standhalten. Kapitän Niko Duboković, dessen von Ivan Rendić gestaltetes Denkmal sich im Park befindet, hatte im 19. Jahrhundert eine der größten Segelschiffflotten in Dalmatien aufgebaut. Der 1834 geborene Reeder wurde außerdem Banker, Industrieller und Politiker und sah im aufkommenden Tourismus bereits eine neue Geldquelle entstehen.

Von Jelsa lässt sich die Südküste entdecken. Über Pitve führt die Straße durch einen Tunnel nach **Zavala**, einen kleinen Küstenort mit hübschen Stränden. Von Zavala kann man sich auf die Insel **Šćedro** mit ihren illyrischen Grabhügeln und einsamen Stränden übersetzen lassen.

Sućuraj

Die Fahrt über die lange Insel nach Sućuraj auf der schmalen Straße mit den engen Kurven und der mangelnden Absicherung am Fahrbahnrand ist ein echtes Abenteuer. Die lange Ostspitze von Hvar gilt den Bewohnern als rückständiges und ärmliches Hinterland, da kann man dem Tourismus entkommen. Zu beiden Seiten führen immer wieder Straßen an die Küste. Der kleine Fährort Sućuraj erhielt 1331 ihren Namen nach der Kirche **Sv. Juraj**. Sućuraj wurde dreimal in seiner Geschichte von Piraten niedergebrannt und mehrfach von Türken überfallen, bis die Bewohner einmal über die Türken siegten. Die Häuser zum Hafen hin sind deshalb wie kleine Festungen abgesichert. Im **Franziskanerkloster** leben erst seit 1990 wieder Franziskaner aus Bosnien. Die ursprünglich im 16. Jahrhundert als Augustinerkloster gegründete Anlage wurde während des Zweiten Weltkriegs zerbombt.

Insel Hvar

Vorwahl: +385/21.

Postleitzahl Hvar-Stadt: 21450.

Hvar-Stadt: **Turistička zajednica Hvar**, Trg Sv. Stjepana, Tel. +385/21/741059, www.tzhvar.hr. Am Hauptplatz, freundlich und sehr professionell.

Post, Obala Riva 19.

Privredna banka, Trg Sv. Stjepana bb.

Autofähren:

Split–Stari Grad; Hauptsaison 7x tägl., Nebensaison 4x tägl. Tagesausflüge von Split möglich.

Drvenik–Sućuraj; Hauptsaison 7x tägl., Nebensaison 3x tägl.

Privatunterkünfte für die ganze Insel unter www.hvarinfo.com.

Hvar-Stadt: Hotel The Palace, Trg Sv. Stjepana 1, Tel. +385/21/741966, www.suncanihvar.com; DZ 80/130/240 Euro. Sauber, keine Klimaanlage, renovierungsbedürftig, für Liebhaber alter Hotels (1903).

Amfora Grand Beach Resort, Biskupa Jurja Dubokovića 5, Tel. +385/21/750300, www.suncanihvar.com; DZ 104/160–250/335 Euro.

Pharia, Majerovica bb, Tel. +385/21/778080, www.orvas-hotels.com; DZ 60–130 Euro. Westlich der Altstadt.

Villa Tudor, etwas außerhalb bei Milna, Tel. +385/21/745000, www.hvar-tudor.com; Apartment 40 Euro. Sportmöglichkeiten am Haus, freundliches Personal.

Hvar-Stadt: Camp Vira, Vira bb, Tel. +385/21/718063, www.campingkroatienhvar.com; hochpreisig. 4 km nordwestlich, in einem Pinienwald, eigener Strand.

Autocamp Mala Milna, Mala Milna bb, Tel. +385/21/745027. Etwas außerhalb in Milna. Kleiner, schlichter, aber ordentlicher Platz.

Paklina, Tel. +385/21/767092, Tel. mobil +385/91/5180203. Einfacher Platz, außerhalb in Ivan Dolac auf der Südseite von Hvar, mit ruhigem Strand.

Hvar-Stadt: ACI Marina Palmižana, Tel. +385/21/744995, Tel. mobil +385/99/470039, www.aci-club.hr. Auf der vorgelagerten Insel Sv. Klement, 2,4 Seemeilen von der Stadt entfernt, es gibt eine Fährverbindung zur Stadt. Sauber, im Hafen kann starker Schwell entstehen.

Stadthafen, schnell überlaufen, anlegen an Murings, da im Hafen Schwell entstehen kann.

Hafenamt, Tel. +385/21/741007, www.jadroagent.hr/hvar.html.

Hvar-Stadt: Restaurant Kod Kapetana, Fabrika bb, Tel. +385/21/742230. Traditionsreiches Lokal an der Uferpromenade, gutes Niveau.

▶ Karte S. 344

Die Burg oberhalb von Omiš

Paradise Garden, Bukainka bb, Tel. +385/21/742066. Empfehlenswert, vor der Kirche Sv. Stjepan links in der kleinen Gasse.
Kod Barba Božjeg, in Milna. Auf einer gemütlichen Terrasse mit Blick auf den Hafen wird einheimische Küche serviert.
Palmižana, Meneghello, www.palmizana.hr. Nahe der Marina auf der Insel **Sv. Klement**, zu der man sich übersetzen lassen kann. Frischer Fisch, auch Muscheln oder Steaks. Schön, aber überlaufen.

Hvar-Stadt: Museum des Benediktinerinnenklosters, Matija Ivanića 13 (oberhalb des Stadtpalasts Hektorović). Die seit 1664 ansässigen Benediktinerinnen stellen seit etwa 120 Jahren Spitzen aus Agavenfasern her, die im Museum ausgestellt sind (seit 2009 in der Liste des immateriellen Weltkulturerbes der UNESCO).

Hvar-Stadt: Im Sommer umfangreiches Kultur- und Partyprogramm auf dem Trg Sv. Stjepana.

Hvar-Stadt: Strände an der Südseite der Stadt, unterhalb der Batterija.
Tipp: Von Brusje zu einsamen Buchten hinunterwandern.
Unterhalb des Arsenals Schiffe ausleihen und zu den zerklüfteten **Pakleni Otoci**, den vorgelagerten Inseln, fahren. Dort in einsamen Buchten baden.

Hvar-Stadt: **Marinesa**, Dinko Petrić, Križna luka, Tel. +385/21/741792, dinko.petric@st.htnet.hr.
Diving Center Viking, Podstine bb, Tel. +385/21/742529, www.viking-diving.com.

Es gibt viele Möglichkeiten für Radtouren auf Hvar, Informationen unter www.croatiabike.com.

Hvar-Stadt: Ambulanz und Apotheke, Trg Sv. Stjepana, Tel. +385/21/743103, +385/21/717099.

Von Split nach Metković

Dieser Abschnitt auf der Küstenmagistrale gehört zu den schönsten. Insbesondere die **Schlucht der Cetina-Mündung** bei Omiš und die steil aufragenden Gebirge der **Makarska-Riviera** sind ein Erlebnis. Die Küste von Omiš bis zum Neretva-Delta war lange fest in der Hand von Piraten, die die Mächtigen in Venedig und sogar den Papst in Rom zum Zittern brachten.

Omiš

▲ Karte S. 344

Omiš war der nördlichste Posten der Piratenrepublik an der Neretva. Mit den steilen Felsen an der Mündung der Cetina bietet es dramatische Kulisse. Vom 9. Jahrhundert bis zur Eroberung durch Venedig 1444 war Omiš ein richtiges Seeräubernest.Heute erinnert daran nur noch die kleine **Festung Peovica** oberhalb des Stadt. Sie ist eine der ältesten in Dalmatien und wurde zur Hochzeit der Seeräuberei im 13. Jahrhundert noch im romanischen Stil erbaut. Eine weitere Verteidigungsanlage in Omiš ist die **Fortica**, die im 16. oder 17. Jahrhundert von den Venezianern errichtet wurde.
Die malerische **Altstadt** war einst von einer Mauer umgeben. Über einem Haus, das heute ›kuća sretnog čovjeka‹ (Haus eines glücklichen Mannes) genannt wird, prangt ein Spruch aus dem 15. Jahrhundert, als die Piratenzeit gerade zu Ende gegangen war: ›Ich danke Dir, Herr, dass ich auf dieser Welt war‹.

Am nordwestlichen Cetina-Ufer, an dem sich die Betenburgen aneinanderreihen, steht die einschiffige Kirche **Sv. Petar** aus dem 10. Jahrhundert. Mit ihren schönen Doppelrundbögen und der Kuppel auf der Mitte des Daches ist sie eine der wenigen frühchristlichen Kirchen, die so vollständig bewahrt sind.

Omiš

Vorwahl: +385/21, **Postleitzahl**: 21310. **Turistička zajednica**, Trg kneza Misla va bb, Tel. +385/21/861350, www.tz-omis.hr.

Hotel Villa Dvor, Mosorska 13, Tel. +385/21/63444, www.hotel-villadvor.hr; DZ 110–135 Euro.

Brzet, Brzet 13, www.ruzmarin.hr; DZ ab 100 Euro. Alle Zimmer mit Meerblick.

Camp Galeb, Vukovarska bb, Tel. +385/21/864430, www.kamp.galeb.hr. Massenbetrieb.

Autocamp Sirena, Četvrt vrlo 10, Tel. +385/21/862415, www.autocamp-sirena.com. Außerhalb am Meer, mit kleinem Restaurant.

Gold Code, im Hotel Damiani, Tel. +385/21/735557. Moderne dalmatinische Küche, edel und nicht ganz billig

Pizzeria Brguja, Matije Gupca 6. Auch mit Fischauswahl.

Konoba Milo.Abwechslungsreiche Fischgerichte. Plätze zum Draußensitzen, guter Durchschnitt.

Klapasingen; jedes Wochenende.
Piratenfest; Anf. Aug.
Stadtfest; 2. August.
Dino-Park; im Sommer.

Baden im Hafen ist nicht zu empfehlen, besser nach Südosten herausfahren, zum Beispiel nach **Stanići**.

Mountainbiken: Fahrräder können bei Agenturen (z.B. ›Slap‹) ausgeliehen werden.

Omersclub, Hotel ›Ruskamen‹, Tel. mobil +385/91/5185400, www.divessi.com.

Wanderungen im Cetina-Tal, **Freeclimbing** an den Felsformationen, Karten und Infos bei der Turistižka zajednica. **Raftingtouren** auf der Cetina.

Makarska

Makarska heißt der zentrale Ort, der dem ganzen Küstenabschnitt seinen Namen gegeben hat, der Makarska Riviera. Heute lebt die Stadt hauptsächlich vom Bade-, Sport-, Wander- und Nautiktourismus.

Der Reiseschriftsteller Alberto Fortis schrieb bereits im 18. Jahrhundert, Makarska sei die einzige dalmatinische Stadt ohne geschichtliche Denkmäler. Das ist sie in gewisser Weise bis heute. Fortis bezieht sich auf die zahlreichen Schlachten, die vieles zerstört haben. So, als die Piraten 887 vor der heutigen Stadt den venezianischen Dogen Pietro Candiano besiegten, dessen Kopf sie auf einen Spieß steckten und an der Riva zur Schau stellten. Auch die Türken besetzten 1499 die Stadt und wurden erst 1684 wieder vertrieben. Im Zweiten Weltkrieg wurden auch die wenigen Zeugnisse noch schwer bombardiert und beschädigt, denn in Makarska hatten sich die deutschen Truppen verschanzt, nicht weit entfernt hatten sie sogar einen Unterschlupf für Kanonenboote in den Fels der Küste gehauen. Heute können am Hafen Boote gemietet werden, die dorthin fahren. Der zentrale und großzügig gestaltete Platz der Stadt ist der Kačićev trg, in dessen Mitte ein Denkmal für Andrija Kačić-Miošić steht. Der 1704 im nahen Brist geborene Franziskanerpater und Guardian sammelte die Volksgeschichten und -lieder seiner Heimat. Auf dem Höhepunkt seiner Karriere war der Professor päpstlicher Legat für Dalmatien, Bosnien und Herzegowina.

Das **Franziskanerkloster** von Makarska steht oberhalb des östlichen Endes der Riva. In einem Raum abgehend vom Kreuzgang befindet sich ein **Malakologisches Museum**, die wohl größte Muschelsammlung der Welt.

Blick auf Makarska von der Halbinsel im Zentrum

Makarska

Vorwahl: +385/21.
Postleitzahl: 21300.
Turistička zajednica Grada Makarske, Obala kralja Tomislava 16, Tel. +385/21/612002, www.makarska-info.hr. Sehr engagiertes Team.
Post, Trg 4, Svibnja 533 Br. 1.

Autofähre:
Makarska–Sumartin (Brač); Hauptsaison 5x tägl., Nebensaison 4x tägl.

Biokovo, Obala kralja Tomislava bb, Tel. +385/21/615244, www.hotelbiokovo.com; DZ 200 Euro. Am Hafen.
Bonaca, Kralja Petra Krešimira IV bb, Tel. +385/21/615574, http://hotelbonaca.net (kr.); DZ/HP 60–85 Euro, nur wochenweise buchbar. Einfach und günstig.
Privatunterkünfte auf www.makarska-info.hr.

Camping Sutikla, Podgora, südliche Ausfallstraße, Tel. +385/21/625377.

Zahlreiche Restaurants an der Riva.
Ivo, Ante Starčevića 41, Tel. +385/21/611257. Schlicht und modern, Fischgerichte zu guten Preisen.
Jež, Kralja Petra Krešimira IV 90. Traditionelle dalmatinische Küche.
Restaurant Susvid, Kačićev trg bb. Beim Hauptplatz. Grillgerichte, schönes Ambiente innen und auf der Terrasse.
Restaurant Riva, Obala Kralja Tomislava 6. Gute Fischgerichte.

Piratennacht; wöchentlich großes Fest auf der Riva, mit Animation und Spiel. Einheimische bieten an Ständen frische Gerichte aus der Region an.
Karneval; Februar, im Juli für die Touristen.
Jazzfest; August.

In Grabovac, 25 Kilometer im Landesinneren, hat ein privates **Jagdmuseum** auf einem Familienbauernhof geöffnet, angeschlossen ist ein kleiner **Zoo** mit über 260 Tieren.

Krankenhaus, Stjepana Ivičevića 2, Tel. +385/21/616061, +385/21/616300.

Karte S. 344

Piraten und Seeräuber

Für viele war die Piraterie eine Flucht aus Armut und Unterdrückung. Sogar mancher lokale Fürst schickte seine Kriegsflotte auf Beutezug, wenn die Zeiten schlecht waren. Und nicht zuletzt überfielen auch venezianische Schiffe gelegentlich die Küste. Die Piraterie in der Adria hat eine lange Tradition: Ab dem 2. Jahrhundert vor Christus etwa verlegten sich die Illyrer auf Plünderfahrten gegen römische und griechische Handelsschiffe. Mit ihren Liburnen, dem wendigsten Schiffstyp ihrer Zeit, jagten sie den Händlern über Jahrhunderte die Waren ab. Erst nach vielen Feldzügen besiegte Pompejius mit einer Flotte von 500 Schiffen die Illyrer.

Im Mittelalter setzten sich die Piraten zunächst in den Sümpfen des Neretva-Deltas fest. Für das aufstrebende Venedig wurden sie zu einer solchen Plage, dass es im Jahr 830 freie Durchfahrt gegen Tributzahlungen mit den Piratenfürsten aushandelte. Trotzdem überfielen die Seeräuber die Handelsschiffe fröhlich weiter. Als Venedig 887 sogar seine Strafexpedition unter dem Dogen Pietro Candiano verlor, wurden die Freibeuter eine feste Machtgröße. Im späten Mittelalter übernahm der Omišer Clan der Kačić die beherrschende Stellung zwischen Cetina und Neretva. Auch für die übrigen Bewohner der Adria waren die Seeräuber eine Plage, da sie Dörfer und Felder überfielen und Menschen versklavten.

Erst als Dalmatien 1420 an Venedig fiel und die Serenissima ihre Herrschaft ab 1447 auch in Omiš ausübte, konnte sie die Seeräuberei entschärfen; in den Griff bekam sie sie nicht. Venedig änderte seine Strategie: Angesichts der zunehmenden Türkengefahr verbündete es sich sogar mit den Piraten wie zum Beispiel im Kampf um die Burg Klis.

Die Geschichte als Touristenspaß: Piratenfest in Makarska

ESSAY

Biokovo-Gebirge

Seit 1981 ist das Biokovo-Gebirge, das von Pisak bis Gradac reicht, zwar kein National-, aber ein Naturpark. Im Zentrum des knapp 20 000 Hektar großen Parks steht der 1762 Meter hohe Berg **Sv. Juraj**, er ist der zweithöchste Berg in Kroatien. Am 3. August jeden Jahres findet eine Wallfahrt auf den Berg statt. Der Sv. Juraj kann erwandert oder auch über eine kurvige Bergstraße mit dem Auto erreicht werden, auf der man eine geringe Maut entrichten muss. Von oben hat man einen herrlichen Blick über die Küstenregion und das Meer. Im Winter kann auf dem Berg Ski gefahren werden. Wer den Berg erwandern will, sollte wegen der schnell aufkommenden Hitze früh losgehen und genug zu trinken dabeihaben. Auch sollte man mit der richtigen Ausrüstung losgehen: In Makarska gibt es zwar auch eine Bergwacht, aber Tote am Berg kommen immer wieder vor. Die englische Version der Website www.biokovo.com und die Seite www.biokovo.net beinhalten Angebote zu Wander- und Raftingtouren. In der Turistička Zajednica ist eine sehr genaue Wanderkarte erhältlich, die von den Rettern vor Ort nach GPS-Daten erstellt wurde.

Imotski

Imotski liegt am Rande eines schönen grünen Tals, das eine Augenweide ist. Die schön renovierte Innenstadt und erstrahlt im k.u.k. Glanz. Am Ende der Fußgängerzone schließt sich im tiefen Gebirgskrater der **Blaue See** an, der seinen Namen vom strahlenden Blau seines Wassers hat. Im Laufe des Jahres schwankt der Wasserspiegel des Sees um bis zu 70 Meter. In der Regel trock-

Denkmal für Andrija Kačić-Miošić im Kloster von Zaostrog

▲ Karte S. 344

net er einmal im Jahr ganz aus, weil das Wasser durch unterirdische Verbindungen abfließt. Auf dem Grund werden dann Fußballspiele veranstaltet.
Nördlich liegt die **Burgruine** von Imotski. Vor dem Eingang der Burg steht ein Denkmal für etwa 120 junge Männer, die im letzten Krieg gefallen sind.
Westlich der Stadt, an der Straße Richtung Postranje, liegt der **Rote See**. Ein Mineral verleiht den Wänden des Sees mit seinem Durchmesser von 200 und einer Tiefe von 500 Metern seine rote Färbung. Er ist seit 1969 als Naturdenkmal geschützt.

Drvenik

So klein und unscheinbar der Ort wirkt, so bedeutsam ist er doch für Touristen, denn hier liegt der Fährhafen für den Trajekt nach Sućuraj auf Hvar und nach Domniče auf Korčula. Am Strand in der Bucht kann man wunderbar baden. Etwas oberhalb, östlich von Selo, befinden sich die **Ruinen der Festung Drvenik**, die während der Auseinandersetzungen mit den Osmanen entstand.
Autofähren: Drvenik–Sućuraj; Hauptsaison 11x tägl., Nebensaison 6x tägl.; Drvenik–Dominče (Korčula) mit LNP; Hauptsaison 3x tägl., Nebensaison 2x tägl., Rest des Jahres nur 1x tägl.

Zaostrog

Zentrum hat des beliebten Badeortes ist das **Kloster**, das die Franziskaner 1468 von den Augustinern übernahmen. Der mit Zitruspflanzen bewachsene Kreuzgang aus der Renaissance gilt als einer der schönsten in Dalmatien.
Im besuchenswerten **Klostermuseum** befindet sich das einzige Gemälde Dalmatiens, auf dem ein Dalmatiner-Hund zu sehen ist. Außerdem ist eine Bronzefigur von Ivan Meštrović zu sehen, die den großen Guardian der Franziskaner und Volksliedsammler Andrija Kačić-Miošić darstellt. Ivan Meštrović goss eine lebensgroße Bronzeplastik von ihm, die sich im Eingang zur Klausur des Klosters befindet. Über dem Eingang zur Kirche befindet sich eine Tafel in Bosančica (altkyrillische Schrift).

Ploče

Ploče besteht fast ausschließlich aus Hafenanlagen. Die entstanden 1937 und sollten für das Neretva-Delta die großen Überseeschiffe aufnehmen. Heute werden 85 Prozent des Warenverkehrs mit Bosnien und Herzegowina, zum Beispiel der Export von Erzen, Bauxit und Holz, über Ploče abgewickelt.
Auch die Fähren nach Trpanj (Pelješac) gehen von hier aus ab. **Autofähre** Ploče–Trpanj (Pelješac); Hauptsaison 8x tägl., Nebensaison 6x tägl., die letzte um 19.30 Uhr.

Neretva-Delta

Im Mittelalter war das Sumpfgebiet des Neretva-Deltas ein ideales Versteck für Piraten. Im 9. Jahrhundert errichteten sie hier eine Herrschaft, die sich im Lauf von 600 Jahren bis nach Omiš ausdehnte (→ S. 379). Nach ihrem Sieg über den Dogen Pietro Candiano 887 festigten die Seeräuber ihre Macht, die Clanführer etablierten sich zu anerkannten Feudalherren. Sie überfielen nicht nur vorbeifahrende Schiffe, sondern verkauften auch Menschen aus dem Hinterland als Sklaven bis nach Nordafrika.
Ab 1490 besetzten die Türken das Tal für 200 Jahre. Über viele Jahrhunderte legten die Menschen die Sümpfe nach und nach trocken und gewannen den fruchtbarsten Boden Dalmatiens. Mit dem Ausbau des Hafens in Metković und vor allem dem Bau der Eisenbahn im 19. Jahrhundert wurde das Delta zur Drehscheibe im Handel mit dem Hin-

terland, insbesondere mit Bosnien und Herzegowina.

Das breite Tal des Neretva-Unterlaufes ist heute eher Agrarlandschaft als ein Touristenziel, aber dennoch hat die Landschaft des 20 000 Hektar großen Neretva-Deltas ihren eigenen Reiz. Aufgrund der klimatischen Bedingungen können drei Ernten pro Jahr eingebracht werden, zahlreiche Sorten von Apfelsinen, Mandarinen und Zitronen kann man entdecken. Außerdem wachsen Kiwis und Melonen, und es wird sogar Reis angebaut.

Derzeit bemühen sich einige Aktivisten, das Neretva-Delta als Naturpark ausweisen zu lassen. Im Delta gedeiht eine Vielzahl von seltenen Pflanzenarten, wo sich Fluss- und Meerwasser mischen. Um die 300 Vogelarten soll es im Delta geben. Auf sogenannten ›Lađas‹ kann man in kleinen Gruppen auf Safari durch die Kanäle gehen. Leihen kann man solche Boote in Vid, am Hotel ›Đuđa & Mate‹, http://djudjaimate.hr, oder bei der ›Villa Neretva‹ in Metković, www.restaurant-villa-neretva.hr.

Straßenstand im Neretva-Delta

▲ Karte S. 344

Opuzen

Das 1333 erstmals unter dem Namen ›Posrednica‹ erwähnte Opuzen war der Ausgangsort für den Handel mit Sklaven, ein Geschäft, an dem auch Dubrovniker Händler verdienten. An der Nordseite des Hauptplatzes befindet sich die Kirche **Sv. Stjepan** aus dem 18. Jahrhundert. Innen ist die Darstellung des heiligen Stephan erwähnenswert, der von Türken gesteinigt wird, was sachlich falsch, aber eine Interpretation der lokalen Verhältnisse ist.

Metković

Der Hafen der Stadt Metković, heute Verwaltungszentrum für die Bewohner des Neretva-Deltas, bauten die Österreicher soweit aus, dass Schiffe in Metković anlegen konnten und verbanden den Ort mit einer Eisenbahnlinie nach Sarajevo. Auf diesem Weg kamen im Juni 1914 der österreichische Erzherzog Franz Ferdinand und seine Ehefrau Sofia von Chotek nach Sarajevo, wo sie dem Attentat durch den Serben Gavrilo Princip erlagen. Das Attentat löste den Ersten Weltkrieg aus. Die Särge mit den beiden Leichen kamen ebenfalls über Metković zurück.

In der Stjepana Radića 1 befindet sich heute die angeblich drittgrößte **ornithologische Sammlung** Europas.

Nordöstlich von Metković in Vid haben Archäologen Teile der antiken Stadt **Narona** ausgegraben. Narona war bereits im 4. Jahrhundert vor Christus ein griechisches Handelszentrum, das die Römer übernahmen. Nach zahlreichen Funden seit den ersten Grabungen 1951 kam 1996 die jüngste Attraktion zum Vorschein: ein **Augustustempel** mit 16 Statuen, deren Plätze in der Anlage sich zuordnen ließen. Seit 2007 ist das Heiligtum in einem hochmodernen Museum rekonstruiert worden.

Halbinsel Pelješac

Pelješac ist der Inbegriff für guten Wein in Kroatien, der sich auch auf den Speisekarten kroatischer Restaurants in Deutschland als Spezialität wiederfindet. Dennoch ist die 70 Kilometer lange und 350 Quadratkilometer große Halbinsel als touristisches Ziel nur wenigen bekannt. Dabei hat es Phänomene zu bieten wie die europäische ›chinesische Mauer‹ von Ston.
Für die Anreise nach Pelješac gibt es drei Möglichkeiten: Von Norden kommend von Ploče mit der Autofähre nach Trpanj übersetzen (Hauptsaison 8x tägl., Nebensaison 6x tägl.), über die Landbrücke bei Ston oder von Süden über Korčula mit der Fähre nach Orebić.
Über 500 Jahre gehörte Pelješac zu Dubrovnik und bildete so etwas wie dessen Hinterland, das als wichtiges Wirtschaftszentrum eine große Rolle spielte: Bei Ston wurde Salz gewonnen, im Inneren der Halbinsel wurde Wein gekeltert und Olivenöl gepresst. Orebić wurde später zu einem Umschlaghafen, der Dubrovnik zusätzliche Handelserlöse einbrachte. In zwei Höhlen, der **Gudnja-Höhle** bei Ston und in der **Nakovana-Höhle** fast an der nordwestlichen Spitze von Pelješac, wurden jeweils Spuren unterschiedlicher steinzeitlicher Kulturen gefunden, die aus dem 6. Jahrtausend beziehungsweise aus dem 8. Jahrtausend vor Christus datieren. 1333 kam die Halbinsel an Dubrovnik, bis sie 1808 in den großen Topf Österreich-Ungarns einging.
Im Krieg zwischen 1991 und 1995 lagen die Serben vor Ston und versuchten, Pelješac zu erobern, wobei sich die Kroaten hinter der alten Mauer von Ston verschanzten. Versorgt wurde die Bevölkerung vom Meer her, dabei spielte die ›Jadrolinija‹, die in kroatischer Hand war, eine wichtige Rolle. 1996 erschütterte ein heftiges Erdbeben mit dem Epizentrum bei Ston die Halbinsel. Zwar stürzten nur wenige Häuser ein, aber viele wurden so stark geschädigt, dass sich die Bewohner neue Häuser in der Umgebung bauten.
Wer von Ploče mit der Fähre in **Trpanj** landet, ist in einem historischen Piratendorf gelandet. Die überlebensgroße weiße Madonnenstatue auf dem Felsvorsprung im Hafen wird von den Einheimischen ›Sea Star‹ genannt. Sie 1938 von einer reichen Frau errichtet, deren Kind aus schwerer Krankheit gerettet wurde.

Orebić

Seinen Namen erhielt Orebić von der gleichnamigen Familie, die 1586 an dem bis dahin bestehenden kleinen Hafen ein Kastell errichtete. Das Hafenstädtchen mit seinen schönen Palazzi erlebte seine Blüte vom 16. bis Anfang des 19. Jahrhunderts mit dem Boom der Schiffahrt. Berühmte Besucher waren Kaiser Franz Joseph I. und 1932 Ernst Jünger.

Alte Weinfässer auf Pelješac

Dalmatien

Oberhalb von Orebić wurde zwischen 1470 und 1480 das **Franziskanerkloster** gebaut. In der barockisierten Klosterkirche sind bedeutende Reliefs italienischer Meister zu sehen, unter anderem ›Die Mutterschaft‹ von Nikola Firentinac. Das Kloster, in dem heute nur noch zwei Priester leben, hat einen wundervollen und stillen Kreuzgang, an den sich im früheren Kapitelsaal ein kleines Museum anschließt. Der ehemalige Reichtum der Gegend ist auch an einigen prachtvollen Mausoleen auf dem Klosterfriedhof abzulesen. Beachtenswert ist das **Mausoleum der Familie Mimbelli** mit der dahinfließenden Figur unter dem Baldachin von Ivan Rendić. Das Dach war ursprünglich in Gold gedeckt.

Nakovanj

Nakovanj ist Zentrum eines archäologischen Schutzgebietes, aus dem Gebiet darf nichts entnommen werden darf. In einer **Höhle** oberhalb am Rücken des Berges Grad wurden Stücke der 8000 Jahre alten Nakovana-Kultur ausgegraben, zuletzt Anfang 2012 in einer späteren Schicht Teile eines Tierkreiszeichens aus Elfenbein. 1999 kam im hinteren verschütteten Teil eine Kultstätte für einen Fruchtbarkeitsgott ans Tageslicht. Auf dem Berg existierte eine mächtige Siedlung der Illyrer, die sich erwandern lässt.

Auf dem Weg nach Ston

Auf der einst von Napoleon errichteten Straße nach Ston werden die Ortschaften im Inneren der Halbinsel immer mehr von Touristen entdeckt.

Kuna liegt malerisch in den Bergen. In der Kirche und in einem kleinen Museum sind Werke des landesweit bekannten Malers und Franziskanerpaters Celestin Medović (1857–1920) zu sehen, der unter anderem der Münchener Schule angehörte. Eine Skulptur vor der Kirche von Ivan Meštrović vor der Kirche stellt den Künstler selbst dar. Hinter dem Ort kann man auf steiler Abfahrt zu einem wunderschönem Strand hinabfahren.

▲ Karte S. 344

Potomje ist das alte, neue Weinzentrum, das den Ruf Pelješacs als Weinanbaugebiet begründet hat. Hier wachsen die Trauben ›Dingač‹, erstmals 1961 ausgezeichnet, sowie ›Postup‹ und ›Plavac mali‹. Durch einen Tunnel gelangt man zur Südseite der Insel mit Weinterrassen an steilen Abhängen.

Das Fischerdorf **Trstenik** in einer schönen Bucht war früher einmal Fähranleger für die Schiffe nach Mljet. Der Fährhafen wurde nach Prapatno verlegt. Ebenso hübsch ist **Žuljana**, wo bereits die Römer wegen einer Süßwasserquelle siedelten.

Ston

Schon von weitem ist die berühmte **Mauer von Ston** zu sehen, die Hauptattraktion des Ortes. Sie gilt mit ihren fünf Kilometer Länge als längste Verteidigungsmauer aus jüngerer Zeit in Europa und wird scherzhaft als ›Chinesische Mauer Europas‹ bezeichnet. Indem sie Mali Ston an der Nord- und Veliki Ston an der Südküste verbindet, trennt sie die

Figur von Ivan Rendić im Mausoleum der Familie Mimbelli in Orebić

Blick von der Mauer auf Veliki Ston und die Salinen im Hintergrund

Halbinsel Pelješac vom übrigen Festland ab. Veliki Ston und Mali Ston waren mit einer zusätzlichen Mauer umschlossen. Gebaut wurde sie, nachdem Ston 1333 zu Dubrovnik gekommen war. Alle großen Baumeister, die in Dubrovnik an der Stadtbefestigung arbeiteten, wirkten auch an dieser Verteidigungsanlage mit: Michelozzo Michelozzi, Bernhardin von Parma, Juraj Dalmatinac und viele andere. 40 **Wehrtürme** und fünf **Festungen** gibt es entlang der Doppelmauer. Die Mauer ist frisch renoviert, man kann auf ihr von Veliki Ston nach Mali Ston laufen oder aber nur um Veliki Ston herum, in jedem Fall bietet sich ein grandioser Blick. Wichtig: Viel Wasser mitnehmen, und man sollte mit Treppensteigen gut zurechtkommen.

Veliki Ston, der südliche und, wie der Name (veliki=groß) sagt, größere Teil der Doppelstadt, liegt am Rande großer Salinen mit einer Salzverarbeitungsanlage, die immer schon umkämpft war. Bereits die Illyrer sollen an diesem flachen Meerausläufer Salz gewonnen haben. Später siedelten im Tal die Römer. 1333 trugen die Anlagen zum Reichtum Dubrovniks bei. Noch heute werden hier pro Jahr 200 Waggons Meersalz produziert, die Anlage kann besichtigt werden.

In den gegenüberliegenden Hängen der Zagorje-Berge haben bereits 5700 Jahre vor Christus in der **Gudnja-Höhle** Steinzeitmenschen eine eigene Kultur entwickelt, die heute Gudnja-Kultur genannt wird. Die Ausgrabungsfunde sind im neu eingerichteten **Museum** zu sehen, das sich im Fürstenpalast am Hauptplatz gegenüber der Post befindet. Veliki Ston wurde im 14. Jahrhundert auf dem Reißbrett entworfen und hat einen schachbrettartigen Grundriss. Bereits 1581 wurden Wasser- und Abwasserleitungen verlegt. In jüngster Vergangenheit war der Ort doppelt geschlagen. Nach dem letzten Krieg, bei dem auch an der alten Mauer gekämpft wurde, folgte 1996 ein Erdbeben, das zahlreiche der frisch renovierten alten Häuser erneut schädigte.

Auf einem Hügel im Tal liegt die kleine romanische Kirche **Sv. Mihovil** mit den besterhaltenen frühmittelalterlichen Wandmalereien in Dalmatien, unter anderem mit einer Darstellung von König Mihovil I. (1077–1081) als Kirchenstifter.

Das ebenfalls von einer Stadtmauer umgebene **Mali Ston** liegt unterhalb der kleinen Festung Koruna. Mali Ston ist bekannt für die Zucht von Austern, die in einigen Restaurants des Ortes angeboten werden.

Halbinsel Pelješac

Vorwahl: +385/20.
Postleitzahlen: Orebić 20250, Ston 20230.
Turistička zajednica Orebić, Zrinsko Frankopanska 2, Tel. +385/20/713718, www.tz-orebic.hr.
Turistička zajednica Ston, Pelješki Put 1, Tel. +385/20/754452, www.ston.hr.
Orebić: **Post**, Obala Pomoraca 13.

Orebić: Verbindungen gibt es nach Zagreb, Sarajevo, Dubrovnik, Trpanj, Lovište, allerdings nicht sehr häufig, vorher nach den Abfahrtszeiten fragen.

Autofähren:
Ploče–Trpanj (Pelješac); 6–8x tägl.
Orebić (Pelješac)–Dominče (Korčula); Mo–Fr fast stündlich.
Prapratno (Pelješac)–Sobra (Mljet); 5x tägl.

Orebić: **Hotel Adriatic**, Mokalo, Tel. +385/20/713420, www.adriatic-mikulic.hr; Studio 50–130, Apartment 95–170 Euro. Kleines Hotel mit großem Angebot: Zeltplatz, Restaurant und Tauchzentrum.
HTP Orebić, Obala Pomoraca 36, Tel. +385/20/713193, www.orebic-htp.hr. Hotelgruppe, zu der das Hotel ›Orsan‹ (DZ 60–110 Euro), das ›Bellevue‹ und die Apartmentsiedlung ›Bellevue‹ gehören.
Hotel Villa Meridiana, Put Podvlaštice 43, Tel. +385/20/714302; DZ 50–75 Euro, Apartments (2 Pers.) 65–110 Euro. Schöne Lage.
Ston: Hotel Ostrea, Mali Ston, Tel./Fax +385/20/754555, www.ostrea.hr; DZ 100–125 Euro. Traditionshaus, inklusive Restaurant mit Austerngerichten.
Villa Koruna, Mali Ston, www.vila-koruna.hr; DZ 90 Euro. Schlicht und sauber. Dem Eigentümer kann man alle Fragen zur Geschichte des Ortes stellen.
Kuna: **Eselhof**, Josip Antunović, Tel. +385/20/742035, mobil 098/9131370 (engl.), miljenko.antunovic@du.t-com.hr. Urlaub auf dem Land, mit Restaurant.

Orebić: Zahlreiche Plätze vor allem in östlicher Richtung direkt am Meer:
Camp Vala, Mokalo 28, Tel. +385/20/678147, Tel. mobil +385/98/1843631, www.vala-matkovic.com. 3 km östlich (im Dorf Mokalo), unter Pinien, in Strandnähe.
Ston: **Camp Prapatno**, Tel. +385/20/754000. 3 km westlich von Ston, unter Olivenbäumen in eigener Bucht, mit Gastronomie.
Zahlreiche Campingplätze auch in Kučište und Viganj, z. B. **Maestral-Camping**, Viganj 37, www.maestral-camping.hr. Einfache Anlage, bei Surfern beliebt.

Orebić: Liegeplätze an der Innenseite des Wellenbrechers.

Orebić: **Babylon**. Kleines Restaurant an der Kirche, Pizza und Tintenfisch sind gut.
Amfora, Kneza Domagoja 6. Einfache Fischgerichte, Pizza.
Posejdon, Bana Josipa Jelačića 26. An der Hauptstraße.
Karako, Kneza Domagoja 32. Schöne Terrasse, gute dalmatinische Küche.
Ston: **Fischrestaurant Bakus**, Angeli Radovani Branko 5, Veliki Ston, Tel. +385/20/754270, www.bakus.hr. Bietet unter anderem Austern an.
Fischrestaurant Sorgo, Široka bb, Veliki Ston.
Pizzeria Stagnum, Veliki Ston. Schönes Ambiente unter einer Weinlaube.
Villa Koruna, Mali Ston, www.vila-koruna.hr. Am Meer, Fischspezialitäten, auch Austerngerichte.
Taverne Bota Šare, Mali Ston, Tel. +385/20/754482, www.bota-sare.hr. Viele Fischgerichte, Austern und traditionelle Gerichte.
Kapetanova kuća, Mali Ston, Tel. +385/20754264. Sehr gutes Restaurant,

▶ Karte S. 344

moderne mediterrane Küche, gutes Preis-Leistungs-Verhältnis.

Orebić: **Traditionelle Prozession der Franziskaner**; Pfingstmontag.
Im Sommer gibt es zahlreiche Folkloreveranstaltungen und Konzerte, u.a. in der Franziskanerkirche, Informationen in der Turistička zajednica.
Segelregatta von Orebić über Korčula und Mljet nach Dubrovnik; 1. Augustwochenende.

Im Westen der Insel bieten die Orte **Kučište** und **Viganj**, die ineinander überzugehen scheinen, viel flachen Strand mit guten Bademöglichkeiten.

Die Küste westlich von Orebić ist ein Paradies für **Windsurfer**, durch den engen Kanal zwischen Korčula und Pelješac herrschen stabile Windverhältnisse.

Orebić: **Scuba Diving Centar**, Mokalo 6, Tel. +385/20/714328, www.adriatic-mikulic.hr. Die Tauchschule gehört zum Hotel ›Adriatic‹.

Wanderung über die Mauer: gegen Eintritt möglich. Gute Kondition und ausreichend Wasser sollte bei den zahlreichen Treppen, die der Sonne ausgesetzt sind, vorhanden sein.

Orebić: **Ambulanz**, Kralja Tomislava 24, Tel. +385/20/713694.
Apotheke, Ban Jelačića bb, Tel. +385/20/713019.
Ston: **Ordinacija Ston**, Put Braće Mihanovića 7, Tel. +385/20/754004.

Insel Korčula

Die Insel Korčula wird touristisch gesehen meist mit der gleichnamigen Stadt gleichgesetzt. Neben der malerischen Altstadt mit Häusern aus Romanik, Gotik und Renaissance ist die Tatsache, dass hier die Wiege von Marco Polo gestanden haben soll, der Anziehungspunkt.
Als die Griechen die Insel im 5. Jahrhundert vor Christus kolonisierten, war sie von dunklen Nadelbäumen bestanden. Deshalb nannten sie die Insel Korkyra Melaina, schwarze Insel, wovon ein steinernes Dokument zeugt, das in Lumbarda gefunden wurde. Daraus entstand später die Bezeichnung Korčula.
Besiedelt war die Insel bereits seit der Steinzeit. In einer Höhle oberhalb von Vela Luka, der **Vela špilja**, sind Ausgrabungen einer 20 000 Jahre alten Steinzeitkultur gemacht worden. 35 vor Christus kam die Insel am Rom. Nach häufigem Herrschaftswechsel im Mittelalter – 1298 besiegte die Genueser Flotte die venezianischen Seestreitkräfte vor der Insel – kam sie 1420 zu Venedig, blieb aber bis 1798 selbständig.
1571 verwüsteten die Türken die Insel, konnten die Stadt Korčula jedoch trotz ihrer Übermacht nicht einnehmen. Ein plötzlich aufkommender Sturm, später der Mutter Gottes zugeschrieben, zerschlug die Flotte. Der Sieg über die Osmanen wird heute noch im säbelrasselnden Moreška-Tanz gefeiert, der in der Stadt Korčula aufgeführt wird.
1943 eroberten deutsche Truppen die Insel nach heftigen Schlachten. Anfang 1944 drangen, unterstützt von alliierten Lufteinheiten, über den westlichen Teil der Insel Partisanen ein, die schließlich

In den Gassen von Korčula-Stadt

im April die Insel vollständig übernehmen konnten.

Während des Krieges zwischen 1991 und 1995 war die Stadt zwar ständig durch Kriegsschiffe bedroht, wurde aber nicht nennenswert angegriffen. So konnte über Korčula die Versorgung Dubrovniks und der Insel Mljet organisiert werden.

Tänze auf Korčula

Auf der Insel haben sich verschiedene Formen von Säbeltänzen erhalten, die auf die Kämpfe mit den Osmanen zurückgehen. In Korčula-Stadt wird die Moreška aufgeführt, sie kam einst aus Spanien. Als ›Morisco‹ entstanden, ist der Begriff entlehnt vom Wort für ›Mauren‹. Der Tanz erzählt die Geschichte einer Braut, die von Männern in schwarzer Kleidung entführt und von Männern in roten Kostümen nach sieben Tanzformationen zurückerobert wird.

Die Kumpanija ist ein Rittertanz in 18 Figuren, die in Blato, in Smokvica und in Čara aufgeführt wird. In Žrnovo und Pupnat wird die Moštra dargeboten, ein von Trommel und Dudelsack begleiteter Tanz in zehn Figuren, bei dem am Ende der Kopf eines Ochsen mit einem Streich abgeschlagen werden muss. Früher war der Kopf echt, jetzt ist es eine Attrappe.

▲ Karte S. 344

Marco Polo

So legendär die Tatsache ist, dass Marco Polo in Korčula geboren wurde, so legendär ist das ganze Leben des Asienreisenden im Mittelalter. Wahrscheinlich ist: Marco Polo wurde 1254 geboren. Sicher ist: Er kam in der venezianischen Familie des Kaufmannes Niccolo Polo zur Welt, der zusammen mit seinem Bruder Maffeo einen florierenden Handel mit Seide aus China zwischen Konstantinopel und Venedig betrieb.

Polo nahm 1298 auf venezianischer Seite an der Seeschlacht vor Korčula gegen Genua teil. Dabei wurde er von seinen Gegnern gefangengenommen. In der Gefängniszelle diktierte er seinen Bericht mit dem Titel ›Das Buch von den Wundern der Welt‹ über seine Chinareise einem Mithäftling in die Feder. Es wurde zum meistgelesenen Buch nach der Bibel. Bis heute werden aber Zweifel laut, ob Marco Polo tatsächlich in Chi-

Moreška-Aufführung

na war oder ob er seine Informationen vom Hörensagen hatte.
Für die Tatsache seiner Geburt in Korčula gibt es nur Indizien. So sind keine weiteren Polos außerhalb von Korčula nachweisbar, eine Tauf- oder Geburtseintragung existiert auch in Bezug auf die Stadt Venedig nicht und ein Dokument aus dem 14. Jahrhundert stellt in einem Nebensatz fest: »Polo, dieser Mann kam ursprünglich aus Dalmatien ...«.

Korčula-Stadt

Die Stadt auf der vorgelagerten Halbinsel ist mit seinen engen Gässchen und wunderschönen Renaissancefassaden fast wie ein Museumsstädtchen und im Sommer entsprechend überlaufen. Zu den größten Attraktionen gehört das **Haus, in dem Marco Polo geboren worden sein soll**, und die Kirche **Sv. Marko** mit ihrem renovierten Altarbild von Tintoretto.
Laut einer Inschrift am **Stadttor** soll die Inselstadt von dem Griechen Antenor gegründet worden sein, andere antike Quellen schreiben den ersten Spatenstich sogar Äneas zu. Im 13. Jahrhundert wurde der Grundriss der Stadt nach römischen Vorbild noch einmal völlig neu am Reißbrett geplant. Seitdem gehen von einer Nord-Süd-Achse Seitenstraßen wie Fischgräten nach Ost und West ab. Das hat den Vorteil, dass die Sonne nur morgens und abends in die Stadt scheint und die Mittagshitze in die meisten Gassen nicht eindringen kann.
Bereits 1214 hat sich Korčula als selbständige Stadt eine Gemeindeverfassung gegeben, die als die fortschrittlichste in Europa galt: Sie verbot unter anderem die Sklavenhaltung und regelte eine frühe Form der Demokratie mit Wahlen der Stadtoberhäupter. Eine alte Abstimmungsurne ist noch im **Ikonenmuseum** zu sehen.
Korčula wurde erst am 13. Juni 1986 an die allgemeine Trinkwasserversorgung des Festlandes angeschlossen und bezieht seitdem das süße Nass aus dem Neretva-Tal.

Stadtrundgang

Die meisten betreten die Stadt über die mondäne Freitreppe, die zum Tor im Veliki-Revelin-Turanj, dem **Großen Revelin-Tor**, führt. Es wurde zwischen 1493 und 1496 erbaut. Dahinter kommt man auf die Korčulanskog Statuta 1214 mit ihren schönen Häusern aus Romanik, Gotik und Renaissance. Die Nord-Süd-Achse mit den links und rechts abgehenden Gassen führt zum Platz Trg Sv. Marka.
Am Markusplatz befindet sich die Katedrale **Sv. Marko**, die zwischen Anfang des 15. und Mitte des 16. Jahrhunderts erbaut wurde. Noch Anfang des 15. Jahrhunderts, als in Venedig bereits die Renaissance aufkam, gestaltete Bonino da Milano den Eingang in gotisch-romanischer Form. Marko Andrijić vollendete sie Anfang des 16. Jahrhunderts mit der Rosette und dem Turm, indem er gotische Spitzbögen und Elemente aus der Renaissance miteinander verband. Im Inneren wird der Blick auf das Altargemälde des heiligen Markus gelenkt, ein Frühwerk von Jacopo Tintoretto (1518–1594). Das Ziborium davor hat Marko Andrijić geschaffen. Weitere Bilder im rechten Seitenschiff werden italienischen Meistern zugeschrieben. Eine Reihe von Waffen an der Südwand der Kirche sind Beutestücke aus der Belagerung von 1571 durch Heerführer Uluz Ali mit seiner algerischen Flotte. Auf der gegenüberliegenden Seite der Kirche wurde 1525 ein viertes Schiff zu Ehren des Pestheiligen Rochus angebaut. Dort befindet sich ein Renaissance-Taufbecken mit einer modernen Jesusfigur von Frano Kršinić.

Adria
Antuna Rozanovića
Sv. Roka
korčulanskih bratovština
Pomenića
Šetalište Petra Kanavelića
Kanavelic
Španićeva
biskupa Luke Tolentića
Marco-Polo-Haus
Depolo
don Luke Depola
Obala dr. Franje Tuđmana
Korčula
Adio Mare
Don Pavla
dr. Vinka Foretića
Trg pred Sv. Pedrom
Kalafata
Rafa Arnerija
Arneri-Palast
Trg Sv. Marka
Kathedrale Sv. Marko
Biskupije
Meeres-tor
dr. Dinka Miroševića
Konoba Marinero
Kirchliches Museum
Stadtmuseum
Ismaelli
statuta 1214
kor čulanskog
Marka Andrijića
Giunio
Baničevića
Trg korčulaskih klesara i kipara
od teatra
opada don Ive Matijaca
Ikonen-museum
Žitnica
Trg Antuna Stjepana Radić a
Kaporova
Trg Svi Svetih
Svi Svetih
Kleiner Fürstenturm
Knežev prolaz
Rathaus
Dobrotvornosti
Revelin-Tor
Rampada
Großer Fürstenturm
Foša
Landtor
Markt
Trg kralja Tomislava
Obala Vinka Paletina
Trg promirenja
Marco-Polo-Museum
Put Sv. Nikole
Plokata 19. travnja 1921
Kovački prolaz
Obala korčulanskih brodograditelja
Busbahnhof, ACI Marina Korčula (200 m), Hotel Korsal (500 m), Hotel Liburna (1000 m)
Trg Sv. Justine
Sv. Justine
Prolaziza punte Jurana
Korčula-Stadt
0 25 50 m

Neben der Kirche befinden sich das **kirchliche Museum** und gegenüber das **Stadtmuseum**, deren Besuch sich lohnt.
Von der ulica Sv. Roka Richtung Norden geht rechts die Depolo ab zum **Haus der Familie Depolo**, in dem auch Marco Polo geboren worden sein soll. Vor kurzem hat die Stadt mit Hilfe der Turistička zajednica die Ruine des Hauses von zwei Schwestern für 500 000 Euro zurückgekauft und will darin ein Museum eröffnen. Seit kurzem kann man schon den Turm des Hauses besteigen.
Ein Ausflug lohnt sich zur kleinen, vorgelagerten Insel **Badija**, auf der ein Franziskanerkloster aus dem 15. Jahrhundert zu besichtigen ist.

Lumbarda

Lumbarda im Osten war die erste griechischen Siedlung, wie eine Stele aus dem 5. Jahrhundert vor Christus belegt. Auf ihr hatten die ersten Siedler die Besitzverhältnisse dokumentiert, und sie zeigt, dass die Einwanderer aus Sizilien und Unteritalien kamen, zum Teil aber auch Illyrer waren. Lumbarda hat schöne Strände zu bieten, einige alte **Palazzi** und Reste einer römischen **Villa rustica**. Probieren sollte man den Wein aus der Traube Grk.

Smokvica

Richtung Vela Luka liegt das klassische Weinbaudorf Smokvica mit seinen 1000 Einwohnern. Es wurde im 15. Jahrhundert von Flüchtlingen vor den Osmanen gegründet. Neben der **Kirche** aus dem 17. Jahrhundert ist eine renovierte **Loggia** zu sehen, in der Gericht gesprochen wurde.

Blato

Das folgende 4000-Einwohner-Dorf Blato liegt in einem Tal mit eigenen Wasserquellen. Dieses zog bereits Illyrer und später Römer an. Wein- und Olivenanbau brachten den Bewohnern über Jahrhunderte Arbeit und Reichtum, bis der Einfall der Reblaus Anfang des 20. Jahrhunderts das gute Auskommen beendete.
Die Kirche **Svi Sveti** wurde im 14. Jahrhundert in gotischem Stil errichtet und später erweitert. Das Altarbild mit der Madonna und dem Kind, umgeben von allen Heiligen, ist von Girolamo da Santacroce aus dem Jahr 1540.
Oberhalb von Blato liegt das **Kloster der Töchter der Barmherzigkeit**, das von der Nonne Marija Petković (1892–1966) gegründet wurde, die erste Kroatin, die je seeliggesprochen wurde.

Blick auf Korčula-Stadt

Vela Luka

Vela Luka entstand im 19. Jahrhundert in einer weiträumigen Badebucht, von der auch die Fähren nach Split abgehen. Bereits vor 20 000 Jahren lebten in der Höhle **Vela špilja**, nördlich des Ortes am Berghang, die ersten Menschen. Die Höhle ist wegen ihres großen Eingangs imposant.

Das **Renaissance-Kastell** der Familie Ismaeli beherbergt ein Kulturzentrum und ein Museum mit Funden aus der Höhle Vela špilja sowie eine Sammlung moderner Kunst.

Insel Korčula

Vorwahl: +385/20.

Postleitzahlen: Korčula-Stadt 20260, Vela Luka 20270.

Turistička zajednica Korčula, Obala dr. Franje Tuđmana 4, Tel. +385/20/715867, www.visitkorcula.eu, www.korcula.net, www.korculainfo.com (private Website).

Turistička zajednica Vela Luka, ulica 41 br. 11, Tel. +385/20/813619, www.tz velaluka.hr. Etwas versteckt bei einem Park.

Korčula-Stadt: **Busbahnhof**, Obala korčulanskih brodograditelja, Tel. +385/20/711216.

Fähren nach Korčula landen im Hafen Dominče, 5 km außerhalb der Stadt. Die Verbindung mit Bussen ist sichergestellt.

Autofähren: Orebić (Pelješac)-Dominče (Korčula); stündlich.

Split-Vela Luka (Korčula)-Ubli (Lastovo); 3-4x tägl.

Katamaran: Split-Hvar-Vela Luka (Korčula)-Ubli (Lastovo); 4x tägl.

Korčula-Stadt: Die meisten der großen Hotels gehören zur ›HTP Korčula d.d.‹, Šetalište F. Kršinića 102, www.korcula-hotels.com, und bieten Übernachtungen in verschiedenen Häusern.

Korčula, Obala dr. Franje Tuđmana 5, Tel. +385/20/711078; DZ/HP 120-160 Euro. Das 20-Zimmer-Hotel liegt in einem alten Haus direkt in der nördlichen Altstadt mit Blick auf das Meer.

Hotel Liburna, Put Od Luke 17, Tel. 726006; DZ mit HP 120-180 Euro. An der Ostküste, von der Terrasse schöner Blick auf die Stadt.

Korsal, Šetalište Frana Kršinića 80, Tel. +385/20/715722, www.hotel-korsal.com; DZ 145-180 Euro. Edles, familiengeführtes Hotel mit Blick aufs Meer, nah an der Altstadt, ruhig.

Kostengünstigere **Apartments** sind in großer Auswahl auf der Website der TZ zu finden, www.visitkorcula.eu.

Vela Luka: Alle vier Hotels gehören zur Kette HUM, Reservierung Tel. +385/20/812064, www.humhotels.hr:

Adria, Plitvine bb, 2,5 km außerhalb von Vela Luka; DZ 110-140 Euro. Größere Anlage in der Nähe einer ruhigen Bucht, mit Pool und anderen Annehmlichkeiten.

Hotel Dalmacija, ulica 62, br. 2; DZ 60 Euro. Einfaches Haus im Zentrum, mit Gastronomie und Sitzmöglichkeiten auf der Terrasse.

Pansion Jadran, Obala 4, br. 20; 50 Zimmer; DZ 45-60 Euro. Im Zentrum, schlicht.

Posejdon, Obala 2 br. 1, Tel. +385/20/812246; 2 Pers. 40-60 Euro. Bungalow-Anlage nahe dem Zentrum.

Zeltplätze gibt es vor allem an der Westküste.

Korčula-Stadt: **Camp Oskorušica**, Žrnovo, Vlaho Brčić, Tel. +385/20/710747 (spricht auch Deutsch), www.oskorusica.com. Schlicht, mit nur 30 Plätzen, 8 km von Korčula-Stadt.

Vrbovica, Bucht Vrbovica, Žrnovo, Tel. +385/20/721311, www.kamp-vrbovica.hr; 50 Plätze, 6 km von Korčula-Stadt.

Kamp Kalac, Dubrovačka cesta 1, Tel. +385/20/726693, www.korcula-hotels.com. Östlich von Korčula-Stadt, schlichte

▲ Karte S. 344/390

Anlage für geringe Ansprüche, Platz für 600 Personen.
Vela Luka: **Camp Mindel**, Stani 192, Tel. +385/20/813600, www.mindel.hr. Unter Olivenbäumen, gut ausgestattet, Laden, etwas außerhalb, nicht direkt am Wasser.

Korčula-Stadt: **ACI Marina Korčula**, Autobusni Kolodvor bb, Tel. +385/20/711661, www.aci-club.hr. Direkt östlich der Altstadt, eine Tankstelle ist eine halbe Seemeile östlich.
Vela Luka: Liegeplätze am Kai der Stadt.

Korčula-Stadt: **Restaurant Kanavelic**, Sveta Barbara 12, Tel. +385/20/711800. Garantiert für Fisch aus einheimischen Gewässern.
Konoba Marinero, Marka Andrijica 13. Geführt von zwei Fischern, die frischen Fisch servieren.
Pupnat: **Konoba Mijo**. Romantisch in der Bucht Pupnatska Luka, Gegrilltes und einheimische Weine.
Vela Luka: **Konoba Lučica**. Am Hafen, mit schönem Garten, guter Fisch und Hausmannskost.
Restoran Bata, Ulica 56 br. 1, Tel. +385/20/812457. Traditionelle Gerichte mit Fisch, Reservierung empfohlen.

Korčula-Stadt: **Cukarin**, Hrvatske Bratske Zajednice bb. www.cukarin.hr. Köstliche hausgemachte Kuchenspezialitäten.

Korčula-Stadt: **Kirchliches Museum**, Trg Sv. Marka, neben der Kirche, im ehemaligen Bischofspalast, Tel. +385/20/711049; im Sommer 10–13 und 17–19 Uhr. Unter anderem sind ein Polyptychon von Blaž Trogiranin, Gemälde aus italienischen Schulen und zwei Zeichnungen von Leonardo da Vinci zu sehen.
Stadtmuseum, Trg Sv. Marka, Tel. +385/20/711420, www.gm-korcula.com (kr.); Okt.–März: 10–13, April–Juni 10–14, Juli–Sept. 9–21 Uhr. Im ehemaligen Palast der Familie Gabrielli, griechische und römische Steinmetzarbeiten und steinzeitliche bis zu 7000 Jahre alte Funde, Werke neuerer Bildhauer aus Lumbarda.
Ikonenmuseum, Trg Svi Sveti; Juli/Aug. 9–14, 17–20 Uhr; Mai, Juni, Sept., Okt. 9–14 Uhr.
Museum Marco Polo, Plokata 19. travnja 1921, br 33. Sieben Szenen aus dem Leben von Marco Polo mit Figuren, auch für Kinder sehr geeignet.

Termine für die Volkstänze:
Stadt Korčula: **Moreška**, seit 30 Jahren jeden Donnerstag, im Juli und August zusätzlich am Montag, Beginn um 21 Uhr auf dem Platz neben dem Revelin-Tor.
Pupnat: **Kumpanija**; 5. August (Fest Maria im Schnee).
Vela Luka: **Rittertanz**; 19. März (Fest des heiligen Joseph).
Blato: **Kumpanija**; 2x pro Monat und am Volksfesttag, am 28. April.
Vela Luka und Pupnat: **Kumpanija**; im Sommer 2x im Monat.
Zrnovo: **Moštra**; 15. August (Maria Himmelfahrt).

Korčula-Stadt: Strände sind eher außerhalb zu finden, bei den großen Hotels. In **Luka Korčulanska**, vor Ort auch Porto Pedoci genannt, gibt es sogar einen Sandstrand.
Inseln: Strände gibt es auch auf den vorgelagerten Inseln, zum Beispiel auf **Badija**, **Planjak** oder den etwas entfernteren Inseln **Mala und Velika Stupa**, die per Taxiboot vom Hafen aus zu erreichen sind.
Pupnatska Luka an der Südseite ist die wohl lauschigste Badebucht der Insel.
Insel Proizd: Der Strand auf der nördlich von Vela Luka gelegenen Insel war 2007 ›Strand des Jahres‹ (Tourismusministerium). Erreichbar mit dem Taxiboot.

Vela Luka: **Tauchbasis** am Hotel ›Posejdon‹, Tel. +385/20/813508, www.croatiadivers.com.

Vela Luka: Schöne Wanderungen sind auf der nördlichen und südlichen Seite der Bucht möglich, Informationen zu den Strecken in der Turistička zajednica.

Korčula-Stadt: Ambulanz, Put Sv. Nikole bb, Tel. +385/20/716166, +385/20 711193..

Insel Lastovo

Wie Vis war die 47 Quadratkilometer große Insel Lastovo bis 1996 militärisches Schutzgebiet und durfte von Ausländern nicht betreten werden. Um die Unberührtheit zu erhalten, wurde die ganze Inselgruppe 2006 zu einem Naturschutzgebiet erklärt.

Die ursprünglich illyrische Ortsbezeichnung ›Ladesta‹ wurde in einem griechischen Dokument aus dem 4. Jahrhundert vor Christus erstmals erwähnt. Die nachfolgenden Römer nannten die Insel ›Augusta Insula‹, bevor sie im 7. Jahrhundert kroatisch wurde. Im Verlauf des Mittelalters lebten die Menschen vom Freibeutertum, wahrscheinlich im Zusammenspiel mit der Piratenrepublik Neretva, und sicherten sich durch ihre Uneinnehmbarkeit weitgehende Autonomie. 1310 verleibte sich die Stadtrepublik Dubrovnik Lastovo ein. Mit dem Vertrag von Rapallo 1920 gehörte die Insel zu Italien, doch nachdem die Partisanen Mussolinis Regierungsvertreter auf der Insel ermordet hatten, wurde sie ohne völkerrechtliche Verträge in die sozialistische Republik Jugoslawien eingegliedert und später dann in das heutige Kroatien überführt.

Der Besucher landet im westlich gelegenen Fährort **Ubli** an, wo an der Kirche von Sv. Petar noch Grundmauern aus dem 5. oder 6. Jahrhundert zu sehen sind.

Das Inselzentrum **Lastovo** ist von 20 Renaissancehäusern aus dem 15./16. Jahrhundert geprägt. Charakteristisch sind die großen Terrassen und die zylindrischen Schornsteine. Die Kirche Sv. Cosmas i Damian im Zentrum ist von 1474, die Kirche Sv. Marija von 1512. Über der Stadt errichteten die Franzosen 1808 eine Verteidigungsanlage auf den Grundmauern eines mittelalterlichen Kastells. Heute dient die Bergspitze als Wetterstation.

Insel Lastovo

Vorwahl: +385/20.
Postleitzahl: 20290.
Turistička zajednica Lastovo, Pjavor 7, Tel. +385/20/801018, www.tz-lastovo.hr; informativ: www.lastovo.org/en/home.

Einzige Tankstelle am Fährhafen in **Ubli**.

Autofähre: Split–Vela Luka (Korčula)–Ubli (Lastovo); 2x tägl.
Katamaran: Split–Hvar–Vela Luka (Korčula)–Ubli (Lastovo); 4x tägl.

Hotel Solitudo, Pasadur, Tel. +385/20/802100, www.hotel-solitudo.com; DZ 80–110 Euro. Bei der Brücke auf die Insel Prežba. Direkt am Wasser, mit Meerblick, große Zimmer, geschmackvoll und sauber.

Bademöglichkeiten bestehen in der **Zaklopatica-Bucht**, **Skrivena-Luka** (Portorus, in der Nähe steht ein alter Leuchtturm von 1839), außerdem in der **Velo- und Malo-Lago-Bucht**. Wer Zeit hat, sollte sich auf die **Insel Saplun** bringen lassen, wo einsame Strände warten.

▶ Karte S. 344

Dubrovnik

Dubrovnik bietet das Bild für das Ziel aller Ziele in Kroatien: Eine Stadtmauer, die es in dieser Stärke und Vollständigkeit sonst im ganzen Land nicht gibt, ein einziges rotes Dächermeer, enge romantische Gässchen mit Natursteinhäusern aus der Renaissance und das alles direkt am Meer. Deshalb wird es die ›Perle an der Adria‹ genannt. Für Kroaten war Dubrovnik aus einem anderen Grund immer ein Ort der Sehnsucht: Die Stadt steht für eine Freiheit, die das übrige Land nie hatte. Dubrovnik hat es geschafft, über die längste Zeit seiner Geschichte ein mehr oder weniger selbständiger Stadtstaat zu bleiben. Entsprechend stolz sind ihre Bewohner. Seit 1979 gehört die Altstadt zum Weltkulturerbe der UNESCO. Lohnend ist nicht nur ein Rundgang auf der Stadtmauer und der Gang durch die unzähligen Gassen, sondern auch der Besuch des Franziskaner- und des Dominikanerklosters und der Kathedrale.

Geschichte

Libertas – Freiheit: Das Wort ist immer wieder im Stadtbild zu lesen. Als Epidaurum, das heutige Cavtat im Anfang des 7. Jahrhunderts unterging, siedelten sich seine Bewohner, die frisch eingewanderten Slawen, in den Eichwäldern unterhalb des Berges Srđ an. Den Eichenwald am Fuß des Berges nannten sie ›dubrava‹. Sie trafen auf Bewohner, deren Familien seit römischer Zeit auf der ehemaligen vorgelagerten Insel Lausa lebten, auf der heute die Altstadt steht, wie Ausgrabungen belegen. Daher leitet sich der frühere Name der Stadt ab, der bis 1918 gängig war: Ragusa. Während die Slawen von den Alteingesessenen zum Christentum bekehrt wurden, slawisierten die Neuankömmlinge die Alteingesessenen.

Im Mittelalter entwickelte sich der Hafen von Dubrovnik zu einer Drehscheibe im Warenverkehr zwischen dem kroatischen Hinterland und Venedig, so dass die Stadt bereits im 12. Jahrhundert zu Reichtum kam. Ab dem 14. Jahrhundert vergrößerte Dubrovnik vorsichtig sein Territorium um die Inseln Lastovo und Mljet und ab 1333 um die Halbinsel Pelješac. Dabei wurde die Salzgewinnung in Ston zu einer Haupteinnahmequelle für den Stadtstaat. Der neue Reichtum ermöglichte die heute noch sichtbaren Stadtmauern von Dubrovnik, an denen unter anderem Juraj Dalmatinac baute. Bereits seit dem 14. Jahrhundert prägte die Stadt ihre eigenen Münzen. 1436 wurden Wasserleitungen und ein Abwassersystem gebaut, beides ist teilweise heute noch in Betrieb. Als 1442 die Türken auf den Plan traten, sicherte sich der Stadtstaat mit di-

Am alten Hafen von Dubrovnik

plomatischen Verträgen den Schutz der christlichen Herrschaft einerseits und der türkischen Macht andererseits, unterhielt diplomatische Missionen an beiden Höfen und spielte Doppelagent, indem sie die Informationen über den jeweils anderen nutzbringend kreisen ließ. Was andere zwischen den Mächten zerrieb, nutzte Dubrovnik für das Geschäft. Das diplomatische Geschick wurde legendär. Im 16. Jahrhundert besaß die Stadt die drittgrößte Handelsflotte der damaligen Welt, die bis in den Indischen Ozean unterwegs war.

Doch nach der Entdeckung der Neuen Welt verlagerten sich die Handelsströme, im 17. Jahrhundert schrumpfte die Seeflotte auf ein Drittel. Zusätzlich zerstörte 1667 ein Erdbeben einen Großteil der Stadt. Erst seit der Eroberung durch Napoleon teilt Dubrovnik seine Geschichte mit Dalmatien, später gehörte es zu Österreich.

Beim Zerfall Jugoslawiens kesselte die Armee Rest-Jugoslawiens die Stadt ein. Von den Bergen wurde das Welterbe mit über 2000 Granaten beschossen, vom Meer als eine der wenigen Städte von Kriegsschiffen angegriffen. Drei Monate saßen die Menschen in Kellern und waren vom Rest der Welt abgeschnitten. 2009 wurden zehn Offiziere der jugoslawischen Armee wegen der Bombardierung angeklagt.

Stadtrundgang

Einen Parkplatz zu finden ist nicht einfach, unter Umständen muss man vor der Stadt parken und einen längeren Anmarsch in Kauf nehmen.

Die Stadtbefestigung

Die meisten Besucher betreten die Stadt durch das **Pile-Tor** im Westen der Stadt. Es ist eines von fünf Toren, die durch die dicken Mauern Einlass gewähren.

Die Stadtmauer vor der Minčeta-Festung

Über dem Tor, das 972 eine eigene Burg war, befindet sich eine Statue von Ivan Meštrović, sie stellt den Schutzheiligen der Stadt, Sveti Vlaho (heiliger Blasius), dar.
Vom Pile-Tor gelangt man auf die Stadtmauer, auf der man die Stadt fast ganz umrunden kann. Beim Rundgang auf der Stadtbefestigung sollte man sich vor allem im Sommer mit ausreichend Wasser versorgen, auf etwa zwei Kilometern Länge ist man der Sonne ausgesetzt. Da die Laufrichtung auf der Mauer gegen den Uhrzeigersinn verläuft, kommt man erst einmal zu dem schönen Abschnitt hoch über dem Meer, zur **Bokar-Festung**. An dem im Südwesten gelegenen Turm wurde 100 Jahre bis zu Fertigstellung 1570 gebaut. Von hier aus blickt man auf die vorgelagerte **Lovrijenac-Festung**. Sie ist berühmt für ihre Inschrift, die das Motto der Stadt sein könnte: ›Non Bene Pro Toto Libertas Venditur Auro‹: Für alles Geld in der Welt werden wir unsere Freiheit nicht verkaufen.
Zwischen der Johannes-Festung und der Lukas-Festung wurde vor dem 15. Jahrhundert eine Kette gespannt, um den Hafen zu verriegeln. In der **Revelin-Festung**, errichtet von 1583 bis 1594, wurden auch Ratssitzungen abgehalten und der Schatz der Stadt gelagert. Die ausladende Terrasse bietet einen wunderschönen Blick auf den Hafen und wird während der Sommerfestspiele als Bühne genutzt.
Wahrzeichen der Stadt ist die nach einer Adelsfamilie benannte **Minčeta-Festung**. Die im Nordwesten gelegene Verteidigungsanlage wurde 1453 nach dem Fall Konstantinopels von Juraj Dalmatinac gebaut. Sie galt zu ihrer Zeit als uneinnehmbar und unzerstörbar.
Der Aufgang zur Stadtmauer ist am Pile- und am Ploče-Tor möglich.

Der Stradun

Hinter dem Pile-Tor beginnt die große Prachtstraße, der Stradun, deren Pflasterung von 1468 stammt. An ihrer Stelle befand sich einst ein Kanal, der später aufgeschüttet wurde und somit die seezugewandte Seite der Stadt zur Insel machte.

Sommerlicher Hochbetrieb auf dem Stradun

Gleich hinter dem Pile-Tor befindet sich auf dem Milečević-Platz der **Große Onofriobrunnen**, benannt nach seinem Erbauer Onofrio della Cava. Er wurde 1438 fertiggestellt und ist der Endpunkt einer zwölf Kilometer langen Wasserleitung.

Schräg gegenüber vom Brunnen befindet sich das **Franziskanerkloster**, dessen Bau im frühen 14. Jahrhundert begonnen wurde. Die Lünette des spätgotischen Südportals der Kirche ist eine der schönsten in Dalmatien. Der Innenraum wurde mit monumentalen Altären im Barockstil wiederaufgebaut und enthält das Grab des berühmten Dubrovniker humanistischen Dichters Ivan Gundulić (1588–1638). Hauptattraktion ist aber der Kreuzgang, den Mihoje Brajkov aus Bar begonnen hat und der von Florentiner Baumeistern fortgeführt wurde. Im Museum ist das Inventar der ältesten Apotheke der Welt aus dem 15. Jahrhundert zu sehen.

Während die Bürgerhäuser auf dem Stradun nach dem Erdbeben von 1667 mit einfachen Fassaden wieder aufgebaut wurden, blieb das Äußere des **Sponza-Palasts**, der sich am Ende des Straduns auf der linken Seite befindet, unbeschadet. Erbaut zwischen 1506 und 1522, hat der Palazzo mit seiner Stilmischung aus Gotik und Renaissance nacheinander als Zollamt, Lagerhaus, Bank und Gefängnis gedient. Im ersten Stock des Palastes stehen die originalen Bronzefiguren, die früher Teil des Schlagwerkes am nebenstehenden Stadtglockenturm waren. Heute befindet sich im Haus das Stadtarchiv.

In der Mitte des Luža-Platzes steht die einzige **Rolandsäule** Kroatiens, die von Bonino da Milano 1418 geschaffen wurde. Wie Dubrovnik in den Kontakt zum norddeutschen Roland-Mythos kam, ist unklar. Der Ellenbogen des Rolands war das Maß für die Länge der Dubrovniker Elle von 51,2 Zentimetern.

▲ Karte S. 396

Auf der Südseite des Platzes befindet sich die barocke Kirche **Sv. Vlaho**, die Blasiuskirche. Darin zu sehen ist die in Silber und Gold geschmiedete Statue des heiligen Blasius aus dem 15. Jahrhundert mit einem Modell der Stadt in der Hand. Es zeigt, wie Dubrovnik vor dem Erdbeben ausgesehen hat.

■ Jüdisches Viertel

Links in der Žudioska ulica, Judenstraße, begann das kleine jüdische Viertel, später Ghetto, dessen erste Bewohner ab dem 14. Jahrhundert wahrscheinlich aus Albanien in die Stadt gekommen waren. Es vergrößerte sich 1546 mit einer neuen Fluchtwelle begüterter Juden aus Spanien, als die Dubrovniker den Juden erstmals erlaubten, innerhalb der Stadt zu siedeln. Bereits 1502 kam es allerdings zu ersten Pogromen. Der schwerste fand 1622 statt und veranlasste fast alle Juden, die Stadt zu verlassen. Erst im 19. Jahrhundert mit der österreichisch-ungarischen Herrschaft kam wieder eine größere Zahl askenasischer Juden in die Stadt. 1941 übernahmen die Italiener die Macht in Dubrovnik und richteten mehrere Konzentrationslager im Hafen und auf den Inseln Lopud und Kupari ein. Schließlich deportierten sie 1700 Juden auf die Insel Rab. Derzeit leben etwa 45 Juden in der Stadt.

Nur ein schmaler Hauseingang in der Straße zeigt an, dass in einem der schönen Palazzi 1408 eine **Synagoge** und ein **Museum** untergebracht sind (Žudioska 5; Mai–Nov. Mo–Fr 10–20 Uhr).

■ Dominikanerkloster

Am Ende des Straduns, unter dem Stadtturm hindurch, befindet sich der einzige Ausgang zum Hafen. Dort hängt auch das später nachgebaute Schlagwerk, das

Erfrischung am Kleinen Onofriobrunnen in Dubrovnik

einst vor Gefahr warnte oder Festivitäten buchstäblich einläutete.
Hinter dem Turm rechts hinauf läuft man auf das monumentale, 1315 erbaute Dominikanerkloster zu. Der 1456 errichtete **Kreuzgang** mit seinen hohen dreiteiligen Bögen im Stil der Spätromanik und seinen hohen gotischen Kreuzrippengewölben ist der prachtvollste in Kroatien. Das Kloster besitzt eine Sammlung wertvoller Kunstschätze: Goldschmiedearbeiten und die wichtigsten Werke der Dubrovniker Malerschule vom 15. bis zum 19. Jahrhundert, zum Beispiel von Vlaho Bukovac und Ivo Dulčić. Das wohl prominenteste Kunstwerk in der großen Kirche des Predigerordens ist ein Bild von Tizian aus dem Jahr 1554 in einem Seitenaltar der Kirche. In einer Nische des Chores auf der Südseite befindet sich eine Pietà von Ivan Meštrović.

Rektorenpalast

Zurück in der Innenstadt, befindet sich auf der Straße Pred dvorom, der Fortsetzung des Straduns nach Süden, der **Kleine Onofriobrunnen** von 1438, ein Kleinod unbeschwerter Renaissancekunst. Allerdings war nicht Onofrio Giordano della Cava der Erbauer, sondern Petar Martinov aus Mailand. Onofrio hat zwei Häuser weiter in südlicher Richtung den Rektorenpalast gebaut. Der nach dem Erdbeben wieder im Original aufgebaute Palast bekam aber von Martinov die heutige Fassade. Im Palast residierte der kleine Rat, der innerste Zirkel der vom Adel getragenen Macht, der die Geschicke des Stadtstaates steuerte und die offiziellen Besuche empfing. Der immer auf einen Monat gewählte Rektor wurde von der Außenwelt abgeschirmt und durfte den Palast nicht verlassen, um nicht beeinflusst zu werden. Heute befindet sich im Palast das sehenswerte **Stadtmuseum**.

▲ Karte S. 396

Kathedrale

Die Kathedrale, die nach dem Erdbeben 1667 als dreischiffige barocke Basilika ›neu‹ entstand, ist der Auferstehung Mariens (Uznesenja Marijina) gewidmet. Projektiert vom römischen Baumeister Andea Buffalini, ist sie im Stil des italienischen Hochbarocks ausgestattet. 1979 fand man unter dem Boden der Kathedrale mannshohe Mauern einer Kirche aus dem 6. Jahrhundert, an denen sogar noch Fresken freigelegt werden konnten. Den **Hauptaltar** bildet ein Triptychon, dessen mittleres Bild von Tizian stammt und die Himmelfahrt Mariens darstellt, während die beiden anderen seiner Werkstatt zugerechnet werden. Besonders stolz sind die Bürger von Dubrovnik auf die **Reliquiensammlung**, die in einem eigenen Raum an der Südseite des Chors zu sehen ist. Wichtigstes Stück der Sammlung ist ein Teil der Schädeldecke vom heiligen Blasius, Schutzpatron der Stadt, das im 12. Jahrhundert in Gold gefasst wurde. Beachtenswert sind die Tafeln eines **Kreuzwegs** an den Säulen, die 2007 von Miša Baričević gefertigt wurden.

Sv. Ignacija

Südwestlich der Kathedrale befindet sich der repräsentative Treppenaufgang zur Jesuitenkirche Sv. Ignacija. Der von 1699 bis 1725 errichtete Bau ist ein Nachbau der Ignatiuskirche in Rom. Der den ganzen Chorraum umfassende **Altar** ist von dem Sizilianer Gaetano Garzia und zeigt Episoden aus dem Leben des Ordensgründers Ignatio von Loyola.
Dubrovnik ist heute die einzige Stadt in Dalmatien, die allen Religionen auf dem Balkan ein Gotteshaus zugesteht. In den Gassen unterhalb der Ignatiuskirche befindet sich eine kleine **Moschee** für die 3500 islamischen Einwohner der Stadt, in der Straße Božidarevića die kleine **serbisch-orthodoxe Kirche**.

Dubrovnik

Vorwahl: +385/20, **Postleitzahl**: 20000.
Turistička zajednica, Brsalje 5, Tel. +385/20/323887; Obala S. Radića 32, Tel. +385/20/417983, ured.gruz@tzdubrovnik.hr; Šetalište kralja Zvonimira 25, Tel. +385/20/437460, ured.lapad@tzdubrovnik.hr, www.tzdubrovnik.hr. Hier gibt es auch die **Dubrovnik Card**, mit der man Eintritt in alle Museen erhält und die Stadtbusse nutzen kann (1 Tag 135 Kuna/18 Euro, 3 Tage 180 Kuna/24 Euro, Woche 225 Kuna/30 Euro; www.dubrovnikcard.com).
Post, Vukovarska 1; Lapad, Miljenka Bratosa 21; Altstadt, Široka 8.
Netcafé, Prijeko 21. Klimatisiert, Highspeed-DSL,drucken, faxen, scannen.

Flughafen, 18 km südöstlich der Stadt, www.airport-dubrovnik.hr. Busverbindung ins Stadtzentrum (20 Min. Fahrzeit).
Croatia Airlines, Reservierung unter Tel. mobil +385/62/777777, www.croatiaairlines.com.

Stadtbusse am Piletor, Brsalje 2.
Überlandbusse, Obala Pape Ivana Pavla II.
Libertas Dubrovnik, Vukovarska 42, Tel. +385/20/357020, www.libertasdubrovnik.hr (kr.). Verbindungen in alle großen Städte Kroatiens mehrmals täglich.
Eurolines-Busse (www.eurolines.com) steuern Dubrovnik europaweit an.
Der Montenegro-Express verbindet mehrmals täglich Dubrovnik mit Herceg Novi (Montenegro).
Taxistand am Busbahnhof am Piletor, Brsalje, Tel. +385/800/1441 oder +385/800/970 (Grundgebühr 25 Kuna, 8 Kuna/ km, Gepäckstück 2 Kuna).

Autofähren:
Dubrovnik–Bari (Italien); 4–5x wöchentl. (nie Di, Nebensaison 2–3x).
Dubrovnik–Lopud–Suđurađ (Šipan); 4x tägl.
Personenfähre: Dubrovnik–Koločep–Lopud–Suđurađ (Šipan); 4x tägl.
Jadrolinija, Tel. +385/20/418000, www.jadrolinija.hr.

Wer mit dem Auto unterwegs ist, kann auch gut auf günstigere Hotels oder Privatunterkünfte in der Umgebung ausweichen.
Grand Villa Argentina, Put Frana Supila 14, Tel. +385/20/440555, www.gva.hr; DZ 200–300 Euro. Legendäres Traditionshotel, das seit den 1920er Jahren besteht, Luxusklasse mit Wellnessbereich und Swimmingpool am Meer, nicht weit vom Ploče-Tor.
Lapad, Lapadska obala 37, Tel. +385/20/432922, www.hotel-lapad.hr; 166 Zimmer; DZ 130–185 Euro. Mondänes Jahrhundertwendebauwerk im nördlichen Stadtteil Babin kuk, 3 km von der Innenstadt entfernt, Klimaanlage, eigener Pool, behindertengerecht.
Sumratin, Šetalište Kralja Zvonimira 31, Tel. +385/20/436333, www.hotels-sumratin.com; 44 Zimmer; DZ 110 Euro. Bau aus den 1920er Jahren in Babin Kuk, Parkplatz, Restaurant und Bar. Sehr schlicht, schöner Garten.
Aquarius, Mata Vodopića 4a, Lapad, Tel. +385/20/456112, www.hotel-aquarius.net; DZ 120 Euro. Schlichtes Haus, 20 klassisch stilvolle Zimmer, Bar, Restaurant, Internet, Waschmöglichkeiten und Bügelservice. 350 Meter zum Strand, Garten.
Lero, Iva Vojnovića 14, Tel. +385/20/341333, www.hotel-lero.hr; DZ 80–90 Euro. Schlicht, etwas außerhalb (5 Min. Busfahrt zur Innenstadt).
Micika, Mate Vodopića 10, Tel. +385/20/437332, www.vilamicika.hr; 7 Zimmer, DZ 45–55 Euro. Kleines, einfaches Privathotel, zwischen den Stadtteilen Lapad und Babin kuk gelegen, kein Restaurant.
Villa Antea, Iva Dulčića 24, www.villaantea.hr; Apartment 85–145 Euro. Im Wohngebiet Babin Kuk, alle Apartments mit Terrasse und Klimaanlage.

Hotel R., Alberta Hallera 2, Tel. +385/20/333210, www.hotel-r.hr; DZ 85–150 Euro. Schlichtes Bed & Breakfast-Hotel in Lapad, mit Klimaanlage und Internetzugang, 15 Gehminuten von der Innenstadt.
Katarina Haus, Janska 30, 20232 Slano/Banići, Tel. +385/20/871489. Ca. 40 km außerhalb vor Dubrovnik; DZ 70 Euro. Einfach, aber sauber, mit Swimmingpool, 5 Min. vom Strand. Sehr freundliche Inhaber, mit kleinem Gasthaus und sehr ruhig.

Fischrestaurant Lokanda Peskarija, Na Ponti bb, Tel. +385/20/324750. Am Hafen der Altstadt. Schönes Panorama, wenige Gerichte, dafür gut, evtl. vorbestellen.
Konoba Rozario, Prijeko 1, Tel. +385/20/322015, www.konoba-rozario.hr. Hausmannskost in familiärer Atmosphäre.
Domino, Od Domina 6, Tel. +385/20/323103. Steakhaus in urigem Kellergewölbe mit Fischangebot, auch mit Plätzen draußen, gutes Preis-Leistungsverhältnis.
Proto, Široka ulica 1, Tel. +385/20/323234, www.esculap-teo.hr. Gehobenes Fischrestaurant, mit Auszeichnung.
Atlas Club Nautika, Brsalje 3, Tel. +385/20/442526. Zwischen Fort Bokar und Fort Lovrjenac, renommiertes Restaurant in hübscher Lage.
Nishta, Prijeko bb, Tel. +385/20/322088, www.nishtarestaurant.com; So geschlossen. Vegetarisches Restaurant.

Informationen zu den Museen in Dubrovnik unter www.mdc.hr. oder www.dumus.hr.
Stadtmuseum, Pred Dvorom 3, Tel. +385/20/321422. Im Rektorenpalast.
Museum für moderne Kunst, Frana Supila 23; Di–So 10–19 Uhr. Schräg gegenüber dem Eingang zur Kathedrale. Arbeiten Dubrovniker Maler seit dem 19. Jahrhundert, von Vlaho Bukovac über den Franziskaner Mato Medović bis zu Đuro Pulitika.
Stadtmuseum im Rektorenpalast, Pred dvorum 3; Mai–Okt. 9–18, Nov.–April 9–16 Uhr. Viele Gegenstände aus der Stadtgeschichte, Bilder aus der Dubrovniker Malschule.
Schifffahrtsmuseum, in der Johannisfestung; Mai–Okt. 9–18, Nov.–April 9–16 Uhr. Alles rund um die Schifffahrt: Ölgemälde, Seekarten, Schiffsmodelle.

Fest Sv. Vlaho; 15. Febr. Das Fest des Stadtpatrons ist Teil des immateriellen UNESCO-Weltkulturerbes.
Dubrovniker Sommerfestival; 10. Juli–25. August. Konzerte mit Stardirigenten aus aller Welt.

Wer dringend eine Abkühlung braucht: An der Südseite der Stadt, in der **Od Margarite**, gibt es einen Mauerdurchbruch, der ans Wasser führt. Ansonsten Stadtstrände am **alten Hafen**, stadtnahes Baden ist allerdings nicht unbedingt zu empfehlen. Bessere Wasserqualität auf den vorgelagerten **Elaphitischen Inseln** oder auf der **Insel Lokrum** (im Sommer stündlich Fähren ab Stadthafen).
Einheimische baden in der **Župa Dubrovaćka** vor Srebreno und Mlini.

Aquarius Diving Dubrovnik, 20207 Mlini, Robert Znaor und Ivo Gale, Tel. mobil +385/98/229572, www.dubrovnik-diving.com. In Mlini, fährt 25 Tauchplätze an, Boot für 30 Taucher.

Arboretum in Trsteno, ca. 20 km nordwestlich von Dubrovnik. 500 Jahre alte Sammlung von Bäumen und Pflanzen.

Allgemeines Krankenhaus, Roka Mišetica bb (Lapad), Tel. +385/20/431777.
Apotheken: **Dubrovnik**, Obala pape Ivana Pavla II 9; **Kod Male Braće**, Placa 30; **Lapad**, M. Vodopića 30; **Čebulc**, I. Metohijska 4, Tel. +385/20/313370.

▶ Karte S. 396

Cavtat

Cavtat ist der kroatische Ort, ›wo die Zitronen blühn‹. Der kleine Hafen inmitten von Hainen mit Zypressen und Zitrusfrüchten hat mit seiner geschlossenen Front von Renaissancepalästen an einer frisch renovierten Uferpromenade ein unverwechselbares Flair.

Cavtat trug noch bis in das Mittelalter den Namen, den griechische Siedler ihm gegeben hatten, als sie den Ort erstmals besiedelten: Epidaurum. Unklar ist, woher der heutige Name kommt. Nach der Übernahme durch Kaiser Augustus 47 vor Christus hieß die Stadt Civitas Vetus, möglicherweise kommt der Name auch von der Königstochter Cavtislava, um die sich im Mittelalter zahlreiche Legenden rankten. Unterhalb vom Hotel ›Croatia‹ sind **Reste eines römischen Theaters** zu sehen, das Ruinenfeld dehnt sich bis weit in das Meer aus. Im Mittelalter kam Cavtat zu Dubrovnik und blieb es mit einer Unterbrechung zwischen 1303 und 1427, als der Ort serbisch beherrscht war. In jugoslawischer Zeit war Cavtat Sommersitz vieler serbischer Intellektueller.

Eines der ersten Gebäude am Hafen ist der **Fürstenhof**, der Knežev Dvor. Einst war er Sitz des Statthalters, heute ist darin heute ein **Museum** mit der Sammlung Baltazar Bogišić untergebracht, unter anderem die größte Münzsammlung Kroatiens und eine Grafiksammmlung mit 8000 Blättern.

Die Kirche **Sv. Nikola** enthält vier Gemälde von Vlaho Bukovac (1855–1922), dem größten Sohn der Stadt. Dessen Geburtshaus liegt in der Bogišićeva-Straße. Bukovac hat als 17-jähriger das Haus vollständig ausgemalt. Im Gebäude hängen zahlreiche Bilder aus verschiedenen Schaffensperioden. Er gehört sicher zu den großen Malern Kroatiens, der westeuropäische Entwicklungen in das Land gebracht hat.

Die Promenade am Ende der Altstadt schließt mit dem **Franziskanerkloster** ab. In der Kirche ist das Polyptychon von Lovrin Dobričević (16. Jahrhundert) zu sehen. Über dem Chor befindet sich ein Fresco von Vlaho Bukovac, eine Darstellung Mariens, die über die Stadt Cavtat wacht. Sehenswert ist auch der Renais-

Die Bucht von Cavtat, im Vordergrund die Ruinen des römischen Amphitheaters

sance-Kreuzgang des Klosters aus dem Jahr 1483.
Hinter dem Franziskanerkloster führt ein Weg zum Friedhof mit dem berühmten **Mausoleum der Reederfamilie Račić** von Ivan Meštrović hinauf. In zweijähriger Arbeit hat es der Bildhauer ab 1920 an der Stelle einer kleinen Rochus-Kirche aus dem 15. Jahrhundert errichtet. Die Familie war an der spanischen Grippe gestorben, die 1918 in Cavtat gewütet hatte. Meštrović verbindet den kühlen Stil der Wiener Secession mit emotionalen Ausdrucksformen.

Cavtat

Vorwahl: +385/20.
Turistička zajednica, Tiha 3, Tel. +385/20/479025, www.tzcavtat-konavle.hr. An der nördlichen Hafenmole.
Post, Trumbičev put 10.
Internetcafé in der Caffe bar Ancora, Obala A. Stačevića 22.

Hotel Croatia, Frankopanska 10, Tel. +385/20/475555, www.hoteli-croatia.hr; DZ 130–210 Euro. Edel restauriertes Hotel aus kommunistischen Zeiten, von der Terrasse schöner Blick auf die Altstadt.
Hotel Castelletto, Frana Laureana 22, Tel. +385/20/479547, www.dubrovnikexperience.com; DZ 85–105 Euro. Familiengeführtes Hotel, Mini-Pool, Restaurant mit Grill und Gemüse aus heimischen Gärten.
Hotel Major, Uskoplje bb, Tel. +385/20/773600, www.hrmajor.hr; DZ 60–150 Euro. Kleiner Pool, mit Restaurant, etwas außerhalb in den Bergen mit weitem Blick.

Restaurant Domižana, Žal 2, Tel. +385/20/471344. Mit tollem Meerblick; Fisch- und Fleischgerichte.
Leut, Trumbićev put 11, Tel. +385/20/478477. Beim Eingang zur Altstadt, Terrasse unter Pinien mit Meerblick, Fischgerichte.
Ivan, Tiha 5. Abseits der Altstadt, günstige Hausmannskost.
Galija, Vuličevićeva 1, Tel. +385/20/478566. Mediterrane Küche mit hausgemachten Nudeln, schöne Atmosphäre in der Nähe des Franziskanerklosters.

In der Region um Cavtat werden hauptsächlich die Trauben Plavac, Rukatac, Dubrovačka und Malvasija angebaut. Für eine Degustation lohnt es sich, nach Komaji zu fahren und sich zur **Weinkellerei Crvik** durchzufragen.

Zahlreiche Badestellen auf der **Halbinsel**. **FKK-Strand** auf der Südseite des Hotels ›Croatia‹.

Poliklinik, Tel. +385/20/478683, und **Ambulanz**, Tel. +385/20/478001, beide Put od Cavtata.
Apotheke Mišković, Trumbičev put 2.

Insel Mljet

▲ Karte S. 344

Mit ihren ausgedehnten Pinienwäldern ist die 37 Kilometer lange und durchschnittlich drei Kilometer breite Insel eine der grünsten in der Adria. Bewahrt wird das Naturidyll besonders im **Nationalpark** an der Nordwestseite mit zwei Salzseen, wobei in einem von ihnen auf einer kleinen Insel idyllisch das Benediktinerkloster **Sv. Marija** liegt.
Mljet, heißt es, soll die sagenhafte Insel Ogygia der Nymphe Kalypso aus der Odyssee sein. Diese habe in einer Höhle den listenreichen Odysseus auf seiner Irrfahrt sieben Jahre lang umgarnt und festgehalten.
Später nannten die Griechen die Insel ›Melitä nesos‹, Honiginsel. Wegen der Namensähnlichkeit zu Malta könnte der Apostel Paulus nach einem Sturm, wie

er in der Apostelgeschichte beschrieben wird, auch auf Mljet gestrandet sein. Behauptet hat das der byzantinische Schreiber Porphyrogennetos im 10. Jahrhundert, so dass im Mittelalter viele Kreuzfahrer auf Mljet Station machten, um den biblischen Briefeschreiber zu ehren.

Dokumentiert ist, dass 35 nach Christus Kaiser Augustus die Insel und ihre illyrischen Bewohner unterwarf. Im 12. Jahrhundert erhielten die Benediktiner einen Großteil von Mljet. Sie bauten auf der Marieninsel ihr Kloster und dominierten das Eiland bis Anfang des 19. Jahrhunderts, als Napoleon Orden und Klöster auflöste. Der übrige Teil der Insel gehörte zunächst den Neretvaner Piraten, ab 1345 kam er zu Dubrovnik. Zu der Zeit wurden die berühmten Gesetze von Mljet eingeführt, wonach Holz nur eingeschlagen werden durfte, wenn zugleich ein neuer Baum gepflanzt wurde. Von 1813 bis 1918 kam die Insel dann unter die Herrschaft Österreichs. Der österreichische Baron Schilling, der für die Forstverwaltung in Dalmatien zuständig war, siedelte auf Mljet (aber auch auf anderen Inseln wie zum Beispiel Korčula) Mungos aus Indien an, um die Insel von Schlangen zu befreien. Inzwischen haben die Mungos sich so vermehrt, dass sie auch anderes Kleingetier vernichten und zu einer Plage für Bauern geworden sind.

Babino Polje

Nach dem Hafen von **Sobra**, in dem die Fähre landet und in dem sich die einzige Tankstelle der Insel befindet, ist das Inselzentrum Babino Polje der nächstgelegene Ort Richtung Nordwesten.

Die gotische Kirche des Ortes, **Sv. Đurđ** aus dem 12. Jahrhundert, wurde auf dem Grundriss einer älteren Kirche erbaut. 1493 errichtete die Stadt Dubrovnik den **Fürstenpalast**. Der Turm daneben entstand zur gleichen Zeit. Im Hafen von **Uvala Jame** landen die Fischer von Babino Polje an. In der Bucht befindet sich auch die legendäre Höhle **Odisijeva špilja**, in der Odysseus von der Meeresnymphe Kalypso festgehalten worden sein soll. Sie ist die einzige Höhle in Kroatien, die sowohl von der Land- als auch von der Seeseite zugänglich ist.

Polače

Auf dem Weg zum Nationalpark führt die Straße mitten durch einen **römischen Palast** mit bis zu 15 Meter hohen Mauern, der dem Ort seinen Namen gab: Polače. Erbaut wurde er im 3. oder 4. Jahrhundert vom germanischen Statthalter Pierus. Der Palast diente mehrere Jahrhunderte zur Verwaltung der Insel. Dahinter befinden sich **Reste einer Basilika** aus dem 5. Jahrhundert von ersten Christen aus römischer Zeit.

Nationalpark Mljet

Zwischen Babino Polje und Polače beginnt der 54 Qudratkilometer große Nationalpark mit seinen beiden Salzseen. Der Eingang zum Nationalpark liegt eine halbe Stunde Fußmarsch ober-

Bucht im Osten der Insel Mljet

Gasse in Dubrovnik

halb der Seen. Diese entstanden vor 10 000 Jahren und waren zunächst Süßwasserseen, die sich erst mit dem Anstieg des Meeresspiegels um 600 nach Christus eine Verbindung zum Meer bekamen. Die Durchfahrt vom Meer hatte bis zum Jahr 1960 lediglich eine Tiefe von etwas mehr als einem halben Meter. Danach wurde sie dann auf 2,50 Meter ausgehoben.

Die Attraktion ist eine 120 mal 200 Meter große Insel im Veliko jezero, die schon von Römern besiedelt war. 1151 schenkte sie der serbische Fürst Deša von Zahumlje den Benediktinern. Sie errichteten darauf eine romanische **Klosteranlage**, die in der Renaissance behutsam überbaut wurde. Von 1869 bis 1941 befand sich die Forstverwaltung der Insel Mljet in dem Komplex. 1960 wurde unter Tito das Hotel ›Melita‹ im Kloster eingerichtet, es diente als Erholungsort für Arbeiter einer Staatsfirma aus Belgrad. Seit 1995 gehört es wieder den Benediktinern. Zugänglich ist vor allem die beeindruckende romanische **Kirche**, die von Stephan dem Erstgekrönten (1165–1227) gestiftet wurde und deren Architektur sich an der Bauweise apulischer Gotteshäuser orientiert. Im 16. Jahrhundert entstand der Vorbau mit seinen Renaissanceornamenten.

Insel Mljet

Vorwahl: +385/20.
Postleitzahl: 20225.
Babino Polje: **Turistička zajednica Mljet**, Zabrježe 2, neben der Pfarrkirche, Tel. +385/20/746025, www.mljet.hr.
Nationalpark Mljet, Pristanište 2, 20226 Goveđari, Tel. +385/20/744041, www.np-mljet.hr; Eintritt 100 Kuna.

Einzige Tankstelle beim Fähranleger in **Sobra**.

Nationalpark Mljet: An den Seen gibt es einige private Unterkünfte zu mieten. In der Umgebung gibt es außerdem diverse Pensionen.
Hotel Odisej, Pomena, Tel. +385/20/744022, www.alh.hr; DZ 80–200 Euro. Direkt am Meer, mit Restaurant und eigenem Strand.

Auto-camp Lovor, Kozarica bb, 20225 Babino Polje, Tel. +385/98/702200, www.autocamp-mljet.com. Im Dorf Kozarica an der Küste, sehr ursprünglich unter Olivenbäumen auf wenig bearbeitetem Boden, nah am Wasser.

Nationalpark Mljet: Liegeplätze am Pier des Hotels ›Odisej‹ in Pomena, mit Strom und Wasser.

Nationalpark Mljet: Im Hafen von Pomena gibt es zahlreiche Restaurants, deren Spezialität meist Fisch ist.

Nationalpark Mljet: Baden ist auf den vorgelagerten Inseln bei Pomena möglich, zu denen man sich mit dem Taxiboot bringen lassen kann.
Pomeštak ist eine FKK-Insel.

Wandermöglichkeiten von Babino Polje auf den 514 Meter hohen Berg **Velijgrad**, die Wanderung sollte nur mit guter Ausrüstung durchgeführt werden. Der Weg führt an Höhlen vorbei, wie der 100 Meter langen **Movrica-Höhle** mit Tropfsteinformationen.

Babino Polje: **Ambulanz**, Zabrežje 97, Tel. +385/20/745005.
Apotheke,Zabrježe 94, Tel. +385/20/745158.

Sprachführer

Buchstaben	Aussprache
c	wie tz in ›Tatze‹
č	wie tsch in ›watschen‹
ć	wie tch in ›kitchen‹
đ	wie dsch in ›Ingenieur‹
h	wie ch in ›Woche‹
š	wie sch in ›wischen‹
z	stimmhaftes s wie in ›seelig‹
ž	stimmhaftes sch wie in ›Garage‹

deutsch	kroatisch
Begrüßung/wichtige Worte	
Guten Morgen/Tag/Abend!	dobro jutro/dobar dan/dobra večer!
Gute Nacht!	laku noć!
Auf Wiedersehen!	doviđenja!
ja/nein	da/ne
danke/bitte! (auch nach ›danke‹)	hvala/molim
Nichts zu danken!	Nema na čemu!
Entschuldigung/Verzeihung	Oprostite/Pardon oder Ispričavam se
Mein Name ist ...	Zovem se .../Moje ime je ...
Wie heißen Sie?	Kako se zovete?
Freut mich, Sie kennenzulernen.	Drago mi je.
Sprechen Sie Englisch/Deutsch?	Govorite li engleski/njemački?
Ich spreche kein Kroatisch.	Ne govorim hrvatski.
Ich verstehe./Ich verstehe Sie nicht.	Razumijem./Ne razumijem.
Zahlen/Zeit	
0, 1, 2, 3, 4, 5	nula, jedan, dva, tri, četiri, pet
6, 7, 8, 9, 10	šest, sedam, osam, devet, deset
11, 12, 13, 14, 15	jedanaest, dvanaest, trinaest, četrnaest, petnaest
16, 17, 18, 19, 20	šestnaest, sedamnaest, osamnaest, devetnaest, dvadeset
21, 22	dvadesetjedan, dvadesetdva

deutsch	kroatisch
30, 40, 50	trideset, četrdeset, pedeset
60, 70, 80, 90, 100	šezdeset, sedamdeset, osamdeset, devedeset
100, 1000	sto, tisuća
Montag, Dienstag, Mittwoch, Donnerstag, Freitag	ponedjeljak, utorak, srijeda, četvrtak, petak
Samstag, Sonntag	subota, nedjelja
Januar, Februar, März, April	siječanj, veljača, ožujak, travanj
Mai, Juni, Juli, August	svibanj, lipanj, srpanj, kolovoz
September, Oktober, November, Dezember	rujan, listopad, studeni, prosinac
Wie spät ist es?	Koliko je sati?
Jetzt ist es neun Uhr.	Sada je devet sati.
halb vier	...pola četiri
viertel nach sieben	...sedam i petnaest
fünf vor eins/zwanzig nach fünf	pet do jedan/pet i dvadeset
Mittag/Mitternacht	podne/ponoć
morgens/mittags/nachmittags/abends/nachts	ujutro/u podne/popodne/navečer/noću
heute/ morgen/gestern	danas/sutra/jučer
Stunde/Tag	sat/dan
Woche/Wochenende	tjedan/vikend
Monat/Jahr	mjesec/godina
Unterwegs	
Eingang/Ausgang	ulaz/izlaz
offen/geschlossen	otvoreno/zatvoreno
drücken/ziehen	rini/vuci
Betreten verboten	zabranjen prolaz
Entschuldigung, wie komme ich nach ...?	Oprostite, kamo se ide u ...?
Wo ist .../wo gibt es ...?	Gdje je ...?
Bank/Wechselstube	banka/mjenjačnica
Ich würde gern 100 Euro wechseln.	Želio bih promijeniti sto eura.

deutsch	kroatisch
Brief/Postkarte	pismo/karta
Briefmarke	poštanska marka
Eine Briefmarke für Deutschland/ Österreich/Schweiz, bitte.	Molim jednu poštansku markicu za Njemačku/Austriju/Švicarsku.
Touristenverband	Turistička zajednica
Bahnhof/Busbahnhof	kolodvor/autobusni kolodvor
Bus/Zug/Autofähre	autobus/vlak/trajekt
Flughafen	zračna luka
Tankstelle/Werkstatt	benzinska stanica/radionica
Wann fährt der Zug nach Split ab?	U koliko sati polazi vlak za Split?
Von welchem Bahnsteig?	S kojega perona?
Wo kann ich eine Fahrkarte kaufen?	Gdje se može kupiti kartu?
Was kostet die einfache Fahrkarte?	Koliko košta jedna smijerna do ...?
Fahrkarte/Fahrkarte hin und zurück	vozna karta/povratna karta
Fahrkartenschalter	blagajna
Ankunft/Abfahrt	dolazak/odlazak
Wie lang ist die Reise nach Split?	Koliko traje putovanje do Splita?
Wann kommen wir in Split an?	Kada dolazimo u Split?
Entschuldigen Sie, ist der Platz frei?	Je li ovo mjesto slobodno?
Rauchen verboten/Nichtraucher	zabranjeno pušenje/za nepušače
Erste Klasse/Zweite Klasse	prvi razred/drugi razred
Wo ist die Toilette?	Gdje je WC?
Straße/Platz/Brücke/Überlandstraße	ulica/trg/most/cesta
Stadtrundgang	
rechts/links	pravo/lijevo
Entschuldigung, wo ist die Gundulićeva-Straße?	Oprostite, gdje je Gundulićeva ulica?
Kathedrale/Kirche	katedrala/crkva
Museum/Galerie/Denkmal	muzej/galerija/spomenik
Wo ist das Hotel ›Neptune‹?	Gdje se nalazi Hotel ›Neptune‹?
Gehen Sie geradeaus und dann nach rechts und dann nach links.	Idete ravno i druga ulica na desno i onda lijevo.

deutsch	kroatisch
Welcher Bus führt zum Hauptplatz?	Koji broj autobusa vozi do glavnog trga?
Gesundheit	
Arzt/Zahnarzt	doktor/zubar
Apotheke/Krankenhaus	ljekarna/bolnica
Ich habe hier Schmerzen.	Boli me ovdje.
Ich habe Kopfschmerzen.	Boli me glava.
Krankenwagen	hitna pomoć
Übernachten	
Ich habe reserviert für ...	Imam rezervaciju za...
Haben Sie noch ein Zimmer frei?	Imate li slobodnih soba?
Ich hätte gern ... ein Einzelzimmer/ Doppelzimmer.	Trebao(/la) bih ...jednokrevetnu sobu/ ...dvokrevetnu sobu.
Was kostet das Zimmer für eine Nacht?	Koliko košta soba za jednu noć?
Ist das Frühstück inbegriffen?	Je li doručak uključen?
Hat das Hotel eine Klimaanlage?	Je li hotel klimatiziran?
Ich nehme das Zimmer für eine Nacht.	Uzet ću sobu za jednu noć.
Um wie viel Uhr ist das Frühstück?	U koliko sati je doručak?
Aufzug/Stockwerk	lift/kat
Balkon/Dusche/Swimmingpool	balkon/tuš/bazen
Wie weit ist es bis zum Strand?	Koliko je udaljena plaža?
Wie weit ist es zur Innenstadt?	Koliko je udaljen centar grada?
Ich würde gern zahlen.	Želio bih platiti račun./Molim platiti.
Kann ich mit Kreditkarte zahlen?	Mogu li platiti kreditnom karticom?
Markt	
Wo ist der Markt?	Gdje je tržnica?
Was kostet ...?	Koliko košta ...?
Äpfel	jabuke
Trauben	grožđe
Ein Kilo Trauben bitte.	Molim vas kilogram grožđa.
Feigen	smokve

deutsch	kroatisch
Pfirsiche	breskve
Wassermelone	lubenica
Eine halbe Melone, bitte.	Pola lubenice, molim.
Was ist das für eine Fischart?	Koja je to vrsta ribe?
Kann ich mal davon probieren?	Mogu li molim malo kušati?
Restaurant	
Frühstück/Mittagessen/Abendessen	doručak/ručak/večera
Tee mit Zitrone	čaj s limunom
Kaffee/Espresso/Cappuccino	kava/espreso/kapučino
Milch/Milch für Kaffee/Zucker	mlijeko/vrhnje za kavu/šećer
Ich hätte gern einen Kaffee mit/ ohne Milch und Zucker.	Želio/Željela bih kavu s mlijekom/ bez mlijeka i šećerom/bez šećera
Brötchen/Brot	pecivo/kruh
Butter/Eier	maslac/jaje
Marmelade/Honig	marmelada/med
Sandwich/mit Käse/mit (Koch-) Schinken	Sendvič/sa sirom/sa šunkom
Gibt es etwas Vegetarisches?	Imate li nešto za vegetarijance?
Suppe	juha
Fleisch/Rindfleisch/Schweinefleisch/ Lamm/Huhn	meso/govedina/svinjetina/ janjetina/piletina
Fisch	riba
Stockfisch/Kabeljau	bakalar
Karpfen/Forelle/Lachs	šaran/pastrva/losos
Hummer/Languste	jastog
Tintenfische	lignje
Bohnen/grüne Bohnen/Erbsen	grah/mahune/grašak
Kohl/Pilze	kupus/šampinjoni
Zwiebel/Knoblauch	luk/češnjak oder bijeli luk
Tomaten/Gurke	rajčica (paradajz)/krastavac
Grüner Salat	(zelena) salata
Pasta/Reis/Kartoffeln	tjestenina/riža/krumpir

deutsch	kroatisch
Kuchen	kolač
Eiscreme/mit Vanille/mit Schokolade	sladoled/od vanilije/od čokolade
Was möchten sie trinken?	Što želite popiti?
Wein/Wasser/Bier, bitte.	vino/vodu/pivo, molim.
Weißwein/Rotwein	bijelo vino/crno vino
Fruchtsaft/Apfelsaft	voćni sok/sok od jabuke
Salz/Pfeffer	sol/papar
Öl/Olivenöl/Essig	ulje/maslinovo ulje/ocat
Paprikasauce/scharf/mild	ajvar/ljuti/blagi
gekocht/gegrillt/gebraten	kuhano/na žaru/pečeno
Ausgehen	
Kaffeehaus/Kellerkneipe/Bierkeller	kavana/konoba/pivnica
Traubenschnaps/starker Schnaps	rakija/travarica
Slivovitz/Pflaumenschnaps	šljivovica
Likör/Cognac	liker/konjak
Nachtclub	noćni klub (bar)
Theater	kazalište
Was wird im Kino/Theater gespielt?	Što igra kazalištu?
Was kostet der Eintritt?	Koliko je ulaznica?
Wo kann ich eine Eintrittskarte kaufen?	Gdje mogu kupiti karte?
Small talk	
Wie geht es Ihnen?	Kako ste?
Heute ist schönes/schlechtes Wetter.	Danas je lijepo/loše vrijeme.
Wie heißt du/heißen Sie?	Kako se zoveš/zovete?
Ich heiße ...	Zovem se ...
Freut mich/angenehm.	Drago mi je.
Woher kommst Du/kommen Sie?	Odakle si ti/ste vi?
Ich komme aus ...	Ja sam iz ...
Wie alt bist du/sind Sie?	Koliko imaš/imate godina?
Ich bin müde, gute Nacht.	Ja sam umoran(m)/umorna (f) sam, la kunoć.

Reisetipps von A bis Z

Anreise mit dem Auto

Aus Deutschland/Österreich: Die direkte Anreise empfiehlt sich auf der E55 über München und Salzburg entlang der Tauernautobahn nach Villach. Von dort Transit durch Slowenien durch den Karawankentunnel nach Ljubljana. Dort entscheidet sich, ob man über Postojna an die Küste nach Istrien und in die Kvarner Bucht möchte (man kann auch über den Autoput bis nach Dubrovnik weiterfahren) oder über Zagreb in das Hinterland nach Slowenien bzw. auf die Autobahn Richtung Split nördlich an Zadar vorbei weiter nach Split fährt. Der Weg über Italien ist möglich, aber nicht zeitsparend.

Aus der Schweiz: Die Straße über die Gotthardt- oder Bernardino-Route vorbei an Chiasso und über die A4 (E64/70) nach Triest.

Straßenbenutzungsgebühren: Halten Sie bis Split etwa 65 Euro bereit für die diversen Mautstellen und Autobahngebühren (Vignettenpflicht in Österreich (2014: 10-Tage-Vignette: 8,50 Euro für PKW, 4,90 Euro für Motorrad) und in Slowenien (2014: 7-Tage-Vignette: 15 Euro für PKW, 7,50 Euro für Motorrad).

Zug in Slawonien

Flugzeug der Croatia Airlines auf dem Flughafen von Split

Zu den Gebühren in Kroatien siehe auch www.hac.hr (Toll Rates).

Dokumente: Pflicht sind Führerschein und Fahrzeugschein. Auch nach dem EU-Beitritt bleibt die grüne Versicherungskarte ein wichtiges Dokument als Versicherungsnachweis (besonders wichtig bei Fahrzeugen mit Anhängern). Über die neuen Regelungen zu z.B. Bußgeldern und Schadensregulierungen informiert der ADAC, www.adac.de.

Die **Tankstellendichte** ist ausreichend, bezahlt werden kann überwiegend auch per EC-Karte. Achtung: Auf den Inseln gibt es nur vereinzelt Tankstellen.

Der ADAC bescheinigt Kroatien wachsende **Sicherheit** auf den Straßen und vor allem in den Tunneln, auch wenn die Kroaten eine eher temperamentvolle Fahrweise an den Tag legen und die Unfallraten noch vergleichsweise hoch sind.

Tempolimits: Innerhalb von Ortschaften: 50 km/h; außerhalb von Ortschaften: 90 km/h; PKW mit Wohnwagen: 80 km/h; Schnellstraßen: 110 km/h, PKW mit Wohnwagen: 80 km/h; Auto-

bahnen: 130 km/h, PKW mit Wohnwagen: 80 km/h.
Falsches Parken bzw. Überziehen der Parkzeit werden in Kroatien streng geahndet – falsch geparkte PKWs werden mitunter abgeschleppt oder mit einer Parkkralle versehen.

Anreise mit dem Bus

Knapp 50 Zielorte in Kroatien werden durch Europabusse von deutschen Städten angesteuert, Buchung über das örtliche Reisebüro oder die Deutsche Touring in Deutschland, www.deutsche-touring.com, Eurolines Austria in Österreich, www.eurolines.at, oder Eurolines Eggman-Frey in der Schweiz, www.eurolines-schweiz.ch. Verbindungen in Kroatien unter www.autobusni-kolodvor.com.

Anreise mit der Bahn

Der Eurocity von München nach Split braucht etwa 20 Stunden. Von Hamburg oder Düsseldorf bis Villach oder Triest gibt es einen Autoreisezug, etwa 600 Euro. Ratsam ist, früher als die geforderten sieben Tage zu buchen.

Anreise mit dem Flugzeug

Folgende **Flughäfen** können angesteuert werden: Zagreb, Osijek, Rijeka (auf Krk), Zadar (etwa 25 km außerhalb), Split (nahe Trogir), Brač (bei Bol), Dubrovnik (bei Cavtat). Außer in Zagreb liegen die Flughäfen außerhalb, deshalb sollte man von den Flughäfen in die Stadt mindestens 30 Minuten Fahrzeit einplanen.
Inzwischen wird Kroatien von allen wichtigen Flughäfen angesteuert, auch einige Billigflieger landen hier: TUIfly, www.tuifly.com, Germanwings, www.germanwings.com, Ryanair, www.ryanair.com oder Easyjet, www.easyjet.com. Die einheimische Fluglinie ist **Croatia Airlines**, www.croatiaairlines.hr, Tel. +385/800/7777.

Ärztliche Versorgung

Ein dichtes Netz von Krankenhäusern, Ambulanzen und Ärzten bietet einen hohen Standard an medizinischer Hilfe. Meist sprechen die Ärzte gut Englisch oder sogar Deutsch.
Rettungsdienst: +385/987, vom deutschen Handy +385/1/987.
Wer sichergehen will, besorgt sich trotz des EU-Beitritts weiterhin einen **Auslandskrankenversicherungsschein**. Ansonsten lassen Sie sich die Leistungen quittieren und reichen Sie sie ein, beachten Sie dabei aber mögliche Fristen. Empfehlenswert ist eine **Auslandskrankenversicherung**, die auch den Rücktransport im Notfall einschließt.

Automobilclub/Pannenhilfe

Hilfe gibt es beim **Kroatischen Automobil Club** (HAK): Tel. +385/987, Mobil-Tel. +385/1/987 (ADAC-Schutzbriefschecks werden akzeptiert). Für ADAC-Mitglieder: ADAC-Notruf für Kroatien in Zagreb: Tel. +385/1/3440666 (ganzjährig).
ADAC-Notrufzentrale München: Tel. +49/89/222222 (rund um die Uhr).
ADAC-Ambulanzdienst München: Tel. +49/89/76767 (rund um die Uhr).
Österreichischer Automobil-, Motorrad- und Touring-Club ÖAMTC, Schutzbrief-Nothilfe: Tel. +43/1/2512000.
Touring Club Schweiz TSC, zentrale Hilfsstelle: Tel. +41/224172220.
Alle Verkehrsunfälle müssen der Polizei gemeldet werden. Um Probleme bei der Ausreise zu vermeiden, sollte man sich bei größeren Schäden stets das Protokoll (Potvrda) geben lassen.

Autoverleih

In größeren Orten und vor allem an Flughäfen gibt es Autovermietungen. Ein Preisvergleich lohnt sich. Am günstigsten ist, das Auto per Internet vorzubestellen, vor Ort kostet es bis zu 20

Prozent mehr. **Regeln für das Anmieten**: Mindestalter 25 Jahre, ein Jahr Führerscheinbesitz, als Sicherheit gilt der Abzug von der Kreditkarte oder eine Kaution. Die Preise sind so hoch wie in westeuropäischen Ländern.

Baden

Die kroatische Küste besteht überwiegend aus Stein-, Kiesel- und nur selten aus Sandstränden. Für das Baden gibt es an öffentlichen Stränden kaum Einschränkungen, die einzige besteht bei **FKK-Baden**, das nur an bestimmten Abschnitten erlaubt ist. Badeschuhe sind gegen Seeigel hilfreich.
Auch wenn die kroatische Adria in punkto Wasserqualität regelmäßig gute Noten erhält, sollte man in der Nähe von Städten und Dörfern eher einen abseits gelegenen Strand aufsuchen, weil die Abwässer vielfach ungeklärt entsorgt werden. Eine vollständige Liste der momentan 106 Strände und 18 Marinas, die mit der **Blauen Flagge** ausgezeichnet wurden, findet sich unter www.blueflag.org.

Banken und Wechselstuben

Geldtausch darf nur in Banken, Post-filialen und Wechselstuben erfolgen, nicht mehr in Geschäften. Der Kurs der Kuna ist gegenüber dem Euro gesunken, 1 Euro liegt etwa bei 7,61 Kuna (April 2015).

Botschaften und diplomatische Vertretungen

Deutsche Botschaft
Grada Vukovara 64
10000 Zagreb
Tel. +385/1/6300100
Fax +385/21/6155536
www.zagreb.diplo.de
Deutsches Honorarkonsulat
Svačićeva 4
21000 Split
Tel. +385/21/409347
Fax +385/21/486401
Österreichische Botschaft
Radnička cesta 80, 9. Stock
10000 Zagreb
Tel. +385/1/4881050
Fax +385/1/4834461
www.bmeia.gv.at/botschaft/agram.html
Schweizerische Botschaft
Bogovičeva 3, 10000 Zagreb
Tel. +385/1/4878800
Fax +385/1/4810890
Konsularische Angelegenheiten werden seit Oktober 2011 von Wien aus betreut:
Regionales Konsularcenter Wien

Fähre der Jadrolinija

Am Stadtstrand von Krk

c/o Schweizerische Botschaft in Wien
Kärntner Ring 12
1010 Wien/Österreich
Tel. +43/1/79505
Fax +43/1/7950521

Busverbindungen

Orte bis zu einer bestimmten Größe werden mit dem Bus erreicht, manche Inseln haben gar keinen Busverkehr. Daher ist es ratsam, sich am Busbahnhof zu informieren und die Karten vorher zu kaufen (kein Ticketverkauf im Internet). Fahrplanauskunft: www.autobusnikolodvor.com.

Elektrizität

Jeder EU-Stecker passt in kroatische Steckdosen, die Netzspannung beträgt 220 Volt und 50 Hertz.

Feiertage und Ferien

(landesweite Feiertage, Schulferien)
1. Januar, Neujahrstag
6. Januar, Heilige Drei Könige
Ostermontag
1. Mai, Tag der Arbeit
Fronleichnam
22. Juni, Tag des antifaschistischen Widerstandes
25. Juni, Staatsfeiertag
5. August, Tag des Sieges im Heimatkrieg
15. August, Mariä Himmelfahrt
8. Oktober, Unabhängigkeitstag
1. November, Allerheiligen
25./26. Dezember, Weihnachtsfeiertage

Fähren

Es gibt Autofähren, Trajekt genannt, und Brzobrodske (Schnellboote), Personenfähren, die von der Jadrolinija betrieben werden. Sie fahren meist überpünktlich ab. In Zeiten mit starkem Verkehrsaufkommen fahren die Schiffe, sobald sie voll sind, und der Takt wird erhöht. Pünktliches Erscheinen am Hafen lohnt sich.

Jadrolinija Rijeka
Tel. Zentrale: +385/51/666111
Fahrpläne: www.jadrolinija.hr

Feuer

Die Brandgefahr ist gerade im Sommer sehr hoch. Grillen sollte man mit aller Vorsicht, es kann auch verboten sein. Werfen Sie keine brennenden oder brennbaren Gegenstände weg! Wenn Sie ein Feuer bemerken, benachrichtigen Sie bitte die anderen Personen in Ihrer Umgebung;

Brandbekämpfung in Dalmatien

rufen Sie sofort die Tel.-Nr. +385/93 oder +385/112 an. Versuchen Sie, das Feuer bis zum Eintreffen der Feuerwehr zu löschen, aber ohne sich oder andere zu gefährden.

FKK

Der sogenannte Nudismus hat bereits seit den 1930er Jahren Tradition. Das Sonnen ohne Bikinioberteil ist an fast allen Stränden akzeptiert, dagegen ist FKK nur an bezeichneten Stränden erlaubt. Allerdings, wo es einsam ist und sowieso keiner guckt, ist auch kein Richter.

Fotografieren und Filmen

Es gibt grundsätzlich kaum Beschränkungen für den Einsatz von Kameras aller Art, abgesehen von militärischen Sperrgebieten, das kann allerdings harsche und vor allem langwierige bürokratische Konsequenzen haben.

Auch für mitgebrachte Haustiere gibt es Regeln in den Urlaubsorten

Bitte fotografieren: Photopoints markieren besonders schöne Ansichten von Rovinj

Gesundheit

Impfungen zur Einreise sind nicht vorgeschrieben, empfohlen werden Impfungen gegen Tetanus, Diphtherie und Hepatitis A. Neuerdings wird vor Zeckenbissen und möglicherweise folgender Meningitis gewarnt.

Vorsicht beim **Trinkwasser**, aus manchen Leitungen kommt Zisternenwasser.

Haustiere

Hunde, Katzen und Frettchen dürfen einreisen, müssen aber mit einem Mikrochip gekennzeichnet sein. Für die Tiere ist ein vom amtlich befugten Tierarzt ausgestellter EU-Heimtierausweis mitzuführen. Die Tiere müssen gegen Tollwut geimpft sein.

Internet

Es gibt zahlreiche Internetcafés, die oft nur kurzlebig sind. Aber auch in den Hotels wird die Versorgung mit Internetzugängen immer besser. Telefongesellschaften in Kroatien (z. B. T-Com) bieten wochenweise Verträge für mobiles Internet an, die verlängerbar sind (Informationen in Telefonläden). Einen Geschwindigkeitsrausch bekommt man zwar nicht, aber man kann damit arbeiten.

Kriminalität

Schwarze Schafe gibt es überall, aber im Großen und Ganzen ist Kroatien ein sehr sicheres Reiseland. Dennoch heißt das nicht, dass man alles offen liegenlassen kann. Offenen Diebstahl gibt es selten, und Ehrlichkeit wird großgeschrieben, was nicht heißt, dass nicht manchmal geschummelt wird, zum Beispiel beim Abwiegen auf dem Markt, bei der Qualität oder beim Handeln.

Mehrwertsteuervergütung

Bei 25 Prozent Mehrwertsteuer (2013) kann es sich für größere Anschaffungen lohnen, die Rückzahlung der Mehrwertsteuer zu beantragen. Bis Anfang 2013 gibt es folgende Bedingungen: Der Warenwert einer Rechnung beträgt über 740 Kuna, der Verkäufer hat ein ausgefülltes PDV-P-Formular ausgestellt, die gekaufte Ware wurde dem Zollamt, das das PDV-P-Formular beglaubigt und das Datum des Grenzübertritts einträgt, zur Einsicht übergeben. Den Antrag auf Steuerrückzahlung muss man innerhalb von drei Monaten ab Ausstellungsdatum der Rechnung abgeben.
Möglicherweise veränderte Bestimmung nach dem Eintritt Kroatiens in die EU liegen noch nicht vor.

Minen

Die Außenministerien warnen weiterhin vor 90 000 Minen, die auf einer Fläche von etwa noch 830 Quadratkilometern liegen.
Erhöhte Gefahr besteht nicht nur an der Grenze zu Bosnien, sondern besonders entlang der Grenze der früheren Krajina. Die zog sich von Vukovar entlang der bosnischen Grenze bis zum östlichen Stadtrand von Zadar. Auch im Hinterland und an der Küste zwischen Senj und Split, in der Nähe von Ston am Übergang zur Insel Pelješac, in den Bergen südöstlich von Dubrovnik und auch auf der Insel Vis, die einst militärisches Sperrgebiet war, muss mit Minen oder Blindgängern gerechnet werden.
In Slawonien sind entlang der Flüsse Drava und Sava noch zahlreiche Minen zu erwarten. Es heißt, man sollte die neu eingerichteten Fahrradwege nicht verlassen. Nähere Informationen stehen auf der Homepage des kroatischen Minenräumzentrums Hrvatski centar za Razminiranje (www.hcr.hr, auch engl.) zur Verfügung. Straßen und Wege sollten in diesen Gebieten nicht verlassen werden, Minen wurden oft dicht am Straßenrand verlegt. Minenfelder sind meist durch Schilder oder Pfähle mit Plastikstreifen gekennzeichnet. Trümmergrundstücke und leerstehende Gebäude sollten gemieden werden.

Öffnungszeiten

Öffnungszeiten sind generell frei und werden auch sehr frei angewandt. Als Faustregel gilt: Je kleiner der Ort, desto früher sind die Geschäfte zu. In der Regel sind Geschäfte von 7 bis 20 Uhr geöffnet, in kleineren Orten gibt es eine Unterbrechung von 12 bis 16 Uhr. In größeren Orten kann man auch bis 22 Uhr einkaufen.

Post

Das Netz der Postämter ist dicht. Sie sind an einem Horn und der Abkürzung ›HPT‹ zu erkennen.

Radfahren

Ein Radwegnetz gibt es nicht, meist muss man am Rand der Straße fahren. Ein Helm wird dringend empfohlen, für Kinder bis 14 Jahre ist er Pflicht.
Fürs **Mountainbiken** gibt es in vielen Regionen eigene Karten bei den Touristenbüros, so auf vielen Inseln, in der Region Kaštel und der Makarska-Region.

Radio und Presse

Während der Sommersaison gibt es auf HR2 Informationen in Englisch und Deutsch (Nordwestkroatien und Küstengebiet Dubrovnik: 98,5 MHz, Istrien: 105,3 MHz, Split: 96,1 MHz, Küstengebiet Makarska: 98,9 MHz, Gorski Kotar: 93,3 MHz).

In Touristenbüros liegt das deutschsprachige **Magazin Adria** aus, mit Terminen und Nachrichten aus der Region.

Rafting/Kanuting

Die Tradition des Kanufahrens auf den Flüssen Kroatiens ist jahrhundertealt. Kanu- und Kajakfahren unterliegt keinen Beschränkungen. Kupa, Dobra, Mrežnica, Korana, Una, Zrmanja und Cetina sind die beliebtesten Flüsse. Wer mit eigener Rafting-Ausrüstung das Wildwasser bezwingen will, muss eine Lizenz der International Rafting Federation (IRF) (www.internationalrafting.com) nachweisen können. Anbieter vor Ort sollten eine Komplettausstattung für jedes einzelne Teammitglied anbieten können und ein Sicherheitskonzept haben.

Rauchen

Seit April 2010 wird das Nichtraucherschutzgesetz umgesetzt, das heißt, es darf in einem Großteil der Gastronomie nicht mehr geraucht werden. Ausgenommen sind Lokale, deren Fläche kleiner als 50 Quadratmeter ist. Die Strafe kann für den Raucher und für den Kellner, der nicht darauf hingewiesen hat, bis zu 1000 Kuna betragen. Der Lokalbesitzer muss zwischen 5000 und 15 000 Kuna zahlen. Wer im Lokal rauchen will, sollte also unbedingt erst fragen.

Reisedokumente

Auch nach dem EU-Beitritt ist Kroatien gegenwärtig noch kein Mitgliedstaat des Schengener Abkommens. Deshalb bleibt weiter gültig: Für die Einreise nach Kroatien ist für EU-Bürger ein **Reisepass** oder **Personalausweis** erforderlich, der noch mindestens für die Dauer des Aufenthalts gültig ist. Der österreichische Reisepass darf bis zu fünf Jahre abgelaufen sein, allerdings wird zunehmend von Problemen berichtet. Bei Deutschen wird zwar ein vorläufiger Reisepass anerkannt, aber nicht ein vorläufiger Personalausweis. Für Aufenthalte bis zu 90 Tagen besteht keine Visumspflicht (sofern keine Erwerbstätigkeit ausgeübt wird).

Kinder benötigen eigene Ausweisdokumente mit Lichtbildern. Reisende, die keine gültigen Dokumente vorweisen können, werden an der Grenze zurückgewiesen. Es wird empfohlen, alleinreisenden Minderjährigen eine formlose Einverständniserklärung der Sorgeberechtigten mitzugeben.

Für die **Einfuhr von Jagd- oder Sportgewehren** besteht für Reisende aller deutschsprachigen Länder eine Anmeldepflicht (erfolgt durch Eintragung in das Reisedokument).

Wer sein Urlaubsziel erreicht, muss sich innerhalb von 24 Stunden im Tourismusbüro melden, und eine Kurtaxe ist fällig. In der Regel übernehmen das die Unterkunftsbetreiber, außer, es ist etwas anderes vereinbart, zum Beispiel bei Ferienhauseigentümern, die im Ausland leben.

Reiseveranstalter

Maestral Putnička Agencija
R. Boškovića 13/15, Kaleta 2
HR-21000 Split
Tel. +385/21/470944
www.travel.maestral.hr
Umfangreiches Angebot an Kultur-, Aktiv- und Spezialreisen in Kroatien.

Biblische Reisen
Silberburgstr. 121
70176 Stuttgart
Tel. +49/711/619250

www.biblische-reisen.de
Studienreisen nach Zagreb, Dalmatien.

Bund-Reisen
Stresemannplatz 10
90489 Nürnberg
Tel. +49/911/58888-20
www.bund-reisen.de
Wander-, Rad- und Kulturreisen, z.B. Plitvicer Seen und Velebit-Gebirge.

DAV Summit Club
Am Perlacher Forst 186
81545 München
Tel. +49/89/642400
www.dav-summit-club.de
Wander- und Mountainbike-Reisen.

Diamir Reisen
Berthold-Haupt-Str. 2
01257 Dresden
Tel. +49/0351/31207595
www.diamir-reisen.de
Aktiv- und Studienreisen.

Erlebnisreisen weltweit
Dorfstr. 19
87616 Marktoberdorf
Tel. +49/8342/919337
www.erlebnisreisen-weltweit.de
Wander-, Rad- und Schiffsreisen.

Paddler in einer Bucht auf der Insel Hvar

Ikarus Tours
Am Kaltenborn 49–51
61462 Königstein
Tel. +49/6174/29020
www.ikarus.com
Kroatien-Rundreise.

Inselhüpfen.de
Radurlaub Zeitreisen
Maybachstr. 8
78467 Konstanz
Tel. +49/7531/361860
www.inselhuepfen.de
Inselhüpfen mit Rad und Schiff.

Intercontact
In der Wässerscheid 49
53424 Remagen
Tel. +49/2642/20090
www.ic-gruppenreisen.de
Städtereisen Dubrovnik, Rundreisen Dalmatien, Istrien.

Lupe Reisen
Weilbergstr. 12a
53844 Troisdorf
Tel. +49/228/654555
www.lupereisen.com
Wander- und Wanderstudienreisen.

Mediterrana Tours
Alaunstraße 14
01099 Dresden
Tel. +49/351/8108758
www.mediterranatours.de
Wanderreisen auf Krk.

Paradeast
Schillerstr. 11
92637 Weiden
Tel. +49/961/6344168
www.paradeast.com
Diverse Kroatien- und Balkanreisen.

Phoenix Reisen
Pfälzer Str. 14
53111 Bonn
www.phoenixreisen.com
Tel. +49/228/92600
Kreuzfahrten im Mittelmeer.

ReNatour
Brunner Hauptstr. 2a

90475 Nürnberg
Tel. +49/911/890704
www.renatour.de
Individualreisen, z.B. Istrien, Lastovo.

Reisebüro Riva Reisen
Kniebisstr. 26/1
71106 Magstadt
Tel +49/7031/769237
www.rivareisen.de
Kreuzfahrten, Rundreisen, Unterkünfte in ganz Kroatien.

Studiosus Reisen
Riesstr. 25
80992 München
Tel. +49/89/500600
www.studiosus.com
Wander- und Studienreisen.

Reiten

Der Pferdesport wird immer beliebter, besonders in Slawonien und im Zagorje, aber auch in Istrien locken mehr und mehr Gestüte und Bauernhöfe mit Angeboten von Reittourismus. Informationen für einen Reiterurlaub hat der Tourismusverband in Frankfurt (→ S. 424). Sinj ist berühmt für seine Reiterspiele **Sinjska Alka** (→ S. 359).

An der Marina von Rovinj

Segeln

Die Adria wird mit ihren vielen Inselchen zu einem immer beliebteren Segelrevier. Dabei gibt es aber einiges zu beachten. Wer auf dem Seeweg einreist, muss auf dem kürzesten Weg den nächstliegenden für den internationalen Verkehr geöffneten Hafen zur **Grenzkontrolle** anlaufen, eine **Vignette** kaufen sowie im Hafenamt oder dessen Zweigstelle die **Crew-Liste** beglaubigen lassen. Keine Vignette benötigen Wasserfahrzeuge unter 3 Meter Länge bzw. mit einer Gesamtantriebsstärke unter 5 KW. Für das Schiff muss abhängig von der Länge eine Kurtaxe entrichtet werden. Bei Charter gilt 1 Euro pro Person und Tag.

Außerdem werden benötigt: eine beglaubigte Besatzungsliste, ein Nachweis über die Seetüchtigkeit des Schiffes, ein Nachweis über die Haftpflichtversicherung für Schäden gegenüber dritten Personen, ein Eigentumsnachweis und eine informative Seekarte. Zwischenzeitliche Irritationen beim Sportbootführerschein sind wieder aufgehoben: Deutsche, österreichische und Schweizer Nachweise sind wieder anerkannt, mindestens einer an Board muss einen haben. Weitere Infos auf www.nautik-verlag.de/gesetze oder mit Preisen auf www.mint.hr (Nautik-Info) herunterladbar.

Ganzjährig geöffnete Seegrenzübergänge: Umag, Poreč, Rovinj, Pula, Raša-Bršica, Rijeka, Mali Lošinj, Senj, Maslenica, Zadar, Šibenik, Split, Ploče, Metković, Korčula, Dubrovnik.

Saisonweise geöffnete Seegrenzübergänge (1. April–30. Okt.): Novigrad (Istrien), Sali, Soline, Primošten, Ravni Žakan, Hvar (Hafen), Ubli (Lastovo), Vis-Hafen.

Neu ist, dass für **Bojenfelder** in zahlreichen Buchten Gebühren erhoben werden dürfen. Erstmals seit 2010 gibt es eine offizielle Gebührenliste, die unter www.yacht-pool.de/fileadmin/_templates/

Auf manchem Markt findet man einheimische Produkte als schöne Souvenirs

images/service/Bojen_unterlagen.pdf abrufbar ist; Karten finden sich unter www.wosamma.at/karten. Für das Einfahren in Nationalparks (Kornati, Mljet) ist ebenfalls eine Gebühr fällig.

Es ist auch möglich, im Land **Jachten zu chartern**. Dazu gibt der Deutsche Segler-Verband Auskunft, Tel. +49/89/586282, oder der kroatische Adriatic Croatic International Club (ACI). Eine große Chartergesellschaft ist die ›Blue Magic Yachtcharter Croatia‹, www.magicyachting.com.

Über die Änderungen, die sich mit dem EU-Beitritt Kroatiens am 1. Juli 2013 für Schiffseigner ergeben haben, deren Boote in Kroatien liegen (Zoll, Steuer), informiert die Seite www.sea-help.eu.

ACI, Maršala Tita 115, 51410 Opatija Tel. +385/51/271288, www.aci-club.hr

Souvenirs

Als Souvenirs eignen sich am besten Spezialitäten aus dem Sortiment ›Essen und Trinken‹, zum Beispiel Wein und Hochprozentiges. Mit dem Eintritt in die EU sind die bisher beschränkten Einfuhrbestimmungen aufgehoben. Man muss allerdings an der Grenze glaubhaft machen können, dass die Lebensmittel zum eigenen Verzehr gedacht sind.

Bei lose gekauftem **Wein** sollte man die Verschlüsse gut prüfen. Ansonsten lässt sich der einheimische **Käse** wie Paški Sir oder Dalmacija oder **Geräuchertes** wie Kulen und pršut (Schinken) gut transportieren. Überall, auch in den Supermärkten, kann man sich Stücke zum Probieren geben lassen. In Zadar ist der **Maraschino** eine Spezialität. Aus Slawonien eignet sich ein guter (hausgebrannter) **Šljivovica** zum Mitnehmen. Auch **Honig** und **Olivenöl** sind schöne Andenken. Dabei sollte man darauf achten, sie dort zu kaufen, wo auch Einheimische kaufen, auf den Märkten zum Beispiel. An den Straßenständen ist die Ware qualitativ nicht immer hochwertig. Bei Honig wurde vor kurzem ein Standard eingeführt, deshalb ist bei Gläsern ohne Etikett immer eine Geschmacksprobe ratsam, um zu prüfen, ob Wasser beigemischt wurde.

Außerdem eignen sich **Lavendelprodukte**, vor allem von der Insel Hvar. Selbst pflücken kann man Thymian und Rosmarin. In den Städten bieten ältere Frauen oft kunstvolle **Handarbeiten** an, Klöppeleien

Windsurfer von Korčula

Schöne Tauchreviere gibt es reichlich

und Spitzendecken, in Pag gibt es die berühmten Pager Spitzen, in Lepoglava und Đakovo gibt es geklöppelte Spitzen. Künstler verdienen sich mit dem Verkauf von Bildern an der Straße etwas dazu.

Tauchen

Die Zahl der registrierten und lizenzierten Tauchzentren wächst ständig. Es gibt auch viel zu sehen: Unterwasserwände und -riffe, eine reiche Flora und Fauna, Höhlen sowie Schiffs- und Flugzeugwracks.

Für das **Wracktauchen** sind vor allem Gebiete interessant, die an den Handelsrouten liegen, wie vor Dubrovnik, Cavtat, Mljet, Korčula, Hvar, Vis, Split, Solin, Trogir, Rogoznica und die Ankerplätze im Gebiet der Kornaten (Žirje, Lavsa, Murter), aber auch an den Küsten Istriens, vor der Insel Olib und im Kanal bei Pelješac.

Was die Bestimmungen betrifft: Inzwischen wurde die rund 15 Euro teure Diver's Card des kroatischen Taucherverbandes per Gesetz abgeschafft. Damit kann man ohne zusätzliche Kosten tauchen, wenn man sich einem Tauchbegleiter/einer Tauchschule anschließt. Wer auf eigene Faust tauchen will, braucht eine Genehmigung, die knapp 350 Euro kostet und ein Jahr lang gültig ist. Zu hören ist, dass diese Tauchgenehmigung für individuelle Taucher diskutiert wird.

Telefonnummern

Internationale Vorwahl für Kroatien: +385

Notruf: +385/112, der Anruf wird auch auf deutsch und englisch entgegengenommen (Unfälle, medizinischer Notfall, Brand(-gefahr), Bergnot)

Pannenhilfe: +385/1/987

Such- und Seenotrettungsdienst: +385/9155

Allgemeine Auskunft: +385/981

Inlandsauskunft: +385/11888

Auslandsauskunft: +385/11802

Wettervorhersage und Verkehrsservice: +385/18166 oder +385/60/520520

Automobilclub Kroatien: Tel. +385/62/777777, www.hak.hr (auch dt.)

Sperrnotruf für Kreditkarten, Handykarten etc.: +49/116116

Tourismusverbände

Kroatische Zentrale für Tourismus Deutschland
Hochstr. 43, 60313 Frankfurt/Main
Tel. +49/69/2385350
http://croatia.hr
Mo–Do 9–18, Fr 9–17 Uhr

Kroatische Zentrale für Tourismus Österreich
Liechtensteinstraße 22a, 1/1/7
1090 Wien
Tel. +43/1/5853884
office@kroatien.at
http://croatia.hr
Mo–Fr 9–17 Uhr

Kroatische Zentrale für Tourismus Schweiz
Seestr. 160, 8002 Zürich
Tel. +41/43/3362030
http://croatia.hr
Mo–Fr 9–12 und 13–17 Uhr
Croatian National Tourist Board
Iblerov Trg 10/IV, 10000 Zagreb
Tel. +385/1/4699333
http://croatia.hr
Ministry of Tourism
Prisavlje 14, 10000 Zagreb
Tel. +385/1/6169111
www.mint.hr

Trinkgeld

Wie im deutschsprachigem Raum: Zehn Prozent sind üblich, aber mehr als zwei bis drei Euro werden nicht erwartet.

Zimmer frei in der Altstadt von Rovinj

Unterkunft

Hotels: Die meisten Hotels in Kroatien haben drei Sterne, aber das Niveau steigt. Preislich liegen sie zwischen 70 und 120 Euro pro Doppelzimmer. Wer frühzeitig bis Mitte März bucht, kann oft Rabatte zwischen 10 und 20 Prozent bekommen. Lassen Sie sich die Zimmer zeigen.

Privatunterkünfte: Deutlich günstiger als Hotels, in jedem noch so kleinen Ort vermieten Einheimische Zimmer und Apartments. Auf vielen Internetseiten der Tourismusbüros werden diese vermittelt (auch hier nach Frühbucherrabatten fragen), oft lässt sich auch spontan etwas finden, Schilder mit der Aufschrift ›Sobe‹ oder ›Apartman‹ weisen darauf hin. Das Preis-Leistungs-Verhältnis sollte man sich genau ansehen und eher mal ein Angebot ablehnen. Die meisten Privatleute sind enorm gastfreundlich und versuchen, alles zur Zufriedenheit des Gastes beizutragen, wenige wollen nur den schnellen Euro machen. Eine Privatunterkunft mit mittlerem Standard kostet zwischen 30 und 50 Euro pro Zimmer, Apartments können je nach Größe und Einrichtungsstandards bis zu 100 Euro kosten. Auch wenn keine Hinweisschilder zu finden sind: Gehen Sie freundlich auf die Menschen zu und fragen Sie nach Zimmern. Irgendjemand kennt immer jemanden, der Sie unterbringt; nehmen Sie das als Abenteuer.

Jugendherbergen: Gibt es nicht flächendeckend, aber in allen größeren Städten, Infos unter www.hfhs.hr.

Camping: Bis heute ist Campen in Kroatien beliebt, allerdings sind die Preise laut ADAC auf die sechsthöchsten Europas geklettert, so dass eine Privatunterkunft sogar günstiger sein kann. Für zwei Personen mit Zelt muss man in der Hochsaison mit durchschnittlich 25 Euro rechnen, je nach Lage und Saison können aber auch 40 oder 50 Euro fällig sein. Es gibt aber auch einfache und günstigere Plätze, vor allem im Hinterland.

Fast an der ganzen Küste sind Campingplätze zu finden. Viele Plätze haben nur von Mai bis September geöffnet, nur wenige sind ganzjährig offen. Platzsuche auf der Website der Croatian Camping Union, www.camping.hr. Wildes Zelten ist streng verboten.

Veranstaltungen

Die kroatische Gesellschaft ist einerseits stolz auf ihre Traditionen, andererseits stürzt sie sich auf alles Westliche und Moderne. Zahlreiche Volksfeste sind eng mit kirchlichen Festen verbunden. Im Sommer sind die Kalender vielfach mit **Musikfestivals** gefüllt wie zum Beispiel im Amphitheater von Pula, beim **Kammermusikfestival** von Osor oder aber auch beim berühmten **Festival der klassischen Musik** in Dubrovnik.

Eine Besonderheit sind die **Säbeltänze** auf der Insel Korčula, wie die Moreška in der Stadt und in den Dörfern die Kumpanija.

Februar/März: Traditionelle Feiern beginnen alljährlich mit dem **Karneval**, der sich an der venezianischen Feier orientiert. Berühmt ist der Karneval von Rijeka, aber auch in Opatija, Pag, Lastovo und Dubrovnik wird er gefeiert.

März/April: Zahlreiche kirchliche Prozessionen folgen am **Gründonnerstag** (Jelsa/Insel Hvar) und **Karfreitag**.

Im April findet in Zagreb die **Musik-Biennale** statt, ein Festival zeitgenössischer Musik. Am 9. April werden auf Rab die **Ritterspiele** ausgetragen.

Mai: Die **Gospa**, die Muttergottes, wird im Marienmonat Mai gefeiert und dann noch einmal zu Maria Himmelfahrt am 15. August. Dazu finden zahlreiche Prozessionen statt, wie zum Beispiel in Pag.

Juni: Höhepunkt in Slavonski Brod ist der **Brodsko Kolo** mit Trachtenschau, einer Parade von Pferdegespannen und Kinderveranstaltungen. Größtes Spektakel im Juni ist in Bjelovar die Terezijana, ein dreitägiges Straßenfest in Erinnerung an Kaiserin Maria Theresia.

Juli: Omiš begeht das **Festival der Klapa-Chöre** und Krk sein **Sommerfestival**, das auch die Literatur einschließt. Trachtenumzüge finden zum Beispiel mit der **Stickerei von Đakovo** statt.

An der Küste werden im Sommer wöchentlich **Fischerfeste** gefeiert, wie zum Beispiel in Biograd na moru, in Bol auf der Insel Brač und in Makarska.

In Slavonski Brod findet die **Fišijada** statt, ein Wettbewerb von 100 Fischköchen.

August: In Sinj wird am ersten Augustwochenende das berühmte Reiterspiel **Sinjska Alka** abgehalten.

September: Das **Internationale Festival des neuen Films** (www.splitfilmfestival.hr) in Split zeigt jüngste Produktionen. Im September richtet Varaždin jährlich das **Barockmusik-Festival** aus, das drei Wochen lang stattfindet und zahlreiche Ensembles aus aller Welt in die Stadt lockt.

Oktober: Ein junges **Filmfestival** etabliert sich derzeit in Dubrovnik.

Herbst: Lokale **Weinfeste**, wie zum Beispiel in Ilok, bevor die Weinlese beginnt. Später kommen **Erntefeste** hinzu wie das **Vinkovačke jezeni** in Vinkovci.

Meist im Spätherbst startet in Split das **Internationale Comicfestiva**l (www.crsfestival.com).

Zoll

Seit dem 1. Juli 2013 gelten für Kroatien auch die EU-Zollvorschriften. Demnach können Waren frei über die Grenzen transportiert werden, sofern man glaubhaft machen kann, dass sie für den eigenen Verzehr bestimmt sind.

Für einige Erzeugnisse gelten Richtmengen: 800 Zigaretten, 400 Zigarillos, 200 Zigarren, 1 kg Rauchtabak, 10 l Spirituosen, 20 l andere alkoholische Getränke bis 22 Prozent Alkoholgehalt, 90 l Wein (davon max. 60 l Schaumwein) und 110 l Bier.

Glossar

Antependium Verkleidung von der Altarplatte bis zum Boden aus Stoff, Holz, Edelmetall oder Stein.

Apsis Altarnische am Ende des Chorraums.

Architrav Horizontalbalken auf einer Reihe von Stützen (z.B. Säulen).

Baptisterium Eigener Raum in der Kirche oder sogar eigenes Gebäude, in dem das Taufbecken stand, meist neben dem Chorraum. Im Mittelalter durften Ungetaufte die Kirche nicht betreten.

Biforium Zwei durch eine Mittelsäule verbundene Fenster.

Cella Hauptraum eines römischen Tempels.

Cippus Eigentlich ein Fachterminus für etruskische Grabsteine. Wegen ihrer verschiedenen pfahlartigen, zylindrischen oder kugeligen Form auch auf in Dalmatien gefundene Grabstelen angewandt.

Ciborium Ein auf meist vier Säulen ruhender Baldachin über dem Altar.

Doline Trichter im Kalkstein, der durch Ausschwemmung oder Einbruch eines Hohlraumes entsteht.

Eparchie Verwaltungsbezirk eines orthodoxen Bischofs.

Eselsrückenfenster Auch Kielbogen genannt, Bogen mit geschweiften Kanten.

Flechtwerkornamentik In Stein gearbeitete Verzierungsform aus vorromanischer Zeit. In Form eines Reliefs entsteht der Eindruck zweier oder mehrerer geflochtener Bänder, meist auf Steinstürzen oder auch Kapitellen.

Guardian (lat.: Wächter), Leiter eines Franziskaner- oder Kapuzinerklosters, entspricht dem Abt, Stellvertreter ist der Vikar.

Ikonostase In der orthodoxen Kirche Wand mit Ikonen, die den Altarraum vom Gebetsraum der Gläubigen als das Allerheiligste abgrenzt.

Koncha/Konche (griech: Muschelschale) Halbkugel der Apsis bei vorromanischen Kirchen, meist drei- oder fünfkonchig.

Inkunabel Wiegendrucke, die bis zum Jahr 1500 nach dem Verfahren von Johannes Gutenberg hergestellt wurden.

Konoba Keller (-Kneipe).

Krypta Raum unter dem Chor, Grabstätte oder Aufbewahrungsort für Reliquien.

Lapidarium Außen angebrachte Sammlung bzw. Ausstellung von Steindenkmälern aller Art.

Lünette (frz.: kleiner Mond) Halbkreis über einer Tür oder einem Fenster.

Megalithische Funde Funde aus der Jungstein- oder Bronzezeit, die aus großen unbehauenen Steinblöcken bestehen.

Neolithikum Jungsteinzeit.

Paläolithikum Altsteinzeit.

Peristyl (griech.) Von Säulen umgebener Hof, römisch Atrium.

Polyptychon Altar mit mehr als zwei Flügeln, auch für Altar mit mehreren Feldern (Heiligendarstellungen) gebraucht.

Flechtbandornament in der Pfarrkirche von Bale

Sacra Conversazione Darstellung der Madonna mit Jesuskind und Heiligen.

Sakristei Vom Chor einer Kirche abgehender Raum, der als Umkleideraum für Priester und zur Aufbewahrung von Kultgegenständen dient.

Serenissima (ital.: durchlauchtigst) Synonym für Venedig, dessen Doge und seine Räte so bezeichnet wurden.

Spolien Wiederverwendete Reste älterer Bauten.

Tobruk-Bunker Von den Deutschen im Zweiten Weltkrieg errichtete kleine Bunker.

Transenne durchbrochene Stein-, Holz- oder Marmorplatte.

Trockenmauern Mauern, deren Steine nicht mit Wasser und Mörtel verbunden, sondern ›trocken‹ aufeinandergeschichtet sind.

Vierung Der Punkt, an dem sich in Kirchen Lang- und Querhaus kreuzen.

Villa rustica Römisches Landgut.

Wüstenväter Bezeichnung für frühchristliche Mönche, die in den Wüsten Ägyptens und Syriens lebten.

Ziborium Altaraufbau, auch Bezeichnung für liturgisches Gefäß.

Reliefs von Wüstenvätern im Paulinerkloster Lepoglava

Literaturhinweise

Reisepraktische Literatur

Ferk, Janko/Agnoli, Sandra: Die Parenzana – Gehen. Genießen. RAD fahren – von Triest bis Poreč. Styria.

Gajić, Ruth/Grothe, Andreas: Korčula entdecken. Selbstverlag.

Marinić, Jagoda: Gebrauchsanweisung für Kroatien. Piper.

Müller/Strassburger: Küstenhandbuch Kroatien. Delius Klasing.

Schönfelder, Peter und Ingrid: Was blüht am Mittelmeer? Kosmos.

Sportbootkarten, Satz 7, Adria 1. Delius Klasing. Kartensatz für Nautiker.

Sachbuch/Geschichte

Drakulić, Slavenka: Café Paradies oder die Sehnsucht nach Europa. Aufbau.

Drakulić, Slavenka: Wie wir den Kommunismus überstanden. Aufbau.

Hösch, Edgar: Geschichte des Balkans. C.H. Beck.

Mappes-Niedek, Norbert: Kroatien. Das Land hinter der Adria-Kulisse. Links-Verlag.

Matuz, Josef: Das Osmanische Reich. Primus.

Sanader, Mirjana (Hg.): Kroatien in der Antike. Philipp von Zabern.

Steindorff, Ludwig: Kroatien. Vom Mittelalter bis zur Gegenwart. Pustet.

Anthologien

Artl, Inge (Hg.): Dubrovnik erlesen. Wieser.

Bremer, Alida (Hg.): Literarisch reisen: Istrien. Drava.

Bremer, Alida/Hinzmann, Silvija/ Schruf, Dagmar (Hg.): Südliche Luft. 20 Liebeserklärungen an Kroatien. List (antiquarisch).

Erstić, Marjana (Hg.): Zagreb erlesen.

Fabula Rasa oder: Zagreb liegt am Meer. Die kroatische Literatur der letzten 25 Jahre. Verlag die horen.

Klasic, Lidija: Auf nach Istrien. Folio.

Pavlović, Tomo Mirko: Lesereise Kroatien. Picus.

Popović, Nenad (Hg.): Kein Gott in Susedgrad. Junge Literatur aus Kroatien. Schöffling & Co.

Strutz, Johann (Hg.): Dalmatien erlesen. Wieser.

Strutz, Johann (Hg.): Istrien erlesen.

Swartz, Eichard: Der Andere nebenan. S. Fischer.

Romane und Lyrik

Bodrožić, Marica: Der Windsammler. Suhrkamp.

Hinzmann, Silvia: Der Duft des Oleanders, Wieser. Erster Istrienkrimi.

Jergović, Miljenko: Buick Riera. Heyne Taschenbuch.

Jergović, Miljenko: Freelander. Heyne Taschenbuch.

Jergović, Miljenko: Das Walnusshaus. Schöffling & Co. Der Roman erzählt die Lebens- und Stadtgeschichte Dubrovniks im 20. Jahrhundert.

Krleža, Miroslav: Zadars Gold und Silber. Wieser.

Krleža, Miroslav: Die Rückkehr des Phillip Latinovicz. Wieser.

Kovac, Mirko: Die Stadt im Spiegel. DuMont. Dubrovnikroman.

Marinić, Jagoda: Russische Bücher. Suhrkamp.

Paljetak, Luko/Jacob, Matthias (Übers.): Kein Platz in der Stadt. Daedalus. Gedichte.

Petrak, Nikica/Jacob, Matthias (Übers.): Das Herausfallen aus der Geschichte. Daedalus. Gedichte.

Popović, Edo: Ausfahrt Zagreb Ost. Voland & Quist (mit Hör-CD).

Popović, Edo: Die Spieler. Voland & Quist.

Simić, Roman: In was wir uns verlieben. Voland & Quist (mit Hör-CD).

Škunca, Andriana/Jacob, Matthias (Übers.): Lichtschrift von Novalja. Daedalus. Gedichte.

Kroatien im Internet

Allgemeines

www.croatia.hr
Tourismuszentrale in Kroatien (dt.).

www.dalmacija.net
Reiseportal mit vielen Unterkunftsangeboten (engl.).

www.istra.hr
Offizielles touristisches Portal Istriens (dt.)

www.privaturlaub-kroatien.de
Unterkünfte aller Art, privater Anbieter.

www.faszination-kroatien.de
Privatseite mit Links und Forum.

www.kroatien-links.de
Umfangreiche Linksammlung (dt.).

www.adriatica.net
Online-Buchungen (dt.).

http://info-kroatien.de
Private Kroatienseite.

www.crodict.com
Deutsch-kroatisches Wörterbuch (dt.).

■ **Für Nautiker**

www.jadroagent.hr
Hafendienstleister.

www.skippertipps.de
Auch Slowenien und Montenegro (dt.).

www.aci-marinas.com
Adriatic Croatia International Club(ACI), Infos zu nautischen Routen und ACI Marinas (Online Liegeplatz-Reservierungen).

www.taucher.net
Infos, Taucherberichte (dt.).

www.yachtico.com
Yachtcharter (dt.).

■ **Gastronomie**

www.gastronaut.hr Viele Restaurantkritiken und -tipps, leider nur auf kroatisch und nicht immer frisch.

Über die Autoren

Matthias Koeffler, geb. 1964, hat evangelische Theologie studiert und ist Buchhändler, war Pressesprecher, hat lange als freier Journalist unter anderem für große Tageszeitungen geschrieben und ist derzeit Redakteur beim Branchenmagazin ›BuchMarkt‹. Er lebt zusammen mit seiner kroatischen Ehefrau in Krefeld und vermietet Ferienwohnungen auf der Insel Krk.

Matthias Jacob, geb. 1961, hat Slawistik, Germanistik und Kunstgeschichte studiert und arbeitet als Lehrbeauftragter an der Universität Tübingen, Literaturübersetzer und Journalist. Als Reiseleiter bei ›Biblische Reisen‹, Stuttgart, begleitet er seit über zehn Jahren Studienreisen nach Zagreb, Istrien, Dalmatien, Montenegro und in die Herzegowina.

Matthias Koeffler

Matthias Jacob – und Miroslav Krleža

Danksagung

Hinter den Männern stehen natürlich auch hier starke Frauen und so danken wir Marija Koeffler und Christiane Jacob, die uns bei Recherchereisen unterstützt und viele Informationen zusammengesammelt haben. Außerdem Dank an Christian Hammerschmidt und Stephan Limpächer, die einige Bilder beisteuerten, sowie Josip Predovan, der außerdem wertvolle Hinweise über Zadar gab. Die Doktorandin Sr. Lidija Turić hat den Sprachführer noch einmal lektoriert und neueste Sprachentwicklungen eingepflegt.

Zu danken sind den vielen gastfreundlichen Kroaten, die uns Einblick in ihr Leben und Unterkunft gewährt haben. Dazu gehören der Bischof und Pastor der Evangelischen Gemeinde in Osijek, Branko Berić, der spontan Obdach in den Gästeräumen seiner Gemeinde gab, Marija und Zdenko Kustić, die für einige Tage freie Unterkunft gewährt haben, Anjalena und Johannes Galić für ihre Gastfreundschaft und dem Hotel Biokovo in Makarska für kostenfreie Logis.

Ferner danken wir Bürgermeistern, Pfarrern, Ordensleuten, lokalen Touristenbüros und Agenturen, die durch Interviews zahlreiche Quellen eröffnet haben, hervorzuheben sind: Blanka Will, Diana Kliškinić und Darjen Paša für fachkundige Begleitung in Zagreb und Umgebung, Dirk Lehnert und Jasna Bošnjak für Einblicke in das Leben in Osijek, Zdenko Burkowsky vom Stadtmuseum Sisak, Jasna Mokos vom Ethnographischen Museum Zagreb, Tomislav Medved, Betreiber des Samoborer Hostels, Gordana Remussini, Kunsthistorikerin am Museum Samobor, Maja Klisurić, Führerin im Bergwerk Rude, Ankica Dežić, Stadtführerin in Poreč und Reiseleiterin in Istrien, Josipa Dugandžija von der TZ Krk, Nediljko Vučetić von der TZ Malinska, Maja Demin von der TZ Karlovac, Zvonimir Rajković von der TZ Sisak, Dubravka Šala von der Agentur Antoma für viele Informationen über das slawonische Hinterland, dem Winzer Boris Vuglec für viele Kontakte auf seinem Weingut Vuglec Breg, dem Ex-Außenminister Zdravko Mršić und seiner Frau Dr. Mirna Flögel für tiefe Einblicke in politische und historische Zusammenhänge, Mirjana Medenjak vom Marketing der Terme Tuhelj für Engagement über die Terme hinaus, Antun Mihoković, Direktor der TZ Virovitica, und Ernest Svažić von der TZ Krapinske Toplice für das Öffnen zahlreicher Türen, Tonći Lalić, Leiter der TZ Makarska, dem die Tourismusentwicklung seines Ortes eine Lebensaufgabe ist und der zusätzlich Bergretter und Animateur im Piratenkostüm ist, Stanka Kraljević, Leiterin der TZ Korčula, Frau Matuško vom gleichnamigen Weingut auf Pelješac; Neda Farac, Stadtführerin in Korčula und nicht zuletzt Harry von taucher.net für Korrekturen und neueste Infos zum Thema Unterwasser.

Register

C / Č

D / Đ

W

Z

Anhang

Bildnachweis

Titelbild: Rovinj, Istrien
Klappe vorne: Motovun, Istrien
Klappe hinten: Blick auf Dubrovnik

Hinnerk Dreppenstedt: S. 90
Fotolia, croazia © mmmg #44198866: Titelbild
Volker Hagemann: S. 418u., 421, 422
Christian Hammerschmidt: S. 83o., 91u., 93, 154, 156, 158
Christiane Jacob: S. 430 re.
Matthias Jacob: Klappe vorne S. 12, 14, 18, 27, 35, 55u., 56, 57, 61, 62, 70, 78/79, 80, 82, 83u., 84, 85, 86, 88, 91o., 92, 94, 95, 96, 97, 98, 134/135, 136, 138, 141, 142, 144, 147, 149, 150, 151, 159, 161, 202/203, 205, 207, 210, 213, 217, 218, 220, 223, 225, 227, 230, 232, 234, 236, 238, 239, 241, 243, 244, 246, 247, 248, 250, 252, 255, 257, 258, 259, 261, 262, 264, 266, 269u., 271, 274, 275, 276, 277, 281, 282, 283, 284, 285, 287, 288, 290, 291, 292, 294, 418o., 425, 427
Matthias Koeffler: Klappe hinten, S. 4, 15, 20/21, 22, 23, 24, 25, 26, 29, 31, 32, 33, 36, 39, 41, 43, 44, 45, 46, 49, 51, 52, 53, 55o., 58, 59, 60, 63, 64, 65, 66, 67, 69, 73, 75, 76, 77, 100/101, 104, 106, 109, 111, 112, 114, 115, 117, 118, 119, 122, 123, 124, 126, 127, 129, 132, 145, 162/163, 165, 166, 168, 173, 175, 176, 180, 182, 183, 184, 186, 189, 192, 194, 195, 196, 198, 268, 269o., 300, 302, 304, 305, 308, 311, 313, 315, 316, 317, 323, 324, 326, 327, 329, 330, 332, 333, 335, 336, 339, 342u., 345, 346, 349, 352, 354, 356, 359, 360, 362, 363, 366, 367, 368, 369, 371, 372, 373, 375, 378, 379, 380, 382, 383, 384-385, 388, 391, 395, 397, 399, 403, 405, 406, 417o., 423, 428
Stephan Limpächer: S. 68, 272
Ulla Nickl: S. 28, 298/299, 414o., 415, 416, 417u., 424
Christian Nowak, transit Bildarchiv: S. 319
Josip Predovan: S. 321, 322
Turistička zajednica Bol: S. 369
Turistička zajednica Croatia, Ivo Pervan: S. 342o.